한 권에 담은
세계교회사

채승희 지음

기독교문서선교회

기독교문서선교회(Christian Literature Center: 약칭 CLC)는 1941년 영국 콜체스터에서 켄 아담스에 의해 시작되었으며 국제 본부는 미국 필라델피아에 있습니다.

국제 CLC는 59개 나라에서 180개의 본부를 두고, 약 650여 명의 선교사들이 이동도서차량 40대를 이용하여 문서 보급에 힘쓰고 있으며 이메일 주문을 통해 130여 국으로 책을 공급하고 있습니다.

한국 CLC는 청교도적 복음주의 신학과 신앙서적을 출판하는 문서선교 기관으로서, 한 영혼이라도 구원되길 소망하면서 주님이 오시는 그날까지 최선을 다할 것입니다.

A Brief Sketch of Church History

Written by
Seong Hee Chae

Korean Edition
Copyright © 2018 by Christian Literature Center
Seoul, Korea

저자 서문

채승희 박사
영남신학대학교 역사신학 교수

   교회 역사를 논하기 전에 우리는 역사란 무엇인가를 먼저 생각해 봐야 한다. 역사란 과거 사건들의 기록이다. 과거의 기록은 현재의 실존적 자리와 대화하면서, 배제할 것은 배제하고 재구축할 것은 재구축하면서 현재와 미래를 걸어가는 자들에게 의미를 전달한다. 물론 인간의 작업인지라 최선의 노력에도 불구하고 우리는 과거에 대한 사실들을 근사치적으로 밖에 소유할 수 없다. 누가, 언제, 어디서, 무엇을 했느냐에 따라 결과가 해석되고, 결과에 따라 주체와 객체의 가치는 달라진다.

   역사는 고의적으로 왜곡되게 기록되어서는 안 되며, 어떤 특정 이데올로기의 도구로 오용되어서도 안 된다. 역사는 역사 그대로 힘을 가지고 있다. 우리에게는 하나님 말씀과 복음만이 역사 기록과 해석의 절대 기준이 되어야 할 것이다.

   타락한 세상을 위한 하나님의 구속의 이야기는 역사 속에서 교회를 통해 계속 진행되고 있는바, 여기에 교회 역사 연구의 의미와 목적이 있다. 교회사는 세상을 향하신 하나님의 사랑과 구속의 이야기를 역사적으로 읽어내는 작업이다. 교회를 통하여 역사 속에서 펼쳐진 하나님의 구속 사역을 객관적으로 조명하고, 앞으로 교회가 나아갈 방향을 제시해야 한다.

   그리스도교의 역사관은 모든 역사는 하나님의 뜻 안에서 이루어진다고 하는 섭리적 역사관에 기초한다. 섭리적 역사관은 자칫 역사가 이미 결정 지워진 것 같은, 운명론적인 사관이라고 비판받을 수 있겠지만, 그런 의미보다는 역사는 시작과 끝이 있는, 즉 창조와 종말 사이에 직선으로 펼쳐진 시간 속에서 일어나는 사건들로 구성된다고 보는 것이 바람직한 이해일 것이다.

이 선형적 역사관은 모든 존재가 시간과 함께 무한 반복한다고 믿는 순환적 역사관과는 확연히 다르다. 시작과 끝을 전제한 유한한 역사는 무한하시고 불변하신 하나님이 한시적이고 가변적인 세상 속으로 들어오신 사건, 카이로스(*Kairos*) 때문에 무한한 가치를 가지며, 때문에 인간이 역사를 살아가는 순간순간은 너무나 중요하고 의미가 있다. 카이로스는 바로 인류를 구원하시기 위해 이 땅에 오신 무한자, 즉 역사 속으로 들어오신 하나님의 성자 예수 그리스도의 성육신 사건이다. 이로 인해, 그리스도교는 역사의 원동력이 하나님이며, 존재의 궁극적 성취와 완성이 역사 너머 영원의 실존과 연결된다고 믿는다. 그러므로 그리스도교 역사관은, 시작과 끝이 있는 선형적 역사 속에서 빛나는 최선의 삶을 살며, 종말 이후의 영원한 생명을 지향하는 것이다.

필자는 본서를 크게 고대, 중세, 종교개혁, 근·현대사의 4부로 나누어 서술하였다. 2,000여 년 교회 역사를 한 권에 담아내는 것은 결코 쉬운 일이 아니었지만 각 시대가 품은 특징과 내용들을 가능한 빠뜨리지 않고 다루려고 노력하였다. 사건들 위주로 기술하여 자칫 교회 이야기로만 끝나는 책이 되지 않도록 하기 위하여 신학적 사상들도 심도 있게 다루어 사건과 사상의 균형을 이루었고, 더불어 소수자들에 대한 내용도 담으려고 노력하였다.

교회사도 일반 역사와 같이 교육적 기능과 비판적 기능이 있음을 믿는다. 제한된 지면 안에서 작은 능력으로 교회의 시작부터 오늘까지 교회가 걸어온 걸음을 정리해 보고자 분투하였으니, 모쪼록 독자들이 이 한 권으로 세계 교회 역사의 흐름의 맥을 잡아 가기를 바란다. 동시에 아낌없는 조언도 기대해 본다. 지구상에 존재하는 수많은 교파들이 각자가 서 있는 자리를 바로 이해하고, 그 의미를 찾으며, 더 나은 교회의 역사를 각자의 자리에서 계속 써 갈 수 있기를 바란다.

책이 나오기까지 노구의 무릎을 세우며 기도해 주신 어머니께 감사드리고, 조언을 아끼지 않으신 여러 동료 교수님들과 역사신학 학회분들, 그리고 서툰 첫 원고를 세세하게 읽어주신 신기용 선생, 컴퓨터 작업과 색인 작업 등 소소한 일손을 들어준 학생들 모두에게 감사의 말씀을 전한다. 마지막으로 문서 선교로 헌신하시는 CLC(기독교문서선교회)의 박영호 목사님과 직원들에게도 심심한 감사를 드린다.

2017. 11.
봉회리 자락 영남신학대학교

약어표

ACW	*Ancient Christian Writers*
ANF	*The Ante-Nicene Fathers*
CO	*Ioannis Calvini Opera quae supersunt omni*
HE	Eusebius, *Ecclesiastical History*
LCC	*Library of Christian Classics*
NPNF	*The Nicene and Post-Nicene Fathers*
PL	*Patrologiae Cursus Completus, Series Latina*
PG	*Patrologiae Cursus Completus, Series Graeca*
RGG	*Die Religion in Geschichte und Gegenwart*
ThM	O. J. Thatcher & E. H. McNeal, *A Source Book for Medieval History*
TRE	*Theologische Realenzyklopädie*
WA	*Weimarer Ausgabe*

◆ 일러두기

1. 본서에 나오는 외국어 인명과 지명 표기는 2014년 문화체육관광부가 고시한 외래어 표기법을 원칙으로 하되, 신학용어와 인·지명에 대해 한국 교회사학회가 별도로 제안한 인·지명 통일안을 우선으로 따르고 있음을 밝힌다. 아울러 관용적으로 굳어진 표현이나 성경의 인·지명 등은 독자의 편의를 위해 그대로 두었다.

    예) 어거스틴 -> 아우구스티누스 (원지음 원칙을 따름)
        마가, 바울, 가이사랴의 유세비우스 (관용 표현을 그대로 사용함)

2. 본서에 나오는 인·지명을 표기할 때 영어식 표기를 ( ) 처리하여 기재하였다. 이는 이전에 알고 있던 지식과 혼돈되는 것을 막기 위함이다. 따라서 원지음 표기와 ( ) 안의 영어식 표기의 발음이 다르게 나타날 수 있으니 양해를 구한다.

    예) 켈소스(Celsus), 테르툴리아누스(Tertullian)

목 차

저자 서문 5
약어표 7

제1부 고대 교회

제1장 그리스도교의 시작과 확장(~ c. 150)   24

1. **그리스도교의 배경**   24
   1) 유대적 배경   24
   2) 그리스-로마의 사상적 배경   26
   3) 밀의 종교(mystery cults, 신화)의 배경   29

2. **그리스도교의 시작과 확장**   33
   1) 예수의 탄생과 그리스도교의 시작   33
   2) 사도들의 활약과 그리스도교의 확장   35
   3) 사도적 교부들   37

제2장 위기와 응전(c. 150 ~ c. 300)   40

1. **박해**   40
   1) 마찰과 박해   40
   2) 박해의 과정   43
   3) 박해의 결과   47

2. 이단　52
   1) 영지주의　53
   2) 유대적 그리스도교　55
   3) 몬타누스주의　56
   4) 마르키온주의　57

3. 교회의 응전　58
   1) 정경, 신조, 사도 계승, 공교회의 탄생　58
   2) 변증　61

4. 2~3세기 교부들과 초기 가톨릭교회의 신학　65
   1) 신학 학파의 형성　66
   2) 헬라어 교부들　68
   3) 라틴어 교부들　73

5. 교회의 삶　76
   1) 조직과 권징　76
   2) 예배와 예배 처소　78
   3) 절기와 세례　81

제3장 제국 교회와 교리 정립(c. 300 ~ c. 500)　85

1. 교회와 국가의 관계　85

2. 삼위일체의 논쟁과 니케아 공의회　86
   1) 배경　86
   2) 아리우스 논쟁과 니케아 공의회　90
   3) 아타나시오스와 카파도키아 교부　92
   4) 콘스탄티노플 공의회와 니케아–콘스탄티노플 신조　96

3. 그리스도론 논쟁　97
　　1) 배경　97
　　2) 네스토리오스 논쟁　98
　　3) 에베소 공의회　99
　　4) 칼케돈 공의회와 칼케돈 신조　101
4. 4~5세기 교부들과 가톨릭교회의 신학　104
　　1) 동방 교회 교부들　105
　　2) 서방 교회 교부들　106

제4장 수도원 운동　115

1. 배경　115
2. 그리스도교 수도원의 시작과 성장　117

제2부 중세 교회

제1장 초기 중세 교회와 정치적 배경(c. 400/500 ~ c. 900)　123

1. 게르만족의 대이동　123
2. 서방에서 동로마 제국의 명멸　128
3. 서방 교회의 교권 강화　129
　　1) 교황권의 성장　129
　　2) 교권의 강화　132
4. 중세 수도원 운동　135
5. 영국의 유럽 선교　137
6. 이슬람의 팽창　138

제2장 새 질서 141

1. 프랑크 왕국의 시작과 성장 141
1) 메로빙거 왕조 141
2) 캐로링거 왕조 143
3) 샤를마뉴 145

2. 문예 부흥과 신학 논쟁들 146

3. 프랑크 왕국의 쇠퇴와 독일 제국(오토 왕조)의 등장 150

제3장 중기 중세의 개혁과 부흥 운동(c. 900 ~ c. 1100) 153

1. 개혁의 부름 153

2. 수도원 개혁 운동 154

3. 교황 주도의 개혁 156
1) 교황직 강화를 위한 노력 156
2) 서임권 투쟁과 브롬스 협약 158

제4장 동방 정교회의 생성 162

1. 동서방 교회의 차이 162

2. 성상 파괴 논쟁 165

3. 동서방 교회의 분열 167

4. 비잔틴 정교회의 확산과 공헌 168

제5장 후기 중세의 시작과 특징(c. 1100 ~ c. 1500) 171

제6장 십자군 원정   172

   1. 배경과 원인   172

   2. 과정과 결과   173

제7장 새로운 수도원의 등장   177

   1. 시토 수도원   177

   2. 여러 다양한 수도원들의 등장   178

   3. 탁발 수도원들   179

      1) 프란체스코 수도원   180

      2) 도미니쿠스 수도원   182

      3) 탁발 수도사들의 공헌   184

   4. 대립 수도원들: 베긴회, 베가드회, 고행자들   184

제8장 후기 중세 신학: 스콜라주의   186

   1. 스콜라주의 시작과 정의   186

   2. 보편 논쟁   187

   3. 초기 스콜라주의   189

      1) 안셀름   189

      2) 아벨라르   191

      3) 성 빅토르의 위그   193

      4) 롬바르도   194

   4. 스콜라주의의 전성기   194

      1) 알베르투스   195

      2) 토마스 아퀴나스   196

3) 보나벤투라　203

　5. 스콜라주의의 쇠미　204
　　　1) 둔스 스코투스　204
　　　2) 옥캄의 윌리엄　206

제9장 교황권의 절정기와 쇠퇴　209

　1. 교황제적 군주제 확립　209
　　　1) 이노켄티우스 3세　210
　　　2) 보니파키우스 8세　211

　2. 교황권의 몰락　212
　　　1) 교회의 바벨론 유수　212
　　　2) 대분열　214

　3. 개혁의 열망　215
　　　1) 공의회 운동의 부활　215
　　　2) 존 위클리프　220
　　　3) 얀 후스　222
　　　4) 사보나롤라　224

제10장 후기 중세 신비주의　225

　1. 독일 신비주의　225

　2. 저지대의 신비주의　228

　3. 여성 신비주의자들　229

제11장 중세의 예술　232

제12장 중세의 이단들　233

제13장 르네상스 인문주의의 등장　237

   1. 르네상스의 문화적 상황　237

   2. 르네상스의 주요 인물　239

   3. 르네상스 예술　242

   4. 르네상스 교황들　243

제14장 민족 국가들의 생성　246

제3부 16세기 종교개혁

제1장 종교개혁의 배경　251

   1. 정치적 배경　252

   2. 교회론적 배경　253

   3. 경제적 배경　254

   4. 신학적 배경　254

   5. 문화적 배경　255

   6. 지리적 배경　256

제2장 루터의 종교개혁　258

   1. 마르틴 루터　258

      1) 출생과 성장　258

    2) 회심과 칭의 개념　260

  2. 종교개혁의 발화　262

  3. 교회의 반응: 논쟁을 통한 루터의 신학　264

  4. 주요 작품　267

  5. 마찰과 결별　269
    1) 열광주의자들　269
    2) 에라스무스　271
    3) 하류 계층(농민)　271
    4) 스위스 개혁자들　274

  6. 프로테스탄트의 시작　275

  7. 『아우크스부르크 신앙 고백』　277

  8. 생애 전성기와 말년　278

  9. 루터파의 안정과 확산　279

제3장 개혁주의 종교개혁　282

  1. 스위스의 상황　283

  2. 츠빙글리의 개혁 운동　284
    1) 츠빙글리의 생애　284
    2) 츠빙글리의 개혁 사상　285
    3) 재세례파와의 관계　289
    4) 개혁의 추진　290

  3. 칼뱅주의 운동　292
    1) 배경　292
    2) 장 칼뱅　293
    3) 개혁주의 프로테스탄티즘의 확산　307

제4장 과격파 종교개혁　314

1. 용어 및 재평가　314

2. 범주들　315

3. 재세례파들　316
   1) 재세례파의 기원　316
   2) 확산　317
   3) 뮌스터 사건　319
   4) 메노 시몬스　321
   5) 재세례파의 사상　321

제5장 영국의 종교개혁　324

1. 배경　324

2. 헨리 8세　325

3. 에드워드 6세　328

4. 메리　329

5. 엘리자베스 1세　330

6. 청교도주의　333

제6장 로마 가톨릭의 반동 종교개혁　335

1. 가톨릭교회의 자발적 갱신의 노력　336
   1) 스페인 가톨릭의 개혁　336
   2) 신생 종단들　337

2. 종교 재판　339

3. 예수회   341
      1) 이냐시오 로욜라와 예수회의 시작   341
      2) 특징   343
      3) 공과   345

   4. 트렌트공의회   346
      1) 성격   346
      2) 진행   347
      3) 교리와 법령   349
      4) 트렌트 공의회의 영향   353

제7장 16세기 종교개혁의 의의: 영향과 비판   355

제4부 근대 그리스도교의 발전과 그 이후

제1장 근대의 시작과 배경   360

   1. 30년 전쟁   361
   2. 종교적 통제로부터의 이탈   364
   3. 17세기 과학과 사조   365

제2장 17세기 개신교 정통주의(스콜라주의)   370

   1. 루터파 정통주의(루터파 스콜라주의)   370
   2. 개혁주의 정통주의(개혁주의 스콜라주의)   373
      1) 도르트 회의와 칼뱅주의 5대 강령   374
      2) 『웨스트민스터 신앙 고백』   375

제3장 17~18세기 합리주의　382

1. 이성의 시대　382

2. 이신론　383
  1) 영국의 이신론(자연 종교)　384
  2) 프랑스 이신론(회의주의)　386
  3) 독일의 이신론(계몽주의)　387
  4) 미국 및 기타 지역의 이신론　391
  5) 이신론에 대한 비판　392

3. 낭만주의와 루소　393

4. 캠브리지 플라톤주의와 유니테리안주의　395

제4장 17~18세기 개신교 부흥 운동　396

1. 신비주의 운동　396

2. 독일 경건주의　399
  1) 슈페너와 프랑케　399
  2) 진젠도르프　402
  3) 경건주의의 영향　403

3. 영국 웨슬리 부흥 운동　404
  1) 감리교의 탄생　404
  2) 신학적 특징과 평가　407

제5장 17~18세기 근대 로마 가톨릭주의　409

1. 지리적 확대　409

2. 가톨릭 정통주의와 이후의 로마 가톨릭주의들　410
  1) 민족 교회주의　410

2) 얀센주의　412

　　3) 정적주의　413

　3. 예수회　414

　4. 프랑스 혁명과 가톨릭주의　416

제6장 17~18세기 근대 동방 정교회　420

　1. 터키족의 지배　420

　2. 러시아　423

제7장 19세기 프로테스탄티즘　426

　1. 19세기 대표적 사조의 추세들　427

　　1) 진화론　427

　　2) 실존주의　428

　　3) 마르크스주의　429

　　4) 프로이드　430

　2. 근대 선교 운동　431

　3. 독일 개신교 자유주의　434

　　1) 슐라이어마허　435

　　2) 헤겔　437

　　3) 바우어와 스트라우스　438

　　4) 리츨　439

　　5) 기타 18세기 후반과 19세기 신학자들　440

　4. 19세기 영국 프로테스탄티즘　441

　　1) 영국 국교회의 부흥 운동들　442

　　2) 비국교도들의 운동들　444

5. 19세기 대륙의 개신교 부흥 운동   446

   6. 19세기 그리스도교와 사회 개혁   447

제8장 19세기 로마 가톨릭교회   449

   1. 교황권 지상주의   449

   2. 제1차 바티칸 공의회: 교황 무오류설   452

   3. 레오 13세   453

제9장 19세기 동방 정교회   455

제10장 미국의 그리스도교   458

   1. 형성기   458
     1) 청교도 전통   460
     2) 제1차 대각성 운동   461

   2. 새 민족의 탄생   464
     1) 독립 전쟁과 미국의 건국   464
     2) 제2차 대각성 운동   465
     3) 신생 종교들   468

   3. 남북 전쟁과 그 이후   470
     1) 노예 제도와 교파 분열   470
     2) 남북 전쟁   471
     3) 부흥 운동들   473
     4) 사회적 복음   474

제11장 20세기 그리스도교: 혼란과 희망의 세기   476

  1. 제1, 2차 세계 대전-혼란의 시대   476

  2. 공산당 혁명   478

  3. 독일의 신학적 상황   479
    1) 신정통주의와 바르트   479
    2) 슈바이처, 칼하임, 틸리히, 브룬너, 쿨만   483
    3) 양식사 학파와 종교 사학파   485

  4. 20세기 유럽의 프로테스탄티즘   486

  5. 20세기 미국의 프로테스탄티즘   489
    1) 제1, 2차 세계 대전 전후의 미국 교회   489
    2) 카리스마적 부흥 운동   492
    3) 후기 자유주의   494
    4) 복음주의와 근본주의   495
    5) 포스트모더니즘   497

  6. 20세기 로마 가톨릭교회   498
    1) 가톨릭 근대주의와 교황청   498
    2) 제2차 바티칸 공의회   501

  7. 에큐메니칼 운동   503
    1) 선교 운동   503
    2) 그리스도교 교육과 청소년 사업   504
    3) 삶과 사역 및 신앙과 직제   505
    4) 세계교회협의회(WCC)   506

제12장 21세기 그리스도교, 희망의 역사로   511

참고 문헌   512
주제 색인   520

지도 목록

* 지도 1 ◇ 1~2 세기 로마 제국 _32
* 지도 2 ◇ 로마 제국의 5대 교구 _67
* 지도 3 ◇ 니케아 이전의 교부들 _67
* 지도 4 ◇ 니케아 이후의 교부들 _104
* 지도 5 ◇ 게르만족의 이동 _127

제1부
고대 교회

제1장 그리스도교의 시작과 확장(~ c. 150)
제2장 위기와 응전(c. 150 ~ c. 300)
제3장 제국 교회와 교리 정립(c. 300 ~ c. 500)
제4장 수도원 운동

제1장

그리스도교의 시작과 확장(~ c. 150)

1. 그리스도교의 배경

1) 유대적 배경

북이스라엘이 B.C. 722년경 앗시리아에 의해 멸망했고, 남유다가 B.C. 587년경 바벨론에 의해 멸망했다. 페르시아가 바벨론을 이기고 시리아와 팔레스타인 지역의 패권을 장악한 후 유대인들은 페르시아의 속국이 되었다. 부분적으로 일부 남왕국의 "남은 자들"은 페르시아 제국에 의해 팔레스타인으로 귀환할 수 있도록 허락받았다.

그러나 알렉산더 대왕이 B.C. 334년 페르시아를 정복하고 팔레스타인의 주인이 되면서 헬라인들의 통치를 받게 되었다. 알렉산더는 계속하여 주변국을 정복해 가면서 인류를 헬라 문화로 통일하려는 제국주의를 지향하였다. 이러한 시기를 헬레니즘 시대라 부른다. 헬레니즘 통치 기간에 헬라인들은 관용 정책을 펴서 피정복인들이 통치 권위에 복종하며 조용히 살 때 피정복인들이 자신들의 민족적·종교적 정체성을 유지할 수 있도록 허락했다. 그래서 유대인들은 일정 부분 자신들의 율법 규칙을 지킬 수 있었으나 거시적으로 헬라 문화로 세상을 통일하려는 헬라인들의 이상과 민족성이 강한 유대 문화 간에는 마찰이 불가피했다. 헬라인들의 문화적 억압은 지배를 받는 유대인들에게 큰 부담이었다.

때마침 셀류쿠스 군주인 안티오쿠스 4세(Antiochus IV)가 유대교의 관행을 없애고 예루살렘 성전에 올림피아의 제우스(Zeus Olympios) 상을 세우고 숭배를 강요하자 유대인들의 헬레니즘화에 대한 반발은 점점 거세졌다. 마침내 마카비(Judas Maccabaeus, B.C. 191~160)의 리더십 아래 유대인들이 반란을 일으켰고 헬라인들을 격파함으로써 그리스의 통치(B.C. 334~167)가 종식되었다. 이후 유대인들은 1세기 동안 독립을 누렸다. 이때로부터 유대인들은 B.C. 165년 기슬래(오늘날 12월) 25일, 해방을 축하하고 성전을 재봉헌할 수 있었다.

마카비가(家)를 비롯한 유대 지도층은 더는 외세와 마찰을 원하지 않았다. 마카비 가문은 친헬라적 경향이 만연한 가운데 셀류큐스 왕조와 동맹을 맺고 하스모네 왕조(the Hasmonean dynasty)를 탄생시켜 바야흐로 유대인의 통치자가 되었다. 예수 당시에는 하스모네 왕가의 왕위 다툼이 심했고 그 틈을 타서 에돔 사람 헤롯이 로마의 힘을 빌어 유대인의 왕이 되었다. 유대인들은 유대 민족이 아닌 헤롯 왕을 싫어했고 헤롯 왕은 유대인들의 환심을 사기 위해 예루살렘에 성전을 웅장하게 재건하는 등 갖은 노력을 기울였다. 예수가 태어나자 헤롯이 찾아 죽이려 한 내용이 전해진다(마 2:13).

하스몬 왕가와 손을 잡고 귀족적 성향의 제사장 당파를 이룬 자들은 사두개파(the Sadducees)였으며, 하스몬가(家)가 외세와 타협하는 것을 못마땅하게 여긴 유대 순수주의자들은 바리새파(the Pharisees)였다. 사두개파는 종교보다는 정치에 관심을 둔 본질적으로 세속적 당파였다. 이들은 부활과 신비적 신앙을 거부하고 토라만 강조했다. 반면 바리새파는 엄격한 종교적 경건을 지향하였다. 이들은 예전적이고 전통적이었으며 한편 배타적이었다. 사두개파와 바리새파 외에도 유대 사회를 구성한 당파는 에세네파(the Essenes)와 열심당파(the Zealot)가 있었다.

에세네파는 사해 사본(the Dead Sea scroll)의 발견으로 그 모습이 드러난 쿰란 공동체(Qumran community)의 구성원이었던 것으로 추정된다. 이 공동체는 자신들을 "빛의 자녀들"로, 외부인들을 "어둠의 자녀들"로 지칭했다. 독신 생활을 숭고하게 여겼고 동물 희생 제사를 거부하는 등 금욕 공동체 성격을 보였다. 열심당원들은 마카비 전통의 열렬한 상속자로서 외세의 지배에서 벗어나기 위해 투쟁했다. 그 외 사마리아인들과 헤롯당들도 예수가 탄생할 당시 유대 사회를 구성하고 있던 부류들이었다. 이들 당파들은 각각 정치적·종교적 특색을 가지고 있었지만 메시아 대망 사상이나 토라 준수에 있어서는 다르지 않았다.[1]

유대인들은 팔레스타인에만 머물지 않았다. 이들의 디아스포라는 초기 그리스 통치 기간부터 시작되었다. 많은 유대인들이 자발적으로 팔레스타인을 떠나 지중해 세계의 모든 지역으로 흩어져 살게 되었다. 유대인들의 디아스포라는 많은 이방인을 유대교로 개종시키는 데 공헌했을 뿐만 아니라, 훗날 그리스도교의 전파에도 지대한 영향을 미쳤다.

디아스포라 유대인들은 철저히 유일신 사상을 신봉했고 자신들의 신앙을 유지하기 위해 회당을 설립했으며 메시아를 대망했다. 디아스포라 유대인들이 그리스도교에 남긴 위대한 유산은 구약의 헬라어 번역인 70인역(Septuaginta: LXX)이다. 바벨론 포로 기간에 성전이 없는 상황에서 회당(synagogue)은 예배와 교육의 중심 역할을 했다. 포로에서 귀환한 후 회당의 서기관들과 율법사들은 유대인들의 삶에 중요한 위치를 점하게 되었다. 이들은 성경 필사와 성경을 해석하는 역할을 담당하였다.[2]

2) 그리스-로마의 사상적 배경

로마 공화정의 집정관 시저의 양자 옥타비아누스가 2차 3두 정치 후 B.C. 27년 자신을 아우구스투스(Augustus, B.C. 27~A.D. 14)라 칭하고 황제로 등극하면서 로마 공화정 시대를 끝내고 로마 제국을 탄생시켰다. 예수가 탄생할 당시 지중해 연안의 주요 지역들은 로마 제국의 지배 아래 있었다.

갈릴리적인 현상에 불과했던 그리스도교가 2세기 말까지 지중해 연안의 주요 지역으로 확산되었다. 4세기 초까지 지중해의 대부분 지역에 교회가 설립되었다. 하나님은 그리스도교가 확산되는 데 그리스-로마의 제

---

1 E. G. Hinson, *The Church Triumphant: A History of Christianity up to 1300* (Georgia: Mercer Univ. Press, 1995), 5-7.

2 Hinson, *The Church Triumphant*, 5.

도들과 철학들이 용이하게 작용하도록 섭리했다. 그리스도교가 태동할 즈음 지중해 연안 국가들의 정치적 연합, 곧 "로마의 평화"가 실현되어 상대적으로 전쟁이나 반란이 적었다. 황제들은 인종적·지역적·제도적 다양성 속에서 연합을 이룩하려고 노력했다. 200여 년이나 지중해 연안 국가들은 계속된 전례 없는 정치적 안정을 누렸으며, 이로 인해 상업 및 교통수단이 발달했다. 로마의 잘 정비된 제도와 통상로, 곧 도로와 항로는 복음의 확산에 지름길 역할을 했으며 동일한 언어와 동일한 화폐에 기초한 커뮤니케이션의 통일은 복음 전파에 큰 도움이 되었다.

고도로 중앙집권화된 로마 제국은 속국들의 평화 유지에 전력을 기울였다. 이는 그리스도인들이 다양한 민족이 거하는 다양한 지역으로 안전하게 여행하면서 선교할 수 있도록 도와준 면이 있지만, 한편 그리스도교에 불리하게 작용하기도 했다. 제국은 평화와 보호의 명목으로 어떤 소요도 용인하지 않았기 때문에 정치적 핍박의 위협은 언제나 도사리고 있었다. 예수가 정치적 희생물이 된 것이 그 비근한 예이다.

그런가 하면 로마 제국이 민족적·인종적 통합을 위해 '보편성'을 추구한 결과, 그리스도교의 여명기에 나타났던 강한 종교적 전통들이 문화와 타협하면서 그 영향력이 차츰 상실되어 가기도 했다. 그리스–로마 세계가 그리스도교 확산에 좋은 환경이 된 만큼 여타 많은 종교도 좋은 조건을 누리고 있었다. 그리스도교는 자신들을 이들 여타 종교와 차별화시켜야 했고, 제국의 황제 숭배라고 하는 막강한 종교 체계에 대응해 가야 했다.

무엇보다 그리스도교의 확산에 있어서 섭리적 예비로 돋보이는 것은 그리스 철학이다. 그리스도교는 원래 역사적 예수에 대한 단순한 신뢰와 종말론적인 대망을 특징으로 삼고 있었으므로 그리스도교 종교 이해에 형이상학적 개념이 존재하지 않았다. 그러나 교회가 주변 세계를 복음화하기 위해 그들의 개념 언어들을 사용해야만 했다. 이에 그리스도교는 후기 스토아주의, 플라톤주의와 같은 그리스 철학의 정신세계에 복음을 전하기 위해 그리스도교 진리를 지적으로 체계화할 필요가 생겼다.

교부들은 그리스도교 사상을 표현하고 선교하기 위한 지성화 작업의 동반자로 유대주의가 아닌 그리스 사상을 택했다. 물론 그리스도교 신앙과 그리스 철학의 통합 작업을 거부한 교부들도 있었으나 대체로 사상적 관용으로 통합을 시도하면서 그리스도교 진리를 그리스 철학으로 풀어내려는 노력은 초기부터 지속적으로 이루어졌다.

고대 철학이 초기 그리스도교에 미친 영향은 지대했다. 특히 플라톤주의와 신플라톤주의는 그리스도교 신학과 영성에 지대한 영향을 미쳤다.[3] 특히 이들의 이데아의 영역과, 원형의 불완전한 모형으로서의 현상계 간의 구분은 그리스도교 사상과 영성에 지속적 영향을 끼쳤다고 할 수 있다. 이 양자의 구분은 물질계와 비물질계, 육체와 불멸성의 영의 세계를 구분하였다. 플라톤주의의 궁극적인 실재, 즉 원형적인 이데아로부터 현상에로의 이전이 가능한 것은 바로 중간적 존재들로 인해 가능한데, 이렇게 존재들의 단계를 상정하는 것은 신플라톤주의의 주요 사상 체계였다. 존재의 단계와 중간적 단계의 중보는 그리스도교의 성육신과 구원을 설명하는데 기초를 마련해 주었다.

초기 그리스도교에 영향을 미친 사상 체계는 플라톤주의만이 아니라 스토아주의도 있었다. 특히 스토아주의의 "로고스" 개념은 철학과 그리스도교의 접촉점이 될 수 있었다. 스토아주의는 로고스가 전 우주에 침투해 있으며, 모든 사람 안에서 그들로 하여금 세상을 이해하고 그들 자신의 일을 가능하게 하는 합리성의 원리라고 설명했다. 이 로고스가 모든 사람 안에 심겨 있기 때문에 인간은 보편적 도덕성을 인식하고 실천할 수 있다. 이를 자연법(the law of nature)이라고 한다. 이러한 신적인 법칙을 이해하고 이에 순종하기 위해 인간은 이성을 사용해야 한다.

공평과 정의를 추구하는 로마의 법사상은 바로 스토아주의의 로고스 사상에 근거하고 있었다. 스토아주의는 모든 이성적 존재에 내재하는 로고스로 인해 형제애와 세계 시민 정신이 요구된다고 하였다. 플라톤주의와 달리 스토아주의에서는 질료(matter)만이 실재적(real)이다. 따라서 현상이 중요하며 결과적으로 윤리가 중요하다. 이 윤리는 양심과 이성의 자연법

---

[3] A. Fox, *Plato and the Christians* (London: SCM Press, 1957). 이 책은 그리스도교에 대한 플라톤주의를 잘 정리하였다.

을 따른다. 그리스도교의 윤리 사상은 스토아주의를 수용하였다. 산상 수훈의 단순하고도 실천적인 그리스도교의 윤리는 스토아주의의 영향으로 체계화된 윤리 사상으로 발전하였다.[4]

플라톤주의 및 스토아주의와 더불어 이데아 세계보다 현상계의 경험적 실체를 더 강조한 아리스토텔레스와 인간의 최고선(最高善)으로 "쾌락"(절제에서 얻어지는 쾌락)을 추구하던 에피쿠로스 학파도 그리스도교의 철학적 탐구를 자극했다. 아리스토텔레스 사상과 쾌락주의는 그 세속성 때문에 고대 교회에서는 배제당하기도 했지만, 아리스토텔레스의 철학의 경우 중세 전성기에 지대한 영향을 미쳤다.

그리스도교에 영향을 미친 그리스의 사상 체계들과 그리스도교 사상의 종합을 보면서 우리가 주목해야 하는 것은 교부들은 그리스 철학의 내용보다도 그 방법을 원용했다는 점이다. 그리스 사상의 영향으로 인해 계시에 대한 합리적인 성찰의 방법으로서 종교의 지적인 체계, 즉 신학이 형성되고 발전되어 갔음을 주지해야 한다.[5]

3) 밀의 종교(mystery cults, 신화)의 배경

밀의 종교들은 그리스도교의 성장기에 만연하던 헬레니즘의 한 양태라고 볼 수 있다. 고대 동방 종교들에서 기원했으나, 지중해 동부의 헬라 문명에서 체계화되어 혼합적 성격을 띠었다. 여행객, 상인, 그리고 군인에 의해 이들이 로마 세계로 유입되었다. 밀의 종교(신화)가 종교인 이유는 신자가 신의 경험에 참여한다는 점 때문이다. 사람들은 신과의 동일화를 통해 불멸을 부여받는다고 믿었다. 각각의 밀의 종교들은 자신들 고유의 비밀스러운 예식들을 가졌다. 동물의 피를 뿌리는 원시적인 예식이 있는가 하면 순화된 양태의 예식으로 사람들을 매료시키기도 했다.

---

4 F. Flückiger, *Geschichte des Naturrechles* (Zurich: Evangelischer Verlag, 1954), 186–238.

5 Hinson, *The Church Triumphant*, 11–12.

대부분 밀의 종교는 성적인 요소를 가지고 있어 남신(男神)과 여신(女神)이 짝을 이룬다. 바벨론의 탐무즈(Tammuz)는 남신이고 상대 여신은 아쉬타르(Ishtar)이다. 시리아의 아도니스(Adonis)와 아스타르테(Astarte), 소아시아의 아티스(Attis)와 대모(Great Mother), 이집트의 오시리스(Osiris)와 이시스(Isis)가 그들이다. 오르페우스교(Orphism)는 영(善)과 물질(惡) 사이의 갈등을 전제로 하는 이원론적 종교로, 그리스도교에 간접적으로나마 영향을 미쳤다. 미트라교는 조로아스터교(Zoroastrianism)에서 기원했는데, 태양의 아들(the Son of the Sun)인 미트라(Mithra)가 12월 25일에 동정녀에게서 태어났다고 했다. 미트라 교도들(Mithraists)은 미트라의 탄생을 축하하기 위해 한밤중에 모임을 가졌다.

밀의 종교들은 사람들에게 매우 호소력이 있었다. 그 이유는 이들이 슬픔과 죽음으로부터 구원을 제시했기 때문이다. 모든 인종과 사회 계층(노예는 제외)을 포용하는 보편성을 가지고 있었으며 집회는 소규모이고 친근했다. 키케로(Cicero)는 "엘레우시스 밀의 종교가 인류에게 가장 복된 소망인 불멸성의 축복을 부여했다"라고 주장할 정도였다. 밀의 종교들은 그리스도교가 말하는 세상 창조, 성육신, 그리스도의 자발적인 죽음, 죄와 은총의 교리들과는 상관없어 보이지만, 부활, 재생, 성례전과 같은 내용들을 자신들과 크게 다르다고 여기지도 않았다.

밀의 종교들로부터 그리스도교로 회심한 자들은 부활을 자연신의 재생으로 이해했고, 부활절을 자신들이 행해오던, 계란들과 토끼들을 중심으로 하는 다산 예식으로 축하했다. 주님의 만찬을 신의 살과 피를 실제로 먹는 것으로 여겼다. 예수의 동정녀 탄생은 미트라의 변형 정도로 보고 크게 거부감 없이 받아들였다. 오시리스의 들판들의 축복은 새 예루살렘으로 간주될 수 있었으며, 자비로운 하늘의 여신인 이시스는 예수의 어머니인 동정녀 마리아와 쉽게 호환되었다.

교회는 밀의 종교와 혼동을 일으키는 이방인들에게 그리스도교의 정체성을 확고히 할 필요가 있었다. 일반 시민들로부터 혐오스러운 예식과 비도덕적 행위를 일삼는 종교라고 오해받는 부분에서도 경계심을 늦출 수 없었다. 교회는 본질에 대한 고수와 주변적인 것들에 대한 유연성을 통해 세상 속으로 그리스도를 전파해야 했다. 신앙의 주된 내용들의 수정은 용납할 수 없었으나, 성탄절 축하를 율리우스 달력(Julian calender)의 동지인 12월 25일, 곧 태양신 미트라(Mithras)의 생일과 맞추는 것은 반대하지 않았다. 이 날을 그리스도교의 축제일로 바꿈으로써 이교도들이 그리스도교로 회심하는데 긍정적으로 작용할 것이라 믿었던 것 같다.[6]

---

[6] Bernard Botte, *Los origenes de la Navidad y de la Epifania* (Madrid: Taurus, 1964), 90-96. R. Bation, "The Origin of Epiphany" in *Early and Medieval Christianity* (Boston: Beacon Press, 1962), 22-38.

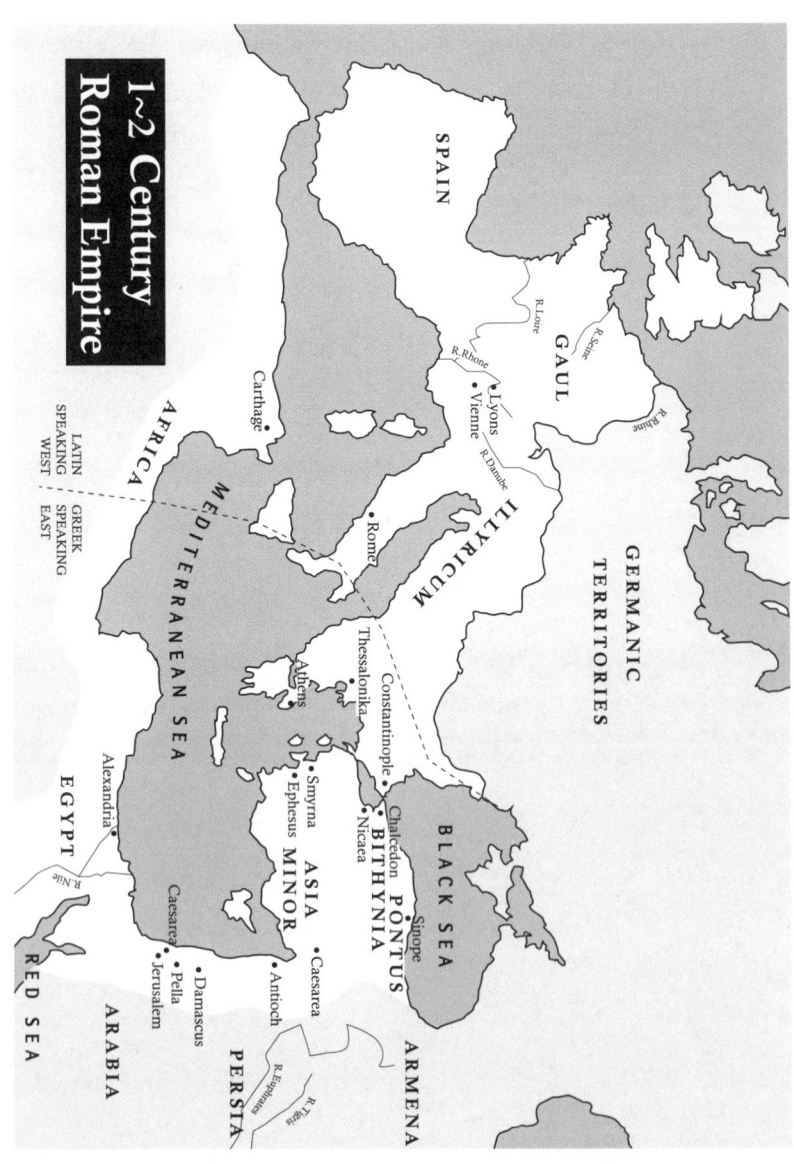

〈지도 1. 1~2세기 로마 제국〉

2. 그리스도교의 시작과 확장

1) 예수의 탄생과 그리스도교의 시작

이러한 문화적·역사적 배경 속에서 예수 그리스도는 탄생했다. 예수가 언제 태어났는지 그 시간에 대한 정확한 역사적 자료는 없다. 다만 복음서와 초기 예수의 어록들에 의하면 카이사르 아우구스투스(Caesar Augustus)의 명을 따라 시리아(Syria)의 총독 구레뇨(Quirinius)가 인구 조사를 시행할 때라고 말하기도 하고(눅 2:1-2), 헤롯 왕이 죽기 직전(마 2:1, 19)이라고 전하기도 한다. 구레뇨의 인구 조사는 A.D. 6년경이고 헤롯의 사망은 B.C. 4년경이다. 약간의 시간차가 있지만 대략 그리스도교 시대 원년에 매우 근접한 시기인 것으로 추정할 수 있다.[7]

예수는 갈릴리 지역을 중심으로 하나님 나라를 선포하였다. 신약 성경은 예수의 그리스도 되심과 그의 신적 사건들을 증거한다. 예수는 하나님 나라를 선포하는 특별한 사역을 맡은 자로서 자의식이 분명했고, 세례를 받으신 후 본격적인 사역을 펼쳤다. 예수의 유대교 해석은 매우 과격했고 혁명적이었다. 그러므로 그는 분명 하나님의 의로운 사랑과 통치에 대한 메시지를 전했지만, 유대교 기득권자들과의 마찰은 불가피했다. 이 마찰은 십자가의 죽음으로 이어졌다. 그의 죽음은 부활 사건으로 연결되어 그리스도교 메시지의 최정점을 이루게 된다.

성경의 기록들이 역사적 자료로 받아들여지든 그렇지 않든, 분명한 것은 오순절 성령 강림 사건(행 2장) 이래 예수의 추종자들은 복음서에 기록된 대로 예수의 행적과 가르침, 그의 죽음과 부활을 믿고, 고백하고, 가르치고, 새로운 종교의 전파를 그들의 사명으로 인식했다. 제자들은 주님의 부활과 성령 강림 사건을 체험한 후 스승의 유지를 실천했으며 이 과정에서 그리스도교는 마침내 로마 제국에서 유대교와 차별화된 새로운 종교로

---

[7] R. Bainton, *Christendom: A Short History of Christianity and Its Impact on Western Civilization*, 롤란드 베인튼,『세계교회사』, 이길상 옮김 (서울: 크리스챤 다이제스트, 2010), 38.

부상하게 되었다.

　예수의 부활 이후 그를 추종하던 제자들은 최초로 그리스도교적 설교, 곧 이스라엘이 고대하던 메시아가 나사렛 예수로 성육신하셔서 이미 세상에 왔으며, 유대인들이 그를 죽였으나 그는 부활을 통해 자신의 신적인 권위를 입증했고 머지않아 영광 가운데 다시 오셔서 의와 평화의 통치를 개시하실 것이라고 선포했다. 누구든지 예수를 메시아로 영접하고 그의 도덕적 기준에 따라 살며 세례를 통해 그와 사랑의 교제를 이루어야 한다고 가르쳤다. 실제로 그들은 원시 그리스도교 공동체를 형성하면서 하나님 나라의 도래를 대망했다.

　30년경 오순절 성령 강림 사건 이후 예루살렘을 중심으로 하여 커가던 그리스도교는 32년경 스데반의 순교를 경험하였다. 이 사건으로 말미암아 유대인 그리스도인들이 예루살렘에서 추방되었다. 이 사건은 그리스도교가 확장되는 데 새로운 국면의 개시가 되었다. 예루살렘에서 추방된 그리스도인들은 사마리아, 버니게(Phoenicia), 구브로(Cyprus), 안디옥 등으로 그들의 종교를 전파했다. 팔레스타인 지역 너머 안디옥에서 이방인 및 유대인 그리스도인들로 구성된 교회(ekklesia)가 처음으로 생성되었다. 결국, 유대계 그리스도인들의 디아스포라는 복음이 외부로 확산되는 중요한 도움이 되었다.

　로마 당국은 당시 그리스도교를 유대교 내부의 한 소종파로 보고, 그리스도교가 다수파 유대교와 마찰을 빚은 정도로 인식했다. 그래서 로마 당국은 다수의 유대인들의 환심을 사기 위해 그리스도인들을 박해하기 시작하였다. 50년대 초 로마의 유대인 지역에서 그리스도인들을 반대하는 폭동이 일어났다. 63년경에는 예루살렘 교회의 지도자인 예수의 동생 야고보가 순교를 당하였다. 이후 그리스도교는 로마 제국에서 허가받지 않은 종교로 간주되어 한층 더 가혹한 박해를 받았다. 64년 네로(Nero)의 박해가 그 서막이었다.

　66~70년 갈릴리 지역의 유대인들의 반란과 예루살렘의 멸망과 성전 파괴(70년) 때에는 팔레스타인의 그리스도인들은 유대인들과 동일시되어 고난을 당했다. 그리스도인들은 유대인들로부터 배신자라는 비난을 받

았다. 그 이유는 반란 초기에 예루살렘 멸망에 대한 예수의 경고와 예언(마 24:15)에 따라 그리스도인들은 미리 예루살렘을 떠났기 때문이다.

70년을 전후로 유대교의 소수 분파들은 유대교와 그리스도교의 연속성과 정통성을 개발하려고 시도하기도 했다. 하지만 이러한 관용적 시도들은 주류 유대인들로부터 모두 축출되었다. 약 100년경 그리스도교는 회당에서 축출되었고 공식적으로 유대교로부터 파문당했다. 유대교의 제의적이고 특권적 선민사상과 그리스도교의 보편주의는 조화로울 수 없었으므로 이 일은 당연한 귀결이었다.

2) 사도들의 활약과 그리스도교의 확장

사도들의 활약으로 그리스도교는 확장되어 갔다. 사도 시대의 과제는 자신들이 경험한 예수를 주변의 종교와 자신들의 유대적 배경에서 재해석해내고 전파하는 것이었다. 그들은 그리스도로서의 예수를 인식했고 유대인들이 대망하던 메시아와 주변 헬라 문화의 주(Lord, *kyrios*) 개념을 동일한 하나의 개념으로 받아들여 예수에게 적용시켰다. 사도들은 성령의 강한 역사로 초자연적 이적과 기적을 행하며 새로운 종교를 확장시켜 갔다. 2세기 초까지 본도(Pontus), 카파도키아(Cappadocia), 비시니아(Bithynia) 등 많은 지역에 그리스도교가 전파된 사실이 본도의 총독 플리니우스(Pliny)의 보고서에 나타난다.

그리스도교의 확장에 사도 바울의 공헌은 지대했다. 다메섹 도상에서 회심한 바울은 안디옥에서 이방인들을 상대로 전도하기 시작했으며, 이는 팔레스타인 지역에 머물던 그리스도교가 세계로 퍼져 가는 계기가 되었다. 그는 소아시아, 그리스, 로마 등으로 여행하면서 교회를 세웠다. 물론 바울과 무관하게 세워진 교회도 많았다. 두로(Tyre), 시돈(Sidon), 버니게(Phoenicia) 등 여러 도시에 교회가 존재했으나, 시리아의 안디옥이 주된 그리스도교 요지(要地)로서 예루살렘을 대신하였다.

바울은 그리스도교를 팔레스타인의 유대교와 차별화시키고, 그리스-로마 문화의 중심지 가운데 하나인 안디옥을 중심으로 복음을 세계로 전파시켜 나갔다. 바울의 이방 선교는 그리스도교가 배타적 유대주의로부터 보편적 진리로 변모하는 데 기여했다는 점에서 의의가 있다.[8]

그리스도교는 소아시아와 시리아의 안디옥으로부터 동쪽으로, 즉 티그리스 강과 유프라데스 강 유역으로 확산되었다. 180년경 지중해 연안 도처에 교회가 세워졌고 메소포타미아의 소왕국 에데사(Edessa)의 왕이 그리스도교를 수용하였다. 이후 에데사와 니시비스(Nisibis)는 시리아 그리스도교의 중심지가 되었다. 에데사로부터 아르메니아(Armenia)와 그루지아(Georgia)까지 복음이 전파되었다. 이집트와 시리아의 전도로 남쪽으로 아라비아와 홍해의 악숨(Aksum) 왕국에 복음이 전해졌다. 이어 350년경 에티오피아와 누비아(Nubia)를 비롯한 여러 소왕국들에 전파되었다.

『도마복음』(the Acts of Thomas)에 따르면 그리스도교는 에데사에서 페르시아를 경유하여 인도와 중국으로까지 전파되었다. 이 지역의 그리스도교는 안디옥의 신학적 전통에 세워졌고 이집트 지역으로 전파된 그리스도교는 알렉산드리아의 노선을 따르게 되었다. 데메트리오스(Demetrius, 188~231)는 이집트 교회를 정착시키는 데에 공헌했을 것으로 추정된다. 2세기 알렉산드리아의 클레멘스(Clement of Alexandria, 150~215)와 오리게네스(Origen, 184/185~253/254)가 주도한 세례 교육 학교와 그 활동들을 주시해 볼 때 알렉산드리아 지역에 그리스도교가 흥왕했음은 분명하다.

북아프리카 지역에도 상당히 많은 교회가 있었다. 북아프리카의 주요 도시들인 카르타고(Carthage)와 누미디아(Numidia), 투니시아(Tunisia) 등지의 그리스도교의 역동성에 관하여 2세기 말 테르툴리아누스와 3세기 중반 키프리아누스가 증언한다. 또한 80년경 발생한 누미디아 스킬리움(Scillium)의 순교 사건이나 203년 발생한 성 페르페투아(Perpetua, d. 203)의 순교가 북아프리카의 신앙 열정을 잘 전해 준다. 220년 카르타고의 감독 아그리피누스(Agrippinus)가 소집한 북아프리카 교회 회의에 70여 명의 감독이 참석한 기록도 3세기까지 북아프리카의 주요 도시들에 그리스도교가

---

8 A. Harnack, *The Mission and Expansion of Christianity*, trans. & ed. by J. Pelikan (New York: harper & Brothers, 1961), 44-72.

상당히 전파되었음을 단적으로 보여 준다 하겠다.

고울(Gaul) 지방도 1세기부터 미약하나마 교회가 존재했다. 177년에 리용(Lyons)과 빈(Vienne)에서 발생한 그리스도인들의 순교 기록이 있다. 3세기 말까지 아를스(Arles), 루앙(Rouen), 파리(Paris), 보르도(Bordeaux), 트리에(Trier) 등에도 감독 교구들이 등장했다. 3세기 중엽 이탈리아에 10개 이상의 감독 교구가 존재했다. 그 중심은 로마 교회였다. 3세기 중엽 로마의 감독 파비안(Fabian)은 로마 교회의 조직을 정비했다. 100년경 수천 명, 200년경 수만 명이었던 그리스도인의 수가 300년경 200만 명까지 성장한 것으로 추측된다. 로마 제국의 동방이 서방보다 빨리 복음화되었다. 시골보다 교통이 발달한 도시가 먼저 복음화되었다. 선교 초기, 개인적인 접촉으로 복음 전도가 이루어질 때 로마의 제도와 헬라의 문명은 선교를 촉진시키는 호조건으로 작용했다.

3) 사도적 교부들

사도들의 시대(c. 30~100)가 끝나면 A.D. 약 100년(사도 요한의 죽음)을 전후로 사도적 교부 시대(the Subapostolic and Postapostolic period)가 시작된다. 혹 속사도 시대라 부르기도 한다. 사도적 교부들이란 사도들의 제자이었거나 그들로부터 직접 가르침을 전수받은 청중이었던 사람을 의미한다. 이 기준에 의하면 현존하는 문헌을 봤을 때 로마의 클레멘스(Clement of Rome, ?~96/97), 안디옥의 이그나티우스(Ignatius of Antioch, 105~135), 서머나의 폴리카르푸스(Polycarp of Smyrna, ?~167)만이 사도적 교부들에 해당한다.

그러나 사도들과 개인적인 친분은 없었다 하더라도 시기적으로 사도들의 시대와 가깝고 사도적 전승을 보존하고 있는 인물들과 그들의 작품을 포괄적으로 포함하기 때문에 사도적 교부의 범위가 넓어진다. 사도적 교부들의 활동 시기는 신약의 후기 저술들의 시기와 조금 겹친다. 이 때문에 이 시기 일부 저술은 초기에 신약 성경에 포함되기도 했다. 또한, 내용과 스타일에 있어서 신약의 저술들, 특히 사도들의 서신과 유사하다. 소아시아, 시리아, 로마 등 지리적으로 로마 제국의 여러 지역에서 저술되었다.

처음 사도적 교부 시대의 작품으로 인정된 것들은 클레멘스의 두 『서신』,[9] 이그나티우스의 일곱 『서신』, 헤르마스(Hermas)의 『목양서』, 폴리카르푸스의 『서신』, 바나바스(Barnabas)의 『서신』, 『폴리카르푸스의 순교』가 있다. 1765년 이후 히에라폴리스의 감독 파피아스(Papias)의 『주님의 어록들에 관한 설명』, 콰드라투스(Quadratus)의 『변증서』, 그리고 작자 미상의 『디오그네투스에게 보내는 변증서』가 추가로 인정되었다.

이 시기 중요한 작품으로 눈길을 끄는 것은 1873년에 발견된 『12사도 교훈서』(the Didache)이다. 이것은 가장 오래된 규정집과 같은 교직서로서 초신자들에게 바른 행위를 가르치기 위한 규약들이 포함되어 있고 예전적인 부분 및 치리의 문제들이 다루어지고 있다. 『디오그네투스에게 보내는 변증서』, 파피아스의 글, 그리고 『폴리카르푸스의 순교』는 학자들에 따라 사도적 교부들의 작품에서 누락되기도 한다. 그리고 2세기 원시 그리스도교 공동체의 찬양으로 보이는 『솔로몬의 송가』가 1912년 편집되어 출판되었는데 이 또한 사도 교부 시대 문헌으로 간주된다.[10] 소수의 작품에 불과하지만 서신, 논문, 묵시록, 교직서, 순교 열전 등 사도적 교부 시대 문헌들의 문학적 장르는 다양하다.

이 시기 특징은 사도 시대에 집중적으로 나타났던 카리스마적 은사들과 예언 활동이 차츰 사라지게 되고, 신약에서 개교회에 제한되어 있던 행정적 직책, 곧 감독, 장로, 집사 같은 교회 직제가 중요하게 다루어진다는 점이다. 직제가 강화되기 시작하면서 권위에 대한 새로운 개념과 질서가 정립되기 시작하였다. 이 시기 교회 질서가 중요시되고 일정한 규범이나 권위 제도(감독, 장로, 집사 등)가 등장하는 것은 교회사에서 의미 있는 내용이다.[11]

안디옥의 이그나티우스는 성찬의 공동체로 그리스도교의 정체성을 말하

---

9 엄밀히 클레멘스의 두 번째 『서신』은 클레멘스의 작품으로 인정되지 않는다. 이 책은 서신이라기보다 설교문에 가깝다.

10 J. B. Lightfoot, *The Apostolic Fathers*, 5 vols (London: MacMillan Co., 1988-90).

11 Ignatius, *Smyr.* 8:3.

기도 했고 대부분 세례를 죄의 용서의 수단으로 보았다.[12] 순교와 독신주의(celibacy)를 칭송하며 이들이 특별한 죄 용서의 능력을 가진다고 믿었다. 사도적 교부들의 저술들이 체계적 신학을 보이지는 않지만 적어도 대부분의 저술이 전능한 유일신 하나님과 그의 창조, 그리고 그리스도가 하나님의 아들로서 선재했으며 세상의 창조에 참여했다는 사실, 그리고 인류 구원 계획의 경륜을 이루심을 믿는 믿음을 담고 있다. 또한, 박해의 시대 상황과 관련하여, 주님의 임박한 재림을 대망하고 있는 점에서 사도적 교부 시대 문헌들은 일관성을 유지하고 있다. 이 시기는 조직적 신학의 시기라기보다는 오히려 목회적·상황적이라고 보는 것이 적합하다.

사도적 교부들의 글은 사도 시대 직후 2세기 교회의 삶, 예배와 정경 등을 볼 수 있도록 한다는 데 큰 의의가 있다. 사도적 교부들의 문헌을 통하여 우리는 사도 시대 원시 그리스도교 공동체가 어떻게 초기 제도적 교회로 변모되어 가는지를 보게 된다. 또한 이 시기에는 카리스마적 은사를 강조하던 교회 공동체가 계층 구조적 기구로 발돋움을 시작하는 과도기적 모습을 보인다.

---

12 Ignatius, *Ephe*. 20.2.

A Brief Sketch of Church History

제2장

위기와 응전(c. 150 ~ c. 300)

1. 박해

1) 마찰과 박해

로마 당국은 그리스도교와 유대교를 구분할 줄 몰랐다. 처음에는 그리스도교를 유대교의 한 종파로 간주하여 크게 박해를 가하지 않았으나 교회가 점차 성장하자 박해의 강도를 더해 갔다. 그리스도교인들이 로마의 신들에 대한 숭배를 거부하자 이를 이유로 그리스도교를 불법 종교로 분류하였다. 로마는 점령지에 대한 종교와 관습에 관대한 포용주의를 지향했지만 절대 유일신 사상에 근거한 그리스도인들의 신앙적 배타성은 제국이 지향하는 이상과 조화로울 수 없었다. 마찰은 불가피했고 이는 박해로 이어졌다.

그러나 당시 로마 당국이 유대교에는 예외적으로 로마 신들에 대한 숭배 거부의 죄를 적용하지 않았다. 유대인들의 반란을 미연에 방지하려는 로마의 조처이기도 했지만, 유대교는 본성상 소수의 특정 민족에 한정된 종교이므로 타 민족과 로마 제국에 큰 영향력을 행사할 만한 요소가 극히 미약하다고 판단했기 때문에 관용할 수 있었다. 그러므로 유대인들은 나름 합법적으로 종교의 자유를 누렸다. 그러나 그것도 잠시, 54년 황제 클라우디우스(Claudius, B.C. 10~A.D. 54)가 모든 유대인들을 로마에서 축출하는 칙령을 내렸다. 마침 가이사랴 지역에서 반(反)유대인 운동이 발생했고 이에 대응하는 유대인의 긴장이 고조되면서 유대와 로마의 전쟁이 발발하게 되었다. 70년 티투스(Titus) 장군에 의해 예루살렘이 함락되고 성전이 파괴되면서 전쟁은 끝이 났다.

그러다가 132년 바 코크바(Bar Kokhba)가 다시 반란을 주도하여 예루살렘을 회복했지만 로마의 반격군에 의해 예루살렘이 궤멸됨으로써 유대인들은 정치적 의미에서 완전히 국가를 상실하고 말았다. 따라서 유대인들은 오직 소수의 이방인들과 관계를 유지할 수 있는 상황이었다. 반면 그리스도인들은 이방인들에게 대대적으로 침투했다. 교회가 성장 일로로 치닫자 제국과 제국 국민들은 국방력의 약화와 빈발하는 재난의 책임을 그리스도인들에게 전가시키는 일이 난무하게 되었다. 이로 인해 그리스도인들에 대한 박해가 가속화되었다. 단지 그리스도인이라는 이유만으로 범죄자로 취급받는 경우도 빈발했다.

그리스도교에 대한 박해의 이유는 다양했다. 이미 언급한대로 로마 당국의 입장에서 그리스도교는 보편성과 역사성이 결여된 종교로 인식되어 규제를 받아야만 했다. 그런 와중에 이방인들은 그리스도인들의 세례를 유아 살해로, 성찬식을 피와 살을 먹는 식인 행위로, 애찬식을 방탕한 근친상간으로 보고 혐오했다. 그리스도인의 집회를 정부 전복을 꾀하는 비밀 집회로 오해했다. 실제로 로마 사회에는 이 같은 행위를 자행하는 광신적 밀의 종교들이나 사교들이 존재했었기 때문에 그리스도교도 그런 부류로 오해받을 소지가 있었다.

알렉산드리아의 클레멘스에 따르면 이방인들은 누가 진정한 그리스도인들이고 누가 해괴한 집단의 무리인지 구분하지 못했다. 일부 이방인의 증언에 의하면 고문에 대한 두려움 때문에 그리스도인들이 자신들이 행하지도 않은 비행을 저질렀다고 고백하는 경우도 많았다. 어떻든 그리스도인들은 대중의 혐오감과 적개심의 대상이 되어 고난의 길을 걷게 되었다.

그리스도인들은 부도덕하다는 오해와 함께 인간 혐오주의라는 오해도 샀다. 로마인들에게 그리스도인들은 주변 모두를 제외시키고 자기들끼리만 사는 '제3의 인종'으로 보여졌다. 그리스도인들은 대중적인 모임이나 축제, 그리고 제의에 참석하지 않았고 검투사들의 싸움이나 연극도 관람

하지 않았다. 그리스도인들 사이에 분쟁이 일어날 경우 세상 법정에 호소하기보다 감독에게 가서 해결했다. 따라서 이방인들은 이들이 다른 인종을 극도로 혐오하는 존재들이므로 자신들의 사회로부터 쓸어버려야 할 종족이라고 생각했다. 실제로 타키투스(Tacitus, c. 60~120)는 그리스도인들에 대한 네로의 박해의 진정한 동기는 방화가 아니라, 그들의 인류에 대한 혐오 때문이었다고 기술하고 있다.[13]

한편, 그리스도인들이 로마 신들에 대한 제의를 거부하는 것은 로마 당국에 대한 불충성의 맥락으로 비쳐졌다. 고대 사회는 공공의 제의와 애국심이 구분되지 않던 시대였다. 고대 시대에 국가의 번영은 신들의 가호라고 여겼으며, 전쟁도 수호신들끼리의 전쟁으로 이해했다. 결국 로마의 평화는 '신들의 평화'이기도 했다. 그래서 로마 제국이 변방국들의 침범을 당하자 국가 위기의 원인을 국가 수호신들에 대한 제의를 거부하던 그리스도인들 때문이라고 여긴 것이다. 테르툴리아누스의 기록은 참고할 만하다.

> 티베르 강 수위가 성벽까지 차오르고 나일 강이 광야에 물을 대지 못하고, 지진이 발생하고 기근과 역병이 생기면, 사람들은 '그리스도인들을 사자에게로!'라고 소리쳤다.[14]

로마인들은 제국이 겪는 모든 재앙의 원인은 그리스도인들이 로마의 신들을 섬기지 않아서 생긴 재앙이라고 탓했던 것이다.

그리스도인들의 제국에 대한 불충성의 근거는 황제 숭배 거부에서도 드러났다. 황제 숭배 사상은 시저(Julius Caesar, B.C. 29)의 현신(*apotheosis*) 사상으로부터 시작되었다. 이어 네로, 도미티아누스(Domitian, 81~96)가 이를 장려했으며 조서를 내려 자신들을 2중의 칭호인 "우리의 주이자 신"(*dominus et deus noster*)이라고 칭했다. 교회는 도미티아누스 치하에 처음으로 황제 숭배의 문제에 직면하게 되었다. 70년 예루살렘 멸망 시 에베소

---

13 Tacitus, *Annales* 15.44.
14 Tertullian, *Apology*, 40.

로 갔던 사도 요한은 도미티아누스 황제 박해 때 체포되어 밧모섬으로 보내졌는데 사도는 요한계시록에서 그리스도인들로 하여금 로마 황제에 항거하도록 독려했다. 황제의 제의는 종교적 획일성과 제국의 연합을 성취하는 길이었으므로 로마 입장에서는 당연한 처사였다. 그러므로 로마 제국이 그리스도인들을 박해한 이유는 종교적 이유라기보다 황제 숭배를 거부한 반역의 죄가 더 큰 원인이었다.

처음 2세기 동안은 그리스도인들을 핍박하려는 특별한 법률이 제정되지 않았다. 그러나 네로의 박해로 그리스도인들에게 '인류에 대한 혐오'라는 오명이 씌어졌으며 이때부터 아무 법적 근거 없이 제국은 거의 250여 년 동안 그리스도인들을 옥죄었다. 그러나 그 어떤 강한 박해도 교회의 성장을 저해했을 뿐 교회 자체를 약화시키지는 못했다. 오히려 박해는 내적으로 알곡과 가라지를 구분하고, 교회를 정화시키는 역할을 했다.

2) 박해의 과정

박해는 전면적으로 행해지든 간헐적으로 이루어지든 지속되었다. 우리는 박해의 과정을 3개의 두드러진 시기로 구분할 수 있다. 제1기는 그리스도교의 생성부터 100년경까지, 이 시기에 교회는 국가로부터 용인되거나 그 존재가 무시되었다. 그리스도교는 유대교 내부의 한 분파로 간주되어 종교적 관용을 누리기도 했었다. 제2기는 100년경부터 250년경까지, 이 시기에 그리스도교는 독자적인 종교로 인정되었고 동시에 반제국적이고 반인류적인 종교로 간주되었다. 제3기는 250년경에서 311년에 이르는 기간으로 제국의 중흥의 시도 및 황제 숭배 사상의 강화로 인해 그리스도교는 거의 멸절의 위협에 처해질 만큼 강한 박해를 받았다. 64년 네로(Nero, 54~68)의 핍박으로부터 313년 밀라노 칙령까지 250년간 교회는 핏속에서 성장해 갔다고 할 수 있다.

박해가 본격적으로 이루어진 것은 네로 황제 때부터였다. 로마의 역사가 타키투스에 따르면 네로는 도시 계획을 추진하기 위해 땅을 정리할 필요가 있었다. 그런 이유에서 도시에 불을 질렀다. 네로는 자신의 무모한 행위에 분노한 민심을 다른 데로 돌리기 위해 그리스도인들을 희생양으로 삼았다. 극심한 박해가 그리스도인들에게 내려졌고, 이때 바울과 베드로가 로마에서 순교했다. 네로의 박해는 주로 로마에 한정되었고, 그 뒤를 이은 도미티아누스 황제의 박해는 소아시아에 한정되었었다. 도미티아누스 황제 때 사도 요한이 밧모섬으로 유배를 가게 되고, 로마의 클레멘스가 순교했다.

트라야누스의 치세 때부터 그리스도인 박해의 기본 방침이 확립되었다. 즉 고발이 들어올 경우 수색, 체포하되 신앙을 부인하고 우상 숭배할 경우 과거의 죄는 불문에 붙이고 석방했다. 그러나 그리스도교 신앙을 끝까지 고수할 경우 사형에 처했다.[15] 트라야누스의 방침이 셉티미우스 세베루스 (Septimius Severus, 195~211) 때까지 적용되었다. 트라야누스의 정책이 유효할 때 안디옥의 감독 이그나티우스와 그의 친구 서머나의 감독 폴리카르푸스가 순교한 것으로 추정된다. 하드리아누스(Hadrian, 117~138) 치하의 박해도 고발에 따라 산발적으로 이루어졌다.

마르쿠스 아우렐리우스(Marcus Aurelius, 161~180)는 스토아 철학에 심취했던 황제로 로마가 번영을 누린 5명의 '선한 황제' 중 한 명이다. 그러나 그의 철학적 정치 이론에 배타적인 그리스도교는 조화되지 못했다. 177년 고울(Gaul) 지방의 리용과 빈에서의 박해, 순교자 유스티노스(Justin Martyr, 100?~165)의 순교, 북아프리카 스킬리움에서 7명의 남자와 5명의 여자의 순교 등이 모두 그의 치하에서 일어났다. 그의 치세 동안 상위 계층의 사람, 특히 귀부인이 많이 순교하였다. 이때 멜리톤(Melito), 밀티아데스 (Miltiades), 아테나고라스(Athenagoras), 그리고 유스티노스가 부당한 제국의 박해에 대한 항거의 글(변증서)을 남겼다.

셉티미우스 세베루스는 모든 종교를 융합하려는 종교 혼합 정책을 폈다. 그는 자신의 칙령을 따르지 않고 배타주의적 종교관을 고집하는 자들은 무참히 사살했다. 그의 종교 혼합 정책으로 가장 큰 희생을 치른 종교는 유대교와 그리스도교였다. 황제는 유대교와 그리스도교의 유일신 사상은 제국의 가치를 위해 한다고 판단하고 이 두 종교를 규제하는 칙령을 공표했다.

---

15 Pliny, *Epistulae* ,10. 97.

성 페르페투아(Perpetua, 182~202/203)와 그녀의 종복 펠리키타스(Felicitas, ~202/203)가 이 시기 순교의 명부에 이름을 올렸고 알렉산드리아의 오리게네스의 아버지 레오니데스(Leonides)가 이때 순교했다. 이 시기에 북아프리카에서 많은 몬타누스주의자들(Montanists)이 순교한 것으로 알려지는데 그들의 열광적인 신앙관이 그리스도교에 대한 박해를 가속화시키기도 했다. 세베루스 황제의 박해는 공적 칙령에 의한 최초의 거국적 박해였다.

막시미누스 트락스(Maximinus Thrax, 235~238)의 박해는 그의 선임자 세베루스 알렉스(Severus Alexander, 222~235)의 그리스도교에 대한 관용에 대한 반발에 기인했다. 알렉산더의 모친 줄리아의 영향으로 당시 궁정에는 그리스도인들이 많았다.[16] 막시미누스는 단기간의 핍박으로 제국 내부에 침투한 그리스도교를 제거하려 했었다. 황제는 교회의 지도자들(성직자들)을 박해의 주 대상으로 삼았다. 그로 인해 실제로 교회에 많은 분열을 초래하기도 했다. 그의 핍박으로 로마의 감독들인 폰티아누스(Pontianus)와 히폴리투스(Hippolytus)가 사르디니아(Sardinia)의 광산으로 추방당했고, 이들은 모두 235년 결국 순교했다.

3세기 전반까지 박해가 잠시 휴면되고 로마의 평화가 유지되자 교회는 다시 성장 일로에 섰다. 데키우스(Decius, 249~251)는 성장하는 그리스도교를 자신의 통치에 위협 요인으로 보았다. 마침 변방으로부터 야만족들의 침공이 시작되자 황제는 로마의 국방력이 약화한 것은 과거 승리를 가져다준 신들에 대한 경배를 소홀히 했기 때문이라고 생각하여 로마의 영광을 재현하기 위해 고대 종교를 중흥시키려고 노력했다. 이에 순응하지 않는 집단이나 종교는 핍박의 대상이 되었다.

데키우스는 그리스도인들을 무신론자와 선동가로 간주하여, 체계적이고 거국적인 박해를 자행했다. 짧은 기간이었지만 데키우스의 박해는 이전의 그 어떤 박해들보다 잔인하고 컸다. 데키우스는 순교자들을 만들기보다 배교자들을 양산함으로써 교회의 품위를 손상하려 했고 교회의 분열을 조장하는 정책을 썼다. 데키우스는 제국의 모든 신들에게 제물을 바치라고

---

16 Eusebius, *EH* 6.28.1.

하는 칙서를 발표하고 제물을 바친 자들에게 확인증(libelli pacis)을 발급해 주었다. 확인증이 없는 자들은 제국에 대한 범죄자가 되어 추방, 재산의 몰수, 내지는 사형을 당하였다. 250년 로마의 감독 파비안(Fabian), 예루살렘의 감독 알렉산더, 그리고 안디옥의 감독 바빌라스(Babylas)가 모두 순교를 당했다. 오리게네스는 고문을 당했으며, 나중 심한 후유증으로 사망했다.

데키우스의 계승자 발레리아누스(Valerian, 253~260)는 변방 부족들의 출몰이 잦고, 기근과 전염병으로 제국에 위기감이 돌자, 대중들을 달래기 위해 아폴로에게 희생 제사를 드리도록 지시했다. 그리스도인들은 이를 거부하였고 데키우스와 마찬가지로 발레리아누스는 두 차례에 걸친 대대적인 박해로 교회의 지도자들과 성도들을 위협했다. 많은 순교의 피가 뿌려졌다. 로마의 감독 식스투스 2세(Sixtus II)가 순교했으며 카르타고의 감독 키프리아누스도 추방되었다가 258년경 처형된 것으로 전해진다. 이때 많은 그리스도인 귀부인들과 황실의 구성원들이 체포되어 노예의 신분으로 전락하기도 했다.

260년 발레리아누스의 아들, 갈리에누스(Gallienus, 260~268)가 최초로 공적인 종교 관용 정책을 공포하고 그리스도인들에게도 합법적인 종교의 신분을 허락했다. 몰수했던 재산을 돌려주는 등 포용과 화해의 모습을 보였다. 아우렐리아누스(Aurelian, 270~275)가 다시 종교 융합 정책을 펴면서 이를 반대하는 그리스도인들을 박멸하려 했으나 그는 막강한 황제는 아니었고 그리스도교에 큰 타격을 주지도 못했다. 그리스도교는 이제 유약한 황제가 손을 보기에는 너무 큰 종교였다.

디오클레티아누스(Diocletian, 284~304) 통치 말년에 이루어진 조직적 박해는 그리스도교를 크게 위협했다. 황제의 부인과 딸이 세례 교육 대상자로 신실한 그리스도인이었음에도 불구하고 황제는 네 차례나 무거운 칙령을 발포하면서 그리스도교를 완전히 멸절시키려고 계획했었다. 많은 그리스도인들이 희생되었고 신앙을 타협하는 자들도 빈번히 발생했다. 훗날 타협자들(traditors, 성경을 넘겨준 자들을 일컬음)과 옥중 성도 혹은 고백자들(confessors) 사이의 마찰로 교회는 혼란에 빠지기도 했다. 디오클레티아누스의 실각 후 서방에서는 박해가 중단되었다. 동방에서 305년 디오클레티아누스의 황제직을 계승한 갈레리우스(Galerius)의 핍박이 6년간 더 계속되었다.

3) 박해의 결과

(1) 순교신학과 순교자 숭배 전통

박해의 결과는 여러 양상으로 나타났다. 장기간에 걸친 잔혹한 박해로 그리스도인들은 폭력으로 항거하지 않고 진리를 위해 고난당하고 죽는 것을 고귀하게 여기며 장렬히 순교했다. 장렬한 순교의 반열에 장성한 어른들뿐만 아니라 어린아이들부터 소년, 소녀들도 많았고 노약자들, 여성들, 그리고 신분의 고하를 막론하고 타협과 배교를 거부한 순교자들이 너무나 많았다. 박해로 인하여 이처럼 수많은 순교자가 생기자 교회는 이들 순교자를 기념하고 숭상하는 전통을 가지게 되었다.

초대 교회는 순교를 예수 그리스도의 고난을 문자적으로 따르는 것이라고 믿었다. 마태복음 5장의 "의를 위하여 박해를 받은 자는 복이 있나니 천국이 그들의 것임이라," 누가복음 14장의 "누구든지 자기 십자가를 지고 나를 따르지 않는 자도 능히 내 제자가 되지 못하리라," 마태복음 10장의 "아버지나 어머니를 나보다 더 사랑하는 자는 내게 합당하지 아니하고" 등 초대 교회 교인들은 주님의 십자가를 따르는 것을 성경의 문자 그대로 삶의 자리에 적용하려 노력했다. 그들에게 순교야말로 참된 제자의 길이며 신앙의 이상적 덕목이었다.

초대 교회는 순교를 마태복음 20:22, 누가복음 12:50, 마가복음 10:39에 표현된 것처럼 불과 피의 세례이고, 죄를 정결하게 하며 천국으로 인도한다고 믿음으로써 물세례를 대체할 만한 것으로 간주하였다. 그래서 초대 교회 성도들은 순교자들을 더 없이 높이고 존경하는 풍토가 만연했다. 단적인 예로 사형이 확정된 예비 순교자들이나 순교자들의 유해 앞에서 자신들과 친족, 그리고 친구들을 위해 기도하는 경우도 빈번했다.

이러한 순교에 대한 인식 때문에 자연스레 고백자들의 권한과 지위도 높아졌다. '고백자'란 형이 확정되었지만 박해가 끝나 버리는 등 자신의 의도와 상관없이 출옥된 성도를 가리키는 말이었다. 이들은 순교자들과 동등한 존경을 받았고 이들이 교회로 돌아올 때 조건 없이 집사나 장로의 직분으로 임명되기도 했다. 순교자들에 대한 존경과 숭배가 고백자들에게 고스란히 연결되어 이들에게 막강한 권한이 주어졌다.

초대 교회의 순교신학과 더불어 두 번째로 생각할 수 있는 박해의 결과는 순교자와 연관된 성 유물 숭배 전통이 생긴 것이다. 순교자들에게 감사하고, 그들을 기억하고, 신앙의 결속을 다지고자 하는 마음이 순교자들의 유해(遺骸)까지 존경하는 것으로 확대된 것이다. 그 자체로는 문제가 없을지 모르지만 이것이 지나치게 되어 나중에는 성도들 사이에 성인들의 유물에 손을 대거나 거기에 빌면 복이 온다는 미신이 번져갔다. 실제로 성인 유물들 주변에 기적들이 종종 일어나곤 했다. 그러나 그것들이 하나님을 믿는 신앙을 대체할 만큼 유물 자체에 집중하게 된 것은 성경이 훈계한 선을 넘은 위험한 것이었다.

다음으로 생각할 수 있는 박해의 결과는 박해가 그리스도교 변증가들을 자극하였다는 것이다. 2세기 중엽부터 변증가들(Apologists)이 본격적으로 활동하기 시작하는데 이들은 이교도와 지성인들의 그리스도교에 대한 비난과 제국의 부당한 박해에 대해 글로써 저항하며 그리스도교를 방어하고자 했다. 이들의 변증 활동은 그리스-로마 사상과 그리스도교 사상의 조화를 추구하면서 그리스도교를 변증하는 방법을 사용했기 때문에 변증적 학문으로서의 신학을 구축했다는 점에서 교회 역사에 중요한 의의가 있다.

박해 때 모두가 고난을 견디고 영광의 자리로 옮겨진 것은 아니었다. 배교자들도 생겨나고, 도피하는 자들도 생겨났고, 심지어 이교도로 전향하는 자들도 나타났다. 그러나 이러한 배교의 사례로 그리스도교를 비난할 수 없다. 역사적으로 분명히 기억해야 할 것은 지상의 어느 종교도 그토록 오랜 기간에 걸쳐 유대교의 완고함과 그리스 철학, 로마의 정치와 권력이 한데 결합하여 자행한 박해를 견뎌 낸 유례가 없으며, 무기를 전혀 들지 않은 채 순전히 도덕적이고 영적인 힘으로 그토록 많은 원수들을 이겨 낸 유례도 없었다. 그런 의미에서 박해의 가장 숭고한 결과는 성도를 알곡과 가라지로 구분하고, 고난의 담금질을 통하여 신앙공동체를 더 견고히 서게 했다.

(2) 교회의 분열

이상의 결과들 외, 박해는 교회 분열이라는 아픔을 불러왔다. 장기간에 걸쳐 자행된 박해 동안, 그리스도인들은 순교 외에 다양한 모습을 보였다. 특히 데키우스와 디오클레티아누스의 박해 때 많이 나타났다. 황제의 제단에 분향하기를 거부하고 기꺼이 순교의 길을 선택하는 자들이 있었고, 배교의 길을 가는 자들도 있었다. 신앙의 절개를 지키며 순교를 원했으나 지역의 사정으로 인해 처형되지 않고 출옥된 성도들, 즉 고백자들도 있었다. 그런가 하면 배교는 아니지만 뇌물로 우상에게 희생 제사를 대신 청탁하는 그리스도인들도 비일비재했다.

교회는 배교자들, 위선자들 및 타협자들이 박해가 끝나자 공교회로 돌아오려고 할 때 그들에 대한 문제를 처리해야 했다. 이들의 문제를 해결하는 데 있어서 입장이 분분했다. 엄격하게 성도의 성결성과 도덕성을 강조하는 부류들인 몬타누스주의, 노바티아누스주의, 그리고 도나투스주의 등은 배교 행위는 보편 교회로부터 타락한 것이므로 단 한 번이라도 배교한 자들은 교회에서 영원히 추방되어야 한다고 주장했다. 그러나 로마교회의 감독 스테파누스와 북아프리카의 감독 키프리아누스를 비롯해 카이실리아누스(Caecillian), 칼릭스투스(Callixtus) 등은 배교자들을 철저한 회개와 참회의 절차를 거치게 한 후 교회로 다시 받아들여야 한다는 온건한 입장을 취했다.

그런 와중에 북아프리카 교회에서 존경을 받으며 막강한 권력을 행사하던 몇몇 고백자들이 배교자들에게 무한히 관대한 처사로 무조건 교회로 복귀할 수 있도록 허락하는 일이 발생했다. 자신들은 형언할 수 없는 옥고를 치렀음에도 불구하고 배교자들에게 무한히 관대한 그들의 처사에 성도들은 감동했고 그들의 인기는 치솟았다.

교회는 고백자들의 처사와 엄격파들, 그리고 온건한 주창자들 사이에 명확한 답을 제시해야 했다. 이들의 상충하는 주장은 타협점을 찾지 못하고 결국 교회가 분열되는 아픈 결과를 초래했다. 로마의 노바티아누스 분리주의, 북아프리카의 펠리키시무스 분리주의와 도나투스 분리주의, 그리고 이집트의 멜레티아누스 분리주의가 배교의 문제로 생겨난 대표적인 분파들이다. 분리주의자들에게 교회는 가장 성결해야 하는 곳이므로 배교의 길을 간 사람들이 처벌 없이 보편 교회와 화해하거나 교회에서 리더십을 행사하는 것은 용납할 수 없는 일이었다. 교회는 분파로 인해 야기된 신학적 문제에 대처해야 했다.

키프리아누스를 비롯한 북아프리카 교회와 로마교회는 분리주의자들이 주장하는 교회의 도덕성과 거룩성이 아무리 중요해도 교회의 통일성보다 앞설 수 없다는 주장으로 이들을 저지했고, 교회의 성결의 이유로 그리스도의 몸인 교회를 갈라지게 한 자들은 용서받을 수 없는 죄를 범했다고 주장했다.

이 문제는 50여 년 뒤 북아프리카의 도나투스 분리주의에서 그대로 되풀이 되는데, 이 때 히포의 아우구스티누스가 분리주의를 대응하여 보편 교회의 교회론을 체계적으로 정립하게 된다. 분리주의를 정죄하고 교회의 통일성을 지향하는 신학은 오늘날 가톨릭교회에서 깨지지 않는 교리가 되고 있다.

(3) 그리스도교의 국교화

초기 250년간의 박해기는 미래 1,800년간의 교회사를 준비시키는 담금질의 기간이었다. 박해는 그리스도교를 파괴할 수 없었다. 박해는 그리스도교를 약화시킨 것이 아니라, 정화시켰을 따름이다. 이는 내적으로 참신앙인을 걸러내는 계기가 되었으며, 외적으로 그리스도교가 참된 종교임을 입증하는 계기가 되기도 했다. 테르툴리아누스가 말한 대로 순교자들의 피는 교회의 씨앗이 되었다. 황제 마르쿠스 아우렐리우스를 위시한 스토아주의 철학자들은 그리스도인들이 순교당하는 광경에 감동하기도 했다.

박해로 인해 당장은 공개적인 증언의 기회를 박탈당하여 회심자의 수가 줄었지만 박해는 수많은 순교자를 낳았고 순교자들은 앞으로 어떠한 형극의 역사 속에서도 꿋꿋이 자라가는 교회의 반석이 되었다. 제국은 더는 무력으로 그리스도교를 제압할 수 없음을 깨닫고 종교적 관용을 허용했으며 급기야는 그리스도교를 제국의 동반자로 삼았다. 얼마 있지 않아 제국은 그리스도교를 제국의 국교로 공표하였다.

그리스도교의 국교화 과정에서 콘스탄티누스 황제의 역할을 빼놓을 수 없다. 306년 서방의 시저로 등극한 콘스탄티누스는 그리스도인들에게 종교적 관용을 부여하고 재산을 돌려주었다. 동방은 막센티우스(Maxentius, 306~312)에 의해 통치되고 있었는데 그도 서방의 예를 따랐다. 312년 콘스탄티누스가 리키니우스(Licinius)와 연합하여 동방의 막센티우스를 격파하고 리키니우스와 함께 동서방의 공동 주권자가 되었다. 그들은 박해를 종식시키고 313년 밀라노 칙령(the Edict of Milan)을 공표하여 그리스도교를 합법적인 종교(제의)로 인정했다.

유세비우스의 『콘스탄티누스의 생애』에 따르면, 콘스탄티누스 황제는 헬라어 '그리스도'(χριστος)의 앞의 두 글자(XP)를 몸에 문장으로 달고 전쟁에 나가 승리했다. 콘스탄티누스 황제의 회심에 대한 진정성은 논란의 여지가 있지만, 그의 치세 동안 그리스도교에 대한 호의는 대단했고 서방 세계가 그리스도교 국가가 되는 결정적 기초를 마련하였다.

콘스탄티누스 황제는 이방 신전들을 폐쇄하고 군목 제도를 도입했으며 행정 요직에 그리스도인들을 앉혔다. 마술을 금지하고 십자가형과 투우 경기를 금지했다. 그리스도인들에게는 군 복무의 의무를 면제시켰다. 나아가 교회에 땅과 건물을 선물했으며 과거 그리스도인에게 몰수한 것들을 모두 반환하였다. 훗날 교황의 교권을 상징하는 라테란(Lateran) 궁전을 교회에 기증하고 성 베드로 성당의 건축을 시작하였다. 321년 그리스도인들의 예배일(주일)을 시민들의 공휴일로 삼았다. 감독들에게 사법적 권한을 부여하기도 했다. 그는 새로운 그리스도교적 수도를 건설하고자 330년 콘스탄티노플(Constantinople)로 수도를 천거했으며 337년 임종 시 세례를 받았다.

콘스탄티누스 황제가 죽자 그의 세 아들, 콘스탄티누스 2세와 콘스탄티우스 2세, 그리고 콘스탄스가 각각 제국을 분할 통치하였다. 배교자 율리아누스(Julian the Apostate, 361~363)는 콘스탄티우스 2세의 아들로 종교적 관용에 관한 칙령을 발표하여 이방 종교들의 조직과 예배를 부활시켰다. 그의 삶은 헬라 문화와 철학, 그리고 그리스도교 신앙의 양자적 배경에서 자랐지만 전자에 심취하여 헬레니즘(특히 신플라톤주의)과 대중적인 이교 사상에 기초한 종교를 보편화시키려고 노력했다. 그는 그리스도교와 헬라 문화가 양립할 수 없다고 보았지만, 3세기 황제들이 자행한 방식의 박해는 하지 않았다. 그는 보편적 교회로서의 가톨릭교회에 대한 특혜들을 철회하고, 반항하는 가톨릭교회에 대항하기 위해 유대교나 그리스도교의 이단들 및 분리주의자들을 지원했다. 북아프리카의 도나투스주의를 지원한 것이 그 한 예라고 할 수 있다.

그러나 그의 통치는 2년을 넘기지 못했다. 그리스도교를 약화시키려던 그의 모든 의도는 그가 사망하자 좌절되었다. 율리아누스 이후에도 이방 종교에 관용 정책을 펴는 황제들이 간간이 나오기는 했으나 마침내 그라티아누스(Gratian, 375~383)와 테오도시우스(Theodosius, 379~395) 황제에 와서 그리스도교는 로마의 국교가 되었다. 테오도시우스 황제는 콘스탄티누스의 그리스도교에 대한 정책을 계속 시행하였다. 이때부터 교회법이 사회에서 중요한 위치를 차지하게 되었다.

2. 이단

초창기 교회는 외부적인 박해만큼이나 내부에서 일어난 이단들과 분리주의자들로 인해 큰 위기를 겪었다. 교회사가 유세비우스가 2세기에 외적인 위협(박해)보다도 내적인 위협(이단과 분리주의)이 교회를 더 혼란스럽게 했다고 증언한 바 있다. 유대적 그리스도교, 영지주의(Gnosticism), 마르키온주의(Marcionism), 그리고 몬타누스주의(Montanism), 군주신론(Monarchianism)이 대표적 이단들이었다.

많은 교부가 이 이단들에 반대하는 글을 썼다. 초기 박해와 이단의 위기 속에서 교회를 지켜 온 지도자들은 사도적 교부들(Apostolic Fathers)과 변증가들, 그리고 다음 세대에 활동한 논쟁가들, 혹 조직적 신학자들이었다. 이들은 목회적으로, 상황적으로, 신학적으로 그리스도교를 체계화하고 변호하려고 노력했으며 동시에 교회의 연합과 통일을 위해 노력하였다.

1) 영지주의

영지주의는 오랜 기간, 가장 치명적으로 교회를 혼란하게 하고 위협했던 이단이다. 이들은 조직을 가진 이단이 아니라 하나의 이론 체계로 파고든 운동이었다. 이들은 동방 사상, 그리스 사상, 유대 사상, 그리고 그리스도교 사상의 혼합적 특징을 보였다. 영지주의는 매우 다양한 형태로 존재했지만 우리는 교회에 치명적이었던 그리스도교 영지주의만을 다루기로 한다. 신약 성서는 원시 그리스도교 공동체 때부터 교회가 그리스도교 영지주의를 경계하고 있었음을 보여 준다. 이를테면, 요한의 서신들은 영지주의적 이원론, 가현설, 그리고 비도덕적 성향을 공격했다.

이레나이우스(Irenaeus, 130/140~200/202)에 따르면 요한은 유대주의적 율법주의에 영지주의적 사변을 결합시킨 동시대인인 케린투스(Cerinthus)를 반대하기 위해서 복음서를 기록했다고 말했다. 2세기 후반의 순교자 유스티노스나 이레나이우스와 같은 초기 교부들은 시몬 마구스(Simon Magus, 행 8:9-24)가 영지주의를 창시했다고 생각했다. 바실레이데스(Basilides), 발렌티누스(Valentinus), 카포크라테스(Carpocrates) 그리고 발렌티누스의 계승자 톨레마이오스(Ptolemaeus) 등이 영향력 있던 그리스도교 영지주의자들이었다. 이들과 맞선 2~3세기 대표적인 반(反)영지주의적 교부들은 이레나이우스, 테르툴리아누스, 그리고 히폴리투스 등이 있다.

영지주의는 헬라어 그노시스(gnosis, 영지, 지식)에서 나왔다. 여기서 영지는 객관적 인식이나 지식이 아닌 통찰과 조명의 신비로운 지식을 의미한다. 영지주의는 비가시적인 세계로부터 오는 최상의 신비적 지식인 영지를 획득함으로써 육체의 세력(물질계)을 이기고 영혼의 자유를 획득하여 마침내 영적인 세계 곧 초월적 본질(일자, the One)과 연합하는 것을 목표로 했다. 초월자와의 연합이 곧 영혼의 해방이며 구원이다.

영은 본질적으로 영원한 신적 본질의 부분이었지만, 이 세상에 떨어져 물질적인 것에 갇혀 물질의 포로가 되었다. 물질계에 갇힌 영은 '신적인 섬광'(divine spark)으로 존재한다. 이는 참된 본성에 역행하는 것이므로 영을 물질적 세계로부터 해방해야 하는데 이를 위해 영지가 '신적인 섬광'들에게 전달된다. 영지를 통해 인간은 원래 자신의 모습이었던 신적 본질을 깨닫게 되고 이것으로 회귀하기를 갈망하고 초월적 본질과의 연합을 추구하게 된다. 인간은 자신의 힘으로 영원한 진리를 깨닫거나 본질과의 연합을 이룰 수 없고 구원에 꼭 필요한 영지가 계시적으로 인간에게 먼저 전달되어야 한다.

물질계와 궁극적 영적 본질 사이에는 여러 층의 존재의 단계들이 있다. 구원은 존재의 단계들로 재상승하여 마침내 절대자와 연합을 이루고 충만(pleroma)을 완성한다. 인간 안에 내재한 영이 상승할 때마다 각 단계를 지배하는 악의 세력의 방해를 이겨 가야 하므로 최종까지 영지의 도움이 필요하다. 이처럼 영지가 인간이 본래 영적인 실재였음을 깨닫게 하고, 이어 계속해서 존재의 단계들을 상승하며 구원에 도달하기까지 조력자 역할을 하므로 영지주의에서 영지는 구원의 가장 절대적이고 필수적인 요소가 된다.

한편 영지주의자들은 물질적인 것과 영적인 것을 철저히 구분한 이원론자들이었다. 물질은 악하며, 영만이 선하다. 감각의 세계는 종교의 방해물이며, 육체는 영혼의 활동을 제어할 따름이다. 이들의 첨예한 이원론에 따라 서로 상반된 윤리관이 배태된다. 하나는 육체와 물질계는 악하므로 엄격한 훈련으로 물질계를 저지하도록 가르치는 금욕적 성향이 있고, 또 다른 하나는 어차피 영만이 선하고 영원하므로 육체에 아무 의미를 부여하지 않고 방탕하게 지내는 자유방임주의자들이 있었다.

영지주의자들은 그들이 말하는 순수한 영인 최상의 하나님이 가시적 물질계를 창조했다고 보지 않았다. 이 물질계는 최상의 신이 아닌 어떤 하위의 존재, 열등한 신, 즉 데미우르게(Demiurge)에 의해 창조되었다고 설명했다. 물질계(세상)는 전능자의 창조가 아닌 저급하고 열등한 신에 의해 실수로 혹은 건전하지 않은 목적으로 창조되었기 때문에 세상은 처음부터 부조리와 악이 공존한다고 설명했다. 그리스도교적 영지주의자들은 데미우르게를 구약의 창조자 하나님과 동일시했다. 이들은 창조주와 부조리로 가득 찬 그의 창조 세계를 조롱했다. 영지주의에서 물질의 영역은 결코 지고한 하나님의 영역에 들 수 없었다.

그러므로 그리스도가 육체로 태어났다거나 몸을 입었다거나 하는 사상을 받아들이지 않았다. 예수는 육체로 온 것이 아니라 단지 몸을 입은 것처럼 보였을 뿐이다. 즉 그리스도의 몸은 가현이었다는 것이다. 교회는 그리스도에 대한 이러한 관점을 "~처럼 보인다"라는 뜻인 도케오(δοκέω)를 사용하여 "가현설"(docetism)이라고 불렀다. 그리스도의 육체로 오심을 부인하는 자들은 당연히 예수의 동정녀 탄생을 부인했고, 고난과 십자가의 죽음도 부인했다. 궁극적으로 성육 사실 자체를 부인했기 때문에 성찬의 개념도 의미가 없었다.[17]

결론적으로 영지주의자들은 영의 해방만을 강조하므로 그리스도교의 구원관과 근본적으로 차이를 보일 수밖에 없었다. 그뿐만 아니라 그들은 창조자와 피조 세계에 대한 이해, 윤리, 그리고 그리스도론 등 총체적으로 그리스도교의 진리를 교묘히 왜곡시켰다.

2) 유대적 그리스도교

사도 야고보의 순교(A.D. c. 62) 후 예루살렘과 팔레스타인에서 유대주의적 분열이 일어났다. 유대적 그리스도교인 에비온파들(Ebionites), 에세네파들, 그리고 엘케사이트파들(Elkesaites) 등이 서로 교류하고 있었다. 유대적 그리스도인들은 복음이 이르렀음에도 불구하고 모세의 율법을 준수해야 한다고 주장했다. 이들은 예수를 자신들이 고대하던 인간적 메시아로 이해했지만 그의 신성은 부인했다.

에비온주의(Ebionitism)는 예수를 새로운 모세로 이해함으로써 유대교와 그리스도교를 결합시키려고 했다. 이 사상은 그리스도의 선재, 성육신, 동정녀 탄생을 부인했으며 예수가 요단 강에서 세례를 받을 때 성령의 임하심으로 메시아와 하나님의 아들로 선택되었다고 보았다. 구원은 그리스도의 죽음 및 부활과 무관하며 그리스도의 재림 때에 개시될 지상의 천년왕국과 관계가 있다고 믿었다. 그들에게 있어서 메시아 왕국은 예루살렘을

---

17 H. Jonas, *The Gnostic Religion: The Message of the Alien God and the Beginning of Christianity* (Boston: Beacon Press, 1958), 75-80.

중심으로 설립된 지상의 왕국이었다.

위-클레멘스(Pseudo-Clement)의 글에 이들의 저술들이 취합되어 있는데, 유대적 그리스도교 분파들은 초기 몇 세기 동안 존재하다가 이내 소멸되었다. 아마도 예루살렘의 멸망(A.D. 70)과 유대인 전쟁(A.D. 132~135)의 결과 유대교가 분산되었고 이방인들이 교회에 주도적 세력이 되었기 때문일 것이다. 그러나 이들의 율법주의적 사고는 지속적으로 그리스도교에 영향을 미쳐 왔다고 하겠다.

3) 몬타누스주의

몬타누스주의(Montanism)는 하나의 열광주의 그룹으로 2세기 중반 소아시아의 프리기아(Phrygia)의 감독 몬타누스(Montanus)에 의해 시작되었다. 이어 갈라디아(Galatia)와 안시라(Ancyra), 그리고 북아프리카까지 급속도로 확대되었다.

몬타누스는 프리스킬라(Priscilla)와 막시밀라(Maximilla)라는 2명의 여인의 도움으로 예언 활동을 펴 나갔고, 방언을 비롯한 성령의 직접적인 계시를 주장하면서 기성 교회의 감독과 권위에 도전했다. 몬타누스주의자들은 자신들이 성령의 영감을 받아 '새로운 예언'을 소유하고 있고, 그렇기 때문에 자신들만이 진정한 영적인 신자라고 했다. 기존 교회의 세속화 및 제도화는 거짓된 교회의 모습이라고 비판하였다. 이들은 성령의 은사에 열광하였고, 금식과 금욕을 강조하면서 엄격주의를 표방하였다. 이들은 교회의 권위는 강력한 성령의 활동에 기인하는 것이므로 교회의 리더십은 제도적 안수가 아니라 성령의 카리스마적 능력을 통해 세워져야 한다고 주장했다.

몬타누스주의자들에게 역사는 3단계로 구분된다. 구약 예언의 시대, 주님의 지도의 시대, 그리고 성령의 시대이다. 예수에 의해 약속된 성령의 시대가 자기들을 통하여 도래한다고 했다. 그리스도는 속히 도래할 것이고 요한계시록에 예언된 천상의 새 예루살렘이 몬타누스의 고향 프리기아의 페푸자(Pepuza)를 중심으로 이루어질 것이라고 가르쳤다.

몬타누스주의자들은 박해 시 배교한 자들의 회복을 거부했으며 순교를 회피하는 그리스도인들을 비난했다. 이들은 지나친 열광주의에도 불구하고 순결한 영과 엄격한 도덕성을 강조하는 점에 있어서 많은 그리스도인에게 귀감이 되기도 했다. 대표적인 예로 206년경 북아프리카의 테르툴리아누스가 감동받고 이 운동에 가담했다. 그러나 그의 신학적 정통성은 문제된 적이 없었다. 몬타누스주의에 대한 대부분의 정보는 그의 저술들로부터 왔다. 교회는 6세기 몬타누스주의가 역사에서 감춰질 때까지 줄기차게 공격을 멈추지 않았다.

4) 마르키온주의

마르키온은 그리스도교의 복음과 유대교의 율법 사상을 엄격히 구분했다. 2세기 중반 그는 구약에 등장하는 하나님을 잔인한 성향의 신이며 열등한 신이라고 말했다. 그는 구약의 하나님을 거부하고 신약에서 예수 그리스도를 통해 계시된 은혜와 사랑의 하나님만이 참신(神)이라고 했다. 그는 본도(Pontus)의 부친의 교회에서 축출된 후 139년경 로마로 왔다. 엄격한 훈련과 조직 때문에 그의 사상은 호응을 얻었고 급속하게 확산되었다.

영지주의와 마찬가지로 마르키온도 최상의 하나님과 이 세상의 창조자를 구분했다. 최상의 하나님은 순수하게 영적이다. 따라서 이 하나님은 악한 물질계를 창조할 수 없으며 물질계와 직접 관계할 수도 없다. 마르키온주의자들도 플라톤주의가 말하는 창조의 신 데미우르게를 원용했다. 이들에게 데미우르게는 우주 곧 물질계를 창조한 하위의 신, 곧 저급한 신이다. 인간에게 영지(gnosis)를 가져다준 그리스도가 최상의 하나님이다. 그들은 그리스도가 인간과 같이 육체를 입은 것처럼 보였으나 실제로는 영적인 모습만을 가지고 있었다는 가현설을 믿었다.

마르키온주의자는 악하고 열등한 신인 여호와를 신봉하는 유대인들이 신약의 하나님인 그리스도를 박해한다고 말했다. 마르키온은 『반대 명제』에서 구약 성경과 그리스도교 저술들 사이의 모순들을 열거했다.

많은 부분 마르키온이 영지주의 비슷하지만 분명히 차별화되는 부분이 있다. 신론에 있어서 영지주의와 다른 것은 영지주의는 하나의 신적 개념으로부터 출발하여 타락하고 저급한 신의 개념을 설명하지만 마르키온은 최상의 신과 창조자인 저급한 신은 근본적으로 다른 데서 출발하는 존재임을 말한다. 그래서 순수한 영, 최상의 신은 전혀 알려지지 않은, 절대적으로 새로운 신이다. 예언되지 않은, 홀연히 나타난 구원자이다.[18]

한편 영지주의와 다르게 마르키온은 우주론을 가지고 있지 않았고 영지가 자기들에게만 주어진다고 생각하지도 않았다. 영지주의자들과 달리 마르키온주의자들은 자신들의 교회를 설립했으며 최초로 신약 성경의 정경 목록을 작성하기도 했다. 그들의 성경은 구약을 모두 배제하고 누가복음과 바울 서신들만을 포함시켰다. 이것 때문에 마르키온을 최초의 '성서 비평가'라고 불리기도 한다. 마르키온주의자들의 정경화 작업은 보편 교회의 정경화 작업에 도전을 주었다. 이들은 고대 여러 지역에서 5세기까지 존속한 것으로 보인다.

3. 교회의 응전

1) 정경, 신조, 사도 계승, 공교회(公敎會, the Catholic church)의 탄생

그리스도교는 초기부터 외적으로 제국의 박해와 내적으로 이단들로 인해 혼란을 겪었다. 이단들의 발흥과 핍박의 가속화에 대응하기 위해 교회는 정경화 작업을 시작하고, 신조를 정립하며, 교회 조직의 강화를 추진하였다. 교회 조직을 강화한 것은 박해에도 흩어지지 않기 위함이었으며, 정경을 확립하고 신조를 정립한 것은 이단들과 경계를 긋는 공(公)교회로서의 신앙의 표식을 분명히 하기 위함이었다. 그럼으로써 초대 교회는 신앙 공동체로서 자신들의 정체성을 확고히 할 수 있었다.[19]

---

18 Tertullian, *Adv. Marc.* 1. 6.

19 M. M. Mitchell and F. M. Young, ed., *Christianity: Origins to Constantine* (Cambridge: Cambridge Univ. Press, 2006), 177-294.

먼저 정경화 작업은 이단들이 자신들의 경전을 완성하고 사도적 권위를 부여하는 것에 대응하기 위해 시작되었다. 교회도 신앙의 확실한 진리를 담고 있으며 성서로 존경받을 수 있는 경전을 확립할 필요를 느꼈다. 초대 교회 교인들이 성경이라고 말할 때 통상적으로 70인역(헬라어 구약 성경)을 의미했고 신약 성경은 아직 공인된 형태를 갖추지 못했다.

오늘날의 성경 목록과 비슷한 모양을 갖춘 최초의 신약 성경은 2세기경 로마에서 만들어진 것으로 여겨지는 무라토리 성경이다. 무라토리 성경에는 오늘날 27권 중 22권이 실려 있다. 이후에도 정경화 작업은 계속되었고 4세기에 가서야 완성되었다. 동방 교회에서는 아타나시오스(Athanasius)가 367년에 쓴 부활절 축일 서간에 최종적으로 확정된 신약 성서의 경전이 나타나고 서방에서는 382년 로마 교회 회의의 겔라시아누스 교령과 398년 북아프리카의 교회 회의의 기록에서 완성본이 나타난다.

이단에 대한 또 하나의 교회의 응전은 '신조'를 마련한 것이다. 약 2세기 중반 로마에서 '신앙의 표식'이 작성되었고 이것이 구(舊) 로마 신조가 되었다.[20] 이는 로마 지역의 선언형의 세례 신조였는데 후에 우리가 사용하는 사도신경으로 발전하였다. 그 내용은 기본적으로 삼위일체적이다. 신조는 영지주의자와 마르키온에 대한 응전으로 저급한 창조주와 이원론적 사고를 거부하고 창조자 하나님의 유일성과 전능성을 강조하며 신의 피조 세계에 대한 무한한 사랑과 섭리를 말하고, 인간이 되신 하나님의 아들 그리스도의 동정녀 탄생과 사역, 빌라도에 의한 죽음을 고백하면서 그리스도의 육체적 탄생의 역사적 실재성을 부각시켰다. 마지막으로 성령과 구별된 거룩한 교회와 성도의 부활을 고백했다.

이처럼 교회는 이단들의 사상에 반대하여 그리스도인들이 고백하는 바를 규격화하고 정의할 필요성을 느끼며 자신들의 정체성을 확립해갔다.

---

20 가톨릭교회를 "신생 가톨릭주의"(emerging Catholicism)와 "구가톨릭교회"를 구분한 이유는 다음과 같다. 상대적으로 독립된 회중들이 한 군주적 감독의 지도 아래 기능을 하는 교회들은 신생 가톨릭주의에 해당하고, 몬타누스주 및 영지주의 같은 여러 이단들에 대응하며 생성된, 매우 결속된 교회들을 가리켜 구가톨릭교회라 말한다. Cf. S. L. Greenslade, *Schism in The Early Church* (London: SCM Press, 1964), 109. 그러나 본서에서는 신생 가톨릭교회와 구가톨릭교회를 구분하지 않고 당시 가톨릭 교회의 일반적인 특징들을 설명하고자 한다.

2~3세기 위대한 교부들은 그리스도교 신앙의 척도로서 최초의 그리스도교 신앙의 요약인 '진리의 규범'(regula veritatis) 혹은 '신앙의 규범'(regula fidei)을 작성했다. 이 규범들은 신론, 창조론, 인간론, 성육신, 그리고 육체의 부활과 같은 그리스도교의 기본 교리들의 최소한의 범위를 규정했다. 이는 신약 성경에 기초하고 있는데 나중 정경 확정에 기준이 되기도 했다.

교회는 조직 구조의 측면에서는 사도적 계승의 원리에 근거한 군주적 감독제(monarchical episcopacy)를 형성함으로써 교회 내부의 이단들과 외부의 핍박들에 효율적으로 대처하고자 했다. 군주적 감독제는 안디옥의 이그나티우스에 의해 제시되었다. 이는 신약시대 교회들의 집단적 통치 형태를 대신하는 교회의 양태가 되었다.

군주적 감독제의 역사적 근원은 확실치 않으나 그 근본적 이유는 사도적 계승의 교리 때문이다. 그리스도에 의해 사도들에게 부여된 권위가 사도들의 계승자들인 감독들에게 이전된다는 주장이다. 이 교리는 로마의 클레멘스가 처음 주장하였는데 나중 사도들과 감독들 사이를 연계시키려는 노력의 일환으로써 강화되었다. 이레나이우스와 테르툴리아누스에게 와서 이 두 견해가 결합되어, 사도적 계승에 의한 군주적 감독제가 주장되었고 이로 인해 감독들에게 막강한 권위가 부여되었다. 2세기 말 로마의 감독 빅토르 1세(Victor I, 189~199)는 서방 최초로 매우 권위주의적 감독이 되었으며 교회는 차츰 감독 중심의 제도적 교회로 발전해갔다.

사도적 계승에 의한 군주적 감독제는 박해 시 교회가 멸종의 위기 속에서도 흩어지지 않고 견고한 통일체를 이어갈 수 있는 구심점 역할을 하였지만, 한편 이는 권위와 질서의 문제와도 연결되었다. 특히 몬타누스주의자들이 성령의 카리스마적 운동으로 새로운 계시의 가능성을 주장하면서 기존 교회의 권위와 질서에 도전하자, 교회는 옛 언약과 함께 권위 있는 '새 언약'(신약)을 확립함으로써 새로운 계시의 가능성을 배제했다. 또한, 감독 중심의 교직제를 강화하여 교회의 계층 구조적 질서를 강조했다. 교회는 예수로부터 가르침을 받은 사도들로부터 위임받은 감독만을 정당한 사도성의 계승자라 인정했다. 사도들의 권위와 가르침의 계승이 곧 제도적 교회의 권위의 궁극적 기준이 되었다.

이처럼 예수의 가르침으로 시작한 그리스도교는 이단들에 대응하면서 정경, 신조, 신앙의 규범, 사도 계승의 감독제를 확립하면서 바야흐로 공교회, 소위 가톨릭교회(the Catholic Church, 보편적 교회)로 탄생하게 되었다. '가톨릭'(Catholic)이란 용어는 안디옥의 이그나티우스가 처음 사용했다.

> 예수 그리스도가 계시는 곳에 가톨릭교회가 있다.[21]

이 말은 교회와 그리스도는 병존하며 교회의 보편성과 '사도의 전(全) 증언을 따르는 교회'라는 포괄된 의미를 담고 있다. 공교회 사상은 곧 그리스도의 임재가 교회를 만든다는 사상을 반영하는 것이었다.

2) 변증

(1) 변증의 성격과 변증의 대상들

변증가들은 그리스도교 최초의 철학자들이었으며 철학을 이용하여 그리스도교를 설명하려고 노력했다. 변증가들이 활동하던 시기는 그리스도교가 처음으로 로마의 지성인 계층에서 많은 회심자가 생겨나고, 또 로마 제국의 박해로 생존을 위해 갈등을 겪기 시작하던 시기였다. 유대교와 이단들도 이들의 주된 공격의 대상이었다. 저술의 직접적인 동기는 물론 교회에 대한 제국의 박해와 이방 사상가들의 모함으로부터 그리스도교를 보호하는 것이었다. 사도적 교부들이 교회를 안전하게 인도하고 성도들의 신앙을 지도하기 위해 글을 썼다면 변증가들은 세상을 향하여 글을 썼다. 그래서 변증서들은 신앙의 체계적 설명뿐만 아니라 선교적 목적도 담고 있다.

요컨대 그들은 대중의 그리스도교에 대한 비판과 비방은 오해에 기인한 것이고, 그리스도교는 재앙의 원인이 아니라 오히려 사회의 복지에 도움이 된다고 주장하였다. 그리스도교는 정치적으로 무해하고, 도덕적으로 건전하며 문화적으로 이방 사상보다 우월하다고 했다. 아울러 이방 사상

---

21 Ignatius, *Smyr*, 8.2.

의 비합리성과 비윤리성을 폭로하기도 했다.

그리스도교를 공격했던 이방 지성인들의 공격에 대응하는 것도 변증가들의 몫이었다. 이방 지성인들의 그리스도교에 대한 공격은 다양했다. 풍자가 사모사타의 루키아노스(Lucian of Samosata, 125?~180?)는 그리스도교의 남녀 불문 형제애적인 사랑과 마치 죽음을 초월한 듯 살아가는 그리스도인들의 태도를 가식이라 조소했다. 스토아주의 철학자 프론토(Fronto of Cirta, 100~160s)는 그리스도인들이 무신론을 신봉하기 때문에 로마 제국에 재앙이 온다고 모함하였다.

플라톤주의자 켈소스(Celsus, 2세기)는 그리스도교는 미신과 열광주의가 혼합된 비이성적 종교라고 조롱하였다. 그리스도인들이 주장하는 예수의 일대기는 허위와 날조로 가득하다고 말했다. 그리스도인들은 사회의 적이며 정치적·군사적 책임을 회피하므로 건전한 시민들로부터 혐오감을 갖게 했다고 하였다. 포르피리(Porphyry, 233~305)도 그리스도인들이 황제들이 추진하던 고대 종교들의 부흥에 협조하지 않은 사실에 대해 독설을 퍼부었다.

(2) 유대교를 대상으로 한 변증가들

2세기에 유대교의 반대에 즈음하여 그리스도교를 방어하던 변증가들이 있었다. 유대교를 향한 가장 초기의 변증서 가운데 하나는 『바나바스의 서신』(A.D. 130)이다. 본 저술은 사도적 교부들의 작품들로 분류된다. 직접 유대교를 공격하고 있지는 않으나 유대적 제의법을 비판하였다. 가장 중요한 유대교를 향한 변증서는 순교자 유스티노스의 『유대인 트리폰과의 대화』(A.D. 155)일 것이다.

유스티노스는 2세기 변증가로 대표적이라 할 수 있다. 『유대인 트리폰과의 대화』는 유대인 트리폰과 저자 사이에 벌여졌던 논쟁을 기술하고 있다. 여기서 유스티노스는 유대인들이 그리스도인들의 70인역 사용과 예수를 하나님이라고 고백하는 것을 비판하는 것이 합당하지 않으며, 그리스도인들이야말로 참 하나님의 백성이며 구약 성경을 바로 사용할 권한이 있는 자들임을 주장했다. 그리고 유대인의 예전적인 율법을 경멸하였다.

십자가에서 죽은 예수 그리스도가 메시아이고, 그가 부활하였다는 사실을 유대인들이 저버렸으므로 그리스도인들이 참으로 선택된 백성이라고 주장했다. 유스티노스의 작품 외에도 『디모데와 아퀼라의 대화』, 『아타나시오스와 자카이우스의 대화』, 『유대인 시몬과 그리스도인 테오필루스의 대화』 등이 유대교를 향해 그리스도교를 변증한 2세기 작품들이다.

훗날 유대교에 대한 그리스도교 변증서는 다른 형태를 취하기도 하는데 대표적으로 테르툴리아누스와 아우구스티누스가 유대교에 반대하는 논쟁적 형태의 변증글을 남겼다. 키프리아누스와 니사의 그레고리오스(Gregory of Nyssa)의 '증언들'의 모음들도 독특한 형태의 변증서들이다. 이들은 유대교에 대한 그리스도교의 차별성과 예수를 통한 메시아적 예언들의 성취를 입증하려고 했다. 그 외에도 아프라테스(Aphraates)와 요안네스 크리소스토모스(John Chrysostom)는 설교 형태를 통해서 유대교의 한시성을 지적하고 언약이 그리스도교로 이전되었다고 주장하였다.

유대교를 향한 변증가들이 가장 주목한 것은 그리스도의 메시아성이다. 예수의 십자가의 죽음은 유대인들의 일반적인 메시아관(觀)과 모순되었다. 그들의 눈에 십자가는 메시아 신분의 자격 상실로 여겨졌다. 그리스도인들은 구약의 예언에 근거하여 이를 방어했다. 고난과 십자가 사건은 예언되었고 이는 명백한 예언의 성취이다. 그리스도의 첫 번째 도래는 고난의 모습으로, 두 번째 도래는 능력과 영광의 모습으로 이루어질 것이라고 하였다. 유일신 사상에 관하여도 그리스도교 변증가들은 그리스도의 선재와 신성, 창조 시의 그리스도의 활동을 들어 유일신 사상을 변증했다.

(3) 그리스-로마 세계를 대상으로 한 변증가들

그리스도교는 팔레스타인 지역 외 점차 그리스-로마 세계와 접촉하게 되었으며 대도시들에서 정착하게 되었다. 많은 이방인이 그리스도교로 개종하기도 했으나 동시에 그리스도인들은 많은 사람들로부터 반사회적이고 반국가적인, 방탕한 축제를 즐기고 근친상간의 부도덕한 행동을 하는 자들로 비난을 듣기도 했다. 사회로부터 혐오의 대상인 그리스도인들은 제국의 재난과 패전에 대한 책임을 고스란히 떠안기 일쑤였다.

그리스-로마 사회를 향한 완전한 형태의 변증적 작품들이 2세기부터 등장하기 시작했다. 최초의 변증서인 소위 『베드로의 설교』는 약 100~110년 사이에 이집트에서 작성된 것으로 추정된다. 진정한 의미의 변증서인 콰드라투스(Quadratus, 117~138)의 『변증서』와 아리스티데스(Aristides, 138~147)의 『변증서』는 헬라어로 쓰였으며 박해에 대해 항거하는 글들이다. 그리스-로마를 향한 변증서에도 순교자 유스티노스의 작품이 돋보인다. 『제1변증서』는 피우스 황제에게, 『제2변증서』는 그의 양자 아우렐리우스에게 보내는 서신 형태를 띤 변증서이다.

유스티노스는 헬라적 고전 교육을 받았으며, 고전의 방법으로 진리를 탐구했다. 그는 스토아주의자가 되었다가 소요 학파가 되기도 했고, 또 피타고라스주의에도 흠뻑 취했다가 플라톤주의에도 빠졌었다. 그러나 여전히 진리에 대한 그의 욕구가 충족되지 않았다. 그는 그리스도교에 들어와서 비로소 그토록 갈망하던 진리를 발견했으며 지적인 만족도 얻었다고 고백했다. 그에게 플라톤주의는 그리스도교로 진입하도록 도와준 관문 역할 정도였다. 그는 그리스도인들이 순교당하는 광경을 목격하고, 그리스도인들에 대한 비난이 허구임을 깨닫게 되었다. 마침내, 유스티노스는 에베소에서 그리스도교로 회심하게 되었다. 회심 후 로마에서 가르쳤고 타티아누스(Tatian, 120~180) 같은 유명한 제자를 두었다. 그는 세상을 향하여 그리스도교가 다신을 거부하고 한 인격적이고, 초월적이며, 불변한 하나님을 믿는다고 외쳤다.

유스티노스는 자신의 고전 학문의 배경을 사용하며 그리스도교를 학문적으로 변증하였다. 그는 그리스도교야말로 참된 철학이라고 주장했다. 그리스-로마의 고대 철학들은 완전하지는 않지만 예수의 가르침과 유사하다고 주장했다. 그러므로 고대 철학자들도 구약의 저자들과 마찬가지로 약간의 신적인 영감을 받았다고 보았다. 로고스는 구약의 예언자들이나 소크라테스, 플라톤 같은 그리스 철학자들까지 지도했다는 것이다. 따라서 구약의 선지자들이나 그리스-로마의 철학자들 모두 그리스도의 예비자들이라고 보았다.

유스티노스에게 그리스도 이전에 합리적으로 살았던 모든 사람은 모두 이미 그리스도인들이었다. 그는 모든 인간은 하나님의 독생자인 로고스에 참여했고 모든 인간 안에 씨앗 로고스(logos spermatikos, 말씀 씨앗)가 존재한다고 하였다.[22] 이 씨앗 로고스는 실재 로고스와는 다르다. 그리스도를 통해 로고스가 완전히 성육신하였으므로 씨앗의 실재는 예수 그리스도이다. 철학자들이나 현인들이라 하더라도 그들은 그리스도를 부분적으로만 알았다. 그리스도 이전에 인간들이 부분적이며 단편적으로밖에 이해하지 못하던 진리를 로고스 자신이신 그리스도를 통해 완전하고도 분명하게 나타났다는 것이다. 그러므로 그리스도교는 '참된 철학'이요, '참된 영지'이다.

타티아누스(Tatian)는 160년 로마에서 회심한 후 유스티노스의 제자가 되었다. 유스티노스가 순교를 당하자 로마를 떠났다. 그의 스승과 다르게 그리스-로마의 철학들이나 다른 어떤 종교들에서도 복음을 위한 예비는 없다고 주장했다. 철학은 허풍이며 그리스-로마의 신들은 모두 귀신일 뿐이라고 했다. 이는 라틴계 변증가 테르툴리아누스와 같은 입장이다. 그 외 헬라어를 사용하는 변증가들로는 아테나고라스(Athenagoras), 안디옥의 감독 테오필루스(Theophilus of Antioch), 사르디스의 감독 멜리토(Melito of Sardis)가 있고 라틴어를 사용하는 변증가로 펠릭스(Felix), 락탄티우스(Lactantius) 등이 활동했다.

4. 2~3세기 교부들과 초기 가톨릭교회의 신학

변증가들 이후에 이들과 견주어 부족함이 없는 위대한 신앙의 스승들이 등장한다. 이들은 논쟁가로, 조직적 신학자로, 그리고 사목자로 활동했다. 이들도 박해와 이단, 이교도들의 공박에 대처하기 위하여 분투했다는 의미에서 변증가들이다. 박해와 이단, 이교도들의 공박에 대처하기 위하여 보편 교회의 전통과 교리를 정립하고 교회의 권위와 질서를 강화해 가는 과정에서 이들 교부들의 활동과 저술은 중요한 역할을 하였다.

---

[22] Justin Martyr, *1 Apology*. 46.

교부들을 편의상 시기적으로 325년 니케아 공의회 이전에 활동하던 교부들과 니케아 공의회 이후에 활동한 교부로 나누어 살펴 볼 수 있다. 한편 시기적으로 나누는 것 외에 헬라어를 사용하는 교부들과 라틴어를 사용하는 교부들로 나누어 볼 수 있다. 그러나 헬라어를 쓰면서 서방에서 활동한 사람도 있고 그 반대도 존재한다. 우리는 편의상 교부가 사용하던 언어별로 나누어 살펴보기로 한다.

1) 신학 학파의 형성

사도적 교부 시대 이후 박해가 끝난 후기 교부 시대까지 주요 지역들은 각각의 지성적인 특성을 지니며 신앙을 체계화했다. 대표적으로 동방에는 알렉산드리아 학파와 안디옥 학파가 있었다.

알렉산드리아 학파는 그리스도교로 개종한 판타이노스(Pantaenus)가 개종자들을 교육하기 위해 설립하였다. 이 학파는 철학적 통찰을 이용하여 그리스도교 신앙을 방어하려 했다. 성경을 은유적으로 해석했으며 구원을 그리스도를 통한 하나님과의 신비적 연합으로 이해했다.

안디옥 학파는 250년경 루키아누스(Lucian)에 의해 창시되었으며 주로 사도 요한의 전통을 대변했다. 사변적인 철학을 선호하지 않았고 성경의 역사적·문법적·문자적 해석을 중시했다.

서방에서는 북아프리카가 라틴 학파를 대표하는 신학적 중심지였다. 서방의 대표 교부들 가운데 북아프리카 지역 출신들이 많았다. 이들도 안디옥 학파처럼 철학을 강조하지 않았고 그리스도교의 실천적 측면을 강조했다.

알렉산드리아, 안디옥, 북아프리카 지역의 도시 외에도 가이사랴, 밀란, 예루살렘 등도 그리스도교 신학의 형성에 중요한 역할을 담당하였다. 이들 도시들은 모두 각각의 신학적 다양성을 노정했다. 그러나 이들의 신학적 특성들은 보편적(에큐메니칼) 교회 회의들의 개최와 뒤이은 에큐메니칼 신조들의 확정으로 합의에 이르렀다. 381년 콘스탄티노플 공의회는 서방의 로마와 동방의 콘스탄티노플, 알렉산드리아, 안디옥, 그리고 예루살렘을 5대 대교구로 확정했다. 이들의 서열은 훨씬 훗날 451년 칼케돈 공의회에서 재천명되었다. 서열은 단지 명예상 차이일 뿐이었지만 서열을 염두에 둔 교구의 암투는 맹렬했다.

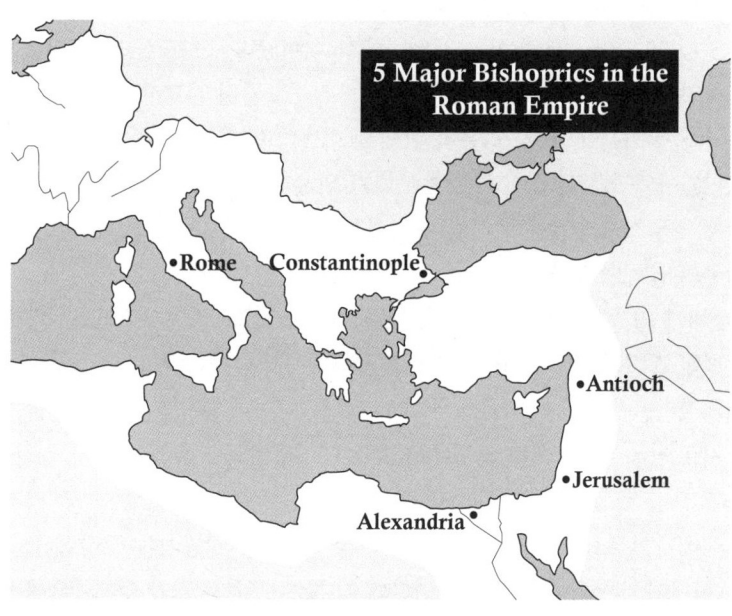

〈지도 2. 로마 제국의 5대 교구〉

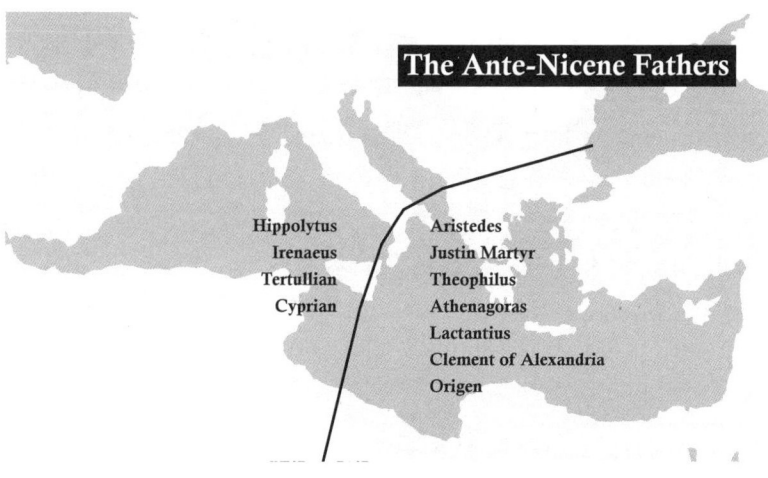

〈지도 3. 니케아 이전의 교부들〉

2) 헬라어 교부들

(1) 이레나이우스

2세기 최초의 체계적인 그리스도교 신학자라고 불리는 이레나이우스(Irenaeus, 130/40-200/202)는 서머나에서 태어났다. 그는 폴리카르푸스의 제자였다. 소아시아 출신이었지만 나중 로마로 가서 순교자 유스티노스의 문하에 들어갔다. 그가 리용과 빈의 교회들의 박해를 묘사하는 서신들을 프리지아와 아시아의 교회들에 보내기 위해 로마로 갔다고도 하고, 혹자는 몬타누스주의 문제를 다루기 위해 로마로 갔다고도 한다. 아무튼 그는 리용의 감독으로 활동했다.

2세기 말경까지 '공(catholic) 교회'에 대한 확신과 반영지주의적 신앙이 분명히 정립되었음이 이레니우스의 작품들에서 나타난다. 많은 작품이 일실되었지만, 『사도적 가르침에 대한 설명』과 라틴 번역본 『이단 논박』이 주저로 남아 있다. 이들 작품에서 그는 영지주의의 오류를 명확하게 진술하고 그리스도교 신학의 내용을 체계적으로 구축했다.

이레나이우스는 그리스도교의 진리성, 역사성, 정통성을 주장했다. 그는 이단에 대항하여 감독직을 연합의 기초로 보았다. 그가 영지주의를 반대하는 최고의 논거는 참된 전통이 복음서들에서 이미 다 발견되었으며 이 거룩한 성경은 사도들을 통해 교회에만 위탁되었다는 것이었다. 그는 베드로로부터 그의 후계자들인 로마 감독들을 통해 사도적 계승이 이어진다고 믿었다. 이것이 역사 속에서 그리스도교가 보편적 교회로 이어지는 정통성이었다. 그러므로 영지주의자들이 말하는 비밀스러운 전승 같은 것은 없으며 로마 교회와 단절된 사도 계승은 있을 수 없고, 그것을 주장하는 자들은 거짓이다.

이레나이우스의 신학은 그리스도 안에서 모든 것이 회복된다고 하는 '총괄갱신(recapitulation)-회복'의 교리에 집약된다.[23] 그리스도와 교회는 총괄갱신 사상의 가장 중심에 위치한다. 인간은 아담의 타락으로 인해 신적인

---

23 Irenaeus, *Epid.* 22; *Adv. haer.* 1. 23-31, 2. 10, 4. 6, 5. 24.

존재와의 유사성, 곧 모양(likeness, *similitudo*)을 상실했다. 구원은 인간에게 부여된 하나님의 형상과의 유사성을 회복하는 것이다. 비록 타락이 하나님의 모양을 약화시켰으나 하나님의 형상(image, *imago*)을 파괴하지는 않았다. 약해진 하나님의 모양은 총괄갱신을 통해 회복된다. 또한 총괄갱신은 첫 사람 아담이 상실한 하나님의 형상의 완전한 회복이며, 완성을 의미한다.

예수는 새 아담이며 사탄에게 굴복하지 않은 새 인간의 시작이다. 그러므로 인간은 하나님의 형상 그 자체이신 예수 그리스도를 통하여 완성을 향한 새로운 역사에 동참하게 된다. 제2의 아담인 그리스도로 말미암아 아담의 불순종으로 말미암은 죄의 세력들은 완전히 물러가고 죄와 죽음은 폐기되며 이를 통해 아담 이전의 상태로 복구된다는 것이다. 이것는 인간에게만 해당하는 것이 아니라 만물에 해당한다.

신구약 성경의 모든 이야기는 하나님의 모양의 점진적 회복의 이야기이다. 교회는 그리스도의 몸이고, 교회 안에서 그리스도는 세례와 성찬을 통해서 총괄갱신 사역을 역사의 끝날까지 이루어 간다. 세례와 성찬은 인간을 그리스도와 연합시킨다. 그러므로 이레나이우스는 성만찬을 '생명의 해독제'라 부를 만큼 중시했다.

이레나이우스의 신학은 매우 삼위일체론적이며 로고스-그리스도론적이다. 아들과 아버지의 관계는 영원한 출생이며, 동시에 아들은 성육신을 통해 인간의 이성을 공유한다. 이레나이우스는 동방의 신화(deification)의 개념을 온건한 형태로 발전시켰다. 인간의 운명은 하나님과 같이 되는 것이다. 인간은 신적인 삶에 참여함으로써 점진적으로 신이 되어 간다. 이레나이우스는 "우리가 하나님이 되기 위해 그가 인간이 되었다"라고 했다. 그리스도가 재림할 때 인간은 불멸성을 부여받는다. 한편 그는 역사는 요한계시록에서 볼 수 있듯이 최종적 파국을 향해 나아간다고 하는 천년왕국론을 주장했다.

(2) 히폴리투스

히폴리투스(Hippolytus, 170~236)는 동방(알렉산드리아) 출신이지만 생애의 대부분을 로마에서 보냈다. 그는 서방에서 헬라어로 활동한 마지막 교부로 알려진다. 4세기까지는 서방에서 라틴어와 헬라어를 같이 사용하였지만, 그 이후부터 서방은 거의 라틴어만 사용하였다. 히폴리투스는 이레나이우스의 제자로 이레나이우스 및 테르툴리아누스와 함께 3인의 위대한 반영지주의적 저술가로 분류된다.

또한, 히폴리투스는 로고스 신학의 열렬한 옹호자였으며, 사벨리우스(Sabellius)와 클레오메네스(Cleomenes)의 양태론적 군주신론(Modalistic Monarchianism)에 대한 맹렬한 공격자였다. 『이단 논박』에서 33개의 영지주의 그룹을 공박했다. 현재 우리의 영지주의에 대한 정보 중 가장 중요한 출처 가운데 하나이다. 그리고 그의 『사도적 전승』은 3세기의 감독 및 장로의 선출과 안수, 목회, 세례, 성만찬, 치리 등 교회의 여러 관습을 소개하고 있어 오늘날 교회가 3세기 초 교회의 모습에 접근할 수 있도록 도와준다.

(3) 알렉산드리아의 클레멘스

알렉산드리아의 신학자들은 그들 나름의 학파를 형성하고 있었다. 순교자 유스티노스와 이레나이우스와 다르지 않게 당시의 철학적 사조를 신학적 탐구에 적용시켰다. 알렉산드리아 지역에는 이미 세례 교육 학교가 있었는데, 이 학교의 최초의 지도자는 판타이노스(Pantaenus)였다. 클레멘스(Clement, 160~215)는 이교도 가정에서 태어났으나 그리스도교로 개종하고 200~202년경 판타이오스의 제자가 되어 세례 교육 학교를 주도했다. 『이교도들에게 보내는 서신』, 『교육자』, 『잡문집』 등이 그의 주저이다.

클레멘스는 그리스 철학을 높이 평가했다. 그는 철학이 그리스도교 계시를 위해 세상을 준비시킨 것이라고 여기고 계시의 신앙을 그리스 철학과 접목시켜 과학적 신학으로 체계화했다. 그는 신앙과 지식을 조화시킬 필요성을 느낀 최초의 그리스도교 지성인이었다. 그에게 있어서 히브리 예언자들, 플라톤 및 스토아주의자들과 같은 철학자들은 모두 사람들을 그리스도에게로 인도하는 스승들이다. 왜냐하면 신적인 로고스는 그들에게 영감을 주어 진리를 획득하게 했기 때문이다.

클레멘스는 그리스도인들의 '믿음'의 중요성을 강조하면서도 완덕을 향해 자라고 성화되는 과정에서 '영지'를 통한 교육과 훈련의 중요성을 동시에 강조했다. 그는 스토아주의의 이상인 절제의 미덕에 기초하여, 그리스도인의 윤리적인 가이드를 제시했다. 모든 존재는 성숙(perfection, 완전)을 향해 가야 한다. 아담도 처음부터 완성된 자로 지음 받은 것이 아니라 자라가야 하는 존재로 지음 받았다. 클레멘스는 성숙의 과정에서 특별히 영지가 중요하다고 말했다. 그는 그리스도인의 '믿음'과 당시 사조에 중요한 고리였던 '영지'의 역할을 각각 강조하면서 서로를 연결하였다. 믿음으로 거듭난 성도는 영지를 통해 더 높은 진리를 깨닫고 성숙해진다. 이 성숙은 믿음으로 다시 다져지게 되고 다시 한번 영지로 완덕을 향해 상승하게 된다. 이처럼 믿음과 영지가 지속적으로 연결되고 활동하면서 그리스도인이 완덕을 향해 가게 된다.

클레멘스는 로고스를 우주의 최상의 원리이고 세상의 창조자이며 인류의 스승이자, 율법의 부여자로 보았다. 로고스는 신적인 계시의 힘이다. 인간의 정신 속에서 끊임없이 활동하면서 과거나 현재에 있어서 인류의 교육자가 된다. 그 로고스가 그리스도에게서 성육신하였다. 유대인에게, 헬라인과 로마인에게, 그리고 모든 인류에게 로고스는 각각의 방법으로 교육한다. 클레멘스는 아담의 타락을 믿었으나 유전적인 죄책은 믿지 않았다. 이 견해는 이후 동방 정교회의 표준적인 입장이 된다. 그는 성만찬에서 희생의 개념을 부인했으며, 이를 순수한 영적인 예식으로 보았다.

(4) 오리게네스

알렉산드리아 저술가들 가운데 가장 유명한 사람은 오리게네스(Origen, 185~254)일 것이다. 그는 그리스도교 가문에서 출생했고 그의 아버지는 순교자였다. 청소년 때에 판타이노스 및 클레멘스에게서 배웠으며, 18세에 이들의 뒤를 이어 세례 교육 학교를 이끌었다. 그의 학문은 중기 플라톤의 영향이 컸으며 신비적 색채가 농후하고 사변적인 전형적 알렉산드리아 학풍을 이어받았다.

오리게네스의 생애는 두 부분으로 나누어진다. 204~230년까지 그는 알렉산드리아에서 가르쳤으며, 232년 이후 팔레스타인의 가이사랴(Caesarea)에서 가르쳤다. 가이사랴는 오리게네스로 인해 신학적으로 중요한 지역이 되었다. 그가 알렉산드리아를 떠난 이유는 이 지역의 감독 데메트리오스(Demetrius)와의 마찰 때문이었다. 그는 예루살렘 및 가이사랴의 감독들로부터 안수를 받았기 때문에 알렉산드리아에서 파문을 당했다. 그는 팔레스타인에서 상당한 환대를 받았으며 거기서 20년 가까이 가르쳤다. 그는 251년 데키우스 박해 때 심한 고문을 받았고 그 후유증으로 사망하게 된다.

전해지는 바에 따르면 그는 수천 권의 책을 썼다. 비평 문헌, 변증 문헌, 교리 문헌, 그리고 주석 등 다양하게 저술하였다. 그중 『헥사플라』(Hexapla)는 성경의 6개의 번역을 나열하고 주석한 기념비적인 작품이다. 신학적 저술로는 『제1원리』가 가장 유명하다. 이는 최초의 조직신학서에 해당한다. 이 책은 신론, 우주론, 인간론, 그리고 목적론을 다루고 있다. 이 책에서 그는 완전한 그리스도교적 우주론을 개발했다. 한편 변증서로 『켈소스 논박』이 유명하다.

오리게네스는 성경의 알레고리적 해석법을 체계화시켰다. 성경에는 3중적인 의미, 곧 육체적(문자적), 정신적(도덕적), 영적(신비적) 의미가 있다고 보았다. 성경은 기록되어진 문자가 다가 아니며 그 너머에 있는 더 깊은 차원의 영적 의미를 감추고 있다. 유대인들은 문자적 의미를 추구하고, 초급 신자들은 도덕적 의미에 만족하며, 오직 성숙한 그리스도인들만이 영적인 의미를 깨달을 수가 있다는 것이다. 그는 성경의 자자구구 모두가 영감되었다는 확신 아래 성경의 모든 곳에서 그리스도에 대한 숨겨진 계시를 발견하려고 했다.

성경 주해에 주력한 만큼 그의 모든 사상도 그의 주석들에서 발견된다. 오리게네스는 로고스를 '제2의 하나님'으로 지칭했다. 이 주장에는 종속론의 색채가 다분하다. 그러나 그는 동시에 로고스의 영원한 출생을 이야기하면서 성부와 성자의 동등성을 이야기했다. 그가 말한 로고스의 종속성과 동등성 모두 후대에 영향을 미치게 된다. 그는 예수 그리스도를 인성과 신성의 양자를 겸한 신인(神人, Theanthropos)으로 이해했는데, 이는 후대의 신비주의에 결정적으로 영향을 미쳤다. 그의 로고스 신비주의는 후대 오리게네스주의자들로 하여금 하나님과의 신비적 연합을 추구하게 만들었다.

한편 그의 계층 구조적 삼위일체 이해는 종속론의 경향을 노정했다. 성부는 만물을 다스리지만 성자는 영혼을 가진 자들을, 그리고 성령은 거듭난 자들만을 다스린다고 하였다. 또한, 그의 지나친 플라톤주의적 사변은 영혼의 선재, 지성(nous)과 물질적인 몸의 분리, 그리고 만물의 회복(recapitulation)의 교리들에 몰두하게 했다. 그는 창조에 있어서 영혼의 선재설을 믿었는데 그의 과도한 사변성과 창의성은 후대에 오리게네스 논쟁의 원인이 되었다.

3) 라틴어 교부들

(1) 테르툴리아누스

북아프리카 카르타고에 2명의 위대한 논쟁가와 목회자에 주목할 필요가 있다. 테르툴리아누스(Tertullian, 160~225)와 키프리아누스(Cyprian, 200/10~258)가 그들이다. 테르툴리아누스는 라틴 신학(Latin theology)의 창시자로 불린다. 그는 카르타고에서 출생했으며 로마에서 변호사로 활동했을 것으로 추정된다. 그의 주저들에서 법정 용어들이 많이 등장하기 때문이다. 『변증서』, 『이단 논박』, 『마르키온 논박』, 『프락세아스 논박』, 『이단들에 대한 항고』 등 다수의 작품이 있다.

테르툴리아누스는 누구보다도 열정적으로 이방 사상, 유대교, 군주신론, 마르키온주의, 그리고 영지주의를 붕괴시키기 위해 노력하였다. 그는 그리스도교 신학을 정의하면서 전통의 역할과 사도적 계승을 강조했다. 누가와 바울 서신만 강조한 마르키온에 반대하여 신구약의 통일성을 강조했다. 이단들에 대응하여 참된 전승의 원리를 '신앙의 규범'으로 제시했다. 그는 주저인 『이단자들에 대한 항고』에서 그리스도의 가르침이 사도들에게만 위임되었고, 사도들은 자신들의 가르침을 감독들에게만 위임했다고 주장했다. 그러므로 사도들의 가르침 외에 그리스도교 진리는 존재하지 않으며, 감독들이 존재하는 보편적(공) 교회만이 사도적 전승을 이은 진정한 교회이며, 사도들과 역사적·신학적 연속성을 가지고 있다고 했다.

테르툴리아누스는 군주신론을 반대하던 변증가들과 이레나이우스의 로고스-그리스도론의 최종적인 승리를 확정지은 인물이기도 하다. 프락세아스(Praxeas)가 한 하나님이 연속적으로 아버지, 아들, 그리고 성령으로 자신을 계시한다고 주장한 데 반해 테르툴리아누스는 한 하나님이 동시적으로 아버지, 아들, 그리고 성령으로 자신을 계시한다고 주장했다. 그는 헬라어 '트리아스'(trias)를 이용하여 삼위일체(trinitas)란 용어를 처음 사용했다. 여기에 '위격들'(persons)이라는 용어를 처음 도입하여 '세 위격들을 가진 한 본질'이란 도식으로 3위의 관계성을 설명했다. 그가 사용한 위격(person)이 개별적 실체를 가진 독립적인 인격을 의미하지 않는다는 비난을 들었는데, 왜냐하면 그가 말한 페르소나(persona)는 마치 배우들이 여러 가면을 쓰며 다른 역할을 하는 것처럼 보였기 때문에 사벨리우스주의(Sabellianism)의 양태론과 비슷했기 때문이다. 그러나 그의 주장은 훗날 칼케돈 공의회에서 공식적으로 선언되었다.

테르툴리아누스는 그리스도교 사상에 있어서 철학의 역할을 매우 조소했다. 철학은 근본적으로 이방적이며 신학에서 이의 사용은 교회 내에서 이단을 초래한다고 보았다. 그는 "아테네와 예루살렘이 무슨 상관이 있는가?"라고 하며 그리스도교와 이방 철학의 단절을 부르짖었다. 그리스도교 신앙이 단순한 마음으로 하나님만 추구할 것을 가르쳤다. 어떻든 그의 입장은 세속적 철학에 낙관론적인 견해를 보였던 순교자 유스티노스나 알렉산드리아 학자들과는 정반대의 입장이었다.

테르툴리아누스는 그리스도인들의 윤리는 세상의 풍습과 달라야 한다는 엄격주의를 노정했다. 그리스도인의 삶에 관한 많은 논문들에서 그는 죄를 단호하게 거부하지 못하는 보편적 교회의 성도들의 미온적인 신앙과 고난(순교)을 회피하는 타협적인 신앙을 공격했다. 이 때문에 그는 206년 몬타누스주의자가 되었고 그 이후에 그의 엄격주의적 신앙은 더 강화되었다. 그는 유대교는 반대했지만 구약을 그리스도교 전통으로 중시했으며 복음을 '새 율법'으로 이해했다. 따라서 그리스도인들은 유대인들보다 더 율법적이어야 하고 더 엄격해야 한다고 가르쳤다. 그는 유아 세례를 반대했다. 이유는 어린이가 자라서 자신도 모르게 죄에 빠지게 될 경우 오히려 구원을 상실할 수 있고, 또한 세례 후 범한 죄의 가능성도 크다고 여겼기 때문이다.

(2) 키프리아누스

키프리아누스는 테르툴리아누스에 비해 정적이고 차분한 성격의 소유자였다. 조직적 신학자는 아니었지만, 그의 교회 연합과 통일성에 관한 이론은 오늘날까지도 가톨릭교회의 실천적 지주가 되고 있다. 그의 주저는 『배교자들에 관하여』와 『교회의 연합에 관하여』이다.

키프리아누스는 248년경 카르타고의 감독으로 안수를 받은 직후 발생한 박해 때에 도피를 했는데 이로 인해 장로들로부터 원성을 샀다. 그의 적대 세력이 된 장로들의 대표자가 노바투스(Novatus, 3세기)였는데 그는 훗날 로마의 노바티아누스의 분열에 동조하게 된다. 키프리아누스는 배교자들이 보편 교회와 화해를 회복하려 할 때 로마의 감독 코르넬리우스(Cornelius, 재임 251~253)와 같이 배교자들에게 일정 부분 참회를 요구하고 교회로 받아들여야 한다는 온건한 입장을 취했다. 이는 배교자들에게 강경한 태도를 보이던 노바투스를 비롯한 그의 적대 장로들과 로마의 노바티아누스주의자들에게 공격의 빌미를 제공하게 되었다.

박해의 결과로 분리된 교회를 살펴볼 때 언급했듯이 엄격파와 고백자들의 경계 없는 자비, 그리고 중도적 입장들이 생겨나는 가운데 배교자들을 둘러싼 문제는 교회의 정치적 문제와 얽혀 복잡해졌다. 로마에서 노바티아누스 분리주의가 생겨난 후 교회는 이들에 대응하여 교회의 보편성(catholicity)과 연합성(unity)을 절대화시키는 경향이 강해졌다. 따라서 하나님에 의해 임명된 감독들에게 복종하지 않는 자들은 이단으로 지목되었다. 키프리아누스는 감독과의 교제 속에 있는 보편적 교회에서만 성령이 부여되며 교회 밖에는 구원도, 세례도, 죄 사함도 없다고 하였다. 자연히 보편 교회를 분리해 나간 교회의 세례는 무효라고 주장하고 재세례를 주장했다. 그에게 있어서 "교회 밖에는 구원이 없다."[24]

---

24 Cyprian, *Ep*. 73, 21.

키프리아누스는 나아가 교회에 대하여 2세기 교부들이 주장한대로 사도적 계승의 원리에 근거한 군주적 감독제를 신봉했다. 감독의 절대성을 강조하면서, "감독이 있는 곳에 교회가 있다"라고 했다. 그는 모든 사도들은 동일한 권위를 가지고 있었는데 단지 연합은 베드로에게 기원한다고 보았다. '베드로의 반석'은 베드로 개인이 아니라 베드로가 고백한 믿음이라고 주장했다. 그의 감독 개념은 로마 교회의 수위권을 부정하지는 않았지만 개별 감독을 지배하는 의미는 아니며 개별 감독들이 전체 교회를 대표한다고 보았다. 교계적으로 교회의 연합은 감독들 사이의 일치에 기초하며 국지적 차원에서 교회의 연합은 사제 및 평신도들의 감독과의 결속에 기초한다고 보았다.

5. 교회의 삶

1) 조직과 권징

신약의 그리스도인들은 자신들의 모임을 법에 의거한 구조나 조직화된 집단으로 생각하지 않았다. 그들에게 교회는 하나님에 의해 시작된 교제였다. 초기 그리스도인들은 물고기에 해당하는 헬라어 '익투스'(ICHTHYS)를 자신들의 상징으로 사용했는데, 이는 곧 "예수 그리스도, 하나님의 아들, 구세주"의 약자였다. 그들은 서로를 하나님의 선민으로 구성된 새 이스라엘 혹은 하나님의 백성으로 인식했다. 그들은 모든 성도가 지체가 되고 머리이신 예수 그리스도와 연합하여 한 몸을 이룬 유기적 공동체임을 고백했고, 그 공동체는 성·계급·인종의 장벽을 뛰어넘는 새로운 창조를 특징으로 했다.

그러나 교회는 점점 성장하면서 조직적 기구로 바뀌게 되었다. 사도 시대 때 보편적 권위는 카리스마적 은사들을 행하던 사도, 예언자, 교사들이 있는데 이들은 2세기를 전후하여 차츰 자취를 감추게 되고 대신 신약에서 그 권위가 개교회에 제한되어 있던 행정적 직책들 곧 감독, 장로, 그리고 집사가 성직자 혹 사제(clergy)로 불리며 새로운 권위 체계로 강화되기 시작했다. 교회에 따라서 과부가 직제에 포함된 경우도 종종 있었다.[25] 이들 직분들은 안수를 통해 세워지는 것들로서 평신도와 구분되었다. 보편 교회는 평신도와 이들 사제직이 상하 개념의 수직적인 계층 질서를 이루면서 권위의 질서를 만들어 갔다.

미사가 예배의 중심이 되면서 이를 집전하는 성직자의 권위가 고양되었고 이들과 평신도의 차이는 점점 고착되고 유력해졌다. 이러한 태도는 안디옥의 감독 이그나티우스에게서 이미 강하게 나타났는데 그는 감독을 중심으로 한 성직자를 사람들이 하나님에게 나아가는 데 없어서는 안 될 중보자로 간주했다.

3세기에 오면 사제 개념이 더욱 강하게 나타나는데, 고대 교회의 성직 위계 제도의 토대는 이 시기에 거의 완성되었다. 교회의 연합과 조화는 하나님의 계시로 이루어지지만 가시적 연합은 사도성의 계층 구조의 질서 (하나님/그리스도 ⇨ 감독 ⇨ 장로, 집사 ⇨ 평신도)를 따라 이루어진다고 보았다. 양 떼를 거느린 감독과 사제의 권위와 위엄이 강조되고, 이렇게 질서 있게 조직화된 지상의 교회는 곧 하늘나라의 모형으로 이해되었다. 이 구조를 떠나서는 그리스도인이 될 수 없다. 사제들은 하나님과 백성 사이를 중재하는 자들이며, 구약 시대에 아론 계열의 제사장직이 지녔던 모든 특권과 의무와 책임을 총체적으로 행사했다.

감독 중심의 계층 구조적 질서는 군주적 감독제의 시작을 알리는 것으로서 차츰 조직화되어가는 가톨릭교회의 주된 특징이 되었다. 그리스도 재림의 지연과, 내적(이단) 도전으로 인한 교회의 잦은 분쟁과 외적(박해) 도전으로 생존까지 위협받는 상황에서 교회의 코이노니아 결속이 약화되었다. 이로 인해 임박한 종말 신앙보다는 미래를 위한 교회론적 질서와 전략이 요청되었다. 사도 시대처럼 성령의 직접적인 은사나 기적 행위가 줄어들게 되자 구조와 조직 안에서 회중이 선출하고 인정하는 리더십이 더 필요했

---

25 B. B. Thomas, *The widows: A Women's Ministry in the Early Church* (Minneapolis: Fortress, 1989).

다. 군주적 감독제는 이러한 시대에 가장 적절한 노력으로 보여질 수 있다.

2세기 중엽이 지나면서, 도시와 농어촌 지역으로 그리스도교가 확장될 때 군주적 감독제는 지역 중심의 교구적 감독제로 발전하게 되었다. 감독의 권위가 미치는 영역은 교구(the see, parochia, parish) 혹 다이오시스(diocese)라고 불렀다. 아직 보편적 감독의 개념(교황제)은 존재하지 않았고 사도 계승에 의한 개별 감독들에게 권력이 집중되었다.

고대 교회의 권징은 엄격했다. 교회가 원시 그리스도교 공동체의 형태였을 때는 권징이 도덕적 제재 수준에 머물렀지만 교회가 커질수록 권징의 효과는 컸다. 강제성이 있었고 처벌로 이어지기도 했다. 더욱이 교회가 국가와 연합하게 되었을 때 교회법을 어기는 것은 곧 국가법을 어기는 것과 동일하게 여겨졌으며 심한 경우 사형을 당할 수도 있었다. 물론 권징의 목적은 처벌에 있는 것이 아니라 교회의 순결을 지키는 것이었다. 교회는 권징의 대상자들에게 권징이 그들의 영적 안전을 위한 조치임을 강조했다. 초기 교회가 가장 경계한 범법자들은 이단들과 교회 분리주의자들이었다.

2) 예배와 예배 처소

가장 초기에 그리스도인들은 유대인의 회당의 풍습에 따라 예배를 드렸다. 기도, 성경 봉독, 설교, 찬양, 신앙 고백(아직 고정된 신조가 아니다), 헌금(구제)이 예배의 내용이었다. 예배 시 신약 성경이 있기 전에는 구약에 의존했었고 율법서보다 예언서를 선호했다. 1세기 정도가 지난 후 신약 성경이 형태를 갖추어 가기 시작하자 이 새 성경(신약)이 구약보다 더 중시되었다. 그 가운데서도 복음서들이 강조되었다. 찬양 때에 시편을 사용했으나, 초기 그리스도인들이 직접 찬송가를 만들기도 했다.

유대인들의 금식일이 월요일과 목요일이었음에 비해,『12사도 교훈서』에 의하면 처음 2세기 동안 그리스도인들은 수요일과 금요일을 금식일로 지켰다. 회당 예배에다가 다락방의 경험에서 기원하는 주님의 만찬이 첨가되었다. 그리스도인들은 이 성례전을 통해 부활한 주님의 임재를 확인했다. 이는 유대인들이 매년 지키는 유월절 식사 혹은 랍비들이 그의 제자들과 같이 하는 식사를 변용한 것으로 볼 수 있다.

원래 성만찬에 앞서 혹은 성만찬과는 별도로 '아가페' 혹은 '애찬'(love feast)이라고 하는 공동체 식사가 있었다. 이는 형제애와 가난한 자들에 대한 구제를 목적으로 했다. 150년 즈음 애찬과 예언, 방언은 예배의 요소에서 사라졌다. 2세기에 성만찬은 평화의 입맞춤, 구제 헌금과 요소(빵과 포도주)의 봉헌, 구속에 대한 감사의 기도(성찬 기도), 제정의 말씀, 주님의 고난에 대한 회상, 빵과 포도주에 성령의 임재에 대한 기원, 중보의 기도, 분병·분잔, 교제, 해산 등의 순서로 거행했다. 초대 교회에서 성만찬은 예배에 빼놓을 수 없는 주요한 요소였다. 나중에 성만찬은 주일에만 거행하였지만, 아주 초기에는 주중에도 거행하였다.

주일 예배는 이른 아침에(해 돋기 전) 모여 찬양하고 말씀을 들으며 거행되었고, 저녁에는 식사(성만찬 및 애찬)를 했다. 이는 이들의 집회에 대해 목격하거나 증언을 들은 이방인들의 문서와 그리스도인의 글에서 잘 나타난다. 이렇게 새벽과 밤에 모이는 것 때문에 로마인들은 그리스도교를 문란하고 음흉하며 불손한 집단으로 오해했다. 순교자 유스티노스는 그리스도인들이 모이는 주일에 대해 "일요일"이라는 말을 처음으로 사용했다. 이는 예배일이 한 주의 첫날이기 때문이기도 하며, 또한 이 날에 창조와 주님의 부활을 축하하기 때문이기도 했다.

이후 당국의 금지 조처(트라야누스 황제)로 저녁 모임은 서서히 사라졌으며, 이 때문에 그리스도인들은 예배를 주로 주일 아침에 거행하였다. 주일 예전은 모든 성도들(비수세자들 및 참회자들을 포함)을 위한 기도, 성경 봉독(신구약), 설교가 있었고, 이어 세례 교인들을 위한 성만찬이 고정되었다. 설교 후 세례 교육 대상자들은 해산되었다. 요컨대, 예배는 모든 교인이 참여하는 설교 중심의 1부 예배와 세례를 받은 교인만이 참여하여 성찬을 나누는 2부 예배로 구성되었다.

초기 설교는 매 구절에 대한 강해를 특징으로 했으나, 훗날 4~5세기에 이르면 설교에 수사학적 기교가 대대적으로 가미되었다. 암브로시우스, 나지안조스의 그레고리오스, 히포의 아우구스티누스, 크리소스토모스 등의 설교에서 잘 볼 수 있다. 예전의 표준화와 정교화는 콘스탄티누스 황제의 회심 이후 사회의 상위 계층들의 회심으로 인해 촉진되었다. 콘스탄티누스 황제에 의해 321년 '태양의 날'(the Day of the Sun, 일요일)이 그리스도교 공휴일로 정해졌다.

가장 초기에 예배는 회당이나 성도들의 가정집에서 드렸다. 나중에 그리스도교가 제국으로부터 인정받으면서 로마의 공공건물 양식인 바실리카 양식을 일반적으로 채택하게 되었다. 이는 원래 로마의 법정에서 사용하던 건축 양식이었다. 단독 교회로 보이는 최초의 교회가 1931~1932년경 유프라데스 강변의 두라-유로포스(Dura-Europos)에서 발견되었다. 232년경 건축된 것으로 추측된다. 이 교회는 단속을 피하기 위하여 외부는 일반 가정집처럼 보이게 했고, 내부에는 벽이 제거된 3개의 방으로 나누어져 있다. 감독 혹은 장로의 의자가 있는 장방형의 방이 북쪽에 자리하고, 아가페 식사 혹은 세례 교육 대상자들을 위해 사용된 것으로 추측되는 큰 방이 있다. 마지막 작은 방은 세례를 상징하는 그림들로 장식되어 있는 것으로 봐서 세례 방이었을 가능성이 크다.

바실리카 이전의 가정 교회에는 흔히 순교 기념 예배당 혹은 납골당이 있었는데, 성도들과 순교자들의 유골을 넣어 두고 기념하였다. 나중 바실리카는 성도들(순교자들)의 무덤 위에 지어지곤 했다. 이는 죽은 사람들의 무덤에 건물을 짓는 이방 풍습에서 흔하게 볼 수 있는 것이었다.

초기 로마 그리스도인들의 매장지들(카타콤)은 초기 그리스도인들의 예전적인 미술의 출처들이기도 하다. 카타콤은 응회암을 파내 건설한 지하의 무덤 도시였다. 초기 그리스도인들은 신앙과 부활에 대한 소망을 그림으로 표현한 듯, 이 카타콤에서 많은 성경 이야기가 그림으로 표현된 것을 볼 수 있다. 카타콤의 그림들은 유대적·그리스도교적 이야기들을 대중적인 그리스-로마 양식으로 표현했다.

화장보다는 매장을 선호하던 로마의 그리스도인들과 유대인들은 비싼 묘지 대신 지하에 그들의 무덤을 만들었다. 카타콤은 초기 그리스도인들의 비밀 집회 장소였고 예배 처소였으며, 동시에 매장지였던 것이다. 그러므로 초기 그리스도인들에게 카타콤은 단순한 무덤이라기보다 천국의 실현을 담은 형이상학적 공간으로서 나중 바실리카와 함께 초대 교회의 삶과 신앙을 대변해 주는 곳으로 꼽힌다.

3) 절기와 세례

교회에서 빼놓을 수 없는 주요한 절기는 예수의 탄일이다. 교회는 예수의 탄생일을 계산하려고 노력했다. 1월 2일, 4월 18일, 5월 20일, 12월 25일 등의 후보들이 있었다. 336년 비로소 로마 교회의 예전에서 성탄절(12월 25일)을 지켜졌다. 이날은 시리아 태양신의 생일이면서 동시에 동지(冬至)였다. 콘스탄티누스 황제가 이날을 이방 축제일 대신에 그리스도교 축제일로 삼았다. 그러나 일부 학자는 이날이 합법적으로 정해지기 오래 전에 그리스도인들 사이에서 12월 25일을 성탄절로 지킨 예가 있었다고 주장하기도 한다.

부활축일을 위한 날짜를 정하는 것은 고대 교회사에 복잡한 논쟁을 야기 시켰다. 소위 "부활절 논쟁"으로 불리는데 엄밀히 이 논쟁은 오늘날까지도 명쾌히 정리된 것은 아니다. 2세기경 로마 교회는 모든 그리스도 공동체가 부활축일을 춘분 이후 첫 만월 다음에 오는 일요일에 거행하도록 정했지만 소아시아 그리스도인들은 유대교 연대기에 근거하여 유월절 날, 즉 니산월 14일을 근거로 부활절을 기념할 것을 주장했다.[26] 이날은 주님의 마지막 성찬의 날이기도 했고 사도 요한의 전통을 따른 것이라 그리스도인들에게 설득력이 있었다. 이렇게 니산월 14일을 부활축일로 주장하는 자들을 '14일파(派)'라고 불렀다.

그러나 로마 교회는 니산월 14일이 평일인 것을 이유로 반대했고, 예수가 실제로 죽임을 당한 금요일(성 금요일)과 그에 따라 오는 주일(일요일)에 주님의 부활을 기념할 것을 주장했다.

서머나의 감독 폴리카르푸스가 로마의 감독 아니케투스(Anicetus, 154/155?~166)를 방문하여 문제를 해결하려 했으나 해결점을 찾지 못했다. 이 논쟁은 교회의 분열을 초래할 만큼 팽팽한 긴장을 유지했지만, 어

---

[26] Cf. Eusebius, *HE*. 5. 23.

느 관습을 따르든지 온 교회는 평화를 견지해야 한다고 주장한 이레나이우스의 중재로 분열을 막을 수 있었다. 아시아 교회와 로마 교회는 서로 다른 견해에도 불구하고 화해와 평화를 위해 서로를 용인했다.[27]

3세기가 지나면서 로마의 관습이 동방에까지 보편화되었고 마침내 니케아 공의회가 니산월 14일에 행하는 부활절 축일을 금지시킴으로써 14일파들의 입지는 급격히 줄었다. 나중에는 이단으로 정죄되어 역사에서 사라졌다. 14일파 관습이 사라진 것으로 문제가 해결된 듯했으나 사실은 더 복잡한 문제가 남아있었다. 서방에서 주장하던 만월과 춘분의 산정 방식이 서로 달라 부활절 날짜 계산법은 여전히 난제로 남았다. 이런 연유로 오늘날까지 동방 교회와 서방 교회는 서로 다른 날짜에 부활절을 지키고 있다.

2세기에 그리스도인들은 부활절 전의 2일간을 준비 기간(참회의 기간)으로 지켰다. 3세기에 이 절기는 1주간(Holy Week)으로 확대되었다. 4세기 초, 제1차 에큐메니칼 공의회(Nicaea)가 부활절을 준비하기 위한 40일간의 절기 곧 사순절에 관해 언급하고 있으나, 이것이 보편적으로 시행된 것은 4세기 후반으로 보인다. 아마도 신구약에서 40일과 연루된 중요한 사건을 연상해서 사순절의 기간을 정한 것으로 보인다. 부활절 전야에 교인들은 금식하면서 철야 기도를 드렸다. 부활절 당일에는 금식을 중단하고 성만찬을 거행했으며, 세례를 시행했다. 『사도적 전승』에 따르면, 사순절은 부활절 새벽에 세례를 받기 위한 마지막 집중적인 세례 교육 기간으로도 이용되었다.

신약 성경 이외의 세례에 대한 최초의 기록은 『12사도 교훈서』이다. 이 책에 따르면, 공개적인 신앙 지도 이후에 생수 곧 흐르는 물에서 세례가 베풀어졌다. 아버지(성부), 아들(성자), 성령(성신)의 이름으로 세 차례 머리에 물을 부었다. 세례식 전에 수세자와 시세자는 금식을 해야만 했다. 세례 교육 및 세례 예식은 2세기 말과 3세기 초, 박해가 심해지면서 그 준비 과정도 강화되었다.

특히 3세기 『사도적 전승』에서 세례 교육과 예식의 진정한 모습이 나타

---

27 Eusebius, *HE*, 5.24.1.

난다. 세례 직후에 입교식이 행해졌고, 성령의 임재의 표시로 기름 부음이 있었다. 동방 교회는 세례와 관련하여 기름 부음을 강조했다. 교회가 성장하자 감독이 수행하던 세례와 기름 부음을 장로들이 집전하게 되었다(오늘날도 마찬가지임). 서방 교회는 지역 교회의 사제가 세례를 집례할 수 있었으나 입교만큼은 감독만이 시행할 수 있었다. 이것이 서방 교회에서 입교식이 세례와 분리된 성례전의 유래이다.

사순절은 집중적인 세례 교육의 기간이었고 최종적인 세례 대상자들은 세족 목요일 밤에 목욕함으로써 자신을 정화시켰다. 그리고 성금요일은 금식했고 토요일은 교회에서 감독의 축귀 행위가 있었다. 세례 대상자들은 철야 기도를 드렸다. 오랜 기간의 신앙 지도 및 인격 지도 후 최종적인 세례 대상자로 선발된 사람은 부활절 새벽(첫 닭이 울 때)에 세례를 받았고 간단한 신앙 고백을 했다. 그리스도와 함께 죽음을 상징하는 물통 속으로 내려가 거기에서 2번째 신앙 고백을 하고 이를 세 번 반복했다. 수세식을 마치면 성도는 순결을 상징하는 흰옷으로 갈아입고 이어서 감독의 기도와 행진이 끝나면 첫 성만찬에 참여하였다.

고대 교회에서 세례는 성만찬보다 훨씬 중요한 성례전이었다. 세례 시에 그 이전에 범한 자범죄들과 원죄를 용서받는다고 생각했다. 그리고 세례 후 범한 중죄들(살인, 간음, 배교 등)에 대해서는 한 차례에 한해서만 교회가 용서할 수 있다고 보았다. 이 때문에 고대 교회에서 세례를 연기하는 풍습이 만연했었다. 흔히 고해 성사(penance)를 '제2의 세례'로 인정하였다. 왜냐하면 죄로 인해 세례의 효과가 일시적으로 중지되고 은총의 상태가 소멸되는데, 이것이 고해 성사를 통해 다시 회복된다고 믿었기 때문이다. 죄의 고백은 사적으로 이루어졌으나 고해 성사는 공개적으로 이루어졌다. 고해 성사는 화해를 목표로 하는 치유의 행위였다.

유아 세례 예식이 서서히 등장했다. 찬반론이 있지만 신약에서 이것의 예를 찾는 것은 거의 불가능하다. 복음서와 사도행전에서 세례를 언급하는 부분들에서 유아들이 세례자들에 있었다는 근거를 찾기 어렵다. 그러나 뚜렷한 근거와 증거가 없음에도 불구하고 매우 초기부터 믿는 부모가 지교회에서 임의로 자녀들에게 세례를 받게 하는 관습이 저항 없이 행해졌을 것이라는 데는 학자들 간에 이견이 없다. 그러다가 차츰 논쟁의 대상이 되어 간 것으로 보인다.

사도적 교부들과 이후의 변증가들에게서도 유아 세례에 대한 신학적 언급이 거의 나타나지 않고 있다. 기록으로는 이레나이우스가 그의 두 번째 『변증서』에서 유아 세례를 처음 언급한 것으로 남아 있는데 그는 유아 세례를 긍정적으로 보지 않았다. 차츰 새 언약에서의 유아 세례와 구 언약에서의 할례 사이의 유비에 근거하여 유아 세례에 대한 정당성을 설명하려는 시도가 보이는데, 아무튼 이는 고대 후기에 이르러서야 등장하는 사안들이었다.

A Brief Sketch of Church History

제3장

제국 교회와 교리 정립(c. 300 ~ c. 500)

1. 교회와 국가의 관계

신약에서 국가에 대한 견해는 3가지로 요약할 수 있다.

첫째, 누가의 저술들(누가복음과 사도행전)에 나타나는 것처럼 정부에 대해 매우 우호적인 견해가 있다. 누가는 예수 그리스도의 생애의 사건들과 제국의 사건들 간의 우연의 일치에 주목하였다. 예컨대, 그리스도의 탄생이 아우구스투스 치하에 있었으며, 주님의 공생애가 디베료(Tiberius) 치하에 개시되었다고 기술하고 있다. 베스도, 벨릭스, 그리고 아그립바와 같은 통치자들의 예를 통해 로마 제국은 유대인들로부터 그리스도인들을 보호해 주는 정부로 간주되고 있다. 누가는 로마가 성취한 평화 덕분에 복음을 쉽게 전파할 수 있었으므로 제국과 교회는 인류의 구원을 위해 하나님의 공동 사역을 수행해야 한다고 생각했다.

둘째, 1세기 말 도미티아누스 황제 치하에서 저술된 요한계시록은 정부에 대해 적대적이다. 요한계시록은 제국을 성도들의 피를 들이키는 바빌론으로 묘사하고 있다. 112년 플리니우스가 트라야누스 황제에게 보낸 서신에 불법적인 종교로서 그리스도교에 대한 정책이 기록되어 있음이 이를 뒷받침한다. 요한계시록에서 볼 수 있는 극단적인 적개심은 3세기 코모디아누스(Commodianus)의 시(詩)에서 재현된다. 그는 제국의 전복을 위해 고트족의 침입을 환영할 정도였다.

셋째, 바울은 악할지라도 세상 권세들은 하나님으로부터 왔음을 주장하고(롬 13장) 앞의 두 입장을 조화시키려고 시도하였다. 바울은 로마 시민권을 소지한 것을 자랑스럽게 여겼으며, 황제에게 상소하는 것을 부끄럽게 생각하지 않았다. 다수는 바울의 견해를 선호했다. 그들은 세상 권세들도 하나님이 세웠다고 보았다. 교회사가 유세비우스(Eusebius of Caesarea, 263~339)에 따르면, 하나님 나라가 세상 질서(콘스탄티누스 황제의 치세)에 도래했다. 하나님 나라는 역사적이며 교회와 사회, 하나님 나라와 로마 제국은 하나였다. 비록 그리스도교 국가가 아니라 할지라도 국가는 국가의 권력으로 악한 사람을 처벌하고 선한 사람을 보호하도록 하나님으로부터 위임을 받았다고 보았다.

그러므로 교회와 사회는 다수자(majority)로서 그리스도인들의 몸(*corpus Christianorum*)이다. 유세비우스는 그리스도교적 개념과 헬레니즘의 신적 왕권의 개념을 결합시켜 새로운 비잔틴 정치 이데올로기를 창안했다. 교회와 국가의 관계는 시대에 따라 약간의 변화된 모습을 보이기는 하지만 위의 세 입장을 반복한다고 볼 수 있다.

우리는 앞부분에서 그리스도교가 제국에서 국교화가 되는 과정을 살펴보았다. 콘스탄티누스 황제의 회심은 박해로 점철되던 교회의 질곡의 역사를 바꾸어 놓았다. 바야흐로 제국과 보조를 같이하는 모양새가 되었다. 비록 국교화가 되기까지는 70여 년의 시간이 더 필요했지만 적어도 교회는 황제의 적극적 호의를 누릴 수 있었으며 교회의 문제, 신학적 문제를 해결하기 위해 국가의 권위를 불러들일 수도 있었다. 그리스도교가 제국으로부터 공인되면서 교회는 안정을 회복해 갔고, 이 시기 교회는 내부적으로 정교한 교리의 완성에 착수했다.

2. 삼위일체의 논쟁과 니케아 공의회(c. 325)

1) 배경

삼위일체론에 관한 견해들은 변증가들 이후에 논의되기 시작했다. 마르키온주의, 영지주의 등과 같은 이단들은 물론이고 다신적 이교 사상들에 대항하여 교회는 그리스도의 신성과 그리스도교의 유일신 사상을 동시에 고수해야만 했다. 그리스도의 신성에 관한 이해에 있어서 2개의 상이한 입장이 존재했다.

첫째, 영적 그리스도론(pneumatic christology)으로 인간 예수가 성령의 내주로 말미암아 하나님의 경지로 받아들여지고, 따라서 기적을 행할 수 있었으며 부활할 수 있었다는 것이다. 이는 유대적 그리스도론의 영향이었다고 보이며 2세기 로마에서 만연했었다.

둘째, 영원한 로고스의 선재와 이 로고스가 예수 안에서 성육하였음을 강조하는 로고스-그리스도론이다. 그리스도의 신성을 설명하려던 초창기 교회의 노력은 4세기 이전까지 로고스-그리스도론 입장으로 일반화되었다. 순교자 유스티노스, 이레나이우스, 테르툴리아누스, 그리고 알렉산드리아의 클레멘스와 오리게네스 같은 정통 교부들이 이 사상을 신봉했다. 그러나 그리스-로마의 다신교적 세계관에서 로고스-그리스도론은 아들(로고스)의 아버지에 대한 종속적 관계가 노정될 수밖에 없었다. 왜냐하면 로고스가 아버지 하나님보다 열등하지 않고 완벽하다면 그리스도교도 다신교가 되기 때문이다.

로고스-그리스도론이 정통적인 신앙을 피력하는 방법이긴 했으나 그리스도와 하나님의 관계에 있어서 통일성을 해결하지 못할 때 군주신론(Monarchianism)은 다른 방법으로 그리스도교의 유일신 사상을 보존하려고 했다. 군주신론은 성서적(유대적) 하나님 개념과 일치하는 방향으로 하나님의 연합성, 유일성, 그리고 '단일 통치'를 강조했다. 유스티노스 같은 변증가들과 오리게네스는 신적인 로고스인 그리스도를 아버지 하나님에 뒤이은 '제2의 하나님'으로 보았기 때문에 반로고스주의자들로부터 비난을 받았다. 반로고스주의자들은 아버지와 아들의 연합성을 강조했고 이들의 사상은 군주신론주의자들로 대변되었다.

군주신론(Monarchianism)에는 2가지 입장이 있다.

첫째, 그리스도가 본래적으로 하나님은 아니지만 입양을 통해 신적인 능력들이 그리스도 안에서 작용한다고 주장하는 입양설(adoptionism)이 있다. 이 견해는 역동적 군주신론(Dynamic Monarchianism)으로 불린다.

둘째, 그리스도는 하나님의 일시적인 시현의 형태(*modus*, 양태)들 가운데 하나라는 주장이다. 한 하나님이 먼저 아버지로, 아들로, 그리고 마지막으로 성령으로 자신을 계시하였다는 것이다. 결국, 이들은 항상 하나의 동일한 하나님이라는 것이다. 이 사상을 양태론적 군주신론(Modalistic Monarchianism)이라고 한다.

역동적 군주신론은 비잔틴의 테오도투스(Theodotus of Byzantium)와 사모사타의 바울(Paul of Samosata, 200~275)에 의해 대표된다. 그들은 인간이었던 예수가 세례 시 혹은 부활 시 하나님의 수준으로 승귀했다고 주장했다. 그럼에도 불구하고 예수 그리스도와 하나님과의 연합은 신적 본질에서의 연합을 말하는 것이 아니고 윤리적 시각으로 이해해야 하며, 따라서 그리스도는 하나님과 비슷하게 된 아주 좋은 사람에 불과하다고 했다. 이 사상은 그리스도의 신성을 부정하므로 테오도투스는 195년 로마에서, 바울은 268년 안디옥에서 각각 정죄되었다.

양태론적 군주신론 사상은 한 하나님, 곧 아버지만이 존재한다고 하는 기본적인 전제에서 출발하여 아버지와 아들을 일치시키는 방향으로 나아간다. 따라서 로고스-그리스도론의 주장 가운데 하나님은 한 분이시며 예수는 하나님이라는 사실에는 동의하지만, 예수가 아버지와는 다르다는 점은 반대했다.

이 신론은 서머나의 감독 노에토스(Noetus), 프락세아스(Praxeas)와 사벨리우스(Sabellius)에 의해 대표된다. 이들은 그리스도는 하나님 자신이시며 하나님 자신이 태어났고 고난당했으며 죽임당했다고 주장했다. 안디옥의 감독이었던 사벨리우스는 양태론적 구조를 확대시켜 아버지와 아들뿐만 아니라 성령 하나님도 거기에 포함시켰다. 그는 삼위일체를 한 본질과 세 활동으로 묘사하는데, 즉 3자(者)들의 3가지의 일시적 역할들을 통해 하나님이 자신을 연속적으로 계시한다는 것이다.

그러므로 양태론의 근본적인 주장은 아버지, 아들, 그리고 성령은 동일하며 이들은 한 하나님의 단순한 이름들 혹은 양태들(modes)에 불과하다는 것이다. 양태론적 군주신론자들은 하나님의 통일성을 강조하기 위해 삼위일체론을 고유한 본질에 있어서가 아니라 연속된 시기들의 세 가지 다른 모습으로 나타난 한 하나님의 단순한 외적 표현이라고 설명했기 때문에 성부수난설(Patripassianism)을 야기시켰다. 이는 한 아버지 하나님이 십자가에서 아들의 형태로 고난을 당했다는 의미다. 그리스도가 하나님이라면 그는 곧 아버지이다. 따라서 만약 그가 고난당했다면, 곧 아버지가 고난당한 것이라는 의미다. 사벨리우스는 261년 로마에서 정죄되어 축출되었으나 동방 특히 이집트와 리비아에서 많은 추종자들을 얻었다.

이처럼 2세기 이후부터 고대 교회 사상을 뜨겁게 달군 로고스-그리스도론과 군주신론은 그리스도의 신성과 아버지 하나님과의 관계를 논의한다는 점에서 앞으로 전개될 삼위일체 논쟁의 시초가 된다고 할 수 있다. 그러나 그보다 4세기 삼위일체 논쟁이 현실적으로 발발하게 된 시작점은 오리게네스의 신학이었다고도 할 수 있다. 3세기 동방신학의 중심 자리에 있었다고 해도 과언이 아닐 만큼 그의 신학의 영향은 길고 깊었다.

그런 오리게네스의 신학의 주된 사상 가운데 하나가 로고스 신학이었다. 그는 로고스의 아버지에 대한 종속적 개념과 로고스의 영원한 무시간적인 출생(로고스의 영원한 출생)을 동시에 이야기했다. 다시 말해 그는 로고스는 성부보다는 열등한, 종속론적인 존재이지만 동시에 영원성의 개념에서 아버지와 로고스는 동일한 신성을 소유하고 있다고 했다. 그가 성부와 성자의 동일본질성을 이야기하는 한편, 아버지와 아들의 차이를 이야기함으로써 그의 신학은 매우 모호했으며 후대 동방의 삼위일체 논쟁의 결정적 불씨를 던진 셈이었다.

훗날 정통 교회는 그리스도가 부차적인 의미에서 하나님이라고 하는 역동적 군주신론과 하나님의 활동의 한 양식이라고 하는 양태론적 군주신론을 모두 거부하면서 아버지와 아들은 구분되지만, 두 하나님이 있는 것이 아니라는 것에 중점을 두고 유일신을 방어했다. 또한, 유일신 한 분 하나님이지만 경륜에 따라 성부와 성자의 구분됨을 고수했다. 역동적 군주신론에 반대하여 교회는 아버지와 아들의 동일본질성을, 양태론적 군주신론에 반대하여 교회는 한 신성(신격) 안에서의 세 위격의 구분성과 함께 아들의 영원 속에서의 출생을 강조했다. 클레멘스와 테르툴리아누스, 오리게네스는 군주신론을 로고스-그리스도론으로 극복하고 로고스-그리스도론의 약점을 영원한 출생의 개념으로 보완하여 초기 삼위일체론을 대변하였다.

보편적 교회는 점차 성령도 이 구조에 적용했다. 처음 3세기 동안 그리스도교 교리의 핵심들이 언급되었으나 분명한 정립을 위해 더 많은 시간이 필요했다. 동방에서는 니케아 공의회(the Council of Nicene, 325)와 콘스탄티노플 공의회(the Council of Constantinople, 381)에 와서 종속론이 완전히 극복되었다. 서방에서는 아우구스티누스가 등장하고서야 로고스-그리스도론의 종속론이 극복되었다.

2) 아리우스 논쟁과 니케아 공의회

삼위일체 논쟁은 아리우스 논쟁에서 본격화되었다. 동방의 아리우스 논쟁은 그리스도교 사상사에 새로운 전기를 시작했다고 할 만큼 영향력이 컸다. 4세기 하나님의 연합성과 구분성을 둘러싼 삼위일체 논쟁은 2~3세기의 로고스-그리스도론과 군주신론의 관계에서 그 선례들이 있었다. 삼위일체론에 있어서 보편적 교회의 공식적인 입장이 아직 존재하지 않은 상황에서 아들과 아버지의 관계를 종속론적으로 주장한 사람들 가운데 한 사람이 아리우스(Arius, c. 260~336)였다. 그의 사고는 오리게네스의 좌파적 성향이라고 하겠다.

알렉산드리아의 신학자요, 장로였던 아리우스는 플라톤주의를 적용하여 오직 하나의 근원만이 존재하고 아들은 그의 피조물이며 아버지보다 열등한 존재라고 주장했다. 아들은 아버지에게 역할상으로 종속적인 것이 아니라 본성에 있어서 종속적이다. 따라서 아들은 아버지와 본질상 다르다. 아들은 기원이 있으나 하나님은 기원이 없다. 그리스도는 하나님과 유사하지만 완전히 하나님은 아니며, 인간과 같으나 완전한 인간도 아니다. 아리우스는 로고스를 만물이 창조되기 전(시간 전)에 무로부터 창조되었으며 그를 통하여 만물이 창조되었다고 했다.

그러므로 "아들은 존재하지 않은 때가 있었다"라고 했으며 이 구절은 후대 아리우스주의자들을 상징하는 문구가 되었다. 아리우스가 아들이 피조물이지만 가장 완전한 피조물로서 다른 피조물들과는 다르다고 했기 때문에 그가 이해하는 그리스도는 순교자 유스티노스가 말한 것처럼 '제2의 하나님' 내지는 영지주의자들이 말하는 '데미우르게' 같은 반신반인(半神半人) 같은 존재와 비슷하게 비쳐졌다.

아리우스의 반대자들은 아리우스가 그리스도교의 하나님을 밀의 종교들의 신들과 같이 전락시켰으며, 따라서 그의 사상은 이교 사상에로의 복귀라고 비판했다. 오리게네스의 우파를 지향하는 알렉산드리아의 감독 알렉산더가 아들은 영원하며, 피조되지 않았고, 아버지와 동일한 본질을 갖고 계신다고 주장하며 아리우스를 공격했다.

그러나 아리우스는 알렉산더를 그리스도교의 유일신 사상을 거부한다고 비꼬았다. 교회가 초기부터 예수 그리스도를 예배해 온 바, 만약 그리스도가 하나님과 동일본질이시면 두 신을 예배하는 것과 같기 때문이라고 했다. 가이사랴의 유세비우스는 동일본질이라는 개념을 좋아하지 않았음에도 불구하고 아리우스의 아들의 종속성에 대한 교리에는 반대했다. 그 이유는 그의 교리가 그리스도와 진정한 신성뿐만 아니라 진정한 인성도 손상시킨다고 보았기 때문이다.

319년경, 알렉산더와 함께, 그의 교회 집사 아타나시오스(Athanasius, 296~373)와 코르도바의 호시우스(Hosius)가 아리우스주의자들에게 체계적인 반격을 가했다. 이를 계기로 본격적으로 아리우스 논쟁이 시작되었다. 아리우스가 알렉산드리아에서 파문되어 니코메디아로 도망갔는데, 가이사랴에서 개최된 한 회의에서 그의 가르침들이 정통적인 것으로 선언되었다.

아리우스와 연루된 논쟁은 보편 교회의 연합을 저해할 뿐만 아니라 제국의 통일에도 영향을 미칠 것으로 판단한 콘스탄티누스 황제는 어떤 조처를 강구하고 있었다. 그는 325년 소아시아의 니케아에서 공의회를 소집했다. 논쟁으로 편이 갈려진 교회를 화합시키려는 의도였다. 그의 생각에 교회는 그의 제국의 영적인 측면을 대변하며, 따라서 교리적 일치는 제국의 평화와 일치의 근거가 된다고 생각했다. 콘스탄티누스 황제는 동서방의 통합 황제였기 때문에 이 에큐메니칼 공의회는 동서방을 아우르는 교회의 최초의 에큐메니칼 공의회에 해당한다.

실제 참석자 가운데 동방 교부들이 절대다수를 차지했다. 서방에서는 5명의 감독만이 참석했다. 아타나시오스는 전체 318명이 참석했다고 기록하고 있다. 참석자를 3개의 그룹으로 나눌 수 있는데, 니코메디아의 유세비우스의 인도 아래 아리우스주의를 지지하는 자들(the Arians), 반아리우스주의자들(anti-Arians), 그리고 가이사랴의 유세비우스의 인도 아래 신학적 이슈에 관심이 적은 자들이 그들이다.

공의회에서 아리우스주의자들이 제의했던 신조는 거부되었다. 가이사랴의 유세비우스가 자신의 교회에서 사용하던 세례 신조를 제시했는데 이 신조의 수정판이 결국 공의회를 통해 채택되었다. 아들은 "참하나님으로부터 오신 참하나님이요," "태어나셨으나 창조되시지 않으시고," "아버지와 동일본질(*homoousios*)이시고," "그가 아니 계신 적이 없었다"라는 내용이 골자였다. 또한 로고스란 용어를 아들로 대체했다.

아리우스주의자들은 본 신조를 강력하게 반대했는데, 왜냐하면 '동일본질'이 성경적인 용어가 아니라고 여겼기 때문이었다. 17명의 감독들이 아리우스의 편을 들었다. 결국, 그들은 파문되어 추방되었다. 니케아 공의회는 알렉산더의 주장을 따르는 '동일본질파'(대표적으로 아타나시오스)의 승리로 끝났다.[28] 호시우스의 조언을 받고 있던 황제는 본 신조가 정치적·종교적 평화를 가져다주리라 믿었다.

3) 아타나시오스와 카파도키아 교부

그리스도교 정통주의는 그리스 철학의 용어인 '우시아'(*ousia*, essence)의 견지에서 정의되었다. 이에 대한 해석은 저마다 달랐다. 일부 교부에게 호모오우시오스는 아버지와 아들 사이의 실제적인 구분을 인정하지 않는 사벨리우스주의로 비쳐지기도 했다. 교회는 니케아 신조는 사벨리우스주의에 빠지지 않으면서, 종속론을 피하기 위한 60여 년의 여정을 더 소요하게 된다. 니케아 공의회 이후에도 아리우스주의는 약화되지 않았다. 콘스탄티누스 황제가 개입함으로써 신학적 문제를 정치적으로 해결되었던 이유

---

28 P. Schaff, *The Creeds of Christendom*, vol. II (Michigan: BakerBooks, 1983), 60. 그 외에도 본 회의는 20개 항목의 조례들을 공표했다. 이를테면, 부활절 날짜 채택, 분리주의자들 치리 및 정죄, 성직자 독신 권장 등이다.

도 있지만, 가장 큰 이유 중 하나는 니케아 신조의 핵심적인 단어인 '호모오우시오스'이었다. 이 용어는 아리우스파뿐만이 아니라 다수의 중도파로부터도 많은 반론이 제기되었다.

아타나시오스는 니케아 신조의 정통 수호자의 입장에서 그의 신학을 피력했다. 만약 그리스도가 피조물이고 하나님과 동일본질이 아니라면, 로고스는 우리의 구세주가 될 수 없다. 왜냐하면, 하나님만이 인간을 구원할 수 있기 때문이다. 요컨대 그는 구원의 문제 때문에 로고스의 완전한 신성과 동일본질을 주장했다. 또한, 아타나시오스는 아리우스주의자들의 가르침은 피조물을 예배하는 우상 숭배의 죄를 범하게 한다고 주장했다. 그는 철학 용어를 굳이 성경에 접목하려 하지 않았다. 다만 비록 호모오우시오스가 성경적인 용어는 아니지만, 성경의 의도를 가장 잘 대변하는 언어이기 때문에 수용했다고 말했다.[29]

그러나 정세는 변했다. 니케아 공의회 3년 이후 콘스탄티누스 황제는 친아리우스주의 정책을 표방했다. 왜냐하면 한 하나님, 한 황제, 한 제국이라고 하는 지상의 이상적 군주제의 실현은 아리우스가 보는 신학의 계층 구조적 종속론 사상으로 더 잘 대변된다고 보았기 때문이다. 결국, 황제는 마음을 바꾸어 아리우스를 복직시키고 역으로 그의 복직을 반대하던 아타나시오스를 추방해 버렸다. 황제에게 아타나시오스의 완강함은 그리스도교의 연합과 제국의 평화에 최대의 방해거리라고 생각한 것이다. 니케아 공의회의 여파로 아타나시오스는 콘스탄티누스와 그의 계승자들, 즉 콘스탄티우스, 율리아누스, 그리고 발렌스의 치하에서 5번이나 추방과 복직을 반복하며 고단한 생을 보냈다.

서방은 줄곧 니케아 정통주의를 고수했으나, 동방은 니케아 공의회의 결정에 반대하여 새로운 신조의 작성을 시도할 만큼 다양한 형태의 입장이 득세했다. 극단적 아리우스주의자들(신아리우스주의자들)은 아들과 아버지는 "같지 않다"(unlike, *anomoios*)고 했다. 이들은 비유사주의자들이라고 불렸다. 동일본질(호모오우시오스, *homoousios*)과 함께 가장 만연한 것이 유사

---

29 Athanasius, *Contra* 30, 34–5, 38, 40; *De incar*. 3, 6, 7.

본질(호모이우시오스, *homoiousios*)이란 용어였다. 그런가 하면 비유사파를 내몰기 위한 또 하나의 대안인 유사주의자들(호모이오스, *homoios*)은 본질이라는 단어들까지 배제하고 단순히 아들이 아버지와 같다고 주장했다. 이들은 잠깐 수면에 떠오르다가 이내 사라졌다. 이처럼 각기 다른 용어들과 주장들은 니케아 공의회 이후 수십 년간 수차례의 회의를 거치면서 혼돈과 번복을 반복했다.

그러자 360년 아타나시오스와 바실레이오스주의자들(Basilians), 소위 카파도키아 교부들이라 불리는 자들이 연합했다. 이들의 연합은 비유사주의, 유사본질주의, 유사주의를 물리치고 동일본질을 정통의 반열에 굳건히 세우는 데 혁혁한 공헌을 하였다. 이로 말미암아 드디어 니케아 정통주의가 가톨릭교회에서 승리하였다.

361년 배교자 율리아누스가 등극하면서 교회 문제가 정치적 사안에서 잠깐 멀어졌지만, 378년 테오도시우스 황제가 등극하자 니케아 정통주의는 절정에 이르렀다. 황제는 아리우스주의 문제를 최종적으로 정리하기 위해 381년 제2차 공의회를 콘스탄티노플에서 개최했다. 니케아 공의회 이후 60여 년간 동방 교회의 신학적 노선은 정치적 요인들로 요동쳤지만, 니케아 신조는 381년 콘스탄티노플 공의회에서 다시 정통의 자리를 고수해냈다.

4세기 후반은 신학적 성취의 측면에서 동방 교회에서 가장 위대한 기간이었다 해도 과언이 아니다. 니케아 정통주의의 승리는 아타나시오스의 정신적 후예들이요, 수도사들이던 카파도키아의 세 교부, 곧 가이사랴의 바실레이오스(Basil of Caesarea), 나지안조스의 그레고리오스(Gregory of Nazianzus, 326/330~390), 그리고 니사의 그레고리오스(Gregory of Nyssa, 335/340~394)의 공로였다. 물론 정통주의의 막강한 후원자였던 테오도시우스 황제의 공로도 큰 몫을 했다.

카파도키아의 세 교부는 모두 알렉산드리아 학파에 속한 사람으로서 아리우스주의와 양태론 사이에 진정한 중도적 입장을 개진했다. 양태론적 위험은 삼위일체 안에서 위격들의 구분성이 모호할 때 나타난다. 이 문제에 대한 반응으로서 세 교부는 "한 본질에 세 위격들"로 해석했다. 그들은 동일본질의 입장에서 세 분의 차별성을 말하기 위해서 하나님의 내재적 관계에 주력했다.

　먼저 바실레이오스는 "하나님은 하나의 본질(*ousia*)과 이를 공유하는 세 위격들(*hypostases*)이시다"라고 할 때 이전에는 본질과 위격의 두 용어를 구별 없이 사용하였지만, 엄격히 이 둘은 동의어가 아니므로 용어가 재정의 되어야 한다고 했다. 그는 본질은 신격과 같은 하나의 실재이고 위격은 그 본질이 구분되는 각 특성을 지칭한다고 말했다.[30] 아버지와 아들과 성령의 각 특성을 지닌 존재는 하나의 본질을 형성한다고 고백함으로써 아버지와 아들과 성령이 한 분 신격이라는 통일성을 유지했고, 드디어 니케아 신조로부터 사벨리우스적 위험을 제거할 수 있었다.

　본질과 위격의 구별을 이어받아 바실레이오스의 동생 니사의 그레고리오스와 친구 나지안조스의 그레고리오스가 콘스탄티노플 신조를 탄생시키게 되었다. 나지안조스의 그레고리오스는 삼위의 차별성을 표현함에 있어서 성부는 어떤 본질 혹은 어떤 활동성의 아버지가 아니라, 아버지와 아들 사이를 유지시키는 관계성 혹은 존재의 방식(기원의 양식)에 있어서 아버지라고 했다. 영원 속에서의 삼위의 관계를 설명할 때 "성부는 낳아지지 않으시며(unbegotten, *agennesia*), 성자는 성부로부터 태어나시고(begotten, *gennesis*), 성령은 성부로부터 발원하신다(proceeds, *ekporeusis*)"는 말로 설명했다.[31] 아리우스주의자들이 부인했던 성령의 신성이 카파도키아의 세 교부에 의해 주장되었다. 니사의 그레고리오스는 철저하게 삼신의 위험을 배제하고 능력과 영광에 있어서 차등이 없는 내재적 관계에서의 삼위를 재차 강조했다.

30　Basil, *Ep*. 236. 6.
31　Gregory of Nazianzus, *The. Orat*. 39.

4) 콘스탄티노플 공의회와 니케아-콘스탄티노플 신조

380년 동방의 테오도시우스 황제는 서방의 그라티아누스(Gratian, 367~383) 황제와 함께 아리우스 논쟁을 완전히 종식시키기 위하여 다시 에큐메니칼 공의회를 개최한다는 칙령을 발표했다. 이는 교회사적으로 신학적으로 중요한 사건이었다. 그라티아누스는 이방 종교의 대제사장 타이틀인 폰티펙스 막시무스(Pontifex Maximus)를 버리고, 원로원으로부터 이교도의 승리의 제단을 제거했다. 테오도시우스는 그리스도교를 국교로 선포했다. 더불어 그는 니케아 정통주의를 수호하였다. 따라서 니케아에서 천명된 그리스도교는 바로 로마의 유일한 합법적 종교가 되었다. 가톨릭 정통주의는 한 동일본질과 세 위격에 대한 신앙을 요구했다. 테오도시우스는 모든 백성이 이 니케아 신조를 받아들이게 함으로써 국가 교회를 확립했다.

드디어 381년 콘스탄티노플에서 제2차 에큐메니칼 공의회가 열렸다. 공의회가 공표한 내용은 많았다. 주목할 것은 이 공의회는 아리우스 논쟁을 완전히 종식하기 위해 동일본질 이외의 이론을 모두 이단으로 정죄했다. 특히 이 공의회는 니케아 신조가 거의 언급하고 있지 않은 성령 하나님의 동일본질성을 천명했다. 본 공의회는 콘스탄티노플을 서열상 로마 다음에 위치시켰다. 왜냐하면, 이 도시는 콘스탄티누스 황제 때부터 그려 오던 '새로운 로마'이기 때문이었다. 또한, 이 공의회에서 극단적인 니케아 정통주의자였고 아타나시오스의 막역한 동료였던 아폴리나리우스(Apollinaris, ?~382)의 그리스도의 비인격적 인성 교리를 이단으로 정죄했다.

콘스탄티노플 공의회는 니케아 신조를 확대하여 한 번 더 천명하였기 때문에 니케아-콘스탄티노플 신조라 부르고, 이 신조가 오늘날 우리가 흔히 부르는 '니케아 신조'이다. 성령의 출원에 관한 부분을 제외하고 이 신조는 동서방 교회에서 공히 받아들이는 유일한 에큐메니칼 신조라고 할 수 있다. 니케아 신조의 기원과 역사는 아직도 명확하지 않다. 5세기 이래 이 신조는 381년 콘스탄티노플 공의회에서 확대된 것으로 믿어져 왔다. 325년의 니케아 신조와 비교할 때 명백한 유사성이 존재한다. 바로 이 사실 때문에 381년의 것은 325년의 것의 확대판으로 이해되었다. 381년의 신조에는 나지안조스의 그레고리오스의 입장에 따라 동일본질 안에서의 삼위의 관계성을 '생성되지 않은(ungenerated),' '생성된(generated),' 그리고 '발원한(proceeds)'으로 삼위일체 공식을 묘사했다.[32] 니케아-콘스탄티노플 신조는 아타나시오스와 그를 계승했던 카파도키아 세 교부 사상의 반영이었다. 본 신조의 신학적 입장은 5세기 칼케돈 공의회에서 모두 수용되었다.

3. 그리스도론 논쟁

1) 배경

니케아 공의회와 콘스탄티노플 공의회에서 그리스도의 선재, 아버지와 아들의 동일본질 및 동일 영원성, 그리고 성령의 완전한 신성 등과 같은 가톨릭 정통 신앙이 천명되었다. 그러나 그리스도의 신성과 인성의 문제는 완전히 해결되지 않았다. 이 문제에 대해 두 가지의 해답이 제시되어 왔다.

첫째, 그리스도의 연합을 지나치게 강조한 나머지 그의 인성을 그의 신성에 흡수시켜 버리는 경향이 있는데 아폴리나리우스는 이런 견해 때문에 381년 콘스탄티노플 공의회에서 정죄되었다. 그는 그리스도의 영은 로고스에 의해 대체되었다고 보았다. 이러한 견해는 알렉산드리아 학파의 '말씀—육신(Logos-flesh) 그리스도론'에서 기인했다.

둘째, 안디옥 학파의 계열에 속한 교부들, 다소의 디오도로스(Diodore of Tarsus, 344?~394?), 몹수에스티아의 감독 테오도로스(Theodore of Mopsuestia, 350~428)와 네스토리오스(Nestorius, 381~450) 등이 주장하는 바인데, 이들은 알렉산드리아 학파의 생각, 즉 그리스도의 신성에 의해 그리스도의 인성이 말살되는 것을 비판하였다. 이들은 인성과 신성의 완전한 두 본성을 강조했다. 이 사상은 알렉산드리아 학파의 '말씀—육신'과 비

---

32 Schaff, *The Creeds*, vol. II, 57-58.

교해서 '말씀—인간(Logos-man) 그리스도론'을 주장했다. 그리스도는 그 안에서 완전한 신적인 요소와 완전한 인간적 요소가 도덕적으로 완전한 연합을 이룬 존재라는 것이다. 그래서 그리스도는 모든 인간적인 행위들(출생, 식사, 고난, 죽음 등)을 수행했고, 한편 신성에 합당한 일들(기적 등)을 수행했다는 것이다. 그러나 두 본성이 하나의 위격적 결합을 이루었다는 것은 아니고, 도덕적 결합, 친밀한 사귐 혹은 유대를 이룰 뿐, 속성 교류(communicatio idiomatum)는 없다고 했다.

알렉산드리아의 학자들은 두 본성이 사실상 속성을 회환(回還)한다고 하는 속성 교류의 연합, 즉 위체적 결합을 주장했다. 성육신 후 신성이 인간의 본성으로 변모되었지만, 그럼에도 불구하고 신성은 불변이므로 결국 인성이 신성의 수준으로 고양되며 마침내 신성만 남는다는 것이다. 즉, 그리스도의 인성과 신성의 두 본성은 속성 교류의 연합을 통해 인성은 소멸한다는 뜻이다. 그 이후의 그리스도론 논쟁은 두 학파 사이의 반목과 질시로 더욱 심화하였다.

2) 네스토리오스 논쟁

안디옥 출신으로서 428년 콘스탄티노플의 감독으로 임명된 네스토리오스는 안디옥 학파의 견해에 근거하여 마리아를 '테오토코스'(Theotokos, 하나님을 낳은 자)라 부르기를 거부했다. 일부 안디옥 교부는 이 용어 대신에 '안스로포코코스'(Anthropotokos, 인간을 낳은 자)라고 부르기를 주장하기도 했지만 네스토리오스는 마리아를 '크리스토토코스'(Christotokos, 그리스도를 낳은 자)라고 부르기를 원했다. 이유는 마리아가 인성이나 신성 중 한 본성만을 낳은 것이 아니라 신성과 결합된 인성을 낳았기 때문이라고 했다. 그러자 당시 마리아 숭배의 관습에 젖어 있던 알렉산드리아의 신학자와 많은 수도자로부터 비난받게 되었고, 급기야 논쟁의 불을 지피는 계기가 되었다.

알렉산드리아의 키릴로스(Cyril of Alexandria, 370/380~444)는 야심적이고 집요한 성품의 소유자로 대표적인 반-네스토리오스주의자였다. 그의 그리스도론 논쟁의 개입은 신학적인 문제뿐만 아니라, 알렉산드리아 교구의 입장에서 콘스탄티노플 교구를 견지하려는 정치적 이유도 컸다. 아무튼 키릴로스는 신성과 인성의 추상적 구분을 반대하고 그리스도 안에서 신성과 인성의 구별이 연합으로 인하여 없어져 버린 것이 아님을 인정하였다. 연합을 통하여 하나의 위체(*hypostasis*)로 통일성을 유지한다는 것이다. 두 본성은 위체적 통일로 인하여 혼합되거나 변화하거나 변형되지 않은 채 눈에 볼 수 없는 일치를 이루고 있다고 했다. 왜냐하면 비록 육체가 하나님의 육체로 되었다 할지라도 육체는 육체이지 신성이 아니고 말씀이 비록 육신을 입었다 하나 말씀도 하나님이지 육체가 아니기 때문이다.

키릴로스의 그리스도론은 신성과 인성이 위체적 연합을 이루고 두 본성이 손상 없이 유지된다는 데 강조점을 두었다. 키릴로스는 마리아를 '크리스토토코스'라 부르는 것은 그리스도의 신성을 손상시킨다고 하였다. 엄밀히 네스토리오스가 '테오토코스'를 반대한 것은 그리스도의 신성을 부인하기 위해서가 아니라 그리스도가 영육을 완전히 갖춘 완전한 인간으로서 마리아에게서 태어났음을 강조하기 위해서였다. 마리아는 신성을 낳은 것이 아니라 신성과 결합된 인성을 낳은 것이다. 네스토리오스는 이러한 신학적 입장이 전제된 경우 '테오토코스'의 사용을 용인할 의사가 있었다. 그가 견지한 것은 '테오토코스'라는 용어가 그리스도의 두 본성을 변질시킬 위험이었다.

그러나 네스토리오스는 인성의 완전성을 지나치게 강조하여 이를 신성으로부터 지나치게 분리시키는 우를 범하였다. 완전한 양성의 존재를 강조했으나 두 본성이 한 위격 안에서 어떻게 통일성을 유지했는가 하는 문제를 인식하지 못하여 본성의 이중성을 주장하는 꼴이 되고 만 것이다.

3) 에베소 공의회

키릴로스와 네스토리오스 간의 싸움은 점점 격해졌다. 쌍방의 저주와 파문이 치열해지자 동방 교회 전체가 흔들렸다. 급기야 발렌티니우스 3세와 테오도시우스 2세가 431년에 에베소에서 공의회를 소집하였다. 이것이 제3차 에큐메니칼 공의회가 된다.

그러나 공의회는 키릴로스와 그를 지지하는 성향에 있던 관직자들의 의도대로 진행되었다. 네스토리오스를 지지하는 안디옥 측 감독들이 아직 도착하기도 전에 본회의를 진행하여 네스토리오스를 정죄해 버린 것이다. 며칠 후 안디옥의 감독 요한과 안디옥 지역의 총대 감독들이 도착하여 대립 공의회를 개최하여 이전 결의를 무효화시켰다.

공의회가 막장 형태로 변하자 황제 테오도시우스 2세는 네스토리오스와 키릴로스를 체포하였다. 키릴로스는 석방된 후 알렉산드리아로 귀환했으며, 네스토리오스는 상부 이집트로 추방되었다. 황제는 본 공의회에서 '테오토코스'를 마리아에 대한 공식적인 명칭으로 채택했다. 그러나 본 공의회에서 참석한 사람이 수용할 수 있는 교리적 선언(신조)을 공표하지는 못했다.

로마 감독들의 노력으로 433년 안디옥 측과 알렉산드리아 측 사이의 연합안(the Formula of Reunion)이 작성되었다. 이 연합안은 그리스도 안의 신성과 인성의 양성을 잘 구분하였을 뿐만 아니라 양성의 연합도 동시에 주장하고 였다. 한 본성은 아버지와 동일본질이며 다른 본성은 우리와 동일본질임을 표명했다. 또한, 마리아를 '테오토코스'로 지칭했다. 이 안은 431년 에베소 공의회의 결과라고 할 수 있는데 미래 그리스도론의 발전을 위해 거보(巨步)를 내디뎠다고 할 수 있다.

그러나 양 진영의 극단주의자들은 이 연합안을 거부했다. 비록 이 안이 '테오토코스'란 용어를 사용하기는 했으나 신학적으로 안디옥적이었다. 알렉산드리아의 교부들을 무마시키기 위해 네스토리오스를 추방하고, 안디옥의 교부들을 무마시키기 위해 키릴로스의 입장을 상당한 정도로 안디옥의 입장에 맞게 해석한 중도적 입장이었다.

그러나 양 지역 간의 휴전은 오래 가지 못했다. 정치적 야욕에 가득 찬 디오스코루스(Dioscorus, d. 457)가 키릴로스에 이어 444년 알렉산드리아의 총감독이 되었다. 그는 에오티케스(Eutyches, 378~456)와 함께 알렉산드리아 학파의 극단적 신학을 선택했다. 양성론을 지향한 연합안을 거부하고 그리스도는 성육신 후 두 본성이 하나가 되어 단성(신성)뿐이라고 주장했다. 에오티케스는 이전에 한 지방 회의에서 단성론자로 이단으로 정죄된 적이 있었다. 그의 나타남으로 인해 448년부터 단성론으로 다시 큰 논쟁이 불거졌다.

동방의 많은 교회들이 연루되고 시끄러워지자 449년 테오도시우스 2세가 에베소에서 다시 총회를 소집하였다. 황제는 디오스코루스와 에오티케스를 지지했다. 로마 감독 레오 1세가 『플라비아누스에게 주는 교서』(*Tome to Falvian*)를 가지고 중재하려 했으나 회의는 욕설과 비방, 무력과 술책이 난무한 가운데, 레오는 자신의 편지를 읽을 기회조차 얻지 못하였다. 콘스탄티노플의 감독 플라비아노스(Flavian)는 이들 단성론자의 견해가 가현적 그리스도론이라고 비판하다가 무력으로 회의장에서 축출되었다. 순 무력과 강압으로 에오티케스와 단성론이 정통으로 선언되었다. 레오는 이 회의를 "도적회의"라 불렀다.

4) 칼케돈 공의회와 칼케돈 신조

테오도시우스 2세가 급사하자 사태는 변했다. 레오를 비롯한 도적회의를 반대하는 자들은 황실의 새 지도층의 도움으로 451년 칼케돈에서 회의를 소집할 수 있었다. 여기서 키릴로스의 사상과 431년 에베소 공의회의 신조가 정통의 증언으로 인정되었다. 도적회의는 무효가 되었고 플라비아누스는 복직되었다. 본회의에서 레오의 이전 『교서』가 수정되어 대부분 정통으로 받아들여졌다. 레오의 『교서』(*Tome*)는 그리스도론에서 칼케돈 신앙 고백을 대변하게 되었다. 칼케돈 신조는 성자 그리스도에 대해 아래와 같이 고백한다.

> 그러므로 거룩한 교부들을 따라 우리는 한 분 동일하신 주님 예수 그리스도를 고백한다. 우리 모두는 그분은 신성에 있어서 완전하시며, 인성에 있어서 완전하시며, 참하나님이시고 참인간이시며, 이성적 영혼과 육체를 가진 동일하신 분이라는 것을 일치된 마음으로 고백한다. 그 신성에 있어서 성부와 동일본질이시고, 그 인성에 있어서 우리 인간과 동일본질이시며, 죄를 제외한 모든 점에서 우리와 같으시다. … 마지막 날에 우리를 위해, 또 우리의 구원을 위해 인

성에 있어서 동정녀이며 하나님의 어머니, 마리아에게서 나셨다. … 우리는 두 본성이 혼동 없이, 변화 없이, 분리 없이, 나누임 없이 존재한다고 인정하고, 본성들이 연합으로 인해 결코 소멸되지 않으며, 도리어 각 본성의 차별적 속성은 보존된 채 한 인격과 한 본체 안에서 결합되어 있음을 인정한다. …[33]

앞선 연합 신조처럼 칼케돈 신조도 알렉산드리아와 안디옥 사이의 중도적 입장을 특징으로 작성되었다.

그러나 중도적 입장은 어느 쪽도 만족시키지 못했다. 칼케돈 공의회로 그리스도론의 논쟁이 종식된 것이 아니었다. 오히려 단성론적 교회와 양성론적 교회로 분열되었다. 칼케돈주의자들과 단성론자들 사이의 분열은 7세기 말까지 계속되었다. 엄밀히 이 분열은 오늘날에도 계속되고 있다. 니케아-콘스탄티노플 신조 이후에 아리우스주의가 사라지지 않았듯이 단성론과 네스토리오스주의가 칼케돈 공의회의 두 본성 교리 이후에도 여전히 존재했었다. 단성론은 칼케돈에서 정죄되었으나 이집트, 에디오피아, 아르메니아에서 존속하였고 네스토리오스주의는 시리아, 이란, 이라크 및 인디아에서 존속하여 오늘날까지 이르고 있다.

553년, 680년 콘스탄티노플에서 각각 개최된 제5, 6차 에큐메니칼 공의회는 모두 단성론자 혹은 단의론자의 문제로 인한 것이었다.[34] 단의론은 단성론자들의 또 다른 양상의 주장이라고 할 수 있는데, 이는 극단적 단성론자들을 포용하기 위한 것이라고 할 수 있다. 단의론은 그리스도는 두 본성을 가지고 있으나 하나의 신인적 활동(energy) 혹은 하나의 의지(will)를 가지고 있다는 주장으로 633년 단성론자들로부터 많은 호응을 받았다. 후에 단의론도 단성론의 한 형태로 간주되어 649년 라테란 회의에서 정죄되었다. 라테란 회의는 칼케돈의 교리를 재천명하고, 그리스도 안에서의 두 에너지들 및 두 의지들의 교리를 분명히 수용하였다. 그러나 단의론자였던

---

33 Schaff, *The Creeds*, vol. II, 62.
34 Schaff, *The Creeds*, vol. II, 72.

황제 콘스탄스 2세는 이 일로 양성론을 주장하는 교황 서기우스와 동방의 최고 신학자들 가운데 한 명인 고백자 막시무스(Maximus the Confessor, 580~662)를 처형했다.

451년 칼케돈 이전의 그리스도론 논쟁은 네스토리오스의 견해와 키릴로스의 견해 사이의 주도권 다툼이었다고 할 수 있다. 그런데 이 논쟁에 개입된 예기치 않은 요소는 바로 서방의 그리스도 이해에 대한 입장이었다. 이는 힐라리우스(Hilary), 암브로시우스(Ambrose), 그리고 아우구스티누스(Augustin)에 의해 발전되었다. 특히 아우구스티누스는 성령의 이중발출, 즉 성령은 성부와 성자로부터 나온다는 견해를 주장하였다.[35] 이후 서방 교회는 니케아 신조의 성령의 기원에 관한 구절에 '필리오끄'(filioque, and also from the Son, 아들로부터)를 넣기를 원했다.

'필리오끄'를 포함시킨 니케아 신조가 세례 예식에 사용되었으며, 6세기에는 미사에서도 사용되었다. 이후 여러 차례 논쟁을 통해 첨가와 삭제를 거듭하다가 589년 제3차 톨레도(Toledo) 회의에서 '필리오끄'를 공식적으로 인정하였다. 서방은 이후 줄곧 공식적으로 성령이 "성부와 성자에게서 출원한다"로 고백하게 되었다. 9세기 초 샤를마뉴(Charlemagne) 대제는 이의 사용을 대대적으로 권장했다.

동방 교회에서는 여전히 '필리오끄'를 반대하고 "성자를 통하여 성부에게서 출원한다"라고 기술하고 오직 하나의 출원만을 강조했다. 동방 교회에서 아버지는 아들과 성령의 유일한 출처, 즉 유일한 제1원인이시고 아들은 영원 전에 발원하였다. 이와 대조적으로 서방에서 성령은 아버지와 아들로부터 발원한 것으로 주장하였다. 왜냐하면 그렇게 하는 것이 니케아 신조가 강조한 아버지와 아들의 동일본질성이 확보된다고 보았기 때문이다.

'필리오끄' 삽입의 문제는 동서방 교회의 합의를 이루어내지 못했고 서로를 이단시하고 배타시했다. 훗날 이 조항은 동서방 교회의 분열의 주원인들 중 하나로 작용했으며, 오늘날에도 양 교회의 연합에 중요한 장애물로 작용하고 있다. 아무튼, 칼케돈 공의회의 신조는 동서방을 막론하고 그

---

[35] Augustine, *De trin*. 1.6.6; 15.17-26.

리스도론에 대한 정통적 해결안으로 받아들여지고 있다.

또한 칼케돈의 결정 사항에 대해 기억해야 할 것은 28조에서 관할권의 문제에 있어서 본 공의회는 로마 교회가 "명예상" 콘스탄티노플 대교구보다 우위에 있으나, 서열이나 권한에 있어서는 전자와 후자가 동등하다고 선언했다. 로마가 서방에서 권위를 행사하듯이, 콘스탄티노플이 폰투스(Pontus), 트라케(Thrace), 아시아 지역(the Province of Asia)에 대해 권위를 행사한다는 의미였다. 이는 레오 1세가 기대하던 바와는 다른 결정이었다. 이러한 결정은 궁극적으로 그리스도교계를 로마 카톨릭주의(Roman Catholicism)와 동방 정교회(Eastern Orthodoxy)로 분리시키는 계기가 되었다고 하겠다.

4. 4~5세기 교부들과 가톨릭교회의 신학

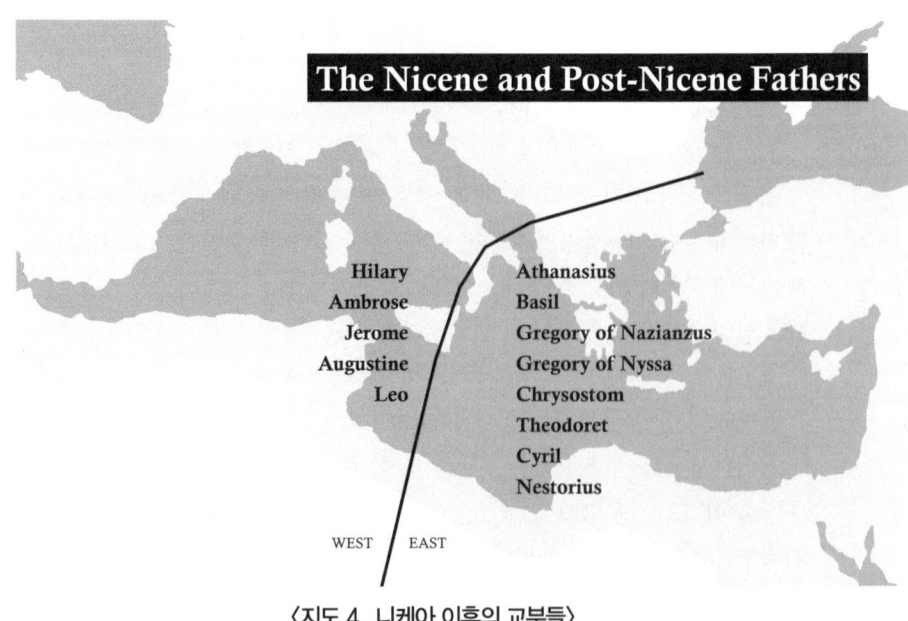

〈지도 4. 니케아 이후의 교부들〉

1) 동방 교회 교부들

4세기 동방 교회의 위대한 교부들 중 아타나시오스와 카파도키아 세 교부들에 대해서는 니케아-콘스탄티노플 신조를 다룰 때 이미 언급하였다. 그들은 위 신조의 형성과 또 이의 절대 옹호자로 교회사적 공헌이 지대했었다. 여기서는 이들을 제외한 4~5세기 동방 교부들을 보기로 한다.

요안네스 크리소스토모스(John Chrysostom, 347~407)는 아타나시우스와 카파도키아 교부들과 함께 "동방의 4대 교부들"로 불린다. 크리소스토모스는 동방 교회에서 가장 특출한 사목자요, 스승이었다. 그는 안디옥에서 출생했으며 거기서 위대한 이방 웅변가인 리바니우스(Libanius)에게서 법학, 그리고 안디옥 학파의 수장이었던 다소의 디오도로스에게서 신학을 배웠다. 그는 안디옥 근교에서 은둔 수도사로 지내다가 안디옥으로 돌아와서 381년 아리우스주의자 멜레티우스(Meletius the Confessor, d. 381)에 의해 집사로 안수 받았으며, 386년 플라비아누스(Flavian)에 의해 사제(장로)가 되었다. 엄격한 금욕주의적 삶과 명설교로 인해 명성이 높았다. 황제 알카디우스(Arcadius)의 눈에 발탁되어 자신의 의지와는 상관없이 398년 콘스탄티노플의 감독이 되었다.

그는 그의 선임자들과 다르게 콘스탄티노플의 성직자, 수도사, 황실의 사람과 서민들까지 총망라하여 도덕적 타락상을 개혁하려고 했다. 그의 개혁은 많은 반발을 샀고 풍파를 조성했다. 그를 반대하고 질시하는 세력들에 의한 모함이 이어졌다. 결정적으로 황후 유독시아의 사치와 교만을 질책하다가 두 번이나 귀양을 갔고, 두 번째 귀양길에서 그는 비극적 죽음을 맞았다. 유독시아의 아들 테오도시우스 2세는 부모의 죄를 사죄하고 그의 관을 붙잡고 통곡했다.

크리소스토모스는 금욕주의와 예언자적 정신의 상징이었으며 그에 대한 대중의 지지는 대단했다. 그의 희생에서 우리는 동방 교회에서의 교회와 국가 관계의 전형적인 모습인 황제 교황주의를 볼 수 있다. 즉 교회를 지배할 수 있는 황제의 권위가 하나님에 의해 직접 부여되었다고 하는 견해가 동방에서는 보편적으로 받아들여지고 있었다.

크리소스토모스는 성경 해석에 있어서 알렉산드리아 학파의 신비적 (영적) 해석들과는 달리 문법적·역사적 해석의 대표자로서 유명했다. 그의 별명 "황금의 입"에서 나타나듯이, 그의 뛰어난 웅변술과 수사학적 기교가 설교에서 빛을 발했다. 그의 설교는 타협 없는 강직함을 그대로 드러냈는데 약 650편 정도의 설교가 현존한다.

크리소스토모스는 동방 신학의 형성에서 매우 앞서 간 모습을 보였다. 종교개혁기에 그가 프로테스탄트였는지 아니면 가톨릭이었는지에 관해 지루한 논쟁이 있을 정도로 그의 사상은 당시로 봐서 진보적이었다. 그는 사제에 대한 죄의 고백, 소위 고해 성사를 거부했으며 그의 저술들에는 교황(로마의 감독)의 수위성에 관한 명백한 언급이 나타나지 않는다. 성만찬 이해에 있어서 그는 실재 임재를 믿었다. 하나의 교회와 권위의 합당한 기초로서 전통을 수호하려 했다.

크리소스토모스는 신학에 상당한 조예가 있었으나 신학 자체보다 이에서 도출된 도덕적인 결과들에 관심이 많았다. 그 어떤 이론들보다 이들의 실제적인 적용과 실천적 삶을 강조했다. 그는 믿고 아는 대로 실천했고 자신과 타인에게 엄격한 도덕성과 윤리를 적용했다. 비록 그의 엄격한 도덕성이 그를 씁쓸한 죽음으로 내몰았을지라도, 역사는 그를 위대한 교부로 칭송하고 있다.

2) 서방 교회 교부들

(1) 암브로시우스

암브로시우스(Ambrose, 339~397)는 아우구스티누스, 히에로니무스, 대 그레고리우스 1세 교황과 함께 서방의 위대한 네 명의 '교회학자'(doctors of ecclesia)라 불린다. 암브로시우스는 감독이 되기 전 이탈리아의 한 지역의 주지사였다. 374년 아직 세례 교육 대상자였을 때 교인들의 박수갈채로 아리우스주의자인 아욱센티우스(Auxentius)의 후임 감독으로 피택되었다. 그는 1주 만에 세례를 받았으며, 얼마 안 있어 감독으로 안수받았다. 그는 서방에서 아리우스주의의 종언에 지대하게 공헌했다. 그는 그리스-로마 고전에 익숙했다. 그래서 라틴 서방에 그리스 사상과 동방 교부들의 신학을 전수하는 통로 역할을 했다. 음악에도 조예가 있어 다수의 찬송가를 지었고 동방의 관습인 회중 찬양을 밀란에 전수하기도 했다.

그의 중요한 작품들 가운데 하나는 성직자들의 윤리 교범인 『성직자들의 의무들에 관하여』가 있는데, 이 책은 서방에서 최초로 그리스도교 윤리의 종합을 시도한 책이다. 그는 이교도 세계의 이상이 그리스도교를 통해 더 완전한 도덕적 구조로 대체되었음을 보여 주고자 했다. 그리스도인의 덕성에 대한 강조는 그를 서방 수도원주의의 개척자 가운데 한 사람으로 만들었다. 그의 성경 주석은 동방의 필로와 오리게네스의 영향을 받아 은유적-신비적(allegorico-mystical) 해석법을 이용했다. 문자보다 문자 뒤의 심오한 신비적 의미를 추구했다.

암브로시우스는 교회와 국가를 밀접하게 결합시키려고 했던 최초의 정치적 감독으로서 국가에 대한 교회의 권위를 강조했던 인물로 유명하다. 그는 381년 밀라노가 서방의 황도가 됨으로 인해 황제들과 교류할 일들이 많았었고, 황제의 통치와 교회의 이념이 균형을 이루도록 노력했다.

암브로시우스는 어린 황제 그라티아누스(Gratian)의 대부 역할을 담당했으며, 발렌티니아누스 2세(Valentinian II), 테오도시우스 1세 등 황제들의 자문 역할을 했다. 그라티아누스가 원로원에 승리의 여신의 제단을 복원시키려 하자 이를 강력하게 반대했다. 아리우스주의자였던 황후가 밀란의 여러 교회들 가운데 하나를 아리우스주의자들에게 주라고 요구하자 무력의 위협 앞에서도 왕후의 요구를 거부했고, 결국 왕후를 굴복시켰다.[36]

칼리니쿰에서 그리스도인들이 유대교 회당을 파괴하자 테오도시우스 황제가 이를 주도한 감독을 처벌하고 회당을 복원하라고 명령했을 때, 암브로시우스는 영적 질서가 사회 질서보다 중요하다고 주장하면서 유대교 회당 복원을 반대했으며 이를 주도한 감독의 처벌도 중단시켰다. 암브로시우스는 황제를 다윗으로 자신을 나단 선지자로 비유했다.

---

36 The Theodosian Code 16.4.1.; Cf. J. Harries, *Law and Empire in Late Antiquity* (Cambridge: Cambridge Univ., 1999), 88-91.; 『테오도시우스 법전』 16.4.1.

한편, 390년 테오도시우스 황제가 데살로니카의 원형 경기장에서 폭동을 일으킨 자들을 처벌하기 위해 군대를 파견했다. 그 결과 7천 명의 양민이 살해되는 일이 발생했다. 이 소식을 들은 암브로시우스는 황제에게 1년간 공적인 참회를 부과하고 수찬을 정지시켰다. 그는 믿음과 구원에 관한 문제일 경우 "황제도 교회 안에 있고 교회 위에 있는 것이 아니다"[37] 라고 확신했다. 암브로시우스의 예에서 서방 교회는 동방 교회와는 다른 교회와 국가의 관계가 나타남을 볼 수 있다.

(2) 히에로니무스

히에로니무스(Jerome, 347~420)도 뛰어난 서방 교부들 가운데 한 사람이었다. 그는 부유한 가문에서 출생했으며 로마에서 회심했다. 로마에서 청년기의 교육을 마치고 얼마간 체류하다가 동방으로 건너가 그의 생애 대부분을 보냈다.

히에로니무스는 세상의 타락상에 개탄하면서 주님을 따르는 최상의 방법은 세상을 부인하고 수도사가 되는 것으로 생각하고 375~378년 시리아 사막의 은둔 수도사가 되었다. 문명 세계로 돌아와 안디옥, 알렉산드리아, 그리고 콘스탄티노플에서 학업을 계속했다. 콘스탄티노플에서 나지안조스의 그레고리오스에게서 배웠으며 니사의 그레고리오스와 교제했다. 다시 로마로 돌아가서 금욕주의적 수도원적 삶의 미덕을 설파했다. 이로 인해 많은 경건한 그리스도인 귀부인들과 교제할 수 있었다. 이들 중에 마르켈라(Marcella, 325~410)와 파울라(Paula, 347~404) 같은 유명한 여성 수덕자들이 있다. 히에로니무스는 거의 교황이 될 뻔했으나 로마 성직자들의 타락상을 신랄하게 공격함으로써 주류들로부터 미움을 샀고 더는 로마에 머물기 어렵게 되자 동방으로 떠났다.

히에로니무스는 386년 베들레헴에 정착하여 수도원을 건립하고 거기서 수도 생활과 저술 활동에 매진했다. 다마수스가 히에로니무스에게 구(舊)라틴어 역본을 히브리어 원문에 근거하여 수정하도록 요청하자 그 결

---

[37] Ambrose, *Sermon against Auxentius*, 36.

과 유명한 라틴어 번역본인 불가타(Vulgata) 성경이 생성되었다. 히에로니무스는 이 작업을 베들레헴 수도원에서 수행했다. 그는 그리스도교 역사상 가장 뛰어난 성서학자들 가운데 한 명이었다. 그의 성경 주석은 방대하다. 성경 해석법으로 문자적 의미와 알레고리적 해석을 같이 사용했다. 다시 말해 성경 해석에 있어 안디옥 학파와 알렉산드리아 학파, 그리고 랍비들의 영향을 골고루 받았다고 하겠다. 그의 불가타 성경은 로마 가톨릭교회에 의해 원본 성경과 동일하게 영감된 것으로 간주되어 오고 있다.

그는 테르툴리아누스 이래 가장 엄격한 도덕주의자였을 것이다. 저술들과 서신들에서 나타나는 금욕주의는 성장 단계에 있는 그리스도교에 대한 그의 최대의 공헌이었다.『명인 열전』(392)은 베드로 이래 자신이 살던 시기까지 그리스도교 저술가들의 작품을 제목들과 저술 동기를 붙여 기록한 책이다. 오류가 적지 않지만 그럼에도 불구하고『명인 열전』은 교부학(patrology)의 최초의 예라고 할 수 있는 역사적 작품이다.

(3) 아우구스티누스

고대 교회를 마감하고 중세로 가는 과도기에 서구 사상의 위대한 거장이 등장했다. 바로 아우구스티누스(Augustine, 354~430)이다. 서구의 모든 철학이 플라톤에 대한 각주라고 한다면 서구의 모든 신학은 그에 대한 각주라고 평가될 정도로 그의 신학적 깊이는 방대하고 심오하다. 그의 사후 600년간의 철학과 신학은 그의 사상의 발전이었다.

아우구스티누스는 당시 서방 교회의 율법주의적 경향을 은총의 개념으로, 동방 교회의 낙관론적인 인간의 이해를 원죄의 개념으로 마름질했다. 중세 가톨릭교회도 자신들의 신학적 권위를 아우구스티누스에게로 소급했으며, 종교개혁자들도 그러했다. 따라서 종교개혁과 당시 가톨릭교회의 싸움은 "아우구스티누스 안에서의 싸움" 혹은 "아우구스티누스에 관한 싸움"이었다고 평가되기도 한다.

아우구스티누스는 354년 북아프리카의 타가스테에서 출생했다. 그의 부친 패트리키우스는 이교도였으며 어머니 모니카는 경건한 그리스도인이었다. 부친은 임종 시 세례를 받았다. 그는 십대 때 마도라와 카르타고로 유학하여 라틴어와 수사학 등을 수학했다. 카르타고에서 한 여인과 동거하게 되었으며, 372년 슬하에 한 아들까지 두었다. 그런 중에 당시 자연종교 마니교에 심취하게 되었다. 19살에 모든 공부를 마치고 타가스테와 카르타고에서 가르쳤고 383년 밀란에서 수사학 교수가 되었다. 이 시기에 밀란의 감독 암브로시우스의 설교를 들으면서 감동을 받게 되었다. 그의 설교가 신플라톤적 해석이었기 때문에 이때부터 신플라톤주의 저술들을 탐독하기 시작하였다.

마침내 아우구스티누스는 386년에 강한 회심을 경험하고, 387년에 아들과 함께 암브로시우스로부터 세례를 받았다. 391년 히포(Hippo)의 교회에서 사제로 안수를 받았으며 3년 후 감독이 되었다. 약 35년간 목회에 전념하다가 430년 반달족들(the Vandals)이 히포를 포위할 때 침상에서 시편을 읽으며 76세의 일기로 세상을 떠났다.

서신들과 석의들을 제외하고 93개의 저술들을 남겼다. 『고백록』, 『하나님의 도성』은 그의 주저로서 고대 문헌사에 남는 고전으로 손꼽힌다. 많은 저술들이 그가 개입했던 신학적, 교회론적 논쟁들의 산물이었기에 그의 사상은 그의 실존적 경험을 통해 형성되었다고 할 수 있다. 그가 한때 심취했던 마니교는 존재와 기원에 대해 선과 악이 작용하며 그 파편들이 인간과 온 자연만물에 섞여 있다고 주장했기 때문에, 아우구스티누스는 인간이 죄를 짓는 것은 자연스러운 것이라고 여겼다. 그는 여기서 개인이 지은 죄에 대한 죄의식을 완화시킬 수 있었다. 그는 마니교를 통해 선악의 기원에 대한 잘못된 해답을 찾았던 것이다.

그러다가 어거스틴은 암브로시우스의 설교를 통해 신플라톤주의로 입문하면서 영적 존재로 초월해 있는 하나님, 선과 선의 결여로서 악의 본질을 재정립하였다. 신플라톤 사상은 지속적으로 그의 신학과 영성에 지대한 영향을 미쳤지만 무조건적 수용이 아니라 성경과 정통 교회의 교리에 입각하여 신앙과 조화로울 수 없는 것들을 극복하고 재해석하면서 그리스도교 신학 체계를 종합해갔다. 아우구스티누스의 초기 삶의 여정은 『고백록』에 잘 그려져 있다. 『고백록』은 죄에 대한 깊은 성찰과 인간의 내면의 세계를 짚어 낸 최초의 신앙 자서전으로 평가되고 있다.

아우구스티누스는 도나투스주의자들과의 논쟁을 통해 은총의 수단으로서 교회와 성례에 대한 신학을 체계화했다. 보편적 교회로부터 분리해 나간 도나투스주의자들이 자신들만의 교회를 참교회라 하였고, 한때 배교를 하거나 하자가 있는 성직자가 집례하는 성례는 무효하다고 주장하며 재세례를 베풀었다. 아우구스티누스는 성직자나 성도들의 개인적인 거룩성이 교회론적 순결과 죄 사함, 그리고 구원의 전제 조건이 되지 못한다고 하였고 성례에 관해서도 성 삼위일체의 이름으로 집례된 성례는 항상 유효하다고 주장했다(사효론, ex opere operato). 그러므로 성례의 유효성은 이를 주재하는 인간들과 무관하다는 것이다.

아울러 아우구스티누스는 성례의 타당성과 효과를 구분했다. 교회 밖의 성례라 할지라도 삼위일체 하나님의 이름으로 베풀어질 때 유효하므로 타당하지만, 그 효력은 보편적 교회와의 연합 안에서 가능하다고 하였다.[38]

한편, 아우구스티누스는 은총 박사라는 별칭을 얻었다. 인간의 본래적인 능력에 대해 낙관적인 태도를 보인 펠라기우스주의자들과 논쟁하면서 그는 선을 행함에 있어서 인간의 전적인 무능과 하나님의 절대 은총의 필요성을 강조했다.

펠라기우스주의자들은 원죄를 부인하면서 유아 세례를 거부했고 의지의 자유를 주장했다. 이들에게 은총이란 하나님이 창조 시 부여한 인간 스스로의 이성이며 자율이다. 그러므로 인간은 이를 계발하고 사용하여 하나님의 뜻을 알고 그 뜻대로 살 수 있게 된다. 또한, 은총은 의지와 힘이 인간 내부에서 제대로 작동하여 바른 선택을 하도록 보조하는 교훈, 계몽, 훈계, 율법, 약속, 경고 등과 같은 외부적 도움에 지나지 않는다.

반면 아우구스티누스에게 은총은 인간의 능력 너머 미치는 하나님의 창조적 세력이었다. 아담의 범죄로 말미암아 모든 인류는 이미 타락했고 선을 행할 수 있는 능력은 상실했다. 죄와 죽음의 실재 앞에 인간의 구원은 오직 은총에 달렸다. 아우구스티누스는 믿기 전에 찾아오는 선행적 은총

---

38 Augustine, *De Bapt*. Cf. A. D. Fitzgerald, O. S. A. ed. *Augustine through the Ages: An Encyclopedia* (Grand Rapid: William B. Eerdmans Pub. Co., 1999), 281-287.

을 믿었고, 예정된 자들이 불가항력적 은총을 입으며 견인의 은사로 믿음을 지키고 마침내 구원을 선물로 받게 된다고 하였다.

펠라기우스주의는 431년 에베소 공의회에서 정죄되었다. 아우구스티누스 말년에 그를 추종은 하되 극단적 예정 사상은 반대하는 반(半)-펠라기우스주의가 잠깐 유행하였으나, 529년 오렌지(Orange) 회의에서 이마저 다시 정죄되었다. 가톨릭교회는 극단적 아우구스티누스주의를 피하는 범위에서 아우구스티누스주의를 천명했다.[39]

아우구스티누스는 『하나님의 도성』에서 로마 제국에 대한 낭만주의를 제거해 버리고 그리스도교적 역사 철학을 제시했다. 로마가 410년 고트족에게 함락될 때, 비록 며칠간의 점령이었지만 영원한 대제국의 영화를 꿈꾸던 로마인들에게, 그리고 그리스도인들이 통치한 지 100년 만에 이 도시가 몰락하는 것을 지켜봐야 하는 그리스도인들에게 현실의 운명은 엄청난 충격이었다. 이에 아우구스티누스는 제국의 멸망이 그리스도교 때문이라고 원망하는 이교도들에게 해명해야 했고, 어떻게 거룩한 도시 로마가 멸망할 수 있느냐며 질문하는 그리스도인들에게 해명해야 했다.

아우구스티누스는 전자의 질문에 로마가 제국이 되기 이전부터 겪은 재난들을 열거하면서 반박했다. 후자의 질문에 그는 인간의 역사는 하나님의 도성과 세상의 도성이 서로 얽혀 존재하는데, 그리스도인들에게 궁극적이고 영원한 것은 하나님의 도성이지 세상의 도성, 로마가 아니라고 위로하였다. 세상 국가는 하나님의 섭리를 따라 세워지기도 하고 망하기도 하면서 흥망성쇠를 반복한다. 우리는 시작이 있고 끝이 있는 직선적 역사를 살아가는데 현 삶에서 행복을 추구하고 값지게 살기를 포기하지 말아야 한다. 왜냐하면 영원한 평화의 나라에서 완전한 행복이 우리를 기다리고 있기 때문이다.[40]

아우구스티누스는 인간 정신의 내면적 기능들과 관련하여 삼위일체를 설명하려고 했다. 왜냐하면, 인간의 정신은 삼위일체 하나님의 본질을 가

---

39 Fitzgerald, *Augustine through the Ages*, 391–399, 633–639.

40 Fitzgerald, *Augustine through the Ages*, 196–202.

장 잘 반영하고 있다고 보았기 때문이다. 그는 자신의 『삼위일체』에서 이전 동방 교회의 삼위일체를 요약하고, 자신의 독창적인 해석을 제시했다.

어거스틴은 '우시아'(ousia) 및 '휘포스타시스'(hypostasis) 같은 헬라어 용어들을 전통적인 라틴어 용어인 한 본질(una essentia)과 세 위격(tres personae)으로 바꾸어 삼위일체 도식을 받아들였다. 그러나 그것 조차도 그는 만족하지는 않았다. 동방의 교부들이 구분한 휘포스타시스는 하나의 신성 안에서 상대적인 관계성의 구분일 뿐 결코 본성의 절대적인 구분이 될 수 없기 때문이다.[41] 그리고 성령의 발원에 대해서도 성령의 아버지와 아들로부터의 발원, 즉 성령의 이중 출원(filioque)을 주장했다.[42]

어거스틴은 매우 독창적 유비들로 인간 안에 있는 하나님의 형상을 도출했다. 인간의 자기 인식, 이성, 그리고 사랑의 능력(다른 곳에서 기억, 이해, 사랑으로 표현되었다)에서 인간이 다른 피조물과 구분되며 자신의 창조자에게로 향할 수 있는 잠재력을 소유하고 있다고 했다. 그리스도를 통해 인간 안에서 일그러지고, 단편화되고, 타락한 하나님의 형상이 개혁되어 궁극적으로 삼위일체 하나님의 지식과 사랑에 이를 수 있다고 보았다. 그러나 인간 안에 있는 하나님 형상의 회복은 이 세상에서는 이루어지지 않으며 이는 믿음, 사랑, 소망의 점진적인 과정을 거칠 뿐이라고 했다. 하나님의 은총 작용과 성육신한 그리스도 안에 있는 하나님 사랑의 계시가 인간의 반응을 가능하게 만들며, 미래에 궁극적으로 인간을 완전으로 인도하게 된다.[43]

아우구스티누스는 사도 바울과 루터 사이에서 가장 중요한 인물이었다. 그는 후기 고전 사회의 인물이었으나 동시에 그는 이를 능가했다. 고전 사회가 중세에 상속해 준 지적인 유산 가운데 하나가 바로 아우구스티누스였다. 그에게 와서 신학적으로 서방 교회는 동방 교회로부터 독립할 수 있었다. 아우구스티누스의 사상은 마니교와의 논쟁, 도나투스주의들과의 논쟁, 그리고 펠라기우스주의자들과의 논쟁을 통해 피력되었다. 가톨릭교회

---

41 Augustine, *De trin*. 5.8.10; 7.4.7; 7.5.10.

42 Augustine, *De trin*. 4.20.29.

43 Fitzgerald, *Augustine through the Ages*, 845-850.

는 도나투스주의자들과의 논쟁에 나타난 아우구스티누스의 교회론 및 성례론을 중시했으며, 개신교는 펠라기우스주의자들과의 논쟁에 나타난 그의 절대 은총 사상을 중시했다. 다시 말해, 서구 신학에 있어서 신론, 구원론, 인간론, 죄와 은총론, 교회론, 성례론, 영성, 교회와 국가, 그리고 역사 이해 등에 있어서 그의 각인은 영구히 지울 수 없을 것이다.

A Brief Sketch of Church History

제4장

수도원 운동

1. 배경

그리스도교의 수도원 운동이 생기게 된 배경에는 문화적 및 교회론적 요소들이 있다. 금욕주의적 요소들은 고대 세계의 많은 철학들과 종교들의 주요한 특징이었다. 헬라인들은 대체로 영혼은 선하며 인간의 육체와 물질세계는 악한 것으로 보는 이원론적 성향이 강했다. 그러므로 인간사 모든 곤궁과 문제들의 근원은 육체로부터 오는 것이므로 이를 절제하며 극복하려는 금욕적 이상은 누구나 생각하는 바였다. 이를 실제로 추구하는 자들을 고상한 철학적 삶을 사는 자로 여기고 존경했다. 이러한 그리스-로마의 문화적 배경에서 생겨난 그리스도교도 종교적인 목적을 위해 자기 절제와 금욕 훈련을 자연스럽게 수용하였다.

고대 교회에서 그러한 예는 경건한 교부들에게서 잘 나타난다. 교부들은 독신으로 금욕적 삶을 살며 신학과 목회에 헌신 몰두했다. 특별히 3~4세기 알렉산드리아 학파의 교부들은 무감정성(*apatheia*)과 영지(*gnosis*)를 금욕주의의 높은 이상을 성취하는 과정으로 여겼다. '아파테이아'는 모든 물질적인 것에 대한 절대적인 무감각 혹은 망각의 상태를 의미하며 영지는 명상적인 삶의 최종적인 상태로서 특별한 형태의 지식이다. 이 둘을 달성한 이후에 초월적 일자(the One)와의 재결합이 이루어지고 비로소 인간은 하나님과의 완전한 연합 혹은 하나님에 대한 완전한 지식의 소유가 가능해진다고 여겼다.

이 같은 문화적 배경 외, 그리스도교의 수도원 운동은 순수 종교적인 배경에서 그 시작점을 찾을 수 있다. 엄밀히 금욕주의는 신약 성경의 한 특징이기도 했다. 예수 자신이 결혼하지 않고 무소유로 전도하며 살았다. 바울의 결혼관도 금욕주의적 성격을 띠고 있다. 그러므로 엄밀히 말하면 신약 성서는 처음부터 금욕주의적 성격을 띠고 있으며, 주님과 밀접한 관계를 유지하고 주님의 뜻을 성취하려면 세상으로부터 자신을 단절시키는 것을 조건으로 하고 있다.[44] 따라서 신약의 금욕적 삶은 단순히 무소유와 육체의 부정을 너머 제자도의 요구에 입각한 전인적 헌신과 연관된다고 볼 수 있다.

그러므로 고대 교회의 금욕주의는 그리스 사상이나 이방 종교들의 영향도 있지만, 그보다 복음의 권고, 곧 제자도의 절대적인 요구들에 대한 반응에서 시작되었다고 봐야 한다. 수도사들은 자기를 부인하고 자기 십자가를 지고 자신을 따르라고 한 예수의 명령을 문자적으로 지키려고 노력했다. 가진 것을 버리고, 성결하게 세상과 자신을 구별하며 전적으로 예수만 따르는 삶을 선택하였다. 문자적으로 '쉬지 말고' 기도하기 위해서는 수도사가 되어야 하며 "완전해지기" 위해서는 세상과 함께할 수 없었기에 그들은 사막과 광야를 찾아 나섰다.

3~4세기에 오면서 수도원 운동은 교회의 제도화와 세속화에 대한 역행으로 나타났다고도 본다. 콘스탄티누스 황제 이후 박해가 종결되었고 교회가 지상으로 올라와 세속 권력과 함께 관료화되어 갈 때 영적 도전을 느낀 사람들이 사막과 광야로 나갔다. 그들은 순교 대신 은둔자로서 '매일의 순교' 혹은 '피 흘리지 않는 순교'의 삶을 그리스도인의 이상적 삶으로 여겼다. 사람들은 수도원으로 몰려들었고 식어 버린 열정과 종말론적인 긴장을 수도원을 통해 찾고 보존하려 하였다. 삶의 여건이 열악한 사막은 하나님과 사탄의 존재를 가장 생생하게 체험할 수 있는 영적 최전방이었다. 금욕주의는 관료적 교회에 비판적인 태도를 보인 다양한 계층의 사람들에게 호소력이 있었다. 사막과 광야로 내면적 종교 세계를 찾아 길을 떠나는 수

---

44 눅 9:23; 마 16:24.

도원 운동이 만연했던 4세기는 어쩌면 인간의 자기 이해에 중요한 시기였 다고 할 수 있다.

2. 그리스도교 수도원의 시작과 성장

그리스도교 수도원주의의 시조는 흔히 안토니오스(Anthony, 251~356)로 부터 시작되었다고 일컬어진다. 그러나 이것은 다소 무리가 있는 주장이 다 안토니오스보다 훨씬 이전부터 그리스도의 이름으로 독신을 서약하며 수덕 생활하던 수많은 남녀의 무리들이 다양한 형태로 다양한 지역에서 존재했었다. 아타나시오스가 『안토니오스의 생애』[45]를 써서 동방 교회에 알림으로써 그의 극단의 영성과 훈련이 사람들에게 알려졌고 감흥을 주었 다. 결국 안토니오스는 최초로 정통 교회가 인정하고 대중적으로 알려졌 다는 점에서 그리스도교 수도원의 원조인 것처럼 보여진 것이다. 아무튼 수도원의 시조가 누구이든 안토니오스의 영향은 컸다. 그의 수도원 운동 은 동방에서 시작되었으나 서방에서도 그의 영향력이 지대했다.

이집트의 코마나에서 출생한 그는 20살이 되던 때에 교회에서 마태복 음 19:21의 말씀을 듣고 크게 감동을 받아 즉시 모든 재산을 팔아 가난한 사람에게 나누어 주고 곧바로 출가하였다. 사막의 은둔자(a hermit)로서 금 식과 기도의 극단적 금욕 훈련과 자기 부인의 삶을 살았다. 끊임없이 마귀 들과 투쟁을 했으며 많은 기적을 행했다. 많은 사람이 그의 조언을 듣기 위해, 그리고 기적을 체험하기 위해 사막의 안토니오스에게 몰려왔다. 그 는 몰려오는 사람들을 피해 나일 강을 건너 홍해 근처의 산에서 은둔 생활 을 했다. 차츰 그의 삶을 모방하고 추종하는 사람이 생겨났다. 이집트 사 막에서 시작된 안토니오스의 금욕적 삶은 많은 제자들을 길러내며 시리아 사막으로, 동부 지중해의 사막으로 확산되어 갔다.

---

45 Athanasius, *Vita Antonii*. cf. *Athanasius: The Life of Antony and The Letter to Marcellius*, ed & trans. by R. C. Gregg (New York: Paulist Press, 1980), 29-99.

공동체적 수도원(cenobitic monastery, 共住)도 생겨났다. 밀라노 칙령 직후 파코미오스(Pachomius, 292~346)에 의해 이집트 나일 강변의 황폐한 마을 타베네시에 최초의 그리스도교 공동체 수도원이 건설되었다. 파코미오스는 공동체 수도원을 위한 규칙을 제정했다. 청빈과 순결, 그리고 순종을 강조했다. 파코미오스는 육체적인 노동과 예전의 수행 및 정신적 활동을 위해 독서 생활을 부과했다. 파코미오스의 공동체 수도원 규칙은 이후 모든 공동체적 수도원의 일반적인 원리가 되었다.

346년 파코미오스는 여성들을 위한 수도원도 설립했다. 그가 사망할 즈음 그의 계열의 수도원들이 10개 정도 존재하고 있었다. 팔라디오스(Palladius)에 따르면 파코미오스의 생애 동안 3천여 명의 수도사들이 있었으며 팔라디오스 자신이 활동하던 420년경에는 7천여 명의 수도사들이 있었다고 전한다.[46] 요컨대 동방의 수도원주의에 있어서 3~4세기는 그리스도교 영성에 있어서 위대한 세기였다.

두 형태의 수도원적 삶, 곧 은자형과 공동체형이 신속하게 이집트로부터 동방 전역에 확산되어 갔다. 뛰어난 수도사들도 배출되었다. 시리아 교회의 창시자격인 야곱과 줄리아나, 그리고 에프렘(Ephrem Syrus, c. 306~373)이 있었다. 에프렘의 찬송가는 시리아 예전에 지대한 공헌을 했다. 시리아 사막에서의 수도적 삶은 이집트 사막에서의 수도적 삶보다도 더 극단적인 은자형이 일반적이었는데 기둥 위의 수도사 시므온(Simeon Stylite, c. 385~459)은 안디옥 근처 기둥 위에서 30여 년을 살았다. 시므온 외에도 시리아에서 '기둥 위의 수도사들'(Stylites)이 많았다.

팔레스틴 지역에도 수도원이 생겼는데 그 지역의 창시자는 힐라리온(Hilarion)이었다. 그는 291년경 가자(Gaza)에 수도원을 세웠고, 그의 제자 에피파니우스(Epiphanius)는 예루살렘과 가자 중간에 있는 엘루테로폴리스에 수도원을 세웠다. 히에로니무스는 팔레스타인에 수도원을 세우고 성경 연구와 수도 생활에 전념하며 거기서 생을 마감했다.

서방 수도원주의의 창시자 가운데 한 사람인 카시아누스(John Cassian,

---

46 Palladius, *Lausiac History*, 7.

360~445)도 젊은 시절 팔레스타인 지역의 베들레헴 공동체 수도원에서 수도사 생활을 했었다. 4세기까지 팔레스타인 지역만 해도 얼마나 많은 수도원과 수도사들이 있었는지 여성 순례자 에게리아(Egeria)가 잘 말해 준다. 그녀는 시내 산으로부터 갈릴리까지 모든 순례지에서 수도사들이 있었다고 증언했다.[47]

소아시아 지역, 특히 카파도키아에서는 대 바실레이오스에 의해 세워진 공동체 수도원이 보편화되었다. 그의 수도원은 더는 사막에 격리되지 않고 감독이 다스리는 도시 교회 형태로 발전했다. 바실레이오스의 수도원 『규칙서』는 파코미오스의 『규칙서』를 개선하여 청빈을 강조하면서도 너무 지나친 금욕주의는 삼갔고 수도원을 교회 봉사와 연결시켰다.

이 『규칙서』는 칼케돈 공의회에서 인정을 받았으며, 6세기에 로마법에 들어갔다. 이렇게 볼 때 동방 수도원의 실제적인 건설자는 바실레이오스였다고 할 수 있지만 엄밀히 그의 수도원은 그의 누이 마크리나(Macrina, 327~379)의 수도원을 모델로 했다. 노동, 성경 읽기, 명상, 그리고 기도를 강조했다. 특히 명상적인 삶을 수도사의 진정한 이상으로 삼았다. 그리스 정교회와 러시아 정교회의 수도원주의는 모두 바실레이오스의 규칙에 근거하고 있다.

이집트 수도원 운동에 있어서 최고의 사상가였던 에바그리오스(Evagrius, 345~399)는 카파도키아의 교부들과 후대의 저술가들을 연결하는 인물이었다. 에바그리오스는 뛰어난 금욕주의적·사변적 신학을 낳았다. 그의 저술들은 동방 및 서방의 신학과 영성에 많은 영향을 미쳤다. 그는 오리게네스의 영향을 받았으며 신플라톤주의에 몰입했다. 그의 사상은 콥틱 수도원 전통의 헬라화를 대변했다.

에바그리오스는 그리스도인의 삶을 실천적, 자연적, 그리고 신학적 단계들로 나누었다. 그는 격정들에 대한 최초의 체계적인 분석을 시도했는데 그리스도인들이 피해야 할 8가지 악(폭식, 음행, 금전욕, 슬픔, 분노, 태만,

---

47 에게리아의 출생과 사망에 대해서는 알려지지 않고 순례 기간은 약 381‑384년 사이로 추정한다. Egeria, *The Pilgrimage of Egeria*, 23. G. E. Gingras, *Egeria: Diary of Pilgrim*, ACW 38 (New York: Newman Press, 1970).

허영, 교만)들을 나열했다. 나중 카시아누스는 7가지를 이야기했다.

에바그리오스는 삶의 목표를 하나님에 대한 지식의 회복과 최초의 타락에서 상실한 합리적인 영들과의 연합이라고 했다. 기도의 목표는 자아를 초월하여 어떤 이미지나 사유들을 통하지 않고 순수한 하나님에 대한 인식을 갖는 것이다. 그의 소위 "순수한," "이미지 없는"(imageless) 기도는 후대의 그리스도교 영성에 지대한 영향을 미쳤다. 그는 범신론적 경향으로 인해 오리게네스와 함께 수차례 정죄된 적이 있다. 어떻든 5~6세기 팔레스타인 수도원들에 오리게네스와 에바그리오스의 추종자들은 동서방을 막론하고 계속 나타났다.

동방만큼이나 서방의 수도원 운동도 왕성했다. 투르의 마르티누스(Martin of Tours, 316/317~397)는 고울에서 최초로 수도원을 설립했다. 마르티누스는 전도의 방법으로써 수도원주의를 고울 전역에 확산시켰다. 투르에서 수도원주의와 감독직은 상호 연결되었다. 마르티누스 형태의 수도원이 서방에 신속히 확산되기 시작했다. 마르티누스의 금욕주의는 동방의 영향이 없이 생성되었다고 볼 수 있다. 동방의 수도원주의는 주로 평신도 운동으로 시작되었으나 서방의 수도원 운동은 마르티누스의 예에서 볼 수 있듯이 처음부터 성직자들을 중심으로 형성되었다. 따라서 서방 수도원주의는 고독한 은둔보다는 공동체적 금욕주의를 선호했다.

5세기까지 이탈리아, 스페인, 고울 등지에 수도원들이 생겨났다. 아우구스티누스는 400~425년 사이 북아프리카에 두 개의 수도원들을 설립했다. 그에게 공동체의 삶은 이상적인 그리스도교의 사랑을 실천하는 데 필수적이었다. 히에로니무스는 서방 수도사들을 위해 파코미오스의 『규칙서』를 라틴어로 번역했다. 서방 교회에서도 여성 수덕자들의 활약이 왕성했다. 로마의 귀족 과부 마르켈라(Marcella, 325/330~410/411)는 로마시 한가운데에 자신만의 독특한 수도원 형태인 아반티누스 공동체(Aventine Circle)를 창설하였다. 로마의 귀족 과부 멜라니아(Melania the younger, 383/385~439)는 많은 돈을 기부하여 예루살렘의 감람 산에 두 곳의 수도원을 건설했고 귀족 과부 파울라(Paula, 347~404)도 그의 딸 에우스토키움(Eustochium, 367~419)과 함께 팔레스타인에서 남녀 수도사들을 위한 수도원들을 세웠다.

  요한 카시아누스는 고울 지방에서 그의 스승 에바그리오스의 수덕적 이상을 실현하려 했다. 400년경 오리게네스가 동방에서 정죄되자 카시아누스는 남부 프랑스의 마르세유(Marseilles)로 돌아와 그곳에서 두 개의 수도원을 설립했다. 여기서 이집트 사막의 교부들의 이상에 따라 살 수 있도록 조직적 수도원주의를 위한 가이드로 『회담들』과 『제도집』을 편집했다. 이 책들에서 그는 완화된 형태의 에바그리오스의 사상을 서방에 전했다. 훗날 베네딕투스는 수도사들에게 이 책들을 적극 권유했다. 이 책들에서 동방 수도원 규칙과 이집트 사막의 교부들의 정신이 라틴화되었으며 이후 서방의 수도원주의는 카시아누스에 의존하게 되었다.

  수도원적 삶의 이상과 가치는 앞으로 오는 세대에도 계속 확산되어 교회의 영성에 바탕이 되었다. 수도원은 더는 사막과 광야에서 교회와 사회에 격리된 무리가 아니라 오히려 교회와 상호 협력하며 선교와 구제, 신학의 중심지로 발전해 갔다.

제 2 부
중세 교회

제1장 초기 중세 교회와 정치적 배경(c. 400/500 ~ c. 900)
제2장 새 질서
제3장 중기 중세의 개혁과 부흥 운동(c. 900 ~ c. 1100)
제4장 동방 정교회의 생성
제5장 후기 중세의 시작과 특징(c. 1100 ~ c. 1500)
제6장 십자군 원정
제7장 새로운 수도원의 등장
제8장 후기 중세 신학: 스콜라주의
제9장 교황권의 절정기와 쇠퇴
제10장 후기 중세 신비주의
제11장 중세의 예술
제12장 중세의 이단들
제13장 르네상스 인문주의의 등장
제14장 민족 국가들의 생성

제1장

§

초기 중세 교회와 정치적 배경(c. 400/500 ~ c. 900)

정치적으로 중세는 로마 제국의 멸망으로 시작되며, 게르만 민족의 승리와 신성 로마 제국의 생성을 특징으로 한다. 지중해 연안을 중심으로 발달한 고대 문명이 제국과 함께 소멸되어 갔고, 서로마 제국이 멸망한 자리에 새로운 중세의 질서가 세워져 갔다. 로마 제국 영토의 주인이 바뀌는 과정에서 로마 가톨릭교회는 더 많은 성도(게르만 민족)를 얻게 되었으며, 비잔틴에 있던 황제(동로마)의 영향력에서 벗어날 수 있었다. 로마의 멸망에는 비단 야만인들의 침입이라는 외적인 원인만 작용한 것이 아니었다. 내부적으로 모반, 악덕, 노예 제도 등 여러 부패적 요소가 작용했다. 로마인 스스로의 책임이든, 외적인 책임이든 결과적으로 로마 제국의 멸망은 4~7세기의 그리스도교의 평화, 그리스도교 제도들의 확립, 그리고 더 넓은 세계로 그리스도교의 확산을 가능케 했고, 8세기 서방 교회의 질서를 확립하는 길을 열어 주었다.

1. 게르만족의 대이동

라인 강(북방 한계선)과 다뉴브 강(동방 한계선)을 경계로 하는 로마 제국의 국경 바깥으로는 여러 인구 집단들이 살고 있었다. 제국 북쪽에 거주하는 이들을 총칭해 튜턴족(Teutonic people), 곧 "게르만족"이라고 불렀다. 로마인들은 이들을 "야만인"이라고 불렀다. 이는 단순히 그들이 그리스-로마 문명의 경계 밖에 존재했기 때문이었다. 주된 게르만족 그룹에는 스칸디나비아인들(스웨덴과 노르웨이), 라인 강과 엘베 강 사이(독일)에 있는 서게르만족(알라만족, 프랑크족, 색슨족, 불군디족 등), 동게르만족(고트족)이 있었다.

고트족은 다뉴브 강 하류 계곡(루마니아)에 거주하던 서고트족(비시고트족)과 흑해 북부 연안(러시아 지역)을 점령한 동고트족(오스트로고트족)으로 나누어졌다. 국경을 사이에 두고 게르만족과 로마는 오래전부터 상호 교류가 있었다. 이들은 로마 군대의 의용군으로 활동하기도 했고 로마의 상류층에 진출하기도 했었다.

특히 고트족은 로마의 풍습을 공유했고 무엇보다 그리스도교(아리우스주의적 그리스도교)를 자신들의 종교로 받아들이고 있었다. 아리우스주의가 게르만족의 민족 종교로 인식될 정도로 성행했었다. 서고트족의 울필라스(Ulfilas, c. 311~382)는 아리우스주의자였으며 감독으로 안수를 받은 뒤 고딕어로 성경을 번역하는 등 다른 고트족과 민족들에게 그리스도교를 전파하는 데 기여했다. 그러나 로마와 국경 멀리 있던 프랑크족과 색슨족은 로마 제국을 침공하고 난 후에야 그리스도교를 접할 수 있었다. 훗날 이들은 모두 가톨릭 정통 교회로 흡수되었으며 7~8세기 이슬람의 위협으로부터 교회를 구하게 된다.[1]

4세기 훈족의 서진으로 게르만족은 남하할 수밖에 없었다. 서고트족은 남이탈리아로 진격하여 420년까지 남부 고울(오늘의 프랑스) 전역에 국가를 건설했으며, 다음 100년 동안 스페인의 대부분의 영토를 손에 넣었다. 반달족, 수아브족, 알라만족, 그리고 불군디족은 독일과 고울로 들어왔다. 프랑크족이 라인 강을 건너 북부 고울로 진입했으며, 불군디족은 나중 프랑크족에 합병되었다. 앵글로족, 색슨족, 그리고 주트족은 영국을 점령했으며, 반달족은 고울과 스페인을 경유하여 북아프리카를 점령했다. 반달족의 왕들인 겐세릭, 후네릭, 그리고 트라사문트는 모두 아리우스주의 신봉자로서 가톨릭 성도들을 잔인하게 박해했다. 그러나 한 세기 후 이들은 비잔틴 제국에 의해 밀려나고 역사 속에서 사라졌다.

---

1 Socrates, *Hist. Ecc.*, 4:23.

이후 7세기 북아프리카는 모슬렘에 의해 점령당했다. 스페인을 점령하고 있던 서고트족은 589년 레카레드(Recared) 왕에 의해 아리우스주의에서 가톨릭 신앙으로 개종했다. 세빌라의 이시도루스(Isidore of Seville, 560?~636)는 서고트 왕국이 배출한 걸출한 신학자였다. 서고트족은 스페인에서 300년 동안 존속하다가 무어족의 침입으로 8세기경 역사에서 사라졌다.[2]

4세기부터 시작된 훈족의 서진은 5세기 중반까지 계속되었다. 로마는 자신들만의 군력으로 이를 방어할 수 없음을 알고 교황에게 도움을 청했다. 로마는 뛰어난 협상가 레오 1세의 노력에 의해 잔존할 수 있었다. 레오는 훈족의 아틸라(452)와 반달족의 겐세릭(455)의 침략과 약탈을 협상과 중재로 저지시켰다. 그러나 476년 서로마 제국 최후의 황제였던 소년 로물루스가 게르만족 장군 오도아케르(Odoacre, 435-493)에 의해 폐위되면서 서로마 제국은 종말을 고하고 말았다. 콘스탄티노플의 동로마 황제 제노(Zeno)가 동고트족을 이끌던 테오도릭(Theodoric)의 도움을 얻어 오도아케르를 로마에서 축출하고 테오도릭이 이탈리아를 다스리도록 도와주었다.

바야흐로 로마 문명의 발상지인 이탈리아는 그들이 비하했던 야만족의 통치하에 들게 되었다. 그러나 동고트족의 왕 테오도릭은 로마를 숭상했기 때문에 자신이 점령한 도시를 파괴하는 것이 아니라 보존하려고 했다. 그는 로마 원로원으로부터 군통수권자라는 타이틀을 얻어 점령지의 평화를 위해 노력했다. 동고트족은 아리우스주의자들이었기 때문에 가톨릭 성도들을 박해했는데 유명한 사상가 보에티우스(Boethius)도 524년 테오도릭에 의해 처형되었다.[3] 테오도릭은 한 때 그리스인들과 로마인, 그리고 범게르만족을 연합하여 거대한 아리우스주의적 제국을 건설하려는 꿈을 꾸기도 했다. 만약 그렇게 되었더라면 그리스도교의 역사는 달라졌을 것이다.

동방의 황제 유스티니아누스가 고트족이 점령하고 있던 이탈리아를 다시 탈환함으로써 반달족과 동고트족은 거의 실체가 사라지게 되었다. 이어서 스칸디나비아에서 발출한 롬바르드족이 이탈리아를 점령하여 왕국

---

2 A. Volz, *The Medieval Church* (Nashiville: Abingdon Press, 1997), 11-12.

3 Volz, *The Medieval Church*, 18-19.

을 건설했다. 이들의 왕국이 이후 2세기 동안 유지되었다. 야만인들의 침입으로 흔히 상상하기 쉬운 문명의 붕괴는 일어나지 않았다. 교회의 유능한 감독들은 유럽의 새 질서를 세워 가는 각양의 왕국들을 교화시키면서 점령자와 피점령자들이 공존하는 평화를 구가하는 데 기여했다. 교회의 탁월한 리더십은 통했다. 대부분의 게르만 왕국들이 정통 가톨릭교회로 개종하게 되었고, 새로운 통치자들은 자신의 왕국을 결속시킴에 있어서 교회의 힘을 필요로 했다. 국가와 교회의 연합의 가시적인 효과는 프랑크 왕국의 특징으로 빛을 발하였다.[4]

---

[4] W. Walker and als, *A History of the Christian Church* (New York: Scribner, 1985), 148-150.

제2부 | 제1장 초기 중세 교회와 정치적 배경(c. 400/500 ~ c. 900) 127

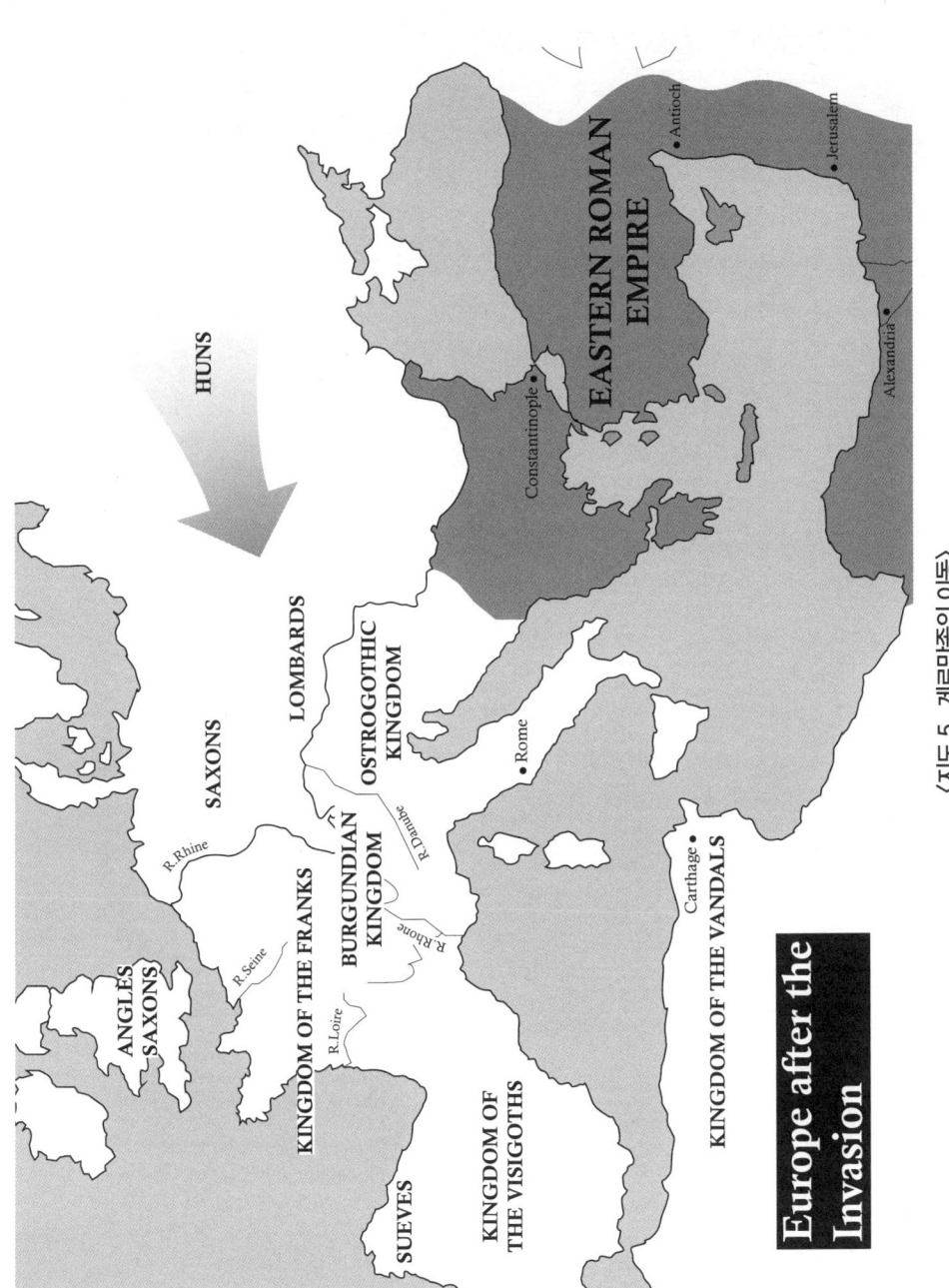

〈지도 5. 게르만족의 이동〉

2. 서방에서 동로마 제국의 명멸

동로마 제국의 황제 유스티니아누스가 527년 콘스탄티노플에서 즉위했다. 그는 그의 부인 테오도라(Theodora)와 함께 거의 40여 년을 통치했다. 그는 야만인들이 점령하고 있던 서방을 재탈환하여, 서방에서 로마 제국을 중건하려고 했다. 일차적으로 남부 스페인, 이탈리아, 그리고 북아프리카를 회복하는 데 성공했다.

그러나 서방의 영구적 통치를 바랬던 동방 황제의 꿈은 이루어지지 못했다. 동로마의 동쪽 경계가 슬라브족, 아바르족, 그리고 페르시아인들로부터 위협을 받았기 때문에 서방 점령과 통치에 쏟을 여력이 부족했다. 또한 지리적으로 콘스탄티노플과 로마가 너무 멀었기 때문에 직접적인 통치가 현실적으로 불가능했다. 그러나 무엇보다도 서방에서 동방 황제의 영향력이 명멸할 수밖에 없었던 이유는 서방에서 강력한 왕국을 이루어 가고 있는 고울 지역의 프랑크족을 이겨 낼 힘이 부족했기 때문이다. 유스티니아누스의 사후 서방에서 동로마 제국의 통치가 약화되자 572~754년 사이 다시 야만족들의 통치가 이어졌다.

이는 한편으로 로마 교회가 콘스탄티노플로부터 자유를 누리게 되는 계기가 되었을 뿐만 아니라 서방에서 로마 감독의 정치적 영향력을 확대하는 데 절대적으로 유리하게 작용했다. 로마 감독은 더 이상 상위의 국지적 세속 권력에 의해 제지당하지 않게 되었다. 콘스탄티노플에 황제가 존재함으로 인해 동방 교회 교구의 권한은 제약될 수밖에 없었다. 동방의 황제들은 대대로 교회를 국가의 한 부서로 여겼다. 실제로, 에큐메니칼 공의회들의 소집과 해산이 거의 황제에 의해 이루어졌고, 요안네스 크리소스토모스가 황실의 권력에 의해 숙청된 것도 동방에서 교회와 국가의 관계를 잘 보여 주는 비근한 예였다.

따라서 서로마 제국의 멸망 이후 교회의 무게 중심은 오히려 동방보다 서방에서 더 굳건히 섰다. 더욱이 서로마 제국의 멸망 이후 2세기 동안 동방 교회는 단성론, 단의론, 그리고 성상 파괴론과 같은 끊이지 교리 논쟁으로 에너지가 소모되었다. 동방 교회에 비해, 상대적으로 교리적 문제들에 깊이 개입하지 않았던 서방 교회는 이교도 사상과 아리우스주의, 그리고 야만인들이 통치하는 새로운 세계에서 그리스도교를 유지하기 위해 그들의 열정을 집중시킬 수 있었다.

3. 서방 교회의 교권 강화

1) 교황권의 성장

야만족들의 침략으로 고대 로마(서로마)는 무너졌다. 그러나 제국이 무너진 권력의 공백을 메워 가며 교회는 더 크게 부상했다. 야만족들은 이교도이든 아리우스주의이든 자기들의 신앙을 자신들이 정복한 피정복민의 신앙으로 개종하였고 이로 인해 로마 감독들의 영향력과 권위가 고양되었다. 서방 교회 감독의 권위 체계가 커지면서 소위 '교황제'(the Papacy)가 생겨나고, 정치적 혼란 가운데서도 교황권 아래 교회의 통일성이 유지되었다. 이는 앞으로 서구 중세 역사의 특징이라고 할 수 있는 종교와 국가의 거대한 통일 체계의 시작이었다.

복잡하고 오랜 과정을 거쳐 로마 제국이 최종적으로 막을 내리고 게르만족 왕국이 새로운 통치 체제로 통일되기 전, 7세기까지, 주변의 왕국들과 조화하며 교황 제도를 확립해 가는 데 탁월한 능력을 발휘한 교황들을 살펴볼 필요가 있다. 아노켄티우스 1세, 레오 1세, 그리고 대 그레고리우스 1세가 대표적이다.

이 교황들로 말미암아 로마 교회 감독이 가톨릭교회에서 사법적 및 신학적 우위성을 주장할 수 있는 계기가 마련되었고 로마 감독의 수위권에 대한 주장이 서서히 역사적 현실로 이루어지고 있었다. 고대 교회에서 로마 교회 감독의 수위권에 관한 주장들은 있어 왔지만, 그것이 다른 지역의 감독들 사이에 질적인 차이를 말하거나 지배권을 염두에 두는 것은 아니었다. 로마의 감독이 전체 교회에 대해 결정적인 우위성을 확보한 것은 이 시기 몇몇 뛰어난 교황들에 의한 것이며 이들로 말미암아 교황제가 자연

스레 받아들여졌다.[5]

이노켄티우스 1세(Innocent I, 402~427)는 로마 교회가 사도적 전승의 수호자이며 서구 그리스도교의 기초라고 주장하면서 전 그리스도교에 대한 로마 교구의 보편적인 관할권을 주장했다.

레오 1세(Leo I, 440~461)는 현대적 의미에서 최초의 '교황'으로 불리는 자다. 그는 베드로의 수위성이 그의 후계자들인 교황에게 계승되었다고 주장했다. 그는 제국의 혼란기에 교회 문제만이 아니라 정치와 행정, 그리고 외교 면에서도 대단한 지도력을 행사했다. 그래서 그는 서방 교회에서 '위대한'(the Great)이라는 수식어를 가진 첫 교황이 되었다. 그는 훈족들과 반달족들이 침입했을 때 그들의 지도자를 만나 로마에 대한 그들의 약탈과 피해를 최소화하도록 협상을 이끌어 냈다. 전설에 의하면 훈족의 아틸라가 레오와 담판을 할 때 아틸라는 그에게서 베드로와 바울의 모습을 보았다고 했다. 아틸라는 자기 군진(軍陣)으로 돌아간 지 얼마 되지 않아 곧 사망하였다. 이 같은 전설은 세상이 그리스도교 세계(Christendom)가 되는 것을 가속화시켰다.

레오의 정치적 역량으로 교회의 위상이 강화되었다. 이로 인해 서로마 제국이 멸망했음에도 불구하고 교회는 오히려 독자성을 유지했던 것이다. 교황의 위상은 당연히 강화되었다. 교리적으로, 레오의 『교서』(Tome)는 칼케돈 공의회에 결정적인 영향을 미쳤다.[6] 칼케돈 공의회에서 자신의 교서를 읽을 때 감독들은 "베드로가 말씀하셨다"라고 소리쳤다. 레오는 모든 감독은 동등하다고 주장하던 남부 고올 아를스의 감독 힐라리우스(Hilary of Arles)를 불순종의 죄목으로 폐위시켰다. 그런 의미에서 그는 "중세 교황제의 창시자"로 불릴 만하다.

445년 황제 발렌티니아누스 3세(Valentinian III)는 로마 감독의 수위성을 공적으로 인정했으며, 모든 사람이 그에게 복종해야 한다고 공표했다.[7] 레

---

5 Walker, *A History of the Christian Church*, 151-152.

6 본서 "제1부 고대 교회"의 그리스도론 논쟁 참조.

7 Leo, *Tome*, 11.

오는 제국의 왕조를 위한 로마의 사법적 용어를 교황제에 적용하여 교황의 수위성을 강화했다. 레오는 성직자들에게 엄격한 자질을 요구했다. 성직자는 물론 부집사들에게까지 독신을 요구하였다. 물론 서방 교회에서 이 규정이 보편적으로 시행되기까지는 몇 세기라는 시간이 더 필요했다. 6세기까지 동방 교회에서는 감독들에 대해서만 성직자 독신주의가 부과되었으며, 하위 성직자들은 안수받기 전에 결혼할 수 있었다. 중세 초창기에 교구 사제들은 대부분 결혼을 했었다.

칼케돈 공의회가 콘스탄티노플 감독이 로마 감독과 동등한 권위를 갖는다고 결정하였음에도 불구하고 레오는 양보 없이 로마 감독의 수위권을 주장했다. 로마 감독의 수위권 문제와 성직자 독신주의에 대한 레오의 독선적인 강조는 1054년 동방 교회와 서방 교회가 결별하게 되는 원인들로 작용하였다.

대 그레고리우스 1세(Gregory the Great, 590~604)는 중세 초기에 혼란 속에 있는 교회와 사회의 질서를 바로잡은 자로서 역사상 교황들 가운데 가장 유능한 인물 중 하나로 꼽힌다. 아우구스티누스가 신학적으로 중세를 열었다면 그는 교회론적으로 중세를 형성시켰다고 할 수 있다. 계속되는 전쟁으로 혼란과 무질서가 극에 달하고 굶주림과 질병으로 로마 시민들이 고통을 받을 때 그레고리우스 1세는 이들을 돕기 위해 양식을 배급하고 도시의 위생을 개선했다. 그는 로마에서 황제의 대표자로 야만족들의 침입에 대항하여 로마의 이익을 수호했고 롬바르드족의 수장과 협상하여 평화를 가져오기도 했다. 그는 서구의 재회심과 야만인들의 회심을 위해 혼신을 다했다.

그레고리우스 1세는 레오 1세의 정신을 따라 로마 감독의 수위성을 믿었다. 그는 교황이 베드로의 대리인이라고 선언하고 자신을 "하나님의 종들의 종"이라 칭했다. 감독의 안수에 동의한다는 표시로서 외투를 하사하는 의식을 만들었으며 성직자 독신주의를 강화했다. 그는 또한 중세 성례전 제도의 기초를 확립하였고, 교회 음악에 관심이 깊어 여러 곡의 송가(Gregorian Chant)를 만들고 직접 미사를 개혁하여 예전을 개정하기도 했다. 고해 성사의 생성에 공헌했고 선행과 연옥 사상을 강조했다. 그레고리우스는 가시적 연합성, 거룩성, 보편성, 사도성이라는 전통적 교회의 특징들 위에 구원의 도구로서의 사제성을 첨가시켰다.

또한, 그는 중세적 질서(medieval order)의 위대한 건설자였다. 그리스도교 사회는 하늘나라를 모방하거나 반영해야 한다고 말하고 하늘이 계층 구조적으로 조직되어 있듯이 그리스도교적 사회도 그렇게 조직되어야 한다고 했다. 그리고 이 질서는 사제, 감독, 그리고 교황을 연결하는 명령 사슬에 의해 성취된다고 했다. 그레고리우스 1세의 이러한 주장은 훗날 그레고리우스 7세(Hildebrand, 1073~85)가 정치적 이론을 형성할 때 그 절정을 구가하게 된다. 이들은 교회가 국가 위에 있으며 감독은 영적으로 제국의 황제라고 믿었다.

그레고리우스 1세는 로마의 영향력의 확산과 선교 정책에 있어서도 큰 업적을 남겼다. 그는 켄트의 앵글로·색슨족을 회심시키고 캔터베리 교구를 확립하기 위해 596년 캔터베리의 감독 아우구스티누스와 일단의 무리들을 영국에 선교사로 파송했다. 켄터베리의 아우구스티누스는 40명의 베네딕투스 수도사들과 함께 영국으로 가서 최초의 캔터베리 대주교가 되었다.

영국은 이들 선교사들이 오기 전에 성 패트릭(St. Patrick, 387~461)이나 콜룸바(columba, 521~597) 같은 사람들에 의해 이미 복음화가 이루어지고 있었지만, 성 패트릭과 콜룸바가 전한 그리스도교는 전통적인 로마 가톨릭교회 형태가 아닌, 주로 엄격한 수도원 형태의 교회들이었다. 나중 그레고리우스 1세가 파송한 선교사들에 의해 전통적인 로마 유형의 그리스도교로 모두 편입되면서 이후 영국은 수 세기 동안 북방에서 가장 열렬한 교황의 후원자가 되었다.[8]

2) 교권의 강화

그레고리우스 1세가 사망하고 한 세기 정도 교황의 위상이 잠시 주춤하는 듯했으나 니콜라우스 1세(858~867), 하드리안 2세(867~872), 그리고

---

8 Walker, *A History of the Christian Church*, 212-223.

요안네스 8세(872~882)와 같은 교황들에 의해 교회는 다시 막강한 권력으로 부상했다.

니콜라우스 1세는 그레고리우스 1세와 그레고리우스 7세 사이에 가장 유능한 교황으로 이름을 남겼다. 니콜라우스는 막강했던 프랑크 왕국이 3분된 것을 잘 활용하여 교회 권력을 회복하였다. 그는 로마 교회가 모든 권력의 정점에 있고, 이것의 통치자는 교황이며, 그의 종들은 감독들이라고 주장했다. 교황은 전 교회에 대해 권한을 주장하면서 동방의 콘스탄티노플 대교구에 간섭하기 시작했다. 또한, 신성 로마 제국의 황제 로테르 2세(Lothair II)가 그의 첩과 결혼하기 위해 본부인과 이혼했을 때 이를 인정하지 않고 황제의 결혼을 지원했던 2명의 대주교를 파문시켰다. 니콜라우스와 그의 두 후임자들은 황제로 하여금 세속적 권력보다 영적 권력이 우위에 있음을 선언하도록 강요했다.

과거 750년에서 760년 사이 스테파누스 2세와 파울루스 1세가 교황의 권한을 강화시키기 위한 노력의 일환으로 위문서, 『콘스탄티누스의 증여』를 작성한 바 있다.⁹ 이 위문서는 콘스탄티누스가 회심 후 세례를 받고 문둥병을 고쳤다는 이야기에 이어 황제가 성 베드로의 대리인에게 서방의 방대한 영토를 교황에게 증여한다는 내용, 그리고 여러 교회 교구들, 즉 안디옥, 알렉산드리아, 예루살렘, 콘스탄티노플 교구의 관할권을 로마 교구에 이양한다는 내용을 포함하고 있었다. 방대한 영토와 교구 통치권을 로마 감독에게 증여됐다는 것과 그 선물의 불가침성을 주장하기 위해 황제가 성 베드로의 시신에 증여 문서를 놓았다고 전해졌다.

이 문서의 작성 동기는 이탈리아에 대한 동로마 제국의 영유권 주장을 반박하기 위해서이고 모든 그리스도교 성직자들로 하여금 로마의 감독에게 복종할 것을 주장하기 위함이었다. 막강한 프랑크 왕들의 치하에 교회가 자신의 권위를 수호하기 위한 자구책이었음이 틀림없다.

그러나 어떤 동기에서건, 이 위문서는 매우 효과가 있었다. 피핀은 롬바르드족들로부터 쟁취한 땅을 실제로 교황에게 헌납했고, 그 후에도 황제

---

9 Jacques-Paul Migne, *PL*. vol. 143, 744-769. Cf. H. Fuhrmann, "Constitutum Constantini" in *TRE* 8, 196-202.

들은 종종 『콘스탄티누스의 증여』에 근거하여 넓은 영토를 교황령에 복속시켰다. 본 『콘스탄티누스의 증여』외에도 『위이시도로스 칙서들』 등의 문서들이 수없이 취합되었는데 모두 위작으로 밝혀졌다. 내용들은 그때까지 교회가 소유하지 못한 권위나 소유들을 대거 담고 있었다. 15세기, 인문주의자들에 의해 이 문서들의 진정성이 도전받을 때까지 교황들은 자신들의 권익을 위해 위문서들을 잘 활용하였다.

그러나 동방 교회는 서방 교회의 교권만큼 권위를 행사하지 못했다. 때마침 콘스탄티노플의 감독 이그나티우스가 동방의 황제 미카엘의 패륜(근친상간)을 문제 삼자 황제가 그를 파문하고 포티오스(Photius, 820~893)를 새 감독으로 세우는 일이 발생했다. 그러자 동방의 감독 이그나티우스가 로마 교황 니콜라우스 1세에게 이 일의 전말을 알리고 자신의 신분 회복을 위한 항소장을 냈다. 이를 기회 삼아 교황은 로마 교구야말로 그리스도 교계에서 최종심을 행사할 수 있는 기구라고 선언하고 2명의 대표자를 파견하여 이그나티우스를 복직시키고 포티오스를 파문했다. 서방이 이그나티우스를 지원하자 황제는 급히 태도를 바꾸었다.

그러자 포티오스는 사임을 거부하고 서방 교회의 월권을 비난했다. 그는 867년 콘스탄티노플의 한 회의에서 서방 교회의 불가리아 교회에 대한 부당한 간섭을 이유로 교황을 파문시켜 버렸다. 포티오스에 따르면, 로마 교회는 신조에 '필리오끄'(filioque) 조항을 첨가하고, 사순절 기간에 우유, 치즈, 버터, 그리고 계란 등을 사용하고, 집사들에게도 성직자의 독신을 부과하고, 그리고 평성직자들(일반 사제들)은 입교식을 거행할 수 없다고 했기 때문에 이단이라는 것이다.

교황 니콜라우스 1세와 콘스탄티노플의 감독 포티오스 사이의 논쟁은 서방에서 소위 "포티오스 분열"이라 불린다.[10] 엄밀한 의미에서 어느 한 쪽이 분리해 나간 것은 아니었으나, 이 사건은 1054년 동서방 교회가 서로를 이단으로 정죄하고 파문하면서 완전히 분리되는 결말로 이어졌다. 어떻든 이 논쟁에서 서방의 교황은 스스로를 동방의 타락상을 개선하는 도

---

10 Volz, *The medieval church*, 65-68.

덕성의 수호자로 여겼다.

4. 중세 수도원 운동

야만족들이 정통 그리스도교 신앙인으로 유럽의 새 주인이 되는 과정에서 교황 제도와 함께 큰 역할을 한 것은 수도원주의다. 교황제와 수도원주의의 두 제도가 있어 고대의 문화와 종교를 중세까지 보존하고 연속시킬 수 있었다. 그리스도교 초기부터 독신과 금욕적 삶을 선택하는 사람들로 인해 보편 교회의 역사와 함께 수도원들이 함께 하게 된 것을 이미 살펴보았다. 수도원주의는 순수한 종교적 열망을 가진 자들에게 남녀를 불문하고 이상적인 삶으로 동경되었으므로 수도원의 수는 계속적으로 늘어 갔다.

6세기까지 수도원들은 유럽 전역으로 확산되었다. 서방의 수도원을 주도하고 이끈 것은 베네딕투스 수도원이었다. 베네딕투스 수도원은 서방 최대의 수도원으로 1100년까지 최대의 전성기를 누리다가 중세 말에 거의 세가 급격히 약화되었다. 그러나 교회 역사에 있어서 다른 어느 수도원보다 깊고, 권위 있는 영향을 미쳤다고 할 수 있다.

누르시아의 베네딕투스(Benedict of Nursia, 480~550)는 500년경 로마 근교의 수비야코에서 은둔자가 되었다. 많은 추종자들이 생겨났고, 520년경 그는 자신을 따르는 일군의 무리와 함께 로마 남쪽의 몬테 카시노(Monte Cassino)에 이르러 529년 베네딕투스회의 모체가 되는 수도원을 건설했다. 그는 『파코미오스의 규칙서』, 『바실레이오스의 규칙서』, 그리고 『스승의 규칙서』(the Rule of the Master)와 같은 이전의 공동체 수도원 규칙서들을 탐독했고 이후 그 유명한 자신만의 『베네딕투스 규칙서』를 제정했다. 이는 12세기까지 서방 수도원의 표준적인 규칙서로 널리 사용되었다.

이 규칙서는 기존의 규칙서나, 특히 동방의 것들과 차이를 보였다. 기존의 규칙서들이 지향했던 극단적 성향의 금욕 훈련을 완화하고 수도사들이 공동체적으로 실천 가능한 정도의 수도 생활을 규정했다. 고독한 은둔 생활보다 실제 삶 속에서 훈련하는 것을 목적으로 했다. 그래서 엄격하기는 하되 지나치지 않았고, 변용 가능한 유연성은 대중들로 하여금 베네딕투스 수도원을 쉽게 접할 수 있게 했다.[11] 이 규칙서의 실용성과 유연성은 열정적인 사람들에게 다소 미온적으로 보일 수 있었으나 베네딕투스 수도원이 유럽에서 가장 보편적인 수도원 형태가 될 수 있었던 것은 바로 그것 때문이었다. 대중이 친숙하게 다가갈 수 있도록 한 것이 본 수도원이 다른 수도원을 능가한 주요 요소였다.

본 수도원은 청빈, 순결, 그리고 순종의 서약 외, 공무 외에는 수도원 안에 머물러야 한다는 서약을 요구했다. 수도원의 삶은 노동과 하루 8번의 기도로 이루어졌다. 그 외 성경과 교부들의 작품을 명상하는 거룩한 독서가 삶의 일부를 이루었다. 바실레이오스의 수도원이 가족 같은 공동체를 지향했다면 베네딕투스는 공동체 구성원들을 법인체로 이해했다. 이는 수도원 구성원들을 더 강한 애정의 관계로 결속시키기 위함이었다. 나중 이 법률적인 구조는 서방 수도원주의의 사회적·지성적 기능들의 수행에 결정적인 영향을 미쳤다. 베네딕투스는 '유럽의 아버지'로 불렸으며 몬테 카시노는 '중세 문명의 요람'이라고 지칭되었다.

사막의 수도원 운동은 반성직자적 성향이었지만 서방의 수도원은 교황과 감독 등 기존 교회의 지도자들과 원만한 관계를 가졌고 오히려 교회를 위한 수도원, 수도원을 지지하는 교회라는 상호 협조적 모습을 보였다. 4세기부터 수도원은 이제 교회와 마찬가지로 체제를 갖추고 신자들의 영성을 관리하고 사회에 질서를 부여하는 한 세력이 되었다. 이는 중세 유럽에 있어서 그리스도교가 승리하게 된 주요한 요인들 가운데 하나였다.

수도사들은 신학 논쟁들에서 감독들을 지원했으며, 특히 서방에서 유럽의 복음화에 크게 공헌했다. 5세기부터 10세기 동안 수도원들은 야만인들의 침입으로 혼란을 겪기도 했지만 그럼에도 불구하고 수도원은 교회에 정서적 안정을 제공했고, 자급자족의 생산에 참여하여 구제 기능을 수행했다. 선교에 기여했으며, 신학의 중심부 역할도 수행했다. 수도사들은 영

---

11 Benedict, *The Rule*, ed. by Timothy Fry, O.S.B. (Collegeville: Liturgical Press, 1982), 15-46.

적 최전방에서 활동하던 그리스도교의 군사들이었다.

5. 영국의 유럽 선교

그레고리우스 1세는 자신의 영국 선교가 유럽 내륙의 복음화에 얼마만큼 큰 영향력을 발하게 될지에 대해서 상상조차 못했을 것이다. 엄밀히 유럽과 동유럽의 선교가 영국에 의해 이루어졌다고 할 만큼 영국의 선교 활동과 성과는 대단했다. 영국은 앵글로·색슨족의 복음화에 머물지 않고 대륙으로 나아갔다.

앵글로·색슨 베네딕투스 수도사 윌프리드(Wilfrid)는 교황으로부터 재가를 얻어 678년경 삭소니와 네덜란드에서 선교 사역을 했다. 그의 사역은 690년경 북부 영국 출신의 월리브로드(Willibrord)에 의해 계승되었다. 월리브로드는 네덜란드에서 수도원을 설립하였다. 후에 우트레히트(Utrecht)의 감독이 되었으며 "네덜란드의 사도"라는 별칭을 얻었다.

남부 영국 출신의 선교사 가운데 가장 위대한 인물은 보니파키우스(Boniface)였다. 그는 윌리브로드의 선교 사역에 동참하다가 이를 동쪽으로 더 확대시켜 프랑크 왕국 전역에 다니며 이방인들을 가톨릭 정통 교회로 회심시키는 데 기여했다. 보니파키우스는 747년 마인쯔의 대주교가 되었으며 독일에서 선교와 교회 개혁에 매진하여 독일의 사도라 불리게 되었다. 그는 생애의 마지막 3년을 프리시아의 복음화를 위해 헌신하다가 불운하게도 정치적 음모로 살해되었다.

9세기 수도사 앙스카르(Anskar, 801~865)는 덴마크와 스웨덴의 복음화에 크게 기여했다.[12] 동방 교회에 의해 파송되었으나, 로마 가톨릭교회에 자진해서 가입한 키릴로스(Cyril)와 메소디우스(Methodius) 형제는 발칸 제국들의 개종에 헌신했다. 이들 형제는 슬라브어에 능통하여 최초의 슬라브어 문자를 만들기도 했다. 영국인들은 800년 북유럽의 노르웨이, 덴마크,

---

12 Walker, *A History of the Christian Church*, 221-230.

스웨덴 등 북방인들의 개종에 지대한 공헌을 했다. 북부 및 동부 유럽으로 나간 영국의 선교사들도 많았다.

요컨대, 영국은 대륙 선교와 교황제 중심의 교회 일치에 지대한 공헌을 했다. 구체적으로 교황에 순종하여 대륙의 복음화와 로마의 조직 구조, 미사 예식서, 그리고 『베네딕투스 규칙서』의 보편화에 기여했다. 알프레드 대왕(Alfred the Great, 849~99)이 바이킹들을 격파하면서 영국은 종교적·문화적 중흥을 이룩했다.

6. 이슬람의 팽창

영국인들에 의해 서북 유럽의 교회가 성장하는 동안 7~8세기에 시작되어 성장한 이슬람들이 전통적인 그리스도교 근거지들인 팔레스타인, 시리아, 이집트, 북아프리카, 그리고 스페인까지 점령해 가고 있었다. 로마 제국의 상업적, 행정적, 그리고 지적 삶의 핵심이었던 지중해 지역은 이제 서방, 비잔틴(동방), 그리고 이슬람으로 나누어졌다.

동방 교회에서 시리아어를 사용하던 그리스도인들은 그리스 학문을 대거 상속받았다. 페르시아에서 영향력을 행사하던 그들의 문화적 번영 때문에 나중 페르시아를 점령한 모슬렘(경건한 자) 제국은 쉽게 문명국으로 부상할 수 있었다. 7세기 초에 종교적·민족주의적 운동으로 시작된 이슬람교는 향후 1천 년간 동방과 서방의 그리스도교에 지대한 영향을 미쳤다. 여러 게르만족들과는 다르게 아랍 부족들은 서로 간에 동질성과 유일한 참하나님의 예언자 무함마드에 대한 복종(Islam: submission)으로 강하게 결속되어 있었다.

무함마드(Mohammed, 570~632)는 낙타몰이였으며, 아라비아 메카의 상인이었다. 그는 팔레스타인 지역을 여행하면서 유대교와 그리스도교를 관찰할 수 있었고, 그리스 문화와 로마 지배의 영향을 목도할 수 있었다. 610년 그는 고대 아랍 사상에 유대교, 그리스도교, 그리스, 로마, 그리고 그리스-로마 요소를 혼합시켜 새로운 종교를 창시했던 것이다. 사람들이 그를 경계하자 그는 622년 메디나로 도망갔다. 그의 도망은 헤지라(Hegira)로 불리는데 이 해가 모슬렘 달력의 원년이다. 630년 무함마드의 군대는 메카를 점령하고 이어 많은 지역에서 다른 종교들을 타파하고 아랍 민족들을 통합시켜 갔다. 아랍 민족을 통일한 후 무함마드는 세계 점령에 나섰다. 놀라운 기세로 반세기만에 지중해의 동부 지역 전역을 점령했다.

최초의 모슬렘 국가 지도자(칼리프)이자 무함마드의 계승자인 아부 바크르는 7세기 전반(641)에 이미 페르시아 제국을 전복시켰으며 동로마 제국의 상당 부분을 점령했다. 무함마드 사후 70년 만에 모슬렘들은 아시아의 인도에서 유럽의 스페인까지 세력을 확대했다. 과거 그리스도교 제국에 속했던 영토의 절반이 순식간에 이슬람에게 넘어갔다. 군사적으로 준비되어 있지 않던 비잔틴 제국 대부분 지역이 모슬렘들에게 점령당했다. 이어 카르타고를 포함한 북아프리카 모든 지역도 점령되었다. 스페인은 1034년이 되어서야 그리스도교 통치로 다시 돌아왔다. 그러나 북아프리카, 이집트, 알렉산드리아, 팔레스타인, 그리고 시리아는 영영 돌아오지 못했다. 세상의 종교적 판도가 대대적으로 바뀐 것이다.

처음 칼리프들은 그리스도인들과 유대인들을 "책의 백성들"(the Peoples of the Books)이라 부르며 존중했으나 돌변하여 파죽지세로 그리스도교 국가를 점령해갔다. 모슬렘들의 서진은 732년 투르(Tours)에서 프랑크족 샤를르 마르텔(Charles Martel)에게 격파되면서 중단되었다. 마르텔의 방어로 인해 전 유럽이 이슬람 아래 점령되는 것을 막을 수 있었다. 서진이 멈칫하면서 이슬람은 심한 내분으로 세력이 약화되었고 11세기 중반 셀주크(Seljuks)가와 몽고족에게 패권을 내주어야만 했다. 그러나 1453년 오토만 터키족(the Ottoman Turks)의 활약으로 모슬렘 제국이 재확립되었고 오늘날까지 존속하고 있다.[13]

무함마드의 사상은 매우 운명론적이다. 모든 것이 예정되어 있다고 보았다. 무함마드는 알라신의 예언자로서 철저한 복종을 설파했으며 모슬렘에게 보상으로 주어질 천당을 설교했다. 개인의 선행들은 각자를 감각적

---

13 Volz, *The Medieval Church*, 48–52.

이고 육체적인 즐거움이 있는 낙원으로 인도한다고 설교했다. 그들이 말하는 선행에는 기도, 금식, 구제 외에 비신도들에 대한 전쟁을 포함한다. 이들은 알라신의 영광을 위하여 칼로써 선교하기를 서슴치 않았다.

　이슬람교의 본질적인 내용은 엄격한 유일신 사상이며 유대교(예컨대, 아브라함과 모세) 및 그리스도교(그리스도)의 예언자들을 중시했으며 이방 역사의 뛰어난 군사 지도자들도 함께 중요시했다. 그러나 하나님의 최후의 위대한 예언자는 무함마드인데, 그가 그리스도에 의해 약속된 성령이라 믿었다. 모슬렘들은 자신들이 유대교 및 그리스도교로부터 시작된 종교의 최종적인 완성이라고 주장했다. 예수도 많은 예언자들 가운데 한 사람이다. 그들은 그리스도교가 삼위일체론과 성육신을 이야기함으로써 유일신 사상을 버렸다고 비판했고, 이방 신화로부터 마리아 경배를 혼합시켰다고 조롱했다. 그들도 그리스도교와 비슷하게 육체의 부활을 믿었다. 그러나 그들에게 부활체는 현생의 그것과 거의 유사하다.

A Brief Sketch of Church History

제2장

새 질서

1. 프랑크 왕국의 시작과 성장

1) 메로빙거 왕조

로마와 이탈리아 지역을 점령한 테오도릭은 동로마 제국의 황제들에게 명분상의 존경을 표하면서 원만한 관계를 유지했다. 서방의 여러 야만족들의 왕국들을 점령하면서 한동안 서방에서 그와 견줄 세력이 없을 만큼 실질적 세력으로 성장하였다. 그러나 그와 그의 가문은 프랑크 왕국의 클로비스(Clovis, 481~511)에 의해 몰락했다.

클로비스 가문은 그의 부친 칠데릭(Childeric)이 서로마와 친분을 쌓고 서방 교회를 위해 서고트족과 색슨족 등과 같은 여러 게르만족들을 격파하면서 세력을 키워갔다. 그는 남으로 르와르 강, 동으로 세느 강까지 영토를 확보하고 프랑크 왕국을 건설하였다. 칠데릭이 사망하자 15살에 클로비스가 왕위에 올랐다. 그는 508년 파리를 수도로 정하고, 마침내 남부 고울에서 테오도릭을 몰아냈다. 그의 통치 기간 동안 프랑크 왕국은 서쪽으로 대서양까지, 남쪽으로 피레네 산맥, 북쪽으로는 라인 강까지 확보했다. 프랑크 왕국은 옛 로마의 영토에 침입한 야만족들 중 가장 막강한 신생 국가가 되었다.

클로비스가 정통 가톨릭 신자가 된 것은 그의 아내, 불군디족의 공주였던 클로틸다(Clotilda)의 영향이 컸다. 그녀는 칼케돈 신앙을 따르는 정통 가톨릭 신자였다. 클로비스의 개종은 콘스탄티누스 황제의 개종을 연상케 한다. 그가 알라만족과의 전투를 앞두고 서약하기를, 만약 그의 아내가 믿는 그리스도교 하나님이 승리를 가져다준다면, 그리스도교의 하나님이 온 세상의 신들보다 강하다는 것을 인정하고 자신의 신으로 섬길 것이라고 했다. 그는 496년 알라만족과의 전투에서 크게 승리했고 자신의 서약을 지켰다. 그는 12월 25일 3,000명의 부족원들과 함께 랭스(Rheims)에서 세례를 받았다. 클로비스는 순수한 종교적 이유보다 당시 혼란스러운 유럽에서 유일하게 응집력 있는 조직이었던 교회의 정치적 도움이 필요했는지도 모른다.

프랑크족과 앵글로·색슨족은 로마 경내에 진입할 때까지 유일하게 그리스도인들이 아니었던 민족이었다. 프랑크족은 보편 교회의 정통 그리스도교를 수용한 첫 번째 게르만족이었다. 이로 인해 그들은 로마인들과 우호적인 관계를 유지할 수 있었으며, 가톨릭 감독들과도 좋은 관계를 가질 수 있었다. 이방인들이었던 프랑크족을 로마 교회로 인도했다는 점에서 클로비스는 제2의 콘스탄티누스였다고 하겠다. 그의 왕권은 동방 황제 아나스타시우스(Anastasius, 491~520) 1세의 추인을 받기도 했다. 프랑크족의 가톨릭주의의 수용은 로마 교회와 유럽 역사에 획을 그었다. 이는 세계사의 가장 중요한 사건들 가운데 하나였음에 틀림이 없다. 프랑크 왕국을 통해 게르만 정신과 그리스도교, 그리고 그리스-로마의 고전이 통합을 이루는 기초가 마련된 것이다.

개종한 프랑크족은 다른 게르만족의 개종에도 큰 영향을 미쳤다. 그들은 자신이 점령한 피정복민들이 자신들의 왕과 함께 세례를 받고 정통 그리스도교를 받아들이게 했다. 아리우스주의자들인 롬바르드족이 교황령을 위협할 때 프랑크 왕들은 교황들의 수호자로 자처하면서 군대를 파견하여 그들을 교황령으로부터 축출시켰다. 660년 롬바르드족도 마침내 가톨릭 신앙을 수용하게 되었다. 교황들은 부족의 지도자들과 동맹을 맺으면서 교회의 정치적 자유를 확보할 수 있었다. 로마인이 아닌 게르만계 감독들도 대거 등장하였다. 프랑크족과 로마 가톨릭교회의 연합은 그리스도교 문명과 사회가 통합체를 이룬 중세 특징의 시작이었다.

클로비스의 후손들은 메로빙지언 왕들(Merovingian kings)로 불린다. 메로빙지언 왕조는 살상과 찬탈을 일삼았으며, 그들의 백성들은 무지했다. 한마디로 이들 문화는 저급했다. 왕들은 교회를 후원도 하지만 동시에 교회를 지배하는 모양새도 보였다. 성직자들을 임명하기도 하고 해임하기도 했는데, 세속직의 교회 내정 간섭은 훗날 10~11세기까지 정점에 달하고 교회를 위협할 정도로 심각해졌다. 성직 매매 및 감독의 세속직 겸직 등으로 인해 프랑크의 교회는 영적 침체와 타락의 길로 내리닫고 있었으며 선교의 열정을 상실해 갔다.

2) 캐로링거 왕조

아랍인들의 위협이 증가하는 가운데 메로빙지언 왕조의 부패와 무능함이 계속되자 궁정의 피핀(Pepin) 총리(훗날 피핀 2세)가 반기를 들고 통치권을 찬탈했다. 그의 서자 샤를르 마르텔이 피핀을 계승했고 그는 732년 투르의 전쟁(the Battle of Tours)과 프와티에 전쟁(the Battle of Poitiers)에서 모슬렘들의 침공을 막아 내는 공을 세웠다. 투르에서 마르텔의 승전은 유럽의 모슬렘화를 막아낸 결정적인 승리였다. 전공으로 입지를 굳힌 마르텔은 독일과 네덜란드 등 외부로 정치력을 확산시켜 나갔다. 그러나 그는 교회들을 중앙 집권화시켜 감독들의 임면을 좌지우지했다. 이 때문에 이탈리아에서 교황과 이들 사이의 정치적인 긴장은 계속되었다.

마르텔이 죽자 피핀 3세(Pepin the Short)가 통치권을 이어받았다. 그는 무능한 메로빙거 왕을 폐위시키고 자신이 왕이 되어 캐로링거(the Carolingians) 왕조를 탄생시켰다. 교황 스테파누스 2세(Stephen II, 752-757)는 피핀 3세에게 캐로링거 왕조를 인준하는 대가로 군사 지원을 약속받았다. 피핀은 정치적 야욕을 달성하기 위해 교황과 밀접한 관계를 유지했다. 마침내 754년 피핀 3세의 대관식이 거행되었다. 교황은 많은 귀족 앞에서 그에게 기름을 붓고 그를 황제로 인준했다.

교회의 입장에서 볼 때 664년 프랑크족의 로마 가톨릭교회의 수용과 754년 피핀 3세의 대관식 거행은 로마 교회의 위대한 승리였다. 교황에 의한 황제의 대관식은 황권과 교권의 결합을 알리는 사건이었다. 피핀의 대관식은 역사적으로 또 다른 측면의 아주 중대한 사건으로 표출되었다. 왜냐하면 교황이 왕국을 수여하거나 박탈할 수 있는 권한을 행사할 수 있는가 하는 문제가 개입되어 있기 때문이었다. 미미한 형태이기는 하나 그의 즉위로 서방에서 제국의 중건이 시도되었으며 중세 역사에 있어서 핵심적 사안이라고 할 수 있는 제국과 교회의 관계성의 문제가 표면화되었다. 영적인 영역에 있어서 교황의 수위성과 세속적인 영역에 있어서 로마의 질서는 이후 서구의 왕국들에 일반적인 원리가 되었다.

교회는 이제 야만족과 모슬렘의 세력을 견지함에 있어 동로마를 의지하기보다 프랑크 왕조들에 의지하게 되었다. 이것도 동서방 교회의 관계가 소원해지는 요인 가운데 하나로 작용되었다. 교황은 피핀 계열만을 프랑크 왕국의 적법한 왕으로 인정해 주었다. 피핀은 야만족들을 이탈리아에서 축출해 주고 적에게서[14] 탈취한 로마 근방의 많은 땅(예컨대 라베나 등)을 교황에게 선물로 주었다. 이는 중세 역사에 있어서 '교황령'(papal states)의 시작을 알리는 사건이었다. 피핀은 이것을 『콘스탄티누스의 증여』에 근거하여 적법한 소유주에게 반납하는 것이라고 생각했다.

동방 황제는 교황과 프랑크족이 이 문서를 함께 조작한 것으로 생각하고 그들의 영토에 대한 결정을 인정하지 않았지만 어떻든 서방의 교황들은 피핀의 영토 기증에 근거하여 교황령에 대한 세속적 혹은 정치적 주권을 주장했으며, 교황령은 이탈리아 왕국에 흡수되던 1870년까지 유지되었다.

프랑크 왕국에서 교회와 국가는 하나의 동일한 실재의 두 측면이었다. 스테파누스는 동로마와의 관계를 단절하고 피핀을 '로마 교회의 보호자'로 선언했다. 8세기 프랑크족의 정치적 권력과 교황제의 종교적 권력의 결합은 서구 문명의 연합의 초점이 되었으며 그리스도교적 사회(Christendom) 건설의 기초가 되었다. 감독들과 수도원장들은 교회 직원이며 동시에 세속 공무원들이었다. 교회도 하나의 봉건주의적 기관이 된 것이다. 8세기 교황과 유럽의 막강한 군사 세력과의 동맹은 로마 가톨릭교회의 확산과

---

14 Lib. Pont. *ThM*, no. 44, 103-104.

발전에 지대하게 공헌했다.

3) 샤를마뉴

피핀 3세의 아들 샤를마뉴(Charlemagne, 768~814)에 와서 프랑크 왕국은 최전성기를 누렸고 중세 유럽은 최초로 문예 부흥을 경험했다. 그의 가문은 1세기 동안 유럽의 정치적·경제적·종교적 활성화에 주 역할을 수행했다. 그의 재임 기간 동안 프랑크 왕국은 영토가 2배로 확대되었고 800년경까지 유럽이 단일 그리스도교 제국으로 통일되었다. 그는 일련의 전쟁에서 내리 승리하여 피레네 산맥으로부터 다뉴브 강까지 차지했으며 점령하는 피정복민들을 강제로 그리스도교로 개종시켰다. 삭소니(작센) 전쟁은 유난히 격렬했지만, 마침내 샤를마뉴가 승리하여 삭소니족들은 개종과 함께 세례를 받았다.

10세기 삭소니족은 오토 왕가의 황제들을 통해 유럽에 그리스도교적 독일 문화를 형성하는 데 기초를 놓았다. 프랑크 왕국에 작센족(삭소니족)이 편입되지 않았더라면, 중세 서구는 그리스도교에 기초한 보편적인 문명을 배태시키지 못했을 것이다.

유럽에 대한 지배권을 확보한 샤를마뉴는 자신을 '유럽인들의 아버지'로 자처했다. 800년 성탄절에 교황 레오 3세는 샤를마뉴의 대관식을 주재하면서 샤를마뉴를 새로운 로마 황제, 곧 아우구스투스로 지칭했다. 곧 그가 신성 로마 제국의 황제가 된 것이다.[15] 신성 로마 제국의 황제라는 타이틀과 옛 제국이 300년 만에 복원된 것이다. 교황의 시각에서 볼 때 이 사건은 서방 그리스도교계의 세속적 보호자를 콘스탄티노플의 황제로부터 프랑크족의 왕으로 바꾼다는 의미였다. 샤를마뉴의 시각에서 볼 때 이 사건은 동방 황제가 서방의 정치사에 개입하기를 중단한다는 의미였다.

샤를마뉴의 대관식은 피핀 때와 같이 교권과 황권 결합의 상징이었다.

---

15 대체로 샤를마뉴에 의한 옛 로마 제국의 중건을 신성 로마 제국의 시작으로 보기도 하고, 한편 많은 학자가 962년 삭소니의 공작 오토(Otto)가 교황에 의해 황제로 즉위했을 때를 신성 로마 제국의 시작으로 보기도 한다.

그러나 실제적으로는 교권에 대한 황권의 우위를 시현한 사건이다. 로마와 교회는 그에게 동일한 것이었으며 둘 모두 신성한 것이었다. 그러나 샤를마뉴는 교황을 프랑크 왕국의 고위 성직자 정도로 생각했다. 그는 교회 회의들을 자유자재로 소집·해산했으며, 신학적 논쟁에 있어서 자신의 입장을 무조건 관철시켰다. 794년 프랑크푸르트 회의를 소집하여 제7차 에큐메니칼 공의회(니케아, 787년)의 결정을 번복시키고 성상에 대한 경외와 예배를 금지해 버렸다. 이후 그는 성직자를 포함한 모든 사람들이 황제에 대한 충성을 맹세하도록 명했다.[16] 그는 성직 임명권을 황제에게 복속시켰고 교황은 프랑크 왕국의 고위 공무원으로, 감독들은 지역 대표자들로 전락했다. 샤를마뉴로 인해 프랑크 통치권의 권위와 능력은 한없이 고양되었다.

한편 교황은 자신들이 황제들을 즉위시키고 폐위시킬 수 있는 권한을 소지하고 있다고 생각했다. 중세를 통해 일부 교황들이 신성 로마 제국의 황제들에 대해 상당한 권위를 행사한 교황들도 있기는 하지만 대체로 권력의 갈등 속에서 힘겨워 했다.

대관식을 거행했던 레오 3세는 전례 기도서에서 동방 황제의 이름을 삭제하고 대신 샤를마뉴의 이름을 넣었다. 레오와 샤를마뉴는 황제권 자체를 동방으로부터 샤를마뉴에게 넘기려고 획책했다. 소위 제국의 이전을 꿈꾸었다. 샤를마뉴의 이상은 아우구스티누스의 『하나님의 도성』에 근거한 그리스도교 사회를 건설하는 것이었다. 이를 위해 제국 전역에 학교를 세우고 평신도와 성직자 교육을 강조했다. 샤를마뉴의 아들 경건자 루이(Louis the Pious)는 제국의 모든 수도원에 『베네딕투스 규칙서』를 부과했다. 이로 인해 라틴 세계에 수도원적 삶을 위한 구체적인 규범이 일반화되었다.

2. 문예 부흥과 신학 논쟁들

6세기에는 뛰어난 그리스도인들이 많았다. 이들은 전기 중세의 야만인

---

16 Leges 2, i, 33, *ThM*, no. 9, 49–51.

들에게 문명의 전수자 역할을 수행했다. 보에티우스(Boethius, 480~c. 525)는 동고트족의 족장 테오도릭 아래서 수상직에 있었다. 테오도릭은 로마 문명의 후원자 역할을 자임했기 때문에 서로마 귀족들의 협조를 얻을 수 있었다. 그는 헬라어에 능통하고, 로마 후기의 관료제에 익숙한 보에티우스를 등용했다.

보에티우스는 '최후의 로마 철학자'요, '최초의 스콜라주의자'로 흔히 지칭된다. 그의 사망부터 아벨라르(Abelard, 1079~1142)의 출생까지를 흔히 중세 '암흑기'라 부른다. 왜냐하면 보에티우스의 사망 이후 서방에 고전 사상이 더는 전수되지 못하게 되었기 때문이다. 그는 서방에서 그리스 연구들의 퇴조를 안타깝게 여기고 전 생애를 통해 그리스도인들의 지식에 철학의 중요성을 더하려고 노력했었다. 불행하게도 그는 동로마 제국과 내통했다는 모함을 받아 처형되었다.

보에티우스의 제자 카시오도루스(Cassiodorus, d. 583)도 비바리움에 수도원을 세우고 여기서 그리스 고전들을 라틴어로 번역하면서, 고전 및 그리스도교 교육의 진작에 힘썼다.

보에티우스의 친구 디오니시우스(Dionysius Exiguus)는 부활절 날짜를 계산하는 방법을 고안했다. 이를 이용하여 그리스도의 탄생 연도를 추정했다. 525년경 그는 그리스도교 세기(the Christian era)의 개념 곧 '주후'(主後, anni Domini)의 개념을 창안했다.

이시도레(Isidore of Seville, 560~636)는 그 이전의 과학적·신학적 지식을 취합하여 후대에 전해 주었다. 그의 『어원학』(*Etymology*)은 백과사전적인 선집인데, 이는 전기 중세에 고전 및 그리스도교 주제들에 대한 표준적 참고서였다.[17]

대 그레고리우스 1세 또한 이 시기의 인물이었다. 그는 아우구스티누스를 중세에 전달시켜 주는 역할을 했다. 그는 신학, 영성, 그리고 교회론의 측면에서 아우구스티누스와 함께 중세를 형성시킨 인물이었다.

베네딕투스(Benedict of Nursia, d. 547)는 서방에 수도원주의를 정착시켰

---

[17] Walker, *A History of the Christian Church*, 214-216.

다. 그의 수도원 규칙서는 12세기까지 서방 수도원을 지배했다.

8세기 샤를마뉴는 암흑기 이후 그리스-고전 사상, 그리스도교 사상, 그리고 게르만 사상을 통합시켜 소위 캐로링거 문예 부흥을 시도했다. 그는 그리스도교 제국이 된 자신의 왕국을 영성과 지성으로 고양시키기로 작정했다. 실제로 유럽의 지적·도덕적 수준이 고양되었으며, 교회와 국가의 연합을 특징으로 하는 새로운 사회 질서가 형성되기 시작했다.

이때 천장이 장엄한 원형으로 된 비잔틴 양식이 성행했다. 라베나의 성 비탈레 성당, 콘스탄티노플의 하기아 소피아 성당 등이 비잔틴 양식을 따라 지어진 대표적 건물들이다. 샤를마뉴는 궁정 학교, 수도원 학교, 성당 학교에 학문적·예술적 기능을 권장했다. 이로 인해 중세 문명은 유대교와 그리스-로마적 요소들이 혼합된 그리스도교 문화, 거기에다가 게르만족을 따라 유입된 켈트와 튜톤의 문화들이 가미되었다.

아헨(Aachen)의 궁정에 아카데미가 세워졌다. 샤를마뉴는 당대 최고의 학자들을 초빙했으며 많은 책들을 수집하여 큰 도서관을 건립했다. 고서들을 수집, 보관, 전시하기 위해 새로운 서체인 캐로링거 소문자를 개발했다. 이는 중세에 기본 서체로 사용되었으며, 이로부터 근대 서체들이 등장했다.

이 시기 문예 부흥에 활동했던 인물들은 요크의 성당 학교 교장이요, 앵글로·색슨족의 선교사였던 알퀸(Alcuin, d. 804), 콜비 수도원 원장 라드베르(Paschasius Radbertus, 785-865), 라트랑 드 코르비(Ratramnus of Corbie, d. c. 870), 고트샬크(Gottschalk, d. c. 866경) 등이 있었다. 이들은 전기 중세에 상실해 버린 학문의 보존과 취합에 열중하고 이를 보편화하려고 노력했다. 이들은 고전 사상 및 그리스도교 사상(교부들의 사상, 특히 아우구스티누스와 그레고리우스 1세)과 함께 성경 연구에도 주력했다.

캐로링거 왕조 시기 신학은 체계적이라기보다 논쟁적이었다. 샤를마뉴 자신도 입양설, '필리오끄' 논쟁, 그리고 성상 파괴 논쟁에 개입된 적이 있었다. 780년경 스페인의 신학자요, 톨레도의 감독이었던 엘리판도(Elipandus of Toledo)와 우르겔(Urgel)의 감독 펠릭스(Felix)가 성자는 성육신이 아니라 입양에 의해 하나님의 아들이 되었다고 하여 논쟁이 된 적이 있었고, 라트랑 드 코르비는 니케아 신조에 '필리오끄' 조항의 삽입을 주장했으며 동방의 포티오스는 이를 맹렬히 반대했다. 샤를마뉴는 809년 아헨 회의에서 '필리오끄' 사용을 재가했다.

'필리오끄' 논쟁에 이어 성상 파괴 논쟁이 있었다. 신학과 정치적 요소들이 복잡하게 얽히면서 제7차 에큐메니칼 공의회(니케아, 787)가 그리스도와 성인들의 성상을 찬성하는 데 결의했다.[18] 그러나 794년 샤를마뉴는 787년 니케아 공의회의 결정을 번복하고 성상 파기를 주장했다. 이 같은 그의 결정은 787년 니케아 공의회의 소집과 진행에 신성 로마 제국 황제가 소외된 것에 대한 불쾌한 심기가 내포되어 있었다. 프랑크 왕국과 동로마 제국의 동등성이 침해되었다는 것이다. 그러나 이후 로마 교회도 제7차 공의회의 결정을 수용했고, 870년의 콘스탄티노플 공의회에서 제7차 공의회의 성상 숭배 결정에 찬성했다.[19]

한편 프랑크 왕국 시대에 고트샬크가 철저한 2중 예정을 주장함에 따라 9세기 중반 예정론 논쟁이 전개되었다. 그는 아우구스티누스를 좇아 인간의 자유를 최소화시켰다. 선택과 유기, 선과 악, 구원과 영벌 모두가 사전에 정해져 있다는 것이다. 그의 주장은 당시 주요 신학자들로부터 반대를 받았고, 서방 교회는 고트샬크의 견해가 교회에 매우 위협적이라고 판단하고 그를 투옥했다. 860년 캐로링거 교회는 2중 예정을 거부하고 아우구스티누스의 단일 예정론을 공식적으로 천명했다.

어떻게 보면 9세기의 가장 큰 신학 논쟁 중에 하나라고 볼 수 있는 것은 라드베르와 라트랑 드 코르비과 관련된 성만찬 논쟁이다. 성만찬에서 그리스도 몸이 실재적으로 임하는가, 상징적인가 하는 문제였다. 대머리 찰스 통치 때 이 문제가 공론화되었다.

코르비의 수도사 라드베르가 성만찬에서 떡과 포도주는 실제로 그리스

---

18 *PG*, 98: 156–94. Cf. V. Grumel, "Liconogie de St. Germain," *Échos d'Orient*, 21 (1922), 165–75. 787년의 니케아 공의회는 로마 가톨릭교회 및 동방 교회가 공히 보편적 에큐메니칼 공의회로 인정하는 최후의 교회 회의였다.

19 성상 파괴 논쟁은 이 후 동방 교회의 논쟁에서 상세히 다룬다.

도의 몸과 피가 된다고 했다.[20] 이러한 요소들의 변화는 온전히 전능한 말씀의 능력에 기인한다는 것이다. 그가 말하는 요소들의 실재적인 변화는 이후 가톨릭교회의 화체설 교리의 전조가 되었다. 캐로링거 시대에 성만찬에 대한 실재론적 견해는 대중적 경건과 신앙으로 강화되었다.

같은 코르비 수도원의 수도사 라트랑은 대머리 찰스에게 보내는 글, 『주님의 몸과 피에 관하여』에서 성만찬의 실재적 해석을 부정하고 상징으로 해석했다. 빵과 포도주는 오직 상징적 의미에서 그리스도의 몸이고 피이다.[21]

그러나 중세로 갈수록 라드베르의 입장이 지배적이었다. 드디어 1215년 제4차 라테란 공의회(the Fourth Lateran Council)는 라드베르의 견해를 가톨릭교회의 공식적인 입장으로 채택했다.

샤를마뉴는 자기 영토에 예전을 통일하기 위해 로마 양식에 근거해서 표준 예전을 작성하도록 했다. 사도신경은 로마에서 기원했으나 캐로링거 왕조 때에 프랑크족들에 의해 최종적으로 확정되었으며 로마에서도 이 표준 형태가 받아들여졌다. 프랑크 왕국은 정치적 힘과 그리스도교의 교세 때문에 그리스도교 신앙의 표준화에 크게 기여했다. 샤를마뉴 이후 유럽 문명은 다시 침체에 빠지는 듯했으나, 9세기 말 영국의 알프레드 대왕(Alfred the Great, 849~899)와 프랑스의 쥐베르(Gerbert of Aurillac, 940~1003)에 의해 다시 문예 부흥이 시도되었다.

3. 프랑크 왕국의 쇠퇴와 독일 제국(오토 왕조)의 등장

샤를마뉴의 죽음은 프랑크 왕국의 해체를 알리는 사건이었다. 강력한 군주의 사망과 함께 왕국은 북서쪽으로부터 바이킹과 노르만족의 침공, 서남으로부터 이슬람의 침공, 그리고 동남으로부터 헝가리인의 침공에 노출되었다. 스칸디나비아인들이 북유럽의 해안들을 약탈했는데, 수도원들

---

20 Paschasius, *De corp. et sang. Dam.* 1.2
21 Ratramnus, *De corp. et sang. Dam.* 5.

이 주로 약탈의 대상이 되었다. 노르만족은 영국에서 노르만 공국을 건설했으며 이탈리아의 시실리를 공격했고, 러시아 키예프의 기초를 놓았다. 다행히 995년 노르웨이의 왕 올라프(Olaf)가 그리스도교로 개종했기 때문에 교회에는 큰 위협이 없었다.

샤를마뉴의 죽음 이후 봉건 제도를 기반으로 하는 지방 영주들의 권력이 부상하였고 황제의 중앙 통제력은 와해되었다. 왕좌를 차지하기 위한 권력 투쟁은 쉼이 없었다. 급기야 서구의 정치적 통일은 붕괴되고 서프랑크와 동프랑크로 나눠졌다. 이때로부터 20세기까지 프랑스와 독일 사이의 영토 분쟁의 갈등은 계속되고 있다. 비만 왕 샤를르(Charles the Fat, 876~887)가 일시적으로 제국을 통합할 수 있었으나 내적 갈등과 외세의 침략은 더욱 빈번해졌고 왕국은 무력해져만 갔다.

신성 로마 제국의 황제가 위험에 처할수록 상대적으로 교황은 두려워할 정치적 상대자가 없어졌다. 프랑크 왕들이 교회와 교황들을 그들의 정치적 목적에 이용했기 때문에 제국은 언제나 교황들의 견제의 대상이었다. 오토 대제(Otto the Great, 912~973)가 황제권을 차지할 때까지 황제권은 침체 속에서 이탈리아 귀족들의 수중에 있었다.

독일에서 샤를마뉴 계열의 지배권이 911년 거의 끝나고 오토 왕조가 그리스도교의 새로운 보호자로서 캐로링거 왕조를 계승했다. 삭소니의 공작 하인리히가 936년 독일의 왕으로 선출되었다. 그의 아들이 오토 대제(오토 1세)였다. 오토는 중세 그리스도교적 독일의 창시자였다. 제국의 동부(동프랑크 왕국)에 정치적 결속을 이루고 여타 부족들의 힘을 중앙으로 모아 독일 제국을 건설하였다. 그는 내적으로 중앙 집권화에 이어 외적으로 팽창 정책을 시행했다. 동쪽으로는 슬라브족들을 그리스도교로 개종시키고 이어 폴란드, 헝가리, 스칸디나비아 국가들(덴마크, 스웨덴, 노르웨이), 그리고 체코와 프러시아를 독일 제국에 귀속시키고 그리스도교로 개종시켰다.

오토는 교황 요안네스 12세의 요청으로 알프스를 넘어 롬바르드족을 물리쳤다. 그 대가로 962년 그는 아헨에서 교황으로부터 신성 로마 제국의 황제 타이틀을 획득했다. 그의 꿈은 샤를마뉴 제국의 재건이었다. 그는 스스로를 사도의 종이라 지칭하면서 신정에 근거한 보편적 제국을 꿈꾸었다. 거대한 대관식은 오토가 샤를마뉴의 후예로서 자신의 역할을 상징하는 것이었다.

　오토는 이탈리아의 귀족들로부터 교황을 구해 내었다. 그러나 동시에 그는 교회를 황제의 권한에 종속시켜 버렸다. 오토 대제와 그의 계승자들은 1세기 동안 교황을 좌지우지 했고 감독과 수도원장의 임면을 좌지우지했다. 오토 3세는 996년 최초로 독일인 교황을, 999년 최초로 프랑스인 교황을 임명했다. 오토 3세와 그의 계승자들은 북이탈리아에 정치적 평화를 가져 왔다. 이로 인해 베니스와 같은 도시들이 번창하기도 했으며 로마네스크 같은 건축 양식이 발달하기도 했다.

제3장

중기 중세의 개혁과 부흥 운동(c. 900 ~ c. 1100)

1. 개혁의 부름

　캐로링거 왕국 말기부터 그레고리우스 7세의 개혁(880~1046)까지는 교황제에 있어서 '암흑기'였다. 소위 '위대한 도색 정치'[22]가 행해지던 시기였다. 프랑크 제국의 해체와 봉건주의의 생성은 유럽에 무정부 상태의 혼란과 분열을 초래했다. 로마의 귀족들이 교황직을 좌지우지했다. 스테파누스 6세(897)부터 요안네스 12세(955)까지 17명의 교황이 명멸했다. 그들 대부분이 살해와 음모로 막을 내렸다. 요안네스 12세는 동로마인들과 사라센인들과 내통하여 오토 대제에 대해 음모를 획책하다 실패하여 폐위되었다. 이는 서방 교회에서 교황이 황제에게 폐위되는 첫 사건으로 기억된다. 교황의 권위는 비참할 정도로 땅에 떨어졌다.

　독일 제국은 오토의 지도 아래 일찍부터 무정부 상태에서 벗어나 신성로마 제국을 이어갔다. 황제로 등극한 오토는 교회를 황제의 권한에 복속시켰다. 그는 방대한 토지를 관장하고 있던 감독들과 수도원장들을 직접 임명하고 자신을 보좌하도록 했다. 교회를 자신들의 권력 기반으로 삼았고 성직자들의 지원을 얻어 통치권을 지속했다. 오토가 즉위한 962년부터 1050년까지 교황들은 독일 황제들에 의해 임명되고 통제되었다.

22　10세기는 교황청의 가장 수치스러운 시기이다. '도색 정치'는 일명 '매춘부 정치'로 알려지는데, 교회는 물론 온 유럽 사회가 폭력, 음모, 타락, 탐욕이 판을 치던 혼란의 시기였다.

이는 11세기 절정에 달한 서임권 논쟁의 원인이었다. 독일 성직자들은 오토 왕조에 유착하여 황제의 편에 섰다. 서임권 문제가 발생할 때도, 프레드리히 바르바로사(Frederick Barbarossa, d. 1190) 때에 교권과 황제권이 마찰하였을 때도 그들은 황제 편이었다. 교황의 자리는 혼란스러운 정국과 권력의 틈바구니에서 영적 권위를 세우기보다 뇌물, 청탁, 음모, 그리고 폭력까지 불사하는 야심가들의 권력 투쟁의 중심지로 변했다. 성직 매매가 성행했고 중첩(衆妾) 등 도덕적 위상도 곪아 가고 있었다.

그러나 왕조의 몰락으로 무정부의 혼란이 가중되고, 교황청과 성직자의 타락으로 중세의 암흑이 짙어 갈 때 개혁을 부르짖는 이들이 등장했다. 제국 내에서뿐만 아니라 저 멀리 팔레스타인 지역까지 이르는 수도원 중심의 개혁과 교황이 직접 주도하는 개혁이 준비되어 있었다. 교황 주도의 개혁은 11세기 중반 서임권 문제로 본격화되었으며 서임권 문제에서 성직자 독신주의, 성직자 중첩과 성직 매매 금지 등 성직자 소양의 전반에 걸친 개혁의 외침으로 이어졌다.

2. 수도원 개혁 운동

고대 교회부터 발생한 수도원주의의 흥왕은 중기 중세에 이르기까지 계속되었다. 특히 서방에서 베네딕투스 수도원은 그리스-로마의 고전 및 교부 문헌을 보존·연구하면서 중세 그리스도인들의 삶과 교육의 센터 역할을 하였다. 그러나 9세기 북방인들과 모슬렘의 약탈, 10세기 봉건 영주들의 간섭, 그리고 성직 매매로 인한 타락으로 수도원의 이상은 약화되었고 영적 침체가 가시화되었다. 수도사들은 서약에 따라 부를 소유할 수는 없었으나, 사용할 수는 있었다. 수도사들은 재산을 소유할 수는 없었으나, 수도원은 얼마든지 소유할 수 있었다.

약삭빠른 성직자들은 고대 교회 때부터 감독들이 시민의 의무를 수행하는 관습을 자신들에게 유리하게 이용했다. 그들은 행정가가 되고, 지주도 되었으며 봉건 영주로 행세하기도 했다. 방대한 땅을 통치하면서 지방 감독들은 독일 왕들과 제후들과의 관계의 끈을 놓지 않았다. 지방과 중앙을 통틀어 교회의 관심은 영적인 것이 아니었다.

이로 인해 개혁이 요구되었다. 교회와 수도원의 총체적 영적 암흑기에 새로운 길을 모색하던 수도원으로부터 개혁의 빛이 비추어졌다. 10세기의 클뤼니 개혁 운동과 12세기의 시토 개혁 운동이 대표적이다. 전자는 귀족들과 감독들의 수도원 통제로부터 자유를 추구했고, 후자는 그레고리우스 7세의 개혁과 연결된 것으로 클레르보의 베르나르 같은 뛰어난 인물을 배출했었다. 이 두 운동은 모두 베네딕투스 수도원 내에서의 개혁 운동이었다.

중기 중세의 대표적 수도원 개혁의 상징이 되는 클뤼니 수도원 운동은 부유한 귀족 가문 출신의 베르노(Berno, 909~927)가 경건한 윌리엄 공의 도움으로 동부 프랑스의 클뤼니에 새 수도원을 건설하면서 시작되었다. 이 전까지 베네딕투스 시스템 아래 있던 많은 수도원들은 지역 교구에 거하는 감독에 의해 통제되곤 했다. 클뤼니는 봉건 영주(평신도)와 지역 감독들이 교회나 수도원을 통제하는 것을 거부하고, 수도원들을 직접 교황의 통제 아래 두는 것을 원칙으로 했다. 또한, 클뤼니 수도원은 수도원장의 선출에서도 외부의 간섭을 배제하고, 자치적으로 수도원장을 선출했다. 그리고 예전의 확대와 강화를 특징으로 했다. 클뤼니 수도원은 평신도 서임권 문제를 제기하지는 않았으나, 통치자들에 대해 교회의 자유를 주장했다. 클뤼니 수도원은 향후 200여 년간 서구 영성의 중심이 되었다.[23]

클뤼니 수도원은 타성에 젖고 세속화된 수도원에 신선한 바람을 불러왔다. 클뤼니 수도원은 『베네딕투스 규칙서』를 엄격하게 준수하면서 10~12세기 동안 수도원 및 교회 개혁의 구심점이 되었다. 레오 7세(936~939)의 후원 아래 클뤼니는 교회 개혁에 박차를 가할 수 있었다. 이 운동은 성직자들의 삶의 개선, 교회의 권위 확보를 위해 예언자적 사명을 다했다. 타 수도원들이 클뤼니 운동에 가담함으로써 이 운동은 결국 거교회적인 개혁 운동으로 발전하였다.

---

[23] L. Daly, *Benedictian Monasticism* (New York: Sheed and Ward, 1965), 157.

클뤼니 수도원의 개혁 운동은 성직 매매, 성직자 독신주의의 폐지와 평신도 서임권을 단호히 반대했다. 클뤼니는 이 폐습들을 저지하려고 교황제를 강력히 옹호하였다. 가톨릭교회의 내부적 폐습과 교회에 대한 정치적 압력들을 배제하고 로마 교회의 위상을 주장하던 개혁파 교황들은 클뤼니 수도원 같은 영향력 있던 수도원들로부터 대대적인 지원을 확보했다.

클뤼니 수도원은 베르노를 이은 오도(Odo), 메이욜(Majolus), 오딜로(Odilo), 그리고 후고(Hugh) 같은 수도원장들에 의해 계속 개혁을 이어갔다. 주변의 여러 수도원이 클뤼니 계열로 연합하여 규모도 상당히 커졌다. 클뤼니 개혁 운동은 교황 그레고리우스 7세 때에 절정을 이루었고, 1150년경 300개 이상의 클뤼니 계열의 수도원들이 존재한 것으로 알려진다. 그러나 처음의 순수한 의도는 2세기를 채 넘기지 못했다. 여느 수도원처럼 부와 권력이 클뤼니로 모였고 마침내 세상적 원리로 움직여졌다. 이에 대한 불만으로 시토 수도원이나 탁발 수도사 같은 새로운 수도원들이 생겨났고, 수도원 개혁은 중세 후반기까지도 이어질 수 있었다.[24]

3. 교황 주도의 개혁

1) 교황직 강화를 위한 노력

로마 시민들이 황제 하인리히 3세에게 교황직의 매매를 통해 교황이 된 세 명의 교황들, 베네딕투스 9세, 실베스터 3세, 그리고 그레고리우스 6세의 폐위를 요구했다. 황제는 이들을 폐위하고 클레멘스 2세를 새 교황으로 추대했다. 이때까지 교황의 권한보다 황제의 권한이 우위에 있었다. 새 교황은 황제에게 아부하려고 성탄절에 황제의 대관식을 거행했다. 황제는 자신을 그리스도의 대리자로 자처했으며 그의 통치 동안 전기와 중기 중세의 종교적·정치적 연합은 절정에 이르렀다. 그는 반지와 지팡이를 줌으로

---

24 Walker, *A History of the Christian Church*, 253.

써 감독들을 서임했다. 또한 그는 클뤼니의 개혁 운동을 지원했다. 클뤼니의 모토였던 '하나님의 평화'와 '하나님의 휴전'을 시행하여 정치적 안정을 이룩하려고 했다. 그러나 황제의 생각과는 다르게 정치적 혼란도 계속되었고 교황청의 탐욕과, 음모, 폭력으로 '도색 정치'가 판을 쳤다.

10세기 교회의 암흑기 속에서 11세기 중엽까지 교회 개혁의 물결은 거세어 갔다. 이 때 베네딕투스의 은둔 수도사 다미아노(Peter Damian, 1007~1072)와 훔베르트(Humbert, d. 1061)는 교회의 독립성을 주장하며 개혁을 부르짖었다.

하인리히 3세의 친척이었던 브루노는 열렬한 개혁의 기수였다. 교황직을 제안받았지만 이를 성직 매매로 여기고 거절하였다. 그는 개혁을 위하여 맨발로 로마에 입성하였다. 로마 군중과 성직자들은 그의 청렴함과 신실함에 대대적인 환호를 보냈다. 결국, 그는 민중의 추대에 의해 교황이 되었다. 그가 곧 레오 9세(1049~1054)이다. 레오는 개혁을 추진하기 위해 젊은 수도사 힐데브란트(나중 교황 그레고리우스 7세)를 조언자로 등용했다. 레오는 성직 매매와 성직자들의 결혼을 반대하고 성직자 본연의 의무인 영혼을 돌보는 일에 열중하도록 촉구했다.

레오의 개혁 정신을 계승한 니콜라우스 2세는 1059년 라테란 회의를 소집하여 전체 서방 교회의 대표자들로 구성된 추기경단을 창설시켰다. 추기경단은 교황 선출권을 가졌는데, 그 목적은 파당들과 평신도(황제, 왕, 그리고 귀족들)로부터 교황을 보호하기 위함이었다. 이후부터 추기경들은 교회의 주 보좌관으로 조언자 역할을 했다. 니콜라우스 2세는 본 공의회에서 최초로 평신도 서임권을 공식적으로 금지시켰다.[25] 레오는 노르만인들이 침략할 때 협상을 거부하고 전쟁을 감행하다가 대패하면서 그의 교황직도 끝이 났다.

---

25 *De Consideratione*, I. in *PL* 182:727-31.

2) 서임권 투쟁과 브롬스 협약

'독일의 사도' 보니파키우스의 개혁과 1050년 시작된 교황의 혁명 사이에 주된 개혁의 세력은 왕들이었다. 캐로링거 시대의 황제들 그리고 오토 대제 이후의 독일 황제들은 많은 개혁 조처를 취했다. 9세기 영국의 알프레드 대왕(Alfred the Great, 871~899)도 개혁과 학문 진작에 노력했다. 특히 하인리히(Henry) 3세는 황제가 되자마자 교회 개혁을 위한 노력에 착수했다. 그는 클뤼니 개혁 운동을 지원했으며 레오 9세를 교황으로 임명했다. 황제들이 교회 개혁에 대한 높은 관심을 보인 것은 한편으로 그들이 얼마나 교황을 자유자재로 통제하고 있는가를 보여 주는 단면이기도 했다.

교황들이 굴욕을 감내하는 동안 1053년 하인리히 3세가 죽자 6살에 불과한 왕인 하인리히 4세가 독일 제후들에 의해 황제로 선출되었다. 어린 황제의 등극은 교회가 황제의 통제를 약화시키고 서임권 논쟁을 유리하게 결말 지을 수 있는 절호의 기회였다. 당분간이나마 '강력한 교회'의 비전이 다시 등장했다. 끌레르몽 회의(1095)에서 교황 우르바누스 2세는 힐데브란트의 정신에 입각하여 모든 성직자는 어떤 평신도(왕이든 아니든 불문하고)에게도 가신으로서 충성을 표해서는 안 된다고 선언했다.

그러나 황제는 여전히 자신이 세속 영역과 영적인 영역도 통치한다고 믿고 있었기 때문에 교황과 황제의 견해는 첨예하게 대립하였고 긴장 관계가 지속되었다. 따라서 이들은 어떤 형태로든 상호 조정되어야만 했다. 세속 군주는 교회의 영적 권위를 수용하고, 교회는 국가의 세속적 권위를 인정해야만 했다. 이 투쟁은 1122년 브롬스 협약(Concordat of Worms)에서 타협으로 일단락 지어졌다.

1122년 브롬스 협약은 일련의 격동을 거친 결과물이었다. 클뤼니 수도원의 수도사 출신이던 그레고리우스 7세는 서임권의 문제를 종식시킨 브롬스 협약의 실제적인 장본인이었다. 그는 교회의 개혁은 세속권으로부터 교황권의 독립에서 시작된다고 믿었다. 로마 교회는 하나님에 의해서만 건설되었으며 그리스도의 대리자인 교황은 황제들을 파면시킬 권한까지 부여받았다고 주장했다. 그러므로 교황이야말로 교회에 대해서만이 아니라 전 세상에 대해 권위를 행사한다고 주장했다.[26] 그는 교황의 권위에 도전하는 자들을 제거하고 감독의 임명과 교황의 선출에 황제나 제후들의 개입을 배제하며, 궁극적으로 교황제의 이상을 실현하려했다.

그레고리우스 7세는 자신의 뜻에 순종하기를 거부하는 자에게 수찬 정지나 파문을 선언했다. 그는 외부로부터 교회의 독립성을 유지하기 위해 이 같은 강경법을 사용하되 『위이시도로스 칙서들』 및 『콘스탄티누스의 증여』와 같은 위문서들을 적극적으로 활용하여 교황의 권위를 회복하는 데 주력하였다. 한편 그는 교회의 내적 개혁에도 주력했다. 성직 매매를 금하고 모든 성직자의 독신주의를 강화함으로써 성직자와 평신도 사이의 차별성을 분명히 하였다. 그는 클뤼니의 엄격주의적 이상에 근거하여 교회가 도덕적 타락과 세상의 통제에서 벗어날 수 있도록 노력했다. 11세기 교황의 개혁 운동을 흔히 '그레고리우스의 개혁'이라고 부르기도 한다.

1075년 그레고리우스 7세는 평신도 서임권에 반대하는 칙령인 『교황의 훈령』을 발표했다.[27] 『훈령』은 로마의 감독만이 보편적이며 범죄한 황제들을 폐위할 권한이 있고, 누구로부터도 심판받지 아니하며, 로마 교회는 결코 오류를 범하지 않는다고 선언했다. 이러한 주장에 독일의 하인리히 4세, 프랑스 왕 필립 1세, 그리고 영국 왕 윌리엄 등 유럽의 막강한 통치자들은 격분했다. 독일 황제 하인리히 4세는 『훈령』에도 불구하고 밀란의 대주교를 임명했다. 그레고리우스 7세가 이에 항거하자 황제는 독일 감독들의 지원을 얻어 그레고리우스 7세를 해임했다. 이에 맞서 교황은 1076년 황제를 파문시켜 버렸다. 화가 난 하인리히는 그를 따르는 감독들과 함께 1076년 브롬스 의회에서 교황과의 관계를 끊었다.

그레고리우스 7세는 하인리히와 그의 감독들을 모두 파문하고 1077년 아우크스부르크에서 독일 제후들과 회의를 열어 하인리히의 하야와 새 왕의 선출을 논했다. 당시 외교적 정치 상황이 하인리히에게 유리하지 않아

---

26 Gregory VII, *Letters*, in *PL* 214:377.
27 Gregory VII, *Dictatus Papae*, "Pope Gregory VII," in E. F. Henderson, ed., *Select Historical Documents of the Middle Ages* (London: George Bell, 1892), 366-367, 365.

내부에서 그에 대한 반대의 물결이 드세지자 하인리히는 자신의 행동을 재고할 수밖에 없었다. 그는 교황에게 파문을 철회해 줄 것을 구했다. 교황은 왕의 호소에 전혀 동정심을 보이지 않고 독일의 아우크스부르크로 떠났다.

여기서 하인리히는 희대극을 연출했다. 왕은 교황이 알프스 산맥을 넘을 때 그를 알현하기로 작정했다. 교황이 자신의 후원자 투스카니의 여백작 마틸다의 성이 있는 카노사에서 긴 여로의 휴식을 취하고 있을 때 이 성문 앞에서 왕은 맨발을 하고 참회자의 자세로 3일 동안 계속 나타나 파문 철회를 간청했다. 하인리히의 이 같은 행동은 종교적인 동기보다 정치적 동기에서였다. 드디어 1077년 2월 29일 클뤼니 수도원장 후고와 마틸다의 중재로 하인리히의 파문이 철회되었다. 이 사건은 세속 권력이 교황에게 맨발로 용서를 비는 역사적인 사건으로 '카노사의 굴욕'으로 불린다. 외관상 교황의 대승리로 보였으나 실제로는 교황의 정치적인 대패였다.

하인리히가 독일에서 권력을 회복하자 교황은 하인리히가 약속을 지키지 않았다는 이유로 1080년 재차 파문했다. 그러나 이번에는 독일 귀족들이 교황이 국사에 지나치게 간섭한다고 생각하여 하인리히를 지원했다. 여론이 자신에게 유리해지자 하인리히는 곧바로 로마로 진격하여 교황을 해임하여 귀양 보내 버렸다. 그는 이어 대항 교황 클레멘스 3세(Wilbert, Clement III, ?-1100)를 세우고 스스로 신성 로마 제국의 황제로 즉위했다. 그레고리우스 7세는 대항 교황과 황제를 인정하지 않고 끝까지 저항했다. 1084년 클레멘스는 하인리히를 신성 로마 제국의 황제로 안수했다.

그레고리우스 7세의 개혁의 열정은 대단했으나, 교회를 지배하려는 야심가이기도 했다. 그의 야망은 일장춘몽으로 끝나 버렸다. 하인리히는 자신의 모든 권력을 회복했지만, 민중의 정서 속에는 교황 앞에 무릎 꿇은 황제의 굴욕이 잔상으로 남았으며 이는 독일 왕권에 심각한 타격을 초래했다. 황제와 교황은 자신들의 이권을 일정 부분 양보해야 했다.

그레고리우스 7세와 하인리히의 갈등은 그들의 계승자들에게로 이어지다가 마침내 타협을 맞았다. 교회와 국가의 완전한 분리는 불가능했고, 그나마 중도적 대타협은 독일 황제 하인리히 5세와 교황 칼리스투스 2세가 맺은 브롬스 협약(1122)에서 최종적으로 성사되었다. 본 협약에 의하면 독일에 있어서 감독과 수도원장의 선출은 교회법에 따르며, 선출은 황제의 입회하에 이루어진다. 다른 곳에서는 황제의 입회가 명기되지 않았다. 영적 권위의 상징물인 반지와 주교장 수여는 교황이 시행하였다.[28] 타협 사항 가운데 중요한 것은 서임 문제에 있어서 교회와 국가가 모두 참여한다는 점이다. 따라서 독일에서 감독들과 수도원장들은 교회와 국가 모두로부터 임명에 대한 동의를 얻어야 했다.

그러나 이 브롬스 협약이 교회·국가 관계의 문제를 모두 해결한 것은 아니었다. 교황은 도덕적으로 승리했으나, 왕들은 여전히 교회를 통제하고 있었다. 50여 년간의 교회와 국가 사이의 갈등은 심각한 사회적·정치적 결과들을 초래했다. 독일에서 진정한 승리는 교황도 황제도 아닌 봉건 귀족들에게 돌아갔다. 그들은 황제와 교황이 투쟁하는 사이 힘을 비축했고, 자기 지역의 농부들과 농노들에 대한 강력한 통제권을 행사했다. 중세에 독일을 분리시키고 약화시킨 국지주의와 봉건 영주의 독립성에 대한 직접적인 책임은 서임권 투쟁에 있다 하겠다. 이로 인해 독일은 19세기에 가서야 막강하고도 연합된 민족주의가 등장할 수 있었다.

---

28 MG LL folio II, pp. 75 ff, trans. by E. F. Henderson, *Select Historical Documents of the Middle Ages* (London: George Bell and Sons, 1910), 408-409.

제4장

§

동방 정교회의 생성

1. 동서방 교회의 차이

입법적(감독제), 신조적(신앙의 규범), 그리고 정경적(신구약 정경) 발전이 하나의 제도로 고착되자, 가톨릭주의는 구가톨릭교회가 되었다. 이러한 제도가 정착되는 과정에서 동방과 서방의 상이점들이 단일 보편 교회에 공존했다. 수 세기 동안 이러한 경향들은 단일 역사적 과정의 일부분일 뿐이었다. 라틴적·로마적 전통과 동방적·그리스적 전통들은 때로는 긴장 관계를 형성하기도 하고, 때로는 평화롭게 공존하기도 했다. 그러나 동방은 점차 그리스화되기 시작했고, 서방은 처음에는 유대적이고 그리스-로마적이던 그리스도교에 켈트적(Celtic)이며 튜톤적(Teutonic)인 요소가 가미하여 새로운 문화적 종합화로 나아갔다. 8세기까지 서유럽의 문화적 정체성은 이슬람 및 비잔티움과 확연하게 구분되었다.

그러면 역사의 어떤 시점에서 한 울타리 안에 있던 이 두 전통이 결별하게 되었는가?

이 질문은 동방 정교회(the Eastern Orthodox Church)가 로마 가톨릭교회와 다른 독립된 실체로 부상한 것과 맥을 같이 한다. 정확한 시점은 말할 수 없으나, 통상적으로 1054년 동서방 교회는 서로를 파문하면서 결별하였다. 한 보편적 교회의 두 영역, 즉 동방과 서방의 교회는 문화적 전통의 차이, 두 거대 교구(로마와 콘스탄티노플)의 경쟁, 신학적인 차이, 관할권상의 문제, 긴밀한 물리적 접촉을 저해하는 거리적 차이, 그리고 제국의 정치적 통일의 붕괴 등으로 인해 각각 다른 방향으로 표류해 왔다. 서방이 교황과 황제의 처절한 권력 투쟁을 벌이는 동안 동방 제국은 황제 교황주의를 특징으로 했다.

동방 그리스도교계는 사상적으로 그리스적이며 언어도 그리스어(헬라어)였고 신비적이고 사변적인 사고가 보편적이었다. 서방에 비해 교육이 널리 시행되었고 철학에 기초한 신학적 토론이 발달했다. 덕분에 신학적 논쟁들은 끊이지 않았다. 또한, 예전이 신앙을 대변한다고 믿는 정서로 인해 예전이 매우 발달했으며 모든 회중이 여기에 참여했다. 동방 교회 황제는 정치적·군사적 역할 만큼이나 교회 예전에도 중요한 역할을 했다. 그림들과 성상들도 예전에 중요한 몫을 감당했다. 동방 교인들에게 거룩한 예전은 현실에서 가장 중요한 영적 세력이었다. 동방 교회에서는 예배와 직접 관련된 것에만 교리적 정의가 필요했다. 그들에게 신앙 고백은 거룩한 예전의 일부였다.

동로마 제국의 통치자들과 백성에게 제국이란 하나님 나라의 지상적인 이미지였다. 이는 제국의 사회적 조직, 즉 그리스도를 대표하는 한 절대적인 통치자와 그의 모든 백성이 계층 구조적 질서를 이루고 있음을 의미했다. 황제는 정교회 신앙이 전 제국에 시행되고 있으며, 그의 백성이 올바른 방식으로 예배를 드리는지를 감독할 책임이 있었다. 그래서 교회의 질서와 안전을 유지할 책임을 지고 교회는 제국에 대한 신적인 호의를 보증해 주어야 했다.

황제와 콘스탄티노플 총대주교는 7세기 단의론 논쟁과 8~9세기 성상 논쟁, 그리고 13~14세기 교황과의 재연합을 위한 협상 문제에서 갈등을 빚기는 했으나 대체적으로 평화적 관계를 유지했다. 서방과 달리 비잔틴 문화에서는 교회와 국가 사이의 경쟁 관계는 존재하지 않았다. 종교적 권위는 군주적 통제에 종속되었으므로 교회는 국가의 한 기관에 불과했다. 총감독의 선출은 황제에 의해 통제되곤 했었다.

새 로마라 불리던 콘스탄티노플이 건설되고 제국의 행정적 무게가 이 도시로 옮겨지자 동방 그리스도교는 이전에 없었던 서열 논란이 불거졌다. 381년의 제2차 에큐메니칼 공회의는 "콘스탄티노플의 감독은 서열상 로마의 감독 다음에 위치한다. 왜냐하면 이는 새 로마이기 때문이다"라고 명시하고 있다(Canon 3). 제4차 에큐메니칼 공회의는 "동일한 특권들'이 구 로마와 신 로마에 주어져야 한다"라고 선언했다(Canon 28). 로마는 이 규정에 항의했으며 반대로 동방 교회들은 이를 수용하였다. 수도 천도 후 50년 만에 콘스탄티노플 교구는 로마의 것과 동등한 위상을 누리게 된 것이다.

여기에는 그리스도교를 국교화한 테오도시우스 황제의 공로가 컸고, 또한 유스티니아누스 황제가 야만인들로부터 이탈리아를 재탈환하자 황제의 힘과 함께 콘스탄티노플 감독의 위상이 증대된 것도 한 요인으로 작용했다. 로마와 콘스탄티노플 교구의 갈등은 동서방 교회가 분열될 때까지 사그라지지 않았다.

제1차~제6차 공의회까지 그리스도론에서 동방과 서방의 두 전통의 괴리는 심화하였다. 제6차 공의회가 마감되면서 이집트에서 콥틱 교회, 시리아와 아르메니아의 단성론적 교회들이 등장했다. 신학적 이견으로 괴리가 심화하였지만 로마와 콘스탄티노플은 나름 우호적인 관계를 유지하기 위해 최선을 다했다. 균열의 위기감을 수차례 극복하면서 제7차 공의회(성상 파괴 논쟁)까지 서로 간의 연합은 잘 유지되고 있었다. 동서방 교회들은 동일한 신앙과 성경, 그리고 동일한 7개의 에큐메니칼 교회 공회의들은 소유하고 있었다.

동방 교회와 서방 교회는 이러한 공통성 이면에, 성만찬 교리와 그 참여자들, 교황의 권위와 대교구들, 교리들의 내용, 성령의 출원, 성직자들의 독신 여부, 세례의 방법(동방은 3중적 침수 방법) 및 이것과 견신례와의 관계 등의 입장에 있어서 큰 차이를 보였다.

이 시기 동방에 고백자 막시무스(Maximus the Confessor, 580~662)와 다마스쿠스의 요안네스(John of Damascus, 675~750)같은 뛰어난 사변적인 신학자들이 활동했었다. 막시무스는 그리스도의 인성을 제한하는 단성론과 단의론을 반대하고 정통 신앙을 수호하다가 죽임을 당했다. 요안네스는 모슬렘들이 간과하는 주된 교리들인 삼위일체론과 그리스도론을 방어했고, 무엇보다 그 당시 주된 신학적 논쟁인 성상 파괴 논쟁에서 성상 파괴론을 반대했다.

2. 성상 파괴 논쟁

콘스탄티누스 이래 동서방 교회의 예배에 줄 곳 사용되던 성상이 8세기 동방 교회들에서 격렬한 논쟁의 대상이 되었다. 성상 파괴론자(iconoclast)는 하나님을 시현하기 위해 물질적 이미지들을 사용하는 것은 우상 숭배이며 신성 모독이라고 했다. 이는 모든 물질을 악한 것으로 보는 영지주의나 마니교의 잔재로도 보인다. 아니면 최소한 그리스도의 인성이 신성에 흡수되었다고 주장했던 단성론자들에게서 영향을 받았을 것이다. 또한, 성상 파괴론은 예배 시 이미지들을 사용하거나 성인들에게 제를 드리는 것에 대해 항의한 이슬람의 영향이기도 했다.

황제 레오 3세는 730년 성상 사용을 금지하는 칙령을 공포했다. 이는 종교적 이유보다 이슬람과 그리스도교 사이의 화해를 시도하려는 외교적 측면이 강했다.

고대 교회는 그리스도를 성상으로 표현하기보다 기호나 상징을 통해 표현했다. 단성론자들과 영지주의자들에게 그리스도의 인성은 의미가 적기 때문에 그리스도의 성상을 거부했다. 그런데 그리스도를 그림으로 묘사하려고 하면 신성과 인성의 양성을 고려해야 했다. 신성은 그림으로 표현할 수 없으므로 화상은 결국 인성만을 표현할 수밖에 없는 셈이 된다. 그러므로 성상을 인정한다는 말은 결국 네스토리오스주의와 같이 신성과 인성을 분리하는 이단에 빠질 위험이 있는 것이고, 또한 신성을 허용할 경우 대중은 마리아를 포함한 성인들의 성상을 미신적으로 공경할 것이 뻔한 일이었다. 이에 동방의 황제들은 아예 성상을 거부했다.

그러나 역사적으로 동방 그리스도인들에게 종교적 미술은 경건의 초점이었다. 또한, 위(僞)-디오니시우스(Pseudo-Dionysius)의 예에서 볼 수 있듯이 기적을 일으키는 성상들에 대한 존경, 화려한 예전 및 교회 건축은 성상을 의존하는 마음을 키웠다. 설교의 비중이 적은 미사에서 회중들은 시각적 형상 및 음악을 통해 거룩한 신비를 체험하곤 했다. 동방에서 수도사들이 가장 열렬한 성상 찬성론자들이었다. 수도원은 성상들의 보관소들이기도 했다.

황제 레오 3세가 서방 교회에 성상을 제거하라고 명하자 교황 그레고리우스 2세는 단호히 거부했다. 동방에서도 콘스탄티노플의 감독 게르마노스, 다마스쿠스의 요안네스, 그리고 교황 그레고리우스 3세도 강력하게 성상의 사용을 지지했다. 787년 니케아에서 개최된 제7차 공의회에서 성상들의 사용이 공히 인정되었다. 본 공의회는 성상들은 경외로운 존경을 받을 수는 있으나 경배에 관한 한 '오직 하나님에게만' 드려야 한다고 했다. '라트레이아'(latreia, 예배)는 하나님에게만 드릴 수 있으나, '프로스퀴네시스'(proskynesis, 공경)은 피조물에게도 가능하다고 용어를 분류했다. 본 공의회는 성상 파괴론자들을 정죄했다.

그러나 서방의 샤를마뉴는 임의로 794년 프랑크푸르트에서 자체적으로 교회 회의를 열고 성상 파괴론을 천명했다. 서방인들은 그리스 용어 '라트레이아'와 '프로스퀴네시스'를 구분할 줄 몰랐으며 이 두 용어는 라틴어 '아도라티오'(adoratio)라는 말로밖에 번역할 수 없었다.

성상 파괴 논쟁은 수도원장 테오도로스(Theodore the Studite, 759-826)와 콘스탄티노플의 총감독 니케포루스 1세에 의해 논쟁 2기에 돌입하게 되었다. 다마스쿠스의 요안네스의 사상에 따라 이들은 형상들(images)과 원형들(prototypes) 사이의 계층 구조적 관계성을 규명했으며, 본 논쟁의 그리스도론적 의미를 탐구했다. 요안네스는 성상 파괴론자들이 그리스도의 성육신을 부인할 뿐만 아니라, 하나님의 창조로서의 물질적인 세계의 선을 부인하는 이원론자들이라고 공격했다.[29] 동방 신학은 하나님은 피조 세계에 임재할 뿐만 아니라, 성물들(icons)과 같은 성화된 대상물들을 통해 자신의 능력을 시현한다고 보았다. 이러한 대상물들은 일정한 방식으로 성육신의 신비를 시현한다는 것이다. 성상 사용론자들에게 성상들은 근본적으로 그들의 원형들과 동일하다고 생각했다.

그러던 중 황제 미카엘 1세(811~813)가 불가리아인들에게 패하자 군사 혁명이 일어났다. 군인들은 패전의 원인이 황제의 성상 숭배 때문이라고 해석했다. 후임 황제들, 레오 15세, 미카엘 2세, 그리고 황제 데오필루스는 제7차 공의회 결정을 인정하지 않고 성상 숭배자들을 박해했다. 그러

---

29 B. Kotter, "Johannes von Damaskus" in *TRE* 17, 127-132.

나 미카엘 3세의 섭정자 테오도라(Theodora, 842~867)는 공의회의 결정을 받들어 성상 파괴론자들을 박해했다.

843년 성상 파괴 논쟁은 종식되었다. 성상 파괴론자들의 최종적인 패배로 이후 비잔틴 교회들에서 성상들의 대대적인 사용 및 화려한 장식이 일반화되었다. 동방은 성상을 그림과 모자이크에 한정했으나, 서방에서는 모든 성물 사용이 허용되었다. 성상 파괴 논쟁에서 우리는 성상들에 대한 대중들의 뿌리 깊은 존경심은 쉬 사라지지 않음을 알 수 있다. 그리고 논쟁의 개시와 종결 모두 황제들에 의해 결정된 것을 볼 때 황제들이 계속 교회를 장악했었다는 사실을 알 수 있다. 어떻든 성상 파괴 논쟁은 해결되었으며, 동서방 사이의 교제는 당분간 유지되었다.

3. 동서방 교회의 분열

성상 논쟁으로 잠시 화해의 분위기가 생겼지만 이미 언급했던 동서방의 지리적, 문화적, 신학적 차이는 언제든 이 연합을 깨뜨릴 수 있는 요소로 작용하였다. 동서방 교회의 유대는 11세기 초 '성령의 발원' 문제로 또다시 위기를 맞게 되었다. 8세기까지 교황들은 성령의 2중 발출을 수용하는 분위기였다. 동방 신학자들은 신학적으로도 이 조항을 삽입할 경우 성령이 아들에 종속된다고 보는 것이므로 이단적이라고 하였다.

신학적 요인 외에도 정치적 요인이 가세하였다. 일리리쿰(Illyricum)의 관할권을 두고 로마의 감독 니콜라우스 1세와 콘스탄티노플의 총대주교 포티오스(Photius)가 치열하게 공방했다. 이들은 서로를 정죄하였다. 이왕에 신학적 괴리로 갈등이 깊은 차에 정치적 앙금은 동서방 교회를 분리로 내몰았다(1054). 1009년 콘스탄티노플의 감독 세르기우스 2세(Sergius, 999~1019)가 로마의 감독 서기우스 4세를 그의 '추모자들의 명단'에서 제외시킨 일이 발생하자 서기우스는 이를 '정통적' 감독들의 리스트에 자신을 배제한 것으로 인식하여 두 감독 사이의 긴장이 심화되었다.

혹자는 이 사건을 최종적인 교회 분리의 시점이라고 보기도 한다. 실제로 이때부터 로마와 콘스탄티노플의 감독들은 상대방의 이름들을 자신들의 추모자 명단에서 제외시켰다. 더 결정적인 분리의 계기는 레오 9세가 이탈리아 시실리에 주거하는 동방식 교회들에게 서방 교회의 권위를 강요한 데서 비롯되었다. 레오의 처사에 분노한 콘스탄티노플의 감독 케룰라리오스(Michael Cerularius, 1043~1058)는 시실리 지역 내 라틴식 교회들을 폐쇄시켜 버렸다. 이에 레오는 1054년 3명의 대표들을 콘스탄티노플에 파견하여 케룰라리오스에 대한 파문장을 성 소피아 성당의 제단에 던졌고, 이로 인해 동서방 교회는 공적으로 분열되었다.

그 외 사소한 이질성들이 분열을 자극했다. 동방은 서방과 달리 하위 성직자들에게는 결혼을 허용했고 감독 외에 사제들도 세례와 입교식에서 성유를 바를 수 있었다. 로마는 사순절 기간에 우유, 버터, 치즈의 사용을 허용했지만 동방은 이를 금지했다. 이렇게 오랜 시간 동안 누적된 동서방 교회의 이질성이 분리의 결과로 이어진 것이다. 이러한 사소한 차이들과 함께, 교황의 수위권, 서방 교회의 '필리오끄' 조항의 삽입, 두 대교구 사이의 정치적·교회론적 경쟁 관계, 교황제의 오만, 그리고 동서방 교회의 성격상의 차이가 분열의 더 큰 원인이었을 것이다.

1054년 6월 16일 동서방 교회는 서로를 정죄했고 공식적으로 결별했다. 이 날로부터 동방 정교회는 분리된 실체가 되었으며, 가톨릭주의는 둘로 나누어졌다. 서방 교회는 줄곧 동방 정교회를 분리주의로 취급하다가 1520년 레오 10세는 아예 이단으로 선언했다. 1964년 제2차 바티칸 공의회(1962~1965)를 거치면서 로마 교황 파울루스 6세가 동방의 총대주교 아테나고라스 1세(Athenagoras)를 만나 분열을 무효화하고 화해하기까지 900여 년의 시간이 소요되었다.

4. 비잔틴 정교회의 확산과 공헌

7세기 무함마드의 침공으로 인해 비잔틴(동방) 교회는 소아시아, 시리아, 이집트 지역에서 대부분의 교인들을 잃었지만 슬라브족들을 회심시키는 큰 성과를 얻었다. 그 결과 체코인들, 슬로바키아인들, 폴란드인들은 가톨릭교회에 의해 복음화되었고 세르비아인들, 불가리아인들, 그리고 러시아인들은 비잔틴 교회로 개종하였다. 동방 교회는 슬라브어를 사용하는 민족들에 의해 크게 확산되었다.

러시아의 개종은 아마도 비잔틴 그리스도교의 최대의 업적일 것이다. 러시아의 그리스도교 개종은 황후 올가(Olga, 890~969)에 의해 촉진되었으며 그녀의 손자 키예브의 블라디미르(Vladimir of Kiev, 980~1015)의 통치 동안 완성되었다. 공식적으로 정교회가 러시아의 국교가 되면서 러시아는 종교, 예술, 학문 모든 면에서 비잔티움의 딸이었다. 블라드미르가 비잔틴 교회들의 관습들을 관찰하기 위해 콘스탄티노플로 사절단을 파견한 적이 있었다. 그들은 비잔틴 건축과 예전의 장엄한 모습에 압도되어 자신들이 지상에 있는지 천상에 있는지 알지 못했다고 전했다.

물론 이 이야기는 전설에 가깝지만 적어도 비잔틴 제의와 예배의 장엄함이 어떠했는가를 가늠하게 해 준다. 그것이 러시아인들로 하여금 정교회의 일원이 되게 만들었다. 비잔틴 예배의 심미적 감각은 러시아 정교회로 그대로 전수되었다. 한편 러시아 정교회는 러시아의 황제들에게 충성했다. 왕권의 신성불가침에 대한 정교회의 교리는 러시아의 사회 질서를 유지하는 원동력이었다. 1453년 콘스탄티노플이 터키족에 의해 점령당하자 모스크바가 콘스탄티노플의 횃불을 이어받았고 '제3의 로마'로 불리게 되었다. 13세기 이후 러시아는 몽고의 지배를 받는 등 정치적 굴곡을 지냈다. 그럴 때마다 러시아인들에게 교회는 민족적 연합의 상징이 되었다. 훗날 발칸 연안 국가들이 터키족에게 멸망하자 러시아 정교회는 유럽에서 동방 정교회의 유일한 수호자가 되었다.

비잔틴 정교회의 공헌은 중세 전반에 걸쳐 나타난다. 그러므로 초기와 중기 중세를 다루는 시점에서 이를 논함은 시간상으로 차이가 있어 보이나, 비잔틴과 이를 잇는 러시아 정교회와 연결해서 언급하는 것이 좋을 것 같아 여기서 간략하게 다루기로 한다. 비잔틴 정교회는 그리스어를 쓰는 고대 교회의 예전과 신학을 보존했고, 그로 인해 그리스도교 영성과 예전의 발전에 크게 공헌했다. 비잔틴 정교회가 그리스도교에 미친 공헌은 다음과 같다.

첫째, 비잔틴의 신비주의 신학이 4세기 이래 그리스도교 영성의 실천과 저술들에 지대한 영향을 미쳤다. 11세기 시메온(Symeon, 940~1022)과 14세기 팔라마스(Gregory Palamas, 1296~1359)는 영성에 있어서 동방 교회의 독창적인 가르침들을 개진했다. 이들은 정교회 정통의 중심을 차지했다. 팔라마스는 신화(deification) 개념을 발전시켰다. 인간에게 알려지지 않는 하나님의 본질과, 하나님과의 완전한 연합을 이룩한 성도들이 인식할 수 있고 참여할 수 있는 하나님의 에너지들을 구분했다. 영적인 훈련과 기도의 삶에 전적으로 헌신하는 사람들만이 이 목표에 이를 수 있으나, 그 가능성은 평신도이든 수도사들이든 간에 모든 정교회 그리스도인들에게 열려 있다는 것이다.

둘째, 비잔틴 그리스도교의 두 번째 공헌은 만개한 예전이다. 동방 교회의 신학은 신비로 집약된다. 이 신비가 예전으로 표현되었다. 교회는 하늘과 땅을 포함하는 전 우주이자 세상의 전부이다. 하늘로서 거룩한 지성소와 땅으로서의 아름다움이 신비적 예전으로 표현되었다. 이 신적인 예전에서 성도들은 천상의 찬양을 끊임없이 하나님께 올린다. 정교회 예배자들은 성경과 성례전들을 통하여 이미 천국에 이르렀으며, 진심으로 그리스도의 임재를 체험했다고 느꼈다. 자연히 동방 교회는 예술과 건축에 신세계를 구축했다. 콘스탄티누스 황제는 아시아와 유럽이 만나는 자리로 비잔틴을 선택했었다. 이 신도시에 유스티니아누스 황제가 성 소피아 성당을 지었다.

성 소피아 성당은 새 수도의 상징이 되었고 천 년 비잔틴 문명의 대표적인 건축물이 되었다. 이슬람에 정복된 뒤에도 파괴되지 않고 오히려 수많은 이슬람 사원의 모델이 되었다. 이 성당은 동방 신학의 신비주의적 원리와 로마의 웅대한 스케일, 그리고 중동의 건축 기술이 집대성한 고대 지혜의 집약물이라고 할 수 있다. 이 성당은 그리스도교 신앙의 위대한 승리를 건축물로 표출한 것이었다.

7~11세기 동안 세계 문명의 중심은 비잔틴의 콘스탄티노플과 이슬람의 메카였다. 천 년을 지속한 비잔틴 제국은 인류 역사에 많은 업적을 이룩했다. 로마 제국보다 더 넓은 세계로 문명을 확대하고 고대 그리스 사상을 보존했다. 오늘날 그리스도인들의 3분의 1은 동방 정교회 교인들이다.

제5장

후기 중세의 시작과 특징(c. 1100 ~ c. 1500)

이후 형성된 봉건주의적 사회 체제는 대체로 15세기까지 지속하였다. 후기 중세의 초반은 긴 십자군 전쟁으로 어지러웠다. 전쟁이 종식되면서 12세기 중세는 교권, 영성, 신학, 그리고 예술 등 여러 면에서 황금기를 향하고 있었다. 교황은 영적 문제뿐만 아니라 세속 문제에도 간섭하고 지도할 만큼 막강한 권한을 쥐었고 내적 조직을 정비한 교황적 군주제로 변모하였다. 13세기까지 정교하게 된 교회 조직은 이론으로나 실제로나 교회가 일찍이 가져 보지 못한 가장 뛰어난 체제를 구가하고 있었다. 베네딕투스 수도원의 전성기는 11세기 말에 끝났지만, 중세의 영성은 12세기 등장하는 새로운 수도원들에 의해 생기를 찾았다. 신학에서도 스콜라주의를 통해 지적인 삶에 대대적인 부흥을 이룩했다.

11세기 중엽부터 13세기 말까지 중세 그리스도교가 정상에 달했지만, 이후부터는 하락의 국면을 맞게 된다. 인구의 증대와 상업의 발전, 화폐 경제의 형성 등으로 새로운 패턴의 사회적, 경제적 삶이 창출되었다. 4세기 동안 지속하여 온 봉건 제도는 붕괴하기 시작했고, 따라서 농노와 영주의 결속도 약화하기 시작했다. 이 기간에 신성 로마 제국은 미약한 국가들의 집합에 불과했다. 이제 중세 그리스도교를 특징짓던 교황제적 군주제가 몰락하고 교회와 사회의 거대한 통합체의 질서가 와해하여 민족주의 및 도시적 특수주의로 무게 중심이 옮겨졌다. 한편 1453년 비잔틴 제국이 터키족에 의해 점령당함으로 인해 동방의 그리스 정교회도 붕괴하였다.

제6장
§
십자군 원정

1. 배경과 원인

교황제의 부상에 크게 공헌했던 요인들 가운데 하나는 십자군 원정이었다. 이는 이방인들의 수중에 있던 예루살렘을 탈환하기 위한 것이었다. 로마 가톨릭교회는 수 세기 동안 세례 후 범한 죄들을 용서받는 방법으로서 성지 순례를 강조해 왔다. 가장 각광받던 성지들은 성 야고보의 무덤이 있는 서북 스페인의 산티아고, 로마, 그리고 예루살렘이었다. 예루살렘에로의 안전한 성지 순례가 불가능해지자, 십자군 원정이 획책되었던 것이다.

십자군 원정은 짧게는 200여 년 동안, 길게는 300~400년 동안 유럽인들의 열광주의적 신앙을 사로잡았다. 이 원정은 성지 탈환이라는 일차적 목적은 모슬렘에 위협받는 비잔틴 제국을 구하는 것이었고, 나아가 동서방 교회의 재결합이라는 원대한 목적을 가졌었다.

십자군 원정은 그리스도교가 잃어버린 영토들을 재탈환하려는 오랜 염원의 표출이었다. 이는 그리스도인들의 의로운 '성전'(Holy War)으로 여겨졌다. 사람들은 십자군 원정을 복음 전도로 이해했었다. 그러나 회차가 거듭될수록 땅과 부를 쟁취하려는 이기적인 동기가 적나라하게 드러났다. 유럽의 왕들은 십자군 원정을 통상 확대 전략의 일부로 이용했었고 교황은 십자군 출정 기부금, 새로운 교회세, 그리고 귀환 불가능 시를 대비한 재산의 헌납 등 각종 명분으로 엄청난 경제적 이익을 얻었다.

십자군 원정은 또한 미신적, 열광주의적 신앙의 산물이기도 했다. 성지 순례에 대한 열망은 십자군들로 하여금 성지를 점령하도록 심리적 압박을 가했다. 이 고귀한 사명을 이루기 위해 너도나도 머나먼 동쪽으로 신앙의 열정을 쏟았다. 한편 십자군 원정은 고해 성사의 한 방법으로서 완전 면죄를 보장하는 약속으로 이해되었다. 이 때문에 사람들은 생사를 불문하고 뛰어들었다. 또한 십자군 원정은 수도원 개혁 운동의 일환으로 이단들과 유대인들을 처리하는 방법으로도 사용되었다.

이처럼 한편으로 십자군 원정은 대중적 열광으로 지속되었고 다른 한편으로 교황들의 개혁의 열정의 표현으로 지속되었다. 아이러니하게도 십자군 원정은 모슬렘에 대한 적개심을 동방 그리스도인들에 대한 적개심으로 확대시켰다.

2. 과정과 결과

7세기 모슬렘들은 그리스도인들이 성지를 순례하는 것을 허용했었다. 그러나 11세기 소아시아 출신의 새로운 사라센 세력인 셀쥬크 터키족들은 이를 허용하지 않았다. 이는 성지 회복에 대한 열망을 부추겼다. 911년 북쪽 노르만인들의 회심은 새로운 양상을 부여했다. 항해에 뛰어나고 호전적인 이들은 성지 회복에 큰 도움이 되었다. 이어 헝가리인들의 회심도 그리스도교 세계와 성지 사이의 거리를 단축시켰기 때문에 성지 회복을 유리하게 했다. 십자군 원정 수행 이전에 이미 교황 실베스터(Silvester, 999~1003) 2세와 그레고리우스 7세도 이것의 시행을 언급했었다. 그러나 원정을 실제로 개시한 자는 우르바누스 2세였다.

1095년 동방 황제 알렉시우스가 모슬렘의 위협으로부터 서방의 십자군 지원을 촉구했었다. 이에 교황은 동서방 교회를 연합시키고, 교황제를 고양시키며, 모슬렘들의 통제로부터 전 성지를 회복하기 위해 황제의 요구에 부응했다. 우르바누스 2세가 1095년 끌레어몽 회의에서 최초로 십자군 원정에 대해 설교하자 군중은 "하나님께서 이를 원하신다"(*Deus vult*)라고 소리쳤다.[30] 그는 이 전쟁에 참여하는 자들에게 죄의 용서를 약속하면서 세속 권력들이 참여할 것을 촉구했다. 십자군 원정의 수를 세는 것은 별로 의미가 없다(9회 정도 출정했다). 왜냐하면, 시기적으로 정확히 구분되지 않는 경우가 많기 때문이다. 중요한 것은 십자군 출정이 1096년부터 시작되어 수차례 이루어졌다는 것이다.

첫 번째 원정(1096~1099)에서 7세기 모슬렘들에게 빼앗긴 성지들을 탈환하는 데 성공했다. 본 원정은 가드프레이(Godfrey of Bouillon)를 위시한 프랑스 귀족들이 수행했다. 1097년에 니케아, 1098년에 안디옥, 그리고 1099년에 예루살렘을 탈환했다. 점령지들을 봉건 제도식으로 조직했으며, 라틴식 제의를 사용하는 교회들이 건립되었다.

그러나 승리는 오래가지 못했다. 일부 출정인들은 지극히 세속적 이익을 목적으로 참가하였는데 이들은 성지로 진행하는 도중 유대인들과 양민을 마구 죽였다. 그래서 동방 황제는 그들이 동방으로 진입하는 것을 거절하기도 했다. 십자군 원정은 지원자들의 신앙적인 열정과 그들이 자행한 잔혹한 행위들과 함께 평가되어야 할 것이다.

최초의 원정에서 구축한 요새들이 반세기 만에 붕괴되었다. 1144년에 에데사가 터키족에 의해 다시 함락되자 제2차 십자군 원정대(1147~1149)가 꾸려졌다. 중세 최고의 신비주의자였던 클레르보의 베르나르가 이 원정에 불을 붙였다. 이 원정은 프랑스의 루이 7세와 독일 황제 콘라드 3세 사이의 갈등으로 실패로 끝나고 말았다. 프랑스군과 독일군들은 거의 전멸되고 말았다.

1187년 제3차 십자군 원정(1182~1192)이 선포되었다. 황제 프레데릭 바바로사, 프랑스 왕 필립 2세, 그리고 영국 왕 리처드 1세가 주도했다. 프레데릭은 팔레스타인에 이르기 전에 익사했고 이전부터 불거진 세 왕의 내적 갈등으로 이 원정도 실패로 끝났다. 그러나 성과도 있었다. 리처드는 예루살렘을 탈환하지는 못했으나 1192년 술탄 살라딘과 협정을 체결하여

30　Fulcher of Chartres, Bongars, *Gesta Dei per Francos*, I, 382, trans. *ThM*, no. 279, 514-517.

예루살렘을 순례할 수 있도록 허락받았다.

　이노켄티우스 3세가 주도한 제4차 십자군 원정(1202~1204)은 최악의 상황을 연출했다. 어이없게도 이 원정은 모슬렘들을 공격하는 대신 동방의 콘스탄티노플을 함락하고 잔인하게 약탈했다. 그곳에 서방의 꼭두각시 제국을 수립했고 동방 교회 총대주교 위에 라틴 총대주교를 세웠다. 이로 인해 서방에 대한 동방 그리스도인들의 반감이 깊어졌다. 1261년 미하일 8세에 의해 재복원된 동방 제국은 유약했고, 결국 1453년 멸망하고 말았다. 혹자는 제4차 십자군 원정보다 인류에 더 심대한 죄를 범한 예가 없다고 했다. 이 원정은 동방의 그리스도교 문명과 전통을 헐어 버린 격이 되었고 더 중요한 것은 계속 부상하고 있던 오토만 터키족에 대한 동방의 방어를 거의 무력화시켰다. 제4차 십자군 원정은 콘스탄티노플을 점령하고 성지로 향해 계속 행진해 갔으나 아무런 결실 없이 끝났다.

　수년 후 개시된 또 한 차례의 출정(1212)은 어린이들로 구성되었다. 12살의 소년들인 프랑스의 스테파누스와 독일의 니콜라스가 인도한 이 원정은 처참한 비극을 초래했다. 교회는 천사들이 어린 원정대를 인도할 것이며, 바다가 그들 앞에서 갈라질 것이라고 선동했다. 프랑스 어린이들은 원정 도중 성지에 진입도 못 하고 아랍 상인들에게 노예로 팔려 버렸다. 소수의 독일 어린이들이 팔레스타인에 도달했으나 그들도 지리멸렬 흩어져 버렸다.

　제5차 원정은 1228~1229년 사이 독일의 황제 프레드리히 2세에 의해 개인적으로 추진된 것으로서 다소 평화적이었다. 그는 성지에서 모슬렘 지도자들과 대담을 나누고 신학적인 논쟁을 벌이며, 통상의 문제를 논의했다. 그 결과 예루살렘을 그리스도인들에게 반환시키는 데 성공하기도 했다. 이는 모슬렘이 동방으로부터 진격해 오는 징기스칸에 의해 위협당하고 있던 터라 가능했었다. 이후에도 수차례의 십자군이 출정했으나 모두 실패했고 예루살렘과 주요 성지들은 수백 년 동안 이방인의 통제 아래 놓였다.

　대체적으로 말해 십자군들의 행위는 지극히 파괴적이었다. 십자군 원정들은 이슬람을 제지하지 못했고, 성지를 회복하지도 못했다. 동서방 교회의 분열은 치유되기는커녕 갈등이 더욱 심화되었으며, 교회도 정화시키지

못했다. 결국, 모든 목적이 실패했다.[31]

  십자군 원정은 교황의 명성과 권위에 상당한 타격을 주었지만 긴 안목에서 볼 때 이는 서구 문명에 큰 전환을 가져왔다. 서구 세계는 십자군 원정으로 새로운 세계에 대해 눈을 뜨고 동방의 뛰어난 문명을 흠모하는 계기가 되었다. 새로운 경제적, 사회적 개혁이 촉진되었다. 통상이 늘고, 산업(제조업)이 촉진되면서 이들에 종사하는 중산층이 생겨났다. 중산층이 활기를 띨수록 봉건주의의 붕괴가 가속되었고 민족 국가들의 생성이 촉진되었다. 막강한 귀족들(제후들)이 전사하자 군주들의 세력이 강화되었다. 독일은 제후들이 상대적으로 십자군 출정을 많이 하지 않았기 때문에 독일에서는 봉건주의의 붕괴가 지연될 수 있었다. 독일에 절대 왕조가 빨리 등장하지 않은 것은 나중 열왕들의 공격으로부터 교회를 보호해 줄 중심 세력의 부재를 낳았다.

  십자군 원정의 결과 군대식 수도원 종단들이 생성되기도 했다. 이들은 청빈, 순결, 그리고 순종 외에도 병든 순례자들을 돌보고 성지 순례자들을 보호한다는 규칙을 제정했다. 1099년에는 요한의 기사들(1099), 일명 몰타 수도회(the Knights of Malta)가, 1118년에는 성전 기사들(the Knights Templar)이 각각 설립되었다. 이들 성전 기사들은 훗날 프랑스 왕 필립 4세의 음모로 희생되었으며, 결국 공식적으로 해체되었다.

---

31 Volz, *The Medieval Church*, 83–87.

A Brief Sketch of Church History

제7장

새로운 수도원의 등장

1. 시토 수도원

중세 전반기에 베네딕투스 수도원이 전성기를 누리고 그 연장선에서 개혁을 단행한 클뤼니가 있었다면, 12세기에 전통적인 수도원 개혁의 정신은 시토 수도원에서 구가되었다. 시토 개혁 운동은 클뤼니 수도사들에 대한 불만에서 등장했다.

세속 통치의 간섭으로부터 자유로워지고 수도원의 타락을 막으려 했던 클뤼니 원래의 정신은 세속 권위로부터 오는 끊임없는 지원과 후원으로 느슨해졌다. 어떻게 보면 처음 시작부터 제후의 기부에서 시작된 것이 약점으로 작용했을 수도 있다. 클뤼니는 늘어나는 부로 인해 결국 세상의 원리들로 운영되고 말았다. 그들의 부는 그들로 하여금 노동을 불필요하게 만들었으며, 자신들의 영성을 위해서보다는 남들을 위해 미사를 집전하는 데 바빴다. 오늘날 말하는 만성절(All Saints' Day)의 축제도 여기서 시작되었다. 죽은 사람들을 위한 기도, 그리고 아름다운 교회와 화려한 예전들은 그들의 경건에 도움이 되기보다 방해가 되었다.

시토 수도사들(Cistercians)은 『베네딕투스 규칙서』를 더 문자적으로 해석해서 단순성, 곧 베네딕투스 원래의 이상(기도와 노동)을 실현하기를 열망했다. 1075년경 불군디의 은둔 수도사 몰렘의 로베르(Robert of Moleme)가 이 새로운 운동을 시작했다. 이 종단은 육체적 노동과 기도, 그리고 명상을 강조했으며 부와 권력과의 결탁을 철저히 차단하고, 오지에 수도원을 세웠다.

시토 수도사들이 오지를 개간하면서 수도원을 운영했기 때문에 많은 유럽의 숲들과 늪, 황무지들이 옥토로 변했다. 그 결과 그들은 유럽의 경제 발전에 크게 공헌했는데, 중세의 낙농, 농업, 관개, 직조의 발전에 기여했다. 그들의 의식주는 매우 단순했다. 물들이지 않은 옷을 입었기 때문에 '백의 수도사들'로 불렸다. 그들은 성상의 사용과 화려한 장식을 피했고 기도와 예배는 최대한 단순하게 진행하였다.[32]

불군디 귀족 가문 출신의 클레르보의 베르나르(Bernard of Clairvaux, 1090~153)는 시토가 낳은 위대한 인물이었다. 그로 인해 시토 수도원이 유명해졌다. 베르나르는 이성보다 신비를 좋아했다. 그래서 1140년 상(Sens) 회의에서 도덕적 감화론을 주장한 아벨라르(Abelard)를 정죄했다. 그는 제2차 십자군 원정을 설파한 적이 있다. 고전에 박학했고 뛰어난 설교가였다. 그는 교황들의 조언자 역할을 했으며 왕들의 상담자이기도 했다. 그의 가장 영속적인 영향은 그리스도의 상처들에 대한 신비적 명상이었다. 그는 이 상처들을 그리스도의 구속과 연결시켰다. 그는 실천적 영성이 그리스도에 대한 명상과 그를 본받는 것이 하나가 되어야 한다고 강조했다.

베르나르는 하나님과 인간의 본성적인 연합을 강조하여 '애정적'(affective) 신비주의로 불렸다. 베르나르의 신비 사상은 그의 『아가서 주석』에서 잘 드러난다. 그의 명성과 함께 시토 수도원은 이후 수 세기 동안 유럽 영성의 주된 세력으로 부상했고, 베르나르가 사망할 즈음 시토회에는 유럽 전역에 340개 이상의 수도원들이 세워졌었다. 그러나 200여 년이 지난 뒤 이 수도원도 엄격성이나 훈련에 있어서 느슨해진 다른 수도원들과 다르지 않았다.

2. 여러 다양한 수도원들의 등장

시토 수도원 외 11~12세기에 다양한 형태의 수도원적 삶이 등장했다. 기존의 수도원 제도에 만족하지 못하는 사람들이 개별적 혹은 집단적으로

---

32 C. H. Lawrence, *Medieval Monasticism* (London: Routledge, 2015), 174-205.

수도사 생활을 하며 청빈과 금욕, 사도적인 삶을 실천하기 시작했다. 카말돌리회(Camaldolese Order)는 공동생활과 동방 수도사들의 은둔 수도의 삶을 결합한 형태로 개인 기도를 강조했다. 다미안(Peter Damian, 1007~1072)이 본 종단 출신으로서, 힐데브란트의 개혁에 주된 역할을 수행했다. 리용의 동남부에서 금욕적 성향의 칼투지안(Cartusian)회가 12세기 말에 생겨났다. 절대 침묵, 기도, 그리고 명상을 강조했다. 규모는 크지 않았으나 경건의 강도는 타의 추종을 불허했다.

11~12세기에 수도원에 등록하지 않고 수도원 규칙을 따라 사는 반(半)수도원적 성직자들의 공동체가 생겨났었다. 아벨라르의 스승 윌리엄에 의해 파리에 설립된 성 빅토르 수도원(Abbey of St. Victor)과 1120년 노르베르(Norbert, 1080~1134)에 의해 설립된 프레몬스트란트들(Premonstratensians)이 유명한 반(半)수도원적 성직자들 그룹이다.

특히 12세기 성 빅토르 수도원 성직자들에는 뛰어난 영성 신학자들이 많이 배출되었다. 위그(Hugh, d. 1141)와 리처드(Richard, d. 1173)가 그들이었다. 길버트(Gilbert of Sempringham, 1083~1189)가 또 하나의 수도원을 세웠는데, 이는 영국에서 기원한 유일한 수도원이고 동시에 남자와 여자를 동시에 회원으로 하는 최초의 공동 수도원이었다. 이 수도원은 『아우구스티누스 수도원 규칙』을 따랐다.

3. 탁발 수도원들

지금까지 수도원들이 기존의 틀 안에서 변형을 추구했다면 13세기에 등장한 탁발(동냥) 수도사들은 전혀 새로운 형태의 수도원이었다. 이들의 등장은 후기 중세의 영적 갱신의 운동 가운데 가장 두드러진 것이었다. 탁발 수도원은 대도시라고 하는 특수한 구조 속에서 생성되었다. 그들은 도시를 순회하며 도시의 극빈자들을 돌보았다. 이들은 도시에서, 도시를 대상으로, 도시를 통해 영성을 키웠다.

도미니쿠스(Dominic Guzman, 1170~1221)가 세운 종단과 프란체스코(Francis d'Assisi, 1182~1226)가 세운 종단은 중세 탁발 수도원의 정점이었다. 이들은 새로운 형태의 봉사를 보여 주는 예였다. 이들은 수도원 골방에 머무르지 않는 기동성 있는 성직자들을 길러 냈고 설교 여행을 그들의 사명으로 삼았다. 이들은 여성 지부들을 가지고 있었으며, 평신도들을 위한 '제3회'가 설립되었다. 이들 탁발 종단들은 중세 전성기에 스콜라주의와 함께 교황제를 지지해 주는 2개의 중심축이었다.

1) 프란체스코 수도원

지오바니 바르나르도네(Giovanni Bernardone, 1181~1226)는 이탈리아 아시시의 부유한 의류 상인의 아들이었다. 전투의 경험과 심한 질병을 겪은 후 사도적 청빈의 원리를 구현하는 삶을 살기로 작정했다. 이 사람이 바로 이탈리아 중부 아시시의 성 프란체스코이다. 그는 "벌거벗은 그리스도를 따르기 위해 벌거벗고," "가난한 그리스도를 따르기 위해 가난해진다"는 이상을 실천하고자 하였다. 그리스도를 따르기 위해 모든 세상의 부를 버리고 자신은 '가난이라는 여인'과 결혼했다고 하였다. 그에게 가난은 훈련이 아니라 필생의 노력을 기울여야 하는 그리스도인의 목표 그 자체였다. 그에게 있어서 예수 그리스도의 생애를 따른다는 말은 곧 가난을 따르는 것이었다.

프란체스코의 목표는 모든 것을 부정하며 오직 복음의 방식대로 사는 것, 즉 성경에 있는 그리스도가 살았던 삶 그대로 사는 것이었다. 처음에는 교회 당국이 프란체스코회의 허가를 망설였지만, 1210년 이노켄티우스 3세는 이 새 종단의 설립을 허가했다. 기존 교회와 교황에 대한 충성을 전제로, '작은 형제들의 종단'이 탄생한 것이다.

프란체스코는 가난에 대한 절대복종을 완화시키지 않기 위하여 노동의 열매를 축적해 두는 것도 금했으며, 기부금도 거절했다. 클뤼니회나 시토회의 선례를 따르지 않으려는 의지에서였다. 그래서 프란체스코회는 매 끼니를 위하여 일하거나 구걸해야만 했다. 프란체스코는 세상의 개념을 거룩성으로 이해했다. 그는 피조 세계를 통해 하나님의 경이를 볼 수 있었다. 그는 인간들, 동물들, 심지어 무생물들에서 하나님의 인격을 감지할 수 있었다. 그의 자연에 대한 사랑과 선교에 대한 헌신은 그의 덕망과 명성의 원천이었다. 자비로운 구세주의 사랑의 복음을 모든 인간 및 피조물들에게까지 설교하고 나누었다.

프란체스코는 예언자적 정신의 완전한 시현이었다. 그는 외적인 현상들 내면에 존재하는 하나님의 실재를 보았으며 그의 삶은 내적인 빛을 타인들에게 시현하는 것이었다. 프란체스코회는 노래를 좋아했기 때문에 사람들은 그들을 '하나님의 악사들'이라고 불렀다. 그래서 이들의 특징은 즐거움이었다. 그러나 프란체스코는 학문을 중시하지는 않았다. 그는 학문이 신앙의 단순성을 해친다고 보았다.[33] 그러나 그의 사후 이 종단은 형제들을 위해 교육의 필요성을 느꼈다.

프란체스코는 여성들을 위한 제2의 종단을 만들었다. 1212년 본 종단의 여성 지부를 아시시의 성 끌레르(Claire of Assisi)의 이름을 따서 '가난한 끌레르들'(the Poor Claires)이라고 불렀다. 1221년 소위 제3의 종단을 첨가했는데, 이는 세속에 머물고 있으면서 프란체스코의 이상을 추구하는 사람들을 위한 조직이었다. 프란체스칸 탁발 수도사들의 기본 정신인 청빈, 즉각성, 그리고 봉사는 당시 권위적이고 부유한 교회와 매우 대조되었다.

이 종단은 나중 교황 그레고리우스 9세(1227~1241)가 된 유능한 친구 추기경 우골리노(Ugolino)의 리더십 아래 프란체스코 수도원 규칙서를 만들어 완전한 수도원적인 조직을 갖출 수 있게 되었다. 그러나 프란체스코의 원래 의도와는 다르게 종단이 성장함에 따라 절대 청빈의 이상을 타협하려는 움직임이 나타나기 시작했다. 종단은 프란체스코의 원래 정신을 받들려는 엄격파와 상황에 따라 유동성을 갖기를 원하는 온건파로 나누어졌다. 그레고리우스 9세가 프란체스코 수도원이 우회적인 방법으로 부를 소유할 수 있도록 방안을 제시하자 프란체스코회의 이름으로 막대한 부가

---

33 Francisco, *Earlier Rule* 9, 16; *Admonition* 4, 19; *Canticle of Brother Sun*. B. McGinn & J. Meyendorff, ed. *Christian Spirituality: High Middle Ages and Reformation* (New York: The Crossroad Pub., 1997), 31-36.

흘러들어 왔다.

결국, 엄격파들은 본 수도원으로부터 분리되어 나갔다. 이들은 자신들을 영성파들(Spirituals)이라고 불렀다. 이들은 요아킴(Joachim of Fiore)의 사상을 받아들이고 천년왕국 사상을 열렬히 신봉하게 되었다. 영성파들은 기존 교회의 교직 제도를 일소해 버리고 성령의 통치를 주장하다가 이단으로 지목되고 파문되었다. 이렇게 프란체스코 수도원은 내부적으로 분열이 생기고 이단으로 정죄되기도 하는 등 어려움을 겪었으나 보나벤투라(Bonaventure, 1217~1274) 같은 심오한 경건과 영성을 겸비한 지도자가 나오면서 다시 제도권 교회에 정착하여 발전할 수 있었다.

2) 도미니쿠스 수도원

도미니쿠스는 스페인의 귀족 가문 출신이었는데 어려서부터 종교적 감성이 풍부했다. 그러나 프란체스코와 비교할 때 신비주의적 성향은 적었다. 그는 남부 프랑스에서 활동하던 카타리파와 접촉할 기회가 있었다. 이때 그는 교회론적 위엄과 권위로는 결코 이단들을 돌이킬 수 없고 오직 사도적 청빈과 복음적 설교로 가능하다고 느꼈다. 이후 그는 설교자들의 도덕성과 지성의 고양을 위해 자신의 삶을 헌신하기로 결단했다. 얼마 안 있어 그와 뜻을 같이 하는 일단의 무리와 함께 '설교하는 종단'을 세웠다. 이노켄티우스 3세가 이를 인정했다. 이 종단은 설교와 단순한 삶을 강조했고 아우구스티누스 수도원 규칙서를 채택했다.

도미니쿠스 수도원은 올바른 신앙을 설교하기 위해서는 신학 교육이 필요하다는 것을 자각하고 신학 훈련을 강조했다. 무지한 사제들을 교육시켜 이단(특히 알비파)의 가르침에 현혹되지 않도록 할 필요가 있었다. 도미니쿠스회의 지성주의는 이들의 영성에 그대로 반영되었다. 3년 이상 신학 교육을 받지 않으면, 설교할 자격을 주지 않았다. 설교를 통해 이단들을 개종시키고, 평신도들을 교육시키는 것이 이 종단의 설립 목적이었다.[34]

---

34 S. Tugwell, *Early Dominicans: Selected Writings* (New York: Paulist Press, 1982).

설교자들의 학문적 자질을 최우선의 목적으로 하였기에 도미니쿠스는 파리와 볼로냐 같은 지적 중심지에 자신의 종단의 근거지를 마련하였다. 본 종단은 설교자들을 유럽 전역의 교육 중심지에 파송하였다.

1221년 도미니쿠스회 수도사들도 탁발의 원리를 채택하고 프란체스코처럼 철저히 가난에 헌신했다. 그러나 프란체스코와 달리 도미니쿠스회 수도사들은 청빈 자체가 목적은 아니었다. 이들에게는 설교가 궁극적 목적이었고 청빈은 설교를 위한 과정이자 수단이었다. 도미니쿠스회는 조직화된 공동체에 극단적 가난은 실현 불가능하다고 판단한 것이다. 이들은 유럽 전역을 순회하면서 지역이 요구하는 바에 따라 설교했다. 1217년 도미니쿠스 여자 수도원들이 설립되었고 프란체스코회와 마찬가지로 평신도들을 위한 제3의 수도원을 설립되었다.

도미니쿠스는 1220년 헝가리의 이방인들에게 전도하러 갔다가 병을 얻었으며, 볼로냐로 귀환하는 도중 사망했다. 그가 사망할 즈음 60개의 도미니쿠스 수도원이 존재했다.

도시의 발달과 함께 대학교들의 자유스러운 분위기는 본 종단이 발전하는 요인으로 작용했다. 13세기 유럽의 지적 활동은 대학교들을 통해 표출되었다. 세속 군주들이 대학교를 설립하고 장려하는 분위기에서 학문의 열기가 뜨거웠다. 도미니쿠스회의 수도사들은 우후죽순 생겨나는 대학들에서 전략적인 교직 자리들을 차지했다. 그래서 중세의 많은 뛰어난 스콜라 학자들을 배출할 수 있었다. 알베르투스 및 아퀴나스가 좋은 예이다. 베이컨(Robert Bacon, d. 1248)과 에크하르트(Meister Eckhart, 1260~1328)도 이 종단 출신이었다.

도미니쿠스회는 낮은 자기희생과 높은 지적 관심이라는 흥미로운 혼합을 특징으로 했다. 교리적 진리에 대한 헌신 때문에 도미니쿠스회 수도사들은 종종 종교 재판관으로 임명되곤 했다. 이들은 종교 재판 제도를 썩 좋아하지는 않았지만, 이단 박멸에 대한 불타는 투지 때문에 '주님의 사냥개들'이라는 조롱 섞인 별명을 얻었다.

3) 탁발 수도사들의 공헌

탁발 종단들은 새로운 수도원적 이상의 구현에 공헌했다. 이전의 수도원주의가 자기 부정을 이상으로 하며 세상과 단절했다면 탁발 종단들은 도시를 근거로 유동적으로 살았다. 탁발 종단의 승려들은 아무것도 소유하지 않고, 끼니를 위해 구걸하며 수도원의 정신을 가장 겸손한 자리로 내려놓았다. 가난을 즐겁게 끌어안고 사도적 삶을 사는 그들의 설교는 도시의 메마른 삶에 깊은 감명을 주었다.

탁발 종단들은 13세기 교황제를 지지하는 조직화된 세력이었으며, 학문을 강조함으로써 중세 문명의 발전에 지대한 공헌을 했다. 헌신성과 학문성 때문에 이들은 교회의 이단 섬멸에 첨병으로 활동하기도 했다. 탁발 수도사들은 선교 활동으로도 유명했다. 도미니쿠스회 선교사들은 유대인들과 모슬렘들 사이에서, 프란체스코회 선교사들은 이디오피아, 인도, 그리고 중국으로 널리 선교 활동을 펼쳤다.

4. 대립 수도원들: 베긴회, 베가드회, 고행자들

중세 후기에 베긴회(Beguines)이라는 여성 수덕 공동체가 생겨났다. 베긴회는 저지대 국가들에서 등장했다. 그들은 지참금이 없어서 기존의 수도원에 들어가지 못한 여성들이 자치적으로 형성한 공동체였다. 기존의 수도원은 부유한 귀족들의 말년을 위한 은신처로 변한 지 오래였다. 그래서 서민층들은 그들의 종교적 열정만으로 수도원이나 수녀원에 입회하기가 쉽지 않았다. 베긴회는 자신들을 위한 공동체의 규칙을 만들고 자발적으로 무소유의 삶을 실천하면서 살았다. 이들은 기도와 성경 공부, 봉사와 교육에 매진했다. 이들은 교회 역사에 등장하는 기도와 순결의 여성들을 이상으로 삼았다. 베긴회는 라인 강 계곡에서 1223년 처음 시작되었는데, 50년 후 교황 요안네스 22세에 의해 정죄되었다. 이는 여성들의 신비적 영성과 자

치성이 기존 교회의 질서에 복속되기를 꺼려한 탓이었을 것이다.[35]

이 운동의 남성 그룹에 해당하는 것이 베가드들(Beghards)이었다. 그들에게는 수도원 규칙이나 건물, 혹은 감독자가 없었다. 다소 반교회적 경향 때문에 이들도 이단으로 지목되기도 했다. 이들도 베긴회와 마찬가지로 1311년 빈 회의에서 정죄되었다. 베긴회와 베가드회는 대중들의 종교성에서 기인한 운동이었다는 데 의의가 있다. 이들은 하위 계층의 개혁 운동을 대변했다고 할 수 있다.

1260년경 '플레저런트들'(Flagellants)로 불리는 고행자 그룹도 하위 계층에서 발원된 대립 수도원들 중 하나였다. 이들은 묵시론적인 열광주의자들로 스스로를 채찍질했다. 왜냐하면 육체적 학대가 구원에 효과가 있다고 믿었기 때문이다. 이들은 14세기 한창 성행하다가 교회의 질서를 어지럽힌다는 죄목으로 박해를 받다가 역사에서 사라졌다. 이들 대립 수도원들은 평화적이든 폭력적이든, 기존 질서를 존중하든 배격하든 그 시대의 정치적, 사회적, 경제적, 교회론적 부조리들에 대한 불만으로 등장했던 것은 틀림없다.

---

35 McGinn, *Christian Spirituality*, 123–124.

제8장
후기 중세 신학: 스콜라주의

1. 스콜라주의 시작과 정의

서로마 제국의 멸망으로 공교육 기관이 사라졌다. 캐로링거 왕조 때 대대적인 문예 부흥이 있었으나, 9세기부터 12세기까지 유럽의 문명은 정체 상태에 빠졌다. 그러나 12세기에 성당 학교와의 밀접한 관계로부터 학문의 부흥이 일어나게 되는데 이것이 곧 대학들의 등장으로 이어졌다. 파리, 옥스퍼드, 볼로냐, 몽트펠리에, 그리고 툴루즈 등 지역의 지적인 센터들에 대학들이 세워졌다.

대학들은 법학, 의학, 수학 등 세속 지식을 전수시킴으로써 자연과 외적인 세계에 대한 탐구심을 자극했고 이방 고전들을 강조하면서 그리스도교 인문주의를 조장하였다. 이 시기 유럽의 학문을 자극한 동력 중 하나는 동방에서 보존하고 있던 고전 사상들이 서방으로 들어와 활기를 띤 것이다. 이는 모슬렘들의 영향이 컸는데, 모슬렘들은 동방의 많은 지역을 점령한 후 그리스 철학들을 시리아어나 아랍어로 번역하였다.

11세기 후반부터 그리스적-아랍적-유대적 철학들이 스페인을 거쳐 서방으로 대대적으로 유입되었다. 이로 인해 서방에서 아리스토텔레스와 폴피리 등의 연구가 다시 활발하게 이루어졌다. 12세기 유럽은 대학의 발전, 아리스토텔레스의 재발견, 그리고 탁발 승단들의 학문성으로 인해 학문의 상아탑이 치솟았고 13세기에 그 절정을 이루었다.

12세기 초 학문적, 교육적 기능의 강조는 스콜라주의 문헌이라는 새로운 장르가 북유럽에서 강조되기 시작했다. 스콜라 학문은 한마디로 신학과 철학의 관계성에서 신학을 이성으로 검정하는 학문이다. 이는 서구 교회의 새로운 사조였고 대학들은 신학적 이슈들과 논리학의 적용에 있어서 아리스토텔레스의 형이상학을 사용했다. 이렇게 학교로부터 시작된 새로운 철학적 방법론으로 신학적인 이슈들을 해결하려고 했기 때문에 스콜라주의라 불렀다.

2. 보편 논쟁

보편자에 대한 이해에 있어서 3가지의 다른 견해들이 있었다. 극단적 실재론자는 보편자가 개별자 혹은 특수자보다 앞선다고 주장했다. 보편자는 사고자들이 대상물을 인식한 후 형성되는 개념이 아니라 사고자나 대상물과 상관없이 먼저 존재하는 보편적 실체라고 했다. 온건적 실재론자들은 보편자가 존재하기는 하지만, 개별자에 무관하게 존재하는 것이 아니라 개별자 안에 존재한다고 가르쳤다. 한편 유명론(nominalism)자들은 보편자는 유용한 가정에 불과하며, 실재가 아니라고 했다.[36]

실재론자인 샹뽀의 윌리엄(William of Champeaux, 1070~c. 1121)은 플라톤주의 전통에 서서 보편자가 특수자들에 앞서므로 하나님이 먼저 오며, 아버지, 아들, 그리고 성령은 모두 하나님에 참여한다고 했다. 마찬가지로 '인류'는 하나의 실체로 취급되며, 개별 인간들의 연합체가 아니다. 이 견해에 따르면 '인류'는 '첫 사람' 아담에 의해 타락했다는 사실을 쉽게 인정할 수 있었다. 그리스도의 구속의 사역도 인류를 위한 것으로, 개별 인간들을 위한 것에 앞서 보편 개념의 인류를 위한 것이다. 더욱이 개별자들(인간들 혹은 사물들)은 자신의 실재를 보편자들에 대한 참여로부터 도출한다. 존재의 세계에 있는 개별자들은 그들의 원형들인 보편자들로 소급할 때 그 사물들에 대한 참된 지식을 획득할 수 있다.

---

36 Volz, *The Medieval Church*, 119.

샹뽀의 윌리엄과 정반대의 주장을 했던 로슬렝(Roscellin, c. 1050~1125)은 유명론의 비조(鼻祖)로 일컬어진다. 그는 개별자들과 그것들을 상징하는 개념들이 보편자들보다 더 실재적이라고 주장하였다. 보편자들은 지각 대상들(개별자들)을 관찰한 후 마음이 만들어 낸 개념일 뿐 실재는 아니다. 이를테면 '의자 됨'과 같은 실재는 존재하지 않으며, 오직 사람들이 앉고 볼 수 있는 구체적인 의자들이 존재할 따름이라는 것이다. 그의 개별자에 대한 강조가 삼위일체에 적용될 때 성부, 성자, 성령의 개별 위격들의 구분성을 지나치게 강조하게 되므로써, 결국 1092년 삼신론자로 정죄되었다.[37]

물론 실재론자들과 유명론자들 사이에 단계들이 있었다. 온건적 실재론자들이 그들이다. 아벨라르는 양극단들 사이의 중도적인 입장을 취했는데 (개념주의), 그에 따르면 사물들은 우리가 그것을 개념화시키든 안 시키든 간에 거기에 존재하고, 개념들은 우리가 이를 형성시키기 때문에 존재하게 된다. 그는 우리가 개별자들의 이데아들(지식)을 먼저 획득하고, 그리고 이들을 개념화시킨다고 보았다. 우리가 장미에 대한 지식을 획득하고 우리 속에 이것의 개념이 형성된 후 이것에 이름을 부여하면 우리는 장미를 지칭하는 논리적 전제들에 따라 그 장미가 시들어 없어진 이후에도 그 이름을 사용할 수 있다는 것이다. 이를 통해 장미들을 일반적으로 상징하는 보편적 개념에 이르게 된다.

아벨라르는 지식의 순서에서 보편자가 개별 장미들을 대변하는 개념들의 뒤에 온다고 보면서, 장미는 추상적이고 구체적인 의미 모두를 가진다고 했다. 중요한 것은 장미의 본질이나 정신 외적인 현상으로서 이의 객관적 존재가 아니라 장미라는 이름과 특별한 전제들에 근거한 의미이다. 13세기 대부분의 뛰어난 스콜라주의자들은 온건적 실재론을 믿었다. 아퀴나스(Thomas Aquinas)가 그 전형적인 예이다. 이 입장에 따르면 보편자들은 개별자들과 분리되어(무관하게) 존재할 수 없다. 성만찬의 경우 은총(보편자)은 빵과 포도주라는 요소들(특수자들) 안에 존재하며 이들을 먹을

---

37 Volz, *The Medieval Church*, 121.

경우 은총이 전가될 수 있다는 것이다.

보편자들에 관한 논쟁은 수 세기에 걸쳐 이어졌는데, 그 중요성은 충분하다. 유명론자들이 과학적 타당성을 가지고 주장하듯이 특수자들만 존재한다고 하면, 보편적 교회, 절대적인 정의, 순결, 그리고 하나님은 단순히 이름들 혹은 추상적인 개념들에 불과하고, 이들은 실재하지 않게 된다. 유명론의 이러한 과격한 사상은 이단으로 지목될 소지를 가지기에 충분했다.

추상적인 진, 선, 미를 정의할 때 이들의 실재를 증명할 수 없다고 해서 이들이 존재하지 않는다고 말할 수 있는가?

결국 과학적 이치에만 근거할 때 사고의 사각지대에 빠질 우려가 있다.

3. 초기 스콜라주의

1) 안셀름

위대한 스콜라주의자들 가운데 최초의 인물은 안셀름(Anselm of Canterbury, 1033~1109)이었다. 그는 중세의 가장 독창적인 사상가들 가운데 한 사람으로 '스콜라주의의 아버지'로 불린다. 그는 하나님의 존재 증명과 그리스도의 죽음의 이해에 있어서 지대한 공헌을 했다. 북이탈리아 출신으로 랑프랑의 뒤를 따라 차례로 노르망디(Normandy)의 베크(Bec) 수도원의 원장이 되었고, 1093년 캔터베리 대주교가 되었다. 그는 명민한 논리가였으며, 극단적인 실재론자였다. 그는 중세 신학의 대전제인 제1원인을 처음으로 이야기했다. 그의 천부적 재능이 스콜라주의를 급속하게 발전시켰다.

안셀름은 신학을 합리적인 학문으로 발전시켰는데, 그의 방법론을 '이해를 추구하는 신앙'으로 요약할 수 있다. 그의 "나는 알기 위해 믿는다"(credo ut intelligam)라는 명제는 스콜라 학문의 집약이라고 할 수 있다.[38]

---

[38] Anselm, Proslog. 1.

이 명제가 의미하는 바는 신앙이 이성에 앞서기는 하지만, 이의 내용은 이성적이어야 한다는 것이다. 하나님의 존재는 성경을 통하여 계시에서 증명될 수 있을 뿐만 아니라, 이성을 통하여 피조물에서도 인식될 수 있다는 것이다. 『서언』(*Proslogium*), 『독백』(*Monologium*), 『왜 하나님이 인간이 되셨는가?』(*Cur Deus Homo?*)같은 작품을 남겼다.

『서언』에서 안셀름은 최초로 그 유명한 하나님의 존재에 대한 본체론적인 주장을 전개했다. 그는 하나님의 존재에 대한 단순하고도 논리적인 증명법을 개발하려고 했다. 이는 경험적인 사물들과 무관하게 하나님의 존재를 증명하는 선험적인 증명법(a priori proof)이다. 이 방법에서 진리는 직관에 의해 획득된다.

첫째, 본체론적인 증명에서 하나님에 대한 정의를 전제로 하나님 존재를 증명했다. 즉, 하나님은 그 이상 더 큰 존재가 있을 수 없는 존재, 즉 그보다 더 위대한 존재가 있을 수 없는 존재이다.

둘째, 실재하는 것은 사유 속에만 존재하는 것보다 크다.

셋째, 따라서 이 존재가 이해 속에만 존재한다고 하면, 여전히 더 큰 존재, 곧 실재하는 존재를 생각하는 것이 가능해진다.[39]

그러므로 결론적 정의는 필연적으로 하나님이 존재해야 한다는 것이다. 하나님은 우리의 일상적인 언어의 개념으로 증명되지 않으며 스스로 증거한다. 그의 '이해를 추구하는 신앙'은 우리가 믿고 있는 바를 합리적으로 명확하게 해 주는 것이지 먼저 믿게 해 주지는 못한다고 하였다. 그는 『서언』을 통해 결코 하나님에 대한 신앙이 합리적인 방법으로 약화되지 않음을 강조했다.

안셀름이 주창한 실재론은 후기에 저술한 구속론에 관한 저서 『왜 하나님이 인간이 되셨는가?』에서 잘 드러난다. 이 저술은 로슬렝과 삼위일체에 관한 논쟁의 결과이기도 했다. 이는 당시의 논리적 방법을 그리스도교 신학의 문제에 적용한 예이다. 그는 합리적 근거에 기초하여 성육신과 구속의 필연성을 입증하려고 했다. 그리스도의 성육신과 순종의 결과 인간

---

39 Anselm, *Proslog*. 3-4 요약.

에게 초래된 유익에 관한 분석을 시도했다. 인간이 사탄에게 빚진 것이 없다는 근거에서 그는 그리스도의 죽음이 사탄에게 지불된 몸값이었다고 하는 교부들의 주장을 거부했다. 안셀름은 이성적 추론을 통해 자신의 구속론의 타당성을 입증하려고 했다.

안셀름에 따르면, 구속은 하나님에 의해 요구된 '만족'이었다. 왜냐하면 하나님의 정의는 축복을 위해 창조된 인간의 불순종에 대해 속상 행위(만족)를 요구하기 때문이다. 사탄이 하나님으로부터 그러한 몸값을 요구할 자격이 있다고 생각하는 것은 신성 모독이라는 것이다. 그렇게 될 경우 최상의 존재가 둘이 된다는 것이다. 안셀름의 견해에는 봉건주의적 개념들이 들어 있다. '만족'이라는 개념에서 그는 봉건 사회의 도덕적 의무를 생각하고 있었다. 죄가 처벌되지 않을 경우 사회에 무질서가 초래될 것이다. 정의를 보존하기 위해 명예를 손상시키는 행위는 반드시 처벌되어야 한다. 왜냐하면 범죄 행위는 그에 상응하는 대가를 지불할 때만 용서되기 때문이다.

여기서 하나님은 자비의 법칙에 따른 대속으로 만족하기를 원한다. 그런데 인간은 적절한 속상물이 될 수 없다. 만족은 오직 인간과 본성을 공유하고 계시면서도, 무한히 가치 있는 것을 소유하고 계신 신인(the God-Man)에 의해서만 이루어져야 한다. 그리스도의 희생은 바로 이런 희생이었다. 그는 우리의 인성을 취하고, 우리가 다 갚을 수 없는 대가를 지불한 자이다. 그가 인간이 되심은 바로 이 이유 때문이다.[40]

2) 아벨라르

아벨라르(Abelard, 1079~1142)는 이미 언급한 대로 실재론과 유명론을 조화시킨 개념주의자였다. 그는 '신앙을 추구하는 이해'와 '이해를 추구하는 신앙' 사이의 긴장은 해소할 수 없고, 따라서 이성을 이용한 지적인 작업이 필요하다고 했다. 아벨라르는 노트르담의 사제의 조카이자 그의 제자

---

40 Anselm, *Cur Deus homo* 1.

였던 헬로이스(Heloise)와 사랑에 빠졌는데 격분한 그녀의 삼촌이 자객들을 동원하여 그를 거세해 버렸다. 이후 그는 수도사가 되어 은둔했고, 헬로이스도 여자 수도자가 되었다. 불행한 삶이었지만 그의 은둔은 학문적 저서를 남기는 계기가 되었다.

저서 『예와 아니오』(Sic et Non)에서 그는 성경과 교부들에게서 보이는 동일한 교리에 대해 모순된 견해 158개를 나열하고 규명하면서 조화를 모색했다. 그가 권위들의 상충되는 견해들을 폭로함으로써 그리스도교 신앙을 손상시켰다고 오해할 수 있으나, 그의 의도는 비판적 지성과 합리적 분석을 통해 바른 신앙을 세우는 것이었다. 아벨라르는 죄를 죄인의 태도, 곧 하나님의 의지에 반하여 행동하는 자발적이고 의도적인 결정으로 정의했다. 하나님의 뜻에 반하게 행동하는 죄인은 이미 하나님의 의지에 대한 지식을 가지고 있다. 인간은 자유 의지로 도덕적 선택이 가능하며 죄와 멀어질 수도 가까워질 수도 있다.

따라서 구속은 하나님의 사랑에 근거한 인간의 도덕적 감화에 기인한다. 인류를 향한 하나님의 태도는 근본적으로 사랑이며 이는 변하지 않는다. 변화가 필요한 것은 인간의 마음인데 인간의 마음은 그리스도가 자기 희생에서 시현한 사랑으로 감화되어 변하게 된다. 그리스도의 죽음은 '몸값'을 위한 것도 아니며 '만족'을 위한 것도 아니고 오직 인간을 위한 하나님의 위대한 사랑의 강력한 시현이다. 아벨라르는 성육한 그 사랑에 감동되어 인간이 자기 죄를 스스로 뉘우치고 회개함으로써 구원에 이른다고 주장한다. 이를 아벨라르의 '도덕적 감화론'이라 부른다. 인간의 자유 의지를 강조했고 십자가 사건을 성육신 사건의 신비로 보기보다 도덕 감화를 일으키는 윤리적 가르침의 중요한 출처로 보았다.[41]

아벨라르는 신앙과 이성이 모순되지 않는다고 했다. 신앙과 이성 모두 동일한 근원, 곧 신적인 진리에서 기원하기 때문에 인간의 사변은 하나님의 선물이다. 그는 당시 교회의 권위 있는 가르침으로 인정되던 것을 맹신

---

41 Peter Abelard, *The Story of Abelard of Abelard's Adversities*, ch. 3. trans. by J. T. Muckle (Toronto: Pontifical Institute of Medieval Studies, 1954), 22.

하기보다 합리적인 설명이 필요하다고 여겼고, 믿음의 진리는 이성의 시험대를 넉넉히 건너간다고 했다. 그는 "의심은 질문을 불러오고 질문을 통해 믿음에 이른다"고 하였다.[42]

아벨라르의 견해는 성 빅토르의 위그 및 클레르보의 베르나르와 같은 인물에 의해 거부되었으며, 종국에는 정죄되었다. 이성에 대한 신뢰가 그 당시의 일반적인 추세이기는 했지만, 아벨라르는 그의 신학 사상에서 극단적인 지성주의를 노정했던 것이다. 안셀름의 입장이 "나는 알기 위해 믿는다"였다면 아벨라르는 인간은 아는 것만을 믿을 수 있다는 것이었다.[43] 이성을 방어하고 논리학을 사용하던 그의 방법은 나중 아퀴나스가 등장하면서 완성되므로 미래는 그의 승리라 하겠다.

3) 성 빅토르의 위그

파리의 성 빅토르 수도원은 12세기 시토 수도원들과 함께 신비주의 신학의 본산이었다. 이 수도원에서 위그(Hugh of St. Victor, d. 1141)는 리처드(Richard of St. Victor, d. 1173)와 함께 신비주의적 신학의 중흥을 주도했다. 위그는 전통적 신앙을 재해석하면서 합리적 사변과 명상을 결합했다.

위그의 신앙은 성례전 중심의 신앙이었다. 하나님이 자신을 우리에게 계시하고, 구속하는 모든 방법은 성례전을 통한다. 성례전들은 모든 거룩한 것, 그리스도교 신앙의 모든 측면을 의미하고, 한편 성례전은 단순한 상징이나 은총의 사건이 아니라, 은총의 본래적 담지자라고 했다. 성례전들을 통해 피집전자들의 영혼에 성례전 본래의 은총이 주입되고, 전수되며, 효과를 만든다고 했다. 그의 견해는 반성례전적 이단이 난무하는 시기에 정통적인 신학자들로부터 대대적인 지지를 받았다.

위그의 신비주의적 신학은 신적인 것들에 대한 지식에 있어서 3중적인 과정을 특징으로 했다. 지식은 감각적인 관찰과 성찰을 통해 인식에 이른

---

42 Abelard, *Sic et Non*, PL 178: 1350.

43 Volz, *The Medieval Church*, 122.

다. 이 지식은 명상을 통해 숨겨진 진리와 의미를 탐구하게 된다. 마침내 지식은 관상으로 나아가 실재의 본성을 통찰하게 된다. 영원한 진리들에 대한 지적인 이해는 신앙의 인도 아래서만 가능하며 이해는 하나님의 은총에 의해 직접적인 체험의 경지에 이른다. 그는 이성과 신앙의 관계에서 이 둘은 모순되지 않지만, 단연 신앙이 우위성을 차지한다고 주장했다. 위그를 통해 신앙, 지성, 체험이 통합되었다.

4) 롬바르도

피터 롬바르도(Peter Lombard, 1100~1160)는 성 빅토르의 위그와 스콜라주의의 초기 발전을 마감한 인물로 평가된다. 롬바르도는 이탈리아의 볼로냐, 프랑스의 렝스, 그리고 파리 성 빅토르 수도원에서 수학했다. 이후 파리의 성당 학교에서 가르쳤다. 그가 거기서 저술한 『명제집』은 이후 3세기 동안 중세 신학의 표준적 교과서로 사용되었다. 『명제집』은 신론부터 창조, 인간, 죄, 자유, 그리스도론, 성례, 그리고 윤리와 종말까지 조직적으로 신학 전반을 다루고 있다. 그는 다음과 같은 구조로 저술했다.

신학의 문제를 먼저 제기하고, 다음으로 성경과 교부들의 저술들로부터 해결책을 진술하는 방법을 사용했다. 이어서 그 해결책과 모순되게 보이는 권위들을 인용하고 마지막으로, 문제가 되는 단어들을 해결하는 구조로 저술했다. 롬바르도는 성서 연구를 위해 합리적인 방법을 도입하는 것을 비판했다. 왜냐하면 합리적인 방법은 전통적 구조와 내용에 혼란을 초래하고 신학 교육의 교화적 성격을 위협한다고 보았기 때문이다.[44]

4. 스콜라주의의 전성기

13세기는 바야흐로 스콜라 학문의 황금기를 구가한 시기였다. 아리스토텔레스의 시각에서 그리스도교 신학을 재해석하려는 입장이 후기 스콜

---

[44] Walker, *A History of the Christian Church*, 330-331.

라주의의 가장 일반적 성향이 되었는데, 새롭게 등장한 방법론(아리스토텔레스적)은 신플라톤주의적 입장을 바탕으로 하던 기존 신학에 많은 도전을 주었다. 그러나 교회는 신학과 양립할 수 있다면 이 새로운 방법을 기꺼이 수용하였다. 프란체스코 수도사 보나벤투라와 도미니쿠스회 수도사 알베르투스와 아퀴나스에 의해 스콜라 학문은 전성기에 이르렀다.

1) 알베르투스

알베르투스(Albertus Magnus, 1193~1280)는 독일 출신으로 도미니쿠스회 수도사였으며, 파리대학교의 유명한 교수였다. 그의 학문과 작품의 방대성으로 인해 그는 '보편적인 스승'(doctor universalis)으로 불렸다. 아퀴나스와 함께 중세적 종합을 이루었으며 아리스토텔레스의 철학을 그리스도교 사상에 대대적으로 적용한 최초의 인물이었다. 알베르투스는 관찰을 통해 일반적인 원리들을 입증하려고 했으며, 실험을 통해 현상의 원인들을 규명하려고 했다. 그는 신앙의 지성화를 위해 합리주의적 방법들의 원용(援用)은 불가피하다고 보고 계시는 이성에 앞서나, 이성과 모순되지는 않음을 주창했다. 그로부터 아리스토텔레스와 가톨릭 신학의 새로운 종합이 이루어졌으며 기존의 아우구스티누스적 신플라톤주의와의 연합은 큰 타격을 입게 되었다.

그러나 알베르투스는 아리스토텔레스를 보완하기도 했다. 비록 그의 보편자에 관한 입장 및 인식론은 아리스토텔레스에 근거하고 있으나, 그의 영혼에 관한 이론은 플라톤에 근거하고 있다. 그는 아라비아 학자들의 아리스토텔레스의 저술들에 대한 주석들도 알고 있었기 때문에 아리스토텔레스의 가르침이 아랍식으로 왜곡되는 것을 막을 수 있었다.

2) 토마스 아퀴나스

아퀴나스(Thomas Aquinas, 1225~1274)는 중세 스콜라주의의 최고봉에 이른 인물이다. 나폴리와 로마 사이의 조그마한 도시 아퀴노(Aciuino)에서 출생했다. 소년 시절에 몬테 카지노의 베네딕투스 수도원에 들어갔다가 18살 때 학문에 대한 관심 때문에 가족의 반대를 무릅쓰고 도미니쿠스회에 들어가 탁발 수도사가 되었다. 그는 알베르투스 수하에서 수학했고 대부분의 생애를 파리에서 선생으로 보내다가 1274년 사망했다. 그는 신학 서적과 많은 주석을 남겼는데, 『신학 대전』(Summa Theologia)은 기념비적인 그의 주저이다. 1266년 저술을 시작했지만 그의 임종 시 미완성인 채 남아 있었다. 『신학 대전』은 하나님, 창조, 인간의 운명, 그리스도, 성례전들, 그리고 종말을 포괄적이고도 상세하게 다룬다. 아퀴나스의 체계는 나중 트렌트 공의회에서 가톨릭 사상의 근간으로 인정되었다.[45]

아퀴나스가 신학에 공헌한 바를 3가지로 요약할 수 있다. 신 존재 증명, 유비의 원리, 그리고 신앙과 이성의 관계성이 그것이다. 그의 공헌은 신론을 통해 여지없이 드러난다. 안셀름이 이미 계시에 의해 주어진 개념들에 대해 합리적인 설명을 시도했다면 아퀴나스는 하나님의 존재와 같은 일부 진리들은 감각적인 경험에 의해 제공된 정보에 이성을 적용함으로써 규명할 수 있다고 보았다. 아리스토텔레스에 대한 연구에 기초하여 이성의 진리와 계시의 진리를 분리하지 않고 이성과 신앙으로 이해되는 하나의 진리를 주장했다. 신앙은 감정과 의지를 통해 이해되는 자연적 진리를 다루고, 이성은 감각적 지각과 이성적 과정을 통해 파악되는 자연적 지식을 다룬다. 철학은 이성의 시각에서 자연적인 질서를 규명하며, 신학은 계시의 시각에서 초자연적인 질서를 규명한다고 보았다.

철학이 신학과 모순되지 않는 이유는 진리가 진리와 모순될 수 없기 때문이다. 이성을 초월하는 계시의 진리들이 존재하는 것은 사실이나 이성은 이들과 모순되지 않는다. 그러므로 그리스도교 진리는 초이성적이기는 하나 비이성적이지는 않다. 계시는 이성을 조명하며, 이성은 계시를 규명하려고 노력한다. 따라서 계시의 진리들의 일부는 이성에 의해 입증될 수 있고 이를 통해 이성은 신앙을 타당한 것으로 만들어 준다.[46] 아우구스티누

---

[45] Volz, *The Medieval Church*, 126
[46] Aquinas, *S. contra gemt.*, in Hugh. T. Kerr, *Readings in Christian Thought* (Nashville:

스에게 있어서 신앙은 이성의 전제 조건이며 따라서 이해하기 위해 믿어야 한다고 했지만, 아퀴나스에게 있어서 신앙과 이성은 상호 보완하는 세력들이다. 각각은 자신의 영역 안에서 완전하다. 그래서 우리는 신적 계시를 믿으며, 자연적 질서를 이해한다.

(1) 하나님

아퀴나스는 많은 진리를 이성적인 과정을 통해 획득할 수 있다고 보았다. 일반적으로 그는 하나님의 존재는 계시에 의존하지 않고도 증명될 수 있지만, 하나님의 본질은 그렇지 않다고 했다. 왜냐하면 이성의 논거는 자연 세계의 사실들에 기초하므로 하나님 본질에는 이를 수 없기 때문이다. 이러한 주장에 근거하여 하나님의 존재에 관한 5가지 합리적인 이론을 제시했다. 아퀴나스는 안셀름의 본체론적인 증명법을 비판하고, 자연의 관찰로부터 출발하여 하나님의 존재에 대한 합리적인 설명이 가능함을 제시했다.

구체적으로, 아퀴나스의 하나님 존재 증명은 아리스토텔레스의 물리학에 기초하고 있다. 원인과 결과의 법칙이 그 핵심이었다.

첫째, 아퀴나스는 인과 관계가 제1원인을 필요로 하며, 동작은 최초의 동인을 필요로 한다는 아리스토텔레스를 수용했다. 이 세상의 모든 결과는 원인을 가지고 있다. 이 세상은 일련의 원인들과 결과들로 이루어져 있다. 그러기 위해서 제1원인이 존재해야 하는데, 이것이 하나님이다.

둘째, 존재하는 모든 것은 움직인다. 변화는 부동의 동인을 필요로 하는데, 하나님은 부동의 동인이다. 따라서 하나님은 존재해야만 한다.

셋째, 비존재에 대해 우리는 만물의 제약성에 근거해서 자연 세계에서 만물의 비존재를 상상할 수 있기 때문에, 비제약적인 그 무엇이 존재해야 한다. 그렇지 않으면, 아무것도 존재할 수 없게 될 것이다. 이 무조건적 필연적 존재가 하나님이다.

Abingdon, 1966), 109.

넷째, 우리는 선, 더 나은 선, 그리고 지고선에 대해 가치 판단하기 때문에 하나님은 완전한 가치 혹은 지고선이어야 한다.

다섯째, 본질상 수단은 목적에 종속되기 때문에, 우리는 본래적으로 목적이 존재한다고 이야기한다. 이 목적이 바로 최초의 목적자 혹은 만물의 합리적인 설계자이신 하나님이다.

이들 5가지 주장은 모든 제약적 존재의 원인자인 필연적 존재에 의해 하나로 통합된다. 이 존재는 필연적으로 최초의 동인 및 원인이고, 마찬가지로 가치 기준을 제공하며, 이것이 피조된 모든 것들의 목적들을 지정한다.[47]

아퀴나스가 하나님의 존재를 규명하기 위해 아리스토텔레스의 합리적인 주장들을 수용하기는 했으나 제1원인과 최초의 동인이 결코 그리스도교의 하나님의 이미지를 완전히 포함한다고는 인정하지 않았다. 철학에서 지식이 신앙을 앞서지만, 신학에서 신앙이 지식을 앞선다는 것이다. 삼위일체와 같은 상위의 진리들은 이성만으로 발견되지 않으며, 따라서 계시를 필요로 한다. 여기서 아퀴나스는 아리스토텔레스주의를 계시의 개념에 종속시켰다. 자율적인 인간의 이성을 초월하여 존재하며, 오직 신앙에 의해서만 알려질 수 있는 신비들이 있는데, 곧 삼위일체, 성육신, 부활, 원죄, 연옥, 그리고 구속이다.

자율적인 인간의 이성은 결코 하나님의 신비를 증명할 수 없고 이는 믿음으로만 계시되며, 유비(analogy)에 의해서만 이해할 수 있다고 했다. 유비에 의하지 않은, 인간의 본성적인 경험에 기인하는 개념들로는 하나님에 대한 묘사들로 나아갈 수 없다. 유비적으로 이야기할 때, 하나님이 존재한다고 하는 것이 존재하지 않는다고 하는 것보다 더 진실이다. 그러나 하나님은 하나의 사물로서 존재하지는 않는다. 왜냐하면, 인간의 개념들이 하나님에게 온전히 적용될 수 없기 때문이다.[48]

---

47 Aquinas, *S. Theo.*, *art.* 3.
48 Aquinas, *S. Theo.*, I, *q.* 2, *art.* 3; *S. contra gent.* 1. 13.

하나님의 정의와 자비는 인간의 유익을 위해 선한 것들을 주는 데서 드러난다. 하나님의 활동성은 사랑으로 나타나고 하나님의 사랑은 인간의 구원을 지향하고 있다. 여기서 이성은 이들의 가능성을 지시해 주며, 그들에 대한 근본적인 이유를 개발한다. 이들을 수용하거나 거부하는 것은 의지의 문제이며, 도덕적인 결정에 달려 있다. 하나님의 계시에 대한 믿음에 의해 삼위일체는 수용된다. 그런 의미에서 계시는 이성을 파괴하지 않으며, 이를 완성시킨다고 할 수 있다.

아리스토텔레스에게 절대자는 비인격적이나 아퀴나스의 하나님은 역동적이며 실존적인 실재요, 창조자이며, 모든 존재의 근원, 곧 존재 자체이다. 따라서 창조는 하나님의 사랑과 선의 표현일 뿐 필요조건은 아니다. 홀로 자존적 존재이신 하나님의 임재가 모든 피조물의 존재 원인이다.

(2) 인간과 은총

아퀴나스는 인간의 본성을 자기 충족을 지향하는 존재로 이해했다. 타락 전 인간은 이성의 자연적 능력 및 실제적인 의를 성취할 가능성을 선물로 부여받았었다. 타락 후에도 인간은 이성적 능력을 보유하고 있으나, 실제적인 의를 성취할 수 있는 도덕적 능력은 상실했다. 그러므로 인간이 선한 삶을 성취하기 위해서는 '주입된 은총'을 필요로 한다. '주입된 은총'은 점진적으로 죄성을 제거하며 진정한 도덕적 성장을 가능하게 만든다. 그러나 타락으로 완전히 상실한 도덕적 능력에 비해 이성은 상대적으로 적게 손상을 입었다.

아퀴나스에 의하면 본래적 의는 도덕적 능력을 특징으로 하는데, 이는 타락과 함께 완전히 상실된다. 반면 창조 시 인간에게 주어진 하나님의 형상(*imago*)은 지성적 능력을 특징으로 하는데 이는 타락으로 흐려졌으나 완전히 상실되지는 않았다. 창조 후 추가로 부여된 하나님의 모양(*similitudo*)도 타락으로 말미암아 상실되었다.

아퀴나스는 타락한 인간의 이성의 기능을 과대평가한 느낌이 있다. 아퀴나스는 실천을 통해 미덕들이 획득되며, 이들이 '습관'이 된다고 했다. 이는 인간의 '제2의 본성'으로서 '실천'에 의해 점차 완전해진다는 것이다.

인간의 '제2의 본성'은 상실된 하나님의 모양을 회복하고, 존속하고 있는 하나님의 형상을 완전하게 함으로써 창조자를 기쁘시게 하는 선행을 행하고 자신의 구원에 협조한다는 것이다. 이런 의미에서 스콜라주의자들은 "자기 속에 있는 것을 가지고 최선을 다하라"라고 외친다. 왜냐하면 은총의 도움에 협조하기 위해 최선을 다한 사람은 정당한 대가로 영생의 보상을 받게 되기 때문이다.

아퀴나스는 무게 중심을 은총에 둔다. 은총 없이 인간은 환자와도 같아서 움직이기는 하나 완전하지 못하다. 은총은 하나님으로부터 오는 능력인데, 이는 초자연적인 것으로 주님에 의해 주어진다. 이 은총이 인간으로 하여금 하나님을 닮아 가게 만들며, 하나님을 기쁘시게 하는 것을 가능하게 만든다. 요컨대, 은총은 인간 안에 새로운 본성을 창조하며, 이 새로운 본성이 그로 하여금 선을 행하는 것을 가능하게 한다. 은총 이전에 인간은 적절하게 행할 수 있으나, 영생을 획득할 만큼 가치 있게 행하지는 못한다. 은총을 주입받은 후, 인간은 하나님과 협조하며 영생을 공로로 받는다. 아퀴나스는 인간의 협력을 강조했다.

요컨대, 그는 공로적인 선행에 의한 의를 창안했으며, 이는 중세의 종교적인 삶의 주된 측면들 가운데 하나가 되었다. 은총은 공로적인 행위들의 근원이며, 공로적인 행위들의 목표는 지상에서의 의로운 삶과 천상에서의 영원한 삶이다. 그는 또한 잉여 공로 사상을 전수했다. 인간은 영생을 얻는 데 필요한 이상의 공로를 획득할 수 있다. 여공은 다른 사람들에게 이전될 수 있다. 공로를 획득하는 가장 이상적인 방법은 금욕적 수행의 삶이라고 했다.

(3) 정치와 윤리

아퀴나스의 신학 체계는 정치학 및 윤리학에도 매우 중요했다. 왜냐하면 교회와 국가도 옳든 그르든 이 체계 안에 들어가기 때문이다. 국가는 자연과 이성의 질서에 속하며, 이 질서는 자연법칙의 전 영역처럼, 이성을 타고난 인간의 능력 안에 있다. 그런데 인간의 이성이 타락으로 손상되었기 때문에 세상은 사유 재산이나, 노예제, 전쟁 같은 부조리를 인정하게 된다. 그럼에도 불구하고 인간의 자연적 능력들은 인간으로 하여금 정치적인 조직을 운영하기에 충분하다.

아퀴나스는 교회가 국가보다 우위에 있다는 이론을 거부했다. 그는 국가가 교회로부터 독립하는 것이 옳다고 여겼다. 그러나 아퀴나스는 로마가 어머니 교회이며, 교회에 대한 전적인 순종을 주장했으므로 스스로 모순을 드러내고 말았다. 그는 교황의 권위도 강조했고 이단자들을 강제적으로라도 믿도록 만들어야 한다고 했다. 요컨대 그의 사상은 종교 재판에 이념적인 배경을 제공한 셈이다.

아퀴나스에 따르면, 인간의 궁극적 목표는 아리스토텔레스처럼 행복이라고 했다. 인간의 도덕과 윤리는 모두 이 목표를 향하도록 되어야 한다. 분별, 정의, 용기, 그리고 절제 등의 자연적 미덕들은 그리스도인들만 아니라 이방인에게도 존재하지만, 이방 철학자들이 인생의 목표가 행복이라고 할 때 인간이 자신을 아는 축복에만 그치지만, 그리스도인의 행복은 인간을 아는 축복과 더불어 하나님을 아는 축복에 있다고 하였다. 여기서 아퀴나스는 이방 철학의 미덕과 그리스도교의 미덕을 결합시켰다.[49]

하나님은 인간들의 도덕적 삶을 안내하기 위해 2가지의 통찰력을 선물로 부여한다. 하나는 선과 악을 분별할 수 있는 능력인 '신테레시스'(synteresis)라는 것이고, 또 하나는 양심이라는 능력이다. 인간들은 이 능력들을 사용하여 선을 행하는 습관을 발전시키든가 악을 행하는 습관을 발전시킨다. 그러나 이들은 구원받은 이후에 비로소 공적인 선행을 행할 수 있다.

하나님은 도덕적 삶을 안내하는 2가지 통찰력 외에 외적인 도움을 부여하는데 그것은 세상을 위한 자연법이다. 자연법은 창조 시 주어지는 피조 세계의 순리적인 원리들이며, 이 또한 영원한 법의 한 표현이다. 자연법이 하나님의 백성에게 더 자세한 방법으로 표현되는 것이 하나님의 율법이다. 하나님의 율법은 십계명같이 도덕법의 형태를 가지므로 이 또한 자연법의 한 표현이다. 하나님의 율법의 정점은 복음의 법이고 복음의 법의 완

---

49 Aguinas, *S. contra gent*., 3. 48.

성은 사랑이다. 인간의 이성은 자연법과 존재적 유추를 활용해 신의 영원한 법을 전용할 수 있다.

(4) 성례전

아퀴나스에 따르면 인간은 실제적인 의를 성취하기 위해 은총의 수단이 되는 성례전들을 필요로 한다. 아퀴나스는 세례, 견진 성사, 고해 성사, 성만찬, 종부 성사, 혼배 성사, 사제 서품의 7성례전을 하나님의 은총의 통로로 이해했고 이들은 명백하게 그리스도에 의해 혹은 사도들에 의해 제정되었다고 하였다. 모든 성례는 은총을 표시할 뿐만 아니라 은총을 일으킨다.

아퀴나스는 아리스토텔레스의 질료(matter)와 형상(form) 같은 형이상학적 개념들을 성례를 규정하는 데 이용했다. 물, 빵, 포도주 같은 외적 요소들(질료)이 죄 씻음, 새 언약 등과 같은 성례의 본래적 의미(형상)로 변화된다고 했다. 가장 대표적으로 성만찬에 질료와 형상의 적용은 가톨릭교회의 성만찬에 대한 공식 입장(화체설)을 견고히 하는 데 공헌했다.[50]

성만찬의 이해는 초대 교회 때부터 줄곧 논쟁이 있었다. 가톨릭교회는 1215년 제4차 라테란 공의회에 와서야 '화체설'(transubstantiation)의 견지에서 성만찬을 정의되었다.

> 성만찬에서 떡은 하나님의 능력에 의하여 그리스도의 몸으로 변화되며, 포도주는 그리스도의 피로 변화된다.[51]

아퀴나스는 화체설을 인정했다. 화체설에 따르면 떡과 포도주의 '본질'은 그리스도의 몸과 피의 본질로 변하나, '요소들'(질료)은 변하지 않고 그대로 있다. 따라서 떡과 포도주가 봉헌될 때 그리스도께서 본질적 의미에서 임재한다. 아퀴나스는 온건한 실재론자로 본질과 특수자가 함께 있다

---

50 Aquinas, S. Theo., art. 6-7.

51 Aquinas, S. Theo., art. 5.

는 논리를 적용하여 그리스도의 살과 피의 본질적인 속성이 빵과 포도주의 지각적 속성들과 공존한다고 했다.

중세 교회에서 성만찬은 그리스도의 실재를 신자에게 부여하는 것이며, 사제에 의해 제공되는 희생이다. 가톨릭교회의 미사는 이러한 '희생의 반복'의 개념에 기초하고 있었다. 훗날 개혁자들은 이 개념을 반대했는데 이는 세상의 모든 죄를 대신하는 십자가의 유일회적인 충분성을 약화시킨다고 보았기 때문이다.

아무튼 중세에 성만찬에 대한 경배 의식이 고양되었고 성찬에 대한 신성 모독을 피하기 위해 세심한 주의가 기울여졌는데 그중 하나가 평신도들에게 잔을 돌리지 않는 관습이었다. 왜냐하면 평신도들이 포도주를 쏟을 위험을 예비하고, 사제의 봉헌 행위 이후에 실제로 그리스도가 임재하기에 빵만으로도 기적을 일으키는 능력은 충분하다고 믿었다기 때문이다.

3) 보나벤투라

보나벤투라(Bonaventure, 1217~1274)는 가장 뛰어난 프란체스코회의 수도사였다. 그의 사상은 신플라톤주의 전통 및 아우구스티누스의 전통과 관련이 있으며 13세기 전반 아리스토텔레스주의 경향의 신학자들과 달랐다. 보나벤투라는 롬바르도의 『명제집』에 대한 주석을 쓰고 교리 강해를 했으나, 그의 주 관심은 스콜라주의보다 영성에 있었다. 그는 합리적인 지식보다는 직관을 강조하면서, 그리스도교 신앙은 인간으로 하여금 하나님의 계시와 모든 다른 참된 진리에 눈을 뜨게 한다고 말했다. 그는 프란체스코회 내부의 온건파와 엄격파, 그리고 세부적으로 영성파들의 갈등을 해소하기 위해 프란체스코의 전기를 기술하기도 했다.

신비적 영성가이면서도 스콜라주의자였던 그는 아퀴나스와는 사뭇 다른 길을 갔다. 아퀴나스가 하나님을 이해함에 있어서 철학적 시스템, 즉 자연 이성은 불완전하나 오류이지는 않다고 했음에 비해, 그는 하나님을 이해함에 있어서 철학적 시스템의 불완전함은 곧 오류가 된다고 못 박았다. 아퀴나스의 목표가 하나님의 인식이었다면, 그의 목표는 하나님에 대한 사랑이었다. 아퀴나스가 이성을 강조한 반면, 그는 의지를 강조했다. 하나님이 인간에게 부여하는 신비적 조명 아래 인간의 모든 지식은 오류일 뿐이라고 했다.[52]

5. 스콜라주의의 쇠미

스콜라주의는 아퀴나스의 활동으로 그의 생애 동안 절정기에 이르렀다. 그러나 얼마 있지 않아 이는 하락의 길을 걷게 되었다. 아리스토텔레스의 승리는 오래 가지 못했다. 신앙의 합리적 추구가 불가능하며, 기존에 알고 있는 진리를 이성적으로 규명하는 일이 무의미하다고 느끼는 명민한 스콜라주의자들이 생겨났다. 이들은 하나님은 인간의 이성에 종속되지 않으며, 아무리 불합리하게 보일지라도 하나님의 주권적 의지는 어떤 것이라도 할 수 있다는 주장으로 신앙과 이성 사이를 분리시켜 버렸다.

말기 중세는 프란체스코회의 세기였는데 이들 가운데 유명론자들이 많았다. 유명론과 교회 회의주의는 이 시기의 주된 신학적 운동이었다. 스콜라주의 쇠미(衰微)는 둔스 스코투스(John Duns Scotus, 1270~1308)와 옥캄의 윌리엄(William of Ockham, 1300~1349)의 활동에서 명백하게 드러났다.

1) 둔스 스코투스

스코투스에 와서 프란체스코 신학 학파는 절정에 이르렀다. 교황제와 아퀴나스의 신학 시스템에 대한 공격이 그에게 와서도 계속되었다. 그와 그의 추종자들은 토마스주의자들이라고 불리던 아퀴나스의 추종자들과 종교개혁 때까지 신랄한 논쟁을 벌였다. 그는 중세적 종합의 붕괴를 위한 씨앗을 뿌렸다고 하겠다. 매우 명민한 논리학자였지만, 자신의 논법을 대중들에게 다가가 쉽게 풀어내는 데는 실패했다. 그의 사상은 너무나 복잡

---

[52] Bonaventure, *De reductione artium ad theolgoam*의 주제.

하고 난해해서 나중 개신교 개혁자들은 복잡하고도 난해한 교리를 가르치는 자를 그의 이름을 따서 '천치'(dunce)라고 불렀다.

스코투스는 지식이란 인간의 지성에 대한 하나님의 조명으로부터 온다고 주장했다. 아퀴나스가 신적인 지성과 이성의 우위성을 주장했다면, 스코투스는 하나님의 의지와 사랑의 우위성을 주장하면서 새로운 신학 접근법을 제시했는데, 이를 주의주의(Voluntarism)라 부른다. 이는 토마스주의자들의 주지주의(Intellectualism)적 성향에 상응하는 사조였다.

인간의 도덕적인 행동이나 공로가 하나님에게 가치 있는 것으로 여겨진다고 할 때, 하나님이 그렇게 판단하는 근거는 무엇인가?

이 질문에 대해 아퀴나스는 신적인 지성이 인간의 도덕적인 행위의 가치를 인식하기 때문이고 이어서 신적인 지성이 의지로 하여금 그 행위에 정당한 보상을 하라는 정보를 전달하기 때문이라고 했다. 그러나 스코투스는 그 도덕적 행위를 보상하려는 신적인 의지는 행위의 가치에 대한 평가보다 앞선다고 했다. 그리고 하나님은 합리성의 법칙에 제약되지 않는다. 그렇다고 하나님이 아무렇게나 움직이는 자는 아니다.

이 같은 사고는 아퀴나스와 스코투스의 칭의 사상의 궁극적 차이를 불러왔다. 예컨대, 토마스주의자들의 주지주의적 접근법은 도덕적인 것과 공로적인 것[53] 사이에 직접적인 관계성이 있다고 보았고, 주의주의적 접근법은 이러한 주장을 거부했다. 그렇게 될 경우 하나님이 자신의 피조물들에 의존하게 된다는 것이다. 스코투스에 따르면, 인간의 공로적인 행위들을 수용하려는 하나님의 의지가 칭의하는 은총이다. 스코투스는 의지의 수위성을 강조한 것이다. 하나님이 천지를 창조할 때 하나님의 의지에 의한 것이지 이성에 의한 것이 아니라는 것이다.

스코투스는 타락이 없었더라도 성육신은 있었을 것이라고 주장했다. 원죄가 자유의지를 완전히 상실케 한 것은 아니므로 성육신과 십자가가 구원의 유일한 길이 아닐 수도 있다. 왜냐하면 그리스도의 구속의 행위는 오

---

[53] E. Gilson, *Jean Duns Scot: Introduction a ses positions fondamentales* (Paris: J. Vrin, 1952), 116-215.

직 하나님께서 그것을 의도하셨기 때문이다. 만약 사람들이 성육신과 십자가가 구원의 유일한 길이라고 믿는다면, 그것은 하나님의 자유를 제한하는 것이된다. 하나님은 완전한 자유이므로 결코 이성에 메이지 않는다. 이성에 모순된다 하더라도 하나님의 행위는 진리이며 선이다. 우리가 모든 진리를 수용하는 이유는 그것이 교회의 가르침이기 때문이다.

스코투스는 그리스도의 중보성에 대한 기초로서 마리아의 무염 수태설을 방어한 최초의 주된 신학자였다. 또한, 스코투스에 따르면 교회의 공로적인 속상 행위는 타당한데, 그 이유는 하나님이 그것을 의도하였기 때문이다. 인간 이성이 하나님에 관해 어떤 확실한 것도 발견할 수 없다고 하는 신비주의자들은 스코투스에게 매료되었다.

2) 옥캄의 윌리엄

스코투스는 유명론의 길을 예비한 자였다. 극단적 유명론자였던 옥캄의 윌리엄(William of Ockham, c. 1285~1347)은 그의 제자였다. 스코투스에 의한 신앙과 이성의 날카로운 구분은 옥캄에 의해 결실을 맺게 되었다. 그는 신적인 지성보다 신적인 의지가 우선한다는 주지주의적 입장을 유지했다. 교리들은 과학적으로 증명되지 않으며, 신앙에 의해 수용될 따름이라고 했다. 신학은 신앙에 기초하고 있지, 지식에 기초하고 있지 않다. 신학이 체계적일 수 없는 이유는 이것의 진리들이 계시에 기초하기 때문이다. 주입된 은총으로 말미암아 그리스도인들은 이성이 동의할 수 없는 것들을 믿게 된다고 하였다.

옥캄에게서 철학과 신학의 중세적 종합이 완전히 붕괴하였다. 신앙과 이성의 결별은 곧 스콜라주의의 몰락을 의미했다. 옥캄은 스콜라주의를 파멸시켰다는 점에서 신학에 위대한 획을 그었다.

옥캄은 모든 형태의 철학적 실재론을 맹렬히 공격했다. 그는 시간과 공간에 존재하는 특수자만 참으로 존재하는 실재이며, 실재론자들이 시공과는 다른 형이상학적 영역에 존재한다고 주장하는 보편자는 실재하지도 않으며 실재할 필요도 없다고 보았다. 사람들은 존재하는 자체로 그 사물들을 알 수 없고, 외관상 나타나는 모습으로 그 사물들을 알 수 있다. 따라서 은총이라는 보편자는 성례전들이라는 개별자들에 의해 전가되지 않으며 개별적인 교회들이 있을 따름이지, 보편적 원리로서의 교회는 존재하지 않는다. 보편자는 존재하지 않으며, 따라서 개별자들은 보편자와 연계되어 있지 않다.[54]

옥캄에게 하나님의 주권(구원하려는 의지)이 중요하지, 은총의 수단들(교회와 성례전들)이 중요한 것이 아니었다. 그의 유명론은 성례전들과 교회가 유일한 은총의 수단이라는 견해를 부인했다. 자연과 초자연 사이에는 어떤 교량도 없으며, 하나님과 인간 사이에는 인간의 이성으로 뛰어넘을 수 없는 심연이 가로 놓여 있다. 그러므로 하나님이 먼저 자신을 인간에게 계시하실 때에만 인간은 하나님을 알 수 있다는 것이다. 따라서 계시된 성경만이 신앙의 원천이다.[55] 루터의 '오직 성경으로만'의 원리는 옥캄의 가르침에 근거했다고 볼 수 있다. 옥캄의 이러한 사상의 영향으로 인해 많은 사람이 교회 밖에서 하나님과의 직접적인 관계를 추구했다. 특히 신비주의자들이 그러했다.

'옥캄의 면도날'은 때로 '단순성의 원리'로 지칭된다. 그는 단순성이 신학의 미덕이라고 했다. 그래서 그의 '면도날'은 모든 불필요한 가정을 잘라내어 버렸다. 이러한 자세는 그의 칭의의 신학에 매우 중요했다. 그 이전의 중세 신학자들(아퀴나스 등)이 은총으로 말미암은 '습관'이 하나님의 형상을 회복하고 마침내 하나님이 인간을 의롭다고 선언한다는 가능성을 말했다. 옥캄은 이러한 개념이 불필요하며, 칭의는 하나님이 죄인을 직접적으로 용납하는 것을 의미한다고 주장했다. 칭의에 대한 이러한 개인주의적 접근법은 초기 개신교 종교개혁과 관련이 있었다. 루터는 옥캄을 '존경하는 스승'이라 불렀다.

---

54 Henry Osborne Taylor, *The Medieval Mind* (London: Macmillan, 1914), 549.

55 William of Occam, *Dialogue Against Heretics* 2:2 in G. Tavard, "Holy Church or Holy Writ: A Dilemma of the Fourteenth Century," *Church History* XXII (1954), 203.

옥캄의 견해들은 그의 사후 널리 받아들여졌으며, 유명론은 실재론을 대신하게 되었다. 옥캄의 합리적 신학에 대한 회의는 그로 하여금 어떤 신학적 교리도 철학적으로 방어할 수 없다는 결론에 이르게 했다. 이러한 새로운 신학적 방법론을 중세 대학들에서 '새 길' 혹 '근대의 길'(*via moderna*)로 지칭되었으며, 이에 반해 알베르토, 아퀴나스, 그리고 스코투스가 추구했던 방법은 '옛길'(*via antiqua*)이라고 불렸다.[56] 옥캄은 관심의 중심을 보편자에게서 개체로 옮겨옴으로써 개인주의와 민족주의에게 힘을 실어 주어 근대의 길을 열어주었다.

---

56 Walker, *A History of the Christian Church*, 356.

제9장

교황권의 절정기와 쇠퇴

1. 교황제적 군주제 확립

그레고리우스 7세 이래로 교황의 권한이 강화되면서 교황제는 내적 조직을 정비하면서 교황적 군주제(papal monarchy)로 변모되기 시작했다. 지역 감독들의 권한과 지역 교회 회의들의 권위는 점점 약화하였다. 황제의 행정 자문 위원회 같은 교황의 자문 기관인 쿠리아(curia)의 기능이 확대되었는데 이는 추기경들에 의해 주도되었다. 쿠리아와 교황이 로마 교회를 구성했는데 로마 교회와 교황은 곧 전(全) 그리스도교 공동체와 동일시되었다.

이러한 주장들은 나중 부작용을 초래하게 되지만 어떻든 11세기 중엽(1050)부터 회복된 교황의 권위는 13세기 초(1215)까지 상승세로 이어졌다. 막강한 권력으로 부상한 교황 알렉산더 3세(Alexander III, 1159~1181)는 1179년 제3차 라테란 공의회를 소집하여 추기경들이 교황을 선출하게 했으며, 세속 권력은 교회사에 간섭할 수 없다고 하였다. 그는 양검 이론(눅 22: 38)을 재해석하여 영적인 칼은 교회가 행사하고, 세속적인 칼은 교황이 황제에게 교회를 위하여 교회의 이름으로 행사하도록 위탁한 것이라고 했다. 그러나 교황제적 군주제도 14세기 중반 형성되기 시작한 민족 국가와 르네상스 인문주의자들의 등장으로 붕괴하고 말았다.

1) 이노켄티우스 3세

그레고리우스 7세와 알렉산더 3세의 정신을 계승하고 발전시킨 교황 이노켄티우스 3세(Innocent III, 1198~1216) 3세는 교회와 세상 모두에 대한 지배를 완성하게 된다. 그는 교황제적 군주제를 확립했다. 지금까지 교황청을 견제하며 알렌산더의 양검 이론에 저항하던 세속 왕권들은 교권에 완전히 복속되고 말았다. 그는 황제 계승을 좌지우지할 수 있었을 뿐만 아니라 이탈리아, 프랑스, 스페인, 영국의 왕들을 차례로 굴복시키고 항복을 받아냈다. 그는 내륙의 중심 왕들뿐만 아니라 아이슬랜드, 불가리아, 그리고 아르메니아 왕들을 무릎 꿇게 했다. 그는 또한 그의 재임 동안 일으킨 제4차 십자군 원정대를 이용해 콘스탄티노플을 일시 점령했으며 남부 프랑스의 카타리파를 섬멸했다.

성전(holy war)이라는 명분의 이 십자군 원정은 서방 교회의 삐뚤어진 야망을 가장 적나라하게 드러낸 전쟁으로 동방 교회와 서방 교회를 영구히 화해할 수 없는 관계로 만들고 말았다. 이노켄티우스는 위서인 『콘스탄티누스의 증여』를 기초하여 교회를 로마 제국의 중심에 놓고 서구 세상은 '그리스도교 백성'이며, 교회는 교황을 '그리스도교의 우두머리'로 하는 하나의 거룩한 계층 질서라고 했다. 이 안에서 교회와 국가의 구분이 없고 교황만이 지상에서 하나님의 권위 있는 대표자라고 주장했다. 따라서 왕들은 각자의 왕국만을 지배한다. 이노켄티우스 시대에 와서 교황은 '베드로의 대리자'에서 '그리스도의 대리자'(Vicar of Christ)로 그 칭호가 바뀌었다.[57] '그리스도의 대리자'는 교회의 심판관이면서 세상의 심판관이기도 했다.

교황의 중앙 집권력이 가장 강력한 시기를 구가한 이노켄티우스의 지배 하에 중세의 영성과 학문이 황금기를 누렸다. 영성 면에서 프란체스코회 및 도미니쿠스회를 후원했고, 학문에 있어서 대학들을 지원했다.

---

57 Innocent III, Sermon on the Consecration of a Pope, in *Patrologia*, vol. 217 (Paris: Garnier Fratres, 1980).

이노켄티우스는 제4차 라테란 공의회(1215)를 열어 화체설을 로마 가톨릭교회의 정통 교리로 채택했다. 본 공의회는 교회 역사에서 니케아 공의회(325)와 트렌트 공의회(1545~1563) 사이에 가장 중요한 위치를 차지한다. 본 공의회를 통해 모든 교직자와 세속 통치자들은 교회의 보편적인 권위에 종속된다고 선언했고 교회는 '어머니요, 스승'이라고 했다.

이노켄티우스는 동방 교회와의 연합의 가능성을 타진하기도 했고 국가에 의한 이단들(유대인, 모슬렘, 왈도파 들)의 처벌을 위한 조처를 마련했으며, 교회의 치리를 위한 법안들을 시행했다. 유대인들에게는 노랑 배지를 패용(佩用)하도록 명령했다.

2) 보니파키우스 8세

이노켄티우스 3세의 사후 75년 동안 교회사와 세속사에 대한 교황의 지배에 직접적인 도전이 없었다. 그러나 교황 보니파키우스 8세(Pope Boniface VIII, 1294~1303) 8세의 선출 후 새로운 질서가 형성되기 시작했다. 그는 이노켄티우스 3세의 정신적 계승자로서 교황제의 절대 권력을 믿었고 이를 영속시키려 했던 인물이었다. 그는 "나는 교황이요, 나는 황제다"라고 말했다. 그는 교황의 퍼레이드에 황제의 기장을 사용했으며, 영적인 영역과 세속적인 영역을 상징하는 2개의 칼을 자기 앞에 세웠다.

그러나 보니파키우스는 13세기 중반부터 싹트기 시작한 민족주의 의식을 감지하지 못했다. 그에게 와서 교황의 정치적 영향력은 약화되었으며, 신앙의 시대는 종언을 알리고 있었다. 초국가주의보다는 민족주의, 교회보다는 국가, 말의 마력보다는 칼의 힘이 판을 치는 시대가 도래하게 되었다. 중세의 보편적인 교황직의 시대는 지나가 버린 것이다. 프랑스 왕 필립 4세(1285~1314)와의 권력 투쟁에서 보니파키우스 8세의 패배는 변화된 상황을 잘 말해 준다. 교황이 당시 영국과 프랑스 사이의 갈등을 중재하려 했으나 양국 모두 교황의 요구를 무시했다. 프랑스 왕조의 세력은 급속히 확대되기 시작했으며, 그러한 상황에서 필립은 교황의 칙사를 체포해 버렸다.

이에 교황은 1302년 그 유명한 교서 『우남 상탐』(Unam Sanctam)[58]을 선포하고 필립을 파문했다. 여기서도 이전 교황들이 사용한 양검의 논리를 적용했다. 그는 모든 세속 권력은 교황에게만 종속되며, 로마의 감독에게 복종하는 것은 모든 사람이 구원을 받기 위해 필수적이라고 선언했다. 그는 삼위일체를 상징하는 3중관을 쓰기 시작했다.

『우남 상탐』은 19세기 교황의 무오류설과 함께 로마 가톨릭교회의 최악의 교리였다고 하겠다. 필립은 미동도 하지 않았고, 오히려 전비 충당을 위해 교회에 세금을 부과했다. 보니파키우스 8세가 반발하자 필립은 교황의 별궁인 아나니를 습격하고 교황을 납치한 후 3일간 유폐시켰다가 퇴위를 강요했다. 보니파키우스는 겨우 풀려났지만 곧 죽게 되었다. 이 "아나니 사건"은 최대의 교회론적인 스캔들인 아비뇽 교황청 천거(1307~1377)의 전초였다고 하겠다. 필립의 승리로 교황제의 역사가 굴욕으로 마감되었다.

2. 교황권의 몰락

1) 교회의 바벨론 유수

교회는 1050년부터 1300년까지 교황제적 군주제의 시기를 구가했다. 교회는 더는 공동체가 아닌 법인으로 변모했고, 끝없는 전쟁과 음모의 중심지였다. 이노켄티우스 3세의 치세를 꿈꾸던 보니파키우스 8세의 실각은 프랑스 왕조의 정치적 부상을 가속화시켰다. 프랑스의 필립 4세가 세속적 영역을 넓혀 갈수록 교회의 세력은 줄어들었다. 프랑스는 교황권을 세속 권력의 지배에 넣었다. 여세를 몰아 아예 1309년 교황청을 아비뇽으로 옮겨 버렸다.

보니파키우스의 계승자인 베네딕투스 11세는 1년 만에 프랑스인 클레

---

[58] "오직 하나의 거룩"이란 의미로 세속과 교권이 교황에게 통합되는 교황 절대권력의 표현이었다. Schaff, *The Creeds*, vol. II, 605.

멘스 5세(1305~1313)에게 교황의 자리를 내주었다. 클레멘스 5세는 추기경에 의해 선출되었지만 프랑스 리용에서 즉위했다. 그는 재임 기간 중 단한 번도 로마를 방문한 적이 없었다. 아비뇽에서 교황들은 프랑스의 권력에 의해 좌우되었으며, 이 기간의 교황들은 모두 프랑스 출신이었다. 당시에 이 지역은 기술적으로는 프랑스의 영토는 아니었지만, 사람들은 교황이 프랑스로 유수되었다고 생각했다.

교황청은 여기에서 1377년까지 체류했다. 약 70년에 가까운 기간은 히브리 사람들이 바빌론에서 포로 생활하던 기간과 비슷했기 때문에 흔히 '교회의 바벨론 유수'라 부른다. 교황이 아비뇽에 거주하는 동안 교황제는 프랑스의 한 기관으로 전락해 버렸다. 종교 재판도 프랑스의 국가 기구로 전환되었다. 프랑스의 적국이던 영국과 독일은 아비뇽 교황들이 그들의 최고의 적, 프랑스에 의해 좌우지되는 것에 분개했다. 영국과 프랑스 사이에 100년 전쟁이 시작될 즈음, 영국에서 반교황적 정서는 최고조에 달했다.

아비뇽의 교황들은 프랑스의 꼭두각시였다. 필립은 프랑스인들 중심으로 추기경을 임명했고 이러한 정책은 그의 계승자들에 의해 계속되었다. 필립은 베네딕투스 11세에게 보니파키우스 8세를 부관참시하기를 요청했고 여기에 미온적 태도를 보인 베네딕투스는 시해되었다. 베네딕투스를 계승한 클레멘스 5세는 기사 종단을 이단으로 몰아 조직을 해체하고 그들의 땅을 프랑스 왕에게 귀속시키는 데 도움을 주었다. 기사 종단은 십자군 원정 이래 만들어진 기사들의 수도회로 많은 부와 특권을 누려 왔었다. 이 종단이 필립을 반대했고 무장을 하고 있었기 때문에 필립에게는 위험한 단체였다. 필립은 오직 고문과 악형으로 이들에게 허위 자백을 받아 프랑스 내에 있는 모든 기사 수도회를 해산시켜 버렸다.

아비뇽에서 가장 오래 재임했던 교황은 요안네스 22세(1316~1334)였다. 그는 오직 프랑스의 이권만을 생각했으므로 독일 왕, 곧 신성 로마 제국의 황제 바바리아의 루트비히(Ludwig of Bavaria, 1282~1347)에 적대적인 정책을 수행했다. 그러던 중 교황이 프란체스코 탁발 수도회의 절대 청빈을 이단적이라고 선언했다. 교황은 빈곤도 좋지만 교황에 대한 복종이 가장 우선되어야 한다고 했다. 궁지에 몰린 프란체스코회가 신성 로마 제국의 황제에게 보호를 요청했다. 이러한 분위기 속에서 황제 루트비히는 교황을 공의회에 제소했다. 이는 교황제 자체를 공격하는 처사였다. 이 놀라운 스캔들은 서방 교회의 대분열(the Great Schism, 1378~1423)의 시초가 되었다.

아비뇽 교황들은 쿠리아 중심의 중앙 집권 정책을 폈다. 아비뇽에 체제를 유지할 자금을 마련하기 위해 새로운 수입원을 찾으려고 했다. 교황세 및 여러 종류의 헌금을 부과하기 시작했다. 성직 매매가 성행했다. 당시 유럽 경제는 인플레이션으로 고전하고 있었는데 이러한 시기에 아비뇽 교황청 유지를 위한 서민들의 부담이 가중됨으로 인해 서민들의 불만은 고조되고 있었다. 오늘날까지 건재하고 있는 아비뇽의 화려한 교황청 건물들은 그 당시 대중의 피와 땀의 산물이었다.

2) 대분열

그레고리우스 11세(1370~1378)는 도미니쿠스회의 여자 수도사였던 시에나의 카테리나(Catherine of Siena, 1347~1380)와 비르기타(Bridget of Sweden)의 간청으로 1377년 교황청을 바티칸으로 환원시켰다. 1378년 그레고리우스 11세가 로마에서 사망하자 대부분 프랑스인이었던 추기경들은 다시 프랑스인 교황을 선출하여 아비뇽으로 떠날 계획을 하고 있었다. 그러나 이는 로마인들의 시위로 저지되었다. 로마인들은 이탈리아인이 교황으로 선출되고, 교황이 로마에 머물기를 원했다. 우여곡절 끝에 오직 이탈리아인이라는 이유 때문에 우르바누스 6세(1387~1389)가 그레고리우스 11세의 후임자로 뽑혔다.

우르바누스 6세가 로마에 머물기로 결정하자 프랑스 추기경들이 그의 선출을 무효시키고 프랑스인 클레멘스 7세(1378~1394)를 교황으로 선출했다. 동일한 추기경단이 4개월 만에 두 명의 교황을 선출한 것이다. 클레멘스와 우르바누스는 서로를 정죄하고 서로를 교황으로 인정하지 않았다.

클레멘스 7세와 추기경들은 아비뇽으로 돌아갔고 우르바누스 6세와 그의 추기경들은 로마에 머물렀다. 로마의 교황은 이탈리아 및 독일, 헝가리, 폴란드, 스칸디나비아, 영국 등지에서 받아들여졌으며, 아비뇽 교황은 프랑스, 스코틀랜드, 그리고 스페인 지역에서 인정되었다. 추기경들도 두 파로 나누어졌다. 두 교황들의 세력은 비슷했다. 이미 교황청 바빌론 유수로 인해 손상된 교회의 권위는 두 진영 사이의 싸움으로 인해 더욱 실추되었다.

40년간 지속된 분열은 로마 출신의 교황들과 아비뇽 출신 교황들 사이의 상호 파문으로 이어졌는데, 사실상 전 그리스도교계가 파문 상태에 놓인 것이다. 1,000년을 이어 온 가시적 연합의 교회 지표와 전통이 졸지에 흔들렸다. 양 교황청의 재정적 부담이 가중되었다. 로마 교황청은 조직의 재정비를 위한 재정을 확충하기 위해 면죄부를 대대적으로 이용했다. 이러한 상황에서 영국의 위클리프(John Wycliffe, c. 1330~1384)와 보헤미아의 후스(Jan Hus, 1370~1415)는 교회 개혁 운동에 나섰다. 대분열로 인해 왕들은 다시 교회에 개입하게 되었다. 프랑스에서 왕과 시민법 학자들은 교황으로부터 프랑스 교회의 독립을 주장하기도 했다.

3. 개혁의 열망

1) 공의회 운동의 부활

대분열로 인해 교황제는 정치가, 학자, 그리고 대중으로부터 존경심을 상실하게 되었다. 탐구 정신이 나름대로 자유롭게 표출되던 대학에서 개혁의 소리가 울려왔다. 피에르 다이, 쟝 드 제르송, 니콜라우스 같은 파리대학교의 교수들이 대분열을 치유하기 위해 교황들의 자발적 사임안, 합의안, 그리고 공의회안 등을 제시했다.

2명의 교황은 서로를 파면시키고 각자의 위치를 지키려 하였다. 두 교황의 사임을 권고하려는 노력과 합의의 노력이 실패하자, 분열을 해결하기 위한 유일한 방법은 교회 공의회의 개최밖에 없다는 쪽으로 의견이 모아졌다. 지금껏 분열이 해결되지 않은 것은 교황보다 더 상위의 기관이 없었기 때문이라고 생각했다. 대분열 직전까지만 해도 교황은 모든 난제를 처리할 수 있는 권력 구조의 최상위에 위치하고 있었다.

교회 공의회의 이론은 감독들의 집합체가 궁극적인 권위를 가진다고 하는 고대 교회의 권위 이해를 실현하려 했다.[59] 1324년 파두아의 마르실리우스는 『평화의 방어자』에서 보편적 교회의 우위성이 교황이 아닌 대중에게 있으므로 교회 최고의 기관은 신자들을 대표하는 교회 공의회라고 주장한 바 있었다. 그는 곧 정죄되었지만 교황청의 분열이 계속 이어지자 점차 설득력을 얻기 시작했다. 파리대학교의 교수들이 공의회 개최를 강력하게 지지했고 볼로냐대학교 및 몇몇 추기경들이 이에 합세했다.

(1) 피사 공의회

1378년 이래 서구 그리스도교를 분열시켰던 대분열을 종식하기 위한 첫 공의회가 1409년 피사에서 소집되었다. 두 교황의 의사와는 무관한 것이었다.[60] 본 공의회는 교황의 분열, 개혁, 그리고 이단의 문제들을 다루었다. 공의회는 현재 두 교황 모두 인정하지 않았다. 양측 추기경들은 연합하여 두 교황을 파면하고 밀란의 대주교를 교황으로 선출했다. 그가 곧 알렉산더 5세였다. 그는 교황이 되자마자 곧 사망했고 요안네스 23세가 다음 교황으로 선출되었다. 그러나 다른 두 교황, 곧 이탈리아의 그레고리우스 12세와 아비뇽의 베네딕투스 13세 모두 공의회의 결의에 맞서 사임을 거부했다. 결국, 3명의 교황이 생긴 셈이다. 이 어색한 상황은 6년이나 계속되었다. 분열상은 더욱 악화하였다.

(2) 콘스탄스 공의회

콘스탄스 공의회(1414~1418)는 피사 공의회의 개혁 정책의 최종적인 해결책을 제시했다. 본 공의회에서 교회 공의회의 권위가 절정에 이르렀다. 본 공의회는 절대적 교황군주제에 대치되는 대표적 권위로 부상했다. 새로 취임한 신성 로마 제국의 황제 지기스문트(Sigismund, 1410~1437)는 교

---

59 B. Tierney, *Foundations of the Conciliar Movement* (Cambridge: Cambridge Univ. Press, 1969), 169.

60 본회의가 교황에 의해 소집된 것이 아니기 때문에 현재 로마 가톨릭교회는 본 공의회를 보편 교회의 공의회로 인정하지 않는다.

회의 일치에 지대한 관심이 있었다. 그는 교황 요안네스 23세와 함께 콘스탄스 공의회를 소집했다. 본 공의회는 피에르 다이와 장 드 제르송의 영민한 리더십 아래 이 공의회는 보편적 교회를 대표하며 '그리스도로부터' 직접 권위를 부여받았다고 선언됐으며, 직위의 고하를 막론하고, 심지어 교황일지라도 신앙 문제, 분열의 문제, 교회의 개혁에 있어서 본 공의회의 권위에 복종해야 한다고 했다. 이 공의회는 고대 교회의 교리인 교회 공의회의 무오류성의 이론과 중세의 교황 무오류성의 이론이 대치되는 회의였다고 할 수 있다.

본 공의회는 기존의 세 명의 교황을 모두 인정하지 않았다. 피사 공의회가 선출한 교황 요안네스 23세는 본 공의회가 로마와 아비뇽의 교황들을 폐위하고, 자신을 적법한 교황으로 선언해 주리라 기대했었지만, 정작 본 공의회는 그의 하야를 선언했다. 요안네스는 이를 인정하지 않고 도주하다가 결국 투옥되었다. 이탈리아 계열의 그레고리우스 12세는 사임했고, 아비뇽 계열의 교황 베네딕투스 13세도 끝까지 사임하기를 거부하다가 이단으로 선언되어 해임되었다. 대분열은 1417년 로마의 추기경이었던 마르티누스 5세(Martin V)를 교황으로 선출함으로써 마침내 종식되었다.

콘스탄스 공의회는 분열을 치료했으나, 교황을 포함한 모든 그리스도인은 교회 공의회의 권위에 복종해야 한다고 하는 더 큰 문제를 야기시켰다. 본 공의회가 개혁의 문제를 다루기 위해 정기적으로 공의회를 소집할 것을 결정했지만 마르티누스는 선출된 후 즉시 교황 절대주의를 주장함으로써 교회 공의회의 반대론자가 되어 버렸다. 차후 교황들은 교회 공의회의 소집 자체를 주저했으며, 반교황적인 조처들의 채택을 저지했다. 본 공의회 이후에도 교황권 절대주의는 좀처럼 약화하지 않았다. 그러나 범민족국가적인 차원에서 교황제가 실제적으로 어떤 절대 주권을 행사하는 것은 더는 불가능해졌으며, 많은 정부 가운데 하나의 위치로 전락했다.

이단의 문제와 관련하여, 이 공의회에 소환된 얀 후스(Jan Hus, 1370~1415)가 처형되는 일이 발생했다. 그는 황제 지기스문트로부터 신변에 보장을 받고 출두했으나, 곧바로 체포되어 정죄된 후 화형에 처해졌다. 그 이유는 그가 위클리프의 사상을 전파했었고, 위클리프 사상이 정통적이라고 변호했기 때문이다. 지기스문트는 강력하게 항의했으나 교황은 이단과의 약속은 지킬 필요가 없다고 했다. 후스는 자신의 원수들을 용서하고, 예수 그리스도를 부르며, 사도신경을 외우면서 불꽃에 죽어 갔다. 그의 처형은 엄청난 역사적 결과를 초래했다. 보헤미아인들의 후스파 전쟁(1420~1434)이 일어났고 그 결과로 체코 교회는 로마 가톨릭교회로부터 분리해 나갔다.

콘스탄스 공의회는 당시의 갱신 운동들을 이단으로 선언하는 오명을 남겼다. 본 공의회를 주도하고, 후스의 처형을 결정한 인물들은 교황주의자들이 아니라 바로 공의회주의자들이었다는 사실은 시사하는 바가 크다. 그들은 가톨릭교회의 개혁을 주창하는 자들이었으나, 복음주의적 개혁을 받아들이기에는 아직 시기상조였다. 또한, 그들이 대부분 프랑스인들이었는데, 독일인들에 대한 반감도 그들의 결정에 작용한 듯하다.

(3) 잇달은 공의회들: 파비아, 시에나, 바젤, 페라라, 플로렌스 공의회

교황의 분열은 해결되었으나, 개혁 조처는 아직 시행되지 않았다. 마르티누스 5세는 콘스탄스 공의회의 칙령들을 무력화하려고 전통적인 교황들의 주장을 반복했다. 즉, 교황이 전 그리스도교계에 최상의 권위를 행사한다는 것이다. 그러나 그는 콘스탄스 공의회가 5년 후에 에큐메니칼 공의회를 소집해야 한다고 선언한 칙령을 지키지 않을 수 없었다. 국제 정세는 힘겹게 변해 가고 있었으며, 보헤미아인들이 위협하고 있었다.

또한, 터키족들이 동로마 제국을 위협하고 있었다. 불가리아는 이미 터키족의 가신 국으로 변했으며, 1389년 발칸 반도도 그들의 수중에 넘어갔다. 지기스문트는 파비아 공의회에 동방 교회가 참석하기를 원했으나 형편이 여의치 못했다. 동방의 황제는 서방의 군사적 도움을 얻기 위해 로마 교황의 수위성과 로마 교회의 예전 및 신앙을 수용하겠다는 의사를 표하려고까지 했었다. 갑작스레 파비아에 온역이 만연하자, 회의 장소를 시에나로 옮겼다(1423). 교황은 참석률이 저조하다는 이유로 서둘러 회의를 해산시켜 버렸다.

파비아 공의회 후 7년 만에 바젤 공의회가 열렸다. 에우게니우스 4세가 마지못해 공의회를 개최했다. 교황의 권위와 교회 공의회의 권위가 격렬

하게 충돌하는 가운데 본 공의회는 더 엄격한 공의회 정신에 입각하여 공의회 권위의 우위성을 재천명했다. 독일, 영국, 프랑스, 그리고 스코틀랜드가 이 입장을 지지했다. 교황주의자들은 이 결의의 적법성을 부인하고 동방 교회의 힘을 모아 이탈리아 페라라(Ferrara)로 모였으나 온역 때문에 플로렌스로 장소를 옮겨 회의를 소집했다.

공의회주의자들은 에우게니우스를 폐위하고 펠릭스 5세(Felix, 1439~1449)를 교황으로 선출했다. 에우게니우스는 하야를 거부하고, 페라라에서 회의를 속개했다. 다시 교황이 2명이 된 것이다. 이는 로마 가톨릭교회 역사상 최후의 분열이었다. 흥미롭게도 에우게니우스의 권한이 강화되었다. 그로 인해 동방 교회가 서방 교회와의 연합을 논의했으며, 1439년 연합안에 서명하기에 이르렀다. 동방인들은 터키족 모슬렘들을 퇴치하기 위해 서방의 군사적 도움이 필요했기 때문에 교황을 전 교회의 우두머리요, 모든 그리스도인의 안내자로 인정했다.

지지 세력을 잃어버린 펠릭스 5세는 자진 사임하였다. 이로 인해 결과적으로 공의회주의자들이 주도하던 바젤 공의회가 패하고 적법성을 인정받지 못하게 되었다. 그들은 펠릭스의 후임으로 니콜라우스 5세(Nicholas V, 1447~55)를 교황으로 선출했다. 니콜라우스는 교회 공의회가 선출한 최후의 대항 교황으로 많은 면에서 개혁을 추진한 훌륭한 인물로 기억되고 있다.

(4) 공의회의 결과

교황제를 개혁하려고 했던 교회 공의회들의 노력은 결국 실패로 끝나고 말았다. 이후 교황들은 개혁을 위한 공의회 소집을 꺼렸다. 왜냐하면 그들은 교회 구조의 민주화를 두려워했고 공의회가 언제 다시 권력을 장악할지 모른다고 생각했기 때문이다. 공의회에 대해 교황제가 갖고 있는 두려움이 16세기 초 종교개혁의 발발을 초기에 진압하지 못한 이유 중 하나였다. 트렌트 공의회가 1545년이 아니라 1525년에 개최되었더라면, 그리스도교의 역사는 다른 방향으로 진행되었을지도 모른다. 공의회주의의 실패, 반대로 교황권 절대주의의 재등장은 16세기 개신교 종교개혁을 준비시켜 주었다고 하겠다.

페라라 공의회에서 동방 교회와 서방 교회 사이의 재결합의 노력은 문서상의 업적에 불과했지만, 바젤 공의회를 공격하기 위한 선전물로서는 유용했다. 이어서 플로렌스 공의회는 동서방 가톨릭주의 사이의 분열을 치료하고자 1439년 재결합을 위한 조치에 서명했다. 그러나 끝끝내 비잔틴 교회와 라틴 그리스도교 사이의 화해는 수포로 돌아갔다. 1453년 동로마 제국이 망한 후, 비잔틴 교회의 정신은 러시아에 의해 계승되었다.

2) 존 위클리프

위클리프(John Wycliffe, c. 1330~1384)는 얀 후스와 함께 14~15세기 주된 가톨릭교회의 '이단자들'이었다. 이 시기의 사회적, 정치적, 교회론적 상황에서 빼놓을 수 없는 중요한 것은 점증하는 그리스도교 교리의 자국어화 운동이었다. 이 현상은 종교적 삶의 평신도화와 민족 교회들에 대한 요구를 반영했다. 개혁의 필요성은 늘 존재했지만 교황청이 분열된 가운데 교황들은 자신들의 신변과 이윤에 직접적 관계가 아닌 문제들에 몰두할 여유가 없었다.

위클리프와 후스는 이전 이단들과 다르게 정치적 구도에 영향을 주었다. 이를테면 그들의 왕들에게 교회의 삶에 더 많은 역할을 수행하도록 요구했다. 그들은 교회에 대한 왕의 권한을 확대해야 한다고 했다. 왜냐하면 왕이 지배하는 민족 교회를 교황제적 교회로부터 독립하는 길이라고 생각했기 때문이었다. 위클리프와 후스에게 와서 교회는 민족주의적 분리주의에 돌입하게 되었다고 볼 수 있다. 민족 교회들에 대한 요구는 결국 개신교 및 가톨릭 종교개혁으로 이어졌다.

위클리프는 옥스퍼드의 유명한 교수였다. 영국의 개혁자들은 교회를 가시적 교회, 그리고 왕권에 의해 확립된 정치적 공동체로 이해하고 싶어 했다. 위클리프의 사상은 대분열 전후에 과격해졌는데, 대부분의 신학 저술들은 이 기간에 쓰여졌다.

위클리프는 1376년 『시민적 주권에 관하여』라는 강연에서 교황제와 가톨릭교회의 계층 구조적 제도를 반대하는 교회론을 전개했다. 교회란 교황을 중심으로 하는 가시적 가톨릭 공동체가 아니라 그리스도를 머리로 하는 선택된 자들의 모임이라고 했다. 그는 비가시적인 영적 교회를 강조했다. 그에게 감독 중심의 계층 구조는 비성경적인 것이었다. 교직과 교권이 청지기 직을 정당하게 사용하지 못하면 그 권한을 국가 통치자에게 넘겨야 한다고 했다. 이는 교회의 수장이 왕이 될 수 있다는 의미이고, 교회의 권한과 재산도 박탈될 수 있음을 시사했기에 이단성이 농후했다. 이 같은 위클리프의 주장은 국가의 통치자들에게도 동일하게 적용되는 원칙이었기 때문에 그는 교황과 세속 통치자들 모두로부터 공격의 대상이 되었다.

그는 수도원 제도도 성경적이지 않다고 했다. 화체설을 부인하고 성찬에 그리스도의 임재를 강조했다. 미사와 고해 성사를 반대했으며, 성인 숭배와 마리아 숭배를 조소했다. 성상 사용이나 성지 순례, 그리고 성직자 독신 제도는 모두 신성 모독적 행위라고 했다. 그는 예정론을 지지하면서 예정되지 않은 자들은 교회에 있으나 진정한 성도가 아니라고 했다. 후대의 칼뱅처럼 올바른 삶을 예정의 표시로 보고 삶을 통해 예정된 신자인지 아닌지를 알 수 있다고 했다.

그의 주 관심은 성경이었다. 성경만이 하나님의 법이었다. 성경은 모든 진리, 모든 철학, 모든 논리, 모든 윤리적 가르침을 포함하고 있으므로 성경을 최상의 권위로 인정하지 않는 자들은 적그리스도라고 하였다. 이러한 이유로 성경의 자국어 번역을 적극 지원했다. 그의 사후 위클리프의 추종자들은 그의 정신을 본받아 자국어 성경 번역에 주력했다. 이것이 위클리프 성경의 시작이다. 이들은 자국어 성경으로 설교하며 전도했고 항상 성경을 중얼거리고 다녔기 때문에 롤라드들(Lollards)이라는 별명을 얻었다. 위클리프는 1382년 런던의 한 지역 교회 회의에서 정죄 당했으며, 옥스퍼드에서 쫓겨나 1384년 사망했다. 1399년 헨리 4세가 대대적으로 롤라드들을 박해하자 이들은 지하로 들어가 생활하다가 종교개혁기에 다시 모습을 드러냈다.[61]

---

61 Volz, *The Medieval Church*, 219-223.

3) 얀 후스

위클리프의 영향력은 그의 모국에서보다도 보헤미아에서 더 지대했다. 얀 후스(Jan Hus, 1369~1415)가 태어날 당시 체코의 프라하와 영국의 런던은 정치적으로 사상적으로 두터운 유대 관계를 맺고 있었다. 옥스퍼드에는 보헤미아에서 온 유학생들이 많았다. 이들을 통해 옥스퍼드로부터 위클리프의 저술들이 프라하대학교로 유입되었다.

프라하대학교에는 체코인과 독일인 교수들로 구성되어 있었다. 체코인들은 주로 위클리프의 사상에 동조했고 독일인들은 이를 거부했다. 이 두 입장의 갈등이 심화될 무렵 보헤미아 국왕이 체코계 교수들을 지원하게 되었고 독일인 교수들은 프라하를 떠나게 되었다. 후스는 1402년 프라하대학교의 학장이 되었는데 그는 프라하대학생 시절부터 위클리프의 신학적 제자였다. 후스는 교황을 적그리스도라고 묘사하기도 하고, 사제의 직책이 안수나 교황과의 교제를 통해 정당화되는 것이 아니라 도덕적 순결이 우선되어야 한다고 했다. 엄밀히 말해 후스가 보헤미아의 종교개혁을 시작한 것은 아니라 할지라도 이 운동의 중심인물이었음이 틀림없다.

성만찬에서 위클리프와 마찬가지로 평신도 분잔을 찬성했다. 교회는 예정된 자들로만 구성되며, 교회의 머리는 교황이 아니라 그리스도임을 천명했다. 교회의 법은 성경 말씀이며, 말씀에 의한 개인과 교회와 사회의 윤리적 개혁을 피력했다. 1402년 그는 프라하의 베들레헴 교회의 설교자가 되었다. 보헤미아어로 선포한 노도와도 같은 설교로 사람들을 감동시켰고 그는 많은 추종자를 얻었다. 그러나 동시에 많은 반대자들도 초래했다.

후스의 교회 개혁에 대한 설파는 민족주의와 연계되어 국가적 소요를 불러일으켰다. 위클리프가 정죄되던 1413년 그를 따르던 후스도 파문되었으며, 그는 망명길에 올랐다. 망명길에서도 그의 개혁적 열기와 설교는 멈추지 않았다. 그러나 콘스탄스 공의회가 다가오고 있었다. 이 공의회에 참여하도록 요청받은 후스는 신성 로마 제국의 황제 지기스문트로부터 '안전 통행권'을 보장받아, 진리의 증언을 위해 공의회 참석을 결심했다. 그러나 공의회는 황제의 신변 안전의 약속을 아랑곳하지 않고 후스가 콘스탄스에 도착한 지 얼마 되지 않아 그를 체포해 버렸다. 이 공의회는 후스에게 위클리프 사상을 거부하고 공의회에 복종하도록 종용했다. 그러나 그는 하나님과 자신의 양심에 대한 충성이 어떤 회의보다 상위에 있다고 주장했다. 마침내 1415년 7월 6일, 그는 "주여, 내 영혼을 당신의 손에 부탁하나이다!"라고 외치면서 화형에 처해졌다.[62]

후스의 사후 그가 생전에 성취하지 못한 것들이 성취되었다. 그가 콘스탄스에서 죄수로 잡혀 있는 동안 프라하에서는 2종 성찬이 시행되었고, 이것은 체코 개혁 운동의 한 상징이 되었다. 콘스탄스 공의회는 평신도에게 잔을 허락하는 것을 금하고, 후스의 제자였던 프라하의 제롬(Jerome)을 처형했다. 그러자 체코에서 개혁의 열기는 더 뜨거워졌다. 체코의 교회는 로마 가톨릭교회와 결별하고, 분리의 길로 나갈 각오가 되어 있었고, 귀족들은 민족 운동과 개혁을 위해 신성 로마 제국과 전쟁을 불사하는 결의를 보였다. 후스는 이들에게 국가적 영웅이 되었으며, 이 전쟁들(후스파 전쟁이라 불림)은 독일을 공포에 휩싸이게 했다. 15세기 중엽 보헤미안 형제단이 등장했는데 여기에 후스파 외에도 왈도파들이 합세했다.

1433년 프라하 협정과 1485년 구텐베르크 강화로 보헤미아인들은 상당한 입지를 얻었고 이후 줄곧 후스의 신학을 공식적인 교리로 하는 보헤미아 민족주의 교회가 존속했다.

16세기 종교개혁 시에 루터파에 합류하는 자들도 생겨났으나 자신들의 신학을 그대로 유지하는 경향이 지배적이었다. 후스가 종교개혁에 미친 영향력은 위클리프보다 훨씬 컸다고 할 수 있다. 후스는 생전과 사후에 보헤미아 왕들과 민중들로부터 후원을 받았고, 그 결과 후스파 운동은 로마와 결별하고 체코의 민족 교회를 건립할 수 있었던 것이다. 위클리프주의자들, 후스파들, 후기 기톨릭교회 내의 갱신 운동들은 엄밀히 말해서 16세기 종교개혁과 직접적인 관계성은 없지만 일부 지역들, 특히 영국과 보헤미아에서의 종교개혁의 성공은 대중들이 개혁자들의 사상과 주장들을 이미 알고 있었기 때문일 것이다. 루터는 후스의 서적을 권장했고 스스

---

62 Volz, *The Medieval Church*, 223–224.

로 "우리는 모두 후스파다"라고 선언하기까지 했다.[63]

4) 사보나롤라

사보나롤라(Girolamo Savonarola, 1452~98)는 플로렌스를 중심으로 개혁의 바람을 일으킨 수도사였다. 원래 의사가 되려고 했으나 수도원적 삶(monastic life)에 헌신하기로 결단하고 도미니쿠스회 수도사가 되었다. 르네상스의 발상지였던 플로렌스에 있는 성 마가 수도원에서 강해 설교를 시작하면서 사람들의 존경을 샀고, 이후 성 마가 수도원의 원장으로 선출되었다. 그의 설교는 사회악을 비판함으로써 사람들의 회개를 촉구했다. 플로렌스의 만연한 사치와 타락을 질타하고 참그리스도인의 도덕적 삶을 촉구했다. 그는 수도원의 재산을 팔아 가난한 자들에게 나누어 주는 등 스스로 개혁을 몸소 실천했다. 주변의 여러 수도원이 그의 개혁에 동참하면서 사람들은 변화하는 수도원에 감동을 받았다. 그러나 동시에 유력자들로부터 질타와 경계의 대상이 되었다.

1494년까지 죄와 하나님의 심판에 대한 거침없는 그의 설교는 많은 사람의 삶을 바꾸어 놓았다. 그의 열정을 목도한 사람들은 그가 하나님이 보내신 예언자라고 믿게 되었다. 그는 권력을 쥐락펴락하는 메디치 가문과 교황에 대한 비판도 서슴지 않았다. 돈으로 교황직을 매수한 알렉산더 6세를 비난했다. 사보나롤라가 교회 개혁을 위한 공의회 소집을 요구할 즈음 교황이 이를 미리 차단하기 위해 그를 이단자와 분리주의자로 선포하고 처형해 버렸다. 그는 중세의 끝자락에 교황과 성직자들의 타락에 항거하는 도덕적 반발의 상징이 되었다.

---

63 Martin Luther, *LW: Sermons on the Gospel of St. John chapters 17-20*, ed. by Christopher Boyd Brown, vol. 69 (St. Louis: Concordia, 1958), 25 n 53.

제10장

후기 중세 신비주의

13~14세기에 신비주의는 처음으로 서방에서 그리스도교 사상의 보편적인 표현이 되었다. 15~16세기 중세 유럽에 만연한 신비주의는 반교회론적 성향이었기 때문에 약화 일로에 있던 교회의 권위를 더욱 약화시켰다. 신비주의의 만개는 교황제의 하락, 스콜라주의의 쇠미, 그리고 새로운 신학적 방법에로의 추구와 맥락을 같이 했다. 14세기부터 16세기까지 프랑스, 독일, 이탈리아, 스페인, 그리고 영국에서 신비주의가 만개했다. 그 중에서 독일 및 저지대 지역에서 크게 빛을 발했다. 이들은 주로 금욕주의를 통하여 혹은 이를 초월하여 완전에 대한 무아경적인 비전, 그리고 더 나아가 하나님과의 연합 및 동일화를 지향하는 양상을 띠었다. 그들은 사제의 중재를 필요로 하지 않는, 하나님과의 직접적인 접촉을 추구했다.

1. 독일 신비주의

13세기 중세 스콜라의 전성기에 가장 특출한 학자들을 배출했던 도미니쿠스회는 14세기에 들어오면서 가장 영향력 있는 신비주의자들을 배출하게 된다.

독일의 도미니쿠스회 수도사였던 에크하르트(Meister Eckhart, 1260~1327)는 신비주의에 지대한 관심을 보였다. 그는 영혼을 육체라는 족쇄(fetters)로부터 해방되기를 추구하는 하나님의 섬광으로 이해했다. 인간과 자연 안에 있는 유일한 실재는 하나님의 섬광이다. 인간은 이 신적인 섬광이 하나님과의 완전한 연합, 혹 완전한 동일화를 이루기 위해 노력해야 한다고 했다. 그는 신플라톤주의적 경향으로 인해 신비적 연합에서 하나님과 영혼 사이의 차이를 두지 않았다. 한편 그는 인간의 내면적 명상을 통해 '중재 없이도' 신적 연합에 이른다고 보았기 때문에 그리스도의 위치를 애매하게 만들었다. 또한, 신성의 유출 개념으로 창조를 이해함으로써 창조에 대한 하나님의 의지적 자유와 사랑을 부인했다고 하겠다.

에크하르트는 위-디오니시우스의 영향으로 하나님의 본질에 대한 불가지성 및 하나님을 알려고 하는 열망을 강조했다. 하나님은 부정적으로만 인식된다. 하나님은 존재와 비존재를 초월해 계시며, 동시에 영혼과 세상 안에 임재해 있고, 따라서 인간은 본성적인 이성에 의해 삼위일체를 알 수 있다. 실재가 한 신성(신격)으로부터 유출하여, 말하여지지 않는 말씀으로, 그러나 다시 말해진 말씀(예수 그리스도)으로 피조물에 이르듯이, 영혼들은 이들 단계를 통하여 원래의 한 신성으로 복귀해야 한다.

첫 번째 단계, 피조물들 안에서 피조되지 않은 자를 보기 위하여 피조물로부터 철수한다.

두 번째 단계, 그들이 영혼의 순수한 영적 기능들, 곧 기억, 이해, 의지를 명상해야 한다.

세 번째 단계, '자기-초연'이 필요하다.[64]

에크하르트는 신 인식을 설명하면서 아리스토텔레스의 부동의 동인의 개념을 사용했다. 이처럼 아리스토텔레스주의적 신비주의자인 에크하르트는 신비주의가 지식에 대한 본래의 욕망을 완성해 주는 것이라고 말했다. 지식은 누구나 획득할 수 있다. 그러나 신비적 지식은 이 지식을 초월하여 존재하고, 따라서 이는 신적인 은총을 필요로 한다. 신적 지식은 이성의 합리적인 추론의 과정 없이 인간으로 하여금 모든 존재의 본질과 근거를 깨닫게 하고 마침내 최상의 존재, 곧 모든 존재를 초월하여 존재하는, 하나님을 명상할 수 있게 인도한다. 에크하르트의 신비주의는 그리스

---

64 Eckhart, *Die deutschen Werke*, vol. 2, 528–529.

도교 아리스토텔레스주의와 그리스도교 신플라톤주의를 독창적으로 결합했다고 할 수 있다.

에크하르트는 기도의 목적인 하나님과의 연합을 묘사하면서 하나님과 인간의 영혼을 혼합시키는 경향을 보였다. 형언할 수 없는 존재를 표현하려던 그의 노력은 범신론의 경향을 보이기도 했다. 결국, 그의 가르침은 그의 사후 1329년 교황 요안네스 22세에 의해 정죄당했다.

에크하르트의 제자 타울러(John Tauler, 1300~1361)도 도미니쿠스회의 수도사였다. 흑사병, 100년 전쟁, 그리고 아비뇽 교황청과 뒤 이은 대분열의 소용돌이 속에서 그는 혜성과 같이 나타난 설교가였다. 혼란스러운 시대 상황으로 인해 그의 정적주의적 신비주의는 대중들에게 인기가 있었다.

에크하르트는 외적인 행위들과 의식들을 비판하고 오직 내면적으로 하나님을 만나는 힘을 강조했다. 그는 지적인 훈련보다도 사랑과 윤리적 경건을 강조했으며, 모든 비본질적인 것과 찰나적인 것들을 버리고, 자기 의지를 초월하여 성령의 인도를 따를 때 참그리스도인이 된다고 했다. 그는 하나님과의 연합을 신과의 동일화(본성의 일치)의 시각에서 보지 않고 자기희생을 위한 사랑과 능력의 강화라는 시각에서 보았다. 이 연합에 있어서 인간은 침묵과 수동성으로 하나님의 주도성에 맡기는 자세를 취해야 한다고 했다.[65]

소이제(Henry Suso, 1295~1366)는 에크하르트의 신비주의에 프란체스코의 개념을 혼합시켰다. 그는 인간들 사이의 사랑의 관계성이라는 신비적 연합의 개념과 이를 위한 윤리적 준비를 촉진시키기 위해 그리스도의 고난에 대한 명상을 도입했다. 따라서 그는 에크하르트보다 더 금욕적이었다. 그는 고난을 통한 구속의 도덕적 의미를 강조했을 뿐만 아니라, 무로부터 존재로의 탈출이라는 지적인 체험을 강조했다. 그에게 '무'는 피조된 질서를 말하고 이 무는 궁극적 존재인 하나님에 이르러 연합함으로써 존재에 이른다고 하였다.

---

65 McGinn, *Christian Spirituality*, 150-152.

'하나님의 친구들'로 알려졌던 집단도 14세기 초 서부 독일과 스위스에서 번창했던 신비주의 운동의 한 부류였다. 많은 평신도와 성직자들이 이 운동에 가담했다. 평신도요, 타울러의 친구였던 룰레만(Ruleman Mersum, 1307~1382)은 이 집단의 중심적 인물이었다. 이들은 자기 부인을 강조하고 무아경적인 연합보다 내적 변화에 의해 초래되는 거룩한 삶을 강조했다.[66]

2. 저지대의 신비주의

네덜란드에서 신비주의 운동은 루이스브로에크의 얀(Jan van Ruysbroeck, 1293~1384)에 의해 대표되었다. 독일 신비주의에 영향을 받은 얀은 매우 분석적이었으며, 신비주의의 단계들을 상술했다. 그는 피조된 우주가 이의 창조주를 닮았기 때문에 자연에 대한 명상이 인간을 하나님에게로 인도한다고 생각했다. 그는 신비적 명상을 유행시켰다. 얀은 아우구스티누스와 리처드처럼 인간의 영혼을 삼위일체에 대한 최상의 피조된 유비로 보았고 클레르보의 베르나르처럼 아가서에 근거하여 하나님과의 신비적 연합을 결혼의 이미지로 묘사했다.

얀의 최대의 업적은 신비적 체험에 있어서 인식적 차원과 애정적 차원 사이의 균형, 그리고 능동적 삶과 관상적 삶 사이의 균형을 이룬 점이라고 하겠다. 그의 책 『영적 주장들』에서 신비적인 성장의 전통적인 3단계들인 정화, 조명, 연합의 구조를 분리된 단계들로 보지 않고 점진적으로 첨가되는 단계들로 보았다.

얀의 신비적 영성은 칼투시안회의 수도사 흐로테(Gerhard Groote, 1340~1384)에게 영향을 미쳤다. 흐로테는 뛰어난 신비주의 사상가로 네덜란드 전역을 여행하면서 교회의 오류를 공격하고, 진지한 내면적 종교를 설교했다. 일종의 반(半)수도원적 공동체인 '공동생활 형제단'은 그의 신비

---

66 McGinn, *Christian Spirituality*, 153-155.

주의 운동의 결실이었다.

공동생활 형제단은 평신도 경건 운동으로 이 운동의 최고의 대변자는 토마스 아 켐피스(Thomas à Kempis, 1379~1471)였다. 그는 아마 중세 후기에 가장 널리 읽히던 『그리스도를 본받아』를 편집했을 것으로 믿어진다. 본 저술은 단순성과 실천성에 대한 강조 때문에 유명한 영적 안내서가 되었다. 이 책에서 교회와 성례전들은 신앙생활에 아무런 역할이 없으며 그리스도의 고난에 대한 명상과 산상 수훈의 실천만이 중요하다고 했다.[67] 에라스무스도 초기에 공동생활 형제단에서 교육을 받았다. 르네상스의 전성기에 공동생활 형제단은 많은 추종자를 얻었고, 유럽 전역의 대학들에 형제단 출신의 교수들이 많았다.

공동생활 형제단은 저지대에서 활동한 신비주의였지만, 근대적 경건 운동의 물고를 연 점에서 의의가 크다. 경건 혹은 영성의 방법이 이전의 『베네딕투스 규칙서』나 탁발 승단들, 그리고 신비적 경건과 차이가 나타나는데 이는 단순하고도 비교리적인 그리스도교를 강조하고 사랑의 완성을 목표로 했다. 근대적 경건은 평신도 운동으로서 수도원 밖에서 영성을 추구했으며, 루터에게 개혁의 사상과 길을 마련해 주었다고 하겠다.

3. 여성 신비주의자들

13세기 이후 중세 신비주의 여성들의 수는 남성을 압도했다고 전한다.[68] 시에나의 카테리나(Catherine of Siena, 1347~1380)는 도미니쿠스회의 여성 수도사로서 14세기 여성 신비주의자로 명성을 떨쳤다. 높은 지위와 수덕적 삶, 신비적 환상들의 체험, 그리고 기적을 일으키는 행위들은 그녀를 당시 교회에 영향력 있는 인물로 만들었다. 카테리나는 교회의 타락과 비도덕성과 싸웠다. 아비뇽의 교황청을 비판하면서 교황 그레고리우스 11세

---

67 McGinn, *Christian Spirituality*, 179–186.
68 W. Durant, *The Age of Faith* (New York: Simon & Schuster, 1950), 806.

에게 이탈리아로 돌아갈 것을 권고할 정도였다. 그녀의 영향이었는지는 모르나 교황은 그 후 곧 이탈리아로 돌아갔다. 그녀는 33세의 짧은 생을 마감하고 1461년 피우스 2세에 의해 성녀로 칭해졌다.

그 외 12세기 라인 강변의 여수도원장이었던 힐데가르트(Hildegard of Bingen, 1109~1179)와 13세기 게르트루트(Gertrude of Hefla, 1256~1302), 마그데부르그의 마틸다(Matilda of Magdeburg, 1207?~1280)가 독일에서 활동한 신비주의자들이었다. 이들은 주로 환상과 계시를 체험하며 특유의 카리스마적 리더십을 보였다.

14세기 영국의 노르위치의 줄리안(Julian of Norwich, 1343~1413)도 빼놓을 수 없는 여성 신비주의자였다. 줄리안은 오랫동안 알려지지 않았으나, 20세기 후반에 그녀의 중요성이 부각되었다. 『하나님의 사랑의 계시들』과 『나열들』(Showings)에서 그녀는 낙관주의적 신비주의자로서 하나님의 사랑을 강조했다. 그녀는 세상에 만연한 악과 죄의 문제를 심각하게 생각했으나, 진노가 아닌 하나님의 연민을 강조했다. 그녀는 그리스도의 고난에 대한 비전들을 매우 생생하게 감각적으로 묘사했다. 신비주의에 있어서 그녀의 주된 공헌은 예수를 우리의 '어머니'로 묘사하는 등, 하나님을 모성애적인 사랑으로 묘사한 점이다.[69]

15세기에 활동한 여성 신비주의자들로는 연옥의 신학자로 불리는 제노아의 카테리나(Catherine of Genoa, 1447~1510)가 있다. 그리고 영국과 프랑스의 100년 전쟁에 개입된 여성 신비주의로 쟌 다르크(Joan de Arc, 1412~1431)가 있다. 그녀는 10세 때부터 하나님의 음성을 들으며 명상에 주력했다. 쟌 다르크는 환상을 통해 성 카테리나와 천사장 미가엘로부터 오를레앙에서 영국군에 포위된 샤를르 7세를 구출하라는 명령을 받고 전쟁터에 나갔다. 기적적으로 포위망을 뚫고 전투에서 승리하였다. 그녀의 활약으로 전세는 프랑스 쪽으로 기울었고 샤를르는 황제에 올랐다. 그녀가 고향으로 돌아가기를 원했으나 황제는 이를 허락하지 않았다. 이후 복

---

[69] P. Barker, "The Motherhood of God in Julian of Norwich's Theology," *Downside Review* 100 (1982), 290-305.

잡하게 이어지는 외교 관계에 희생되어 아군으로부터 배신을 당하고 영국인의 손에 넘겨졌고 마녀로 기소되어 화형장의 이슬로 사라졌다. 25년 후 그녀는 다시 정통 신앙인이었음이 밝혀졌고 마녀 판결은 취소되었다.

여성 신비주의자들은 암흑한 유럽의 그리스도인들에게 많은 위로와 빛을 던져두었다.

제11장

§

중세의 예술

고대 교회의 일반적인 건축 양식은 바실리카 양식이었는데, 직사각형의 구조를 하고 있었다. 이것은 원래 로마 관공서 건축 양식이었다. 교회도 이 양식을 따라 지어진 것이다. 중세에 와서 교회들은 십자가형을 띠게 되었으며, 제단과 성직자를 위한 지성소, 가운데에 회중석, 그리고 그 사이의 날개 형태로 이루어졌다. 엄밀히 동방이 성취한 예술적 업적과 비교할 때 서방의 그것은 보잘것없었다.

9~10세기 바이킹의 침입으로 암흑기를 맞은 서방의 예술은 많은 퇴보를 보였지만, 교회와 수도원 건축에 있어서만큼은 천재성이 발휘되었다. 캐로링거 시대에 미술, 건축, 그리고 음악 등 예술이 번창하였다. 당시의 교회 건축은 로마네스크 양식이었는데 이 양식은 건물을 높게 지었고 돌로 된 원형 지붕에 원형 천장이 특징이었다. 두꺼운 벽과 돌기둥이 내부를 지탱했다.

12세기 게르만족의 독창성을 표현하는 고딕 양식이 새로운 건축 양식으로 자리 잡았다. 뾰족한 아치들과 날카로운 첨탑들로 특징되며 이는 하늘과 땅의 연결을 상징했다. 창문의 높이를 높이고 창문에 스테인드글라스라는 새로운 기법이 시도되었다. 중세의 교회는 성당 건축을 통해 신비와 경외감을 표현하려 했다. 건물 속에 신앙과 이성의 조화가 묻어나고 건물을 통해 하늘과 세상의 연결을 표시했다. 중세의 고딕은 19세기 빅토리아 시기에 다시 꽃을 피웠고 20세기에는 거더(Girder) 고딕이 등장하기도 했다.

제12장

§

중세의 이단들

8세기부터 가톨릭교회에 등장한 이단들은 대중적 경건, 곧 수도원주의 및 신비주의와 마찬가지로 광의적 의미에서 개혁 운동의 산물이면서 동시에 기존 교회 질서에 대한 반발이었다.

6세기 경 아르메니아에서 시작된 바울주의는 동방 제국으로 확산되었으며, 이들 일부는 발칸 제국까지 들어가 17세기까지 나름 성행했었다. 바울주의는 영지주의와 마니교적 이원론을 기초로 하며 그리스도에 대해 가현설적인 견해를 폈다. 엄격한 윤리와 금욕주의적 이상을 강조했다.

10세기 보고밀파들은 불가리아에서 선교 활동을 했던 바울파들로부터 영향을 받았다. 보고밀파는 마케도니아의 시골 사제로 영지주의적 가르침에 근거하여 그리스도의 성육신을 포함하여 정교회의 주된 교리들, 특히 성례전과 성상 및 성인 숭배 등을 부인했다. 이들은 바울주의의 이원론과 금욕주의의 이상을 그대로 따랐다. 11~12세기 이들은 황제들에 의한 박해와 터키족의 침입으로 약화하였으며, 이후 이슬람 지역에서 그들의 정체성을 상실했다.

베드로주의자들은 12세기 사제였던 피터에 의해 시작되었다. 그는 아벨라르에게서 배웠다. 1104년경 남부 프랑스에서 개혁 활동을 시작했으며, 이단 사상으로 인해 1140년 처형되었다. 가톨릭 수도사인 헨리에 의해 헨리주의가 생겨났는데 이들은 자신들을 개혁자라는 의미에서 베드로주의자들과 동일시했다. 그도 정죄되어 1145년 처형되었다. 이들은 유아 세례를 부인하고, 오직 성인 세례만 인정했다. 이들은 가시적 교회와 성례전을 부인하고 오직 성경만이 궁극적인 권위를 가진다고 주장하였다. 이들은 교부들과 전통의 권위도 부인했다. 비록 이단으로 처형되었지만, 이들에게서 복음주의적 성격을 엿볼 수 있다.

1140년대에 불가리아 보고밀파 선교사들에 의해 유사 그리스도교적 이원론 종교인 카타리파(Catharism)가 이탈리아, 프랑스, 스페인, 그리고 독일에 들어왔다. 카타리파들이란 카타리, 즉 '순수한'이라는 말에서 유래했다. 이들은 프랑스의 알비에 거점을 두었기 때문에 알비파(Albigenses)로 불리기도 했다. 카타리파는 고대 이원론적 영지주의자들처럼 선한 영과 악한 영 사이의 전쟁으로 악한 영이 순수한 영들을 물질이라는 감옥에 가두기 위해 우주를 창조했다고 믿었다. 인간의 출생은 영혼을 육체에 가두기 위한 악의 작동이므로 결혼과 자녀 생산을 경멸했다. 그들은 선과 악, 영과 육, 정신과 물질의 이원론적 사고로 인해 가시적인 것은 모두 정죄했다.

그들은 영혼의 구원을 위해 엄격한 금식과 예전적 자살을 권했다. 이생의 죄들은 영혼의 윤회 과정을 거쳐 속죄된다. 순수한 영혼이 천당의 육체와 연합될 것이며 악한 영혼은 동물의 몸에 화육된다고 했다. 그들은 신약을 강조했으며, 이의 도덕적 명령, 사랑에의 촉구, 그리고 모국어 번역을 중시했다. 그들은 가톨릭교회가 콘스탄티누스 황제 이후로 진리를 왜곡하고 악마를 섬겨 왔다고 했다. 그리스도는 인성을 가지지 않았으며(가현적), 따라서 죽지도 않고 부활하지도 않았다고 했다. 그러므로 십자가와 성례전들은 거짓이다. 부요하고 타락한 가톨릭교회와 가난하고 순수한 자신들의 교회를 대비시키며 자신들만이 참된 교회라고 주장했다.

이러한 주장은 복음적이고 가난한 교회들, 그리고 반성직주의자와 같은 급진적인 개혁가들의 이상과 잘 부합되어 대중의 지지를 얻었고 크게 확산되었다. 반면 이들은 황제를 사탄의 대리자로, 영주들을 그의 조수로 지칭하여 지역 유력인들과 마찰을 빚었다. 이들은 '완전자들'과 '초신자들'로 구분했는데 전자에게는 독신주의와 엄격한 금욕을 요구하였다. 이들은 사상적으로 로마 가톨릭교회에 대한 조직적인 항거라는 점에서 다른 이단들

보다 위협적이었다.[70]

중세 가톨릭교회가 정죄한 또 하나의 주목할 이단은 왈도파 운동이다. 프랑스 리용(Lyons)의 부자 상인 왈도(Peter Waldod, 1218)는 1176년 성 알렉시스의 이야기에 감동을 받아 사도적 청빈의 삶을 살기로 결단했다. 많은 추종자들이 생겼고 그와 그의 추종자들은 스스로 가난한 자들이 되어 순회하면서 청빈과 사도적 단순성에로의 복귀를 설교했다. 1179년 제3차 라테란 공의회는 성직자들의 허락을 전제로 그들의 활동을 재가해 주었다. 그러나 지역 감독들은 그들이 설교하는 것을 허락지 않자 왈도파는 인간들에게 복종하기보다 하나님에게 복종한다고 선언하고 지역 감독의 허락과 상관없이 순회 설교를 이어 갔다. 왈도파는 남부 프랑스, 네덜란드, 북부 이탈리아, 그리고 남부 독일로 확산되었다. 교황 루키우스 3세는 1184년 그와 그의 추종자들을 파문했고, 1215년 이노켄티우스 3세는 이들을 정죄하는 칙령을 공표했다.

왈도파는 카타리파와 사상적으로 매우 달랐으나 교황의 눈에 양자는 보편적 교회의 질서와 연합을 깨뜨린다는 점에서 동일한 이단들이었다. 왈도파는 성경만이 신앙과 행위의 유일한 규준으로 믿었다. 성경 암송을 강조하여 성경 전부를 암송하는 자들이 많았다. 교회의 정화를 부르짖으며 정결한 삶 및 단순성에로의 복귀를 주장했다. 그들은 성경에서 발견할 수 없는 관습과 제도는 모두 거부했다. 따라서 유아 세례를 거부하고 믿는 자들의 세례를 인정했으며 로마 교회의 계층 질서적 권위를 부인했다. 이들은 세례와 성만찬만 성례전으로 인정했다. 단 화체설과 사도신경, 연옥설, 성인 숭배를 부인했다. 그들은 만민 고해 성사를 인정하여 서로 간에 고해 성사를 행했다. 이들의 사상은 매우 건전했으나 교회의 재가를 받지 못했을 따름이다.[71]

---

70 Walker, *A History of the Christian Church*, 301–305.
71 왈도파의 신앙 고백, cf. *Archivum Fratrum Praedicatorum*, XVI (Rome: Instituto Storico Domenicano di S. Sabina, 1946), 231–232.

가톨릭교회는 심한 탄압으로 왈도파의 세력을 약화시켰으나 완전히 분쇄하지는 못했다. 이후 수 세기 동안의 박해에도 불구하고, 왈도파는 현재까지 피에드몽 산맥과 알프스 산맥에서 존속하고 있다. 나중 이들은 보헤미아의 후스파들과 결합하기도 했다. 오늘날 이들은 이탈리아의 왈도파 개신교회로 대변되며 미국과 유럽 등지에서 복음주의 교회들과 연계하며 세계 교회의 회원으로 존재하고 있다. 왈도파는 현존하는 유일한 중세적 분파일 것이다.

중세 교회는 위의 여러 이단을 보편 교회로 복귀시키려고 노력했으나 대체로 실패했다. 1184년 이들 이단을 정죄하기 위해 처음으로 초기 형태의 종교 재판이 확립되었다. 이전에는 이단에 대한 재판은 지역 감독의 지도 아래 이루어졌으나 이제부터 좀 더 조직적으로 시행하게 한 것이다. 종교적 진리의 수호라는 명분의 종교 재판은 많은 악용과 오용을 낳았다. 피고발자의 재산이 몰수되어 고발자에게 몰수된 재산의 일부가 돌아갔기 때문에 이단 고발이 사적인 미움을 표출하는 도구로 남용되는 경우가 빈번했다.

이단들을 근절을 위한 교회의 태도는 강경했고 이단 사상에 대한 교회의 입장과 조치도 단호했다. 이단 박멸의 과정에서 평신도들에게 성경을 읽지 못하게 조치했으며 모든 자국어 번역본 배포를 금지시켰다. 서구 교회의 종교적 비관용은 선교 방법에도 평화적 수단보다 무력에 의존하게 만들었고, 이 비관용의 확산은 그리스 정교회까지 서방 교회로부터 격리시키는 결과를 가져왔다.[72]

[72] Walker, *A History of the Christian Church*, 305–309.

A Brief Sketch of Church History

제13장

르네상스 인문주의의 등장

1. 르네상스의 문화적 상황

르네상스란 용어는 재생, 혹은 부흥이라는 단어에서 시작하는데 보편적으로 14세기와 15세기에 이루어진 이탈리아의 문예와 예술 부흥을 일컫는 말로 사용된다. 르네상스는 학문과 사상의 방법론에 있어서 중세에서 근세로의 이전을 의미하고, 문학, 그림, 조각, 건축 등 인간 정신의 예술적 표현에 있어서 그리스 및 로마 고전 사회의 재발견에 대한 고조된 관심에서 야기된 것으로 해석된다. 이탈리아에서 르네상스의 생성을 설명하는 요인은 다양하다.

첫째, 교회의 피폐상이다. 아비뇽 교황청과 뒤이은 대분열로 인해 중세 사회의 연합의 초점인 교황의 권위가 추락하였고, 이러한 현상은 교회와 신앙에 대한 비판 정신과 회의주의의 분위기를 조성했다. 사상적으로 자유롭고 문화적으로 활발한 도시들을 중심으로 교회 회의론자들은 혁신적인 사상들을 표현하였고 르네상스는 현실로 나타났다.

둘째, 교회의 타락으로 교황 절대주의가 약화하고 절대 왕조의 민족 교회가 성장한 것도 르네상스를 일으킨 요소가 된다. 도시 상인 계층(중산층)은 질서와 안정을 위해 왕과 연합함으로써 절대 왕조(민족주의)를 확고히 했다. 교회와 봉건주의의 연합은 중산층과 신생 왕조들 사이의 새로운 연합을 저지할 만큼 막강하지 못했다. 더욱이 신성 로마 제국의 축소로 인해 정치적으로 유럽을 통합시키는 것이 불가능해졌다. 교회와 사회의 거대한 통합체는 이제 세속적 지향성을 가진 절대 왕조 사회에 그 권위를 양도할 수밖에 없었다.

셋째, 르네상스 정신은 이 같은 세속적 세계관의 원인이자 결과이기도 했다. 부르주아 계층의 주요 관심은 하늘이 아니라 땅이었으며, 저 위의 보화가 아니라 이 땅의 보화였다.

14세기 문예 부흥은 갑작스러운 현상이 아니다. 이전 8~9세기 캐로링거 왕조의 문예 부흥이나 12세기 문예 부흥처럼 고전에 대한 동경과 시, 문학, 역사 같은 인문학에 대한 관심은 지속해서 있어 왔다. 무엇보다 결정적으로 르네상스의 발흥에 촉진 역할을 한 것은 인문주의적 정신이 고조되고 있던 북이탈리아가 동방의 문물과 세계관에 눈을 뜨게 된 것이다. 이것이 가능했던 이유는 십자군 원정에 의해 동서방의 통상이 유지되었기 때문이다. 또한 1453년 콘스탄티노플의 함락 직전 많은 그리스 학자들이 서방으로 오게 되면서 이미 진행되고 있던 르네상스를 더 촉진시키는 결과를 가져왔다.

르네상스는 고전에로의 복귀를 꿈꾸었다. 특히 이 시기 문학 부문에서 고전 학문의 부흥을 시도하는 운동을 '인문주의'(Humanism)라고 부른다. 이 시기 인문주의를 한마디로 규정하기는 사실 매우 어려운 작업이다. 왜냐하면 인문주의가 단순히 고전 언어와 문학을 연구함으로써 삶을 고양하는 것을 의미하는지, 아니면 우주의 중심에 인간을 둔 새로운 철학의 등장으로 봐야 하는지가 애매하기 때문이다.

분명한 것은 14세기 인문주의자들이 추구한 것은 그들이 우주의 중심에 둔 인간에 대한 이해를 고대로부터 끌어내고자 했다는 것이다. 개신교도에게 고전은 신약 시대와 교부들의 시대를 의미했으나, 인문주의자에게는 그리스-로마를 포괄했다. 개신교는 중세 교회가 도그마와 권위, 스콜라주의라고 하는 우상들에 대한 무지한 굴복으로 대변되므로 이들로부터의 자유를 추구했다면, 인문주의자는 종교의 범위에 제한되지 않는 자의식의 실현을 추구했다. 새로운 학풍은 개인주의를 주창하면서, 과거 천 년을 개인에 대한 억압으로 특징지워 버렸다.

2. 르네상스의 주요 인물

　14~15세기 문예 부흥은 이탈리아에서 발흥하여 전 서부 유럽에 확산되었다. 단테(Dante, 1265-1321), 페트라르카(Petrarch, 1304~1374), 보카치오(Boccaccio, 1313~75), 마키아벨리(Machiavelli, 1469~1527) 등은 이탈리아 문예 부흥의 주요 인물이었다. 단테는 자국어 문학의 비조였다. 혹자는 인문주의의 역사를 이 위대한 이탈리아 시인으로부터 시작한다고도 했다. 단테는 분명 시기적으로 중세의 인물이지만 근대 시의 시작을 알리는『신곡』을 썼다. 『신곡』은 죽을 인간의 운명에 대한 유비로써 인간 본성의 심리학적 차원들에 대한 심오한 통찰력을 과시했다. 이 점이 바로 하나님과 교회에 사로잡혀 있는 중세적 사고에 르네상스의 문을 열게 했다. 그는 신앙적으로 정통적이었으나, 교황의 세속 정치의 개입을 강력하게 반대했다.
　페트라르카는 스콜라주의를 경멸했고 아리스토텔레스를 조소했다. 그는 종교적인 의미를 배제한 자연 자체의 미와 인간 내면성을 찬양했다. 한편 그의 르네상스의 탐구 정신은 지리학에서도 잘 나타나는데 최초로 이탈리아의 지도를 만들 정도였다. 중세가 아닌 르네상스식 지리를 완성한 것이다. 그의 이러한 시도는 탐험가들을 부추겼고 다음 세기들에서 지리상의 발견에 큰 도움을 주었다.
　보카치오는 페트라르카의 친구였다. 그의『데카메론』은 흑사병이 만연하고 있던 플로렌스의 영적인 혼란과 사회적 병리 현상 등 자신이 살던 시대의 삶을 날카롭게 묘사했다. 신앙적인 문제를 거의 다루지 않고, 자연, 사랑, 그리고 육체의 즐거움을 표현했다는 점에서 근대 저술가들의 선구자였다.
　마키아벨리의『군주론』은 르네상스 시기의 세속적인 세계관을 가장 잘 보여 주는 예 가운데 하나이다. 『군주론』은 인간은 악하다는 전제 아래 성공적인 통치가에 대한 기술이다. 그는 이기심, 이중성, 그리고 폭력이 난무하는 세상에서 자비, 신의, 정의는 현실적인 통치자들에게 사치라고 했다. 국가의 힘을 위해 군주의 독재성과 비도덕성을 미화했고 목적을 위한 수단과 방법을 정당화했다. 그의 정치에 대한 냉소적인 자세는 그가 정치에 있어서 사욕과 부도덕성을 고무한 자라는 비난을 얻게 하였다. 어떻든 그는 당시 이탈리아와 유럽의 정치적 삶의 실상을 묘사했던 것이다. 마키아벨리의 권력의 정치학은 그리스도교의 윤리와 결정적으로 모순되었지만, 많은 측면에서 통치자들의 마음을 사로잡은 것은 한때 유럽 문화를 지배했던 교회주의의 퇴조를 반영한다고 하겠다.

이처럼 이탈리아에서 발흥한 문예 부흥 운동은 전 유럽으로 확산되면서 유럽의 각 나라들은 경쟁적으로 이탈리아의 예를 모방하려 했다. 르네상스의 영향은 엘리트층과 일반층에 골고루 미쳤다. 방랑 시인 루더(Luder)와 하이델베르크의 교수 아그리콜라(Agricola, c. 1443~1485)가 독일 인문주의자로 이름을 떨쳤으며, 헤기우스(Alexander Hegius)와 그의 제자 에라스무스(Erasmus, c. 1467~1536)는 네덜란드의 유명한 인문주의자였다.

에라스무스는 알프스 북방의 인문주의의 최고의 인물이었다. 그는 "인문주의자들의 제후"로 지칭된다. 그는 네덜란드 로테르담에서 사제의 사생아로 출생했으나 국제적 인물이 되었다. 에라스무스의 지속적인 관심은 교리를 단순화시키고, 제도적 교회의 중요성을 약화시키는 것이었다. 에라스무스는 신앙을 위해 교리와 신학이 크게 중요하다고 생각하지 않았다. 그에게 그리스도교 신학은 사도신경이면 충분했으며 그리스도교의 삶은 산상 수훈으로 충분했다. 그에게 중요한 것은 윤리였지 교리가 아니었다. 그는 성경을 통한 내면의 종교를 강조했다. 성경은 어떤 외적인 법전이 아니라 내면의 변화를 일으키고, 이를 통해 하나님 사랑과 이웃 사랑을 실천하도록 인도한다고 했다.

에라스무스는 성경과 고전기의 문학들, 교부들의 작품을 통해 신학을 개혁하고, 나아가 교회와 그리스도인들의 삶과 사회를 개혁하려고 했다. 1516년 그는 최초로 헬라어 신약 성서를 취합했고, 1519년 히에로니무스의 불가타 성경에서 600개 이상의 오류들을 수정하여 자신의 라틴어 성경을 출판했다. 그의 목적은 성경이 말하는 계시의 진리를 좀 더 정확하게 규명하는 데 있었다. 그러나 그의 적들은 그가 그리스도교 진리를 왜곡시키고, 세속적인 학문의 방법으로 교회의 지고한 권위를 손상시켰다고 비난했다. 어떻든 그의 신약 성서는 이후의 성서 연구에 촉진제가 되었고 기준이 되었다. 루터의 독일어 신약 성경과 흠정역은 이 표준본에 기초하고 있다.

에라스무스는 스콜라주의의 궤변과 교회와 국가의 가식적인 삶의 경박함을 『우신 예찬』을 통해 조소했다. 그는 신앙과 이성, 그리고 도덕적 실천의 종합을 추구했다. 그는 『그리스도인 군사들에 대한 교육』을 통해 그리스도인들을 지식과 기도라는 무기로 악에 대항하여 싸우는 군인으로 묘사하면서 교리적 접근을 멀리하고 그리스도를 따르는 성도의 윤리적 삶을 강조했다. 그는 평신도들이 성경을 중심으로 영성을 회복할 때 미신과 부도덕성이 근절되고 교회가 개혁될 수 있다고 주장했다.[73]

에라스무스는 다가오는 종교개혁의 시대에 평신도 중심의 교회를 꿈꾸었고, 성직자와 예전 없이도 그리스도와의 내면적 만남의 가능성을 가질 수 있게 해 주었다. 그의 교부들에 대한 진지한 연구와 헬라어 신약 성서 번역은 의심할 바 없이 종교개혁에 지대한 공헌을 했다.

에라스무스는 뛰어난 지성인으로서, 종교개혁자들의 '무모한'(rough and tumble) 행위(?)에 관심이 없었다. 그는 가톨릭교회를 신랄하게 비난하면서도 동시에 철저한 가톨릭 교인으로서 루터의 신학을 비판했다. 그는 끊임없이 평화를 외쳤으며, 보편적인 제국, 보편적인 교회로 구성된 사회를 동경했다.

로이힐린(Johann Reuchlin, 1455~1522)은 특출한 독일 인문주의자였다. 그는 뛰어난 언어학자로서 그리스 문학에 대한 연구열을 부추겼다. 그는 성경이 원어로 읽히고 이해되어야 할 역사적 텍스트임을 강조했다. 그는 직접 종교개혁을 지원하지 않았으나 그의 성서 연구에 대한 열렬한 주창은 간접적으로 종교개혁에 공헌한 셈이다. 그의 조카 아들인 멜란히톤(Philip Melanchthon, 1497~1560)은 루터교 종교개혁의 거장이었다.

프랑스에서 르페브르(Jacques Lefevre d'Étaples, 1455~1536)는 그리스도교 인문주의의 주요한 주창자였다. 그는 스콜라주의를 경시했고 불가타 성경을 프랑스어로 번역했다. 그는 성경 해석학을 위해 문법과 역사적 연구 방법을 강조했다. 그는 이미 믿음을 통한 칭의 사상을 언급했다. 파렐과 칼뱅이 그의 제자였다.

---

73 Erasmus, *Enchiridion*, LCC 14, 315.

3. 르네상스 예술

그리스-로마의 지적인 성취들을 모방하고자 하는 열망이 14세기에 만연하게 되었다. 부자들은 고전 예술품을 수집했으며, 건축가들은 로마의 건축물들을 연구했다. 이로 인해 고전 양식의 부흥을 꿈꾸던 르네상스 예술이 모습을 나타내게 되었다. 고딕 전통과 결별이 이루어진 것은 1420년에서 1434년 사이 브루넬레스치(Felippo Brunelleschi, 1377~1446)에 의해 건축된 플로렌스 성당의 돔이 건축되면서부터였다.

그보다 더 이전인 14세기 초 이미 이탈리아의 미술가 지오토(Giotto, 1276~1337)는 미술에 있어서 과거와의 단절을 대변하던 인물이었다. 그는 3차원의 원근법을 미술에 응용함으로써 더 실제적이고 극적인 표현을 할 수 있었다. 중세는 예술가를 낮은 신분의 기능인을 취급했으나 르네상스인들은 예술가들을 후대했다. 그래서 전통과는 다른 생생하고도 박진감이 넘치는 미술품들이 쏟아져 나왔고 사람들은 이것들이야말로 신이 내린 경이로운 재능의 산물이라고 생각했다.

이러한 변화의 최고봉에 보티첼리(Sandro Botticelli, 1444~1510), 다빈치(Leonardo da Vinci, 1452~1519), 미켈란젤로(Michelangelo Buonarroti, 1475~1564), 라파엘로(Raphaelo Sanzio, 1483~1520), 티티안(Titian, 1477~1576), 홀바인(Holbein) 등이 있었다. 이들은 1490년대에 시작된 이탈리아 전성기 르네상스 때에 활동했다. 이들의 미술은 종교적 주제들을 다루었으나 르네상스의 탐구 정신 혹은 인간성의 재발견을 대변했다. 이 시기의 미술은 수학 및 기하학, 측면법 및 광학, 그리고 해부학에 대한 지식을 대대적으로 이용했다.

발명가요, 엔지니어이며 미술가였던 다빈치는 그의 미술에 새로운 사실성과 심리학적 통찰을 표현하는 기법을 사용했다. 그의 "최후의 만찬"은 개별화된 사도들의 특징을 표현했으며 "모나리자"는 세상에서 가장 유명한 초상화일 것이다. 그녀의 수수께끼 같은 미소는 르네상스의 인간 감정에 대한 관심을 잘 나타내 준다. 라파엘로의 "변화 산상의 사건"과 미켈란젤로의 "천지 창조," "최후의 심판," "다윗상"은 색상과 형태의 사용에 있어서 르네상스적 요소를 잘 드러냈다. 티티안은 교회론적 모델들에서 벗어나 세속적이고도 이교도적인 주제들을 그렸다. "붉은 모자를 쓴 남자"가 바로 그 대표적 작품이다.

대부분의 르네상스 미술은 그리스도교적 인문주의의 한 표현들이었다. 이들은 정통적이면서도 반동적이었다. 종교적 열망을 표현함과 동시에 누드와 같은 감각적인 요소를 사용하기를 주저하지 않았다. 이 시기의 예술가들은 금욕주의 혹은 영성에는 관심이 없었으며, 예술의 새로운 경지를 넓히기 위해 노력했을 따름이다. 예술과 건축에 있어서 반동 종교개혁이 바로크(Baroque) 양식, 경건주의가 로코코(Rococo) 양식을 창출했다면, 르네상스는 고전 양식을 낳았다고 하겠다.

4. 르네상스 교황들

르네상스는 아비뇽 교황청 및 대분열의 시기에 이탈리아에서 시작되었다. 따라서 르네상스의 새로운 세계관의 등장은 시기적으로 로마 가톨릭 교회가 심한 침체와 대부분 무능한 교황들의 통치 시기와 일치한다. 이 시기 교황제보다 더 세속화된 것은 없었다. 교황들은 이기적이고, 경박하였으며, 한편 감각적이며, 화려했다.

니콜라우스 5세(1397~1455)는 최고의 르네상스 교황이었다고 할 수 있다. 그는 로마를 정치적으로 안정시키고 콘스탄티노플을 지키기 위해 애썼으나 제후들과 왕들의 도움을 얻어 내지 못했다. 그는 많은 면에서 개혁을 추진했다. 그는 학구적이었으며, 예술과 과학에도 관심이 지대했다. 그는 로마에 여러 개의 고대 교회들을 복원했으며, 교황의 거주지요, 교회의 본부인 바티칸 및 성 베드로 성당 재건의 계획을 세웠다. 그의 계획들은 다 이루어지지 못했으나 바티칸 도서관 건립에는 성공했다.

칼리스투스 3세(Calistus III, 1455~1458)는 뇌물로 교황제를 획득했다. 그는 자신의 사생아와 친척들에게 특혜를 베풀었으며, 터키족에 대항하여 십자군을 일으키려 했으나 실패했다.

식스투스 4세(Sixtus IV, 1471~1484)에 와서 교황제의 정치적 야심은 절정에 이르렀다. 그는 교회령을 무력으로 확장하려고 하였다. 그는 예술과 학문의 후원자였다. 바티칸 궁의 예배당 천장의 프레스코들은 그의 예술적 감각에서 나온 기념비적 작품이다. 그는 이런 사업들의 재정을 충당하기 위해 대대적인 교황세로 백성들의 재산을 갈취했다. 그는 르네상스 독재자의 자질을 유감없이 발휘했다. 자신의 가문이 주요 수도원을 통치하기 위해 애썼다. 이로 인해 교회 정치에 족벌주의가 도입되었다.

이노켄티우스 8세(1484~1492)는 추기경단을 매수하여 교황이 되었는데 그는 교회 직책을 팔아 수입을 챙겼다. 교황이 되기 전 생긴 2명의 사생아를 챙기기에 급급했고 교회 재산을 사유화하여 자신의 친척들에게 주려고 했다.

알렉산더 6세와 율리우스 2세는 가장 악명 높은 교황들이었다. 알렉산더는 부도덕함의 극치를 보였다. 교황직을 뇌물로 획득했으며, 성직 매매를 자행했다. 그는 4명의 사생아에게 공국을 나누어 주었다. 특히 자신의 이익을 위해 사생아 딸인 루크레지아를 수차례 정략결혼을 시켰다. 마키아벨리는 그를 무자비한 독재자의 모델로 삼았다. 알렉산더가 교황령을 강화하자 프랑스와 스페인은 이탈리아의 영토를 장악하기 위해 각축전을 벌여 이탈리아는 전쟁터가 되었다.

뇌물을 공여하여 교황이 된 율리우스 2세(Julius II, 1503~1513)는 식스투스 4세의 조카였다. 그는 교황청을 통제하고 이탈리아로부터 외국 세력들을 축출하기 위해 많은 전쟁을 수행했다. 에라스무스는 알렉산더 6세의 비행보다도 율리우스의 전쟁에 더 충격을 받았다. 이 인문주의자는 천국의 문 앞에서 『거부된 율리우스』로 교황을 조소했다. 루터는 이 교황을 '흡혈귀'라 불렀다. 왜냐하면 성 베드로 성당을 재건하기 위해 면죄부로 돈을 갈취했기 때문이다.

레오 10세(1513~1521)는 허영심이 많은 사람이었는데, 화려한 장식과 교황령의 확장에 엄청난 돈을 낭비했다. 그는 도박과 수렵에 탐닉했었다. 그도 율리우스의 뒤를 이어 성 베드로 성당 건축의 재원을 마련하기 위해 면죄부의 판매를 강화했다.

식스투스 4세, 이노켄티우스 8세, 알렉산더 6세, 율리우스 2세, 그리고 레오 10세와 같은 교황들은 이탈리아의 르네상스기에 재임했던 로마의 감독들이다. 정치적 야심과 문화적 관심으로 인해 교황들은 교회의 점증하는 문제들을 호도하고 말았다. 성직 매매가 판을 쳤고 성직자 독신주의는 거의 지켜지지 않았다. 수도원은 놀랄 정도로 타락해 있었다. 교회의 직책을 가진 사람들 가운데는 안수를 받지 않은 자들도 있었다. 이들은 직무를 수행하기 위해 대리인을 고용하기도 했다. 개혁은 불가피했다. 그러나 르네상스기의 교황들의 아둔하고 소아적인 기질은 개혁의 필요성을 깨닫지 못했다.

A Brief Sketch of Church History

제14장

§

민족 국가들의 생성

 교황 절대주의를 외치던 보니파키우스 8세는 석방된 후 1개월 만에 죽었다. 이 역사적 사실은 민족주의의 성장에 직면하여 교황의 권위가 실추되고 있음을 보여 주는 에피소드이다. 봉건주의의 종언과 절대 왕조의 등장은 다른 어떤 요인보다 중세적 종합을 붕괴시키는 직접적 요인이었다. 교황제가 인도하던 보편적인 그리스도교 사회 공동체는 이제 옛날의 일이 되어 버렸다. 교회의 바벨론 유수와 뒤 이은 대분열로 교회의 권위는 무너졌다.

 또한, 이 시기는 영국과 프랑스 사이의 100년 전쟁(1337~1453)으로 유명했다. 유럽의 거의 모든 국가가 이 전쟁에 연루되었으며 교회는 이 상황을 통제할 수 없었다. 또한, 기근과 1347년 발생한 흑사병으로 인해 유럽 인구의 감소와 경제적 침체가 가속화되었다. 유대인들이 흑사병 발생의 원인으로 간주되어 무수하게 처형되었다. 많은 여성이 마녀로 오인되어 죽어 갔다. 이 암울한 시기에 죽음과 내생은 종교적 표현의 가장 적절한 대상이었다.

 프랑스가 쟌 다르크의 도움으로 100년 전쟁에서 극적으로 승리하자 프랑스인들은 영국인들을 대륙으로부터 완전히 축출해 버렸다. 프랑스의 샤를르 7세는 교황을 저지하고 국가를 장악하기 위한 "시민 규제법"을 제정했다. 평민들의 협조로 봉건 영주들은 격파되었고 왕권은 강화됐다. 이로 인해 프랑스는 통일 국가로 절대 권력을 행사할 수 있게 되었다. 그의 후임자들은 중앙 집권력을 바탕으로 팽창 정책으로 영토를 확장해 갔다. 1516년 교황과 협약을 체결하여 프랑스 가톨릭교회를 왕의 통제 아래 두었다. 교회 법정으로부터 올라오는 항소는 왕이 판결했으며 성직자 임명권과 과세권도 장악했다. 이로 인해 프랑스의 로마 가톨릭교회는 프랑스적 로마 가톨릭교회로, 즉 국가 교회의 형태로 변모했다.

프랑스 인문주의도 타락한 교황제에 대한 공격에 한몫을 했다. 뛰어난 성서학자였던 인문주의자 르페브르는 이신칭의 및 성경의 권위를 강조함에 있어서 루터를 예견했다. 파리대학교는 일찍부터 개혁의 산실이었다. 유명론의 비조요, 공의회주의자였던 옥캄이 파리대학교에서 가르쳤으며, 장 드 제르송과 피에르 다이가 파리대학교의 학자들을 이끌면서 교황제를 철저히 개혁하고자 했다. 이들은 보편적 교회 공의회들을 통해 교회의 분열상을 종식하는 데 성공했다.

스페인의 역사는 711년부터 700여 년간 모슬렘들에 대한 투쟁의 역사였다. 8세기 모슬렘들은 스페인의 대부분, 그리고 시실리(남부 이탈리아)까지 점령했었다. 십자군 원정으로 스페인의 재점령이 시작되었다. 수 세기 동안 스페인의 그리스도인들과 모슬렘들 사이의 전쟁이 이어지는 동안 이베리아 반도에 아라곤, 카스틸레, 나바레, 그리고 포르투갈이라는 4개의 그리스도교 왕국들이 형성되었다. 봉건 귀족들이 여전히 왕권 위에 군림하고 있었기 때문에 4개의 왕국은 연약했다. 그러나 1469년 아라곤의 페르디난도가 카스틸레의 이사벨라와 결혼함으로써 각축전을 벌이던 소공국들이 연합하여 통일 스페인을 창출할 수 있었다. 포르투갈을 제외한 모든 지역 정부가 가담했다. 신생 연합 정부는 영주들을 제압했고 모슬렘들을 축출하였다.

스페인은 그리스도교로 개종하지 않는 자들에게 잔혹하게 대했으며 이는 샤를마뉴를 연상케 했다. 스페인은 이탈리아의 상당 영역을 점령했다. 유럽의 강자로 등극하자 페르디난도의 손자가 신성 로마 제국의 황제 카를 5세가 되었다. 스페인은 교황을 왕의 휘하에 두면서 중세 제도를 유지하려 했다. 페르디난도와 이사벨라의 권위 아래 종교 재판이 재정비되었다. 그들은 종교 재판을 이단 억압에만 사용한 것이 아니라 스페인의 민족주의화의 과정에 참여하지 않는 귀족들의 세력을 분쇄하는 데도 사용했다. 이들의 통치하에 1492년 콜롬부스가 신대륙을 발견하는 역사를 이루기도 했고, 이사벨라는 히메네스(Ximénez de Cisneros, 1463~1517) 대주교와 연합하여 교회의 만연한 도덕적·행정적 오류들을 시정하며 교회 개혁을 주도했다.

영국의 교황제적 절대주의에 대한 반감은 이노켄티우스 3세 이후 사그라들지 않았다. 교황세를 강요하자 영국의 귀족들은 영국 왕에게 권한을 부여하는 마그나 카르다(Magna Carta) 법안을 선포했다. 교황과 영국 왕실의 갈등이 있을 때마다 영국 의회는 왕을 지지했다. 위클리프와 롤라드들은 대중 사이에 반성직자주의를 조장했다. 영어로 번역된 성경이 나오면서 더 강경하게 교회의 여러 제도들, 예컨대 사제를 통한 고해 성사, 성례전, 성물 숭배, 면죄부 등을 거부했다. 랑카스터가와 요크가의 장미 전쟁으로 봉건 귀족들의 힘이 약해졌다. 튜더가가 전쟁을 종식하고 정권을 통일하면서 교회와 국가 모두에 절대 왕권이 확립되었다. 튜더가와 교황의 권력 투쟁은 훗날 영국의 종교개혁을 이루는 중요한 실마리가 되었다.

프랑스, 스페인, 영국이 절대 왕권을 형성해 가는 것과 대조적으로 독일은 지방 분권화로 정치적 분자주의를 벗어나지 못하고 있었다. 독일은 신성 로마 제국에 충성스러웠으며 제국의 황제는 교황의 요구에 충실했다. 갈등은 주로 교황과 지역 제후들 사이에서 발생했다. 제후들 중 막강한 7선 제후는 황제를 선출할 수 있었기 때문에 황제와 교황의 통제력 밖에 있었다. 이들은 독일의 절대 왕권 수립을 방해하는 최대 요소였지만, 교황을 견제할 힘으로 작용하기에 충분했다.

이탈리아의 민족주의와 교황제에 대한 회의는 지적인 부흥, 곧 인문주의에 근거하고 있었다. 이탈리아의 상황은 많은 개별 주들로 나누어졌는데, 도시 국가들이 대부분이었다. 이들 도시 국가들 사이에 경쟁은 치열했다. 주변의 프랑스와 스페인, 신성 로마 제국은 부유하면서도 분열되어 있는 이탈리아에 눈독을 들이고 있었다. 이들은 결국 이탈리아를 두고 패권 전쟁을 벌였다. 안타깝게도 이탈리아에는 이들을 저지할 힘이 없었고 교황에게 대항하여 싸울 개혁적 지도자가 없었다. 이탈리아 인문주의는 세속적이었으며, 따라서 신앙적 중요성을 갖고 있지 않았다.

스위스는 1291년 신성 로마 제국 황제에 반대하여 최초의 스위스 주 (Canton)들의 연합체를 결성했다. 그들은 알프스 계곡에 있던 군소 지주들에 불과했었다. 그들은 연합체를 이루었으나, 동시에 개별 주의 독립성을 그대로 유지했다. 종교개혁이 발발했을 때, 가톨릭교회도 황제의 세력도 스위스를 자기의 통제 아래 두지 못했다. 취리히와 제네바의 시민 정부들은 로마 가톨릭교회를 전복시키고 츠빙글리와 칼뱅을 각각의 새로운 질서의 지도자로 받아들였다.

보헤미아는 원래 그리스 정교회로부터 그리스도교를 받아들였으나, 13세기 마자르족의 침공으로 독일과 관계를 맺게 되었고, 그 후 로마 가톨릭 형태의 그리스도교가 도입되었다. 프라하대학교를 중심으로 위클리프 저술들이 확산되면서 개혁 사상이 대중들 사이에 퍼져 나갔다. 후스가 콘스탄스 공의회에 의해 처형되자 보헤미아의 후스파들은 개혁 사상들을 주창하며, 신성 로마 제국과 교황청과 전쟁까지 불사했다. 강력한 응집력을 보인 보헤미아는 보헤미아 민족의식을 담은 프라하 신앙 고백을 조건으로 교황청과 그리고 제국과 타협했다.

A Brief Sketch of Church History

제3부
16세기 종교개혁

제1장 종교개혁의 배경
제2장 루터의 종교개혁
제3장 개혁주의 종교개혁
제4장 과격파 종교개혁
제5장 영국의 종교개혁
제6장 로마 가톨릭의 반동 종교개혁
제7장 16세기 종교개혁의 의의: 영향과 비판

제1장

종교개혁의 배경

종교개혁의 배경에는 여러 가지가 있겠지만, 다양한 배경 가운데 '종교적' 요인이 가장 중요할 것이다. 왜냐하면, 이것이 다른 모든 요인에 의미를 부여했기 때문이다. 요컨대, 구체적으로 루터에게 있어서 성경적인 칭의 사상의 회복이 종교개혁의 목표였으며, 칼뱅에게 있어서 하나님의 주권(예정) 회복이 목표였다. 신학적으로 이들의 성서주의는 근대적 경건, 옥캄주의, 그리고 그리스도교적 인문주의의 영향의 산물이었다.

물론 실제적인 개혁의 진행 과정에서 다양한 요인이 개별적으로, 혹은 전체적으로 영향을 미쳤다. 예컨대, 15세기 후반 프랑스, 스페인, 그리고 영국에서 교황제의 권한을 약화시켰던 정치적 민족주의는 교황청의 분열과 심각한 도덕적 부패, 그리고 행정적 무능함에서 오는 오류들을 해결하기 위해 고투하는 중 발아했다. 교회가 경제적 피폐와 인플레이션을 해결하기 위해 갖가지 방법으로 고혈을 뽑아 갈 때 민중들의 마음은 교회로부터 멀어지고 불만도 고조되었다. 이 가운데 스콜라주의의 쇠미, 성서 신학에 대한 새로운 관심의 증대, 그리고 신비주의 운동은 교회의 권위를 더욱 약화시켰다. 신생 소종단들과 개혁을 부르짖은 후스와 같은 영향력 있는 반대자들이 이러한 상황에 편승했다.

개혁 운동은 교회 문제에 한정되지 않았다. 고리 대금업, 농민 탄압, 만연하고 있던 기근에 대한 부적절한 조처(특히 서남 독일에서)에 대한 비판의 소리도 한몫했다. 교회 내외적으로 개혁의 당위성은 명백해 보였다. 게다가 1455년경 구텐베르크의 인쇄술 발명, 중세적 종합의 해체, 그리고 새로운 지리적 발견은 사람들로 하여금 옛날의 규제들로부터의 해방을 부추겼다. 이러한 정치적, 종교적, 경제적, 신학적, 문화적 요인 등은 종교개혁의 원인 혹은 촉진제로 작용했다.

1. 정치적 배경

봉건주의로부터 민족주의에로의 이전은 유럽 문명에 대한 가톨릭교회의 지배권을 약화시켰다. 새롭게 부상하던 부르주와 중산 계층이 절대 군주와 손을 잡음으로써 과거의 봉건 사회는 무너지고 왕권 중심의 절대 권력이 확립되었다. 이들은 교황과 황제의 통제로부터 독립된 권한을 행사할 수 있었다. 100년 전쟁 후 프랑스에서 절대 권력을 행사하는 부르봉 왕가는 프랑스 가톨릭교회를 자신들의 수하에 두었다.

독일과 이탈리아의 지속적인 정치적 분자주의도 종교개혁에 유리하게 작용했다. 지방 분권화 상황에서 독일 가톨릭교회는 루터를 효과적으로 대항할 구심점을 형성할 수 없었다. 마찬가지로 정치적으로 지방 분권적 형태의 이탈리아도 정치적 안정을 이루지 못해 교황을 지원할 수 없었다. 실제로 삭소니의 선제후 프레드리히가 교황과 황제의 견제로부터 루터를 보호할 수 있었던 것은 이러한 정치적 상황에서 가능했다.

한편, 독일에서의 종교개혁은 16세기 초 교황들의 정치적 무능과, 프랑스의 프란시스 1세와 스페인의 왕 겸 신성 로마 제국의 황제였던 찰스 5세 사이의 세력 다툼으로 인해 급물살을 탈 수 있었다. 수 세대 동안 황제는 합스부르크가에서 배출되었지만, 종교개혁이 개시될 즈음 스페인의 왕가가 황제에 올랐다. 황제 찰스 5세는 스페인의 페르디난도의 외손자였다. 종교개혁기의 주된 정치적 경쟁 관계는 스페인과 프랑스였다. 15세기 말 스페인 왕 페르디난도와 프랑스의 찰스 8세가 나폴리 왕국을 두고 투쟁을 벌였다. 찰스 5세가 프랑스 및 터키족과 싸우고, 프랑스가 스페인과 군사적 경쟁 관계를 계속함으로 인해 루터는 상대적으로 자유를 누릴 수 있었으며, 종교개혁을 계속 추진할 수 있었다.

2. 교회론적 배경

　교회의 바빌론 유수는 대분열로 이어졌다. 이는 가톨릭교회를 매우 약화시켰으며, 교회의 위상을 실추시켰다. 그런 와중에도 교황들은 사치와 부도덕한 행위를 일삼고 권력 투쟁에 혈안이었다. 사람들은 교황과 수도원, 그리고 여타 성직자의 도덕적 타락과 탐욕, 행정적 무능과 오류들은 ROMA(*Radix Omnium Malorum Avaritia*, 모든 악의 뿌리는 탐욕)라는 조롱적 표현을 그대로 보여 주는 듯했다. 교황청의 분열로 교황이 2명, 때로는 3명이 되기도 했다. 학자들을 중심으로 공의회 운동이 분열을 치유하기 위해 일어났고, 공의회는 교황의 권한에 대한 문제들을 제기했다. 이 이슈는 종교개혁 기간에도 중요한 이슈였다.

　종교개혁 전야는 교회론적 문화가 지배하던 시기였다. 교회 건축이 대대적으로 이루어졌으며, 성인 숭배 사상의 발전으로 사람들은 종교적 축제들과 행진, 성인들의 조각, 그림, 그리고 사당들에 열광했다. 대중은 그들이 숭배하는 성인들이 자신들의 삶에 자비롭게 관여하여 지옥의 형벌을 피할 수 있게 하고, 연옥의 형벌을 줄인다고 믿었다. 성인 및 성물 숭배는 매일 곤고하게 살아가던 후기 중세인들에게 매우 호소력이 있었다. 교회는 면죄부 구입 등을 통해 자신들의 사후를 대비하고, 이미 세상을 떠난 친척들을 도울 수 있다고 가르쳤다.

　스콜라주의의 쇠미를 뒤이은 신비주의 운동은 교회 중재의 필요성 및 도그마의 중요성에 대해 의문을 제기했다. 신비주의자들이 흔히 추구하던 즉각적인 하나님에 대한 전망(*visio Dei*)은 예전적 교회의 신학적 구조를 흔들었다. 하나님에 대한 명상을 통해 직접적으로 종교의 가장 심오한 요소를 획득할 수 있다고 믿는 자들에게 성직자나 성례전들은 필수적인 것이 되지 못했다.

3. 경제적 배경

14~15세기 민족 국가들에서 등장한 초기 형태의 자본주의 계층이 등장하면서 유럽 사회는 큰 변화를 맞게 되었다. 자본주의는 동방과의 빈번한 교류 및 신대륙의 발견 등으로 상업과 수공업이 발달하면서 가속화되었다. 동방의 문화와 아메리카의 자본들이 유럽으로 몰려왔다. 이 자본에 의존하는 새로운 계층이 생겨나 사회에서 위상을 갖게 되자 더는 농토에 의존하지 않고도 살 수 있게 되었다. 이는 곧 중세 봉건 제도의 몰락을 가져왔다. 거대한 자본을 이용한 은행들이 생겨났고 이들은 황제를 선출하는 데까지 영향력을 행사했다.

봉건 영주들의 곤경이 증대되자 농민들의 곤경은 더 심화되었다. 독일의 경우 설상가상으로 1490년에 시작하여 거의 13년간 계속된 흉작은 독일을 심각한 경제적 위기로 내몰았다. 1493년부터 농민 반란이 빈번해졌는데 농민들은 봉건 영주들과 감독들에 대한 반감을 교회의 권위를 공격하는 쪽으로 표출했다. 그들은, 그리스도인의 자유를 주창하던 초기 루터의 저술들을 열렬하게 수용하였다.

교회는 자본 유입으로 인플레이션과 팽창 일로에 있던 경제 상황에서 자신들의 관료제를 지탱하기 위해 노력했다. 이런 상황에서도 로마 가톨릭교회는 성 베드로 성당의 재건축과 같은 사업들을 추진하기 위해 세수를 증대시킬 수밖에 없었다. 성직 임명권의 유보, 예비 임명, 성직의 첫 수입세, 그리고 면죄부의 판매 등과 같은 오류를 자행했다. 이러한 오류는 종교개혁자들의 공격의 빌미가 되었다.

4. 신학적 배경

둔스 스코투스와 옥캄은 내부로부터 중세 교회를 개혁하려 했다. 이들은 신학에서 이성의 사용이 옳다고 믿지 않았으며 그리스도교의 진리를 오직 계시된 신앙의 문제로 믿었다. 이러한 주장은 16세기 개신교 개혁자들의 '오직 믿음'의 원리와 일맥상통했다. 스코투스와 옥캄의 '근대의 길'은 아퀴나스의 '고대의 길'을 근본적으로 회의하게 만들었다.

종교개혁이 시작될 즈음 유명론이 우위를 점했다. 유명론자들이 신학 명제에서 보편자의 개념을 제거함으로써 통합 개념이 아닌 개체적 개념의 교회와 신앙주의가 만연하게 되었다. 칭의의 문제에 있어서 유명론자인 옥캄과 비엘은 구원과 관련하여 인간의 능력을 낙관적으로 보았으며, 리미니의 그레고리우스와 휴골리노는 전형적인 아우구스티누스적 신학을 취하여 비관적인 견해를 피력했다. 루터도 나중 '구원론적인 번뇌'의 결과 유명론의 낙관주의를 비판했다.

5. 문화적 배경

많은 사회적 문제에도 불구하고 종교개혁 전야에 군주들, 제후들, 그리고 상인들의 노력으로 유럽에 많은 대학이 설립되었다. 사람들은 대학 교육을 통해 신분의 상승을 달성할 수 있었는데 의사, 변호사, 그리고 성직자가 될 수 있었다. 대학의 발전은 문맹률의 저하와 비판 정신의 고조에 기여했다. 교육이 더는 사제들의 독점물이 아니었다.

르네상스는 가장 중요한 종교개혁의 문화적 배경이었다. 14세기 르네상스와 인문주의의 특징에 대해서는 이미 언급된 바다. 이는 신학에 대한 역사적 정당화가 아니라 역사적으로 이해된 신학을 연구하게 했다. 종교개혁이 '하나님의 재발견'이라면 르네상스는 '인간의 재발견'이었다. 르네상스 인문주의는 자신의 운명을 통제할 수 있는 인간의 능력을 강조했다. 이는 결국 교회의 세계관과는 모순되는 세계관을 제시했던 것이다. 인문주의자들의 제도적 교회와 성직 계층에 대한 비판 정신은 평신도들에게 새로운 자신감을 갖게 했다.

주된 인문주의자들로는, 이탈리아에서는 피코, 브루니, 피카소, 프랑스에 르페브르, 올리베땅(Olivetan), 영국에서는 콜레트, 리나크르(Thomas Linacre), 토마스 모어, 스페인에 비베스(Joan Luis Vives), 히메네스, 독일에서는 아그리콜라, 로이힐린, 켈테스(Conrad Celtes), 그리고 네덜란드에서는 에라스무스가 있었다. 이들은 현상에 대해 비판적이었으나 과격한 혁명주의자들은 아니었다. 그들은 목표를 달성하기 위해 지성적인 대화, 학문, 글에 의존했으며 법과 질서를 통한 합리적인 방법들에 의존하여 목표를 달성할 수 있다고 보았다. 그들은 루터를 야만주의라고 조소했다. 그들은 교회의 오류들을 질타했으나, 대부분이 로마 가톨릭교회에 머물렀다.

물론 많은 르네상스 인물들은 다양한 양태로 그리스도교와 관계를 맺었다. 세속적 인문주의자들은 드물었고 그리스도교와 균형을 취하는 사람들이 많았다. 인간 및 역사에 대한 르네상스와 그리스도교적 견해의 장점들을 보유하면서, 양 세계관들의 약점들을 거부했다. 이를테면, 역사적 자료와 언어에 대한 인문주의적 관심은 개혁자들로 하여금 원문에 근거한 성경 해석을 연구하게 했다. 또한, 르네상스가 강조한 개인의 가치와 탐구의 자유는 종교개혁자들이 성직자의 도움 없이 성경의 진리를 추구할 수 있는 인간의 권리를 주장하게 했다. 르네상스는 원시 그리스도교와 역사적으로 전개된 가톨릭교회 사이의 엄청난 괴리를 간파했다. 이는 개혁자들이 당시 가톨릭교회의 오류들을 직시하는 데 도움을 주었다.

중세와 르네상스를 연대기적으로 구분하는 것은 가능하지만, 르네상스와 종교개혁을 연대기적으로 구분하는 것은 불가능하다. 토마스 모어의 『유토피아』(Utopia), 마키아벨리의 『군주론』, 그리고 루터의 『95개 반박문』은 1~2년 간격을 두고 거의 동시에 일어났다. 에라스무스의 신약 번역의 최종판과 칼뱅의 『기독교 강요』 초판은 같은 해(1535)에 출판되었다. 이처럼 중세 말기의 두 사상적 운동은 연대기적으로 중복되면서 새 시대를 열어 갔다.

6. 지리적 배경

새로운 영토들의 발견은 유럽의 얼굴을 서쪽으로 향하게 만들었다. 이는 유럽의 경제적·사회적 삶을 크게 변모시켰다. 신대륙으로부터 도입된 재원은 유럽의 경제와 경제 구조를 변화시켰다. 대서양 연안 도시들이 상업의 주도권을 장악하면서 지중해 연안 도시들은 그 기능이 약해졌다. 1498년 바스코 다 가마(Vasco da Gama)가 인도 여행에 성공했고, 1492년 스페인 왕실의 후원으로 콜롬부스가 아메리카 중미 군도(서인도)를 발견했다. 이어 1500년 포르투갈이 브라질을 발견하고 중국, 일본, 마카오 등으로 뻗어 나갔다. 16세기 유럽이 긴박한 문제들에 사로잡혀 있었으나, 이 항해들은 유럽에 새로운 기회와 희망의 문을 열어 주었다.

당시 스페인의 확장은 대단했다. 서인도 제도의 점령을 시작으로 멕시코(1519), 칠레(1520), 아르헨티나(1525), 그리고 페루(1532) 등지로 식민지 탐험이 계속되었다. 찰스 5세의 제국에는 해가 지는 날이 없었다. 이로 인해 가톨릭교회의 세력도 식민지화에 동참하여 세계로 확장해 나갔다. 식민지 원주민의 살해와 문화의 파괴에 대한 항의도 많았지만 스페인의 식민지화는 그칠 줄 몰랐다. 남, 북, 중앙아메리카와 잉카 제국도 점령하였다. 스페인은 처음으로 프랑스, 영국까지 격파시키면서 유럽의 강자가 되었다. 포르투갈도 아프리카의 콩고, 앙골라, 그리고 모잠비크를 식민지화 하면서 팽창 가도를 이어 갔다.

선교는 식민지화 정책의 수단이기도 했으며, 식민지화 정책은 선교의 수단이기도 했다. 당시 피점령자들의 종교가 유럽에 도입되기도 하면서 혼합 종교적 제의들이 나타나기 시작했다. 오늘날 라틴 아메리카 및 아프리카의 많은 지역의 가톨릭주의는 원주민들의 종교 전통들과 결합한 형태들이 많다. 이러한 혼합 종교적 형태는 때로는 교회의 지원으로, 때로는 독자적으로 발전하면서 오늘에 이르기까지 수 세기 동안 계속되고 있다.

A Brief Sketch of Church History

제2장

루터의 종교개혁

1. 마르틴 루터

1) 출생과 성장

　루터(Martin Luther, 1483~1546)는 1483년 11월 11일 중부 독일의 작은 마을 아이슬레벤(Eisleben)에서 아버지 한스와 어머니 마가레테 사이에서 출생했다. 그의 부친 한스는 농민이요, 구리 광산 노동자였다. 한스는 루터가 갓난아이였을 때 가족들을 데리고 만스펠트(Mansfeld)로 옮겨가 거기서 광산 산업으로 일정 부분 성공했다.

　루터는 14살 때 마그데부르크(Magdeburg)의 성당 학교에서 '공동생활 형제단'의 지도를 받은 적이 있다. 아마도 여기서 루터는 독일 신비주의를 접하게 되고, 나중에 이성이나 어떤 제도보다 종교의 내면적 확신의 중요성에 대한 토대를 세웠을 것이다. 이어 아이제나흐(Eisenach)에서 공부하다가 1501년 18살 때 독일 최고의 대학인 에르푸르트(Erfurt)대학에 들어갔다. 여기에서 유명론자이면서 인문주의자였던 투루트페터(Trutvetter)와 바돌로메이우스(Bartholomäus) 같은 스승에게서 하나님의 전능성, 인간의 무능성, 그리고 은총의 일방성에 대해 배웠고, 논리와 개념 정의의 탐구 방법론을 훈련받았다.

　4년 후 1505년 문학 석사 학위를 받고 아버지 한스의 바람을 따라 법학을 공부했다. 법학 공부를 시작하자마자 루터는 한 극적인 사건으로 인해 자신의 생의 방향을 급전환하였다. 1505년 7월, 부모를 방문한 후 에르푸르트로 돌아가는 길에 갑자기 천둥을 동반한 폭풍을 만났다. 번개가 내려치자 공포에 젖어 성 안나에게 기도하며 수도사가 되기를 서원했다. 그는 평소에 죄와 죽음, 구원과 심판에 대한 번민으로 깊은 우울증에 빠져 있던 터에 이 번개 사건은 그로 하여금 갑작스레 수도사 서원을 하게 만드는 계기가 되었다. 그는 자신의 죄의식과 심판에 대한 공포를 엄격한 수도원적 훈련을 통해 벗어나려고 애썼다. 성 안나에게 맹세한 뒤 2주 만에 루터는 에르푸르트의 아우구스티누스 수도원에 들어갔다. 이곳은 학문과 엄격성으로 명성이 높은 곳이었다.

  이유가 무엇이든 간에 젊은 루터를 괴롭혔던 심리적인 억압은 그의 초기 하나님 이해(심판하는 하나님)에 상당한 영향을 미쳤다. 그러나 수도사로서의 삶으로도 그는 여전히 불안에 잡혀 있었다. 모든 엄격한 수도원의 고행과 훈련을 통해서도 그가 추구하던 평화는 찾아오지 않았다. 죽음에 대한 공포와 죄인인 자신이 하나님의 의로운 요구들을 만족시킬 수 있을 것인가 하는 문제로 괴로워했다. 루터는 외적인 수단들, 이를테면 기도, 예배, 고행, 금식, 그리고 선행으로 하나님의 요구하는 의에 이를 수 없음을 깨닫고 비관했다. 그는 수도원에서 자신을 극한의 훈련에 내놓을수록 더 큰 의를 요구하는 두려운 하나님에 대해 심지어 증오의 감정에 까지 이르렀다고 했다. 그에게 하나님은 사랑이 아니라 심판자요, 파괴자로만 다가왔다.[1]

  2년간의 수습 과정을 마친 후 1507년 사제로 안수를 받았다. 안수 받은 이듬해 설립된 지 얼마 안 되는 비텐베르크대학교에서 신학 공부를 할 기회가 주어졌다. 1509년 성경학사 학위를 받고 그는 피터 롬바르도의 『명제집』을 공부하기 위해 에르푸르트로 돌아왔다. 그는 에르푸르트대학 인문학부에서 아리스토텔레스의 『윤리학』을 가르쳤다. 비텐베르크로 돌아와 1512년 29세에 신학 박사 학위를 취득했으며, 거기서 성서와 신학을 가르치는 교수가 되었다.

---

1 *WA*, 1, 557, 33.

비텐베르크에서 수학하고 교수가 되는 과정에서도 루터의 영적인 갈등은 여전히 지속되었다. 다행히 그는 비텐베르크의 아우구스티누스회의 감독자 요한 슈타우피츠(Johann Staupitz, 1460~1524)를 알게 되었다. 슈타우피츠는 루터의 영적 안내자가 되어 포용과 사랑으로 그의 영적 침체를 치유해 갔다. 슈타우피츠는 루터에게 하나님의 은총을 강조했고 은총을 신뢰하도록 가르쳤다. 그는 루터가 성서 연구에 열중하도록 도와주었고, 그로 인해 루터의 관심이 비엘의 유명론으로부터 아우구스티누스의 은총론으로 전환되었다. 이제 루터는 사랑의 하나님에 대해 눈을 뜨게 되었다. 루터는 슈타우피츠를 계승하여 비텐베르크대학교의 교수가 되었다.

비텐베르크대학교의 교수직에 있으면서 성서 연구에 몰입한 이 기간이 루터에게는 무엇보다 비교할 수 없는 중요한 시기였다. 왜냐하면 소위 루터의 '복음의 재발견'이 이루어지고 종교개혁을 이끌어 갈 수 있었던 그의 신학이 형성된 결정적 시기였기 때문이다. 1513년부터 루터는 시편(1513~1515), 로마서(1515~1516), 갈라디아서(1516~1517), 히브리서(1517~1518), 그리고 다시 시편(1518~1519)에 대해 주의 깊게 석의적 연구들을 수행했다. 학문적 연구와 교수 이외에도 그는 그의 종단 소속의 12개의 수도원을 관할하였다. 얼마 안 있어 뛰어난 설교가로서의 명성도 얻었다.

루터는 초기에는 성서 연구들과 관련하여 후기 스콜라주의자들, 특히 옥캄에 몰입하면서 계시를 강조하고, 이성을 신뢰하지 않게 되었다. 그는 나중에 스콜라주의(유명론)와 신비주의가 인간의 자의적 성취를 강조하고 그리스도의 성육신과 고난에 의한 구원을 간과하고 있음을 발견했다. 루터는 인간이 오직 그리스도를 통한 은총으로만 용서받은 죄인이 된다고 하는 사도 바울의 가르침을 강조했다.

2) 회심과 칭의 개념

루터의 '탑의 경험'(Tower Experience)에서 그가 겪은 '구원론적 번뇌'는 결국 그의 '복음의 재발견'의 사건으로 이어졌다. 다시 말해 칭의의 개념을 올바로 이해하게 되었다. "어떻게 자비로우신 하나님을 발견할 수 있는가?"

라는 물음을 계속하다가 로마서 1:17에서 하나님의 의에 대해 새롭게 이해했다. 이전까지 그는 복음을 하나님의 의로우심과 그에 미치지 못하는 인간에 대한 하나님의 진노의 위협으로 이해했다. 그의 유명한 '탑의 경험'이 정확하게 언제 있었는지는 알 수 없다. 혹자는 루터가 『95개 반박문』을 작성할 때까지도 복음의 재발견이 없었다고 말하기도 한다. 왜냐하면, 이 문서에 믿음으로 말미암는 구원을 분명히 진술하고 있지 않기 때문이다.

그러나 1512~1513년 사이에 이미 복음을 재발견한 것으로 보는 학자들도 있다. 그의 첫 시편 강해에서 하나님의 의는 심판의 의가 아니며 우리를 구원하는 의라는 것과 그리스도를 통해 이 의가 인간에게 전가됨으로 우리가 의롭게 된다는 그리스도론적 칭의 개념이 등장하기 때문이다.[2] 시편 강해를 통해 루터는 진노하는 두려운 하나님이 아니라 자비로운 하나님을 발견했음이 나타난다. 이를 차치하더라도 아무리 늦게 보더라도 그의 탑의 경험은 로마서 강해를 쓴 1515~1516년을 넘기지는 않을 것으로 보는 견해가 많다. 그는 1517년 비텐베르크대학교에서 성경의 권위를 주장했다. 그는 아리스토텔레스가 폐위되고, 성경이 즉위했다고 선언했다.

루터 신학의 정수는 1512~1517년 어간의 집중적인 성경 연구에 의해 형성되었다. 로마서를 통해 깨달은 바는 구원은 우리의 행하는 바에 근거하는 것이 아니라, 하나님이 우리를 받아들였다는 사실을 믿는 것에 근거한다는 것이다.

구원은 인간의 선행이나 양심에 달려 있는 것이 아니라 우리 밖에 있는 것, 곧 하나님의 약속에 달려 있는 것이다. 그의 신학의 중심은 그리스도의 십자가와 부활을 통해 우리의 공로 없이 부어 주는 하나님의 은총을 통한 죄 사함이었다. 십자가에서 하나님의 진노와 하나님의 사랑이 만나 구속의 기적을 일으키신다.

이제 루터는 자신의 무가치성을 돌아보지 않게 되었고 오직 믿음으로 하나님의 선하심을 받아들이게 되었다. 이것이 바로 바울이 이해한 바, "오직 의인은 믿음으로 살리라"는 하박국 선지자의 말씀의 의미라고 믿었

---

[2] WA, 3, 458, 8-11.

다. 이 새로운 깨달음은 루터에게 천국의 문들을 열어 주었는데, 바로 이 신칭의(以信稱義) 사상이었다.[3]

복음에 계시된 하나님의 의는 인간이 받을 자격이 있는 것을 부여하는 것이 아니라, 인간에게 값없이 용서를 제공하는 것이다. 하나님이 우리에게 요구하는 것은 그것을 믿는 믿음이라는 것이다. 이는 나중에 루터교와 대부분의 개신교 신앙의 주춧돌이 되었다.

2. 종교개혁의 발화

1517년 루터는 만성절 전야(All Saints' Day eve, 10월 31일)에 신학적으로 토론하기 위하여 전통적 교회에 대항하는 내용인 『95개 반박문』을 비텐베르크 성 교회의 대문에 내걸었다. 『95개 반박문』은 면죄부 판매에 대한 루터의 반응임과 동시에 '스콜라주의적 신학'에 반대하는 새로운 신학적 전망의 공개적인 천명이었다. 루터는 면죄부 자체에 대한 공격보다 이의 남용을 지적하고자 했다. 즉 그 당시까지 교회에 의해 분명하게 정의되지 않고 있던 면죄부의 관행과 신학적 근거에 대한 바른 해석을 요청한 것이었다. 구텐베르크가 발명한 인쇄술에 힘입어 신속한 대량 배포가 가능했다. 반박문의 파급력은 엄청났으며 루터가 생각지도 못한 방향으로 치달았다. 전체 그리스도교에 소요가 일어났고 역사는 새로운 시대로 내몰렸다.

중세에 있어서 면죄부의 신학적 근거는 성서적이라기보다 관습적이었다. 1095년 우르바누스 2세와 1187년 이노켄티우스 3세가 모슬렘들과 싸우는 군인들에게 면죄부를 약속한 적이 있었다. 1350년까지 면죄부는 교황제를 위해 자금을 모으는 기업 경영과도 같았다. 이는 교회가 그리스도와 성인들이 성취한 여공을 타인들에게 전가할 수 있다는 교리 위에, 교회에 의해 공식적으로 인정된 수단이었다. 그러므로 사람들은 교회가 제공하는 면죄부를 구입함으로써 죄책이 용서되거나 연옥에 있는 기간이 경감

---

3 WA, 56, 272, 3-20.

될 수 있다고 믿었다.

면죄부의 판매는 1517년 레오 10세와 감독 겸 제후인 알브레흐트(Albrecht, 1490~1545) 사이의 타협으로 가속화되었다. 알브레흐트는 젊은 나이에 이미 독일의 두 교구를 소유하고 있었다. 그는 더 큰 야망으로 마인츠의 대주교직을 탐냈고 독일의 최고 성직자가 되기를 원했다. 3개의 성직을 겸하는 것이 불법이었음에도 불구하고 그의 가문은 마인츠의 대주교직을 교황으로부터 매입하였다. 이 야망의 실현에는 엄청난 대가가 필요했다. 마인츠 대주교직에 취임하기 위해 그는 1만의 금화를 은행에서 차입해서 교황에게 지불해야 했다. 레오 10세는 알브레흐트가 은행 빚을 갚을 수 있도록 그의 지역에서 8년 동안 면죄부를 판매할 수 있도록 특권을 부여했다. 면죄부 수입의 절반은 은행 빚을 갚고 다른 절반은 교황에게 바쳤다.

당시 교황은 성 베드로 성당을 건축하기 위해 돈이 필요했었기 때문에 둘 간의 모종의 협의는 자연스럽게 이루어졌다. 알브레흐트가 면죄부를 판매하기 위해 도미니쿠스회 수도사인 테첼(Tetzel)을 고용했다. 테첼과 그의 동료들은 면죄부 판매를 위해 수단과 방법을 가리지 않았다. 테첼은 지옥과 연옥의 고통을 설파하면서 자신이 파는 면죄부는 완전한 것이므로 이를 구입하면 모든 죄를 용서받고 연옥의 고통이 면죄된다고 했다. 자신이 파는 면죄부는 과거, 현재, 미래의 죄까지 단번에 처리하고, 사람들의 죄를 세례보다 더 깨끗하게 한다고 했다. 또한, 마을 시장에 십자가를 세워 놓고 면죄부는 그리스도의 십자가만큼 효력이 있다고 장광설을 지껄였다.

루터는 테첼의 감언이설에 분노했다. 면죄부 사상은 구원론적 여정에서 복음을 재발견한 루터의 믿음과 정면으로 충돌되는 것이었다. 『95개 반박문』 1조에서 루터는 주님이 회개하라고 했을 때, 이는 "성도의 전 생애가 회개의 삶"이라는 것을 의미한다고 했다. 면죄부는 죄책을 제거할 수 없고 참된 애통만이 이를 제거할 수 있는바, 루터에게 면죄부는 참된 종교를 조롱하는 것이었다.

또한 루터는 외적인 고해 성사도 내적인 회개 없이는 아무런 가치가 없다고 했다. 죄의 용서는 하나님만이 하실 수 있고, 교황은 하나님의 용서를 선언할 따름이다. 여공은 존재하지 않으며 오직 각 개인이 그리스도에 의해 성취된 공로를 값없이 누리는 것이라고 했다.

루터의 면죄부에 대한 가장 열렬한 반대는 경제적 이유나 혹은 교황의 권력이 연옥에까지 과도하게 확대되었기 때문이 아니라, 신학적 이유 때문이었다. 그는 면죄부가 비성경적이고 복음의 진리를 왜곡시키기 때문에 분개한 것이다. 독일 민족주의자들은 로마를 공격한 루터의 영웅적인 행위를 격찬했다. 여기서부터 종교개혁은 점화되었다.

3. 교회의 반응: 논쟁을 통한 루터의 신학

루터의 95개 반박문은 가톨릭교회와의 주요 논쟁으로 이어졌다. 3차례 걸친 논쟁을 통해 루터의 신학은 무르익어 갔다. 1518년 4월 루터는 하이델베르그에서 아우구스티누스회의 수도사들 앞에서 자신의 입장을 변론한 40개 명제를 제출했다. 이 명제들은 루터의 복음주의의 총화로 불린다. 여기서 그는 그의 대표 사상인 이신칭의 사상을 반복 주창하였고, 또 그의 신학의 시금석이라 불리는 십자가의 신학을 개진했다. 영광의 신학은 하나님을 인식하지 못하는 스콜라주의 사변과 신비적 환각을 특징으로 하며, 십자가의 신학은 십자가에 달린 하나님에 대한 참된 지식을 특징으로 한다고 했다. 하나님 사랑은 그리스도의 고난과 십자가에서 발견된다고 했다.[4] 이 첫 번째 논쟁으로 루터는 독일의 영웅이 되었다.

로마 교회와의 갈등이 심화되면서 동년 8월 루터는 아우크스부르크로 출두 명령을 받았다. 아우크스부르크로의 출두로 루터는 상당한 죽음의 위협을 느꼈다. 왜냐하면 과거 100년 전 후스의 죽음이 연상되었기 때문이다. 그러나 어떠한 어려움에도 불구하고 자신은 그리스도만을 의지하겠다고 선언하고 출두를 결심했다. 루터는 프리드리히 선제후의 중재하에 1518년 10월 카제탄 추기경이 주도하는 아우크스부르크 제국 의회에서 심문을 받을 수 있었다.

---

[4] *WA*, 1, 354, 17-28.

카제탄은 1343년 클레멘스 6세가 공포한 교서를 이용해 공로들의 보고 교리와 이에 근거한 면죄부를 발행할 수 있는 교황의 권리를 선언하면서 루터의 오직 믿음으로만 얻게 되는 의(이신칭의)를 문제 삼았다. 추기경의 논거는 스콜라주의적 신학과 교회법(전통)이었으나, 루터는 성경적 논거로 반박했다. 카제탄은 루터의 사상을 듣거나 토론에는 관심이 없었고 루터에게 교회의 조처에 무조건 복종할 것과 루터의 주장들을 철회할 것만 요청했다. 카제탄은 루터를 체포할 권한이 있었기 때문에 루터는 철회를 거부하고 은밀히 피신했다.

결국, 이 회담은 결론 없이 끝나고 말았다. 이 회담에서 루터가 안전할 수 있었던 이유는 프리드리히 선제후의 보호 때문이었다. 레오 10세에게도 찰스 5세에게도 프리드리히는 무거운 존재였다. 그는 7선제후 중에서도 영향력이 있는 자였으므로 그의 행위를 독단적으로 다루지는 못했다.

1519년 잉골슈타트(Ingolstadt)대학교의 신학자인 요안네스 에크(John Eck)가 루터를 공격하면서 세 번째 논쟁인 라이프찌히 논쟁으로 돌입했다. 이 논쟁은 교황의 권위 문제를 본격적으로 다루었다. 1517년 면죄부에서 기인한 문제가 이제 중세 가톨릭교회의 거대 구조를 정면으로 거론하기에 이른 것이다. 루터는 교황뿐만 아니라 교회 공의회도 무오류하지 않다고 주장했다. 그는 과거 콘스탄스 공의회가 후스를 처형시킨 일을 예로 삼았다.

그러므로 교황과 교회 모든 결정 기구는 성경을 통해 검증되어야 한다고 했다. 많은 인문주의자들이 루터를 지지했다. 루터는 교황제가 인간의 고안물일 뿐 절대 권위가 될 수 없으며 오직 성경에만 권위가 있다고 했다.[5] 그리스도만이 교회의 우두머리이며 만약 교황이 그 자리를 찬탈한다면 이는 적그리스도라고 했다. 에크는 교회의 권위가 없다면 성경도 믿을 만한 것이 못 된다고 항변하고 루터를 이단이라고 불렀다.

1520년 초 로마에서 루터에 대한 심문이 재개되었다. 에크는 동년 6월 교황으로부터 루터의 파문 교서 『주여, 일어나소서!』를 확보했다. 교황은 그를 주님의 포도밭을 더럽히는 멧돼지로 부르면서, 그와 그의 추종자

---

5 *WA*, 2, 161, 35-39.

들을 파문했다. 3개월 후 본 교서가 루터에게 전달된 후 그의 입장을 철회할 수 있는 60일간의 유예 기간이 주어졌다. 그는 로마에 굴복하는 대신 12월 10일 그 교서를 비텐베르크의 시민과 학생들이 보는 앞에서 불태워 버렸다. 그와 그의 동료들은 중세 유럽의 입법적 기초들인 교회법을 소각시킨 셈이었다. 이는 중세의 법과 질서의 기반 자체를 공격한 행위였다. 1521년 1월 3일 로마에서 루터에 대한 파문이 선언되었다.

1519년 찰스 5세는 황제로 즉위한 뒤 이미 교황에 의해 정죄된 루터의 사례가 다시 다루어져야 한다고 생각하고 라인 강변의 브롬스에서 제국의회를 소집했다. 황제는 루터를 브롬스로 소환했으며, 그에게 황제는 안전 통행권을 약속했다. 루터는 1521년 4월 17일 브롬스 의회에 출두했으며, 그의 저술들을 철회하도록 요청받았다. 프리드리히의 보호에도 불구하고 브롬스는 루터에게 삶과 죽음을 결정하는 마지막 선고 자리였기 때문에 출두를 만류하는 여러 충고들이 있었다. 그러나 루터는 "지옥의 모든 문에도 불구하고 우리는 브롬스에 갈 것이다"라고 답변했다. 루터는 자신의 입장을 철회할 수 있는 하루 동안의 유예 기간이 지난 후 교회와 제국의 명사들 앞에서 그의 사상의 철회를 거부했다.

루터는 스스로를 하나님의 말씀과 양심에 잡힌 자로 선포하고 교황과 교회 전통의 권위에 맞섰다. 그는 이 연설에서 개신교의 권위의 2개의 축인 성경과 양심의 절대성을 선언하였다. 루터의 신앙의 문제에 있어서 양심과 자유의 강조는 나중 개혁자 신학자들이 종교적 강압에 저항해도 된다는 이론을 발전시키는 데 영향을 미치게 된다.

1517년의 『95개 반박문』이 약화일로에 있던 교회의 권위에 큰 타격을 가했다면, 1521년의 브롬스 의회의 출두는 중세 교회에 결정적인 타격을 가했다고 하겠다. 그는 이 의회에서 진리에 대한 주관적인 판단에 근거하여 교회뿐만 아니라 제국에 항거했던 것이다. 그의 태도는 이후 개신교에 성경과 양심이라는 진리의 두 기둥을 상속시켜 주었다.

그의 연설은 참석한 사람들에게 깊은 감명을 주었고, 특히 프리드리히 선제후가 크게 감동하였다. 황제는 회의를 서둘러 마무리해 버렸다. 루터는 호위를 받으면서 그 자리를 떠났다. 이튿날 찰스는 루터를 악명 높은 이단자로 규정하고 한 달 뒤 그 내용을 담은 『브롬스 칙령』을 공포했다. 루터를 보호하려던 프리드리히 선제후의 계획에 따라 그는 귀가 도중에 납치되어 아이제나하 근처의 바르트부르크(Wartburg) 성으로 호송되어 거기서 11개월 동안 은거했다.

루터는 바르트부르크 성에 머무는 동안 저술 활동에 열중했다. 에라스무스가 편집한 헬라어 신약 성경을 당시 독일어로 번역했다. 이 역본은 종교개혁뿐만 아니라 독일의 종교적 삶 전반에 큰 영향을 미쳤다. 그가 바르트부르크 성에 은거하는 동안 그는 역사의 전면에서 사라진 셈이었다. 그러나 그가 사라진 독일은 본격적으로 종교개혁의 물살을 탔다. 독일 전역에서 루터의 슬로건을 반복하며 새로운 복음이 선포되기 시작했다.

4. 주요 작품

1520년 6월 교황청으로부터 출교 교서가 내려지고, 1521년 1월 파문 교서와 4월 브롬스 출두까지 루터에 대한 조처가 연기되고 있는 동안, 루터는 단숨에 몇 편의 중요한 논문을 작성했다. 1519~1522년 사이의 문서 전쟁에서 루터는 자신의 개혁 사상을 완전히 개진했다. 1520년에 저술된 소책들인 『독일 그리스도인 귀족들에게 고함』(*The Appeal to the German Nobility*), 『교회의 바빌론 유수』(*The Babylonian Captivity of the Church*), 『그리스도인의 자유』(*The Freedom of the Christian Man*) 그리고 1521년에서 1522년 사이에 출판된 『독일어 신약 성경』, 『수도원적 서약들에 관해』, 그리고 『사적인 미사들의 폐지』가 초기 루터의 뛰어난 문학적 업적들이다. 특히 앞 세 소책들은 루터의 종교개혁 3대 논문으로 알려진다.

『독일 그리스도인 귀족들에게 고함』에서 루터는 교회 내부의 재정적·정치적 오류들을 시정하기 위해 지배 계층들이 연합할 것을 호소했다. 이 책에서 평신도들에 대해 성직자들의 권위를 고양하려고 세운 장벽들, 즉 교회의 권력이 세속 권력보다 위에 있다는 교황의 주장, 교황만이 성경을 해석할 수 있다는 주장, 그리고 교황만이 교회 공의회를 개최할 수 있다는 주장을 공격하였다. 여기서 루터는 모든 성도의 사제성, 즉 만민사제설을 선포했다.[6] 중세 교회는 성직자들만이 성례전적 능력들을 가진 사제로 각인시킴으로써 세속 통치자들이 교회에 순응하도록 만들었다. 루터는 믿음과 세례가 모든 그리스도인을 사제로 만든다고 했다.

따라서 루터는 행정가들도, 구두 수선공도, 가정주부도, 제과공도 그 어떤 계층의 사람이든 모두가 하나님으로부터 부름 받은 자이며, 교회와 사회에서 자신의 몫을 담당해야 한다고 강조했다. 또한, 모두가 하나님으로부터 소명을 받은 자이고 그들의 소명도 수도사의 것만큼 성스러운 것이라고 했다. 교회는 더는 계층 구조적인 기관이 아니다. 따라서 루터는 '에클레시아'(ecclesia)를 '교회'로 번역하지 않고 '공동체'나 '회중'으로 번역했다.

『교회의 바빌론 유수』에서 루터는 성례전들이 로마의 잘못된 가르침들에 포로가 되어 있다고 주장하면서, 처음으로 중세 가톨릭교회의 성례전 제도를 공격했다. 그는 성례전들이란 상징이 첨부된 신적인 약속인데 이 약속은 죄의 용서를 의미하므로 성례전에 대한 접근법은 오직 믿음이어야 한다고 했다. 루터는 성례전의 효과가 그것들 자체에 있다고 보는 사효론(ex opere operato)적 이해보다, 성례전들을 받는 자들의 믿음에 달려 있다고 했다.[7] 그는 유아 세례에 있어서는 믿음을 전제하지 않았다. 그는 성만찬 이해에서 그리스도의 실재적인 몸과 피가 임재한다는 실재설은 믿었지만, 아리스토텔레스의 철학에 기인한 화체설을 거부했다. 성만찬의 2종 성찬을 당연시했고 세례와 성만찬만을 성례전으로 이해했다.

『그리스도인의 자유』에서 루터는 그리스도교의 도덕성의 원리를 다루었다. 그리스도인의 삶은 자유의 삶이다. 그리스도인들은 모든 것들로부터 자유하나, 동시에 오직 사랑 때문에 모든 사람에게 메인 종이라고 했다. 그리스도인이 자유로운 이유는 하나님이 그를 사랑하기 때문이며, 그리스도인이 모두의 종이 되는 이유는 이웃을 사랑하라는 요청을 받았기 때문이라고 했다. 그러므로 그는 믿음이 이 모든 것들을 풍성하게 하지만,

---

6 *WA*, 6, 407, 22.

7 *WA*, 6, 527, 33-39.

우리에게 여전히 선행이 요구된다고 했다. 율법 안에서 하나님은 숨어 있으며, 복음을 통해서 하나님은 계시된다. 율법을 통해 정죄가 드러나며 복음을 통해 용서가 성취된다. 이것이 그리스도의 고유한 사역이다.[8]

5. 마찰과 결별

1) 열광주의자들

1521년 루터가 바르트부르크 성에 머무는 동안 비텐베르크대학교의 2명의 동료들이 루터의 공백을 대신해 개혁을 선도했다. 멜란히톤과 칼슈타트(Andreas Bodenstein Kalstadt, 1486~1541)가 그들이었다. 그중에서 칼슈타트가 주도권을 행사하면서 많은 면에서 급진적인 변화를 초래했다. 칼슈타트는 미사를 집전할 때 성직자 가운을 걸치지 않았으며, 교회마다 성상을 추방하였고, 평신도들에게도 잔을 베풀었다. 그는 성직자의 결혼을 주창하며 자신도 부인을 얻었다. 그는 독일에서 처음으로 자국어로 집전된 개신교식 예배(희생의 의미가 없는 미사)를 드렸지만 그의 지나친 과격함이 비난의 대상이 되었다.

칼슈타트와 그의 동료들은 분명 루터의 사상에 심취한 자들이었다. 그러나 루터의 사상을 너무 성급하게 실천해 내려는 데서 무리가 발생했다. 갑작스러운 예배의 변화에 대중들은 소요했고 선제후는 전통적 미사를 요구했다. 그러나 그들은 세상의 종말을 선포하고, 전통적 미사를 진행하고 있는 교회에 난입하여 사제들을 제단에서 몰아내는가 하면 수도원에 돌을 던지거나 제단을 뒤엎는 행위를 서슴지 않았다. 이들은 루터를 "온건주의적 신학자"로 조소했다. 그들의 급진적 성향 때문에 루터는 그들과 결별하게 된다.

칼슈타트에 의해 과격한 개혁이 진행되는 소식을 접한 루터는 1522년 3월 집으로 돌아왔다. 루터의 개혁 활동의 제2기가 시작된 것이다. 루터

---

8 *WA*, 7, 21, 1-4.

는 칼슈타트의 입장을 저지했다. 루터에게 우선적인 것은 질서 있는 개혁과 공권력이 함께하는 개혁, 그리고 시민들이 호응하는 개혁이었다. 그는 개혁을 과도하게 추진함으로써 해야 할 것을 하지 못하게 만드는 일이 없어야 한다고 생각했고 어떤 약자들의 희생도 없어야 한다고 했다. 그는 성경의 본질적인 것을 우선으로 내세우면서 외적인 변화들을 대중의 정서를 고려하면서 서서히 추진하기를 원했다. 이것이 그가 주장하는 '약자 보호'의 논리였다.[9]

루터는 칼슈타트와 결별하고 당장은 구 예배의 순서들 대부분을 복구시켰다. 유아 세례, 외투, 촛대, 그리고 그 외의 가톨릭교회의 관습들도 보존하였다. 이 시점에서 루터의 보수적 태도는 프리드리히와 다른 제후들의 지지를 얻기에 유리했다. 제후들은 루터 개혁의 핵심 지지층이었다.

찰스 5세가 프랑스와의 전쟁으로 독일에 신경을 쓸 여유가 없었고 어떤 때는 영국, 베니스, 독일 농민들, 터키족들, 심지어 교황들의 동맹군을 물리쳐야만 했다. 이러한 정치적 상황은 독일에서 종교개혁이 신속하게 진행되는 데 유리하게 작용했다. 복음주의적 회중(교회)들이 독일 전역에 형성되었다. 루터는 각 회중은 자신들의 목사를 청빙할 수 있다고 했고, 또한 세속 통치자는 복음을 지원할 의무가 있다고 했다.

여기서 루터는 초기의 자유교회주의를 희생하고 국가 권력에 의존하게 되는데, 이것이 독일 국가 교회의 바탕이 되었다. 그는 이신칭의의 교리에 입각한 『예배서』와 『독일 미사』를 작성했다. 『독일 미사』에서 미사의 희생적 요소들을 제거했으며, 평신도들에게 잔을 허락했고, 대중적인 복음주의적 찬송가들을 채택했다. 그는 가장 본질적인 이신칭의가 유지된다면 십자가의 고난상이나 성상 사용 같은 예배에 잔존하는 관습들은 관용할 수 있다고 했다. 그러나 1524년 비텐베르크에서 가톨릭 미사는 완전히 폐지되었다.

---

[9] *WA*, 10 III, 9, 9–13.

2) 에라스무스

초기 열렬한 루터의 지지자들 가운데 에라스무스와 같은 인문주의자들이 많았다. 라이프찌히 논쟁 이후 에라스무스는 루터에 대해 주목하기 시작했다. 종교개혁이 전면적으로 전개되자 인문주의자들은 가톨릭교회에 머물기로 작정했다. 그들에게 루터의 새로운 신학이 너무 과격하고, 행동이 폭력적이라 여겨졌다. 에라스무스는 평화와 안정이 개혁의 필수 조건이라고 생각했다.

1524~1526년 사이에 루터와 에라스무스 사이에 인간 의지의 자유에 관하여 문서를 통한 논쟁이 개시되었다. 에라스무스와 그의 추종자들의 낙관론적 인간 이해는 루터의 인간 타락으로 인한 노예 의지론과 양립될 수 없었다. 에라스무스는 구원에 있어서 인간의 선행 가능성과 효과를 강조했으며, 루터는 구원에 있어서 하나님의 섭리와 타락의 결과를 강조했다. 따라서 전자에게는 교육이 중요했으나, 후자에게는 믿음이 중요했다.

또한, 전자에게 궁극적인 권위는 가톨릭교회였으나, 후자에게는 성경이었다. 에라스무스는 『자유 의지에 관하여』(1524)를 통해 그리스도인의 도덕적 책임이 중요하다고 하는 종교적 윤리성을 강조했고, 루터는 『노예 의지』(1525)로 답변하면서 에라스무스의 도덕주의에 반대하여 이신칭의의 사상을 전개했다.[10] 루터가 인간의 이성적 능력을 비하함에 따라 인문주의자들은 이 새로운 종교 운동에서 일탈하기 시작했다. 에라스무스는 죽을 때까지 충성스러운 가톨릭 교도였다. 루터와 에라스무스는 조화할 수 없었다.

3) 하류 계층(농민)

종교개혁 전야의 유럽은 중세 봉건 사회에서 근세 시민 사회로, 농업 중심의 사회에서 상공업 중심의 도시 사회로 변화하는 과도기적 상황이었다. 도시 사회에서는 평민이면서 귀족보다 더 잘사는 사람들이 생겨났고

---

[10] *WA*, 18, 606, 24-28.

농민들은 상대적인 빈곤감을 느끼기 시작하였다. 농민들이 돈을 벌기 위해 도시로 모여들기 시작했다. 상공업의 발달로 상인들의 권위가 상승하고 영주들의 입지는 좁아져 갔다. 영주들은 농민들에게 부역을 더욱 강요하기 시작하였고 농민들의 불만은 고조되었다. 더욱이 인구 변동으로 토지가 부족하게 되자 어려운 개간 산업에 농민들이 투입되었다. 그러자 막상 농사를 지을 인력 부족 현상이 나타나는 등 악순환이 계속되었다. 때마침 흑사병은 사회적 혼란을 더욱 심화시켰다.

이런 상황 속에서 농민들의 봉기는 잦았다. 독일의 한스 뵘(Hans Böhm)이 1476년 농민 운동을 일으키다 제후들의 군대에 의해 체포되어 처형되었다. 1493년 분트쥬크(Bundschuh) 운동으로 불리는 농민 반란 역시 실패로 돌아갔다. 1501년 다시 사제와 귀족들의 재산 몰수를 비판하며 그들의 권력 분쇄를 부르짖는 운동이 있었지만 여전히 실패했다. 독일에서 1503년부터 1517년까지 농민들의 운동은 멈추지 않았다. 1517년 루터의 종교 개혁이 시작되었을 때 잠시나마 농민들은 루터의 운동에 흡수되는 듯했다. 루터의 만인사제설은 농민들로 하여금 만인이 평등한 사회를 꿈꾸게 했고, 또한 『그리스도인의 자유』에서 말하는 자유로운 주체로서의 그리스도인 사상도 농민들을 크게 감동시켰다.

그러나 독일의 농민들은 자신들이 생각하는 만큼 루터가 이상적인 세상을 만드는 데 관심 두지 않는다고 여겼다. 드디어 1524년 농민 전쟁이 발발한 것이다. 1525년 출신 성분이 다양했던 농민들은 멤밍겐에서 『12개 조항들』을 루터에게 제시했다. 이들의 요구는 대체로 온건했다. 농노제 및 특정 세금들을 폐지할 것과, 가난한 자들에게 숲을 개방할 것, 자신들의 목사를 선택할 자유를 허락할 것, 정당한 임금을 지불할 것, 그리고 어업권을 허용해 달라는 등의 내용이 포함되어 있었다.

제후들은 로마법의 원리를 따라 농민들의 요구들을 묵살했다. 농민들은 분개했고 제후들이 내세우는 법보다 하나님의 법이 우위에 있음을 강조하며 반발했다. 농민들은 만민사제설, 그리스도인의 자유, 반성직주의 및 성경적 원리에 기초한 평등한 사회에 대한 이상들로 고양되어 있었다. 그들의 사회적 불만이 종교적 개혁과 맥락을 같이 했던 것이다.

루터는 1525년 4월 『평화에의 권유』를 지어 12개 조항에 대한 답변을 제시했다. 제후들의 독재, 비관용성, 잔인성, 그리고 부당한 착취 등을 맹렬히 비난하면서 농민들의 편에 서는 듯했다. 농민들의 반란이 발발하기 전에 제후들이 그들의 요구를 수용할 것을 촉구하며 협상을 시도했었다. 그러나 전쟁은 이미 시작되었고 루터는 개탄했다. 1525년 그는 농민들이 자신들의 요구를 정당화시키기 위하여 복음을 곡해하고 있다고 했다. 농민들은 루터가 말하는 자유를 농노제로부터의 해방으로 해석했고 루터의 교회와 수도원의 타락에 대한 공격을 교회와 수도원 재산의 탈취로 해석했다. 루터는 그리스도인의 자유와 평등은 육체적 신분이 아니며, 천국의 영생과 관련이 있다고 했다.

농민들의 폭력이 심화되자 루터는 노동자들에게서 등을 돌리고 제후들의 편에 섰다. 루터는 농민들의 행위가 교회 및 국가의 안정에 위협을 준다고 보았다. 『폭력적인 농민들에 반대하여』에서 신랄한 어조로 농민들을 진압해야 한다고 주장했다. 실제로 농민들은 잔인하게 진압되었다.[11] 당시 농민 전쟁의 지도자였던 과격한 천년왕국주의자 뮌처는 심한 고문을 당한 후에 처형되었다. 이 전쟁으로 약 10만의 농민들이 살해되었다. 농민 전쟁은 아무 실익을 얻지 못하고 허무하게 종결되었다.

제후들에게 농민들의 진압을 요구함으로써 루터파 운동은 농민, 즉 '하류' 계층과 결별했으며, 제후들이나 사회의 특권 계층들과 연합하게 되었다. 이후로도 과격파 개혁자들을 제외하고 흔히 프로테스탄티즘은 경제적 및 사회적 특권층(중산층)과 연결되어 진행되었다. 루터가 처음 강조하던 영적인 교회의 개념은 상당히 완화되었다. 1520년대 초에 그가 일부 저술들에서 교회만이 아니라 사회의 개혁도 요구했으나, 농민 전쟁에서 드러난 루터의 모습은 사회적 개혁자가 아니라, 전적으로 종교적 개혁자였다. 루터에게 환멸을 느낀 농민들은 분파들이나 재세례파에 빠지게 되었다. 루터는 점차 '영적인' 교회의 개념을 포기하고, 배타적·제도적인 국가 교회(state church)의 개념을 지향하게 되었다.

---

11 *WA*, 18, 361.

4) 스위스 개혁자들

찰스 5세가 프랑스와의 전쟁 말기에 교황과 화해했을 때, 그는 루터교의 확산에 주목하기 시작했다. 개혁자들의 입장에서 이것이 가톨릭교회의 압력으로 비치자 루터파 제후인 헤세의 필립(Philip of Hesse)이 이에 대항하기 위해 스위스와 독일의 모든 개혁자의 결속을 위한 연합을 모색했다. 루터는 처음에는 주저했으나, 결국 회합에 참석했다. 이 회합은 1529년 마르부르크(Marburg)의 필립의 성에서 이루어졌다.

여기서 특히 문제가 된 것은 성만찬에 대한 해석이었다. 루터와 스위스의 츠빙글리는 희생으로서의 미사 개념과 화체설을 반대함에서는 일치했으나 성만찬의 성격에 있어서 이들의 입장은 크게 달랐다. 16세기 종교개혁자들에게 바른 성만찬 이해는 바른 하나님 이해 및 구원 이해와 직결되어 있었기 때문에 중요했다. 양자는 상대방의 성만찬 이해가 잘못되었다고 생각했다.

루터는 일찍이 『교회의 바벨론 유수』에서 성만찬에 있어서 화체설을 거부한 실제 임재를 주창한 바 있다. 칼슈타트는 그리스도가 하나님 보좌 우편에 계시므로 성만찬의 요소에 실제로 임재할 수 없다고 루터에게 반박했다. 칼슈타트는 그리스도의 제정의 말씀을 상징적으로 해석해야 한다고 했다. 이에 루터는 칼슈타트의 제정의 말씀에 대한 해석을 거부하고 성만찬은 외적인 은총의 수단으로서, 성만찬의 요소에의 그리스도의 육체적 실재(real presence)를 주창했다.

칼슈타트의 주장은 스위스 종교개혁자 츠빙글리에게서 다시 살아났다. 츠빙글리는 1525년 『참되고 잘못된 종교에 대한 주석』에서 성만찬의 그리스도론적 해석에서 칼슈타트의 해석을 수용했다. 이로 인해 두 위대한 종교개혁자들 사이에 논쟁이 야기된 것이다. 그들뿐만 아니라 그들의 추종자들 간에도 논쟁이 격화되었다.

마르부르크 회의에서 논쟁은 여실히 드러났다. 루터는 "이것은 나의 몸이니"라는 구절이 그리스도의 육체적 '실재'를 의미한다고 보았고, 츠빙글리는 떡과 포도주는 그리스도의 몸과 피의 상징들이라는 견해를 주장했다. 츠빙글리는 "이는 내 몸이니"(This is my body)에서 '이다'(is)라는 동사를 '상징하다'(signifies)로 해석해야 한다고 했다. 츠빙글리에게 루터의 주장은 가톨릭 교리인 화체설과 다를 바 없는 미신 같은 해석이었다. 츠빙글리는 루터에게 '어떻게 성만찬의 그리스도의 몸이 동시에 두 장소에 있을 수 있는가?' 하고 반문하자 루터는 혼돈 없이 구분되는 그리스도의 두 본성, 즉 신성과 인성의 '편재'(ubiquity)의 교리로 답했다.

루터의 성만찬 이해는 때로 공재설(consubstantiation)이라 불린다. 그러나 루터가 이 용어를 사용해 본 적이 없다. 그는 그리스도가 빵과 포도주의 변화된 본질에 실제로 존재하는 것이 아니라 빵과 포도주 "안에, 밑에, 그리고 함께"(in, under, and with) 존재한다고 가르쳤다. 성만찬의 효과는 감사, 회상, 교제, 그리고 무엇보다도 죄의 용서이다. 그리스도의 피와 살의 실재가 용서를 보증하므로 성찬에 임한다는 것이다. 이후 루터파들은 그리스도가 성만찬에 물리적으로, 본질적으로 임재하며, 성도는 그리스도의 몸을 입으로 먹는다고 주장했다. 그러나 츠빙글리는 오직 영적인 먹음을 강조했다. 츠빙글리에게 성례전들이란 보이지 않는 본질들을 대변하는 상징들이었다. 그리스도는 성도들의 마음속에만 존재한다고 했다.[12]

루터파들과 츠빙글리 중심의 스위스 개혁주의와의 연합을 결성하려던 노력은 성사되지 못했다. 서로가 서로를 정죄했다. 이들은 1530년 각자 아우크스부르크 제국 의회에서 각자의 신앙 고백서를 제출했다. 츠빙글리 사후에도 연합을 위한 노력이 재개되었으나 협약은 좀처럼 이루어지지 않았다.

6. 프로테스탄트의 시작

1520년대 초 북쪽의 도시들인 단치히(Danzig), 뤼벡(Lübeck), 그리고 스트랄스운트(Stralsund)가 루터파에 들어왔고, 1525년까지 스트라스부르크, 울름, 뉘른베르크 등의 자유 도시들이 개신교 진영에 가담했다.

---

12 Walker, *A History of the Christian Church*, 455-457.

1526~1528년 사이 루터교 지역 교회들이 조직되었다. 찰스 5세가 외부적 정치 문제로 바쁜 틈을 타 루터 교회는 독일 내에서 상당히 유리한 입장을 점유했다. 1526년 삭소니의 선제후령은 종교개혁을 조직적으로 추진했다. 이어서 헤세가 삭소니의 본보기를 따랐다.

1526년 제1차 슈파이어 의회(Diet of Speyer)는 교회 문제를 영주들에게 위임함으로써 독일에서 개신교 세력들의 결속이 가능해졌다. 이 의회는 브롬스 칙령의 시행을 중단시키고 종교와 교육을 국가의 통제 아래 놓이게 했다. 수도원을 폐쇄하고 재산을 몰수했다. 바야흐로 루터파 국가 교회가 가톨릭 국가 교회를 대신하게 되었다. 1529년까지 삭소니(Saxony), 헤세(Hesse), 브란덴부르크(Brandenburg), 안할트(Anhalt), 그리고 뤼네부르크(Liineburg)가 개신교 진영으로 들어왔다.

그러나 1529년 다시 정치적 상황들이 급변했다. 황제가 터키족의 위협을 물리치고 교황과 프랑스가 화해하였다. 여유를 찾은 황제는 다시 독일의 종교개혁에 눈을 돌렸다. 1529년 황제는 제2차 슈파이어 의회를 열었다. 여기서 다수의 독일 가톨릭파들은 황제에게 브롬스 칙령을 다시 시행하도록 결의하게 했다. 이 의회는 황제의 형제요, 종교개혁 운동에 대한 맹렬한 반대자였던 페르디난트가 주재했다. 이들은 루터교를 발본색원하든지, 가톨릭교회로 복귀시키든지 할 각오가 되어 있었다. 이에 대응하는 개신교 지역들은 비밀 동맹을 결성하는가 하였다. 위에서 언급했듯이 헤세의 필립은 황제에 대항하여 스위스 개혁교회와 연합을 위해 마르부르크 회합을 개최했었지만 실효가 없었다.

루터파 제후들과 츠빙글리파 도시들은 제2차 슈파이어 의회 결의에 항거하는 『항의서』(Protestatio)를 제출했다. 이 문서는 나중 '프로테스탄트'란 칭호의 발단이 되는 문서로서 매우 중요했다. 이 용어는 원래 루터파를 지칭하는 데 사용되었으나, 점차 로마 가톨릭교회와 교황제에 반대하는 모든 개신교 운동을 지칭하는 용어가 되었다.

7. 『아우크스부르크 신앙 고백』

『아우크스부르크 신앙 고백』은 아우크스부르크 제국 의회에 제출한 루터파들의 신앙 선언이다. 이는 황제의 요청에 대한 루터와 멜란히톤의 응답이었다. 터키족을 퇴치한 후 9년 만에 독일에 돌아온 황제는 전 그리스도교계의 평화를 이룩하려고 시도하였다. 그의 꿈은 교리적 일치를 통한 제국의 통일과 안녕이었다. 신앙적인 일치를 이룩하려는 방법으로 그는 모든 사람으로부터 그들의 신앙에 관해 진술하도록 초대했다. 삭소니의 선제후는 멜란히톤으로 하여금 루터파의 입장을 작성하도록 요청했다. 이것이 『아우크스부르크 신앙 고백』이었다.[13]

여기에는 기본적으로 멜란히톤의 인문주의적 화해 정신이 깔려 있다. 가톨릭교회와 상반되는 루터교의 독특한 교리들을 제시하기보다 완화된 어조로 가톨릭교회와 일치하는 부분을 더 제시하려고 노력했다. 이는 1530년 6월 25일 의회에서 낭독되었다. 루터는 황제의 금령 아래 있었기 때문에 참석할 수 없었다.

본 문서의 본질은 개신교 원리를 선언하는 것이었다. 이신칭의가 이 신앙 고백의 핵심을 이루고 있으며, 화체설을 부인했고, 믿음을 선행보다 우위에 놓았으며, 양심에 의해 해석되는 하나님의 말씀에 권위를 두었다. 또한, 시민 정부를 수용하고, 공직을 갖는 것이 그리스도인의 의무라고 선언했다. 에크를 비롯한 가톨릭 신학자들의 『아우크스부르크 신앙 고백에 대한 반박』이 제출되었다. 양자 사이의 논점은 5가지로 좁혀졌다. 2종 성찬, 사제의 결혼, 수도원 서약, 프로테스탄트 제후들에게 빼앗긴 교회 재산의 반환, 그리고 미사의 희생적 성격이 그것이었다. 마지막 이슈가 가장 뜨거운 논쟁적 사안이었다. 가톨릭 측은 마지막 내용에 합의를 거부했다. 어떻든 이 신앙 고백은 이후 개신교 신앙 고백들의 기초가 되었다.

본회의에서 제출된 츠빙글리파 신앙 고백은 스트라스부르크의 개혁자 부처(Bucer)가 작성한 『4개 도시들의 신앙 고백』이다. 남부 독일의 4개 도

---

13 Schaff, *The Creeds*, vol. I, 225-242; vol. III, 3-73.

시들 곧 스트라스부르크, 콘스탄스, 멤밍겐, 그리고 린다우가 이 신앙 고백에 서명했다. 이들은 루터의 성만찬 이해에 동조하지 않은 자들이었다. 이들 남부 독일 도시들은 츠빙글리의 노력으로 개혁교회가 신속하게 확산되었던 곳들이지만 나중 이들은 칼뱅주의를 표방하게 된다.

제국의회는 결국 협상 없이 끝나고 말았으며, 9월 개신교도들은 흩어지고 말았다. 개신교도들은 1531년 4월까지 자신들의 입장을 재고하고 가톨릭교회로 복귀하도록 요청받았지만, 터키족의 공격의 재개와 1531년 루터교의 슈말칼트 동맹(Schmalcald League)의 정치적 수완의 발휘로 루터교는 16년 동안 황제와 카톨릭 교회의 관심으로부터 자유함을 누릴 수 있었다. 이후 루터가 사망하던 1546년까지 가톨릭 진영으로부터의 공격은 없었다.

8. 생애 전성기와 말년

1525년부터 1546년까지는 루터의 삶에 있어서 전성기에 해당한다. 1525년은 역사적으로도, 루터 개인적으로도 중요한 해였다. 과격파 및 에라스무스와의 논쟁이 절정에 이르렀으며, 농민 전쟁이 막바지에 다다랐고, 프리드리히가 사망했다. 그러나 프리드리히의 조카 요한 프리드리히, 곧 '불굴의 요한'(John the Steadfast, 1525~1532)의 계승은 루터에게 더 유리하게 작용했다. 이 새로운 선제후는 공공연한 루터파였다. 루터는 시민 정부가 참된 신앙의 유지에 책임을 지고 있다고 믿었다. 이로 인해 교회에 대한 국가의 개입이 제도화되었다. 목사들의 임면이 정부의 기능으로 변했고 국가가 그들의 봉급을 지급하기 시작했다.

농민들의 반란이 진압된 지 얼마 지나지 않은 1525년 6월 13일 루터는 캐트린(Katherine von Bora, 1499~1552)과 결혼했다. 이는 획기적 사건이었다. 그녀는 시토 수도원에서 탈출한 전직 여성 수도사였다. 수도원적 서약과 성직자 독신주의가 비성서적이라고 주장하며 비텐베르크로 돌아온 후 그는 이러한 성직자 결혼에 대한 가톨릭 관습들을 폐지했다. 어떻든 전직 수도사와 전직 수녀 사이의 연합은 에라스무스 같은 인문주의적 도덕주의자의 조소를 받기에 충분했다. 그의 결혼은 이후 개신교 성직자들의 결혼에 선례가 되었다.

역사적 상황 및 경험의 결과, 초기 루터의 설교에 나타난 묵시론적 열정은 이제 교회의 구축이라고 하는 더 실제적인 문제들로 대체되었다. 1528년 찰스 5세가 다시 한 번 개신교 종교개혁을 억압하려고 시도했을 때, 루터는 자신의 찬송가들이 수록된 2개의 『찬송가집』을 발행했다. 이들 가운데 잘 알려져 있으며 현재까지 사용되고 있는 찬송가는 "내 주는 강한 성이요"이다. 이 찬송가는 어떤 찬송가보다도 더 많은 언어로 번역되었다. 캐럴들도 등장했다.

또한 루터는 십계명, 사도신경, 주기도에 근거하여 대소요리 문답집을 저술했다. 이들은 신앙 지도 문헌의 새로운 장르를 열었으며, 새로이 확립된 교회들의 신앙 교육과 예배에 크게 공헌하였다. 이러한 사역을 추진함에 있어서 부겐하겐(Johannes Bugenhagen, 1468~1540)과 멜란히톤의 도움이 컸다. 전자는 루터교 교직 제도들을 많이 작성했으며, 후자는 최초의 루터교 조직신학을 완성했다.

말년에 루터는 1541년 『한스 보르스트를 반박함』, 1545년 『악마에 의해 제정된 로마의 교황권을 반박함』, 1545년 『교황에 대한 묘사』, 그리고 1542년 『유대인들과 그들의 거짓말에 대하여』의 저술들을 남겼다. 루터는 1546년 2월 18일 그가 태어난 아이스레벤으로 여행하는 도중 사망했다.

9. 루터파의 안정과 확산

제2차 슈파이어 의회 이후 '프로테스탄트들'의 희망이 희미해졌을 때, 황제도 이 모양 저 모양으로 어려움에 봉착했다. 개신교도들은 자신들끼리 결속을 유지하는 데는 강했으나, 외부로 영향력을 미치기에는 부족했다. 1546년 교황 파울루스 3세가 개신교 제후들에 대해 십자군을 선언하자, 슈말칼트 전쟁(the Schmalkald War, 1546~1547)이 발발했다. 초기의 전황은 황제에게 유리했다. 1552년 다시 전쟁이 발발하자 이번에는 개신교도들이 유리했다. 찰스는 개신교를 인정하지 않았으나 종교 관용을 허락할 수밖에 없었다. 1552년 황제의 동생 페르디난트와 루터파 사이에 체결한 '파사우 평화 협정'(the Peace of Passau)은 독일에서 루터파들은 가톨릭 교도들과 동등한 권리를 향유한다고 선언했다.

1555년 아우크스부르크 평화 협정이 체결되었다. 비록 황제와 교황 모두 불참했으나, 이 협정으로 인해 제국에서 루터파들과 가톨릭 교도들에 동등한 권리가 허락되었다. 평신도들도 자신의 영토에서 신앙을 선택할 권리가 주어졌다. 또한, 신앙의 자유를 위해 누구에게도 완전한 이주의 기회가 보장되었다. 루터파는 독일에서 합법적 종교로 인정받았으며, 이로 인해 다른 나라들과는 달리 빨리 종교적인 공존이 가능해졌다. 이 타협안으로 인해 30년 전쟁이 발발하던 1618년까지 독일은 일시적으로 종교적인 평화를 누렸다.

1560~1570년 사이 독일인의 3분의 2는 개신교도들이었다. 이어서 루터교는 폴란드, 헝가리, 보헤미아, 오스트리아로 침투했으며, 스칸디나비아 국가들도 모두 루터교 진영으로 넘어갔다. 스칸디나비아 반도에 있어서 루터교의 전파에는 왕실의 정책이 주요한 역할을 했다. 주요 성직자들은 대중의 인기를 얻지 못했으며, 또한 대부분 외국 출신이었다. 루터교의 도입으로 왕은 가톨릭 감독들의 간섭을 통제할 수 있었으며 그렇게 함으로써 왕은 자신의 권한을 강화할 수 있었다. 종교개혁 직전에 이 국가들에서 부요하던 로마 가톨릭교회는 비난받을 소지가 많았다.

덴마크와 당시 덴마크가 통치하고 있던 노르웨이가 1536년에 이르기까지 루터교 진영으로 들어갔다. 왕의 요청에 따라 루터가 보낸 부겐하겐은 덴마크에 루터교가 정착하는 데 크게 기여했다. 노르웨이는 당시 덴마크의 한 성이었다. 위로부터 부과된 개혁을 열정적으로 받아들인 것은 아니었고 대체로 서서히 수용하였다. 덴마크의 소유였던 아이슬랜드 역시 1540년부터 종교개혁이 추진되었고 약 10년 후 루터교가 확립되었다.

스웨덴의 종교개혁은 왕 구스타부스(Gustavus Vasa, 1523~1560)를 중심으로 이루어졌다. 왕의 종교개혁에 대한 동조에는 가톨릭교회의 영향력을 차단하고자 하는 의도가 컸다. 왕은 1527년 스웨덴 교회를 왕의 권위 아래 구축했다. 1593년 웁살라 대회를 통해 아우크스부르크 신앙 고백을 채택했고, 1544년까지 스웨덴에서의 종교개혁은 완성되었다. 핀란드는 스웨덴 왕국의 일부였기 때문에 핀란드의 종교개혁은 스웨덴인들에 의해 추진되었다. 최초의 위대한 핀란드 개혁자로 지칭되는 아그리콜라(Michael Agricola, 1510~1557)의 활약이 컸다. 그는 핀란드어판 신약을 발간했고 기타 문학 활동을 통해 개혁을 진척시켰다.

제3장

개혁주의 종교개혁

　개혁주의 종교개혁은 스위스 취리히에서 츠빙글리(1484~1531)가 주도하던 개혁 운동과 제네바에서 칼뱅이 주도하던 개혁 운동의 산물이었다. 개혁교회는 스위스는 물론 기타 국가들에 있던 칼뱅과 츠빙글리 추종자들의 교회를 의미한다. 두 지역의 연합의 과정은 독일어를 사용하는 지역과 프랑스어를 사용하는 지역 사이의 언어적·문화적 차이로 인해 쉽게 진행되지 못하다가 츠빙글리의 사후 그의 후계자 불링거(Heinrich Bullinger, 1504~1575)가 취리히의 종교개혁을 정착시킨 때로부터 개혁교회의 결속이 이루어졌다.

　개혁교회는 1550년대 세력의 근거지가 제네바의 칼뱅에게로 옮겨지면서 완성되었다. 제네바는 공화정이라는 정치 시스템과 칼뱅 및 베자 같은 거물들로 개혁교회 중심지로 부상할 수 있었다. 개혁교회의 발전은 1559년 개혁교회 목회자들의 훈련을 위한 제네바 아카데미의 설립으로 확고해졌다. 프랑스에서 라인 강을 따라 네덜란드에 이르기까지, 그리고 영국, 스코틀랜드, 미국에서 개혁교회는 루터교보다 더 크게 확산되었고 영향력도 컸다. 루터교 내의 내분이 칼뱅주의가 득세하는 데 기여했을 가능성도 있다.

　칼뱅의 사상은 라인 계곡의 개혁교회, 영국의 청교도주의, 그리고 스코틀랜드의 장로교에 영속적인 영향을 미쳤다. 부처(Martin Bucer, 1491~1551)와 녹스(John Knox, 1505~1572)는 이러한 발전에 크게 기여했다. '칼뱅주의'(Calvinism)란 용어가 개혁교회의 종교적 사상으로 흔히 언급되지만, 엄밀히 말해 16세기 후반 및 17세기 개혁 사상은 칼뱅의 계승자들에 의해 적지 않게 수정되었다. 따라서 스위스, 저지대 국가들, 그리고 독일의 교회들 혹은 베자, 퍼킨스, 그리고 오웬과 같은 그리스도교 사상가들을 지칭할 때 '칼뱅주의'란 말보다 '개혁주의'라는 말을 선호한다.

이들은 모두 칼뱅의 『기독교 강요』, 혹은 이에 기초한 1562년의 『하이델베르크 요리 문답』에 자신들의 신학 및 신앙을 기초시키고 있다. 청교도주의는 17세기 영국 역사에 그렇게도 중요했으며, 17세기와 그 이후에 신대륙의 정치사상 및 종교 사상에 그렇게도 중요했는데, 개혁주의 교회의 한 구체적인 형태라고 할 수 있다.

1. 스위스의 상황

게르만족의 침입 이전 헬베티아(Helvetia, 스위스)는 로마 사람들의 식민지였다. 게르만족의 침입 이후 메로빙거 왕조와 캐로링거 왕조가 차례로 이 지역을 통치했다. 9세기에 독일인 루이에 의해 신성 로마 제국의 일부가 되었다.

이 지역은 봉건주의의 발흥과 제국의 약화로 인해 현지 유력 가문들에 의해 좌지우지되었다. 13세기 중엽까지 독립적 국가 체제를 갖추지 못하다가 1291년 루쩨른 호수를 중심으로 모인 5개 도시들이 연방제 형태의 연합체를 구성하게 되면서 하나의 국가로서 스위스의 시작을 알리게 되었다. 이 연합체는 도시 상인들 및 농촌의 지주들을 중심으로 경제적 이윤을 목적으로 하는 계약 공동체의 성격을 보였다. 한 번도 중앙 집권체제를 가진 적이 없었지만, 스위스의 도시들은 모든 지역의 공공의 이익을 위해 노력함과 동시에 각 도시의 철저한 자치권을 보호해 주었다.

마침내 1499년 스위스 동맹은 신성 로마 제국으로부터 독립을 쟁취했다. 스위스인들은 뛰어난 군인들이 되었다. 이 명성으로 인해 용병 복무의 관습이 생겨났다. 츠빙글리가 출생할 즈음 스위스는 13개의 독립적인 주들(cantons)이 느슨한 동맹 관계를 형성하고 있었다.

종교개혁이 발흥할 즈음 평신도들은 교리 문제에 무관심했지만, 성직자들의 비행에 대해서 민감했다. 그리고 신성 로마 제국으로부터 정치적 독립이 로마 가톨릭교회로부터의 독립을 위한 길을 열어 주었다. 특히 바젤이 인문주의가 침투해 의식이 전환되는 과정에 있었으며, 바젤의 변화는 스위스 다른 도시들에 종교개혁을 촉진시켰다.

2. 츠빙글리의 개혁 운동

1) 츠빙글리의 생애

츠빙글리(1484~1531)는 1484년 1월 1일 취리히에서 좀 떨어진 빌트하우스(Wildhaus)의 부농 가문에서 출생했다. 그의 아버지는 마을의 시장이었다. 다섯 살에 교육을 위해 베센(Wessen)으로 보내져 기초 라틴어를 배웠다. 이어서 베른, 비엔나, 그리고 바젤에서 공부했다. 비엔나대학에서 4년간 머물다가 1502년 바젤대학으로 돌아왔다. 그는 바젤대학에서 인문주의자들인 에라스무스와 비텐바흐(Thomas Wyttenbach, 1472~1526)의 영향권 안에 들어갔다. 츠빙글리는 비텐바흐를 통해 그리스도의 죽음만이 죄의 용서를 위한 대가라는 사실을 배웠다고 말했다.

한편 츠빙글리는 스코투스와 아퀴나스의 실재론에도 몰두했었다. 그의 학문을 종합하면, 루터의 이신칭의 사상,[14] 비텐바하의 인문주의, 에라스무스의 평화주의, 호운(Cornelius Hoen, 1440~1524)의 성만찬 이해, 그리고 스콜라주의 신학까지 습득했는데 이들이 그의 개혁 사상의 근간을 이루었다고 할 수 있다.

1506년 그는 23살의 나이에 사제로 안수받았으며, 글라루스의 교구를 10년 동안 섬겼다. 그는 설교가로 꽤 명성을 얻어 갔다. 에라스무스의 숭배자였던 그는 여기서 고전들과 교부들에 대한 공부를 계속했다. 처음에는

---

14 루터의 츠빙글리에 대한 영향에 관해서는 오늘날에도 논쟁이 되고 있다.

스위스인들의 용병 활동에 대해 큰 문제를 발견하지 못했기 때문에 스위스 용병군들의 군종 신부로 활약하기도 했다. 그러던 중 전쟁의 참혹함에 환멸이 들고 에라스무스의 평화주의에 영향을 받아 용병 제도 자체에 깊은 회의를 가지게 되었다. 같은 스위스 사람들끼리 서로 프랑스에 팔기도 하고, 교황청에 팔기도 하면서 피비린내 나는 전쟁을 하는 꼴이었다. 츠빙글리가 용병 제도를 비판하는 설교를 쏟아 내자 회중 가운데 오랫동안 용병제로 돈을 벌어 왔던 많은 사람이 그에 대해 적개심을 드러냈다. 그들 중 다수는 가톨릭교회의 용병이 되는 것을 자랑스럽게 여기기도 했다.

츠빙글리는 글라루스 교구에서 1516~1518년 사이 어느 시점에 아인지델른(Einsiedeln)의 교구로 좌천되었다. 거기서 그는 성경 연구에 전념했으며, 가톨릭교회의 많은 문제점을 직시하게 되었다. 1518년 면죄부 판매를 단호하게 반대했다. 특히 아인지델른 지역에는 유명한 순례지가 있었는데 교회가 순례자들에게서 이윤을 취하는 것을 보고 이를 공격했다. 성직자 독신주의를 반대했고 교황의 권위와 전통들의 권위는 성경적이지 않다고 했다. 츠빙글리의 개혁적인 설교는 그를 유명하게 만들었고 1519년 1월 1일 그는 뜻밖에 취리히의 중심지인 그로스뮌스터(Grossmünster)교회의 목사로 청빙을 받게 되었다. 당시 한 여인과 동거하면서 도덕성에 결함이 있었음에도 불구하고 그로스뮌스터교회는 이를 문제 삼지 않았다.

2) 츠빙글리의 개혁 사상

츠빙글리는 1519년 취리히에서 개혁 운동을 개시했다. 그러나 1520년대 초반까지 그의 사상은 스위스 인문주의적 도덕주의로 채색되어 있었다. 그의 개혁의 동기는 루터처럼 개인적이고 체험적인 신앙에서라기보다 도덕적 실천적 동기에서 왔다. 그는 그리스도교 신학자였던 만큼이나 스위스의 애국자였다. 취리히에 있는 그의 기념비에서 그를 성경과 칼로 묘사하고 있는데 결국, 그는 말씀의 사람이었음과 동시에 행동의 사람이었음을 말해 준다. 그의 주된 학문적 관심은 그리스도교의 원자료들로 복귀하는 것이었다. 그는 성경에서 발견되지 않는 모든 것을 거부했다.

1519년 츠빙글리는 취리히 성당의 부제로서 성경을 차례로 주해하기 시작했다. 초반기에 그의 설교는 인문주의자적 색채가 짙게 묻어나는 설교였다. 그러던 중 그에게도 복음적 회심이 일어났다. 1519 후반, 그로스뮌스터 주임목사로 부임한 직후 그는 역병으로 인해 사경을 헤맨적이 있었다. 혹자들은 이때 그가 섭리 사상(예정론)을 강조하는 계기가 되었을 것으로 보기도 한다. 실제로 그 때 이후부터 그의 설교에서 인문주의적 색채보다 복음적 색채가 강하게 나타나고 있다. 결국 중병으로 인해 츠빙글리의 개혁이 인문주의적 개혁에서 복음적 개혁으로 전환을 만들었다고 하였다.[15]

1519년 루터와 에크의 라이프찌히 논쟁 이후 츠빙글리는 루터에 관심을 보이기 시작했다. 그러나 그의 개혁은 루터와 무관하게 진행되었다. 츠빙글리는 개혁 사상을 교회뿐만 아니라 의로운 그리스도교 사회 질서의 확립을 위해 사용했다. 이러한 사상은 바젤의 오이콜람파디우스(Oecolampadius), 스트라스부르크의 부처, 그리고 나중 제네바의 칼뱅으로 하여금 종교개혁이 사회를 갱신시키는 것까지 포함해야 한다는 사상을 만들었다고 볼 수 있다. 그는 용병제를 반대하는 설교를 계속했으며, 마침내 1521년 취리히에서는 용병 제도가 금지되었다.

1522년 사순절 기간에 로마 가톨릭교회와의 공개적인 결별이 이루어졌으며, 외적인 개혁이 개시되었다. 스위스 종교개혁의 표면적인 시작은 소시지 사건으로 시작되었다. 사순절 날 저녁 몇몇 사람이 의도적으로 금식과 식사 규정들을 어기고 소시지를 먹었다. 츠빙글리는 『음식의 선택과 자유에 관하여』라는 설교에서 성경이 사순절에 고기를 먹는 관습을 금하고 있지 않음을 강조하면서 이 새로운 관습을 변호했다. 그러나 그 행위가 타인에게 피해를 주고 공공의 질서를 흩트린다면 절제할 필요가 있음을 덧붙였다. 이 소시지 사건으로 그로스뮌스터 시와 교회는 논쟁에 휩싸였고 찬반 논란이 뜨거웠다. 사순절 음식 규례에 관한 사안을 처리하기 위해 츠빙글리는 시 의회와 협의회를 구성했다. 협의회는 한시적이나마 옛 교회의 전통을 지키는 방향으로 결의했다.

15　Ulrich Gäbler, *H. Zwingli: Leben und Werk* (München: C. H. Beck, 1983), 48.

츠빙글리는 매일 설교했으며, 성경의 장들에 따라 강해해 나갔다. 1525년까지 성경 전부에 대해 개신교적 강해 설교를 했다. 성직자 독신 제도도 폐지하고, 1524년 당시 동거하던 부자 과부 라인하르트와 정식으로 결혼했다. 이는 로마 가톨릭교회와의 단호한 결별을 상징하는 행위였다. 주 정부도 츠빙글리에 의해 주창된 개혁들을 시행하기 위한 준비가 되어 있었다.

1523년 초 취리히 시 정부의 주도 아래 열린 가톨릭교회와의 논쟁에서 츠빙글리는 미리 준비한 『67조항들』[16]로 이 논쟁을 성공적으로 이끌었다. 그는 이 조항들에 자신의 사상을 거의 담아냈다. 『67조항들』은 자신의 교회와 로마 가톨릭교회 사이의 차이점을 명쾌하게 진술한 취리히의 종교개혁 헌장과 다름없었다.

츠빙글리는 『67조항들』에서 교황과 공의회의 권위에 앞선 성경의 우위성, 오직 믿음으로 말미암는 구원, 교회의 유일한 우두머리로서의 그리스도, 그리고 성직자의 결혼을 주장했다. 그는 미사의 희생적 성격과 성인들의 중보, 그리고 연옥 사상을 거부했다. 선행이 구원을 가져다준다는 주장, 사제들이 하나님과 인간 사이를 중재한다는 주장, 그리고 수도원 서약이 영속적이라는 주장들도 거부했다. 『67조항들』은 철저히 그리스도 중심이었다. 마지막으로 시 정부에 이 조항들의 실현을 촉구하며 글을 마무리했다. 시 정부는 그의 가르침들에 동의했으며, 그의 개혁 사상을 시행할 법안들을 마련하기 시작했다. 취리히의 가톨릭교회와의 결별이 드디어 완료되었다.

1523년 10월에 열린 2차례의 토론에서 성화의 폐지를 강조했다. 2차 공개 토론도 1차와 유사한 내용으로 유사한 결과를 가져 왔다. 2차 토론을 계기로 가톨릭교회 측은 취리히를 완전히 떠나게 되었다. 도시는 신속하게 변화들이 일어나기 시작했다. 그런데 1, 2차 공개 토론에 대해 불만을 가진 자들이 나타났다.

첫 번째 불만자들은 좀 더 진보적 성향의 개혁가들로서 시 의회가 개혁을 주도하는 것을 못마땅하게 여기며 불만을 토로한 자들이었다. 이들은

---

16 Schaff, *The Creeds*, vol. III, 197-207.

국가 교회를 강하게 반발한 자들이었다.

두 번째 불만자들은 1523년 12월 미사 대신 개신교식(루터파)의 성만찬을 도입하려고 하자 이에 불복하며 가톨릭 신앙을 고수하기로 결정한 자들이었다.

취리히 시 의회는 어쩔 수 없이 복음주의적 성만찬을 금지했다. 츠빙글리도 온건한 입장을 취하면서 이에 순응했다. 그는 좀 더 완숙된 시간을 기다리는 쪽을 선택했다. 그러자 그의 급진적인 추종자들은 츠빙글리를 복음의 배신자라고 비난했다. 이들은 나중 재세례파 운동으로 나아갔다.

츠빙글리는 1525년 그의 최고의 신학 작품인 『참된 종교와 잘못된 종교에 관한 주석』을 통해 새로운 질서를 설파했다. 하나님의 의지를 계시한 성경은 신앙과 관습에 궁극적인 권위를 가진다고 했다. 성경이 분명하게 명령하고 있지 않은 것은 모두 거부해야 한다는 것이다. 그의 근본적인 전제는 성경의 권위에 대한 엄격한 문자주의적 해석이었다. 그는 복음과 율법을 날카롭게 구분하던 루터와 달리, 하나님 말씀의 권위를 신구약 모두에서 확인했다. 그는 신약을 구약의 연속으로 보았으며, '자연법'의 존재를 강조했다. 이러한 그의 주장에는 실용주의적 요소가 있었다.

초창기 츠빙글리는 하나님의 전능성과 선택을 믿었으나, 원죄를 믿지 않았고 유아 세례도 받아들이지 않았다. 이듬해 곧 츠빙글리는 유아 세례를 인정하게 되었다. 인문주의자로서 그는 원죄를 죄책을 초래하지 않는 도덕적 질병으로 이해했다. 그는 하나님이 택자들을 예정하였으며, 이 예정은 신앙의 체험을 통해 알려진다고 했다. 또한, 그는 성령이 성례전 밖에서도 활동하기 때문에 소크라테스, 카토(Cato), 그리고 허클레스(Hercules) 같은 철학인들에게도 영감을 주었다고 했다.

그의 사상은 루터만큼 독창적이지 못했으며, 칼뱅만큼 체계적이지도 못했다. 그는 실천적 개혁가로 사회 윤리를 통한 정의를 추구했기 때문에 그의 주 관심은 사상과 체계보다 교회와 사회의 도덕성에 있었다. 츠빙글리에게 성경은 구원의 선포만이 아니라 교회 조직과 사회 구조를 위한 패턴도 제시하는 것이었다. 그러므로 교회와 사회에 성경이 가르치는 것만이 허용될 수 있었다고 했다.

가톨릭 예전에 대한 그의 태도는 루터와 달리 성상 파괴론적이었다. 루터는 교회 정치와 예전이 비본질적인 것이므로 이들에 대한 입장들은 자유라고 보았다. 츠빙글리와 루터는 신학적으로는 대체로 일치했으나, 기질상 매우 달랐다. 전자는 성경에서 출발하여 교리들로 나아갔으며, 후자는 철저히 영적 투쟁에서 출발하여 그 해결을 찾기 위해 성경으로 나아갔다. 츠빙글리는 실존적인 체험(역병)에서 섭리 사상을 강조하였다.

츠빙글리와 루터의 화해할 수 없는 차이는 마르부르크 회합에서 보았듯이, 성만찬의 의미에 관한 것이었다. 츠빙글리의 성만찬 이해는 루터의 그것과도 확연히 달랐으며, 후대의 칼뱅주의자들의 그것과도 일치하지 않았다. 루터와 츠빙글리는 서로 상대방이 성경을 곡해하고 있다고 주장했다. 철학적 실재론의 영향으로 츠빙글리는 천상의 '이상적인' 것과 지상의 '감각적인' 것을 구분했다. 이는 그로 하여금 가시적인 교회와 비가시적인 교회, 성례전들과 은총을 긴밀하게 결합시키지 못하게 한 걸림돌이 되었다.

3) 재세례파와의 관계

츠빙글리는 일부 그의 과격한 동역자들과 결별했다. 그들은 츠빙글리가 유아 세례를 인정하게 되고, 국가 교회 개념에 찬성하자 그가 진정한 성경적 교회를 저버렸다고 생각하고 떨어져 나갔다. 주류로부터 떨어진 이들과 이들에게 영향을 받은 남부 독일인들, 그리고 후터파들(the Hutterians)은 츠빙글리 운동으로부터 이탈한 사람들로 이루어졌다. 이들은 세례가 회심의 체험을 증언해 주며, 세례를 받은 사람들은 새로운 삶을 살겠다는 의도를 공개적으로 선포해야 한다고 했다.

츠빙글리도 재세례파처럼 물이 영혼의 정화를 초래하는 것은 아니라고 보았다. 또한, 물에 의한 씻음은 믿음의 공동체로 가입을 상징하는 것이고 유월절의 정신이 성만찬에서 계속되듯이, 구약의 할례의 의미가 세례를 통해 지속된다고 보았다. 그러나 재세례파들과 달리, 츠빙글리는 할례가 언약 공동체의 일원임을 표시하듯, 유아 세례가 그리스도인들의 공동체(교회)의 일원이 된다는 표시이기 때문에 이는 시행되어야 한다고 말했다. 결국,

1525년 1월 25일 취리히에서 같이 개혁하던 그레벨(Conrad Grebel, 1489~1526), 만츠(Felix Manz, 1489~1537), 그리고 후브마이어(Balthazar Hubmaier, 1480~1528) 등이 유아 세례를 반대하며 츠빙글리와 결별하여 나갔다.

유아 세례 외에도 이들은 츠빙글리가 시 의회에 순응하는 것에도 불만을 가졌다. 교회란 확신 있는 성도들의 자발적인 결사로 국가로부터 분리되어야 하며 어떤 모양으로든 종교적인 문제에 강압이 있어서는 안 된다고 주장했다. 따라서 그들은 국방과 납세의 의무를 거부했다. 츠빙글리와 불링거 모두 재세례파들을 혁명가이며 위험스러운 인물들로 간주하여 취리히 시 정부와 연합하여 이들을 박해했다. 재세례파는 로마 가톨릭교회와 개신교회 양쪽으로부터 박해를 당했다. 1529년 제2차 슈파이어 의회와 1530년 아우크스부르크 의회는 이들에게 사형을 규정했다.

4) 개혁의 추진

1524~1526의 기간은 취리히 교회에 대대적인 예배의 개혁이 단행된 시기였다. 1524년 독일어 성찬 예배안을 만들었다. 1525년 1월 츠빙글리는 시 의회로 하여금 재세례파를 처리하고 유아 세례를 강제적으로 시행하도록 했다. 그해 4월 그로스뮌스터에서 마지막 미사가 집전되었고, 이후 새로운 개신교식 예식이 도입되었다. 그리스도를 회상하는 예식으로 애찬이 시행되었다. 이제 예배는 그리스도인 회중의 단순한 공동체적 모임이 되었다. 그는 교회의 모든 장식들(성직자 복장, 테피스트리, 프레스코, 십자가상, 촛대, 성상들)을 제거했다. 종, 미사식 찬양, 오르간 연주가 중단되었고, 1527년 취리히의 거대한 오르간이 해체되었다.

츠빙글리는 수도원들을 모두 폐지하고 재산을 몰수했다. 그는 수도원에서 몰수한 재산으로 가난한 자들을 돕는 복지 제도를 만들었다. 이는 실천적 개혁가로서 츠빙글리의 모습을 잘 보여 주는 대목이라 하겠다. 예배는 이제 라틴어가 아닌 독일어로 진행되었다.

츠빙글리의 개혁 운동은 스위스 전역과 남부 독일에 급속하게 확산되었지만, 츠빙글리의 개혁의 목표는 전 스위스 연방 공동체의 개혁이었다. 그러나 많은 칸톤(Kanton, 스위스에서 주[州]에 해당)들이 여전히 츠리히의 개혁에 대해 부정적인 입장을 가지고 있었다. 1526년 스위스 의회는 바덴에서 토론회를 개최했다. 성만찬, 원죄, 연옥, 성상 숭배, 성인 숭배, 교회의 치리 등이 토의되었다. 로마 가톨릭 측에서는 에크와 파브리(Fabri) 등이 참석했으며, 개신교 측에서는 오이콜람파디우스 등이 참석했다. 다수의 가톨릭 교도들이 주도하는 의회임을 감지한 츠빙글리는 참석하지 않았다.

예상대로 본 의회에서는 츠빙글리와 츠리히의 개혁이 잘못되었다고 결정했고, 츠리히는 이 결정을 수용하지 않았다. 그러나 이내 콘스탄스가 1527년 개혁 사상을 수용했고, 이어 바젤이 오이콜람파디우스의 노력으로 개신교로 전향하였다. 베른은 1528년 베른에서 개최된 한 공개 신학 토론회에서 개진된 츠빙글리의 『10개 논제들』에 영향을 받아 개신교로 전향하였다. 1531년까지 성 갈렌, 샤프하우젠, 뮬하우젠 등이 뒤를 이었다. 부처는 스트라스부르크를 개신교로 인도했으며, 파렐이 1532년 제네바의 개혁을 착수했고, 1534년 3월 제네바에서 개신교도들의 교회를 허락받았다.

개신교 지역들의 결속에 대항하는 가톨릭 측 칸톤들은 전통적으로 스위스인들의 적이었던 신성 로마 제국의 도움으로 '그리스도교 연맹'을 결성했다. 루케르네(Lucerne), 우리(Uri), 슈비츠(Schwyz), 운터발덴(Unterwalden), 추그(Zug)의 5개 삼림 칸톤들이 가담했다. 슈비츠가 한 츠빙글리파 설교자를 처형하자 그리스도교 시민 연합과 그리스도교 연맹 사이에 전쟁이 발발했다. 이것이 1529년 제1차 카펠 전쟁이었다.

그러나 이 전투는 '카펠 평화조약'이 체결되면서 곧 끝났다. 이 평화 협정에 따르면 각 주는 자신의 종교를 택할 수 있었다. 부분적으로나마 달성된 이 스위스의 종교 자유의 원칙은 독일에서보다 4반세기 이전에 확립된 것이었다.

문제는 츠빙글리와 츠리히 시가 이 평화 조약을 너무 확대 해석한 것이다. 그들은 이 평화 조약으로 스위스 모든 칸톤들에게 자유롭게 개혁을 설득할 수 있다고 생각했었다. 츠리히 시 당국이 남부 가톨릭 칸톤들에게 식료품 공급을 차단하는 위압적인 방법으로 개혁을 요구하자 이 일로 다시 전쟁이 발발했다. 1531년 10월 제2차 카펠 전쟁이 발발한 것이다. 이 전투에서 츠빙글리는 가톨릭 군대에 체포되어 전사했다. 제2차 카펠 전투의 패배로 츠빙글리의 종교개혁은 막을 내렸다. 가톨릭 칸톤들에서 개신교 소수파는 관용을 누릴 수 없었다.

1531년부터 40년간 불링거(Heinrich Bullinger, 1504~1575)가 취리히에서 츠빙글리를 이어 종교개혁을 주도했다. 그는 유럽 여러 나라의 지도자들과 교류하면서 유럽에서 명성을 얻어 갔다. 스위스 및 유럽의 개혁교회들이 다양성을 가지고 든든히 서간 것은 『제1스위스 신앙 고백』(1536), 『취리히 협약』(1549), 그리고 『제2스위스 신앙 고백』(1566)과 같은 공동의 신앙 고백서들에 근거한다. 불링거는 이러한 신앙 고백서 작성에 크게 기여한 인물이었다.[17]

3. 칼뱅주의 운동

1) 배경

제네바에서 개혁은 파렐(Guillaume Farel, 1489~1565)이 시도하고 있었다. 파렐은 1524년 강한 종교개혁 성향 때문에 프랑스에서 추방되었던 인물이었다. 프랑스를 떠나 2년 후 스트라스부르크에서 부처와 교제하였다. 파렐은 올론(Ollon), 벡스(Bex), 노샤텔(Nauchatel), 그리고 모라(Morat)가 종교개혁을 받아들이는 데 주도적 역할을 했다. 1528년 베른이 개혁을 추진하자 파렐의 제네바 개혁이 속도를 내었다. 베른 정부는 파렐의 제네바 개혁을 열렬히 지원했다.

제네바 개혁의 걸림돌에는 이 지역이 알프스의 주요 여행로라는 지정학적 위치가 있고, 이 지역을 지배하고 있던 봉건 영주 사보이의 공작의 저항이 있었다. 베른은 사보이의 공작으로부터 제네바의 정치적 독립을 도왔다. 독립을 위해 투쟁하던 제네바는 로마 가톨릭교회에 대한 투쟁을 함

---

17 Schaff, *The Creeds*, vol. III, 211-306.

께 이어 갔다. 베른 사람들이 들어와 제네바 시민의 편에서 종교개혁의 옹호자들이 되었다. 파렐은 비레(Viret), 그리고 프로망(Antoine Froment) 같은 개혁자들과 함께 성 피에르 성당을 장악하면서 제네바의 종교개혁을 안정적으로 뿌리 내려갔다.

1535년 제네바에서 미사가 폐지되었고, 수도원이 폐쇄되었다. 이 도시는 이듬해 5월 로마 및 사보이의 공작으로부터 완전히 독립하고 시 의회는 새 질서를 수립했다. 파렐은 제네바의 종교적 제도들을 재구축하는 엄청난 사명을 맡았는데 혼자 감당하기에는 역부족임을 깨닫고, 1536년 7월 그 도시를 여행하던 『기독교 강요』의 저자에게 제네바의 개혁을 도와달라고 설득했다. 이 청년이 바로 장 칼뱅이었다.

종교개혁의 첫 국면의 혼란기에 제2세대 종교개혁의 대두 칼뱅이 등장한 것이다. 그는 신학적으로 루터와 츠빙글리의 중간에 위치했다. 그는 프로테스탄티즘에 가장 포괄적인 신학 시스템을 제공했으며, 거룩한 그리스도교 사회 공동체의 모델을 제시했다. 그와 그의 추종자들은 종교개혁 제2의 국면을 주도해 갔다.

2) 장 칼뱅

(1) 생애

장 칼뱅(John Calvin, 1509~1564)은 1509년 7월 10일 파리에서 동북으로 60마일 정도 떨어진 누아용(Noyon)에서 출생했다. 그의 아버지는 감독의 비서였으며, 성당의 변호사였다. 항게스트(Hangest)의 귀족 가문과 칼뱅의 가문이 절친한 사이였기 때문에 그는 상류 사회의 세련됨을 몸에 익힐 수 있었다. 아버지의 영향력으로 교회로부터 나오는 수입도 받을 수 있었다. 이러한 것은 다른 종교개혁자들에게는 거의 볼 수 없는 현상이었다.

1523년 그는 파리의 라 마르쉬대학(the College of La Marche)에 입학했으며, 코르디에(Mathurin Cordier, 1479~1564)로부터 라틴어와 개혁 사상도 배웠다. 칼뱅은 파리에서 인문주의자 르페브르와 접촉하였다. 몽떼귀대학(College de Montaigu)으로 전학하여 거기서 18세에 문학 석사 학위를 받았다(1527). 5년간의 재학 기간 동안 그는 인문주의자 기욤 콥(Guillaume Cop, 1471~1532)와 절친하였다. 1528년부터 1532년까지 인문주의적 학풍이 만연한 오를레앙대학과 부르제대학에서 시민법을 공부했다. 이곳에서 헬라어도 공부했다. 이는 그의 어버지가 그가 법학을 공부하기를 원했기 때문이었다.

1531년 부친이 사망하자 변호사가 되려는 노력을 포기하고 자신의 뜻에 따라 프랑스의 대학에서 인문학 곧 고전을 공부했다. 이내 그는 박학한 인문주의자가 되었다. 1532년, 그의 나이 22살에 그의 최초의 저술인 『세네카의 관용론에 대한 주석』을 썼다. 이 책은 칼뱅의 인문주의적 지식과 기교가 잘 녹아 있다. 그는 이때까지 고전 사상에 충실했고 개혁에로의 회심은 아직 나타나지 않는다.

칼뱅은 『세네카의 관용론에 대한 주석』의 출판할 즈음과 1534년 초 사이에 '갑작스러운 회심'을 경험했다고 스스로 증언한 바 있지만, 칼뱅이 사적인 문제를 잘 거론하지 않았기 때문에 그에게 이 체험이 과연 무엇을 의미했는지를 정확하게 알 수는 없다. 다만 당시 부친과 형이 가톨릭교회에서 파문되었고 사촌은 아미 종교개혁 진영에 몸담고 있었던 사실로 봐서 그가 말한 회심이란 복음주의적 신앙으로 전환을 의미하는 것일 수 있다.

칼뱅은 르페브르와 같은 개혁주의적 성향의 인문주의자들과의 대화를 통해, 그리고 루터의 저술들을 읽으면서 개혁적 사고에 영향을 받았을 것이다. 과정과 시기야 어떠했든 간에 칼뱅에게 새로운 영역의 삶이 시작된 것이다. 프랑스의 많은 개혁 성향의 인문주의자들과 달리, 그는 가톨릭교회와 결별했다.

칼뱅이 그의 친구 니콜라우스 콥(Nicolas Cop, 1501~1540)이 파리대학교의 총장으로 취임할 때(1533) 취임 연설문 작성을 도와준 바 있었다. 그 연설문은 순수한 복음으로의 복귀를 촉구하는 등 개혁 사상이 피력되어 있었다. 그러자 신학자들은 콥이 루터파 선동가라고 비난하면서 왕에게 루터파들을 체포하도록 촉구했다. 프랑스 왕 프란시스 1세는 한때 파비아에서 황제 찰스 5세에게 체포된 적이 있었는데 교황에게 충성을 맹세하고 교황의 정치적 중재로 풀려났다. 프란시스 1세의 반개신교적 성향이 분명한 터라 칼뱅은 서둘러 몸을 피했고 콥도 바젤로 도망갔다.

1534년 10월 어느 날 아침 가톨릭교회의 가르침을 공격하는 유인물들이 파리의 많은 건물에 붙여져 있는 것이 발견되었다. 이것이 유명한 파리의 '벽보 사건'이다. 곧바로 복음주의의 주된 인물들에 대한 대대적인 색출과 처형이 시작되었다. 이로 인해 파리의 복음주의는 매우 약화되었으며, 영원히 회복되지 못했다. 칼뱅은 신분에 위협을 느낀 나머지 12월 파리를 떠나 프랑스 여기저기를 떠돌다가 1535년 초 프로테스탄트 성향이 강했던 바젤에 안착했다.

칼뱅는 바젤에서 미코니우스(Miconius), 불링거(Bulinger), 부처(Bucer)와 같은 개혁가들을 알게 되었고, 거기서 칼뱅은『기독교 강요』의 초판을 작성하였다. 초판은 1536년 익명으로 출판하였다. 프랑스에서 개신교도들에 대한 박해가 이 책의 출판을 촉진시켰던 것이다. 칼뱅은 책의 서문에 프란시스 1세에게 신민에 대한 박해를 중단해 달라는 탄원을 썼다. 그는 1536년 중반부터 박해가 완화된 틈을 타 프랑스로 가서 가족들을 데리고 스트라스부르크에 정착하여 학문적인 삶을 살려고 했었다. 그러나 프란시스 1세와 찰스 5세의 전쟁으로 스트라스부르크로 가는 길이 막히고 말았다. 하는 수 없이 그는 제네바로 우회했다. 이것은 역사상 가장 위대한 우회로의 사건들 가운데 하나가 되었다.

그는 파리에서부터 알고 있던 파렐로부터 제네바의 개혁에 합류하라는 요청을 받았다. 그는 자신의 성격과 목표를 이야기하면서 파렐의 요청을 거부했다. 파렐은 엄청난 사명을 수행할 수 있는 칼뱅이 필요한 절박한 순간에 그가 이를 거부하자 하나님의 진노가 임할 것이라고 협박했다. 반강요에 의해 칼뱅은 제네바에 머물기로 결단했다. 1536년 8월과 9월 시 당국은 칼뱅이 성당에서 성경을 강해하도록 지명했다. 제네바에서 위대한 개혁자의 첫걸음이 시작된 것이었다. 그와 파렐이 추방되었던 3년 남짓한 기간을 제외하고 칼뱅은 그의 남은 생애 전부를 제네바에서 보냈다.

칼뱅은 1536년『제네바 신앙 고백』및 1537년 제네바 최초의『요리 문답』을 작성하여 제네바 시 위원회로 하여금 시행하도록 압력을 가했다. 그러나 그의 첫 개혁의 행보는 정치적 사안으로 꼬였다. 제네바의 목회자들은 칼뱅과 파렐이 자신들과 상의하지 않고 정부 당국과만 상의하여 개신교 예전을 시행하고 개혁을 추진하는 것은 교회의 권위를 침범한 것으로 간주하고 칼뱅과 파렐의 제안을 받아들이지 않았다. 예배와 치리는 당국이 아니라 교회에 의해 수행되어야 한다는 것이었다. 이 사건은 교회사가 시 의회에 의해 주도될 것인지 아니면 목사들에 의해 결정될 것인지 하는 문제가 걸린 중요한 사안이었다. 제네바의 목사들은 칼뱅과 파렐을 부당하게 고발하여 제네바를 떠나게 만들었다.

파렐은 뉘샤뗄(Neuchatel)에서 교회를 맡게 되었으며, 칼뱅은 부처의 초청으로 스트라스부르크로 갔다. 이 지역은 프랑스, 독일, 스위스, 그리고 저지대 국가들의 교차로였으며, 종교개혁 사상의 다양한 조류들이 합류하는 곳이었다. 1538년 4월부터 1541년 9월까지 스트라스부르크에 머무는 동안 칼뱅은 프랑스 피난민들을 대상으로 목회 활동을 했다. 그는 스스로를 돌아보며 이때가 그의 일생에서 가장 평화로운 시기였다고 회상하기도 했다.

칼뱅은 스트라스부르크에서『기독교 강요』를 개정했다. 첫 개정판에서 초판의 6개의 장이 17개의 장으로 확대되었다. 그리고 모든 개혁파 교회들에서 널리 사용될 예전을 개정했다. 1540년에『로마서 주석』을 저술했으며, 1541년에『주님의 만찬에 관한 소논문』을 작성했다. 또한, 그는 여기서 교회 조직에 관한 그의 사상을 구체화했다. 한편, 1540년 자신이 개종시킨 한 재세례파 교도의 과부인 이들레트(Idelette de Bure, 1509~1549)와 결혼했다. 그녀에게는 이미 2명의 자녀가 있었고, 칼뱅과 함께 한 명의 자녀를 낳았다. 그러나 그 아이는 즉시 사망했다. 부인도 1549년 세상을 떠났으며, 칼뱅은 주위의 권유에도 불구하고 재혼하지 않았다.

1541년 9월 제네바의 정치적 상황이 변화되어 칼뱅에게 우호적이었던 파가 권력을 잡게 되었다. 인문주의자요, 명망 높은 추기경 사돌레토(Sadoleto)가 제네바를 가톨릭 신앙으로 돌아오도록 시 의회를 회유하려 들자 제네바 시 의회는 스트라스부르크에 머물고 있는 칼뱅에게 귀환하여 이에 대응하도록 요청했다. 칼뱅은『사돌레토에게 답변함』으로 복음주의적인 신앙을 대변했다. 이 저술은 종교개혁에 관한한 매우 통쾌하고도 호소력 있는 변증서였다. 칼뱅은 그리스도인의 궁극적 권위의 문제와 이신칭의에 대해 강조했다. 칼뱅은 친구들의 간곡한 권유로 제네바에 돌아왔다. 제2차 제네바 시절이 시작된 것이다. 그는 이 도시에서 새로운 교회 제도의 구축에 착수했다. 그는 오래된 성 베드로 성당의 목사로 임명되었고, 23년 동안 제네바에서 사역하면서 개혁의 주도적 인물이 되었다.

(2) 『기독교 강요』

1536년 3월 라틴어로 발행한 『기독교 강요』의 서문에 프랑스 왕에게 보내는 편지가 수록되어 있다. 이 편지는 '종교개혁기의 문학적 걸작 가운데 하나'로 일컬어진다. 이 책으로 젊은 칼뱅은 프랑스 프로테스탄티즘의 거두로 부상했다. 『기독교 강요』는 원래 세례 문답집으로 저술된 소책자로서 형태와 내용에 있어서 루터의 『소요리 문답』과 유사했다. 6장으로 구성된 이 책에서 그는 십계명, 사도신경, 주기도문, 세례 및 주님의 만찬, 그리고 교회 정치를 다루었다. 제2판은 스트라스부르크에서 1539년에 출판되었으며 초판의 4배(17장)의 분량이었다. 2판의 프랑스어판은 1541년 출판되었다. 1543년 3판으로 다시 개정되었다.

이처럼 개신교 종교개혁의 최대의 걸작인 이 책은 계속 수정 · 보완되어 최종판이자 다섯 번째 개정판이 1559년 완성되었다. 최종판은 4권으로 구성되어 있다. 처음 3권은 사도신경의 구조를 따르고 있으며, 마지막 4권은 교회론을 다루고 있다. 총 4권의 제목은 다음과 같다.

첫째, 하나님 지식과 창조자.
둘째, 그리스도 안에 있는 구속자 하나님에 대한 지식.
셋째, 그리스도의 은총을 받는 방법.
넷째, 하나님이 우리를 그리스도의 공동체로 초대하고, 그 안에서 우리를 붙드는 방법인 외적인 수단.

초판부터 최종판까지 그의 신학적 기조에는 변함이 없었다. 이 책은 그의 일생의 신학 사상의 반영이었다. 이 책은 독일어, 영어, 이탈리아어, 스페인어, 헝가리어, 그리스어, 네덜란드어 등으로 즉시 번역되어 나갔다.

(3) 신학적 특징

칼뱅의 신학은 그리스도론보다 신론에 무게를 두고 있다. 『기독교 강요』 1권 13장에서 볼 수 있듯이, 그는 다양한 고대 교부들의 영향을 받았다. 그의 의도는 삼위일체의 연합성과 삼중성을 동시에 설명하고, 삼위의 개별 위격들의 완전성과 그리스도의 이중적 본성의 연합을 동시에 표현하고자 했다. 그의 신론은 니케아-콘스탄티노플과 칼케돈의 신앙 고백의 범주 안에 있었다.

칼뱅은 하나님의 절대 주권을 자신의 신앙의 기본적 원리로 삼았다. 한편 그는 인간의 죄성을 강조하면서, 선을 행하기에 무능한 인간 본성을 이야기했다. 오직 하나님은 성육신을 통해, 신적인 말씀인 그리스도에 대한 믿음으로 칭의가 우리의 공로 없이 부여됨을 강조했다.

그러나 모든 사람이 의로워지는 것은 아니다. 선택된 자들만이 구원을 받는다. 예정은 하나님의 영원한 의지의 작용이다. 이 선택이 인간이 설교된 말씀에 다르게 반응하는 이유라고 했다. 선택은 믿음에 앞선다. 믿음, 훈련된 삶, 그리고 부르심은 선택의 시현들일 뿐이다. 하나님이 일군의 무리를 선택하고, 일군의 무리를 유기한 이유는 오직 하나님 자신의 영광 때문이며 이는 전적인 그의 의지이다. 그럼에도 불구하고 하나님을 죄의 원인, 악의 저자라고 부를 수는 없다. 인간은 자신의 선택을 증명하기 위해 선행을 행하도록 촉구된다.

칼뱅의 신론 중심의 신학적 특징이 『기독교 강요』를 이신칭의로 시작하지 않고 하나님에 대한 지식으로부터 시작하는 이유이다. 칼뱅은 특히 하나님의 영광을 강조했다. 이는 칼뱅의 신학적 시스템의 주요 모티프가 되어 버렸다. 그의 신학적 특징이 되어 버린 예정론은 아우구스티누스의 입장에 서 있다. 그러나 영원한 형벌과 영원한 생명을 동시에 이야기했다는 점에서 아우구스티누스를 넘어갔다. 그에 따르면 하나님의 예지는 능동적이며 창조적이기 때문에 영벌의 예정은 불가피한 결론이라는 것이다.

한편, 칼뱅의 신학은 개인주의적이 아니라, 공동체적이고 역사적이었다. 예정은 악과 고난에도 불구하고 세상과 역사의 궁극적인 운명이 선하고 완전한 하나님의 손 안에 있다는 믿음의 표현이었다. 여기서 그의 관심은 철학적이 아니라, 목회적이었다. 그리스도에 대한 믿음으로 우리는 선택을 확신한다. 그러나 역은 성립하지 않는다고 단언했다. 그의 신학 체계를 지배하던 원리는 성경에 대한 충실성과 모든 진술에 있어서 명료성의 추구였다고 하겠다.

칼뱅의 신지식은 단순히 하나님의 존재에 대한 인식이 아니라 우리들과의 관계에서 오는 인식을 의미했다. 그에게 있어서 신지식의 출처는 성경이었다.[18] 따라서 신지식은 경건과 직결되고 이 경건으로부터 종교성이 생성된다. 경건과 종교성이야말로 참된 인간성의 자질들이다.

칼뱅은 구체적으로 이중적 신지식을 이야기했다. 자연을 통해 신지식을 일부 획득할 수 있으나, 이는 불완전하다. 이를 통해 하나님의 존재는 알 수 있으나, 예수 그리스도가 구세주임을 알 수는 없다. 따라서 본성적으로 가진 신지식은 결국 우리를 미신과 우상 숭배로 인도하므로 자연적인 신지식이 존재한다는 것이 하나님의 정죄에 대해 핑계할 수 없게 한다고 하였다. 타락으로 인해 영혼 안에 반영된 하나님의 형상이 상실되었다. 영혼의 기능은 이해와 의지인데, 타락으로 인해 하나님에 대한 지식과 선을 향한 의지(자유의지)가 상실되었다.

칼뱅은 성경 속에서 신자 안에 거하는 성령의 증거를 통해 인간에게 신비가 개방된다고 했다. 성령의 내적인 증거 없이 성경을 통해 그리스도를 깨달을 수 없다. 그런 의미에서 성경은 그에게 기록된 책이 아니라 성령의 내적인 증거인 '특별 계시'였다. 그에 따르면 성경을 읽거나 설교 말씀을 듣지 않을 때 성령의 내적인 증거가 우리 속에서 발생하지 않는다. 성령의 내적인 조명과 성경은 서로 순환 관계 속에 있다고 하겠다.[19]

칼뱅에 따르면 인간은 선하게 창조되었으나 '타락'으로 인해 이 선을 상실하고 말았다. 따라서 정죄가 초래되었다. 택자(the elect)만이 예수 그리스도의 사역을 통해 구원받는다. 성령께서는 신자에게 회개와 신앙을 불러일으키신다. 선행은 구원의 원인이 아니라, 결과이다. 칼뱅은 우리가 행

---

18 Calvin, *Inst.*, I, 4, 1.

19 Calvin, *Inst.*, I, 3, 1; 6, 2-3.

위 없이 의로워지는 것은 아니지만 행위에 의해 의로워지는 것도 아니라고 했다. 우리는 성경에 계시된 하나님의 뜻을 엄격한 훈련을 통해 그리고 하나님의 율법에 순종함으로써 실현하기 위해 분투해야 한다. 그에게 있어서 인간의 목적은 측량할 수 없는 하나님의 뜻 앞에 굴복하고, 하나님의 명백한 계명들을 이행하는 것이다. 그는 하나님이 택자들로 이루어진 거룩한 그리스도교 사회 공동체(Christendom)를 통해 지상에서 많은 일을 수행한다고 했다.

(4) 교회와 성례전들

칼뱅은 제네바를 모범적인 그리스도교 공동체로 만들려고 시도했다. 그는 언약 공동체로서의 교회의 개념을 사회 계약 사상에 적용했다. 정치적으로 칼뱅과 그의 추종자들의 목표는 교회의 사회적 체험이었다. 역사는 선택받은 자들을 통해 하나님의 의도를 성취하는 것이므로 하나님의 왕국 확립은 다름 아닌 갱신된 교회로부터 시작된다고 했다. 칼뱅은 사회를 구속하기 위한 사회적 복음을 시도한 것이다. 교회는 구속받은 자들의 공동체이다. 이 역사적 공동체 안에서 참된 신앙을 고백하고, 올바른 삶을 살며, 주님의 만찬에 참여하는 자들은 구원의 확신을 가지게 된다.

칼뱅에게 교회는 가시적이면서 동시에 비가시적이다. 외적으로 신앙을 고백하고 가시적인 그리스도교 공동체에 소속하지 않으면 누구도 참된 신앙을 가질 수 없고 그 사람은 영적이고 비가시적인 참된 교회에 소속될 수 없다. 1세대 개혁자였던 루터가 칭의 교리의 확립에 지대한 공헌을 했다고 한다면, 칼뱅은 부처와 함께 2세대 개혁자로서 개신교 교회론의 확립에 결정적인 공헌을 했다고 하겠다. 루터의 근본적인 질문이 "어떻게 은혜로운 하나님을 발견할 수 있는가?"였다면 칼뱅은 "어디에서 참된 교회를 발견할 수 있는가?"였다고 하겠다.

한편, 그는 교회의 본질인 교제가 사회적으로도 경험되고 실현되어야 한다고 했다. 개혁자들은 성속(聖俗)의 중세적 이원론을 거부했다. 칼뱅은 두 개의 외적 교회의 지표를 제시했는데, 말씀의 바른 선포와 성례전의 합당한 시행이 그것이다. 로마 가톨릭교회는 이 최소한의 기준들에도 미치지 못하기 때문에 참된 교회가 아니라고 했다. 칼뱅은 부처의 예를 따라 4중직 직책(목사, 장로, 교사, 집사)을 이야기했으나, 부처와 달리 치리(discipline)를 교회의 지표에 포함하지 않았다. 왜냐하면 '모범적 삶'이 신앙의 본질적인 부분이 될 수는 없기 때문이었다.

칼뱅은 두 종류의 성례전, 곧 세례와 주님의 만찬만을 인정했다. 칼뱅의 성만찬 이해는 영적 임재설이다. 루터의 공재설과 츠빙글리의 상징설 중간에 위치하지만, 그가 의도적으로 정치적으로 타협하여 영적 임재를 말한 것은 아니다. 그는 루터의 견해를 우상 숭배에 가깝다고 여겼고, 츠빙글리의 견해는 성만찬의 신비를 너무 무미건조하게 만들어 버렸다고 생각했다. 칼뱅은 그리스도의 '실재적'(real) 임재는 믿음으로 받는다고 했다. 그는 "비록 그리스도의 실제적인 육체가 우리 속에 들어오지 않으나, 우리 속으로 그 자신의 생명을 확산시킨다"라고 했다.[20]

칼뱅이 실재적 임재를 주장한 면에서는 츠빙글리와 확연한 거리를 둔 것이고, 실재적 임재의 해석에 있어서는 루터와 다를 뿐이었다. 또한, 그는 유아 세례가 그리스도의 제정과 상징에 잘 부합한다고 주장했다.

(5) 교직제의 확립

선택된 사람들이 훈련된 도덕성과 소명으로 성령의 임재를 시현한다. 마찬가지로 하나님의 주권적인 은총을 입은 자들은 자신들의 선택을 확증하기 위해 선행이 요구된다. 칼뱅은 하나님의 영광을 위해 제네바의 시민들을 도덕적으로 엄격하게 훈련시키기를 원했다. 이를 위하여 그는 세속적 권력이 교회와 협조하고 교회를 보호해야 한다는 중세적 개념에 동의했다. 그 결과 사회적 통제를 위한 포괄적인 시스템이 구축되었다. 그는 이 시스템을 전 그리스도교 공동체로 확대하면서 누가 참된 그리스도인들이며 아닌지를 분별할 수 있는 적절한 수단으로 삼았다. 칼뱅은 하나님의 섭리 실현을 위해 순수 교리의 보존 및 치리의 강제적 시행을 위한 제도를 만들어 낸 것이다.

---

20 Calvin, *Inst.*, IV, 17, 1.

칼뱅은 스트라스부르크에 있는 동안 부처로부터 교회의 조직에 대해 많이 배웠다. 교직제들을 통하여 어떻게 시민적인 삶과 종교적인 삶을 통합시킬 수 있을 것인가 하는 문제에 대해 해답을 얻은 것이다. 1541년 제네바로 돌아온 후, 즉시 하나님의 말씀과 고대 교회의 원리에 따라 『교직서』를 작성하여 시 위원회의 인가를 받았다. 그는 신학적 이론을 교회론에 실제적으로 적용할 기회를 얻은 것이다. 여기서 목회자, 교사(박사), 장로, 그리고 집사의 4중적 직책을 개진했다.[21] 각 직책은 그에 해당하는 철저한 소명 의식과 자질, 도덕성을 검열받았다.

가장 특징적인 직책이 장로직이었다. 시 정부의 소위원회에 의해 명망이 있는 12명의 평신도가 제네바 교회의 시무 장로들로 선출되었다. 이들은 평신도로서 공동체에서 치리를 시행했다. 2명은 소위원회에서, 4명은 60인 위원회에서, 그리고 6명은 200인 위원회에서 각각 선출되었고, 당국은 이들을 임명했다. 이들은 지혜와 경건에 있어서 남들의 귀감이 되는 사람으로서 제네바를 대변했다. 12명의 장로가 6명의 목사와 합쳐서 전체 제네바 시를 망라하는 교회 위원회(the Consistory)를 구성했다. 이 위원회가 교회의 모든 치리(교인들의 도덕과 삶의 감독)를 주관했다.

교회 위원회는 일종의 교회 법정으로서 교회 치리의 주된 기관이었다. 각종 부도덕한 행위들과 불신앙적인 행위들을 범하는 사람들은 벌금, 투옥, 파문, 추방, 그리고 사형의 형벌에 처해졌다. 모든 사람은 교회 위원회의 치리에 복종해야 했는데, 심지어 목사들도 1년에 4번 자신이 목회 사역에 적절한지 점검을 받아야 했다.

1543년 파문권을 두고 시 의회와 교회 위원회 사이에 마찰이 있었다. 칼뱅은 파문권이 전적으로 교회의 기능이므로 교회 위원회가 전담해야 한다고 했고 시 정부는 공중도덕에 대한 관할권을 양도하려 하지 않았다. 이는 교회의 전제 정치를 견제하기 위함이기도 했다. 그러나 시 정부의 반발에도 불구하고 1553년 칼뱅은 시 의회의 재가 없이 교회 위원회가 모든 치리를 주관할 수 있는 권리를 확보했다. 교회 위원회는 칼뱅이 권위를 행

---

21 Calvin, *Inst.*, IV, 1, 1.

사할 수 있는 중요한 도구가 되었다.

제네바가 엄격한 청교도주의로 유명해진 이유는 바로 교회 위원회가 제네바 시민의 도덕을 조직적으로 감독했기 때문이다. 교회 위원회의 도덕성 검열은 공포의 통치로 악명이 높았다. 검열과 징계에 성역이 없었다. 비근한 예로 한 명사의 처제와 의붓딸이 간통을 저지르자 이들을 제네바로부터 추방했다. 칼뱅은 법 아래서 만인이 평등하다는 근대 민족 국가의 이상을 구현하는 데 선구자였다고 할 수 있다.

칼뱅은 교직제들과 헌법을 통해 기본적으로 올바른 신앙과 삶을 유지하기 위해 국가가 교회를 도와야 한다고 보았다. 그러나 국가는 하나님의 말씀에 따라 이 일을 수행해야 한다고 했다. 국가는 지속적으로 교회의 지도를 받아야 하며, 영적인 문제에 있어서 교회에 간섭하려고 해서도 안 된다고 했다. 그리고 '무신앙적인 당국'에 대한 저항권은 그리스도인들의 종교적 의무라고 했다.

교황과 감독들이 권위를 행사하는 로마 가톨릭교회나 제후들과 감독들에 의해 통제되는 루터교와 달리, 칼뱅의 교회에는 모든 구성원, 곧 목사, 장로, 그리고 회중이 각각의 역할을 가지고 있었으며, 위로부터 명령을 받지 않았다. 시 의회와 교회 위원회는 서로 명령하지 않고, 치리를 위해 파트너로서 같이 일했다. 칼뱅주의자들은 종교와 사회를 분리하지도 않았으며, 그렇다고 이것들이 동일하다고도 이야기하지 않았다. 교회는 국가에서 기원하지 않고, 후원에 있어서 국가에 종속되지 않으며, 하나님의 '왕국에 대한 봉사'를 수행함에 있어서 국가와 분리되지도 않는다고 보았다. 따라서 엄밀한 의미에서 교회에 의한 국가의 지배를 의미하는 '신정'(theocracy)을 칼뱅은 주창한 적이 없었다.

개혁교회와 장로교회를 표방하는 칼뱅주의자들이 다른 어떤 개신교 집단들보다도 사회적 언약 사상에 더 많은 영향을 미쳤다. 칼뱅은 행정 당국과의 연합에 의한 개혁이 최선이라고 믿었고 이러한 교회와 국가 사이의 긴밀한 관계는 주류 종교개혁의 특징이었다. 교회는 거룩한 사회의 일부이다. 이 사회에서 통치자들은 참된 종교를 유지할 책임이 있다. 칼뱅은 1564년 사망할 때까지 제네바를 하나님의 영광을 위하여 모범적인 그리스도교 공동체로 만들려고 했다. 그는 아마 교회에 의한 '신정'은 반대하고 하나님의 의지에 따라 다스려지는 '신정'을 구축하려 했을지 모른다. 그는 그의 적들에게는 독재자로 여겨졌으며, 그의 동료들에게는 하나님의 사신으로 여겨졌다.

(6) 반대자들에 대한 처리

1545년 트렌트 공의회를 통해 개신교적 신앙에 대한 가톨릭교회의 반격이 시작되자 이탈리아, 영국, 스페인, 독일, 폴란드, 보헤미아, 네덜란드 등지로부터 개신교 사상을 가진 피난민들이 제네바로 몰려들었다. 이들은 칼뱅의 지원자가 되기도 하고 칼뱅의 반대자가 되기도 했다. 칼뱅이 반대자들에게 관용한 면은 잘 보이지 않는다. 제네바의 교사 카스텔리오(Sebastian Castellio, 1511~1553)와 신학 노선에 있어서 차이가 생기자, 칼뱅은 그를 추방했다. 카스텔리오는 외지에서 1544년 『이단들에 관하여: 그들이 처형되어야만 하는가?』에서 신앙을 이유로 처벌 등의 폭력이 행사되어서는 안 된다고 하며 칼뱅의 처사를 비난했다.

한편 복음주의적 신앙 때문에 파리에서 제네바로 피난 온 볼섹(Jerome Bolsec, d. 1584)은 의사였는데, 칼뱅의 예정론을 신랄하게 비판했다. 그러자 칼뱅은 그도 제네바에서 영구히 추방해 버렸다. 볼섹은 1577년 칼뱅에 대한 모독적인 자서전을 저술했는데, 이 책은 다음 두 세기 동안 칼뱅 비판자들의 도구로 사용되었다. 제네바에 대항하여 국제적 음모를 획책하던 자유사상가 그루에(Jacque Gruet, d. 1547)는 칼뱅의 동의 아래 당국에 의해 처형되었다.

가장 심각한 것은 세르베투스(Michael Servetus, 1511~1553)의 경우였다. 그는 스페인 출신의 의사로 정통주의의 비판자였다. 그는 흔히 재세례파로 분류된다. 그는 삼위일체와 예정론, 그리고 유아 세례를 비성서적이라고 반대했다. 그는 『삼위일체론의 오류에 관하여』(1531)와 『그리스도교의 복귀』(1553) 등을 저술했다. 전자에서 그는 정통적 삼위일체론을 따르는 것은 머리가 셋인 괴물을 믿는 것과 같다고 빈정댔다. 두 번째 저술은 칼뱅의 『기독교 강요』를 집중적으로 공박하면서 칼뱅의 국가 교회를 지탄하고 재세례파의 교회관을 격찬했다. 그는 자신을 적그리스도와 싸우는 천사장 미가엘로 묘사했다.

세르베투스는 첫 번째 저술 이후 강제로 추방되었다가 다시 나타나 칼뱅의 인내를 시험했다. 칼뱅은 그가 다시 제네바에 나타나면 살아서 돌아가지 못할 것이라고 경고하고 다시 추방하였다. 그런데, 그는 위장한 채로 칼뱅의 교회에 참석했다가 발각되어 즉시 체포되었다.

결국, 제네바 시 의회에 의해 이단으로 고발되었으며, 1553년 10월 27일 칼뱅의 동의 아래 화형에 처해졌다. 칼뱅은 화형이 아니라 교수형에 처해져야 한다는 인도주의적 관용(?)을 주장했으나, 이 주장은 받아들여지지 않았다. 어떻든 이 사건은 칼뱅의 지위를 강화시키는 그의 정치적 승리이긴 했으나, 그의 인격에서 도덕적, 지성적, 그리고 영적 교만이 드러나는 오점을 남긴 사건이 되었다. 16세기 당시 종교적 상황에서 자신과 다른 종파나 이단들을 처형하는 것이 보편적 관행이었던 점과, 수차례 칼뱅이 그에게 관용을 베푼 것을 감안할 때 세르베투스 처형으로 칼뱅에 대한 지나친 매도는 주의할 필요가 있다.

한편 칼뱅주의 개혁파에 의해 처형된 사람은 가톨릭교회 외 타 개신교 종파에 비해 비교적 적은 편이었다는 것도 칼뱅에 대한 평가를 위해 염두에 둘 필요는 있다. 아무튼, 칼뱅의 위대함은 세르베투스 사건에서 명백하게 노출된 그의 기풍의 왜소함과 뒤섞여 존재했다고 하겠다. 1903년 칼뱅의 후예들은 세르베투스의 처형 장소에 속죄의 비를 세운 적이 있다. 이는 그의 처형 350년 후의 일이었다.

멜란히톤과 불링거 같은 신학자들은 칼뱅의 조처에 찬성했으며, 비텐베르크, 바젤, 베른, 그리고 취리히 같은 도시들도 동의했다. 모든 사람이 칼뱅의 방법에 찬성한 것은 아니었다 하더라도 이단은 전 도시를 병들게 하므로, 제거해야 한다는 생각이 보편적이었다.

칼뱅은 1555년부터 1564년 그의 생애가 끝날 때까지 별 저항 없이 제네바를 다스렸다. 그는 자기 자신을 과신했다. 그는 또한 너무 쉽게 자신의 말을 하나님의 말씀과 동일시했으며, 그의 주권을 하나님의 주권과 동일시했다. 그래서 그는 흔히 '개신교 교황'(Protestant pope)으로 지칭되기도 했다. 그는 잘못하거나 자신과 다른 사상을 가진 사람들을 정죄할 때 인간의 원죄 때문에 그 원인이 있다고 치부했다. 그러나 자신의 신학적 사고에 대해서는 관대했던 것 같다. 1559년 그는 제네바 시민권을 얻었다.

(7) 생애 후기와 말년

1559년 칼뱅은 『기독교 강요』 최종판을 완성했고 제네바 아카데미를 설립했다. 제네바 아카데미는 칼뱅이 교육과, 교육받은 목회직을 강조한 결과 설립된 것이다. 1556년 녹스는 제네바 아카데미에 머물면서 칼뱅의 강의들을 들은 적이 있었다. 녹스는 그의 친구에게 쓴 편지에서 "제네바 아카데미는 사도들의 시대 이후 지상에 존재하는 가장 완전한 그리스도의 학교이다"라고 평했다. 유럽의 모든 지역으로부터 학생들이 개신교 목회 사역을 준비하기 위해 여기서 훈련을 받았다. 본 학교는 신학과 함께 고전어들과 인문학을 두루 강조했다. 이 학교의 설립으로 칼뱅은 제네바를 프랑스어를 쓰는 종교개혁의 지적인 센터로 부각시켰다.

제네바 교회는 이러한 목회자 훈련 운동의 국제적인 본부가 되었다. 여기서 훈련받은 사람들은 여러 나라로 전도하기 위해 상인 등으로 위장한 채 들어갔으며, 제네바 교회 모델에 따라 자기 나라에서 교회들을 설립하기도 했다.[22] 이 아카데미는 나중 제네바대학교가 되었다. 오래지 않아 이 대학은 루터파의 근거지인 비텐베르크대학교를 능가했다. 제네바 아카데미는 칼뱅의 활동을 제네바 영역 밖으로 확장하는 데 크게 기여했다.

또한 칼뱅은 제네바에서 개신교도들 사이의 신학적 일치를 위해 노력했다. 많은 협상의 결과 1549년 『3개의 도시들의 합의』에 이르렀는데, 이는 신학적으로 칼뱅과 불링거의 빛나는 성취였다. 이 합의로 인해 츠빙글리의 전통과 칼뱅의 전통이 합치된 것이고, 전 스위스의 개신교가 하나 됨을 이룬 것이었다. 독일 루터교가 메마르고 분열적인 교리 논쟁에 몰입하고 있을 때, 칼뱅주의는 연합을 통해 종교개혁 운동에 더 큰 에너지를 공급할

---

22 Karin Maag, "Calvin und die Studenten" in H. J. Selderhuis(Hg.), *Calvin Handbuch* (Tübingen, 2008), 164-170.

수 있었다.

과중한 책임들과 논쟁들로 인한 스트레스, 수면 부족은 이미 약화된 칼뱅의 건강을 더 악화시켰다. 그는 1564년 5월 27일 그의 계승자 베자(Theodore Beza, 1519~1005)의 품 안에서 임종을 맞았다. 자신의 유언대로 비석을 세우지 않았기 때문에 칼뱅의 무덤은 알려지지 않고 있다.

3) 개혁주의 프로테스탄티즘의 확산

칼뱅의 지나친 치리에 대한 분명한 반대들에도 불구하고, 하나님의 영광스러운 주권을 강조하던 그의 사상은 무수한 추종자들을 얻었다. 제네바로부터 생성된 칼뱅의 개혁주의는 유럽 국가들과 신대륙으로 확산되어 1550년경까지 칼뱅주의가 루터교를 능가하였으며, 대륙에서 가톨릭교회에 대한 최대의 도전 세력으로 부상했다. 네덜란드, 프랑스, 스코틀랜드, 영국, 독일, 헝가리, 그리고 미국의 일부 지역들에서 칼뱅주의자들이 많이 생겨났다. 순교자들도 많이 나왔다.

칼뱅주의의 매력은 선택 및 섭리의 교리, 말씀의 이해, 그리고 이들을 진술하는 칼뱅의 열정과 뛰어난 기교에 기인했다. 제네바 시 정부 및 노회의 내재적 민주주의적 성향들이 칼뱅주의의 확산에 기여했다. 물론 칼뱅 자신은 그의 성공을 하나님의 섭리의 탓으로 돌렸을 것이다. 정치적, 경제적, 사회적 측면들이 강했던 칼뱅주의는 각 민족 국가들에서 하나님을 거역하는 당국에 대한 저항과 반란을 정당화하는 이론을 발전시켰다.

(1) 프랑스

1555년 이후, 칼뱅은 제네바에서 자신의 개혁이 안정권에 이르자 자신의 나라 프랑스의 복음화(종교개혁)에 노력을 기울였다. 이후 제네바에서 훈련받은 많은 목사들이 프랑스 주요 도시들에 파송되었다. 혹자는 1555년 파리에 첫 개신교회가 설립되었다고도 한다. 이들은 프랑스 최초의 개신교 교도들인 '위그노파'(the Huguenots)로 알려지기 시작했으며, 제네바의 지원 아래 급성장 가도를 달렸다. 비록 프랑스에서 위그노들은 소수였으나, 귀족들이 가담함으로써 그들은 프랑스에 정치적 위협으로 작용했다. 1559년 첫 번째 프랑스 개혁교회 총회가 파리에서 비밀리에 개최되었다. 여기서 칼뱅주의적 신앙 고백인 『갈리칸 신앙 고백』[23]이 채택되었고, 장로교 형태의 교회 정치 제도가 인준되었다. 이 신조는 오늘날까지 프랑스 개혁교회의 기본적인 신조로 이용되고 있다.

과거 1534년 벽보 사건으로 프랑시스 1세와 앙리 2세는 개신교에 대한 박해를 강도 있게 진행했다. 앙리 2세는 프랑스에 가톨릭 외 이단 사상들을 처단하기 위해 "불의 법정"을 설치하여 500명 이상의 개신교도들을 처형했다(1547~1550). 앙리는 1551년 샤또브리앙 칙령(the Edit of Chateaubriand)을 공표하여 더 효과적으로 개신교 박멸에 열을 올렸다. 그러나 그는 당시 황제와의 전쟁으로 국력을 소진하고 있었기 때문에 신망을 잃었고 많은 백성이 개신교로 넘어가고 있었다.

앙리가 사망하자 프랑시스 2세(1559~1560)가 즉위했다. 앙리 2세의 아내였던, 그의 모친 카테리나 데 메디치(Catherine de Medici, 1519~1589)가 국가 통치에 개입하였다. 그녀는 국가 통치에 대한 야심이 큰 여성이었다. 그녀의 정치적 방해 세력은 기스 가문(the Guise)이었는데 이들은 개신교와 적대적 관계였다. 개신교도들이 기스 가문을 제거하려던 음모에 연루되어 죽거나 고초를 겪었다. 칼뱅도 이 음모에 가담했다는 오해를 받기도 했었다. 칼뱅은 뒤늦게 동조하게 되지만 일찍부터 녹스나 불링거는 시민들이 이단 통치자들을 대항하여 반란을 일으킬 권리가 있다고 주장했다. 분명한 것은 개혁교회의 사상, 특히 청교도 사상은 하나님의 뜻을 이행하기 위해 혁명도 정당화시키는 이론에 동조하고 있었다는 것이다.

프랑시스 2세가 갑자기 사망하자 그의 동생 찰스 9세가 10살의 나이로 왕위에 올랐고 카테리나 데 메디치가 섭정을 맡았다. 그녀는 기스 가문을 제압하기 위해 위그노들에게 우호적인 정책을 폈다. 그러나 예상외로 기스 가문에서 뛰어난 개신교 지도자 콜리니(Gaspard de Coligny, 1519~1572)가 등장하였다. 그로 말미암아 프랑스 서부와 서남부의 귀족들이 개혁교회에 가

---

23 Schaff, *The Creeds*, vol. III, 359.

담했다. 이 지역들은 개혁파 운동의 전진 기지가 되었다. 그의 영향력이 커지자 카테리나는 콜리니와 개신교 세력을 모두 견제해야만 했다.

1561년 카테리나는 위그노들과 가톨릭 교도들 사이에 종교적 화해를 이룩하기 위해 쁘와시 회담(the Colloquy of Poissy)을 개최했다. 이로 인해 많은 위그노들이 석방되었으며, 위그노파 제후들에게 예배의 자유가 허용되었다. 개신교의 유입 이후 40년 만의 일이었다. 이내 가톨릭주의의 반대가 거세졌고 기스 가문의 책동으로 무력 충돌이 발생했다. 1562년부터 낭트 칙령(the Edict of Nantes)이 공포되던 1598년까지 프랑스는 위그노들과 가톨릭 교도들 사이에 일련의 종교 전쟁으로 골머리를 앓았다.

카테리나는 전쟁을 방관했다. 왜냐하면 두 세력의 싸움이 악화될수록 자신과 자신의 아들의 통치가 자유로워졌기 때문이었다. 그러던 중 그녀는 콜리니를 제거하기 위한 거사를 도모했다. 카테리나의 딸 마가렛 발로아와 개신교도인 나바르의 앙리의 결혼식 날(1572년 8월 18일), 전쟁 중임에도 불구하고 주요 위그노들이 이 결혼을 축하하기 위해 궁정에 올 것을 기대하며, 그때를 노려 콜리니를 암살하려 했다. 암살 시도는 결혼 당일이 아닌 며칠 후에 시행되었고 콜리니에게 약간의 총상을 입힌 정도로 끝나 버렸다.

그러자 카테리나는 아들에게 콜리니를 비롯한 개신교도들이 역책을 꾀한다고 모함하여 찰스 왕은 위그노들에 대한 대학살을 시행했다. 이날이 1572년 8월 24일 성 바돌로메의 날이었다. 이 학살로 하루 동안 파리에서만 약 6,000명의 위그노가 희생당했고 이후 전국적으로 2만 명의 위그노가 살해되었다. 교황 그레고리우스 13세는 이 사건에 대해 하나님에게 감사하고 "테 데움"(*Te Deum*)을 노래하며 희년을 선포했다.

성 바돌로메 사건은 프랑스의 위그노들에게 치명적인 타격을 입혔지만, 한편으로 위그노들을 더 밀접하게 연합시켰다. 찰스에 이어 그의 동생 앙리 3세(1574~1589)가 왕이 되면서 전쟁도 마지막 국면이 전개되었다. 앙리는 가톨릭 측과 개신교 측 양쪽을 모두 거부하고, 제3의 정파로 기울어졌다. 앙리가 가톨릭 추기경을 살해하자 격분한 한 가톨릭 성도가 그를 살해했다. 그를 이어 위그노였던 나바르의 앙리 4세가 왕위를 계승했는데 가톨릭 교도들의 반대가 극심하여 그는 왕이 되기 위해 가톨릭 교도로 자처했다.

그러나 앙리 4세의 내심에는 개신교적 신앙이 살아 있었다. 1598년 낭트 칙령을 공포하여 부분적으로나마 위그노들에게 종교의 자유를 허락했고 위그노들의 공직 등용도 허락했다. 특정 도시들을 제외하고 공개적으로 예배를 드리는 것을 허락했으며, 위그노 자녀들이 가톨릭 학교에 다녀야 한다는 강제 조항을 철회했다. 그러나 당시 프랑스에서 개신교 인구는 5%에 불과했다. 오랜 전쟁과 박해로 프랑스 개혁교회는 약세였다.

앙리 4세가 1610년 가톨릭 교도들에 의해 살해되었고 그의 계승자들인 루이 13세와 루이 14세는 정통 가톨릭주의자였다. 그들은 예수회를 동원하여 위그노들을 박해했다. 루이 14세 때 1685년 앙리 4세의 낭트 칙령이 철회되었다. 교회가 문을 닫고 대다수의 개신교 목사가 추방되었다. 많은 개신교도가 가톨릭으로 다시 개종했으며 20만에 이르는 위그노가 영국, 미국, 프로이센 등으로 떠났다. 위그노들은 프랑스 혁명 때(1789)까지 불법 종교였다. 종교 소수자였던 그들은 프랑스 혁명 직전 1787년 "해방령"(Edict of Liberation)에 의해 종교의 자유를 확보하게 되었다.

(2) 네덜란드

저지대 국가들은 부요한 도시들이 많았고 북유럽 인문주의의 산실이기도 했다. 1517~1529년 사이 루터교가 침투해 있었고 차츰 칼뱅주의가 영향력을 행사하기 시작했으며 1540년경부터 메노나이트들도 이 지역에서 성장하고 있었다. 가장 큰 비중을 차지한 교파는 칼뱅주의자들이었다. 네덜란드는 원래부터 로마 가톨릭 교리에 대한 반대의 거점이었다. 여기는 왈도파, 공동생활 형제단, 신비주의, 그리고 인문주의가 만연했었다. 종교개혁이 시작되는 네덜란드는 황제의 영향권 안에 있었고 찰스의 아들 필립 2세가 네덜란드의 왕이었다. 그 때문에 16세기 초까지 네덜란드는 주류 종교개혁으로부터 소외되었다.

그러나 16세기 중반부터 황제의 영향권으로부터 독립하려는 정치적 양상이 두드러졌다. 정치적, 종교적 해방 운동들이 전개되었고, 이로 인해 가톨릭교회와 무력 충돌이 불가피했다. 오렌지의 공작 나소의 윌리엄

(William of Nassau, 1553~1584)이 필립 2세의 정책을 반대하는 자들의 지도자가 되었다. 윌리엄과 그의 추종자들은 스페인을 상대로 용감히 끈질기게 싸워 1581년까지 7개 저지대 성들이 스페인으로부터 독립했다. 이 지역들이 네덜란드이다. 이후 남부 네덜란드는 스페인 통치하에 가톨릭 국가로 남고, 북부 네덜란드는 칼뱅주의 국가가 되었다(사실상 북부 지역은 1609년 독립을 쟁취했었다). 이들은 강력한 연합 국가가 되어 동인도 제도에 식민지를 경영하기도 했다.

네덜란드의 개혁주의 공동체는 네덜란드의 독립 전쟁과 더불어 발전되었다. 1566년 네덜란드 개혁교회의 신앙 고백인『벨기에 신앙 고백』이 작성되었다. 1571년 독일의 엠덴(Emden)에서 전국 총회를 열고 장로교회 정치 체제를 국가 교회로 수용하였다. 당회가 설교를 근거로 성도들의 실천 여부를 감독했다. 1573년 윌리엄이 칼뱅주의 신앙을 받아들이면서 네덜란드에서 미사는 금지되었고, 그 외 개신교도들에게 종교의 자유가 주어졌다. 얼마 안 있어 개혁교회를 국교로 만들었다. 1619년 네덜란드 개혁교회가 도르트 회의(the Synod of Dort)를 통해 칼뱅주의 입장을 채택하였다.[24] 도르트 회의가 극단적인 칼뱅주의의 상징으로 불리기도 하나, 실제적으로는 17세기 개혁파 공동체의 일치를 도모하기 위한 것이기도 했다.

(3) 스코틀랜드

1520년대에 스코틀랜드에 프로테스탄티즘이 파급되었다. 이전부터 롤라드들과 후스파들의 추종자가 나타나기도 했다. 루터파가 잠깐 동안 유입되다가 곧 진압되었다. 그러나 많은 귀족이 정치적·신앙적 동기에서 계속해서 개신교로 돌아서자 당국은 이를 강력한 핍박으로 대응했다. 이때 가장 특출한 개신교 설교자였던 조지 위샤트(George Wishart, c. 1513~1546)가 처형되었다. 그의 순교는 존 녹스(John Knox, 1515~1572)에게 큰 자극을 주었다. 당시 성 앤드류스의 성(St. Andrews' Castle)은 프로테스탄트들의 회합 장소였는데 이 회합에 녹스도 참석했다.

---

24 Schaff, *The Creeds*, vol. III, 550-579.

프랑스 군대가 성 앤드류스의 성을 탈환하고 개신교도들을 체포할 때 녹스도 체포되어 프랑스로 보내졌다. 2년 가까이 갤리선의 노예로 비참한 삶을 체험했다. 그는 석방되자 당시 개신교 왕 에드워드 6세가 통치하고 있던 영국으로 가서 복음주의적 교리를 익히다가 피의 메리(Bloody Mary)가 등극하자 독일의 프랑크푸르트로 갔고 거기서 제네바로 갔다. 제네바에서 칼뱅을 만나 그의 헌신적인 제자가 되었다.

스코틀랜드에서의 프로테스탄티즘을 위한 투쟁은 프랑스와 영국의 정치적 문제로 인해 복잡해졌다. 영국과 프랑스 모두 스코틀랜드를 자신들의 영역으로 복속시키려고 했다. 이러한 상황에서 1555년 녹스는 정치적 독립과 프로테스탄트 신앙 쟁취를 위해 용감하게 스코틀랜드로 잠시 돌아왔지만, 시기상조임을 깨닫고 제네바로 다시 돌아갔다. 1557년 프랑스는 스코틀랜드를 장악하기 위해 프랑스의 태자와 당시 스코틀랜드의 여왕 메리 스튜어트의 결혼을 추진했다. 한동안 스코틀랜드 내에서 프랑스의 영향력이 커지고 가톨릭적 성향이 강화되었다. 그러나 메리는 프랑스로 귀국하게 되었고, 그녀가 귀국하기 1년 전 녹스는 스코틀랜드로 귀국하여 칼뱅주의의 장로교 제도를 확립하는 일에 착수했다.

스코틀랜드의 개혁자들은 1560년 "버위크 조약"을 체결하고, 프랑스 군대를 물리치기 위해 영국과 손을 잡았다. 녹스와 개혁자들은 메리에게 참된 성서적 종교로 돌아오도록 권하였다. 녹스는 참된 종교를 탄압하는 자는 왕권의 정당성이 인정될 수 없다고 외치며 그녀의 회심을 기다렸다. 메리는 녹스와 추종자들을 억압하기 위해 프랑스 군대에 의지했으나 영국의 원군에게 퇴출당했다. 스코틀랜드의 혁명은 영국의 도움으로 성취되었지만, 국가의 독립은 손상을 입지 않았다.

스코틀랜드 의회는 1560년 8월 20일 칼뱅주의적 신앙 고백인 『스코틀랜드인들의 신앙 고백』[25]을 채택했는데, 이 문서는 대부분 녹스에 의해 작성되었다. 동년 12월 최초의 스코틀랜드 '총회'가 개최되었고, 최초의 『치리서』가 승인되었다. 본 치리서는 칼뱅의 교회 정치에 많은 영향을 받았고

---

25 Schaff, *The Creeds*, vol. III, 437-479.

교회뿐만 아니라 사회 전반에서 그리스도인들의 삶이 규제되었다. 이로써 마침내 스코틀랜드 교회가 탄생했다.

개혁자요, 스코틀랜드 독립의 아버지였던 녹스는 1572년 사망했다. 그의 리더십 아래 스코틀랜드에서 장로교가 국교가 되었다. 스코틀랜드에서 장로교는 노회, 대회, 그리고 총회와 같은 대의 기관들로 구성되었다. 그는 스코틀랜드에서 최고의 영웅으로 숭앙받고 있다.

1574년 제네바에서 공부를 마치고 귀국한 앤드류(Andrew Melville, 1545~1623)가 녹스를 이어 스코틀랜드 장로교를 충분히 발전시켰다. 개혁주의 신학이 스코틀랜드 교회사를 계속 지배하고 있기는 했으나, 16세기 말부터 장로교회와 감독교회가 주도권을 놓고 각축전이 벌어졌다. 제임스 6세가 영국 국교회 사상을 스코틀랜드에 도입하려고 하자 장로교인들은 반란을 일으켰다. 스코틀랜드 장로교인들은 종교적·정치적 자유를 위해 서라면 기꺼이 죽을 것이라는 결단으로 자유를 수호했다.

1660년 영국이 왕정복고가 일어나고 황제 찰스 5세는 스코틀랜드에 감독제를 복원했다. 많은 목사와 스코틀랜드 교회에 탄압이 이어졌다. 왕의 탄압 정책에 굴복하지 않은 스코틀랜드인들을 언약자들, 혹 개혁주의 장로교인이라 불렀다. 1685년 영국의 왕이 된 제임스 2세는 영국에서 로마 가톨릭주의를 복원하려고 했다. 이 때문에 장로교인들과 영국 국교회 교인들이 연합하여 반대하는 일도 생겨났다.

1689년 윌리엄과 메리가 영국뿐만 아니라 스코틀랜드의 통치자가 되었을 때, 스코틀랜드에서 장로교주의의 복원의 길이 다시 열렸다. 1690년 의회는 장로교주의가 공식적인 종교임을 선언했고, 『웨스트민스터 신앙 고백』[26]을 재가했다. 1707년 영국과 스코틀랜드가 하나의 대영 제국으로 통합되었을 때, 스코틀랜드 교회의 독립이 보장되었다. 스코틀랜드의 개혁주의는 경건과 학문을 잘 조화시켰으며, 매우 짧은 기간에 성취되었지만, 유럽에서 최초로 칼뱅주의적 신앙이 국교화된 사례가 되었다. 스코틀랜드 종교개혁은 단시간에 가장 효과적으로 개혁을 이룬 것으로 주목받고 있다.

---

26 Schaff, *The Creeds*, vol. III, 600-703.

제4장

과격파 종교개혁

1. 용어 및 재평가

프로테스탄티즘의 제3의 주요 형태를 묘사하는 '분파'(sectarian)라는 용어는 거의 '과격파'(radical)란 용어로 대체되었다. 기술적으로 이 용어는 만족스러우나 이의 사회학적 의미는 오해를 살 소지가 있기 때문에 막스 베버는 재세례파를 '믿는 자들의 교회'로 지칭하고 베인튼은 '종교개혁의 좌파'라고 표현했다. 라우센부쉬는 이 그룹을 '종교개혁의 뿌리요, 동시에 가지'라고 말했다. 윌리엄스는 이 종교 운동을 '과격파 종교개혁'이라고 지칭했다. 어떤 용어를 사용하든, 중요한 사실은 이 독특한 형태의 프로테스탄티즘은 주류의 국가 교회들과는 다른 패턴과 스타일을 소유했었다는 점이다.

과격파들은 오늘날 의미의 과격분자들, 곧 혁명주의자들이란 뜻이 아니라 '뿌리'(radices), 곧 본질, 근원에 근거하여 그리스도교를 재확립하려고 하던 사람들이었다는 의미다. 주류 개혁자들의 이상이 개혁이었다면, 과격파들의 이상은 국가 교회 형태 이전에로의 회귀 내지는 복구를 이상으로 추구했다고 하겠다.

최근까지 과격파 종교개혁은 별로 중요하지 않은 종교개혁의 주변 운동으로 취급되었다. 그러나 이러한 왜곡된 평가는 과격파 그룹들을 반대했던 루터파 및 개혁파의 주장에 기초하고 있을 따름이지, 원자료들에 기초한 것은 아니다. 즉 이들에게 적대적인 2차 자료들에 의존한 경우가 많았다. 루터파, 츠빙글리파, 칼뱅주의, 그리고 가톨릭교회는 재세례파를

16세기 그리스도교 사회에 대한 위협으로 인식한 점에 있어서 의견이 일치했다. 이 운동의 저술들과 기록들의 출판은 적절하게 금지되었다. 반면에 그들의 적들의 주장은 널리 유포되었으며, 많은 언어로 번역되었다.

그러나 최근에 와서 상황은 달라졌다. 최근 수십 년 동안 재세례파 운동에 관한 연구는 종교개혁의 다른 어떤 그룹에 대한 연구보다도 활발하게 이루어지고 있다. 일차적 자료들에 기초한 가장 중요한 연구서들은 리텔(Franklin H. Littell)의『재세례파의 교회관』(1952)과 윌리엄스(George Williams)의『과격파 종교개혁』(1962)이다. 리텔은 재세례파를 '자유 교회'(Free Church)로 지칭했다. 최근의 연구들에 따라 기존의 과격파 종교개혁에 대한 연구와 해석에 적절한 수정이 필요할 것이다. 최근 수십 년 동안 재세례파 연구가 새롭게 활발하게 이루어지고 있는 바, 이들에 대한 긍정적 평가와 의미도 주장되고 있다.[27]

2. 범주들

과격파 종교개혁은 크게 3개의 그룹으로 분류할 수 있다. 재세례파들, 영성주의자들(the Spiritualists), 그리고 복음주의적 합리주의자들(the Evangelical Rationalists)이 그것이다. 재세례파들에는 메노나이트들(Mennonites), 아미쉬들(Amish), 공산 사회적 후터파들(Communitarian Hutterites), 그리고 간접적으로 침례교도들 등이 있다. 이들은 현존하는 재세례파들이다. 영성파들에는 토마스 뮌처, 칼슈타트, 스뱅크펠트의 교회가 있다. 복음주의적 합리주의자들 그룹에는 유니테리언들이 있다.

이 세 그룹 사이의 신학적 차이는 상당하다. 일부 재세례파는 반삼위일체론자들이었다. 폴란드 형제들(the Polish Brethren)은 후기 반삼위일체적 소치누스주의자들(Socinians)의 중심이었는데, 이들은 성인 세례만 시행했

---

[27] Cf. R. E. McLaughlin, "The Radical Reformation," in *The Cambridge Hisotry of Christanity: Reform and Expansion 1500-1660*, ed. R. Po-CHIA HSIA (Cambridge: Cambridge Univ., 2007), 37-55.

다. 초기 재세례파 지도자 존 뎅크(John Denck)는 재세례파의 특수주의보다는 이후의 소치누스주의자들에 가까운 보편주의를 채택했다. 일부 재세례파에게는 영성주의자들과 유사한 점이 많았다. 이 세 그룹은 각자의 특징을 가지고 있으나 이 세 그룹 모두에게 공통된 것은 의지의 자유에 대한 강조였다. 그리고 예외 없이 유아 세례를 반대했고 교회와 국가의 분리를 강력히 주장했다.

3. 재세례파들

1) 재세례파의 기원

재세례파란 용어는 16세기 일부 특정 복음주의적 그룹들에 대해 붙여진 이름이다. 구체적으로 이 용어는 가톨릭 교도들과 프로테스탄트들의 종교개혁의 특징들 가운데 하나인 국가 교회 체계를 공격했던 사람들을 지칭하는 데 사용되었다. 과격파 종교개혁자들의 기원에 대해서는 분분한 의견들이 많다. 중세의 분리주의와 연관시키는 경향도 있고 후스파들(Hussites 혹은 Taborites)로부터 시작했다고 보기도 한다. 그런가 하면 츠비카우 예언자들을 거쳐 뮌처 및 후터와 연결 짓기도 하고, 혹자는 심지어 왈도파로부터 생성되었다고 말하기도 한다.

그러나 과격파 종교개혁의 시작은 종교개혁 자체로 보는 것이 합당하다. 왜냐하면, 재세례파들은 종교개혁이 개혁되어야 한다고 주장한 자들이기 때문이다. 더 구체적으로 말하면 재세례파는 취리히의 츠빙글리 주위에 모여들었던 무리로부터 역사적 실체로 등장했다. 츠빙글리의 동료였던 그레벨(Conrad Grebel, c. 1448~1526)이 핵심 인물이었으며 그의 주요한 동료들에 만츠(Felix Manz, 1498~1527), 로이블린(Wilhelm Reublin, 1480/1444~1559?), 그리고 블라우록(George Blaurock, 1491~1529)이 있었다. 이들은 츠빙글리의 온건한 개혁에 반발하여 생겨난 무리로 시작되었다. 이들은 유아 세례를 거부하고 국가의 교회사 개입을 반대했다.

그들은 1525년 1월 첫 역사적 재세례를 베풀었다. 그레벨이 블라우록에게 재세례를 베풀었다. 이어 후자는 다른 사람에게 재세례를 베풀었다. 다음 주 취리히 근방 졸리콘(Zollikon)에서 다시 회합을 갖고, 또 재세례를 베풀었다. 이 운동은 급성장했으며, 1525~1529년 사이 스위스에서 많은 추종자를 얻었다.

1526년 3월 취리히 정부는 모든 재세례파들을 익사시키도록 명령했고, 이듬해 1월 5일 만츠가 리마트 강에서 익사형에 처해졌다. 그는 개신교도들에 의해 순교한 최초의 재세례파 사제였다. 그레벨은 만츠의 순교 직전 전염병으로 인해 사망했다. 블라우록도 가톨릭 당국에 의해 사제직 이탈, 미사 및 고해 성사 부인, 유아 세례 거부 등의 죄목으로 처형되었다. 이들의 죽음은 잔인한 박해의 시작이었다. 첫 10년간 화형, 교수형, 익사형에 의해 수천 명의 재세례파들이 목숨을 잃었다. 후브마이어는 모라비아에서 재세례파를 이끌다가 1528년 오스트리아 당국에 의해 화형에 처해졌다.

2) 확산

개신교 및 가톨릭 당국의 잔인한 박해로 인해 재세례파는 남부 독일, 스위스, 네덜란드 전역에 흩어졌으며 모라비아와 보헤미아로 숨어 들어갔다. 개신교 및 가톨릭의 성직자들 및 평신도들이 계속 이 운동에 가담했다. 재세례파의 메시지는 단순했다. 누구든지 알아들을 수 있는 회개, 믿음, 세례, 새로운 삶을 강조했다. 새로운 삶과 관련하여, 나무가 자라면 열매를 맺듯이 그리스도인도 그리스도인다운 삶의 열매를 맺어야 한다고 주장했다. 이 운동의 형제애와 평등사상은 특별히 하위 계층들에게 호소력이 있었다. 재세례파들은 농민 반란을 지원했으며, 루터의 가난한 자들에 대한 태도에 강한 불만을 품었다. 로마 가톨릭 당국과 프로테스탄트 당국은 이단에 대한 고대 로마법을 적용하여 재세례파들을 사형에 처할 수 있도록 조처했다.

추방된 재세례파들이 스위스의 여러 지역으로, 특히 알프스의 높은 계곡들로 옮겨 갔다. 그리슨 지역은 재세례파의 설교의 중심지가 되었으며 블라우록이 화형 당할 때까지 거기서 재세례파를 이끌었다. 한편 독일의 아우크스부르크도 재세례파의 센터 중 하나였다. 여기서 휴브마이어는 뎅크에게, 그리고 뎅크는 후터에게 재세례를 베풀었다. 후터는 이곳에서 몇 개의 재세례파 그룹들을 결성하며 자유로운 사랑, 신비주의, 그리고 재산의 공유화를 주장했다. 그의 과격한 묵시론적 비전들은 계속해서 소요를 일으켰다. 1529년 제2차 슈파이어 의회와 1530년 아우크스부르크 의회에서 재세례파에게 사형을 선고하는 법들이 공표되었고, 후터와 뎅크도 결국 재세례파 순교자들의 반열에 들었다.

스트라스부르크는 여러 부류의 종교개혁자가 모이는 곳이었기 때문에 상대적으로 재세례파에게 관용적이었다. 주류 종교개혁자로는 부처가 있었고, 영성주의로는 뷘델린(Hans Bünderlin, 1499~1539)이 있었으며, 재세례파로는 호프만(Melchior Hofmann, 1495~1544)과 새틀러(Michael Sattler, 1490~1527)가 있었다.

새틀러는 취리히에서 추방된 후 1527년 슐라이트하임(Schleitheim)에서 집회를 인도하며 명성을 얻었다. 여기서 그들은 7개 항목으로 된 『슐라이트하임 신앙 고백』을 만들어 유포시켰다.[28] 이 신앙 고백은 재세례파의 신앙 선언으로 재세례파 신앙을 잘 대변한 자료이다. 회개와 삶의 변화, 그리고 성인 세례, 치리의 강화, 세상과의 분리, 신자의 공직 취임 및 무력 사용의 거부, 개교회 목사 선출권 등을 주제로 한다. 이러한 주장들의 일부는 나중 침례교도들, 회중교회주의자들, 퀘이커교도들, 그리고 메노나이트들까지 다양한 재세례파들에 의해 대변되었다.

1527년 새틀러는 오스트리아 가톨릭 당국에 체포되어 자신은 화형에, 그의 부인은 익사형에 처해졌다. 호프만은 새틀러의 뒤를 이었다. 그는 성경을 연구하고 1533년 최후의 심판이 있다고 주장하면서 광기 어린 예언을 남발하기 시작하였다. 그는 1533년 투옥되어서 10년 뒤 세상을 떠났다.

많은 재세례파 난민들이 종교적 관용을 누릴 수 있는 모라비아를 찾았다.

---

[28] *Quellen zur Geschichte der Täufer in der Schweiz*, Bd. 2 hg. v. H. Fastl (Zürich, 1973), 27-34

후브마이어는 뛰어난 재세례파 사상가였다. 오스트리아 당국에 의해 체포되어 화형당할 때까지 말과 글로써 모라비아에서 사람들을 인도했다. 그는 극단적 예정론을 거부하면서, 인간의 선택 가능성을 주장했다. 그가 1524년 저술한 『이단들 및 그들을 화형시키는 자들에 관하여』는 16세기 종교적 관용에 대한 최초의 호소문이다. 후버마이어는 시민 정부에 복종해야 한다고 하고, '의로운 전쟁'을 지지했다는 점에서 전형적인 재세례파는 아니었지만 그와 부인은 다뉴브 강에서 익사형에 처해졌다.

스트라스부르크에서 모라비아로 온 후터는 1528년 사도행전 4:34의 정신에 입각한 공산주의적 공동체를 결성하여 그곳의 지도자가 되었다. 그는 시민적 공동체와 종교적 공동체를 동일한 그리스도교적인 몸으로 구축하려고 했다. 후터는 1536년 인스브룩에서 순교했고 이후 사람들은 그와 그의 무리를 '후터파 형제들'이라고 불렀다. 이들은 평화주의자였으며 심한 박해를 받다가 17세기 초 모라비아를 떠나 헝가리와 우크라이나로 가서 그곳에 거주하였다. 19세기 말엽 미국으로 건너가 오늘날까지 남다코타(South Dakota) 주를 거점으로 거주하고 있다.[29]

3) 뮌스터 사건

위에서 언급했듯이, 재세례파들은 대체적으로 평화주의를 신봉하는 사람들이었다. 그러나 호프만과 같은 광적인 묵시론자들도 있었다. 호프만이 옥중에서 쓴 묵시론적인 저술이 뮌스터 사건에 영향을 미쳤다. 네덜란드에서 그가 회심시킨 사람들 가운데 마티스(Jan Mathys, 1500~1534)와 로트만(Bernhard Rothman, 1495~1535)이 있었다. 마티스는 할렘 출신의 은행가였고, 호프만과 결별하고 뮌스터에서 과격한 종말론 사상을 구현하려고 했다. 그는 하나님이 "새 예루살렘"으로 뮌스터를 선택하였다고 말하며 그리스도의 임박한 재림에 대해 설교했다. 많은 사람들이 몰려들었고 그는

---

29 J. L. González, *The Story of Christianity*, vol. 2 (New York: HarperCollins Pub., 1985), 53-57.

일약 재세례파의 강력한 지도자로 부상했다.

뮌스터는 영주이면서 감독이 다스리고 있었는데 봉토세, 교회세 같은 문제로 민중들과 마찰이 격했다. 그러던 중 흉년이 들고, 전염병이 만연하고, 물가가 상승하는 등 사회적 악습이 거듭되면서 영주-감독이 떠나고 1522년 공식적으로는 개신교 도시가 되었다. 그래서 그곳은 루터파, 재세례파, 쟈코방 당 방식의 공포 정치, 독재 정치, 혁명에 대한 억압과 반동 등 여러 모양의 정치들이 몰려 있어 매우 어수선한 상태였다.

마침 재세례파의 숫자가 많아지던 터에 마티스가 뮌스터의 시 의회를 장악했다. 그는 1534년 집단 세례를 베풀고 반대자들을 모두 추방시키고 도시 전체를 재세례파 도시로 만들었다. 마티스는 재산을 공유하고 만민이 평등한 도시를 세우려 했으나 반대자들을 처형하는 등 지나친 강성으로 폭정을 이어 갔다. 그가 도시를 포위하고 있던 감독의 군대에 의해 살해되자 그에게 재세례를 받은 보켈슨(Jan Beukelssen[레이덴의 얀이라고 불림], 1509~1536)이라는 젊은 미남의, 광기에 찬 과대망상가가 새 지도자가 되었다. 그는 3일 동안 입신을 하며 신비적 능력으로 사람들을 현혹했다.

보켈슨은 자신을 '의의 왕,' '새 시온의 통치자'로 자처하면서 뮌스터의 왕이 되었다. 그는 교회, 국가, 그리고 공동체는 하나의 거듭난 몸이므로 오직 의로운 자들로만 구성되어야 한다고 했다. 그도 마티스처럼 무자비한 폭정으로 나아갔다. 일부다처제를 허용되었으며 15명의 부인을 두었다. 뮌스터의 감독은 뮌스터 시를 포위하자 시는 기근으로 무너져갔다. 보켈슨은 1년간 버텼으나 더는 항쟁이 불가능해졌다. 뮌스터의 감독은 가톨릭교회 및 루터파 군대의 지원을 받아 뮌스터를 탈환했다(1535). 이 도시의 전원이 처형되었고 보켈슨의 광적인 묵시론은 망상으로 끝나 버렸다.

1535년 뮌스터가 몰락하면서 과격파 종교개혁의 혁명주의적 그룹은 거의 사라졌다. 그러나 뮌스터 사건으로 재세례파에게 혁명주의자들이라는 낙인이 찍혀 버렸다. 수많은 평화주의적 재세례파들에게까지 치명적 손상을 주었다.[30]

---

[30] González, *The Story of Christianity*, vol. 2, 57-59.

4) 메노 시몬스

뮌스터 사건 이후 혁명적이고 호전적인 천년왕국적 공동체주의는 더는 호감을 주지 못했다. 뮌스터 사건이 재세례파에 있어서 전형적인 현상이 아니었음에도 불구하고 오늘날에 이르기까지 모든 재세례파 운동들에 오명을 남긴 것은 사실이다. 다행히 뮌스터가 탈환되던 즈음 네덜란드에 메노 시몬스(Menno Simons, 1496~1561)가 등장하여 평화적 방법으로 난민들을 결속시키고 경제적 공동체를 구축했다. 이는 국가와 국가 교회로부터 분리된 자발적인 공동체였다.

메노는 원래 가톨릭교회의 사제였으나, 잠시 루터에게 매료되었다가, 다시 재세례를 받은 후 재세례파 목사가 되었다. 그는 임종 직전까지 목에 현상금이 걸린 상태였으나 멈추지 않고 순회 설교자로 사역을 담당했다. 그는 어떠한 상황에서도 무력 사용을 반대하던 평화주의자였으며 그로 인해 재세례파 신학의 확립과 재세례파의 사회적 수용이 가능해졌다. 그는 성서주의에 입각하여 형제애적 공동체를 강조했으며 공동체의 신앙적 순수성을 위해 엄격한 치리 과정을 강조했다.

메노는 자신의 운동의 기원을 왈도파, 더 나아가 사도 시대로까지 소급시켰다. 회개, 중생, 그리고 경건의 실천을 강조했고 이는 17세기 후반 독일 경건주의자들에 의해 계승되었다. 실제로, 16세기 재세례파들의 사상과 저술, 영성이 외부에 알려진 것은 경건주의 운동의 공헌이기도 했다. 메노나이트들과 후터파의 종교적 관용과 자유를 위한 노력은 근대 종교적 다원주의 및 교회와 국가의 분리에 기여했다고 하겠다.[31]

5) 재세례파의 사상

재세례파는 '종교개혁을 개혁'하려 했다. 이들은 로마 가톨릭교회는 물론이고 주류 종교개혁자들의 지론도 반대했다. 이들 운동에서 공통으로

---

31 González, *The Story of Christianity*, vol. 2, 59-60.

나타나는 요소들이 있다.

재세례파는 가톨릭주의와 프로테스탄티즘이 교회와 국가의 연합을 지향한다는 점에서 이들의 교회가 타락한 교회임을 스스로 증거 한다고 말했다. 그리고 세례는 의식적인 신앙의 결단 이후에 베풀어져야 하므로 유아 세례는 비성서적이라고 하였다. 같은 맥락에서 이들은 신자란 결단에 의해 다시 태어나는 것이지 자동으로 교인이 되는 것이 아니라고 했다. 거듭난 신자들의 모임이 교회이기 때문이다. 신자는 성결하게 언약의 규율을 지키며 살아야 한다.

이들은 철저히 국가 교회를 반대했고 그리스도에 의해 통치되는 자유 교회를 주창했다. 교회는 결코 국가의 일부가 될 수 없다. 따라서 이들에게 국가 교회의 부인은 유아 세례의 부인과 연결되었다.

재세례파들은 교회 훈련(치리)을 엄격히 고수했다. 이는 치리가 신자를 훈련하고 신앙의 결단을 촉구한다고 보았다. 치리에는 권고, 형제애적 돌봄, 그리고 경고가 있다. 그리스도인들은 화려한 복장을 자제해야 하며, 불경스러운 말을 해서는 안 되며, 항상 사탄의 계교로부터 자신을 지켜야 했다. 그들은 '제자도'에 입각한 신자들의 권리와 의무를 주장했다.

재세례파들이 이해하는 공동체는 원시 그리스도교의 사랑의 정신을 중시하면서 '그리스도인들'과 '형제들'로 불리기를 선호했다. 후터파들처럼 성경(행 4:32-35)의 예를 따른 생산과 소비의 경제적 공산 사회를 형성한 부류도 있었고 뮌스터 그룹처럼 가족의 개념도 부인할 만큼 공동체를 강조한 부류도 있었지만, 대체적으로는 상호협조와 피난민 구제로 공동체 성격을 한정했다.

재세례파는 성경 외에 모든 전통을 거부했으며 성경에서 도출되는 교리만 따라야 한다고 했다. 성례전적 및 교직제적 은총을 부인했다. 희생의 개념인 미사를 거부했고 성만찬은 교회의 친교의 상징으로 이해했다. 무저항, 평화주의는 재세례파 주류의 특징이었다. 전쟁을 거부했고 세금 납부도 거부했다. 재세례파는 자신들이 공직을 맡는 것도 거부했다. 이 사상들은 메노나이트들에서 가장 잘 나타났다.

재세례파 가운데 일부 과격분자들은 칼과 강압으로 하나님 나라를 지상에 실현하려고 했으나 실제로 대부분의 재세례파들은 역사적 천년왕국 사상을 거부했으며, 세상에 대한 비관주의적 견해가 강했다. 그들의 관심은 참된 교회의 삶에 있었다. 결국, 모든 재세례파들은 원시 그리스도교에로의 복귀, 자발적 결단으로서의 교회, 그리고 교회와 국가의 분리를 강하게 주장했다.

A Brief Sketch of Church History

제5장
§
영국의 종교개혁

1. 배경

100년 전쟁 동안 교황들은 영국의 적인 프랑스에 거주했기 때문에 영국에서 교회의 영향력은 약화되었다. 14세기 교황에게 도전했던 위클리프와 롤라드들의 영향력이 16세기까지 지속되었다. 1450년부터 왕위 계승의 문제로 요크가와 랑카스터가 사이에 장미 전쟁이라는 내란이 발생하여 30년간 지속되었다. 오랜 내란으로 봉건 귀족들의 권한이 거의 분쇄되었다. 튜더 왕조(the Tudor dynasty)의 창시자인 헨리 7세가 내란을 종식하고 영국의 최강 통치자로 부상했다. 헨리는 왕권을 강화하고 귀족들을 견제하기 위해 외국 왕가와 정략결혼을 추진하였다.

흔히 영국의 르네상스와 종교개혁은 헨리 7세 때 이미 시작되었다고 본다. 그는 사상적으로 인문주의적 사조를 수용했고 성직자들의 타락과 미신들을 개혁하고자 했다. 당시 종교적 사안들을 신랄하게 비판한 『유토피아』의 저자 토마스 모어(Thomas More, 1478~1535)가 활동했고 에라스무스도 영국을 자주 방문하여 가르치곤 했다. 1529년부터 캠브리지대학을 중심으로 인문주의자들이 정기적으로 회합을 가졌었다. 1520년경 루터의 사상이 영국에 도입되었으며, 프랑스의 칼뱅주의자들의 영향이 영국을 자극했다.

무엇보다 영국의 민족주의 의식이 점진되고 있었다. 이러한 상황에서 헨리 8세(1509~1547)가 왕위를 계승했다. 그는 종교개혁을 개시하고 로마 가톨릭교회와 단절을 선언했다. 영국은 통치자가 교회의 변화를 주도하는 보기 드문 상황을 연출했다. 그러나 로마 가톨릭주의, 청교도들, 그리고 자유 교회 운동들은 왕국의 왕들이 주장하는 수위성(the royal supremacy) 확립을 이루어 가는 데 지속적인 걸림돌이었다.

2. 헨리 8세

헨리 7세는 큰아들 아더(Arthur)와, 스페인의 페르디난도와 이사벨라의 딸 아라곤의 캐서린(Catherine of Aragon)을 정략적으로 결혼시켰다. 아더가 결혼 직후 4개월 만에 죽자 그의 둘째 아들(헨리 8세)과 15살의 젊은 과부 며느리와의 결혼을 다시 주선했다. 헨리 8세는 1503년 12살 때 형수와 약혼하고 즉위 후 1509년 결혼식을 올렸다. 교황도 이 결혼을 재가했다. 헨리 8세와 캐서린은 슬하에 3남 4녀를 낳았으나, 메리를 제외하고 모두 어릴 때 죽었다.

헨리 8세는 18년간 행복한 결혼 생활을 보냈으나 한 편에는 이 결혼의 합법성에 대해 항상 의구심을 품고 있었다. 그는 7명의 자녀 가운데 6명이 사망한 것은 하나님의 법(레 20:21, 형의 과부와 결혼을 금지하는 법)을 어긴 데 대한 저주로 해석했었다. 그러던 차 궁정의 아름다운 여시종 앤 볼렌(Anne Boleyn, 1501~1536)과 사랑에 빠지면서 그는 캐서린과의 결혼의 무효화를 획책했다.

한편 헨리 8세는 그의 왕권을 계승할 남자 상속자에 집착했다. 왜냐하면 그때까지 여자가 영국을 통치한 선례가 없었고 현재 자신에게는 메리뿐이었기 때문이다. 캐서린과의 이혼 계획은 쉽지 않았다. 캐서린은 신성 로마 제국 황제 찰스 5세의 숙모였고 황제는 로마를 점령할 만큼 힘을 과시한 터라 교황도 이 결혼을 무효화할 수 있는 정치적 입장이 못 되었다. 헨리는 궁리 중, 캠브리지대학의 교수였던 크랜머(Thomas Cranmer, 1489~1556)에게 도움을 구했다. 그는 왕의 수위성을 신봉하던 자였다. 헨리는 그를 캔터베리의 대주교로 발탁하고 그로 하여금 자신의 문제에 대해 국내외를 막론하고 교회법 학자들이나 스콜라주의자들, 성직자들로부터 신학적·성서적 조언을 구하게 했다.

결국, 1533년 교황의 재가 없이 영국 법정은 캐서린과의 결혼이 무효라고 선언했고 헨리는 이미 임신 중이던 앤과 비밀 결혼을 치렀다. 얼마 안 있어 둘 사이에 여자 아기가 태어났는데, 그가 훗날 엘리자베스 1세였다. 1534년 교황은 헨리, 앤, 크랜머 모두를 파문했고, 왕은 수장령으로 이에 대응했다.

헨리의 앤에 대한 사랑은 오래가지 못했다. 얼마 안 있어 그녀에게 간음의 죄를 뒤집어씌워 처형시켜 버렸고(1536), 그녀가 처형되던 날 앤의 여시종이던 제인 세이모어(Jane Seymore, 1508~1537)와의 결혼 허가를 받아 냈다. 그녀에게서 마침내 아들을 얻게 되었는데 그가 바로 에드워드 6세였다.

제인이 아들을 낳고 곧 사망하자 헨리는 프랑스와 황제의 힘을 견제하기 위해 독일 작센의 선제후 요한 프리드리히 아내의 언니인 클레페의 앤(Anne of Cleves, 1515~1557)과 결혼했다. 그러나 몇 달 만에 그녀와 이혼하고, 곧 캐서린 하워드(Catherine Howard, 1523~1542)와 결혼했다. 이 다섯 번째 왕비는 보수적 성향의 사람이었으므로 개혁파 사람들로부터 시련을 겪었다. 1542년 헨리는 그녀도 간통죄로 참수시켰다. 헨리는 다시 1543년 6월 캐서린 파(Catherine Farr, 1512~1548)와 결혼했다. 그녀는 헨리의 마지막 왕비였고 헨리보다 오래 살았다.

1534년 공표한 수장령은 왕과 그의 계승자들을 '영국 교회 및 성직자들의 보호자요, 유일한 수장'이라고 선언했다. 그러나 수장령은 교황의 권위에 대한 법적인 단절을 선언한 것이지 아직 개신교의 도입을 천명한 것은 아니었다.

대법원장 토마스 모어는 가톨릭교회의 타락을 비판했지만, 왕의 수장령에는 서명하기를 거부하다가 1535년 교수형에 처해졌다. 헨리는 일련의 법 제정들을 통해 영국 교회를 교황의 통제에서 벗어나게 만들었다. 이로 인해 영국 교회는 천 년 동안 지속하여 온 교황과의 관계를 단절하였다. 수장령으로 인해 영국 국교회의 교리적 내용이 로마 가톨릭교회의 그것과 완전히 달라진 것은 아니었다. 중요한 차이는 교회의 수장이 교황이 아닌 왕이라는 점이었다. 영국은 왕이 그리스도교 사회에서 세속적 및 영적 열쇠를 모두 소유하고 있다고 믿게 된 것이다. 헨리의 관심은 종교개혁에 있지 않았다. 단지 교황으로부터 왕국을 독립시키고 남자 계승자를 통해 튜더 가문을 보존하는 것이었다. 그러나 헨리의 의도가 무엇이든 그의 종교적·정치적 행보는 영국에서 교황의 수위권이 완전히 종식되고, 독립적인 영국 교회(Anglican Church)가 생성되는 걸음을 시작하였다.

헨리의 개혁의 주요 대상은 수도원이었다. 재원이 필요했던 헨리는 많은 부를 축적해 온 수도원을 해체하는 법안을 통과시켰다(1536). 1540년까지 영국에 단 하나의 수도원도 남지 않았다. 해체된 수도원의 재산이 왕의 금고에 들어갔다. 수입의 일부는 합법적으로 사용되었으며, 일부는 왕의 측근들에게 돌아갔다. 1532년 성직자 대회에서 국왕의 승인 없이 교회법을 제정하거나 개정하지 않을 것을 결의했다. 영국의 성직자들은 완전히 백기를 든 것이다. 1534년 수장령을 선포하던 해, 교황에게 헌금과 세금 납부를 금지시켰다. 또한, 계승법을 통해 메리를 서출(庶出)로 선언하고, 엘리자베스를 왕권 계승자로 선언했다. 계승법이나 수장령을 거부하는 행위는 모두 음모의 죄에 해당되었다. 이로 인한 희생자들이 다수 발생했고 재세례파들도 그에 포함되었다.

헨리의 개혁 사업 중 하나는 성경 번역이었다. 커버데일(Miles Coverdale, 1488~1569)이 작업을 위임받았다. 그는 당시 개신교도였던 틴데일(William Tyndale, 1494~1536)의 도움을 많이 받았다. 헨리도 틴데일의 성경을 좋아했으나 그가 캐서린과의 이혼을 비판하자 추방시켜 버렸다. 그러나 금지된 그의 영어 성경 번역본이 영국에서 암암리에 유포되어 갔다. 틴데일은 수난을 당했지만 커버데일은 1535년 취리히에서 영어 성경을 완역하고 그 성경을 왕에게 헌정하여 자유롭게 유포시켰다. 1534년 크랜머와 크롬웰은 헨리와 성직자 회의의 허락 아래 새로운 번역본의 발행에 착수했고 1537년 매튜(Thomas Matthew)의 성경이 나왔다.

헨리는 1536년 『10조문』, 『감독의 책』을 공포했다. 모두 가톨릭과 개신교의 중도적 입장이었으며 종교적 분파들을 연합시키기 위해 저술되었다. 특히 후자에는 사도신경, 7성례전들, 십계명, 주기도문, 칭의, 연옥, 그리고 영국 국교회와 로마 교구와의 관계와 같은 어려운 문제들이 다루어졌다. 1539년의 왕은 다시 『6조문』을 발표하였는데 이는 이전의 것들과는 판이한 것으로 영국 국교회가 교리적으로 로마 가톨릭적임을 재천명하였다. 화체설, 1종 성찬, 성직자 독신주의, 순결 서약, 사적 미사들, 그리고 구두 고백의 6개 교리를 주장했다. 『6조문』은 왕의 반(半)보수적(반교황적, 친가톨릭적) 경향을 여실히 드러낸 것이었다. 그는 극단적인 칭의 사상을 싫어했고 7성례전을 거부했다. 헨리는 말년에 정치적 상황에 따라 가톨릭주의와 개신교 사이를 방황했다.

3. 에드워드 6세

새로 등극한 에드워드 6세(1547~1553)는 단지 9살에 불과했기 때문에 그의 외삼촌 에드워드 세이무어(Edward Seymour)를 중심으로 섭정 위원회가 이루어졌다. 위원회를 주도하던 세이무어와 크랜머는 헨리의 『6조문』을 철회하고 개신교적 개혁을 단행했다. 개신교도들, 가톨릭 교도들, 그리고 롤라드들에게 일시적으로나마 신앙의 자유가 허락되었다. 대륙의 종교개혁 사상들이 여러 경로를 통해 영국에 영향을 미쳤다. 특히 칼뱅주의의 영향이 다대했다. 위원회는 2종 성찬을 명했고 죽은 자를 위한 기도와 기부금을 금지시켰다. 교회에서 성상들을 제거하고 성직자들의 결혼을 합법화했다. 그 외에도 옛 금식 규정들을 폐지하고, 영어 예식이 이루어졌다. 루터의 칭의 사상을 수용했다.

1549년 최초의 통일령(the Act of Uniformity)을 통해 제1차 『공동 기도서』 사용을 의무화시켰다. 이 기도서는 영국인들의 신앙의 정수가 되었다. 이로 인해 종교적 행위의 획일성이 부과된 것이다. 이 기도서는 크랜머가 자신의 신학을 녹여낸 작품이었다. 가톨릭적 관습들을 거의 배제하고 개신교와 가톨릭교회 사이의 중도적인 노선을 취하는 영국 국교회 신앙의 전조를 마련했다.

제2차 『공동 기도서』는 예배와 신학에 있어서 더 개신교적이었다. 성만찬 이해는 루터적 성향을 비치던 제1차 『공동 기도서』와 달리, 이는 츠빙글리의 상징설을 표방했다.[32] 사제 대신 목사라 불렀고 제단은 강단이 되었다. 이 시기 중요한 개혁적 문서는 크랜머의 『42조문』(1553)이다. 이는 재세례파와 가톨릭교회의 양극단을 피하고, 보수적인 개신교 신앙인 루터와 칼뱅의 혼합을 특징으로 했다. 이 개정된 신앙 고백이 오늘날에도 영국 국교회 사상의 기반을 형성하고 있다.

4. 메리

헨리 8세와 아라곤의 캐서린 사이에 태어난 딸 메리 1세(Mary I, 1553~1558)가 왕위에 올랐다. 신실한 가톨릭 신자였던 그녀는 조심스럽게 로마 교회의 재구축을 시도했다. 그녀는 의회를 통해 어머니와 헨리와의 결혼의 적법성을 선언하고 엘리자베스를 서출로 만들어 버렸다. 신성 로마 제국의 황제 찰스 5세는 정치적인 목적으로 스페인의 필립 2세가 될 그의 아들(메리의 사촌)을 메리의 남편으로 지목했다. 1554년 이 둘은 결혼했지만, 영국 백성들의 환영을 받지 못했다. 마침 스페인이 프랑스에 패하자 그녀의 인기는 더욱 추락하고 말았다. 필립은 백성의 미움을 견디지 못하고 스페인으로 돌아가 버렸다. 메리는 자신의 불행을 개신교도들의 탓으로 돌렸고 개신교도들을 탄압하는 것이 하나님의 진노를 달랠 수 있는 길이라 여겼다.

1554년 영국 왕실은 공식적으로 교황에게 충성을 서약하고 가톨릭교회를 부활시켰다. 메리는 헨리 치하의 수장령을 철회시키고 에드워드 재임 시에 공표된 교회법들을 폐지했다. 1529년 영국 교회는 이전 로마 가톨릭교회의 신분으로 환원되었다. 기도서가 폐지되었으며, 성직자 독신주의가 재도입되었고, 미사가 복원되었다. 이처럼 로마 가톨릭교회가 재확립되자, 프로테스탄트들에 대한 극심한 박해가 시작되었다. 정치적 이유에서 찰스

---

32 현행 영국 국교회 성만찬 예식서 제1항 및 제2항에서 그리스도의 '실재적' 임재설의 잔재를 보존하고 있다.

와 필립이 박해를 멈추도록 충고했으나, 메리와 추기경 포울(Reginald Pole)은 신앙적 이유에서 박해를 계속했다.

한편 800명이나 되는 열렬한 프로테스탄트들이 대륙으로 도망갔다. 메리의 박해의 희생자들은 300명 정도였으나, 그 정신적인 영향은 지대했다. 에드워드 시절의 감독들, 크랜머, 리들리, 라티머, 모두 화형에 처해졌다. 옥스포드에서 이들의 영웅적인 순교는 많은 사람의 동정심을 자아내었다. 대주교 크랜머는 교황의 권위를 인정하라는 압력을 받아들이고 프로테스탄티즘을 부인하는 문서에도 서명했지만, 그의 처형은 결정되었다. 1556년 3월 21일 그가 처형되던 날 그는 철회에 서명한 자신의 손을 먼저 불 속에 집어넣음으로써 개신교도의 숭고한 싸움을 보여 주었다.

1558년 메리의 사망 때까지 5년의 통치 기간 동안 핍박은 사그라들지 않았고 박해의 결과로 로마에 대한 반감이 고조되었으며, 여왕은 '피의 메리'(Bloody Mary)라는 오명을 얻게 되었다. 그러나 메리의 박해에도 불구하고 대중 사이에 번지고 있던 개신교의 불길은 꺼지지 않았다.

5. 엘리자베스 1세

메리가 죽자 영국 의회는 당시 서출 신분인 엘리자베스를 왕으로 올렸다. 그녀 나이 25세였다. 그녀는 헨리만큼이나 강인했으며, 대중의 인기가 대단했다. 그녀는 가톨릭교회가 그의 어머니와 헨리의 결혼을 불법으로 선언했기 때문에 상황적으로 개신교를 옹호하였다. 부친과 마찬가지로 엘리자베스는 왕의 수위성을 신봉했으며, 이를 위해 그녀는 교황주의를 배제하지 않을 수 없었다. 그러나 그녀는 극단적 교황주의와 극단적 프로테스탄티즘 모두를 배격하고, 중도적인 길을 택했다. 엘리자베스의 일차적인 관심은 종교가 아니라 국가였다. 극단적인 것은 대중의 안정을 해친다고 판단했기 때문에 엘리자베스의 국교회주의 이념은 철저한 개신교도도 철저한 교황주의자도 아니었다.

새로운 『수장령』이 1559년 4월 29일 통과되었다. 2천 명의 사제들이 서명하지 않았으나, 한 사람도 처형되지 않았다. 그러나 이들의 집단적 항거는 그녀로 하여금 개신교로 기울어지게 만들었다. 이 법령에 따라 엘리자베스는 영국 왕을 교회의 최고의 통치자로 삼고, 성경과 처음 4차례의 에큐메니칼 공의회들(325, 381, 431, 451), 그리고 영국 의회가 신학적 기준이 됨을 선포했다.

엘리자베스는 1559년 에드워드 6세의 제2차『공동 기도서』를 일부 수정한 후 재도입하였다. 예전은 에드워드 6세 때의 것을 재도입했다. 성만찬 이해는 제1차『공동 기도서』및 제2차『공동 기도서』의 표현들을 결합했다. 제2차『공동 기도서』는 츠빙글리의 상징설과 루터의 실재설이 가미되었다. 교회 장식들과 성직자의 복장들은 통일시켰다. 엘리자베스는 감독들의 권한을 약화시키면서도 감독제 형태의 교회 정치 체제를 유지했다.

1563년 엘리자베스는 교회의 최고 통치자인 여왕에게 충성의 서약을 요구하는 "시험령"을 공포했다. 또한, 같은 해에 크랜머의『42조문』을 개정한『39조문』[33]을 발표했는데 이것이 '성공회주의의 헌장'이었다. 이『39조문』은 1571년에 가서야 공식적으로 인정받았는데 이 신조는 엄격한 가톨릭 교도들과 극단적인 칼뱅주의자들을 제외한 모든 그리스도인이 받아들일 수 있을 만큼 교리적으로 포용적이었다. 성만찬에 있어서 화체설과 상징설을 배제하고 루터의 견해와 칼뱅의 견해 중 어느 쪽으로도 해석될 수 있는 여지를 남겼다. 영국 국교회는 칼뱅주의에 좀 더 기초하고 있으며, 온건한 프로테스탄티즘을 표방했다고 할 수 있다.

영국의 국교화 정책에 두 걸림돌은 로마 가톨릭 교도들과 나중 청교도(the Puritan)라 불리는 순수 칼뱅주의자들이었다. 1570년 교황 피우스 5세는 엘리자베스를 파문했다. 엘리자베스는 로마 가톨릭 감독들을 감독직에 있게 하지도 않았으며, 그렇다고 순교자로 만들지도 않았다. 얼마 안 있어 가톨릭교회에는 지도자가 부족했다.

존속하는 가톨릭 귀족들이 반란을 획책한 적도 있었다. 그중 1571년 음모가 유명한데, 알바의 공작, 필립 2세, 교황 피우스 5세, 그리고 노퍽의

---

[33] Schaff, *The Creeds*, vol. III, 486-516.

공작(The Duke of Norfolk, 1536-1572)이 연루되어 있었다. 그리고 여왕을 암살하기 위해 잠입한 예수회 선교사들로 인해 상황은 심각했다. 1585년까지 많은 음모자와 이에 가담한 예수회 회원들이 색출되어 추방되거나 처형되었다. 1586년 메리 스튜어트도 역린 음모에 가담되어 처형되었다. 여왕은 반교황적·반가톨릭적 법안들을 더욱 강화했다. 1829년에 가서야 그러한 법들은 철회되었다. 엘리자베스는 가톨릭 교도들에게는 이세벨이었고 개신교도들에게는 유딧(Judith)이었다.

엘리자베스는 가톨릭 교도들에 대한 반발로 어려움에 처한 프랑스의 위그노들에게 자금을 제공하고, 스페인의 무력 통치와 싸우는 네덜란드에 군대를 파견하기도 했으며, 스페인 상선을 궤멸하기 위해 해적선을 지원하기도 했다. 영국을 가톨릭 진영으로 돌이키려는 시도가 실패하자 스페인의 필립 2세는 1588년 무적함대를 이끌고 영국으로 진격했다. 그러나 132척의 군함이 애국심에 고무된 영국인들에 의해 격파되고 말았다. 영국은 졸지에 유럽에서 스페인의 무적함대를 물리친 최강국이 되었다. 교황은 필립에게 지원을 아끼지 않았지만, 결과는 패전이었다. 유럽에서 호전적인 가톨릭주의에 둘러싸여 생존의 위협을 느끼던 칼뱅주의에게 16세기 마지막 25년 동안의 영국은 그들의 생존에 은인이었다.

성공회주의(국교회주의, Anglicanism)에 관한 최초의 체계적인 진술은 주얼(John Jewel)에 의해 시도되었다. 1594년 후커(Richard Hooker, 1554~1600)는 엘리자베스의 국교화 정책과 감독제에 대한 변증서『교회 정치 체제에 관한 법』을 출판했다. 성경이 명백하게 명하고 있지 않은 것들은 모두 불법이라고 하는 청교도의 주장에 반대하여 신적인 법이 성경만이 아니라, 하나님으로부터 온 이성과 자연법에 의해서도 계시된다고 주장했다. 종교적인 삶에 성경만이 필요한 것이 아니라, 추가적인 권위들 곧 전통과 교회(감독제)도 필요하다고 했다.

더불어 엘리자베스 치하의 중요한 문학적 업적 가운데 하나로 존 폭스(John Foxe, 1516~1587)의『순교 열전』이 있다. 폭스는 메리 치하에 유럽으로 탈출하여, 스트라스부르크에서 이 책을 저술했다. 이 책에서 폭스는 메리와 교황주의자들의 폭거 아래서 신앙을 사수하던 개신교 신자들의 영웅적인 순교담들을 기록했다. 당시 이 책은 성경 다음으로 널리 읽혔다.

6. 청교도주의

　엘리자베스의 국교화 정책은 화해적이고 혁신적이기는 했지만, 가톨릭 교도들과 청교도들을 포용할 수는 없었다. 포괄적 교회의 개념에 기초한 종교적 국교회주의 정책이 개혁 정신과 맞지 않다고 공격한 자들이 청교도들(퓨리턴들)이었다. 이들은 성경의 정신에 따라 영국 국교회에 아직 남아 있는 로마적 요소들, 특히 감독제를 제거해야 한다고 주장하며 지속적으로 영국 국교회를 공격했다. 대부분의 청교도들은 감독제를 반대하고 성직자의 평등성을 특징으로 하는 장로교 형태의 교회 정치나 혹은 회중교회주의(Congregationalism)를 선호했다.

　엘리자베스가 왕의 수위성과 예배의 획일성을 고집하자, 청교도들은 완강하게 대항했다. 그들은 『공동 기도서』를 거부했고 왕권 수위성을 믿지 않았으며, 예배와 예전의 철저한 개혁을 시도했다. 예전을 최소화하고 설교를 늘리기를 원했다. 이들은 성직자들이 예전 및 예식의 집전 시 입는 복장들이 비성경적이며, 이는 평신도와 성직자를 분리하는 로마 가톨릭교회 관습의 잔재라고 주장했다. 이는 '의복 논쟁'(Vestiarian Controversy, 1563)을 야기했다.

　토마스 카트라이트(Thomas Cartwright, 1535~1603)는 영국 국교회의 감독제를 비판하면서 장로교주의 수립을 주장했다. 존 필드(John Field)와 윌콕스(Thomas Wilcox)는 칼뱅의 치리 제도를 옹호하면서 『교회 치리의 개혁을 위한 권고』를 의회에 제출하고, 『39조문』의 강제 시행을 멈출 것을 요구하였다. 그러나 1583년부터 영국 국교회의 강력한 지지자 휘트기프트(John Whitgift, 1530~1604)가 대주교가 되면서 국교화 정책이 더 강화되었고 모든 성직자에게 『공동 기도서』의 사용 및 복장의 착용이 강제적으로 시행되었다. 또한, 수장령과 『39조문』에 동의해야 했다.

장로교회 정치를 수립하는 것은 결국 실패했지만, 청교도들이 영국 국교회 내부에 머물러 있으면서 끊임없이 교회의 개혁을 위해 노력했음은 분명히 기억해야 할 것이다. 더욱이 영국 교회는 한 세대 만에 구교와 신교를 오가는 정책들의 변화를 4차례나 겪었다(헨리 8세, 에드워드 6세, 메리, 그리고 엘리자베스). 1세기 만에 국왕들의 성향에 따라 종교 정책은 극에서 극으로 선회하는 것을 경험했다. 그렇기 때문에 청교도들은 자신들의 꿈이 실현 가능할 것으로 보았고 끊임없이 새로운 대안을 안출하기 위해 고투했다. 청교도들 가운데 조급한 나머지 영국 국교회로부터 즉각적 분리를 시도한 자들도 있었다. 그들을 '분리주의자들'(Separatists) 혹은 '독립파들'(Independents)이라고 불렸고 이들은 회중교회 체제를 선호했다.

초기 분리주의자들 가운데 가장 특출한 사람은 브라운(Robert Browne, 1550~1633)이다. 그는 1580년까지 청교도 목사로서 분리주의적 원리들을 채택했다. 그는 해리슨(Robert Harrison, ?~1585)과 함께 1581년 노르위치(Norwich)에서 분리주의 교회를 설립했다. 국교회의 핍박을 피해 브라운은 그의 회중들을 데리고 네덜란드로 도망갔다. 나중 그는 영국 국교회로 복귀하여 영국 국교회 준봉자로 죽었으나, 계속해서 회중교회주의를 개진했다.

브라운에게 있어서 유일한 참된 교회는 자발적인 언약에 의해 체험적 신자들이 가시적 연합을 이루는 것이었다. 그는 성직 계급을 거부했다. 목사는 단순히 특별한 사명이 할당된 형제일 뿐, 구분된 계급이 아니었다. 그는 또한 교회 개혁은 행정가들의 도움 없이 추진되어야 한다고 주장했다. 그의 회중교회주의는 재세례파와 유사하기는 했으나, 그가 재세례파들을 의식적으로 의존한 것은 아니었다. 그는 유아 세례를 부인하지 않았다. 그런 의미에서 초기 분리주의자들은 1세기 전의 재세례파들에 영향을 받았다기보다도 츠빙글리의 영향을 받았다고 하겠다. 영국 국교회의 초기 분리주의자들에 대한 적대감이 고조되면서 탄압이 이어졌고 많은 희생을 냈다.

A Brief Sketch of Church History

제6장
§
로마 가톨릭의 반동 종교개혁

16세기 가톨릭교회의 개혁을 반동 종교개혁으로만 이해하기에는 무리가 있다. 가톨릭교회는 자체적 갱신의 노력이 항상 있어 왔다. 그래서 16세기 가톨릭교회 개혁을 공부하기 위해서는 가톨릭교회 내부의 자발적 개혁 운동과 개신교 종교개혁에 대한 반작용으로서의 개혁 운동을 구분할 필요가 있다. 후자를 반동 종교개혁이라 부르며, 로마 가톨릭교회는 종교재판, 예수회, 그리고 1544년 교황의 재가를 받은 트렌트 공의회, 이렇게 3가지 주요 무기로 개신교를 대항했다. 종교개혁 초기에 가톨릭교회가 적절히 대처하지 못한 데는 신성 로마 제국과 부상하는 민족 국가들의 비협조가 일조했다. 교황 파울루스 4세는 황제와의 전쟁을 십자군 전쟁으로까지 선포하기도 했었다.

이처럼 가톨릭 진영 내부의 불일치는 나라마다 개신교 개혁의 호기가 아닐 수 없었다. 16세기 전반까지 개신교 종교개혁의 결과 가톨릭교회는 유럽의 절반을 잃을 만큼 앞날이 암울했었지만, 가톨릭교회는 스스로 반등할 수 있었다. 내부의 자발적 개혁 운동의 힘과 개신교에 대한 반작용으로서의 개혁 운동의 힘을 모아 로마 가톨릭주의는 신앙과 관습을 광범위하게 재천명했다. 결과적으로, 개신교 종교개혁은 로마 가톨릭교회로 하여금 반동 종교개혁을 통하여 이후 400년 동안 가톨릭주의를 정향지운 조처들을 다시 확립할 수 있는 기회를 제공한 셈이었다. 한편 개신교 내부의 분열은 교황청의 재기를 더 가속화시켰다.

1. 가톨릭교회의 자발적 갱신의 노력

1) 스페인 가톨릭의 개혁

15세기 말과 16세기 초 반동 종교개혁보다 앞서 등장한 로마 가톨릭교회의 내적인 개혁들이 있었다. 성직자 및 평신도, 학자 및 신비주의자, 종단 및 개인, 남자들 및 여자들 사이에서 교회와 사회, 신학과 삶을 개혁하려던 많은 노력이 있었다. 그러나 이들은 중세 교회의 기반을 이탈하거나 위협할 정도는 아니었다. 15세기 스페인의 교회 개혁은 한 세기 후의 반동 종교개혁에 큰 족적을 남겼다. 1474년 이사벨라가 왕위를 계승하자마자 타락할 대로 타락한 교회 개혁에 대한 굳은 결의를 보였다. 그녀의 개혁에 큰 도움이 된 자가 히메네스(Ximénez de Cisneros, 1463~1517)였다.

히메네스는 스페인 톨레도의 대주교로 1508년 알칼라대학을 설립하여 수도사와 성직자의 도덕적·지적 수준을 고양시켰다. 이 대학에서 그와 그의 동료들은 불가타 성경과 70인역을 포함하는, 최초의 원어 성경 완본을 출판했다. 또한 그는 종교 재판을 정착시키는 데 주요 역할을 했다. 스페인의 종교 재판은 1480년 교황 식스투스 4세가 확립하였다. 이는 유대인들, 무어족들, 그리고 가톨릭교회 반대자들을 제재하는 것이 목적이었다.

페르디난도와 이사벨라의 지원 아래 히메네스는 종교 재판을 이용하여 15년 동안 비그리스도인을 추방하고 무수한 이단들을 고문하고 처형했다. 그리스도교로 개종하지 않는 사람들은 스페인에서 거의 추방되었다. 히메네스의 종교 재판은 가톨릭주의의 오류를 비판하는 데는 사용되지 않았고, 가톨릭 정통주의를 방어하는 데만 이용되었다. 한때 대륙에서 종교적으로 관용적 태도였던 스페인이 정치와 종교를 결속시키는 과정에서 가장 비관용적인 나라로 선회했다. 15세기 말 스페인의 개혁은 민족주의적이었으며, 중세적이었고 비관용적이었다.

2) 신생 종단들

기존 수도회나 종단들에 회의를 가지고 자신들의 내면적 종교성을 표출하며 헌신을 실천하기 위한 대안 종단들이 생겨나 신앙의 활력을 불어넣었다. 이탈리아의 가톨릭 개혁은 이 신생 종단들의 형성으로 심화되었다. 이들은 교황청의 재가와 명사들의 지원을 받았으며 개인의 성화와 이웃사랑을 강조했다. 15세기 말 법학자, 베르나사(Ettore Vernazza, 1497~1587)가 신애회(Oratory of Divine Love)를 창단하여 인기를 모았다. 이 모임은 평신도들의 모임으로 경건과 학문으로 명성이 높았고, 예배와 자선 사업, 고아와 병자, 가난한 자들을 돌보며 영적 삶의 심화를 추구했다. 이로 인해 르네상스기의 로마는 큰 도전을 받았다.

신애회는 『교회의 오류들을 시정하기 위한 교회 공의회』라는 문서를 발표하여 교회의 도덕적·행정적 오류들에 대해 신랄하게 비난했다. 추기경 사돌레토(Giacomo Sadoleto), 인문주의자요 개신교도들을 지지한 베니스의 귀족 콘타리니(Gasparo Contarini), 추기경 모로네(Giovanni Morone), 교황의 비서 카르네세치(Pietro Camesecchi), 귀양 생활 중인 영국의 추기경 포울(Reginald Pole) 등이 직간접적으로 신애회와 연결되어 있었다. 교황 파울루스 4세도 신애회의 출신이었다. 찰스 5세가 1527년 로마를 점령하면서 해산될 때까지 그들의 개혁에 대한 열정은 후대의 개혁 운동들에 지대한 영향을 미쳤다.

신애회로부터 영향을 받아 카네탄과 카라파(파울루스 4세) 등은 테아틴회(the Theatines)를 설립하였다. 테아틴회에 가입한 사람들은 순결, 순종, 그리고 청빈을 서약하고 엄격한 훈련을 받았다. 이탈리아 도시들의 길거리에서 설교하며, 가난한 자들, 병자들, 창녀들, 죄수들을 섬겼다. 이들의 삶은 평신도들뿐만 아니라 동료 성직자들에게도 자극이 되었다. 이 종단의 일차적인 목적은 세속적인 성직자들과 귀족들을 개혁하는 것이었다. 교황청은 이 종단으로부터 많은 개혁적 감독들을 임명했다. 이들은 이단에 대한 엄격한 심문과 처벌을 제의했으며, 유대인들을 격리하고, 개신교도들을 맹공했다. 이후 이탈리아에서는 테아틴 회원들을 '엄격하고도 개혁된 사제들'이라 불렀다.

1533년 안토니(Anthony Zaccaria of Cremona, 1502~1539)는 바나바회(the Barnabites)를 설립하고 교황의 재가를 받았으며 예언자적 설교와 모범을 통해 만연한 부도덕성을 개선하려고 했다. 소마스키회(the Sommaschi)는 1527년 제롬(Jerome Emilian, 1486~1537)에 의해 설립되었으며, 가난하고 소외된 사람들을 돕는 일에 헌신했다.

이듬해 프란체스코회의 마테오 다 바시오(Matteo da Bascio, 1495?~1552)가 카푸친회(the Capuchins)를 설립하였다. 이들은 프란체스코회의 규칙을 매우 엄격하게 준수하고자 노력했고 순회 설교와 선행으로 사람들에게 감동을 주었다. 그러나 카푸친회의 지도자였던 오키노가 1542년 루터교로 개종하여 로마 교회로부터 핍박을 받았다. 결정적으로 1540년 로욜라가 예수회를 설립하고 재가를 받았다. 이는 차후 다시 언급하기로 한다.

1574년 오라토리오회가 필립(Philip Neri, 1515~1595)에 의해 설립되었다. 이들은 구오라토리오회의 금욕주의적 이상과 개혁에 대한 헌신을 계승하려고 했다. 그 외에도 1540년 하나님의 요한(John of God, d. 1550)이 평신도들을 모아 자비의 형제회(the Brothers of Mercy)를 창단하여 환자를 돌보는 데 헌신했다.

가톨릭 개혁에 있어서 여성들의 종교적 모임들의 역할을 빼 놓을 수 없다. 이들 가운데 가장 유명한 것이 우그술라회(the Ursulines)였다. 이들은 1535년 안젤라 메리치(Angela Merici, 1474~1540)에 의해 설립되었는데, 여성들과 어린이들을 가르치고 돌보는 일에 헌신했다. 처음 여성 평신도 운동으로 시작했으나, 나중 매우 엄격한 여성수도원으로 발전했다. 현재도 뉴올리언스에 우슬라 아카데미가 있다. 그 외 여성들에 의해 새롭게 생겨난 종단으로서 가톨릭 개혁에 새로운 활력을 부여한 것들은 바울의 천사들(the Angelicals of Paul) 및 마리아의 딸들(the Daughters of Mary)이 있다.

스페인의 아빌라의 테레사(Teresa of Ávila, 1515~1582)는 십자가의 요한(John of the Cross, 1542~1591)과 함께 갈멜회(Camelites)의 개혁을 이끌었다. 이 두 인물은 17세기 프랑스와 스페인의 영성에 지대한 영향을 미치게 된다. 테레사는 어릴 때부터 수도 생활을 동경했으며 부모의 반대에도 불구하고 갈멜 수녀원에 가입했다. 성령의 지시를 받아 몸담고 있던 수녀원을 떠나 자신의 수녀원을 설립했다. 테레사는 자주 황홀경 상태로 들어갔으며 하나님과의 환각적인 연합, 곧 '영적 결혼'을 체험했다. 『내면의 성』(the Interior Chastle)은 그녀의 주저로 유명하다. 요한은 경건 서적들인 『갈멜산 등정』(Ascent of Mount Carmel) 및 『영혼의 어두운 밤』(the Dark Night of Soul)을 저술했다.

갈멜회 수도원의 수녀들을 구두를 신지 않고 샌들만 신고 다녀서 '맨발의 갈멜파'라고 불렸다. 이 수녀원은 멤버들의 계급을 없애고, 인종을 차별하지 않았고, 유대인들에게 유니폼을 입히는 것을 반대했다. 당시로써는 신개념이 아닐 수 없었다. 그들은 평등사상을 실현한 종단으로 기억된다.

그 외에도 보로메오(Charles Borromeo, 1538~1584)는 1578년 사제회를 설립했다. 카밀루스(Camillus de Lellis, d. 1614)는 임종 직전의 환자들을 돌보는 선한 죽음의 형제단(the Brothers of the Good Death)을 설립하였다. 조안나(Joanna de Chantal, 1614)는 1610년 성모방문회를 결성했는데, 후원자 살레시우스(Franciscus Salesius, d. 1610)의 이름을 따서 살레시오여자수도회으로 불리게 되었다. 프랑스의 추기경 베룰(Pierre de Bérulle, d. 1629)은 1611년 프랑스 오라토리오회를 설립하여 성직자의 교육에 헌신했다. 이 학파는 프랑스의 가톨릭 문화 창달과 신학의 발전에 크게 공헌했다.[34]

2. 종교 재판

종교 재판이 가톨릭교회를 반대하는 비국교도들을 억압하기 위한 정책으로 공적으로 재가 된 것은 13세기 초부터였으며 필요시 기능이 발동되는 기구였다. 혹자는 교황 그레고리우스 9세(1227~1241)가 알비파와 왈도파를 처리하기 위해 개최한 것이 조직적인 종교 재판의 시작이라고 보기도 한다. 1199년 이노켄티우스 3세가 인간의 존엄성을 해치는 것보다 신

---

[34] Walker, *A History of the Christian Church*, 502–506.

적인 존엄성을 범하는 것이 훨씬 더 심각한 죄라고 말한 것에 준하여 로마 가톨릭주의는 종교개혁 기간 줄곧 자신의 지배권을 행사하기 위하여 무력에 의존했다.

종교 재판을 항구적 제도로 정착시키고 강력하게 힘을 발휘한 것은 스페인의 종교개혁 때부터였다. 1478년 교황은 스페인 통치자들에게 종교 재판을 재가했고 이때부터 종교 재판관들은 모든 종단과, 심지어 감독들까지도 심문할 권한을 부여받았다. 스페인에서는 종교 재판이 국가와 직결되어 있었다. 페르디난도와 이사벨라 치하에서 이는 매우 효과적으로 종교적 획일성을 확보하는 수단으로 이용되었다. 이들 국가 교회가 루터교나 개혁교회를 용인할 리가 없었다. 강한 종교 재판으로 인해 스페인은 종교개혁이 100년 지연되었다고 하겠다.

교황 파울루스 4세는 스페인의 조직적이고, 중앙 집권적인, 그리고 보편적인 법정 개념인 종교 재판 제도를 교황청에 도입하려고 노력했다. 그는 이를 전 그리스도교계로 확대했으며 종교 재판 전담 추기경 6명을 임명하고 특별한 권한을 부여했다. 그들은 공무원들을 임명할 수 있었고, 성직자들을 강등시키거나 그들의 권한을 위임할 수 있었다. 그들은 정규 법정 절차를 걱정할 필요조차 없을 정도로 직권이 가능했다. 종교 재판관들은 주로 도미니쿠스회의 사람들이 맡았다. 이들은 이탈리아에 유입된 개혁 사상을 발본색원하였으며 인문주의자들까지 검열 대상에 올려놓고 처벌하였다.

파울루스 4세(카라파)는 교황이 되기 전 이탈리아의 개신교도들에 대한 강경한 억압으로 공포를 자아낸 대표적 인물 중 하나였다. 그는 혐의만으로도 처벌이 가능하게 했으며, 신분 고하를 막론하고 성역 없는 검열과 처벌을 강조하는 종교 재판의 규칙을 제정하기도 했다. 그는 또한 금서 목록을 만들어 공표한 후 책을 불태우고, 책의 저자들을 화형에 처하며, 그 책을 읽는 자들을 가차 없이 처벌했다. 이들 목록에는 보카치오의 『데카메론』과 각 자국어로 번역된 성경들도 들어 있었다.

종교 재판의 효과는 컸다. 피우스 5세까지 이탈리아에서는 개신교 최후의 남은 자들까지 핍박을 당했다. 종교 재판은 지속적으로 잔인하게 시행되었다. 이의 전형적인 특징인 공포와 통제의 전략들은 고대 로마의 네로 황제나 근대 독일의 히틀러와 같은 독재자들을 떠올리게 할 정도였다. 스페인의 최고의 성직자였던 톨레도의 대주교 카란자조차 어처구니없이 이단으로 고발당해 무릎을 꿇었다. 이 사건은 스페인에서 이단들의 종언을 고하고 반동 종교개혁의 승리를 획득하는 사건이 되었다.

교황과 찰스 사이의 알력으로 루터파들이 잠시나마 종교 재판의 진행을 피해 가는 듯했으나, 1546년 개시된 슈말칼트 전쟁으로 루터파들은 다시 한 번 패배를 경험해야 했다. 프랑스는 17세기까지 개신교를 소수자들로 전락시키고 막강한 가톨릭 국가가 되었으며 네덜란드는 오렌지의 공작 나소의 윌리엄의 활약으로 북쪽 지역을 개신교화하는 데 성공했다. 그러나 남부 성들은 스페인 군대에 점령되어 이 세상에서 가장 충성스러운 가톨릭 국가로 남게 되었다.

종교 재판이라는 제도가 "인류가 개발한 제도들 가운데 가장 악한 제도였다"라고 한 어떤 비평가의 말에는 일리가 있다. 이 잔인한 처벌의 상세한 부분들에까지 우리는 알 필요가 없으나, 몇 가지 사항들은 기억할 필요가 있다. 이단을 억압하기 위한 방법들은 피고발자들을 극한의 공포에 처하게 했고, 피고발자들에게 고발자들과 대질할 기회가 주어지지 않았다. 그들은 일방적으로 고문당했으며, 처형당했다. 교회는 대중의 삶과 그들이 말하는 것뿐만 아니라 그들이 생각하는 바조차 통제하려 했다. 종교 재판이 개신교를 뿌리 뽑는 데 일부분 성공했으나, 스페인, 이탈리아, 그리고 폴란드에 여전히 남은 자들이 있었다. 많은 개신교도는 스위스, 독일, 영국, 그리고 네덜란드로 탈출하거나, 여러 세대 동안 지하로 들어가야만 했다.

3. 예수회

1) 이냐시오 로욜라와 예수회의 시작

종교 재판은 공포적이기는 했으나 개신교 운동에 대해 어디까지나 방어적 무기였다. 반동 종교개혁은 예수회라는 공격적 무기에 의해 보완되었다. 예수회는 이냐시오 로욜라(Ignatius Loyola, 1491~1556)에 의해 조직된 종단으로 가톨릭 개혁과 반동 종교개혁들 사이의 과도기적 운동이라 볼 수 있다. 예수회들의 초기 역사는 가톨릭 자체의 개혁에 속하고 차츰 개신교 개혁에 대한 적극적 자세를 띠게 되었다.

로욜라는 스페인의 바스크 지방의 로욜라에서 출생했다. 그는 귀족 가문의 막내였다. 그는 황제 찰스 5세 군대의 장교로 근무하다가 전쟁에서 포탄을 맞아 오른쪽 다리를 잃었다. 군인으로서 영웅이 되려던 꿈이 수포로 돌아갔다. 회복을 기다리는 동안 삭소니의 루돌프의 『그리스도의 생애』와 아 켐피스의 『그리스도를 본받아』를 읽고 깊게 감동을 받아 그리스도를 위한 영적 전투사가 되어 교회를 방어하는 데 헌신하기로 결단했다. 그는 하나님이 자신을 전쟁터의 군인이 아닌 '영적인 기사'로 부르신다고 확신했다. 1522년 한 베네딕투스 수도원에서 명상을 하며 『영적 훈련들』의 개요를 작성했다. 이는 나중 정식으로 출판되어 예수회의 지침서가 되었다.

그는 알칼라대학, 스페인의 살라만카대학, 파리대학교의 몽떼귀대학에서 공부했다. 이단들(?)인 개신교도들과 투쟁하는 것이 그가 공부하는 이유였다. 파리에서 7년간 체류할 때 칼뱅과 잠깐 조우한 적이 있었다. 이 기간 로욜라는 이 종단의 설립 멤버이면서, 훗날 '아시아의 사도'라 불리게 되는 프란치스코 하비에르(Francis Xavier, 1506~1552)와 같은 추종자들을 얻었다. 그 외에도 파리는 로욜라를 계승하여 예수회의 총장이 된 디에고 라이네즈(Diego Lainez, 1512~1565), 피에르 르페브르(Pierre Lefevre, 1506~1546), 알폰소 살메론(Alfonso Salmeron, 1515~1585) 및 니콜라스 보바딜라(Nicholas Bobadilla, 1511~1590) 등을 만나게 된 중요한 곳이었다.

이들은 몽마르트(Montmartre)의 성 마리아 교회에서 청빈과 순결의 서약을 했다. 거기서 교황에게 충성을 맹세하고 선교의 열의를 나누었다. 로욜라는 자신이 소중히 지니고 있던 칼을 가치 없이 버렸으며 걸인과 병자들을 돌봄으로써 그리스도의 삶을 모방하려 애썼다.

1540년 교황 파울루스 3세는 로욜라의 능력과 가톨릭교회에 대한 헌신에 감동하여 예수회 설립을 재가했다. 바야흐로 예수회가 공식적으로 설립되었으며 로욜라는 1대 총장이 되었다. 로욜라가 죽던 때, 약 1,500 명의 회원이 있었고 이 회의 영향력은 유럽 전역에 강하게 퍼져 갔다. 카니시우스(Petms Canisius, 1521~1597)는 독일인 최초의 예수회 회원이었고 무수한 세례 문답서를 저술하여 세계에 가톨릭 신앙의 전파를 용이하게 만들었다. 3대 총장 볼기아(Francis Borgia, 1565~1572), 곤자가(Aloisius Gonzaga, 1568~1591), 그리고 열정적인 가톨릭주의의 변증가 벨라민(Robert Bellarmine, 1542~1621)이 예수회의 뛰어난 지도자들로 꼽힌다. 1540년 예수회의 탄생으로 반동 종교개혁은 그 세력이 크게 부상하였다.[35]

2) 특징

예수회의 성공 비결은 철저한 상명하복을 특징으로 하는 조직, 수구적이지만 명쾌한 교리, 그리고 가톨릭 신앙을 전파하기 위한 교육의 강조에 있었다. 예수회 회원들은 학문성이 높았고 그로 인해 이 종단의 회원들은 여러 대학의 교수들로 임용될 수 있었다. 예수회의 개혁적 특징은 분명했다. 예수회 회원들은 가톨릭 정통주의를 재확립하고, 성직자의 도덕성을 개선하고, 이단과 투쟁하는 일에 온 열정을 불살랐다.

간혹 로욜라는 칼뱅과 비교되는데, 양자 모두 철저한 훈련을 강조하고 위대한 운동을 조직한 지도자였다. 가톨릭 역사의 중요한 시기에 예수회 회원들이 발휘했던 야심적이고도 정치적으로 기민한 리더십은 가톨릭교회의 중흥에 중요한 요인이 되었다. 로욜라는 "모든 것을 하나님의 더 큰 영광을 위하여"라고 결단한 적이 있는데, 이는 나중 예수회의 모토가 되었다. 실제적으로는 그들은 '교황의' 더 큰 영광을 위하여 무슨 일이든 자행할 수 있었다. 이 모호한 윤리적 기준(?)을 가지고 예수회는 엄격한 훈련을 강조했으며, 개신교에 대한 공격에 있어서 교황의 절대적 오른팔로 기동대 역할을 했다.

로욜라는 교회의 문제가 교리적인 일탈에서 기인하는 것이 아니라, 교

---

35 Walker, *A History of the Christian Church*, 507-508.

회의 가르침과 전통으로부터의 개인적인 일탈에서 기인한다고 보았다. 따라서 그에게 교회의 개혁은 개인들의 개혁을 의미했다. 개인들의 개혁은 자신의 의지적 극기를 통해 가능해지며, 개인의 개혁이 하나님에 대한 진정한 봉사를 이루며 타인들의 구원에 기여할 수 있다고 보았다. 그의 경향성에서 우리는 개인의 존엄성을 강조하는 르네상스 정신과 영혼의 완전성을 강조하는 중세 후기 신비주의의 요소를 동시에 볼 수 있다.

로욜라는 『규칙서』를 만들었는데, 상관들, 특히 교황에 대한 절대 순종을 강조했다. 맹종에 가까운 순종을 가르치면서 자신들을 주인의 손에 들린 막대기로 표현했다. 예수회는 교황을 위하는 것이라면 전제 군주들과 개신교 지도자들을 암살하는 것도 서슴치 않았다. 로욜라는 다른 종단이 금욕적 훈련에 있어서 자신들을 능가할지 모르나, 자신들의 의지와 판단을 부인하면서까지 순종하는 완전한 순종에 있어서는 누구도 자신들을 능가하지 못할 것이라고 자신했다. 그의 『영적 훈련들』도 같은 맥락에서 교회의 계층 구조적 질서에 철저한 순종을 강조했다. 예수회 회원들은 자신들이 평생 흰색으로 여긴 것을 교회가 검은색으로 믿으라고 하면 믿을 준비가 되어 있었다.[36]

중세 최고의 위대한 종단이었던 예수회는 로욜라의 군사 조직의 이상을 구현한 것이었다. 중세의 영성이 공동체적이고 명상주의적이었다면 이 시기의 영성은 매우 개인주의적이면서 행동주의적이었다. 공적이고 예전적인 경건보다는 개인의 내재적 종교적 체험, 곧 개인의 기도와 명상, 자기 훈련, 개인의 성화, 영적 성장, 그리고 선교적 열망 등을 더 강조했다.

영성의 개인화는 동시에 강렬한 능동적인 삶의 태도로 표출되었다. 이들은 행위와 도덕성의 결합, 사랑의 미덕과 타인들에 대한 봉사에의 열망, 목회 사역의 갱신, 그리고 선교적 열정의 실천을 중시했다. 그의 『영적 훈련들』은 중세의 로마 가톨릭교회와 관련된 모든 것을 찬양하도록 촉구했고 교회에 대한 모든 비판을 방어했다. 이 책이 교황에 대한 과격한 순종

---

36 Ignatius of Loyola, *Ignatius of Loyola: Spiritual Exercises and Selected Works*, ed. G. E. Ganss, preface by J. W. Padberg (New York: Paulist Press, 1991), 113-214; 271-321.

을 주장하기도 하지만 예수회의 순종은 교육과 선교에 많은 업적을 남겼다. 『영적 훈련들』은 칼뱅의 『기독교 강요』와 마찬가지로 16세기 가장 중요한 저술들 가운데 하나로 꼽힌다.

3) 공과

예수회는 엄격한 순종과 학문성으로 반동 종교개혁과 교황 절대주의의 선봉에 설 수 있었다. 로욜라의 개혁적 특징, 특히 교황에 대한 절대 충성으로 이내 트렌트 공의회에서 중요한 역할들을 수행할 수 있었다. 이들에게 개신교도들은 비현실적인 영적 교회를 떠벌리는 망상가들이며 비그리스도인들로 비쳐졌다. 사분오열된 프로테스탄티즘에 대항함에 있어서 가톨릭교회의 이익을 위해서라면 혁명도 정당화할 수 있다고 믿는 예수회의 적극성은 가톨릭교회에 결속력을 부여하고도 남았다.

예수회는 대학들을 설립함으로써 교육과 설교에도 헌신했다. 빈민들을 위한 학교들을 설립하여 사회봉사에 앞장섰다. 그들은 신학을 체계화하여 과거 프로테스탄트들이 가톨릭 교리들을 공격할 때의 그 열정과 동일한 열정으로 프로테스탄트 교리들을 공격했다. 예수회는 개인의 경건과 행동주의적 영성을 강조하여 철저한 훈련과 순종의 정신으로 전 유럽에서 인정받았다. 그들은 고해 신부로서, 교회법 학자로서 대중들과 가톨릭 제후들에게 지대한 영향을 미쳤다. 가톨릭교회는 예수회의 도움으로 선교, 교육, 그리고 훈련의 범세계적인 시스템을 구축할 수 있었다.

예수회는 이탈리아, 포르투갈, 벨기에, 그리고 폴란드에서 크게 득세했다. 최대의 승리는 독일과 오스트리아였다. 남부 독일의 지역들이 예수회의 활동에 힘입어 다시 로마 가톨릭교회로 복귀되었다. 프랑스에서의 예수회는 앙리 4세 이후 프랑스 혁명 때까지 프랑스 가톨릭교회와 교육을 좌지우지했다. 그들의 학교는 유럽에서 최고의 학교들로 간주되었다.

16세기가 마감하기 전에 이미 예수회 선교사들은 인도, 일본, 중국, 필리핀, 인도차이나, 콩고, 모로코, 브라질, 페루, 파라과이, 미국, 그리고 캐나다에서 사역했다. 예루살렘에서 선교하기를 원했던 하비에르(Xavier)

는 이것이 불가능해지자 1541년에 인도로 향했다. 이어 1549년 일본으로 가서 10년간 희생적으로 선교했다. 1581년 마테오 리치(Matteo Ricci, 1552~1610)는 중국 선교의 아버지가 되었고, 1606년 로베르토 드 노빌리(Robert de Nobili, d. 1656)는 인도에서 선교의 열정을 불태웠다. 1685년 예수회 회원들은 파라과이까지 이르렀다. 예수회 회원들은 세계 선교에 많은 업적을 남겼으나, 동시에 멕시코에서 인디언들을 노예로 삼는가 하면, 남아메리카에서 인디언들을 착취한 만행의 역사도 남겼다.

1626년까지 예수회는 15,000명의 회원과 803개의 건물을 갖게 되었다. 1750년까지 22,000명의 회원이 생겨났다. 1750년까지 프랑스에만 669개의 대학을, 176개의 신학교를, 그리고 700개의 하위 교육 기관들을 거느렸다. 예수회가 설립한 교육 기관들은 그 지역의 지적 활동에 공헌했으며 개신교로 넘어간 지역들을 다시 가톨릭교회로 돌이키는 데 공헌했다.

4. 트렌트공의회

1) 성격

트렌트 공의회는 제4차 라테란 공의회(1215)와 페라라 공의회(1439)와 함께 중세 교회에 있어서 매우 중요한 공의회의 위치에 자리매김한다. 콘스탄스 공의회가 공의회주의(conciliarism)의 승리를 대변했듯이, 트렌트 공의회(1545~1563)는 극단적 교황주의(papalism)의 승리를 대변했다. 공의회주의에 대한 중세적 소망은 종언을 맞았다.

트렌트 공의회는 3가지의 목표를 표명했다.

첫째, 교회의 개혁을 추진하는 것,

둘째, 논란이 되고 있던 교리들에 대해 가톨릭교회의 입장을 분명히 표명하고 이단들을 정죄하는 것,

셋째, 제국과 교회의 평화와 연합을 회복하는 것이었다.[37]

트렌트 공의회를 통해 자신감을 회복한 로마 가톨릭교회는 16세기 말 개신교의 공격에 효과적으로 대응할 수 있었다. 본 공의회는 개신교와의 화해를 의도하지는 않았다. 개신교들의 오류를 바로 지적하고 가톨릭교회의 신앙을 분명히 하는 데 목적이 있었다. 사실 본 공의회가 열리기 수년 전에 신학적 조율을 위한 일련의 회담들이 시도되었으나, 아무런 성과 없이 끝나고 말았다. 찰스 5세의 주선으로 1540년 독일 개신교들과 이탈리아 신학자들 사이에 레겐스부르그 회합이 두 진영이 조율을 시도한 대표적 움직임이다.

그러나 이 회합은 루터교와 가톨릭교 사이의 신학적 괴리감만 확인시켰다. 트렌트 공의회가 개신교와의 유대를 거부함으로써 로마 가톨릭교회는 하나의 교파로 전락하고 만 것이다. 제2차 바티칸 공의회(the Second Vatican Council, 1962~1965) 직전까지 로마 가톨릭교회는 트렌트 공의회의 결정 사항들을 별다른 이의 없이 거의 수용해 왔다.

2) 진행

본 공의회는 교황의 통제 아래 있었다. 공의회주의를 두려워하던 교황들은 공의회 개최를 할 수만 있으면 지연시키려 했다. 교황의 절대 권력의 행사가 보장되지 않는 한 교황들은 이를 개최할 의사가 없었다. 율리우스 2세가 1512년 제5차 라테란 공의회를 개최하기는 했으나, 교황의 절대성을 천명하고, 공의회주의를 정죄했으며, 민족 교회들의 독립성을 부인하는 것으로 끝나고 말았다. 1521년 레오 10세가 죽을 때까지 로마 가톨릭교회는 개신교 개혁의 심각성을 인식하지 못했다. 이후의 교황들, 아드리아누스 6세, 파울루스 3세와 파울루스 4세, 피우스 5세, 식스투스 5세는 그레고리우스 7세의 개혁을 흉내 내려는 열심들로 차 있었다.

---

[37] J. Neuder & H. Roos, *Der Glaube der Kirche in den Urkunden der Lehrverküdigung* (Regensburg: F. Pustet, 1979), 87-88.

파울루스 3세가 1535년 개혁을 위한 위원회를 임명했으며, 1537년 『교회의 개혁에 관한 조언』을 제출했다. 이는 16세기 로마 가톨릭교회의 가장 유명한 문서들 가운데 하나로서 인척주의와 성직 매매 같은 성직자들의 비도덕성 및 탐욕을 다루었다. 그러나 황제 찰스 5세와 프랑스 왕 프란시스 1세 사이의 전쟁으로 공의회 개최는 연기되었다. 이 양자의 갈등으로 인해 1520년대와 30년대에 교회 공의회는 개최되지 못했다. 교황 클레멘스 7세(1523~1534)는 과거 콘스탄스 공의회와 바젤 공의회를 회상하면서, 공의회 소집을 두려워하였다.

1540년 레겐스부르크 회합이 결실 없이 끝나자 가톨릭교회는 개신교를 무력으로 저지할 준비를 하였다. 그러나 찰스 황제는 공의회를 강력히 요구했다. 황제는 개신교를 억압하는 것이 아니라 개신교와 화해함으로써 정치적으로, 그리고 종교적으로 유럽이 연합되기를 원했다. 그와 스페인의 감독들은 교황이 아니라 교회 공의회가 실제적인 권한을 가지고 개혁을 추진하기를 원했다. 파울루스 3세도 처음에는 공의회 개최를 주저했다. 왜냐하면 공의회가 교황보다도 더 높은 권위를 가질 수도 있기 때문이었다. 또한, 공의회가 성직 매매와 같은 악습들을 저지함으로 인해 교황의 수입이 줄어들 수도 있었기 때문이다. 그러나 교황은 더는 버틸 수 없었다.

1545년 파울루스 3세는 황제, 하위 성직자들, 그리고 대학들의 압력으로 마지못해 트렌트에 공의회를 소집했다. 트렌트 공의회는 이처럼 수십 년간 개최 요구의 결과로 열린 것이다. 이 수십 년간 교회 공의회 소집을 집요하게 요구한 인물은 아마 황제 찰스였을 것이다. 황제는 항상 제국의 신앙적 일치를 꿈꾸었다. 프랑스와의 전쟁을 승리로 이끈 후 황제는 이제야 종교를 돌볼 여유가 생겼다. 그는 공의회의 개최를 강력히 요구하였고 마침내 교황은 트렌트(기술적으로는 독일 땅이었다)에서 공의회를 개최했다. 1544년 제19차 범세계적 공의회 소집을 위한 칙서가 발표되었다. 정치적 분쟁, 전쟁, 전염병 등으로 인해 회의는 중단과 속회를 반복하면서 1563년까지 진행되었다.

트렌트 공의회는 크게 세 단계로 분류할 수 있다. 파울루스 3세의 주재(1545~1547) 아래 제1회기에서 제10회기까지 첫 단계가 진행되다가 정회하였고, 공의회의 교황 칙사 델 몬트였던 율리우스 3세의 주재(1551~1552) 아래 제11회기에서 제16회기까지 두 번째 단계를 진행하다가 다시 정회하였다. 이 두 번째 단계에서는 루터파들을 초청하였으나, 루터파들은 투표권이 부여되지 않음을 알고 참석하지 않았다. 파울루스 4세가 교황이 되었으나 속회하기를 꺼려했다. 그리고 10년이 지난 후 피우스 4세의 주재(1562~1563) 아래 제17회기에서 제25회기까지 마지막 세 번째 단계가 진행되었다.

피우스 4세는 열정적으로 가톨릭교회를 개혁하고 확산시키려고 하던 교황들 가운데 첫 번째 교황이었다. 그는 전통적인 신앙에 대한 고수와 개신교의 멸절에 대한 결연한 의지를 보였기 때문에 '최초의 반동 종교개혁 교황'으로 불리기도 한다. 그러나 그의 개혁은 무력을 통한 억압 정책으로 금서 목록과 종교 재판을 사용한 점에서 한계를 보였다.

트렌트 공의회는 교황 및 그 칙사들에 의해 거의 주도되었다. 교황에 충성스러웠던 예수회 신학자들이 공의회의 분위기를 주도하며 개신교들과의 화해를 거부했다. 개신교들이 제기한 모든 교리적 문제에 대해 로마 가톨릭교회의 입장을 분명히 하는 것이 본 공의회의 일차적인 목적이었다. 이 목적은 성공적으로 달성되었다.

그러나 황제 찰스 5세가 특별히 요청했던 포괄적인 교회의 개혁은 부분적으로만 성취되었다. 교황의 권력과 기능에 관한 문제는 어떤 칙령도 공포하지 않고 오히려 본 공의회의 모든 칙령에 대해 교황이 재가하도록 위임했다. 1564년 1월 교황은 교서 『복되신 하나님』에서 본회의의 법안들과 칙령들을 승인했으며, 교황만이 이들을 해석할 권리가 있다고 선언했다. 트렌트 공의회는 교회 공의회의 운동을 재거부하고, 교황의 승리를 구가한 회의였다고 하겠다.

3) 교리와 법령

본 공의회는 프로테스탄티즘의 신앙을 단호하게 거부하고, 중세 교회의 신학과 신앙을 재천명했다. 그리스도교 신앙은 항상 동일하다는 슬로건이 프로테스탄티즘에 대항하는 가톨릭교회의 논리였다. 교리 면에서 개신교에 대응하여 로마 가톨릭교회의 다양한 신학적 입장을 재정립하였다. 한편 본 공의회는 교회론적 오류들을 제거하기 위한 조처를 취했으며, 성직자들의 교육 및 도덕성 고양, 수도원의 개혁, 성직 겸임제 시정을 위해 노력했다. 본 공의회에서 '트렌트 기준들'이 공표되었는데, 『트렌트 칙령들 및 교회법들』, 『트렌트 신앙 선언』, 그리고 『로마 교회의 요리 문답』이 그것이다. 교회법들은 잘못된 신앙을 주장하는 자들에 대한 33개의 저주 선언으로 끝맺고 있다. 펠라기우스주의에 대한 4개의 저주, 그리고 개신교에 대한 나머지 저주들이 그것이다.

(1) 성경과 전통

트렌트 공의회의 처음 두 단계는 교리 결정에 주력했다. 특히 제1단계(1545~1547)의 제4회기(1546)에서 성경에 관한 칙령들을 발포했다. 공의회는 그리스도에 의해 알려진 진리와 생명의 길은 '기록된 성경'과 '기록되지 않은 전통들'에 모두 포함되어 있다고 했다. 후자는 그리스도의 입으로부터 사도들에게 전수되어 우리에게 전수된 것들이다. 즉, 성경과 전통을 동일한 복음과 도덕들의 출처로 보기 때문에 사도적 전승들도 성경과 동일한 경외감으로 존중해야 한다고 했다.

오늘날 로마 가톨릭교회의 권위는 성경 외에도 교황의 교서들, 트렌트 기준들, 바티칸 기준들, 그리고 교회법에 근거하고 있다. 이 공의회는 히에로니무스의 불가타 성경의 신구약, 그리고 구약의 외경을 성경으로 규정하고, 진리의 근원으로서 전통을 성경과 같은 위치에 놓았다. 이는 1534년 루터가 자신의 번역 성경에서 외경이 유대인들에게 정경으로 간주되지 않았다고 주장한 데 대한 반격이기도 했다.

그런데 정작 히에로니무스는 자신의 라틴어 성경 번역에 구약 외경을 포함하지 않았다. 인문주의 학자들의 많은 공격에도 불구하고 트렌트는 불가타 성경을 교회의 공식적인 번역본으로 인정했으며, 히브리서를 바울의 14번째 서신으로 인정하고, 요한을 요한계시록의 저자로 재확인하였다. 나아가 본 공의회는 로마 가톨릭교회가 성경과 전통에 대한 최종적인 해석자라고 했다. 또한, 트렌트 공의회는 교회의 허락 없이 성경을 각 나라 언어로 번역하는 것을 금지시켰다.

(2) 칭의의 개념

첫 번째 단계의 제5회기 및 제6회기에서 원죄 및 칭의를 다루었다. 여기서 가톨릭교회는 개신교 칭의 사상과 뚜렷이 구분되는 3가지를 표명했다.

첫째, 믿음으로 말미암은 칭의에 인간 "행위"의 공헌의 여지를 남겨둠으로써 종교개혁자들의 '오직 믿음으로'의 칭의 사상을 거부했다. 트렌트에서 규정하는 칭의는 구원을 위한 은총에 인간의 협조를 인정한 것이다. 트렌트는 구원을 위해 영혼에 내재하는 습관적 은총을 강조했다. 이로 말미암아 죄인으로 하여금 자유롭게 하나님의 은총에 협조하고자 하는 마음이 생기게 된다는 것이다. 따라서 공로들의 축적을 통해서 그리스도인들은 자신의 구원에 공헌한다는 것이다. 이후 가톨릭주의에서 선행은 믿음의 과정과 보존, 그리고 증대에 근본적으로 중요했다.

둘째, 트렌트는 중세적 전통에서, 칭의란 하나님이 그리스도의 사역을 통해 우리를 의롭다고 선언하는 사건(용서의 사건)과 성령의 내적인 사역으로 의롭게 되는 과정(성화) 모두를 포함하는 것을 의미한다고 했다. 가톨릭교회는 루터(대부분 개신교도들의 사상)가 칭의에 대하여, 하나님이 우리를 의롭다고 선언하는 것(칭의의 선포)과 내적 갱생으로 우리가 의롭게 되어져 가는 과정(성화)이 구분된다고 할 때 경악했던 것이다.

셋째, 개신교도들은 성도가 자신의 구원에 확신이 있어야 한다고 했다. 개신교가 구원에 대한 확신이 없는 것은 하나님의 약속을 의심하는 것이라고 한 데 비해, 트렌트는 구원의 확신성에 대하여 아무도 자신이 틀림없이 하나님의 은총을 획득했다고 확신할 수 없다고 규정하면서 개신교 사상을 배격했다. 왜냐하면 가톨릭주의에서 구원은 종말적으로 이해돼야 하고, 이는 전적으로 하나님의 뜻에 의한다고 보았기 때문이다.[38]

---

38 A. McGrath, *Christian Theology: An Introduction* (Malden: Blackwell Pub., 2007), 377-380.

이 회의에서 나타난 칭의에 관한 칙령들은 어느 정도 중세 후기 유명론에서 옛 아우구스티누스의 은총에로 옮겨감을 볼 수 있다. 그런가하면 한편으로 구원을 위해 영혼에 내재하는 습관적 은총을 중시함으로써 믿음과 사랑에서 인간의 선행은 구원에 공로가 될 수 있다고 하였다. 여기서 아우구스티누스의 자유의지의 전적 타락은 조금 희석된다. 결론적으로 트렌트의 칭의는 종교개혁자들의 "오직 믿음으로"의 칭의는 아니었다.

(3) 성례전들

제7회기에서 7성례전이 확정되었다. 공의회는 성례전들을 통해 모든 참된 의가 시작되고, 증대되고, 복구된다고 했다. 7성례전은 모두가 예수 그리스도에 의해 직접 제정되었고, 가치에 있어서 차이가 있기는 하지만 모두 구원에 필수적이라고 했다. 특히 세례, 입교, 그리고 안수의 세 성례전들은 지울 수 없는 부호를 각인시키는 것이므로 반복될 수 없다. 두 번째 단계의 제13회기는 화체설을 재천명했다. 성찬에는 신성과 인성을 가진 그리스도가 실제로 임재하는데, 그리스도의 인성의 영과 육은 떡과 포도주에서 완전하다고 했다.

미사는 십자가상의 피의 희생의 반복이다. 미사는 산 자와 죽은 자를 위해 공로를 획득하기 위한 화해의 제사이며, 1종 성찬과 라틴어 예전을 사용하였는데 이 두 조처는 사제들의 위상을 고양하기 위한 방법이었다. 중세 교회와 마찬가지로 고해 성사에서 사죄의 성례전적인 성격, 비밀 고백, 그리고 속죄 행위가 그대로 인정되었다.

트렌트를 통해 성례전들이 다시 비밀스럽고 신비스러운 능력의 근원으로 간주되었다. 성례전들은 그들의 집전 자체의 효능에 의해 은총을 수여하며(사효론, ex opere operato), 성도들은 순전히 로마 교회의 권위에 근거하여 성례전 제도를 받아들여야 했다. 한편 연옥의 존재가 재천명되었는데 연옥에 거하는 영혼들은 살아 있는 사람들의 선행에 의해 도움을 받을 수 있다고 했다. 트렌트에서 중세적 교리들을 완고히 고수했다.

(4) 개혁 조처들

가톨릭교회의 전통적인 관습들과 관련하여 성직자 독신 제도가 강화되었다. 면죄부 교리는 그대로 보수하면서, 이에 수반된 재정적 오용들을 시정하려고 했다. 성인과 성물 숭배, 성인에 대한 기도, 그리고 성상들에 대한 적절한 사용이 인정되었다. 교회의 행정적 개혁들은 기대에 미치지는 못했으나, 무시할 정도는 아니었다. 개신교의 모델에 따라 성경에 대한 공개적 해석을 위한 조처가 취해졌다. 설교는 구원과 관계되는 것들을 핵심적인 내용으로 해야 했다.

공의회는 성직자들과 대중들의 도덕성이 밑바닥에 이를 정도로 교회의 규율이 이완되어 있었음을 솔직하게 시인했다. 감독은 감독 교구에 반드시 거주해야 하고 한 교구에 한 감독만 있을 수 있으며, 복수 교구 담당은 금지되었다. 성직자 교육을 위한 신학교들의 설립이 결정되었다. 그러나 감독 교구들을 교황의 통제 아래 둠으로써 감독들의 힘을 지나치게 무력화시켰고 로마 교황청의 개혁, 파문의 사용의 제한, 모국어에 성경 권장과 미사 집전 같은 사항들은 간과되고 말았다.

트렌트 공의회 이후 피우스 5세는 1568년 새로운 『로마 교회의 기도서』, 1570년 새로운 『로마 교회의 미사 전서』를 간행했다. 이들은 성직자들에 대한 교육 강화의 일환이었다. 그레고리우스 13세(1572~1585)는 예수회와 함께 신학교들과 대학들을 설립했으며, 극동 지역의 선교에 관심을 보였다. 식스투스 5세(1585~1590)는 예술과 학문을 후원했으며, 교회의 개혁을 위해 노력했다. 파울루스 5세(1605~1621)는 트렌트 공의회의 칙령들을 시행했으며, 선교와 봉사에 주력했다. 그는 성 베드로 성당의 건축을 완성했다.

4) 트렌트 공의회의 영향

트렌트 공의회 이후 가톨릭교회는 자신감을 회복했으며, 자신의 정체성을 확고히 했다. 종교개혁자들의 사상에 논쟁적으로 반응하기보다는 로마 교회 자신의 입장을 명확하게 재천명하는 데 목표를 두었다. 트렌트 공의회의 결정 사항들은 가톨릭주의 내부에 새로운 자유주의적 분위기가 조성되고 있던 제2차 바티칸 공의회까지 큰 도전 없이 지켜졌다. 그런데, 트렌트 공의회가 교리와 관습의 현상 유지를 택함으로써 가톨릭교회 내에서의 구조적 개혁의 움직임들은 중단되고 말았다.

트렌트 공의회는 그리스도교 신앙의 전 영역을 재천명하려고 하지 않았다. 개신교 개혁자들이 새로운 가르침들을 개진한 부분들에 있어서 가톨릭교회의 교리를 점검하고 재천명하고자 했고 1차적으로 그 목표를 달성했다고 하겠다. 그러나 2차적인 목표 곧 찰스 5세가 참으로 원했던 제국의 신앙적 통일은 오직 부분적으로만 성취되었다. 이 공의회에서는 교황에게 큰 승리를 안겨 주었다. 다행히 16세기 후반의 교황들은 유능했으며 깨끗했다.

트렌트의 갱신 운동은 사회 구조 전 영역에 영향을 미쳤다. 이 운동은 사회적 행위를 변화시켰고, 문학적 운동을 자극했으며, 철학적 및 신학적 탐구들을 부추겼다. 17세기에 가서 이러한 운동들은 특히 프랑스에서 크게 붐을 일으켰다. 17세기의 로마 가톨릭의 신학적 부흥은 주로 도미니쿠스회 수도사들 및 예수회 회원들에 의해 주도되었다. 이들은 아우구스티누스 같은 고대 교회 교부들과 연속성을 찾으면서 자신들의 신앙과 신학의 정당성을 찾아갔다.

트렌트 공의회의 가톨릭 개혁의 정신은 나중 음악, 미술, 건축 등에서 승리감으로 표현되었다. 색채와 형태에 있어서 구체적인 화려함을 특징으로 하는 바로크 양식이 반동 종교개혁의 승리를 잘 대변해 주었다. 이 시기의 예술은 반동 종교개혁이 강조하던 마리아, 그리스도의 몸의 행진들, 그리고 베드로의 열쇠들을 들고 군림하고 있는 교황들 등의 주제들을 담아냈다. 바로크 양식은 '예수회의 양식'으로 불리기도 했다. 나중에는 로마 가톨릭 성당과 예수회 성당들을 장식했으며 이 양식은 18세기 프랑스의 로코코 양식이 등장할 때까지 유행했다.

A Brief Sketch of Church History

제7장

16세기 종교개혁의 의의: 영향과 비판

　프로테스탄티즘의 입장에서 종교개혁의 결과들을 평가하는 것은 가톨릭 교회 내부에서 초래된 결과들을 평가하기보다 어렵다. 왜냐하면, 로마와의 최초의 결별 이후 프로테스탄티즘은 프로테스탄트 정신의 한 요소인 신학에 대한 자유로운 해석으로 인해 너무나 제각기 갈라졌기 때문이다. 그럼에도 불구하고, 프로테스탄트 운동들과 더 광범위하게는 그리스도교 역사 전반에 반영된 종교개혁의 결과들을 약술해 보는 것은 가치 있는 일이다.

　종교개혁이 국가에 미친 영향은 컸다. 국가는 교회로부터 간섭받지 않고 세속국가로서 독립하고 교회는 국가의 간섭을 받지 않고 독립 존재로 영적·도덕적 기능을 담당해야 한다는 정교 분리에 관한 새로운 인식이 생겨났다.

　교황 중심의 교회에서 그리스도인 공동체 중심으로 변하여 개인의 인격과 자율성이 인정되고, 만민 사제설로 성직의 특권이나 계급 없이 평등한 근대적 개념의 사회로 발돋움하였다.

　교회론적으로 봤을 때 종교개혁의 긍정적 결과 가운데 하나는 자국어 예배를 들 수 있다. 라틴어를 사용하는 가톨릭 예전에서는 알아듣지도 못하는 신자들의 수동적인 참여가 전부였다. 자국어 예배는 문화적 기반을 조성하고 교육의 발전에 기여했다.

　종교개혁 이전에 세례 교육은 사실상 존재하지 않았다. 종교적으로 백성은 대체로 무지했고 심지어 성직자들도 무지했다. 당시는 높은 문맹률을 문제로 여기지 않았다. 한편 개신교 종교개혁은 찬양 운동이라 할 만큼 많은 대중적 찬송가들을 생성시켰다. 복음성가들(hymnody)과 시편 찬송가(psalmody)들이 만들어졌다. 무엇보다 찬송가가 자국어로 모든 회중에 의해 불려졌다는 것은 기존에 특정인들에게 한정되었던 찬송가에 비해 신개념이라 할 수 있다. 음악은 칼뱅주의적 회중에게 가장 보편적으로 나타났다. 츠빙글리는 루터와 캘뱅과 많이 달랐다. 취리히에서 교회 음악은 혐오의 대상이었으며, 회중의 찬양이 없는 예배가 16세기 말까지 이어졌다.

이 같은 16세기 종교적 성향 때문에 세속 음악의 발전은 중단되었다고 봐야 한다. 이는 개신교와 로마 가톨릭교회 모두에 있어서 마찬가지였다. 미술과 조각, 건축 같은 예술적 표현의 기회도 박탈되었다. 종교개혁이 이루어진 도시들에서 많은 미술품(건축과 조각)이 파괴되었다. 이는 개혁자들이 예술 작품을 제거되어야 할 우상 숭배이자 신성 모독으로 보았기 때문이었다.

신학적인 면에서 프로테스탄티즘은 가톨릭교회로 하여금 구체적인 교리적 정의를 내리도록 만들었다. 이전에 가톨릭교회가 명확한 교리적 입장이 없었던 이신칭의 교리에 대해 트렌트 공의회를 통해 매우 세밀하게 정의한 것이 그 예이다. 하르낙(Harnack)은 이 교리적인 선언들이 이전부터 존재했더라면 종교개혁은 다른 방향으로 진행되었을 것이라고 했다. 물론 전반적인 결과는 가톨릭교회의 교리적 경직성이 자초한 것이었다.

종교개혁의 또 하나의 결과는 노동과 직업에 대한 재평가였다. 이는 종교개혁이 경제에 미친 영향이라고 하겠다. 루터는 모든 직업은 신분의 고하나 성속의 구분이 없이 하나님의 소명이라고 했다. 그 결과 성속(聖俗)의 차별이 사라지게 되었다. 모든 신자는 성직자들이며 따라서 사제 계층은 존재하지 않는다. 모든 신자가 성인들이며 따라서 특별한 "성인들"도 존재하지 않는다.

그리스도인의 직업의식의 변화는 천직 사상과 함께 자율적 시민 사상을 낳았다. 소명의 개념은 개신교들이 일상의 임무를 하나님이 기뻐하는 행위로 최선을 다하게 하였고 이로부터 근검, 근면, 검소, 정직, 금주, 건전한 노동으로 이익을 생산하는 건전한 경제관이 생겨났다. 칼뱅도 같은 맥락에서 자유 노동력, 청지기 정신, 높은 윤리 의식으로 천직에 대한 사명감을 고취시켰다.

이처럼 개혁자들로부터 옹호된 세속 물질에 대한 새로운 관념은 프로테스탄티즘의 기업가 정신을 촉진시켰고 곧 자본주의 사상과 발흥에 크게 기여하게 되었다.

『개신교 윤리와 자본주의 정신』(1904; 영역 1930)에서 막스 베버(Max Weber)는 일부 칼뱅주의 원리들이 근대 자본주의의 에토스를 조성했다고 주장했다. 그는 칼뱅주의적 측면과 자본주의의 발흥 사이에 본질적인 관계성이 존재한다고 보았다. 칼뱅주의와 루터 사상의 용어에서 '소명'의 개념은 정직하고 근면한 노동으로 모은 그리스도인들의 부를 인정함으로써 프로테스탄티즘의 기업가 정신을 촉진시켰다는 것이다. 양자의 관계가 처음부터 의도된 것은 아니었다 하더라도 개신교는 개인의 부를 긍정적으로 바라보았고, 이것이 자연스럽게 자본주의의 사상적 기반이 되었다. 이를테면 네덜란드는 통상의 힘과 자유 때문에 개혁 신앙을 고수했음을 지적할 만하다.

베버의 논리에 반발도 있다. 혹자는 자본주의가 종교개혁 이전, 후기 중세부터 이미 시작되었다고 한다. 15세기 후반 이탈리아 도시 국가들에서 자본주의의 양태가 목도된다는 것이다. 최초의 거대 자본의 은행가들은 프로테스탄트들이 아니라, 가톨릭 신자들이었다. 무엇보다도 칼뱅 자신은 경제적으로 매우 보수적이었고 칼뱅주의가 주도하는 지역은 경제가 번창한 도시가 아니었다. 그럼에도 불구하고, 상업상, 기술상, 산업상의 주도권은 칼뱅주의적 및 청교도적인 네덜란드, 영국, 그리고 미국으로 넘어가 다른 그리스도교 전통들과 비교도 안 될 만큼 민주주의와 자본주의가 발달한 것은 사실이다.

역사적으로 프로테스탄티즘은 과학적·역사적 연구의 적이 아니었고, 지나친 아군도 아니었다. 중세 교회가 과학과 역사에 무지했고 이는 결국 평신도들 사이에 미신적인 신앙을 조장하는 원인이 되었으며, 이단들이 득세하는 원인이 되기도 했다. 종교개혁자들은 하나님의 말씀에 대한 정확한 해석을 위해 신학 교육을 강조했다. 이의 목표는 하나님 말씀의 정확한 해석이었다. 비텐베르크의 신학 교육이 좋은 예였다.

또한, 츠빙글리는 1523년 취리히에 소위 '예언'을 도입했는데, 이는 일종의 신학교였다. 1527년 헤세의 필립은 마르부르크에 대학을 설립했다. 1559년 칼뱅은 목사의 교육을 위한 제네바 아카데미를 설립했다. 1594년 삭소니는 미래 목사가 될 사람에게 대학 교육을 의무로 부과했는데, 이 원칙은 점차 일반화되었다. 종교개혁자들은 교육의 내용에 대해 인문주의자들의 선례를 따랐다. 개혁자들은 성경 원어와 고전어를 강조했으며, 본문 비평과 문학적 분석, 그리고 역사 연구를 강조했다. 전통에 편향되지 않는 진리를 탐구할 수 있었다.

모든 긍정적 결과들과 함께, 아쉽게도 종교개혁이 그리스도교적 사회공동체를 분열시킨 것은 자명한 사실이다. 1054년 가톨릭주의가 동방측에서 서방측으로 나누어진 후, 서방 가톨릭주의는 개신교와 다시 한번 분열을 경험하게 되었다. 대체적으로 말해, 북유럽 곧 영국, 스코틀랜드, 네덜란드, 스칸디나비아, 그리고 독일과 스위스의 일부가 프로테스탄트 국가들이 되었으며, 남유럽 곧 이탈리아, 스페인, 프랑스, 그리고 벨기에는 가톨릭주의로 남아 있었다. 물론 이 구분은 완전히 지리적인 것은 아니다. 왜냐하면, 벨기에는 스위스보다 더 북쪽에 위치하기 때문이다.

가톨릭교회와의 분리를 차치하더라도 프로테스탄티즘은 내적 분리를 특징으로 했다. 교황의 권위가 부인되고 성경의 권위 혹은 '내적인 빛'(inner light)이 이를 대신하는 순간, 무수히 다양한 종파들(루터파, 칼뱅파, 성공회파, 청교도파, 회중교회파, 침례파, 소치자파 등, 이외에도 극소수의 구성원들을 가진 많은 분파들이 있었다)이 생성되었다. 이는 타 종파를 배타시키는 독선적인 교파주의를 낳았다. 이 같은 개신교의 분리주의적 성격은 신학의 자유로운 해석, 하나님만이 하나님이라고 하는 개신교의 정신과 원리의 결과였다.

개신교회들의 다양성은 부정적인 면과 긍정적인 면, 모두 존재할 것이다. 종교적이든, 다른 면에서이든, 차이점들의 공존은 항상 위험한 것은 아니다. 더 위험한 것은 그것이 종교적이든 정치적이든, 권위에 의해 강요되는 획일적 순응일 것이다.

A Brief Sketch of Church History

제4부
근대 그리스도교의 발전과 그 이후

제1장 근대의 시작과 배경
제2장 17세기 개신교 정통주의(스콜라주의)
제3장 17~18세기 합리주의
제4장 17~18세기 개신교 부흥 운동
제5장 17~18세기 근대 로마 가톨릭주의
제6장 17~18세기 근대 동방 정교회
제7장 19세기 프로테스탄티즘
제8장 19세기 로마 가톨릭교회
제9장 19세기 동방 정교회
제10장 미국의 그리스도교
제11장 20세기 그리스도교: 혼란과 희망의 세기
제12장 21세기 그리스도교, 희망의 역사로

제1장

근대의 시작과 배경

　역사가들에게 있어서 '근대'(modern)는 르네상스와 종교개혁에 의해 중세로부터 완전히 벗어난 새로운 시대로 정의되곤 한다. 그 시대의 시작은 대체로 1648년 30년 전쟁을 종식시킨 베스트팔리아 평화 협정 이후부터이다. 전자는 신학적·사상적 변화에 무게를 둔 것이고 후자는 정치적 상황에 따른 분류이다. 근대의 시작이 언제인지 명확하게 판단하는 것은 다소 견해의 차이가 있으나, 분명한 것은 중세와는 다른 삶과 사상의 형태가 어느 시점에서 등장했다는 것이다.

　16세기 중세 교회를 개혁하려던 노력은 17세기 신·구교의(물론 정치적 이유를 포함한) 전쟁을 초래했다. 전쟁은 거의 모든 유럽 국가들을 전쟁에 휩쓸리게 만들었다. 이로 인해 서구 문화의 정치적 구조가 새롭게 조성되었으며 서구 국가들의 권력 균형에 변화가 생겼다. 봉건주의적 구조 속에 존재했던 중세 교회나 신앙 고백에 따른 연대를 특징으로 하던 종교개혁과는 달리, 근대 교회는 민족주의라는 정치적 구조 속에서 생존했다. 교회에 의해 주도되던 국가는 다소 종교적으로 중립적인 국가로 변모했다.

　근대성이라 할 때 가장 큰 특징은 외적 권위에 대한 도전하고, 권위의 중심을 인간성에 두며 인간의 탐구에 역점을 두는 것이다. 자율적인 이성, 진보와 반전통, 객관성과 과학 정신, 낙관주의, 개인주의 등이 이를 대변한다. 근대에 와서 종교는 도덕성으로 환원되었다. 따라서 감성적인 영성의 소지가 축소되었다.

　르네상스는 가톨릭교회의 권위로부터 사람들을 해방시켰으며 자율성을 추구하게 했다. 종교개혁은 영적 개념을 가톨릭주의에서 '하나님의 말씀'으로 옮겨 가게 했다. 하나님과의 직접적이고 개인적인 관계로서 구원을 강조했다는 점에서 종교개혁은 근대의 문을 열었다고도 하겠다. 그러므로 근대성의 근원은 르네상스와 종교개혁 양자에로 소급할 수 있다. 사상과 제도의 연구에 대한 역사적 방법의 계발과 아울러 근대 과학과 철학이 생겨나면서 서구 세계는 근본적으로 변화되기 시작했다.

1. 30년 전쟁

16~17세기는 교파주의 혹은 신앙 고백주의로 특징 지워진다. 여기에는 신학적·교회론적 요인들만이 아니라, 민족적·경제적 요인들도 작용했다. 다시 말해, 신앙 고백주의는 국가 교회의 개념과 밀접하게 연결되어 있었다. 트렌트적 가톨릭주의와 루터교, 칼뱅주의, 성공회주의로 분열되어 있던 개신교는 로마 가톨릭 주의와 자유 사상가들에 대한 증오에 있어서 일치를 보였다. 반동 종교개혁의 마지막 국면인 30년 전쟁도 근세의 신앙적·정치적 요인들이 얽혀 전개되었다. 가톨릭교회와 개신교 어느 진영도 자신의 종교적인 영역을 쉽게 포기하려고 하지 않았다.

16세기 말 칼뱅주의는 매우 성장하여 가톨릭교회뿐만 아니라 루터교의 경쟁자로 부상했다. 루터교와 개혁교회 사이의 치열한 논쟁으로 많은 지역에서 칼뱅주의가 루터교를 대신하였다. 폴란드, 헝가리, 보헤미아, 그리고 팔라틴(Palatinate)에서 개혁교회가 급성장했다. 아마도 루터교회가 중세 로마 교회의 형태를 더 보존하고 있어 일정 부분 로마적이라고 생각했을 수 있다. 아무튼 분열된 프로테스탄티즘은 부흥하고 있던 가톨릭교회를 격퇴시키기에 역부족이었다. 특별히 전투적인 예수회의 활동으로 독일, 오스트리아, 그리고 보헤미아에 괄목할 만한 가톨릭교회의 성장이 있었다.

이 지역들에서 개신교회에 대한 박해가 있자 프로테스탄티즘 진영과 가톨릭주의 진영 사이에 긴장이 고조되었다. 황제 마티아스(Matthias, 1612~1619)가 보헤미아의 개신교도들을 억압하기 위해 가톨릭 교도였던 자신의 사촌 페르디난도를 1617년 보헤미아의 왕으로 올렸다. 보헤미아의 개신교도들(칼뱅주의자들)은 폭력으로 항거했다. 페르디난도는 1619년 마티아스를 이어 다시 황제로 선출되었다. 보헤미아인들은 왕과 황제를 동시에 거부하며 개신교도 프레드리히 5세를 왕으로 세웠다. 이로 인해 양 진영 사이에 전쟁이 발발했다.

이 전쟁은 로마 가톨릭교회의 반동 종교개혁이 강화되고, 프로테스탄트들이 자신들의 교파 확립에 몰두하며 연합된 힘을 보여 주지 못하는 상황에서 발발했기 때문에 보헤미아는 분쇄되었다. 보헤미아, 모라비아, 그리고 오스트리아에서 모든 개신교 목사들은 추방되고 프라하대학교를 비롯한 학교들과 교회들은 문을 닫았다. 합스부르크가 황제의 권위가 회복되었으며, 점령지들을 즉시 가톨릭교회로 전환시켰다. 1623년까지 개신교도들은 가톨릭교회에 순응하든지 떠나든지 선택해야만 했다. 1627년 보헤미아에서 가톨릭교회가 국교로 선언되었다.

이제 전쟁은 제2국면을 맞게 되었는데 유럽 전역으로 확산되었다(1623~1629). 가톨릭 진영이 새로 점령한 지역들에서 개신교를 억압하는 정책에 대해 북독일의 루터교 제후들은 개신교 국가들인 덴마크, 영국, 그리고 네덜란드로부터 도움을 얻어 다시 임전 태세를 갖추었다. 그러나 이들은 로마 가톨릭 진영에 다시 패했다. 황제의 군사가 다시 많은 영토를 장악했다. 1629년 3월 가톨릭교회는 예수회의 도움으로 자신들의 영토에 복구령을 공표하고 개신교에 몰수된 재산을 환수하고 개신교도들을 가톨릭 영토에서 추방시켰다.

백여 년간의 개신교 종교개혁이 모두 수포로 돌아가는 듯한 상황에서 기적적으로 스웨덴 왕 구스타부스 아돌푸스(Gustavus Adolphus, 1627~1632)가 전쟁에 가담하면서 전세를 역전시켰다. 이것은 30년 전쟁의 제3국면(1630~1635)이었다. 스웨덴군과 독일 개신교 선제후들의 연합군은 2년 만에 거의 모든 합스부르크 군대들을 격파하고 많은 영토를 회복했다. 이 승리에는 프랑스가 황제에게 등을 돌리고 개신교를 지원한 정치적 정황도 한몫을 했다. 이는 종교 전쟁이 왕조들 간의 싸움으로 변질된 대표적인 사례가 되고 가톨릭 진영 내의 내부적 갈등의 단면이기도 했다.

전쟁의 마지막 단계는 1632년 아돌푸스 왕이 전사한 이후부터 1648년까지 소강상태로 지속되었다. 이후 16년 동안 인명에 대한 살상과 재산에 대한 파괴가 계속되었다. 어느 쪽도 상대방을 완전히 압도하지 못했다. 독일은 주된 전쟁터였기 때문에 피해가 막심했다. 교황 이노켄티우스 10세의 반대에도 불구하고, 전쟁에 지친 쌍방은 종전에 합의했다. 1648년 베스트팔리아 평화 협정(the Peace of Westphalia)이 체결된 것이다. 어느 종파도 상대방에게 종교적 획일성을 강요할 만큼 강하지 못했으며, 어느 왕조도 상대방을 궤멸시킬 만큼 강하지 못했다. 이 전쟁은 유럽의 종교적 현실을 인정함으로써 끝나 버렸다.

베스트팔리아 평화 협정은 외교사 및 종교사에 한 이정표를 그었다. 이는 종교 전쟁들 가운데 마지막 전쟁에 해당되며, 이 시기가 곧 근대의 시작으로 언급된다. 드디어 종교개혁 및 반동 종교개혁의 시기가 막을 내린 것이다. 협정은 루터파들, 칼뱅주의자들, 그리고 로마 가톨릭 교도들, 모두가 동등하게 시민의 권리와 종교적 권리를 누리도록 했다. 이때부터 지역 종교 자유의 원칙(cuius regio, eius religio)이 신성 로마 제국에서 일반화되었다. 단 재세례파는 배제되었다.

합스부르크 왕가와 프랑스의 오랜 전쟁도 종식되고, 프랑스는 막강한 부르봉 왕국으로 부상하였다. 독일은 300개 이상의 작은 주들이 있었다. 북쪽은 주로 개신교 지역이었고, 남쪽은 주로 가톨릭 지역이었다. 독일은 전쟁의 피해가 가장 컸지만 새로운 미래 독일 제국의 결성을 위한 움직임을 시작하였고 황제는 명목상 계속 존속했었다. 신성 로마 제국의 통합은 일장춘몽으로 끝나고 개별 국가들의 주권이 인정되었으며, 영토 분할이 확정되었다.

교황은 베스트팔리아 평화 협정을 인정하지 않았다. 계속해서 전 유럽의 가톨릭화를 외쳤지만, 효과는 없었다. 대체적으로 남유럽은 로마 가톨릭 진영으로 존속했으며, 북유럽은 프로테스탄트 진영으로 존속하였다. 독일 주들과 스위스는 로마 가톨릭 진영과 개신교 진영 모두를 포함하고 있었다. 30년 전쟁은 하나의 교훈을 준 것 같다. 로마 가톨릭교회로 하여금 무력으로 개신교를 격파할 수 없다는 사실을 깨닫게 해 주었다. 이 전쟁의 종결로 근대가 시작되었다고 할 수 있는 이유는 이후의 시대가 자유 정신을 특징으로 하기 때문이다.[1]

2. 종교적 통제로부터의 이탈

베스트팔리아 평화 협정 이후 민족 국가들의 절대 왕조는 교회를 통제하려고 했다. 이러한 전형적인 현상을 17세기 프랑스에서 볼 수 있다. 앙리 4세의 낭트칙령도 순수 종교적 관용이라기보다 로마 가톨릭 세력을 약화시키고 절대 왕조를 공고히 하려는 하나의 방법이었다. 그의 손자 루이 14세는 "짐은 국가다"라고 선언하면서 '한 왕, 한 법, 한 신앙'으로 프랑스 왕조의 절대 주권을 과시했다.

전반적으로 17세기 혼란기에 사람들은 종교와 전쟁에 식상했다. 그들은 로마 가톨릭교회의 권위도 개신교의 교리도 신뢰하지 않았다. 30년 전쟁이 끝나기 전에 후고 그로티우스(Hugo Grotius, 1583~1645)는 자연법이 통치의 기초라고 했다. 이제 유럽에서는 종교이든 정치이든 간에 권위는 더 이상 추종자를 얻을 수 없게 되었다. 새로운 세계관을 표현하던 이성의 시대가 도래한 것이다. 이성과 자유가 전통과 통제를 대신하는 새로운 세계관으로 자리 잡게 되었다.

17세기 후반은 프랑스의 정치적 및 군사적 주도권, 네덜란드의 해상 및 상업상의 주도권, 그리고 스웨덴의 동북 유럽에 대한 주도권을 특징으로 했다. 이로 인해 프랑스는 18세기 문화적 주도권을 행사할 수 있었다. 네덜란드는 예술, 과학, 그리고 철학에 있어서 발전을 도모할 수 있었다. 스웨덴은 번영을 누렸다. 중세의 국가와 교회의 통합체는 깨지고 국가 절대주의가 만연했다. 이 시기에 종교가 절대적 수위권을 상실하게 되면서 새로운 사상과 종교적 운동들이 생겨났다. 근대 초기의 합리주의와 경건주의가 그것이다.

---

1 Justo L. González, *The Story of Christianity*, vol. 2, 135-141.

변화는 예술에서도 나타났다. 바로크 양식이 그 대표적인데 이 양식을 통해 종교의 지배로부터 대대적인 전환이 표현되었다. 바로크 건축의 거장들은 프란체스코 보로미니(Francesco Borromini, 1599~1667)와 지오바니 베르니니(Giovanni Bernini, 1598~1680)였는데, 이들은 로마를 초기 바로크 양식의 본산으로 만드는 데 기여했다. 루브르(Louvre) 궁전와 베르사이유(Versailles) 궁전은 이 시기의 세속적인 장엄성을 잘 보여 주는 것들이다. 예술은 더는 종교적 제약들에 얽매이지 않고 교회와 무관한 상상력의 자유를 표현했다. 렘브란트(Rembrandt van Rijn, 1606~1669)와 루벤스(Peter Paul Rubens, 1577~1640)의 감각적인 창조성으로 바로크 미술은 절정에 이르렀다. 이들은 종교적 주제들을 다루면서도 현세적 즐거움과 외적인 아름다움을 동시에 강조했다.

음악에 있어서도 헨델(George F. Handel, 1685~1759), 하이든(Franz Joseph Haydn, 1732~1809), 그리고 모차르트(Wolfgang Amadeus Mozart, 1756~1791)는 바로크적 화려함과 세속적인 기법을 원용했다. 바하(Johann Sebastian Bach, 1685~1750)가 당시에는 동시대 인물들에 비해 인기가 없었는데, 왜냐하면 바로크 양식에서 그의 음악은 종교적인 측면들이 세속적인 측면들을 더 압도했기 때문이다. 문학에서 바로크 스타일을 가장 잘 표현한 인물들은 셰익스피어(William Shakespeare, 1564~1616)와 밀턴(1608~1674)이라고 할 수 있다. 전자는 종교적 주제들을 거의 다루지 않았고 밀턴은 양심의 자유를 강력하게 옹호했다.

3. 17세기 과학과 사조

이성의 시대에 인간은 인간과 자연에 대해 새로운 시각을 갖기 시작했다. 계시는 불합리하며, 섭리는 불필요했다. 자연적인 이성은 합리적인 법칙을 발견함으로써 우주와 사회의 현상을 규명할 수 있다는 것이다. 합리주의적 세계관은 박해보다는 관용과 윤리적 종교관을, 초자연적인 현상에 대한 믿음보다는 회의주의를 조장했다. 이러한 현상은 새로운 과학의 탐구, 철학의 전제, 그리고 역사의 이해에서 잘 드러났다.

과학의 발전은 근대 사조로의 전환에 가장 큰 역할 중 하나였다. 17세기는 가히 과학적 혁명을 이룩한 시기였다. 이 시기 과학의 발전은 계시 중심의 교조주의를 합리주의로 전환시켰다.

중세인들은 지구를 중심으로 태양과 별들이 선회한다고 믿었다. 그러나 코페르니쿠스(Nicolaus Copernicus, 1473~1543)는 태양 중심설을 제창했고 케플러(Johann Kepler, 1571~1630)는 코페르니쿠스의 업적을 기초로 하여, 전무후무한 원리를 발견했다. 곧 지구는 둥글며 태양을 선회한다는 것이다. 갈릴레오(Galileo)는 코페르니쿠스 천문학에 진정한 승리를 안겨 주었다. 17세기 후반부터 대부분의 유럽 식자들은 태양 중심설을 믿게 되었으며, 우주를 신비보다 수학적이고 기계적으로 보게 되었다. 그러나 여전히 교회는 지구가 우주의 중심이라는 신앙을 요구했다.

뉴턴(Isaac Newton, 1642~1727)은 갈릴레오와 케플러에 근거하여 천체들의 운동과 중력에 대해 설명했다. 이 물질계가 신적 영역이 아니라, 엄격한 인과율을 따르는 법칙의 세계로 이해되었다. 자연은 규칙성과 일관성을 가지고 있다. 이는 관측 가능한 현상들이며 자연 현상들에서 발견된 것들을 제1원인이나 최후의 원인에 적용하면, 하나님을 발견할 수 있다는 것이다. 지구는 더는 중심에 있지 않으며, 광대한 태양계의 한 점에 불과했다. 이처럼 현상에 대한 과학적 탐구들은 하나님이 이 세상을 창조한 후에 고정된 법칙에 의해 운행되도록 해 놓았다고 하는 이신론적(deistic) 사조를 조장하였다.

새로운 철학의 개진도 부각되었다. 흔히 '근대 철학의 아버지'로 불리는 프랑스의 가톨릭 철학자인 데카르트는 회의(doubt)가 지식의 시작이라고 했다. 우리의 지식이 기초하고 있는 명확한 기반을 발견하기 위해 회의는 필수적이며 이 회의로부터 시작하여 더는 의심할 수 없는 절대적인 진리를 탐구하려고 했다. 이성의 우위성에 대한 그의 주장은 근대 사상의 발전에 크게 공헌했다. 그는 "나는 생각한다. 그러므로 나는 존재한다"(Cogito ergo sum)라는 명제를 남기며 생각하는 존재로서 자신의 실존을 발견했다.

이 명제로부터 그는 하나님의 존재와 물리적인 우주를 추론했다. 의심하고 있다는 사실만은 의심할 수 없었다. 데카르트는 안셀름의 본체론적인 증명과 아퀴나스의 우주론적인 증명법에 자신의 것을 첨가한 것이다. 그의 명제, 생각하는 자아는 이성이 이 규칙적이고 지성적인 우주의 신비들을 논리적으로 규명할 수 있다는 것을 의미했다.

한편, 데카르트는 자아 밖에 더 큰 개념이 존재함을 인식했기 때문에 유신론자였다. 생각하는 자아, 곧 정신과 질료는 하나님 안에 근원을 가지고 있으며, 하나님 안에서 연합된다. 질료는 하나님에 의해 운행되고, 인간의 정신은 하나님의 정신과 유사한데, 하나님의 정신은 수학 법칙처럼 규칙적이고 질서적이다.[2]

데카르트는 유신론적 입장이기는 하나 그의 철학의 중요한 부분인 회의가 지식의 시작이라고 했기 때문에, 결국 계시, 성경, 그리고 전통을 포함하는 모든 기존의 인식론적 권위에 손상을 가져왔다. 기존의 권위는 생각하는 자아, 곧 자기 타당성에 의해 대체되었다. 자기 타당성과 확실성에 기초하는 데카르트의 사상은 근대의 지적 및 인격적 자율성 개념을 등장시켰다. 사유하는 자가 혹은 믿는 자가 진리의 기준이 된다는 의미이므로 근대 철학의 기초를 놓았고, 나중 그의 사상은 칸트의 초월적 철학, 슐라이어마허의 절대 의존의 개념, 불트만과 틸리히의 실존주의적 신학의 개념으로 꽃을 피워 갔다.

스피노자(Benedict Spinoza, 1632~1677)는 창조론과 관련하여 형이상학적 범신론을 발전시켰는데, 하나님과 자연 사이에 근본적인 차이가 없다고 하였다. 자연의 시스템이 자기 자신의 무한한 근거를 갖고 있는 한, 하나님은 곧 자연 자체이며 자연의 시스템은 곧 하나님이다.

라이프니츠(Wilhelm von Leibnitz, 1646~1716)는 힘의 보이지 않는 중심인 '단자들'(monads)에 대해 사고했다. 그는 만물은 무한한 수의 단자로 이루어져 있는데, 이는 상향적 복잡성에 존재하는 영적 에너지를 포함하는 단순한 단위들(simple units)이라고 했다. 이 계층의 최상의 단계에 있는 존재

---

[2] René Descartes, *Oeuvres de Descartes*, ed. C. Adam and P. tannery (Paris: Léopold Cerf, 1913), 3:297; 7:34-35; 9:201-211.

가 하나님이다. 각 단자는 독립적이지만, 사전에 확립된 조화 속에서 상호 작용한다. 이러한 사상은 초월적인 하나님에 대한 그리스도교 교리와 조화되기 어려웠다. 그에 따르면, 이 세상은 상상할 수 있는 최상의 세상이다. 그는 악의 문제와 관련하여 신정론이라는 용어를 처음 창안했다. 악은 질서 잡힌 전체의 필연적인 부분인데, 우리가 이를 아직 이해할 수 없을 따름이라고 했다.

한편 얼(the Earl of Shaftesbury, 1671~1713)은 초자연적인 중심을 필요로 하지 않는 인간성의 본질적인 구성의 결과로서의 양심의 개념을 주장했다.[3]

로크(John Locke, 1632~1704)는 인간 마음의 백지 상태를 주장했다. 따라서 모든 개념은 감각적인 작용에 의해 형성되며, 합리적인 성찰에 의한 것이 아니라고 했다. 감각들에 의한 지식은 절대적이거나 최종적이지는 않으나, 이는 확실하며 합리적이다. 그러므로 경험이 중요하다. 따라서 그는 원인과 결과의 법칙을 통해 하나님의 존재를 주장했으며, 도덕성을 입증했고, 그리스도교의 합리성을 주장했다. 그러나 그는 인간 이성의 한계 때문에 절대적인 진리를 주장하는 것이 어렵다고 보면서, 종교와 정치의 관용을 주장했다. 그는 경험론(Empiricism)의 창시자로 간주된다.[4]

이상의 데카르트, 스피노자, 라이프니츠, 얼, 그리고 로크 등에서 나타난 17세기 철학의 기조들은 자율, 이성, 선험적 조화의 개념들이었다. 이들은 근대 세계의 사상과 행동에 큰 영향을 미쳤으며 그리스도교가 나아가는 환경을 조성했다.

철학과 함께 17세기는 근대적 의미의 역사 연구 방법이 생성되는 시기였다. 모비용(Jean Mobillon, 1632~1707)은 자료 비평의 방법을 창시했다. 젤덴(John Selden, 1584~1654), 스펠만(Henry Spelman, 1595~1623), 그리고 브래디(Robert Brady, 1627~1700)는 고대의 역사 연구와 근대 역사학적 운동 사이의 연결 고리를 제시했다. 인문주의자들에 자극을 받은, 17세기의 역사가들은 역사 자체에 규범들을 제공했으며, 역사를 독립적인 학문으로 만

---

3 González, *The Story of Christianity*, vol. 2, 185-188.

4 González, *The Story of Christianity*, vol. 2, 189.

들었다. 그러나 아직 역사 탐구의 기법들이 완성의 수준에 이른 것은 아니었다. 날조와 상상의 역사를 검증하고 확실성을 인정받을 수 있는 단계에 이르게 된 것은 19세기에 가서야 가능했다.

"근대사"는 일차적 자료들(기록된 것이든 그 외의 것들이든)에 근거한 과거의 일부에 대한 기술이다. 이는 "실제로 있었던 바대로 이야기하는 것"을 목표로 했다. 인간과 인간의 제도들(교회와 그 외의 것들)은 그들의 역사적 순례의 상황 속에서 이해된다. 예컨대, 17세기 역사관에서 볼 때 성경의 석의는 근본적으로 역사학적 작업이며 제도적·신학적 발전에서 본 그리스도교 이야기는 역사적 현상의 하나이므로 그것으로 진리와 이단을 구분하거나 사람을 억압하는 일이 있어서는 안된다.

무엇보다도 역사가는 과거를 최상의 지식에 근거하여 표현해야 한다. 자료와 지식은 때로 소중하게 여기던 신념들에 무엇이 일어났으며, 왜, 그리고 어디로 그 일어난 바가 나아가느냐와 같은 총체적 질문과 관련하여 포기되거나 수집되어야 한다. 역사적 탐구의 근본적인 원리들은 근대 세계에서 교회의 환경들을 심각하게 제약시켰다. 근대 역사 이해는 그리스도교 신앙이 역사적 사건들에 기초하고 있으며, 역사적 실존의 상대주의들 속에 존재하고 있다는 사실을 분명하게 해 주었다.

제2장

17세기 개신교 정통주의(스콜라주의)

16세기 개신교 종교개혁은 17세기 교파주의와 신앙 고백주의를 생성했다. 이는 초기 종교개혁자들의 독창적 사고의 분출이 다음 세대에 의해 신학적으로 체계화되는 과정에서 나타난 불가불 현상이었다. 초기 개혁자들은 신앙을 하나님의 약속에 대한 신뢰와 확신으로 이해했으나 다음 세대 개신교 정통주의자들은 신앙을 바른 교리에 대한 지적 동의로 이해하려는 경향을 보였다. 즉, 신앙을 신학적 표현과 동일화시킨 것이다. 이는 17세기 줄곧 지속되었다.

개신교 정통주의 신학은 지배적인 동인이기는 했으나, 지나친 지성주의와 이에 연유하는 신학 논쟁의 몰입은 종교적 역동성을 손상시키고, 선교적 관심을 약화시켰다. 가톨릭교회 내부에서도 비슷한 양상이 나타났다. 가톨릭 정통주의는 트렌트 공의회의 신앙을 엄격하게 적용했으며 이는 트렌트 공의회 이후 400여 년간 지속되었다. 그러나 가톨릭 정통주의는 개신교를 배척하기 위해 지나치게 극단적 입장을 취했다는 비판의 소리를 듣게 되었다.

1. 루터파 정통주의(루터파 스콜라주의)

1546년 시작된 슈말칼트 전쟁들(the Schmalkaldic Wars)에서 루터교는 겨우 멸절을 모면했다. 그러나 살아남은 루터파들은 자신들의 순수 교리를 보수하기 위한 노력으로 일치를 낳기보다 계속적인 논쟁의 길을 이어 갔다. 루터가 사망하기 전부터 루터와 멜란히톤의 견해 사이에 괴리가 있었다. 루터를 추종하는 자들을 순수파라 불렀고 멜란히톤을 따르는 자들을 필립파, 혹은 멜란히톤주의자라 불렀다. 멜란히톤주의자들은 루터의 노예의지 교리에 반대하여 신인 협동설을 선호했고, 몰래 들어온 칼뱅주의(루터의 성만찬 이론에 반대하는 자들)와 오시안더주의(루터의 칭의 교리에 반대하는 자들)로 분쟁은 치열했다.

드디어 1577년 『일치신조』(Formula of Concord)가 공표되었는데 이는 순수파와 멜란히톤주의자들의 양쪽의 중용적 입장을 취했다.[5] 1580년 『일치서』(the Book of Concord)란 제목으로 『아우크스부르크 신앙 고백』, 멜란히톤의 『변증서』, 『일치신조』의 루터교 신앙 고백들, 사도신경, 그리고 고대 에큐메니칼 공의회 신조, 등을 한 곳에 묶어 출판했다. 이후 이 『일치서』는 루터교 신학의 가이드가 되었다. 이를 중심으로 루터교 정통주의가 신속하게 발전했다.

루터교 정통주의는 그 섬세함과 분석함에 있어서 중세의 그것보다 한층 더 건조하고 메마른 스콜라주의를 낳았다. 이는 개혁주의 정통주의에서도 마찬가지였다. 이들은 모두 중세 스콜라주의자들과 마찬가지로 루터와 칼뱅이 그렇게 싫어했던 아리스토텔레스의 논리학과 형이상학의 신학 방법론에 의존했다. 이들 정통주의는 대부분 대학에서 산출되었기 때문에 무거운 종교적 개념보다 세속적 이성의 힘에 의존했다.

한편 무미건조함과 경직성에도 불구하고 개신교 정통주의는 엄격한 성경 영감의 교리를 남겼다. 이는 성령이 성경의 저자들에게 그 내용을 직접 전수했다고 하는 축자영감을 의미했다. 서로 간의 이런 유사성에도 불구하고 17세기 개신교 스콜라주의는 자신들의 교파 신학 영역에 한정하였고, 타 교파 간의 교류를 단절하였다.

루터교 정통주의의 대표는 제나의 요한 게르하르트(Johann Gerhard, 1582~1637), 아브라함 칼로비우스(Abraham Calovius, 1612~1686), 게오르크

---

5 Schaff, *The Creeds*, vol. III, 93–180.

칼릭스투스(Georgius Calixtus, 1586~1656) 등이 있다. 게르하르트는 루터교 조직신학의 기본 형태가 되는 멜란히톤의 『공통된 본문들』(1521)을 중심으로 『신학적 본문들』(Loci Theologici)을 저술했다. 그의 저술은 아리스토텔레스의 논리학을 원용한 루터교 사상의 전 영역에 대한 상세하고도, 정확한, 그러나 단조로운 해설이었다.

멜란히톤의 화해 정신을 계승한 칼릭스투스는 루터교 교리들의 독특성을 최소화시키면서, 그리스도교 연합을 위한 프로그램을 제시했다. 그는 멜란히톤처럼 구원에 관련하여 중추적인 것과 부수적인 것이 있다고 했다. 칼릭스투스는 처음 5세기 동안의 공의회의 합의들을 중추적인 것으로, 그리고 나머지는, 심지어 이신칭의까지도 부수적인 것이라고 했다. 다른 교단에서 이신칭의를 받아들이지 않는다면 그것은 신앙의 오류일 뿐 이단은 아니며 구원과는 상관없다고 했다.[6]

이런 면에서 칼릭스투스는 칼뱅주의는 물론 로마 가톨릭주의까지 포용할 수 있었다. 사람들은 그의 사상을 '혼합절충주의'로 불렀다. 그는 현대적 의미로 에큐메니칼 운동의 선구자였지만, 당시 그의 주장은 교파주의 시대의 장벽 속에서 효력을 발생하지 못했다.[7]

루터교 정통주의자들의 성격이 강하게 표출되는 부분은 성경 이해이다. 이들은 모두 성경의 절대적 무오류설을 지지했다. 무오류설은 모든 구절, 단어, 그리고 글자 심지어 히브리어의 모음들까지 적용되는 축자영감주의를 뜻하는 것이었다. 성경은 성도의 외적 기준이 되고 신자들의 내면의 증인이다. 성경 이해에 있어서 성령의 내적인 증거가 강조되었다. 성경이 기록된 역사적 상황들은 별 중요성을 갖지 못했으며 성경의 초역사적 의미가 중시되었다.

---

6 F. Lau, "Calixt, Georg," *Die Religion in Geschichte und Gegenwart Dritte Auflage*, 1: 1586-87. cf. H. Schüssler, *Georg Calixt, Theologie und Kirchenpolitk: Eine Studie zur Okumenizität des Luthertums* (Wiesbaden: Franz Steiner, 1961).

7 González, *The Story of Christianity*, vol. 2, 176-177.

2. 개혁주의 정통주의(개혁주의 스콜라주의)

칼뱅의 신학 시스템은 루터의 그것보다 더 일관성이 있으며 체계적이었다. 따라서 칼뱅의 사후 개혁교회 내에서는 상대적으로 교리적인 논쟁들이 적었다. 그러나 개혁 신학도 17세기에 스콜라주의의 길을 걷게 되었다. 개혁주의 정통주의에 의해 개진된 성경관은 루터파 정통주의와 비슷했다. 전통을 강조하던 가톨릭과 체험(내적인 빛의 경험)을 강조하던 과격파 개혁자들에 반대하여 성서 영감설을 발전시켰다. 이들은 개혁주의의 초기 신앙 고백의 내용들, 즉 성경의 절대 권위, 무조건적 예정, 성례전의 효력을 위한 필수 수단으로서의 신앙, 그리고 전적인 타락의 교리에 주력했다.

칼뱅의 사상은 베자(Theodore Beza, 1519~1605)에 의해 더 발전했다. 베자는 개혁주의 스콜라주의의 비조로 불린다. 그는 칼뱅을 이어 40년간 제네바 아카데미를 이끌었다. 3권의 『신학 논문집』(1570~1582)에서 개혁 신학의 주요 요소들을 아리스토텔레스의 논리학을 이용하여 일관성 있게 진술했다. 베자를 계승한 투레틴(Francis Turretin, 1623~1687)이나 코케이우스(Johannes Cocceius, 1603~1669)와 같은 칼뱅주의 정통주의자들은 하나님의 영원한 의지를 강조했으며, 예정론을 신론에 포함시켰다. 칼뱅은 예정을 구원과 관련하여 설명하면서 한편으로 하나님의 주권을 강조하기 위해 예정을 이야기했다. 그러나 그의 추종자들은 예정 사상을 극단적으로 경직되게 해석했다.

개혁주의 전통을 계승한 교회의 주요 신앙 고백들에 칼뱅 신학의 영향은 지배적이었다. 특히 『기독교 강요』 최종판(1559년)은 개혁주의 정통주의자들의 성향에 너무나 잘 부합되었다. 『도르트 규준들』(1618~1619)과 『웨스트민스터 신앙 고백』(1643~1646)은 개혁주의 정통주의의 가장 엄숙한 산물로서 예정과 은총을 강조하였다. 이 둘은 칼뱅의 『기독교 강요』의 신학 사상을 가장 신실하게 표현하고 발전시킨 것들이다. 이 두 문서에 개진된 신학적 입장을 수용하지 않는 사람들은 개혁교회에서 이단으로 선언되었다.

1) 도르트 회의와 칼뱅주의 5대 강령

칼뱅주의의 엄격성은 네덜란드에서 반발을 초래했다. 네덜란드 개혁교회는 1561년 『네덜란드 신앙 고백』(the Belgic Confession) 및 1563년의 하이델베르크 요리 문답을 수용하는 정통적인 다수파와 자유주의적인 소수파로 분열되어 있었다. 네덜란드는 당시 인문주의자들로부터 재세례파 등 다양한 종교와 사조가 공존할 수 있는 터전이었다.

라이덴대학의 교수이자 엄격한 칼뱅주의자인 아르미니우스(Jacob Arminius, 1560~1609)가 칼뱅의 '전택설'(타락전 예정론, supralapsarianism)에 대해 방어해 달라는 요청을 받고 이를 연구하던 중 오히려 창조 이전의 신적인 선택 사상과 은총이 불가항력적이라는 것에 대해 의구심을 품게 되었다. 칼뱅주의 체계에서 아무런 위치가 없는 자유 의지에, 그리고 선택은 믿음에 의해 조건지워진다는 것에 비중을 두게 되었다. 그에게 은총은 불가항력적인 것이 아니었다. 그의 의구심은 급기야 논쟁을 야기시켰고 네덜란드 전역을 떠들썩하게 했다. 그는 엄격한 칼뱅주의자로 전택설을 신봉하는 고마루스(Franciscus Gomarus)와 치열한 논쟁을 벌였다. 1609년 아르미니우스는 사망했지만, 논쟁은 지속되었다.

당시 네덜란드는 자유사상가들과 분리주의자들의 천국이었다. 이 조그마한 나라에서 다양성과 개방성이 인정되었기 때문에 아르미니우스주의자들은 종교적 관용을 누릴 수 있었다. 그들은 1610년 자신들의 신앙 선언문이라고 할 수 있는 『항의서』를 작성했다. 이 용어 때문에 이 그룹은 '항의자들'이라 불리게 되었다.

무조건적 예정에 대한 칼뱅주의적 신앙에 반대하는 『항의서』는 예지적 예정론인 후택설(infralapsarianism)을 가르쳤다. 그들은 구속은 제한적이지 않고 보편적이며 인간이 자의로 하나님의 은총에 저항할 수 있다고 주장했다. 그러나 인간의 내재적인 도덕적 무능 때문에 은총은 인간에게 필요 불가결함을 주장했다. 그러므로 아르미니우스주의자들은 전적으로 펠라기우스주의자들은 아니었다. 나아가 칼뱅주의의 견인에 관한 가르침에 반대하여, 한 번 획득한 은총을 상실할 수 있다는 입장을 고수했다.

엄격한 칼뱅주의에 대한 공격은 많은 네덜란드 교회들을 분열시켰다. 계속된 논쟁의 결과 도르트 회의(the Synod of Dort, 1618~1619)가 개최되었다. 스위스 칸톤들, 팔라틴령, 나소(Nassau), 헤세, 브레멘(Bremen), 스코틀랜드, 그리고 영국 등지로부터도 대표자들이 참석했다. 본회의에서 아르미니우스주의자들은 정죄되었으며, 교리상 엄격한 칼뱅주의적인 '규준들'(canons)이 채택되었다. 이는『하이델베르크 요리 문답』및『네덜란드 신앙 고백』과 함께 네덜란드 교회의 3대 신앙 고백의 기초가 되었다.

『도르트 규준들』은 흔히 칼뱅주의 5대 강령으로 불리는 것을 포함하고 있다. 전적인 타락(total depravity), 무조건적 선택(unconditional election), 제한된 구속(limited atonement), 불가항력적 은총(irresistible grace), 그리고 성도들의 견인(perseverence of saints)이 그것이다(소위 TULIP 강령). 인간은 본성적으로 하나님을 추구할 수 없다. 하나님의 영원한 의지인 예정은 선택과 유기 모두를 포함하며, 그리스도는 오직 택자들 만을 위해 죽었고, 은총은 불가항력적이며, 택자들은 끝까지 믿음을 저버리지 않는다고 규정했다.[8]

도르트 회의의 극단적 칼뱅주의는 네덜란드, 프랑스, 스위스, 스코틀랜드, 뉴잉글랜드 청교도들의 추종을 받았다. 훗날 아르미니우스주의는 일부 프랑스인들과 폴란드 형제들, 성공회의 광교회주의자들(Latitudinarians), 18세기 감리교, 그리고 19세기 자유주의 신학에 의해 수용되었다. 결국, 아르미니우스주의는 개혁주의 밖에서 승리를 구가한 것이다. 아무튼 네덜란드에서 아르미니우스주의자들은 잠깐의 핍박이 있은 후 다시 활동을 재개했다.

2)『웨스트민스터 신앙 고백』

(1) 제임스 1세

엘리자베스의 죽음으로 튜더 왕가는 끝나고 스코틀랜드의 제임스 6세가 영국의 왕이 되면서 스튜어트가의 시대가 열렸다. 그는 영국에서 제임

---

[8] Schaff, *The Creeds*, vol. III, 550-597.

스 1세가 되었다. 영국의 청교도들은 제임스가 스코틀랜드의 장로교를 경험했기 때문에 자신들에게 우호적일 것이라 기대했으나 제임스는 영국의 왕이 되면서 돌연 영국 국교회 체제를 지지했다. 청교도들은 크게 실망했다. 가톨릭 교도들은 제임스에게 노골적인 불만을 터트렸고 여러 차례 그를 암살할 시도를 획책하기도 했다. 이로 인해 제임스 1세는 모든 가톨릭 성직자들과 예수회 회원들을 영국으로부터 추방했다.

청교도들은 근본적으로 칼뱅주의자들이었으며, 국교회 사상에 반대했다. 그들은 하나님의 주권과 관련하여 왕의 권력에 의문을 제기하였고 여전히 남아 있는 로마 가톨릭적 예식들의 폐지를 주장했다. 1603년 천 명의 청교도 성직자들이 자신들의 요구 사항들을 나열한 "천 인의 청원"을 왕에게 제출했다. 왕이 천 인의 청원 중, 유일하게 제가해 준 것은 새로운 성경의 번역에 관한 것이었다. 이때 나온 영어 성경이 '흠정역'(Authorized) 혹은 킹 제임스역이다. 이 역본은 이후 400년 동안 영국과 미국의 문화에 많은 영향을 미쳤다.

그러나 나머지는 묵인되었고 영국 국교회의 『39조문』, 『공동 기도서』 등 국교회의 신조와 예식서들이 그대로 지켜졌기 때문에 청교도들의 불만은 가중되었다. 그러던 중 1618년 제임스는 주일에 게임들과 스포츠가 개최되는 것을 허용한다는 내용의 "스포츠 선언"을 발표했다. 이는 안식일 엄수주의에 정면으로 배치되는 것으로 청교도들에게 『스포츠 선언』은 하나님의 말씀을 순종하지 말라고 하는 것과 다르지 않았다.

더 심각한 문제는 1610년 제임스가 스코틀랜드에서 감독제를 복원한 사실이다. 스코틀랜드는 오래전부터 장로교가 뿌리내린 곳이기 때문에 감독제의 복원은 스코틀랜드인에게는 큰 고통이 아닐 수 없었다. 이는 제임스 1세의 완강함과 독선에 의한 것이었으며 그 결과 분리주의자들을 배태시켰다. 제임스가 사망할 즈음 종교적 불만은 극에 달했고 스코틀랜드 청교도들의 반항으로 그의 정책은 좌절되었다.

제임스 1세의 통치 동안 분리주의는 2종류의 종교 운동들을 낳았다. 영국의 보편적 침례교와 1620년 신대륙으로 건너간 순례자들이 그것이다. 영국에서 국교회로부터 분리주의 운동을 외치던 자들은 스미스(J. Smyth,

1570~1612), 브루스터(W. Brewster, 1568~1644), 브레드포드(W. Bradford, 1590~1657), 로빈슨(J. Robinson, 1576~1625) 등이었다. 스미스는 국교회의 성직자였으나 분리주의적 원리를 채택하여 게인스보로(Gainsborough)에 회중교회를 세웠다. 이어 브루스터가 스크루비(Scrooby)에 회중교회를 세웠고 로빈슨이 이곳의 지도자가 되었다.

이들은 국교회의 박해가 심해지자 1608~1609년경 네덜란드로 망명했다. 스미스 교회는 암스테르담에 정착했고 홀란드(Holland)에서 최초의 근대식 침례교회를 세웠다. 이들은 나중 영국으로 귀국하여 영국 땅에 최초의 침례교회를 세웠다. 이들 중 일부는 네덜란드에 남아 네덜란드의 재세례파인 메노나이트들과 합세했다. 로빈슨의 분리주의 교회도 네덜란드 레이든(Leiden)에 정착하여 착실히 교회를 키워 갔다. 그러나 로빈슨의 회중교회에는 영국 국교회로부터 분리되는 것을 꺼리는 성도들이 많았고 그래서 하나의 타협안으로서 비분리주의적 회중교회를 채택했다. 이는 제이콥(Henry Jacob, 1563~1624)과 에임스(William Ames, 1576~1633)에 의해 주도되었다.

기억해야 할 역사적인 사건은 로빈슨의 교회의 회중에서 1620년 9월 6일 메이플라워(May Flower)호를 타고 신대륙으로 건너간 순례자들(the Pilgrims)이 등장한 것이다. 승객 102명 중 41명이 레이든 교회 출신이었고(분리주의자들, 브루스터가 승선했었다) 나머지는 낯선 사람들이었다. 이들은 신대륙의 메사추세츠의 플리머스에 도착하여 뉴잉글랜드(New England) 식민지를 건설하고 종교의 자유를 누렸다. 이후 20년 동안 제임스와 찰스 1세의 박해를 피해 4만여 명 이상의 청교도가 뉴잉글랜드를 향해 떠났다. 첫 순례자들은 네덜란드에 정착한 회중이 차츰 네덜란드 문화에 동화되어가면서 영국인으로서의 정체성을 잃어가는 것을 두려워했고, 그러는 한편 네덜란드와 스페인의 전쟁이 발발하자 네덜란드에 미칠 가톨릭 세력을 미연에 피하고 싶었던 것이다.

이들은 영국으로의 역이민을 택하지 않고 신대륙을 선택했다. 우여곡절 끝에 네덜란드의 델프샤벤 항구에서 런던으로 향했으며 런던에서 신대륙으로 항해하는 메이플라워에 몸을 실었던 것이다. 나중 1629년 매사추세츠 베이 식민지(the Massachusetts Bay Colony)를 설립했던 사람들은 비분리주의적 회중교회주의자들이었음을 기억해야 한다.

(2) 청교도 혁명과 『웨스트민스터 신앙 고백』
제임스 1세를 이은 찰스 1세는 가톨릭주의로 일보 더 기울어졌다. 그는 로마 가톨릭주의가 참된 교회라고 믿었고 영국 국교회가 이를 순수하게 보존하고 있다고 주장했다. 그는 청교도들이 혐오하는 모든 것들을 했다. 찰스 1세 때 청교도들은 대대적으로 영국을 떠나 신대륙으로 향했다. 1629년 메사추세츠 베이 회사가 설립되었고 1636년에 코네티컷 (Connecticut)이, 1638년에 뉴헤이븐(New Haven)이 설립되었다.

청교도들은 뉴잉글랜드에 회중교회적 시스템을 구축했다. 칼뱅은 구원의 지표로 신앙의 고백, 올바른 삶, 그리고 성례전에의 참여를 강조했다. 그러나 뉴잉글랜드 청교도들은 참된 성도됨의 지표는 신앙의 고백, 올바른 삶, 그리고 진정한 내적 갱생이라고 했다. 그들에게 가장 중요한 것은 마지막의 내적 갱생인데 이것이 교회의 구성원 됨과 성례전 참여의 필수 조건이라고 하였다.

1637년 찰스가 『공동 기도서』를 스코틀랜드 장로교인들에게 강요하자, 스코틀랜드에서 폭동이 발생했다. 찰스는 폭도들을 진압하기 위한 재정을 마련하기 위해 과세 징수를 추진하려 했다. 그러나 의회는 과세 징수를 허락하지 않았다. 의회의 다수가 장로교인들이었기 때문에 이들은 스코틀랜드와 싸울 의사가 없었다. 의회와 충돌이 생기자 찰스는 3주 만에 의회를 해산해 버렸다. 왕이 계속해서 스코틀랜드에 감독제를 강요하자 급기야 스코틀랜드인들이 영국을 공격했고 왕은 군자금이 더 절실해졌다. 다시 의회를 소집했는데 이 의회는 1653년까지 장장 13년간 개최된 장기의회가 되었다. 이 의회는 청교도들이 다수였고 이들은 많은 법안을 제정하여 찰스의 권력을 박탈하려고 했다. 의회는 스코틀랜드인들과 싸우지도 않았고, 왕에게 군비 지출도 허락하지 않았다.

1642년 왕은 청교도 과격파들을 체포하기 위해 의회를 공격했지만, 청교도들이 스코틀랜드 장로교의 군사적 지원을 받아 전쟁의 우위를 점했다. 1643년 의회는 감독제, 기도서, 그리고 국교회 예전을 폐지했다.

새 영국 교회의 교회 정치와 신조를 마련하기 위해 위원회를 지명했다. 따라서 121명의 성직자와 30명의 평신도로 구성된 웨스트민스터 회의(the Westminster Assembly)가 소집되었다.

1644년 웨스트민스터 회의에 『공동 기도서』와 『39조문』을 대신할 장로교적 『예배 규칙서』(Directory of Worship)가 제출되었다. 1646년 장로교주의의 고전적인 선언인 『웨스트민스터 신앙 고백』(the Westminster Confession)이 의회에 제출되었으며, 1648년 부분적으로 채택되었다.[9] 스코틀랜드 총회는 『웨스트민스터 신앙 고백』을 채택하고 장로교를 국교로 삼았다. 『웨스트민스터 신앙 고백』은 스코틀랜드 및 미국의 장로교주의의 신학적 표준이 되었다. 이어서 2개의 세례 문답서 곧 『웨스트민스터 대요리 문답』과 『웨스트민스터 소요리 문답』이 1648년 의회와 스코틀랜드에서 승인되었다.

1643년의 『예배 규칙서』, 1647년의 『웨스트민스터 소요리 문답』, 그리고 1648년의 『웨스트민스터 신앙 고백』은 모두 웨스트민스터 의회의 주요 결실로 꼽힌다. 이들은 장로교주의의 이정표들로 칼뱅주의를 가장 잘 해석한 문서들이다. 1643년부터 17년 동안 영국 국교회는 법적인 권리를 향유할 수 없었다.

『웨스트민스터 대요리 문답』과 『웨스트민스터 소요리 문답』, 그리고 『웨스트민스터 신앙 고백』은 하나님의 영원한 의지(전택설)로부터 영원한 심판에 이르는 신학의 전 영역을 포괄하였다. 여기에서 개진된 예정론은 2중 예정이었다. 언약의 개념을 삽입시킴으로써 칼뱅의 엄격성을 다소 완화시켰다. 아담과 그의 후손들이 불순종으로 인해 상실하고만 '행위의 언약'은 그리스도를 통한 '은혜의 언약'으로 대체되었다. 이중적 언약의 교리 및 엄격한 예정론을 특징으로 하는 청교도 사상을 잘 보여 준다.

또한, 이 신앙 고백은 철저한 안식일 엄수주의를 표방하고 있다. 한편 국가는 교회를 보호하게 되어 있으나, 전자는 신앙과 성례전 문제들에 간여하지 못하게 되어 있었다. 영국의 침례교회 중 칼뱅의 영향을 받은 자들

---

9 Schaff, *The Creeds*, vol. III, 600-703.

이 있는데 이들을 '특수적 침례교도들'이라고 부른다.[10] 특수적 침례교도들은 1677년 『웨스트민스터 신앙 고백』에 근거한 신앙 고백을 작성하였다. 이는 영국 침례교회의 주된 신앙 고백이 되었다.

(3) 왕정 복구

1647년 청교도들이 절대다수인 의회가 장로교를 국교로 선언했다. 이러한 종교적 획일성은 분리주의적 청교도들이 가장 경멸하는 것이었다. 당시 의회의 군대를 이끌고 있던 올리버 크롬웰(Oliver Cromwell)은 '거룩한 사람들'(godly men)이라 불리는 과격한 청교도들을 이끌고 혁명을 일으켰다. 찰스를 체포하고 의회를 장악했다. 크롬웰과 그의 군대는 영국 의회가 자신들을 지원할 줄 알았는데 장로교주의를 지원하자 크롬웰은 의회를 해산시켰으며(1648년 말), 이듬해 1월 찰스 1세를 교수형에 처했다. 그의 국왕 살해는 유럽 가톨릭 국가들에게 개신교도들이 반란자들이라는 인상을 심어 주게 했다. 왕을 도와 영국에 장로교 국가 수립을 원했던 스코틀랜드가 원조를 보냈으나 크롬웰에 의해 대패했다(1649).

스코틀랜드를 물리친 크롬웰은 이제 아일랜드의 반란을 잔인하게 진압했으며, 1650~1651년 반항적인 스코틀랜드인들을 더 잔혹하게 대했다. 크롬웰은 1653년 타락과 비효율성을 이유로 의회를 해산하고 스스로 호민관이 되었다. 그와 그의 아들 리처드 크롬웰(Richard Cromwell, 1658~1660) 치하의 호민관 정치는 11년 동안 공화정으로 왕조를 대신했다. 크롬웰은 교황주의를 제외한 모든 사람에게 종교의 자유를 부여했다. 장로교의 위상은 약화되었고 여러 형태의 청교도주의들이 우후죽순처럼 등장했다. 이 기간에 형성된 종교적 다양성은 마치 종교의 무정부 상태를 보는 듯했다.

1660년 새 의회와 왕당파들 및 장로교인들이 종교적 무정부 상태를 저지하기 위해 연합했다. 이들은 크롬웰의 아들 리처드를 강제 폐위시키고

---

10 분리주의자 존 스미스가 오직 의지적 신앙 고백을 통해서만 침례를 허락한 자유 교회 운동을 특수적 침례교도라 하고 이들은 영국 내에서 아르미니우스주의에 기초한 일반 침례교도와 구별되었다.

찰스 1세의 아들을 찰스 2세로 옹립하고 영국의 왕정을 복고시켰다. 웨스트민스터 사원에 묻혀 있던 크롬웰을 부관참시시켰다. 찰스 2세는 청교도 과두 정치를 종식하고 영국 국교회의 예배와 관습을 복원하는 데 주력했다. 의회도 왕당파가 장악했다. 이들은 청교도와 비국교도들에게 대대적으로 박해를 가했다. 장로교도, 회중교도, 침례교도, 퀘이커교도, 로마 가톨릭 교도들이 많은 박해를 받았으며, 이들의 대수가 조국을 떠나야 했다.

찰스 2세의 박해 가운데 청교도들의 주옥같은 작품들이 나왔다. 존 번연(John Bunyan, 1628~1688)의 『거룩한 도성』(1665), 『풍성한 은혜』(1666), 『천로 역정』(1678), 그리고 존 밀턴(John Milton, 1608~1674)의 인간의 타락과 구속을 다룬 『실락원』(1667)과 『복락원』(1671) 등이 그것이다. 번연은 『천로 역정』으로 영국 역사에서 가장 유명한 그리스도교 저술가가 되었다. 찰스 2세는 1670년 프랑스의 루이 14세와 밀약을 맺어 프랑스의 보조금을 받는 조건으로 영국에 가톨릭교회를 복원할 것을 약속했다. 이는 사전에 의회에서 발각되어 성사되지 못했다.

그의 동생 제임스 2세가 찰스를 계승했는데 그도 로마 가톨릭주의자였다. 그는 가톨릭 신자들을 관료 요직에 임명하고 예수회 회원들과 수도사들을 도입했다. 그러자 분노한 국교도들과 개신교 비국교도들은 가톨릭 독재에 항거하기 위해 연합했다. 영국 국교회 성도들과 청교도들로 이루어진 의회는 네덜란드의 개신교 통치자 오렌지의 공작 나소의 윌리엄과 결혼한 제임스 2세 누이인 메리에게 영국의 종교 관용을 위한 도움을 요청했다.

결국, 윌리엄과 메리가 1688년 11월 네덜란드로부터 군대와 함께 상륙했다. 제임스는 프랑스로 피신했고 윌리엄과 메리는 이듬해 영국의 공동 주권자가 되었다. 이리하여 '명예혁명'이 성취된 것이다. 이로 인해 종교적 관용이 이루어졌고 의회 정치가 재기되었다. 영국에서 개신교는 네덜란드와 마찬가지로 종교적 및 정치적 자유를 구가할 수 있게 되었다.

제3장

17~18세기 합리주의

1. 이성의 시대

16세기의 종교개혁도 미신과 맹신에 반대하여 그리스도교 신앙의 합리성을 위해 노력했다고 하겠다. 종교개혁과 종교 전쟁들의 여파가 잔존하는 가운데 그리스도교는 과격한 사상들의 도전으로 인해 다시 혼란에 빠지게 되었다. 초자연주의를 반대하고 과격한 합리주의를 표방하는 운동들이 등장한 것이다. 16세기의 종교개혁이 신앙의 표현들을 재고함으로써 시작되었다면, 17~18세기 이신론과 계몽주의는 그리스도교의 지적인 기반을 도전하면서 시작되었다. 소위 '이성의 시대'를 초래하였다. 17세기 유럽의 합리주의적 사고는 영국에서 시작하여 프랑스를 경유하여 독일로 전파되었다. 영국에서 이신론으로, 프랑스에서 자연주의로, 그리고 독일에서 계몽주의로 발전했다.

이성의 시대는 외적인 세계가 이성에 의해서만 알려질 수 있다는 확신에서 커져 갔다. 혼란은 계시와 직관, 그리고 전통의 억압 때문에 초래되었으므로 모든 문제는 합리적인 해결이 가능하다는 것이다. 그러므로 문제는 종교적이든 아니든, 전통의 제약들에서 해방된 합리적 정신만이 절대적으로 중요하다는 것이다. 실재는 합리적이며 인간의 이성은 이 합리성(rationality)을 규명하고 이해할 수 있다는 가정 아래, 세상의 다양한 종교의 전제들은 궁극적으로 합리적이며 따라서 인간의 이성이 규명하고 분석할 수 있다. 이로 인해 기적, 계시, 악의 문제, 성경의 권위, 예수 그리스도의 역사성 및 대속성에 대한 전통적인 신앙은 크게 도전받게 되었다.

　로크와 칸트는 위와 같은 합리주의자들에 대해 강력한 비판을 쏟았다. 전자는 경험론적 인식론을 주장하며 후자는 순수 이성과 순수 경험론을 결합했다. 이들은 이성의 시대를 구가하는 이성적 힘을 신뢰하되 과학과 이성의 한계를 아울러 말함으로써 이성과 그리스도교가 조화되는 가능성도 열어 주었다.

　합리주의는 이성의 명석한 빛을 통해 인간의 문제들에 대한 발전적 해결책을 꿈꾸었다. 18세기 철학자들은 정치적 민주주의 및 도덕성을 통한 발전의 가능성, 과학 및 기술의 진보, 특정 종교의 전횡 혹은 국가적 이데올로기로부터의 개인 양심의 자유를 주창했는데, 합리적으로 질서 지워진 세상, 바로 유토피아가 가능하다고 믿었다. 여기서 무지가 사라지며, 미덕이 충만해지고, 어두운 세상의 모든 영역을 계몽할 것이라고 보았다.

2. 이신론

　17세기 배타적 교파주의로 유럽인들은 딱딱한 교리화 작업과 논쟁에 싫증이 났다. 사람들은 이성이 인정하는 합리적 종교를 논하기 시작했다. 신학적 정통주의를 고수하던 사람들은 그리스도교 신조들에 비판적이던 저술가들을 이신론자(deist)라 불렀다. 이신론(Deism)은 종교에 적용된 계몽주의의 원리들을 의미한다. 참된 종교는 자연 및 이성과 완전히 일치한다. 이신론은 때로 "자연 종교"라 불린다. 이 사상은 특별 계시(초자연적인 계시)의 중요성을 최소화시켰다. 종교는 신비적 현상이 아니며, 신과 미덕의 필요성에 의한 인간의 자연스러운 표현이다. '합리적인' 인간은 전통적 그리스도교를 믿을 수 없으며 이성과 모순되지 않는 종교를 믿을 수 있다는 것이다.

　이러한 사상은 자유주의 신학으로 연결되었다. 결과적으로 성서 비평학과 종교의 도덕성을 교리와 역사보다 우위에 두었다. 이신론, 계몽주의, 그리고 자유주의에 있어서 종교의 최소한의 공통분모는 자연법뿐이었다.

1) 영국의 이신론(자연 종교)

이신론은 1690년대에서 1740년대 사이에 영국에서 절정에 이르렀다. 수십 년 후 프랑스와 이탈리아로, 이어 동진하여 브란덴부르크-프러시아에서 맹위를 떨쳤으며, 프러시아를 통해 러시아로 확산되었다. 대륙의 볼테르, 루소, 그리고 레싱은 모두 이신론의 영향을 받았다.

이신론에 따르면 하나님은 자연계를 창조한 후 세상이 스스로 운행될 수 있도록 자연법, 혹은 도덕법과 같은 일정한 원리들을 확립하고 뒤로 물러서서 이것이 운행되는 것을 관찰한다. 즉, 하나님은 자신이 만든 큰 시계를 움직이게 하는 거대한 시계공과 같은 존재이다. 이 사상의 등장 배경에는 만약 하나님이 전능하고 자비롭다면 왜 악이 존재하는가 하는 신정론의 문제가 깔려 있다. 결국, 역사 속에 하나님의 섭리와 개입은 존재하지 않는다는 것이다.

허버트 경(Lord Herbert of Cherbury, 1583~1648), 홉스(Thomas Hobbes, 1588~1679), 그리고 데이비드 흄(David Hume, 1771~1776) 등은 그리스도교 신조들에 비판적이었다. 이들의 공통된 특징은 그리스도교 사상에 대한 회의주의적 자세를 보인 것이다.

허버트 경은 흔히 이신론의 창시자로 불릴 만큼 이신론을 체계화시켰다. 허버트 경은 종교적 진리를 알기 위해 성경을 의존할 필요가 없고, 인간의 정신 속에 본래적으로 존재하고 있는 하나님이 부여한 몇 가지의 개념들을 의지해야 한다고 했다. 그 개념들은 구체적으로 ① 최상의 존재에 대한 믿음, ② 최상의 존재에 대한 예배, ③ 덕행, ④ 죄에 대한 회개, 그리고 ⑤ 사후의 보상과 처벌들을 아는 것이다. 그는 이 다섯 가지는 세계 모든 종교의 보편적인 특징이며 이들은 이성과 모순되지 않고, 합리적으로 설명 가능한 자연 종교의 특징이라고 했다. 그는 계시를 비하했다. 이는 레싱과 칸트를 예견하게 했고 그의 반성직주의는 톨란드, 볼테르, 포이엘바하, 그리고 마르크스를 예견했다고 하겠다.

에드워드 기번(Edward Gibbon, 1737~1793)은 계몽주의적 역사 이해를 대변하는데『로마 제국 흥망사』에서 고대 그리스도교를 비관용적이고, 미신적이며, 야만적인 열광주의로 묘사했다. 로마 제국은 그리스도교 자체의 야만스러움으로 인해 멸망했다고 했다. 로크(John Locke, 1632~1704)는 자연 종교를 이신론의 철학으로 발전시킨 인물로서 구원으로 인도하는 믿음이 이성으로 설명이 가능하다고 했다.

한편 이신론은 톨런드(John Toland, 1670~1722)와 틴달(Matthew Tindal, 1658~1733)에 와서 더 완전한 모습을 띠었다. 틴달의 『창조만큼 오래된 그리스도교』에서 이신론의 전형적인 전개를 보였다. 이 책에서 자연 종교는 인간 구원을 위한 충분한 수단을 가지고 있다고 했다. 그러므로 그리스도의 성육신은 불필요하며, 그리스도의 사명은 자연 종교를 재천명하는 것이었다고 했다.

톨런드는 『신비적이지 않은 그리스도교』에서 이성의 절대성을 선포했다. 하나님의 존재와 하나님의 계시 모두 합리적으로 추론 가능하다고 했다. 자연이 계시하는 것 이상의 계시는 획득할 수 없으며, 획득할 필요도 없다는 것이다. 그러므로 그리스도교의 전통적인 신비들은 이방 미신들의 유입 및 사제들의 타락의 산물일 뿐이라고 했다. 그는 그리스도교 신앙을 비신화시켰으며, 정통주의의 근저를 뒤흔들었다. 스피노자 이래 예언들과 기적들은 이신론자들의 주된 공격의 대상이 되었다.

영국의 이신론자들은 그럼에도 불구하고 자신들이 그리스도인임을 자처했다. 그러나 이들에게는 신조나 예배가 없었다. 그들의 하나님은 유신론자들이 말하는 인격적인 하나님이 아니며, 역사를 통해 자신을 계속 계시하거나 인간사에 관여하는 하나님이 아니다. 그들의 신은 우주를 합리적으로 창조하고는 창조된 우주가 자연의 법칙들에 의해 운행되도록 버려두는 비인격적인 최상의 존재이다. 그리스도는 큰 의미가 없으며 박애와 교양만이 현존하는 종교가 추구하는 이상들이라고 했다. 1717년 런던에서 결성된 프리메이슨(Freemason)과 같은 조직에 의해 이 같은 이신론 사상은 계속 전수되어 오고 있다.

영국의 이신론자들은 로(William Law, 1686~1761), 버틀러(Joseph Butler, 1692~1752), 그리고 워터랜드(Daniel Waterland, 1683~1740)와 같은 인물들로부터 공격을 받았다. 이들은 영국 국교회 신자로서 이신론에 대응하여 성서적 하나님과 정통적 신앙을 방어했다. 이를테면 버틀러는 『자연의 유비』에서 톨런드 및 틴달 같은 이신론자들을 공격하면서 하나님은 자연과 인간의 실존 모두를 다스린다고 하는 신앙을 단호하게 천명했다.[11]

2) 프랑스 이신론(회의주의)

1700년대에 사상가, 저술가, 성직자, 귀족들로 구성된 사회 사상가들이 생겨났는데 이들은 정부와 교회 등 사회의 주된 기관들이 편견과 미신에서 벗어나야 한다고 주장하고 이를 위해 이성의 능력과 과학적 방법을 원용해야 한다는 풍토를 조성했다. 영국의 합리주의는 과격하지는 않았으나, 프랑스의 합리주의는 나라의 절대권력 및 교회(예수회)의 비행과 관련하여 과격성 및 반교회적인 성향이 짙었다. 로크의 인식론이 1740년대와 50년대에 과격한 형태로 등장한 라 메트리(La Mettrie)의 유물론적인 『기계 인간』과 꽁디악(Condillac)의 『감각들의 조약』에서 절정에 이르렀다. 전자는 인간을 동물의 수준으로까지 비하했고 후자는 모든 자유사상을 자극했다.

볼테르(Voltaire, 1694~1778)는 프랑스 사회 사상가들 가운데 최고의 인물이었다. 영국의 과격한 이신론자들의 영향으로 그는 그리스도교의 역사적 근거와 초자연적인 진리를 불신하고 도덕적 해석만을 강조했다. 세상은 자연의 법칙들에 의해 지배되는 거대한 기계라고 보았다. 모든 교리들, 신비들, 그리고 성례전들을 사기로 간주하고 모두 철폐시켜야 한다고 주장했다. 로마 가톨릭과 개신교들의 반대에도 불구하고 그의 사상은 진보적인 지식인들 사이에서 급속하게 전파되었다. 그는 유럽의 지성인 계층을 규합하여 모든 기성 종교에 대한 공격을 감행한 것이다.

볼테르와 이들 과격주의자들이 모두 무신론자들은 아니었다. 볼테르는 무신론이 기성 교회보다 위험한 것이라고 했다. 왜냐하면 무신론자들은 사회 구조를 파괴하기 때문이다. 그래서 그는 만약 신이 존재하지 않는다

11　González, *The Story of Christianity*, vol. 2, 190-192.

면 만들어 낼 필요가 있다고 했다. 그러나 그의 말년은 이신론에서 무신론으로 흘러가고 말았다.

프랑스의 이신론 사상은 백과사전 학파(encyclopedie)라고 불리는 집단적 노력에서 가장 잘 드러났다. 사회 사상가 디드로(Denis Diderot, 1713~84)를 비롯하여 볼테르, 달랑베르, 루소 등 많은 철학자들이 이곳에 글을 기고하면서 사회에 대한 비판과 새로운 사상들에 대한 탐구열을 고양하고, 대중에게 이성의 종교를 확산시켜 갔다.

『백과사전』(1751~1772)은 당대의 사상가들을 결집했다. 여기에 글을 기고하는 자들은 모든 형태의 역사적 종교를 부인하고 특히 비이성적인 그리스도교를 전적으로 부인하기까지 했다. 당시 프랑스에서 그들의 주적은 예수회였다. 그들은 종교적 전제주의보다는 무신론을, 금욕주의보다는 축제를, 교리적 진리보다 이성과 자연을 흠모했다.[12]

3) 독일의 이신론(계몽주의)

독일의 경건주의가 영국에 영향력을 미치려고 하던 시점에 영국의 이신론이 독일에 영향력을 미치기 시작했다. 독일에서는 경건주의가 계몽주의보다 앞선 듯 보이나 둘은 서로 공존하며 전개되었다. 독일 경건주의에 관하여는 차후 상세히 다룬다. 영국과 프랑스의 이신론과 합리주의, 그리고 그 반대 운동들까지 독일로 유입되면서 독일의 계몽 운동이 급격히 발전하였다. 이는 19세기 개신교 자유주의 신학의 발판이 되었다.

영국과 프랑스의 합리주의적 사상은 독일에서 볼프(Christian Wolff, 1679~1754), 모샤임(Johann Lorenz von Mosheim, 1693~1755), 라이마루스(Hermann Samuel Reimarus, 1694~1768), 레싱(G. E. Lessing, 1729~1781) 등의 사상가들에 의해 토착화 되었으며 이들은 독일 계몽주의의 선구자들이었다. 이어 칸트(Emmanuel Kant, 1724~1804)에 의해 독일 이신론은 계몽주의로 그 절정을 이루었다.

---

12 González, The Story of Christianity, vol. 2, 192-194.

할레의 교수였던 볼프는 모든 진리는 증명이 가능하다는 데카르트와 라이프니츠의 철학에 영향을 받았다. 볼프는 그리스도교 교리들이 수학과 마찬가지로 입증 가능해야 하며, 따라서 계시는 인간의 추론에 종속된다고 했다. 그는 특수 계시를 거부했고 정통주의 및 경건주의도 거부했기 때문에 할레의 동료들로부터 많은 지탄과 공격의 대상이 되었다.[13] 그는 마르부르크로 도피했다가 1740년 할레의 교수로 다시 복직했다. 차츰 그의 견해들이 확산되어 갔고 이신론에 버금가는 그의 합리주의는 할레 공동체의 경건주의를 무력하게 만들었다. 따라서 선교적 열정도 식게 만들었다.

볼프보다는 덜 과격하지만, 마찬가지로 영향력을 행사했던 인물은 역사가 모샤임이었다. 계몽주의 입장에 서서 정통주의와 신앙 고백주의에 반기를 들었다. 그의 주된 공헌은 교회사 분야에서 나타났다. 그는 오직 객관성에만 근거하여 당파적 편견 없이 실제로 발생한 그대로의 역사를 기술하려고 노력했기 때문에, '근대 교회사의 아버지'로 불리기도 한다. 18세기 성경에 대한 역사적 비평의 등장과 광범위한 역사의식의 출현으로 믿음과 역사의 관계성은 새로운 형태를 띠었다. 증거, 확률, 그리고 가능성이라는 새로운 개념들이 성경 해석에 적용됨으로써 믿음을 전제로 했던 전통적인 견해들을 매우 손상시켰다.

라이마루스(Hermann Samuel Reimarus, 1694~1768)나 레싱(Gotthold Ephraim Lessing, 1729~1781)은 초기 역사 비평의 전형적인 인물들이었다. 라이마루스는 젊은 시절 영국에서 이신론 사상을 배웠다. 그는 자연 종교에 대한 신앙을 개진했으며 특별 계시나 기적들을 의심했다. 그는 신학적 합리주의로 그리스도교를 자연 종교의 맥락 속에서 윤리로 환원시켜 버렸다. 예수는 믿음의 대상이 아닌 도덕 선생으로 간주되었다. 예수의 종교적 인격의 우수성은 그의 도덕적 윤리성에 있지 성육신과 같은 초자연적 개념에 있는 것이 아니라고 했다. 라이마루스는 프랑스의 사회 사상가들처럼 이성을 계시 위에 위치시켰다. 초자연적인 것들을 거부함으로써 그의 예수

---

13 J. Willmann, *Kirchengeschichte Deutschlands seit der Reformation* (Tübingen: Mohr Siebeck, 5., verbesert und erweitert, 2000), 154.

그리스도에 대한 연구는 매우 무미건조했다.

레싱은 라이마루스와 같은 맥락에서 성서를 다루었다. 그는 그리스도교 계시와 이성적 종교를 조화시키기 위한 방법으로 그리스도교의 진리를 역사 및 신비와 무관한 도덕적 메시지로 격하시켰다. 레싱은 인간의 자율성에 근거하여, 진리는 각자에게 입증 가능해야 하며 외부로부터 부과되어서는 안 된다고 주장했다. 실재는 합리적이며, 인간의 지적인 자율성은 세상의 합리적인 질서를 규명할 수 있는 인식론적인 능력을 가지고 있다는 것이다. 부활은 제자들의 오해에 근거하고 있다. 그러나 그것이 사실이든 오해이든 이는 예수의 도덕적 중요성에 아무런 영향도 미치지 않는다고 하였다.

레싱은 『인류의 교육』에서 종교란 하나님이 인간을 교육하기 위해 고안해낸 것이라고 했다. 그는 양심의 자유와 종교적 관용을 위해 투쟁했는데 『현자 나단』에서 유대인 나단을 관용과 합리성을 가진 자비로우며, 개화된 최상의 미덕을 갖춘 모범으로 묘사했다. 그는 루터교 정통주의로부터 거리를 유지하면서, 자연 종교와 계시 종교를 조화시키려 했다.[14]

그런데 칸트의 등장으로 이들 합리주의자의 거대한 사상적 물줄기에 대폭 수정이 이루어졌다. 칸트는 합리주의와 정통 그리스도교를 조화시키려고 시도했다. 그의 『순수 이성 비판』(1781)은 이성만으로 그리스도교의 중심 사상들을 입증하는 것이 불가능함을 강조했다. 이는 그 당시 모든 진리는 명쾌한 개념들로 입증하는 것이 가능하다고 하는 볼프의 철학에 대한 공격이었다.

칸트는 합리주의에 기초하여 철학적 데이터의 영역을 현상에 한정시키고 인간을 정신 이상의 그 무엇으로 이해함으로써, 이신론자들의 지성주의를 수정했다. 과학과 이성은 하나님의 존재, 도덕법, 그리고 영혼의 불멸성 여부를 입증할 수 없다는 것이다. 그의 사상은 모든 개념은 자신의 경험 곧 지각으로부터 온다는 로크의 사상과 맥락을 같이 했다. 칸트도 감각적 인식들이 없이는 우리는 어디로도 나아갈 수 없다는 것에 동의했다. 왜냐하면 우리의 정신은 출생 시 '백지 상태'이기 때문이다. 플라톤주의 개념인 본래적

---

14 Walker, *A History of the Christian Church*, 622–626.

인 이데아들은 존재하지 않는다. 감각적 경험을 통해 인간의 추론적 능력이 알려진 것들로부터 알려지지 않은 것들을 추론할 수 있을 따름이다.

한편 칸트는 로크의 '백지 상태'의 개념이 항상 옳지는 않음을 설명했다. 그는 정신은 외부로부터 들어오는 것을 조건 짓는 어떤 내재적 자질들을 가지고 있다고 주장했다. 감각들에 의해 정신에 전달된 상호 무관한 생각들에 의미를 부여하는 본래적인 자질들을 인간이 가지고 있다는 것이다. 이것이 양, 질, 그리고 원인과 결과가 밀려들어오는 정보들을 의미 있게 만든다. 요컨대 칸트에 따르면 지식은 두 요소로 이루어진다. 외부로부터 오는 내용(content)과 내부로부터 오는 형태(form)가 그것이다. 그리고 지식의 결과는 경험이다. 다시 말해 지식은 존재하는 상태 그대로의 사물들의 사본이 아니라는 것이다. 그러므로 '순수 이성'은 '현상'을 초월하여 '실체'로 침투하지 못한다. 우리가 알고 있는 것은 현상이며 사물 자체의 실재는 아니다.

우리가 알고 있는 것은 외부로부터 우리의 정신 안으로 들어오는 것과 이를 받아들이는 정신과 관련되어 있고, 우리가 아는 것은 현상이 어떻게 정신에 의해 수용되느냐에 달려 있다. 칸트는 이성은 '현상' 너머에 존재하는 것은 획득될 수 없으며, 이는 어떤 도덕적 의무감을 통해 획득된다고 했다. 왜냐하면 과학과 이성은 물리적인 세계만을 설명할 따름이지 도덕성을 위한 가이드를 제공하지 못하기 때문이다. 결국, 칸트는 이성의 사용은 얼마나 많은 생각이 인간의 정신에 들어오는지를 설명해 주지만 이성은 자유의지, 불멸성, 그리고 하나님의 존재와 같은 개념들을 증명하는 데 사용될 수 없다. 이러한 개념들은 감각들과 무관하게 인간의 정신 안에 도달한다.

칸트는 이들이 어디로부터 오는지 이야기하지 않았다. 그러나 그들이 정신 안에 들어온다는 사실은 인간들이 선과 악에 대한 본성적인 인지력에서 증명된다고 했다. 이 도덕적 인식이 선을 행하도록 명령하고 모든 사람이 보편적인 법칙에 합당한 행동을 하게 한다는 것이다. 이러한 접근법은 칸트의 『실천 이성 비판』(1788)에서 개발되었다. 도덕법은 인간의 독특성의 표시이다. 『이성의 범주 안에만 있는 종교』에서 칸트는 도덕성을 실천적 이성의 주된 내용으로 간주하고 있다. 그의 종교는 주로 윤리적 유신론이다. 그리스도는 지상 명령의 최상의 예증일 따름이다.

칸트는 철학적 연구의 결과 이성이 아니라 인간 안에 있는 도덕의식이 종교적 신앙에 가장 중요한 동인이며, 이것이 인간으로 하여금 하나님이 존재한다는 사실을 믿게 만들고, 그에 따라 행동하게 만든다. 계몽주의는 인간들이 발견할 수 있는 자연의 법칙들이 존재한다고 했으나, 칸트는 정신이 우리의 경험을 체계화시키고 우리 내면의 필연적인 개념들의 형태로 질서와 법칙을 부여한다고 했다. 칸트의 인식론은 역사적 영역의 범주 너머에 존재하는 실체적 영역들을 강조함으로써 고등 비평의 무자비한 공격으로부터 신앙과 성경의 권위를 세울 수 있었다.

18세기 철학은 칸트로 말미암아 지식에 '순수 이성'과 '경험'이라는 개념들이 접합된 것이다. 칸트는 하나님의 존재를 객관적으로 입증하는 것이 불가능하다고 보면서, 『실천 이성 비판』에서 우주의 도덕적 통치자를 전제하는 도덕적 명령을 삶에 도입했다. 그런데, 그의 전 시스템은 초자연적 계시를 반대했으며, 인간의 이성을 진리의 궁극적인 기준으로 삼았다.[15]

칸트의 업적은 근대 철학사에 이정표를 마련했다. 그의 사상은 독일 안과 밖의 프로테스탄트 신학에 지대한 영향을 미쳤다. 종교 분야에서는 계시의 객관성보다는 감정의 주관성을 절대시하는 자유사상가들의 모태가 되었다. 그의 입장은 종교의 합리주의적 해석에 대한 반발이기도 하고, 이와의 타협이기도 했다. 칸트의 사상은 19~20세기 슐라이어마허, 리츨, 그리고 바르트 등 근대 프로테스탄트 신학자들에게도 지대한 영향을 미쳤다. 18세기 칸트와 순수 이성을 회의하던 학자들은 계몽주의의 추세를 종식시킬 수는 없었으나, 변화시킬 수는 있었다.

4) 미국 및 기타 지역의 이신론

이신론은 18세기 후반까지도 여전히 인기가 있었다. 미국에서 토마스 제퍼슨(Thomas Jefferson, 1743~1826)과 페인(Thomas Paine, 1737~1809)이 주된 주창자들이었다. 북아메리카의 영국 식민지의 이신론자들은 프랑스의

---

15 Walker, *A History of the Christian Church*, 627-629.

영향을 많이 받았다. 특히 신생 국제도시 필라델피아는 미국 이신론의 센터가 되었다. 프랭클린(Benjamin Franklin, 1706~1790)과 제퍼슨은 프랑스로부터 자연주의와 관용성을 배웠다. 이들이 주창한 관용은 그리스도교 교파들 사이의 관용이 아니라 자연 종교에 입각한 관용의 정신이었다. "독립 선언"에 나타난 제퍼슨의 하나님은 '자연의 하나님'이었는데, 이 하나님은 다양한 교파들의 그리스도교의 하나님일 뿐만 아니라 다른 세계의 종교들의 하나님이기도 했다.

아메리카 건국의 아버지들은 일종의 자연 종교를 신봉했던 이신론자들이었다. 박해를 경험하지 않은 미국에서 조직화된 종교에 대한 반감도 없었다. 미국에는 국가 종교가 없으며, 종교는 사적인 문제였다. 구대륙에서 정립된 계몽주의는 신대륙에서 결실을 맺었다는 주장도 일리가 있다고 하겠다. 이성적 합리주의는 미국인들로 하여금 영국의 통치를 거부하게 만드는 혁명 정신을 조장했다. 그들은 로크와 루소의 사상을 대대적으로 추종하였다. 미국의 『독립 선언』 및 그들의 헌법에 자연주의적 이신론 사상이 잘 나타난다.

영국과 서부 및 중부 유럽의 이신론은 17~18세기에 만개했지만, 러시아와 스페인, 이탈리아, 그리고 그리스 등 남부 유럽 국가들에서는 19세기 말 혹은 20세기 초에 이신론이 뿌리내리게 되었다. 왜냐하면 이들 국가는 로마 가톨릭교회 혹은 동방 정교회 지역으로서 상대적으로 이성적 반격이 덜했기 때문이었을 것이다.

5) 이신론에 대한 비판

이신론은 상당한 정도로 유럽의 비그리스도교화를 이루었다. 종교로부터 도덕과 사회의 분리는 정치적 중앙집권화 및 문화적 세속화를 촉진시켰다. 신학은 호소력을 잃었고 신비주의는 의심을 받게 되었다. 무신론까지 횡행하였다. 이 철학적 운동은 19세기의 비종교성을 조장했으나, 이의 과도성 때문에 다양한 반작용들도 등장했다. 의도한 바는 아니었으나, 계몽주의는 경건과 비합리성의 부흥을 초래 했다. 버틀러의 『종교의 유비』

가 이신론에 대한 가장 유명한 반응일 것이다. 그는 계시의 종교(그리스도교)가 자연 종교만큼 합리적임을 주장했고, 이성은 결국 확률에 한정된다고 주장하였다. 계시는 무한한 존재에게 특별한 것이 아니며 증명할 수는 없으나 그리스도교가 역사 속에서 보여 준 기적들과 순교자들 같은 초이성적 현상들이 그 존재의 진실성을 입증한다고 했다.

데이비드 흄은 이신론이 본성적으로 회의주의임을 폭로했다. 그는 로크의 경험론을 자신의 사고의 출발점으로 삼지만 엄밀히 우리가 경험으로 무언가를 인지한다는 것은 너무나 제한적인 사고라고 했다. 인간은 일련의 현상들을 경험할 뿐 최종적인 인지는 심리적 습관에 의존한다고 보았다. 우리는 실재를 알 수 없고 순수한 이성이 감지하는 범위 내에서 습관과 경험으로 인정할 뿐 실재를 경험하지는 못한다.

흄의 경험론적 이성주의의 비판으로 자연 종교는 한계를 만났다. 왜냐하면 흄이 원인과 결과로 이어지는 질서 있는 현상들 너머에 있는 실재를 말하기 때문이다. 이와 더불어 18세기 말부터 등장하는 낭만주의, 칸트의 계몽주의, 그리고 종교적 경건 운동은 이성의 시대를 대응하는 새로운 풍토의 종교와 사조들이었다.

3. 낭만주의와 루소

시계공 하나님, 즉 인간사에 대한 하나님의 개입 가능성을 인정하지 않는 사조가 팽배한 시기에도 일부 계몽주의자들은 하나님과 인간의 밀접한 관계성을 주장했다. 이들은 낭만주의자(Romanticists)들이었다. 낭만주의는 복음주의적 부흥 운동들(경건주의, 감리교 운동 등)과 마찬가지로 합리주의적 종교에 대한 하나의 암묵적인 비판 세력이었다. 구체적으로 이는 프랑스 혁명에 대한 종교적 반응 가운데 하나였다. 낭만주의는 18세기를 강타하는 지성에 대한 반발로 합리적 지성을 직관(intuition)에 근거하여 거부했다.

낭만주의자들은 계몽주의적 합리주의가 경박하다고 여기고, 경이로움과 신비로움, 그리고 숭고함의 중요성을 회복하기 위해 노력했다. 종교적으로 자연주의 하나님을 거부하고 성서적 하나님에로의 복귀를 주장했다. 그들은 정통주의의 독단성을 비판하고 개인의 종교적 체험을 중시했다. 일부 낭만주의자들은 자연에서 하나님을 발견하기도 했다. 그런 의미에서 낭만주의에는 범신론적 요소가 있었다고 하겠다. 낭만주의는 초월자와의 친밀성을 강조했으며, 자아, 영혼, 양심의 무한자와의 관계성을 중시했다. 요컨대, 인간의 주관성을 신적인 영원성과 혼합시키려고 했던 것이다.

낭만주의적 사조의 가장 뛰어난 대표자는 루소(Jean Jacques Rousseau, 1712~1778)였다. 그는 자신의 경험에 기초한 문학, 시, 그리고 철학을 통해 개인적인 감정들을 자극함으로써 프랑스와 독일의 젊은이들에게 엄청난 영향을 미쳤다. 그는 제네바에서 개신교(칼뱅주의) 교육을 받았으나, 가톨릭교회로 개종했다. 한때 계몽주의에 매료되었으나 나중 낭만주의 운동을 주창했다. 그는 복음주의적 그리스도교와 이신론적 자연 종교 사이의 역설적인 입장을 견지했다. 양쪽에서 비판을 들었지만, 그의 중심은 자연 종교의 완전한 실현은 복음주의 종교에로의 복귀라고 역설했다. 그는 양심의 내적인 가르침들에 귀를 기울였는데 우리의 양심은 올바른 행동을 우리에게 가르쳐 주며, 타계적인 실재를 전제한다고 했다.[16]

루소는 참된 종교의 본질은 모든 선과 미에 대한 사랑에 있다고 했다. 그는 당시의 진보 개념을 거부하면서, 도덕적 및 종교적 가치들에의 회귀를 역설했다. 그는 문명의 진보와 성장이 인간을 타락시키며, 사유 재산 제도가 자연 상태의 최대의 적이라고 보았다. 실제로 그는 자신의 유토피아적 사회 이론을 구현하기 위해 스위스의 성 피에르 섬에 자신의 실험적 유토피아를 건설했다. 인간의 좋은 성품들은 감정에서 나오며, 악한 관습들은 이성에서 나온다고 했다. 따라서 직관과 감동이 철학과 이성보다도 더 나은 행위의 안내자들이라고 했다.

이러한 경향은 유럽 전역에 만연했다. 그는 그의 동료들인 디드로나 볼테르와 달리 도덕성, 종교성, 그리고 미덕을 추구했다. 그는 신적인 섭리와 영혼의 불멸을 굳게 믿었다.

---

16 González, *The Story of Christianity*, vol. 2, 193.

4. 캠브리지 플라톤주의와 유니테리안주의

1638~1688년 사이 영국에 캠브리지 플라톤주의자들로 알려진 그룹이 생겨났다. 이들은 철학자들의 그룹으로서 자연법과 신학적 주제들을 연결하려 했다. 이들은 교회의 관용과 이해를 촉구했으며, 이성은 자연 종교 및 계시 종교 모두의 원리라고 주장했다. 이들이 말하는 이성은 마음에 내주하는 하나님으로부터 기인하는 능력으로 영적 실재들을 인지하고 향유하는 능력이었다. 즉, 이들이 말하는 이성은 이신론자들의 이성과 달랐다. 이들의 이성에는 신비적 이해가 내포된 신플라톤주의적 개념이 내포되어 있었다. 캠브리지 플라톤주의자들은 하나님의 의지와 지고의 선을 동일시했다.

유니테리언이라는 용어는 삼위일체에 반대하여 하나님의 단일 인격성을 강조하던 사상에 사용되었다. 이는 어떤 의미에서 계몽주의의 부산물이었다. 그러나 삼위일체 사상은 고대 교회의 아리우스주의와 종교개혁 시기의 세르베투스, 그리고 소치누스주의에서 이미 나타났다. 렐리오 소치누스와 그의 조카 파우스토 소치누스(Fausto Sozzini, 1539~1604)는 반삼위일체 유니테리언주의의 선구자였다. 1605년 폴란드의 라코우(Raków)에서 작성된 최초의 소치누스주의 원리들의 선언인『라코비안 요리 문답』은 합리주의와 초자연주의의 결합이었다. 이들은 그리스도는 보통 인간이며 단지 우리의 한 모범일 뿐이라고 여겼다. 따라서 그리스도의 대속적 죽음을 믿지 않았다.

소치누스주의는 1773년 영국 국교회로부터 독립하여 유니테리안 교파를 세웠다. 미국 보스톤의 킹즈 채플(King's Chapel)은 뉴잉글랜드에서 가장 오래된 성공회 교회인데, 1787년 최초의 공공연한 유니테리안 교회가 되었다. 유니테리안들은 18세기 후반과 19세기 전반에 미국에서 자유주의적 혹은 합리주의적 운동의 일환이 되어 많은 영향력을 행사했다. 미국 최고의 유니테리안 신학자인 회중교회 목사 채닝(William Ellery Channing, 1780~1842)은 인간 정신의 성장 및 완전성의 교리를 발전시켰다. 소수지만 현재까지 유니테리안주의자들은 계속 영향력을 행사하고 있다.[17]

---

17 Walker, *A History of the Christian Church*, 585-586.

제4장

17~18세기 개신교 부흥 운동

1. 신비주의 운동

16세기의 길고 무미건조한 교리 논쟁과 17~18세기 합리적이지만, 과격했던 이성의 시대 사이에서 일단의 부류들은 신비주의적 신앙으로 노정했다. 17세기 초 야콥 뵈메(Jakob Boehme, 1575~1624)는 독일 신비주의를 새롭게 표현한 인물로 꼽힌다. 그는 청소년 시절부터 환상을 보는 등 신비적 체험들에 노출되었다. 그는 자신의 신비적 체험을 글로 남기기도 하고 주변 사람들에게 가르침을 주었는데 『찬란한 여명』이 그의 주저이다. 이 때문에 그는 추종자들도 생겼지만, 오랜 기간 이단 시비로 고초를 겪다가 50세 나이로 병사했다.

뵈메는 자연 신비주의자요, 자연 철학자였다. 그는 당시 루터교 정통주의자들의 교리 논쟁을 의미 없는 '바벨탑'에 비유했지만, 루터교 신앙 자체에 손상을 가하지는 않았다. 뵈메에게 있어서 신앙은 오직 자신의 내면으로부터 출발하는 것이고 외적인 실재와는 아무 상관이 없는 것이었다. 그는 인간 안에 내재하는 그리스도를 강조했고, 그리스도를 믿는 것은 이성의 작용과는 무관한 성령을 통한 내적 경험이라고 주장했다. 인간 자아와 신적인 본질의 핵심에 의지가 존재하고 이 의지는 우주의 궁극적 원리가 된다.

뵈메는 빛과 어두움, 선과 악, 사랑과 미움, 은총과 저주를 이원론적으로 구분하였으며 역사는 이 양자간 투쟁의 장이라고 보았다. 인간은 스스로의 의지를 이용하여 역사의 장에서 하나님의 편에 서게 되거나 사탄의 편에 서게 된다. 그는 삼위일체도 의지로 설명했다. 성부의 형용할 수 없는 의지가 영원 전에 아들의 형용할 수 있는 의지를 창조했다. 성령은 성부와 성자를 투영하는 거울과 같다고 하였다. 자연은 곧 하나님의 형상이다. 인간은 그리스도를 통하여 삶의 의미를 발견하게 되고, 그리스도의 마음이 되어 만물을 포용하게 되는 단계에 이른다고 하였다.

뵈메의 신비주의는 형식적 교회 의식과 딱딱한 교리 전쟁에 대한 반동이었다. 그는 사람들로 하여금 형식과 교리를 버리고 자신 속에 거하는 그리스도에게 집중하도록 가르쳤다. 뵈메는 그의 생전보다 사후 더 많은 추종자를 얻었다.

17세기 신비주의를 노정한 자들 중 영국의 청교도주의 조지 폭스(George Fox, 1624~1691)와 그가 창시한 퀘이커교를 빼놓을 수 없다. 영국에서 청교도는 획일적이지 않고 매우 다양한 분파로 존재했었다. 이를테면 칼뱅주의 청교도들, 평등주의자들(정치적, 종교적 평등을 요구하는 자들), 경작자들(경제적 공산주의를 주창한 자들), 묵시론자들(급진적 행동주의들), 그리고 구도자들 등이 그들이다. 이들 가운데 가장 눈에 띄는 분파가 "형제회"(the Society of Friends)라고 불린 퀘이커교도들(the Quakers)이었다.[18]

퀘이커교의 창시자 조지 폭스는 장로교 신앙 배경에서 태어난 진지한 성품의 소유자였다. 청년 시절 어느 날 신비적 체험을 경험한 후 신앙의 "내적인 빛"을 강조하면서도 경직된 교리주의와 율법주의를 비판하였다. 오직 그리스도를 본받아 평화주의와 박애주의를 부르짖었다. 그는 계시가 성경을 통해서만이 아니라 성령의 직접적인 개입에 의해서도 임한다고 주장했다. 그의 소명과 사상은 그의 사후 출판된 『저널』에 잘 나타나며 그의 제자 바클레이(Robert Barclay, 1648~1690)는 『참된 그리스도교 신성을 위한 변증』을 통해 퀘이커 사상을 체계화시켰다.

퀘이커교도들은 성령의 내적 임재와 계시를 믿으며 성령의 증거에 의해서만 하나님에 대한 참된 지식에 이른다고 하였다. 내적인 신적 계시는 참된 신앙의 성장에 필수적 요소이고 이는 성경의 외적인 계시, 즉 이성과

---

18 González, *The Story of Christianity*, vol. 2, 197-198.

모순되지 않는다고 하였다. 모든 지식의 원천인 성경, 예언, 그리고 그리스도의 계시가 성령으로부터 오며, 스스로 거부하지 않는다면, 성령은 모든 사람에게 부여된다. 성령은 신자들을 거룩함과 의로움, 그리고 순결함으로 인도한다.

퀘이커교도들은 국가 교회와 가톨릭교회를 비성경적이라 질타했다. 조지 폭스는 청교도다운 청교도로 돌아갈 것을 주창했다. 그는 당시의 기성 교회의 모든 외적 요소들, 이를테면 신학 교육, 교회의 직제와 예전, 맹세, 음악, 성전, 십일조를 거부했다. 그리고 폭스의 평화주의적 정신에 입각하여 전쟁을 거부했다. 형제애 및 평등사상은 퀘이커교의 지표가 되었는데 훗날 신대륙에서 퀘이커교도들은 자신들의 지표를 따라 노예 해방을 최초로 실천한 자들이 되었다. 그 외에도 인권 운동 및 박애 활동들에는 언제나 퀘이커교도들이 앞장서 있었다.

최초의 퀘이커 집회가 1652년 개최되었다. 찰스 2세의 왕정복고로 인해 1661년까지 4,200명이 투옥된 것으로 기록되어 있다. 많은 퀘이커 신자들이 선교사가 되어 유럽 전역과 미국에 건너갔다. 1681년 윌리엄 펜(William Penn, 1644~1718)은 핍박당하고 있던 퀘이커교도들에게 피난처를 제공하기 위해 펜실베니아 식민지를 세웠다. 1691년 폭스는 사망했고 퀘이커들은 단순하고 소박한 속성과 내적인 빛의 주관성을 특징으로 하며 현재까지 존재하고 있다.[19]

이 시기 두각을 보인 또 한명의 신비주의자는 스베덴보리(Emanuel Swedenborg, 1688~1772)이다. 그는 뛰어난 스웨덴의 과학자요, 자연 철학자였다. 그는 1745년 놀라운 환상을 체험했는데, 자신의 신비적 체험들에 근거하여 그리스도교 신앙을 재해석하기 시작했다. 그는 종교를 투시 및 예언과 연결시켰다. 스베덴보리는 뵈메의 신비적·예언자적 전통들과 맥락을 같이 하면서 접신론까지 전개했다. 하나님이 자신을 통해 새로운 계시를 말씀하며, 자신의 예언은 제2의 강림에 해당한다고 주장했다. 그는 5단계의 점진적인 계시를 주장하면서, 마지막 제5단계 계시는 스베덴보리

---

19 González, *The Story of Christianity*, vol. 2, 198-202.

자신을 통해 새로운 그리스도교 교회를 선포하는 것이라고 했다.

스베덴보리는 대륙과 미국에서 많은 영향을 미치긴 했으나 지나친 개인주의적 성향과 내세 지향적 성격 때문에 전체 교회와 사회에서 영향력이 오래 지속되지는 못했다.[20]

2. 독일 경건주의

17세기 말 독일에서 경건주의 운동이 일어났다. 다른 요인들이 없지는 않았지만 지성화되고 경직된 교리적 작업으로 인해 영적인 삶이 침체된 것에 대한 불만이 가장 주요인으로 작용했다. 그래서 독일 경건주의는 메마른 교리주의에 치우친 개신교 정통주의에 대한 반발로 좀 더 생동감 있고 역동적인 신앙을 추구하기 위해 생겨났다고 하겠다.

경건주의 운동은 17세기 신앙 고백주의로부터 벗어나 16세기 루터와 후기 중세의 독일 신비주의에 근거하여, 성경의 원리와 체험적이고 실존적인 신앙의 회복을 주창했다. 경건주의는 청교도들의 사상에 뿌리를 두고 있다. 성도의 회심과 내적 갱생(성화)을 강조하며 근본적인 삶의 변화를 추구하는 청교도 정신이야말로 신앙의 본질이라고 주장했다. 독일 경건주의는 이후 영국과 미국으로 확산되었다.

1) 슈페너와 프랑케

슈페너(Philip Jakob Spener, 1635~1705)는 30년 전쟁 기간에 태어났다. 그는 신앙 고백주의의 폐해를 목도했으며, 도덕적 진지성의 회복을 열망했다. 그는 신비적 경험을 토대로 한 루터의 신학에 침잠하게 되었으며, 청교도들의 저서들과 재세례파의 저서들, 그리고 부처의 교회론적 개혁 프로그램 등에도 다대한 영향을 받았다. 슈페너의 첫 목회지는 프랑크푸르

---

20 González, *The Story of Christianity*, vol. 2, 203-204.

트였다. 1660년대 후반 거기서 그는 교회 훈련을 강화하고, 세례 문답 지도를 개선하는 등 새로운 형태의 목회를 개진했다. 1670년 그는 마음을 같이하는 사람들로 소그룹을 만들고 기도와 성경 공부, 그리고 여러 주제를 토의하였다. 사람들은 이 소그룹에 모인 자들을 경건한 무리라 불렀고 이로부터 '경건주의'란 말이 나왔다.

1675년 슈페너는 『경건한 열망』이라는 소논문으로 독일에서 일약 명사로 부상하였다. 이 책은 30년 전쟁 이후 독일 루터교의 영적인 상태를 개탄하며 신앙에 대한 무관심, 신학적 정교함에 대한 지나친 관심, 그리고 루터교의 부도덕성을 지적했다. 그는 논쟁의 비생산적인 성격을 지적하면서 사랑의 정신으로 남들과 교제해야 할 그리스도인의 의무를 강조했다. 따라서 가정으로부터 사회와 국가에 이르기까지 만민 사제설에 입각하여 경건, 사랑, 봉사 등의 실천이 이루어져야 한다고 주장하는 한편『경건한 열망』은 목회 후보자들에게 공허한 교리 논쟁을 지양하고 기도 및 윤리적 삶에 집중해야 한다고 권유했다.[21]

슈페너는 루터의 만인 사제설로 교만한 성직 구조를 갱신함으로써 교회를 역동적으로 만들고자 했다. 그의 제자들 가운데 일부는 진정으로 거듭난 자들로 구성된 '교회 안의 교회'(ecclesiola in ecclesia)를 형성하기도 했다. 이들은 기존 교회예배와 성례전들로부터 이탈했다.

슈페너는 보수적인 루터교 성직자들과 루터교 정통주의의 수호자들로부터 거센 비판을 받게 되었다. 반대자들은 그가 이신칭의보다 성도들의 성결한 삶, 성화의 부분을 더 강조한다고 보고 그를 칼뱅주의자라고 비판했다. 더욱이 슈페너는 종말론에 심취하여 요한계시록에 기록된 사건들이 현재에 진행되고 있으며, 또 미래에도 진행될 것이라고 예언하곤 했다. 그의 예언들이 맞지 않자 루터교 내의 그의 적수들은 이를 미끼로 슈페너를 궁지로 몰았다. 그러나 슈페너는 어떠한 비판에도 루터교와의 결별을 원하지 않았다.

---

21 P. Jacob Spener, *Pia Desideria, Kleine Texte für Vorlesungen und Übungen*, Kurt Aland (Hg), (Berlin: Walter de Gruyter, Übersetzen Kurt Aland, 1940), 69, 76.

1686년 드레스덴(Dresden)으로 옮겨가 궁정 설교가로 일하였다. 그는 거기서도 지성적이고 형식적인 교리의 수용이 아니라 '가슴의 종교'를 추구함으로써 정통주의적 루터교 내부를 개혁하고자 했다. 드레스덴에서도 슈페너의 행로는 가시밭길이었다. 다행히 브란덴부르크의 선제후가 그를 베를린으로 초청하여 브란덴부르크의 성 니콜라우스교회의 교구 목사 자리를 제안해 주었다. 그곳에서 일하면서 슈페너는 1694년 할레(Halle)에 신학부를 설립했다. 얼마 안 있어 이 대학은 프랑케의 리더십 아래 경건주의의 본산이 되었다.

프랑케(August Herrmann Francke, 1663~1727)는 슈페너의 가장 뛰어난 추종자였고 할레의 지도자가 되었다. 라이프찌히대학에서 강의하던 시절 평신도들을 대상으로 '성경을 사랑하는 자들의 모임'을 결성하기도 했다. 1687년 청년 시절 극적인 중생의 체험을 한 후 슈페너를 만나 경건주의에 헌신하였다. 라이프찌히로 돌아와 성경 공부 모임을 통해 경건주의적인 신앙을 견지했고, 그의 '성경을 사랑하는 자들의 모임'은 경건 운동의 영적 센터가 되었다.

프랑케는 종교적 내적 투쟁을 슈페너보다 한층 더 강조하였다. 더 엄격한 윤리성과 종교성을 추구한 프랑케의 경건주의 운동은 북부 및 중부 독일에서 크게 인기를 구가했다. 프레드리히 1세가 프랑케의 든든한 지원자가 되었으며 프랑케는 이후 30년 동안 할레대학을 이끌었다.[22] 그는 특별히 어린이 교육에 관심이 컸다. 어린이 교육 기관으로 1695년 페다고지(paedagogium)와 라틴어 학교를 설립하여 2천 명 이상의 어린이들에게 경건주의적 교육을 고취시켰다. 그는 동시에 고아원을 설립하여 큰 호응을 얻었다. 프랑케의 활약으로 할레대학은 경건주의의 국제적 센터로 부상했다.

한편 할레의 두드러진 특징의 하나는 선교에 대한 열의가 대단했다는 것이다. 덴마크의 프레드리히 4세가 자신의 식민지인 인도의 동남부 지역을 복음화할 목적으로 선교사를 구하던 중 할레 학생을 인도로 파송하였

---

22 프랑케는 신학의 원전 연구와 경건의 실천을 최우선으로 하였다. Cf. Willmann, *Kirchengeschichte*, 135–138.

다. 이것은 덴마크의 첫 해외 선교사 파송으로 기록되며 훗날 "덴마크-할레 선교"(the Dennish-Halle Mission)라 불렸다. 할레의 선교는 아직 개신교가 선교로 눈을 돌리지 못하고 있을 때 이루어진 것이라 개신교 선교 역사에 큰 의미가 되었다.[23]

2) 진젠도르프

경건주의의 가장 중요한 영향 가운데 하나는 진젠도르프(Nikolaus von Zinzendorf, 1700~1760) 백작의 주도하에 "모라비아 형제단"이 조직된 것이다. 진젠도르프는 할레에서 프랑케의 영향을 받아 무미건조한 정통주의와 합리주의를 거부하고 '가슴의 종교'를 받아들였다. 그는 교리적 신앙을 반대하고 그리스도와의 긴밀한 교제와 체험적 회심, 그리고 산상 수훈의 윤리를 실천할 것을 강조하는 살아 있는 신앙을 선택한 것이다. 그는 루터의 십자가 신학을 신앙의 내면화에 적용했다. 개혁자들의 하나님 말씀의 신학을 생동력 있는 성령의 신학으로 소화했다.

후스파 운동의 남은 자들로 숨어 지내던 모라비아인들이 크리스티안 데이비드(Christian David, 1690~1751)의 인도 아래 1720년대에 피난처를 찾아 독일 삭소니(Saxony)로 들어왔다. 진젠도르프는 이들의 정착을 허락하고 헤른후트(Herrnhut)라는 공동체를 건설했다. 이 공동체는 신앙, 선행, 윤리, 근면을 특징으로 하는 수도원적 공동체였다고 할 수 있다. 많은 독일 경건주의자들이 그들과 합류하였고 진젠도르프는 그들의 지도자가 되었다.

진젠도르프는 1745년 독립된 교단으로 모라미아 교회를 설립하고 이후 세계 곳곳에 모라비아인들의 정착지를 조직하기 위해 노력했다. 그는 일생 동안 이들을 순방하며 신앙을 고취시키는 데 헌신했다. 선교에 열정적이던 모라비아인들은 베를린, 암스테르담, 런던, 그린랜드, 조지아, 펜실베니아, 서인도 제도에 정착지들을 건설했으며, 페르시아, 에티오피아, 실론 등지에 선교사들을 파송했다. 1749년 삭소니는 모라비아인들에게 종

---

[23] Walker, *A History of the Christian Church*, 587-592.

교의 자유를 허락했다.[24]

3) 경건주의의 영향

독일 경건주의는 여러 면에서 주목할 만하다. 우선적으로 경건주의는 정통주의의 건조함에 신앙의 생기를 불어넣었다. 설교 및 신학 교육을 향상시켰고 교회의 삶에 평신도의 참여를 증대시켰다. 경건주의는 성경 공부에 대해 열정적이었으며 할레는 개신교 신학의 중견 및 뒤이은 독일 성서학의 발전을 위한 길을 마련했다.

또한, 슈페너의 경건주의는 독일 종교 사상에서 낭만주의의 기초가 되었으며, '근대 신학의 아버지' 슐라이어마허의 사상과 연결되었으며 한층 나아가 영국의 부흥 운동을 일으킨 웨슬리로 이어졌다. 스웨덴의 스베덴보리와 그의 영성주의자 라바터에게도 영향을 미쳤다. 경건주의는 정통주의와 합리주의가 만족시켜 주지 못한 영적인 공허감을 채워 준 데 그 의의가 컸다.

가장 주목할 만한 공헌은 루터교에 선교적 열정을 일으켰다는 점이다. 16세기 개신교는 개혁과 교파 정착을 위한 처절한 교리적 투쟁으로 미처 선교 활동까지 영역을 넓혀 갈 겨를이 없었다. 그런 가운데 할레의 선교 활동은 루터교의 새로운 생기가 아닐 수 없었다. 18세기 많은 선교사들이 할레대학으로부터 배출되었다. 1705년 인도에 첫 선교사 파송을 필두로 근대 개신교 선교 운동이 시작된 것이다. 서인도 제도들, 그린랜드, 북아메리카, 이집트, 남아프리카, 라브라도르, 네덜란드, 영국, 그리고 발틱해 연안 국가들에 선교사들을 파송했다.

슈발츠(Christian Friedrich Schwartz, 1726~1798)는 18세기 할레에서 파송된 60명의 선교사들 가운데 가장 특출한 자로 48년간 인도에서 사역하면서 토착어로 성경을 번역하기도 했다. 경건주의는 미국의 독일 정착민들에게도 영향을 미쳤다. 미국의 펜실베니아는 나중 진젠도르프의 운동의

---

24 Walker, *A History of the Christian Church*, 592–594.

본부가 되었다.
 한편 경건주의는 회심을 확인할 수 있는 감정적 체험으로 여겼다. 그리고 종교의 지적인 측면들을 등한시했기 때문에 경건주의가 치유하려고 의도했던 신학적 논쟁은 경건주의 밖에서 계속될 수 밖에 없었다. 경건주의는 이성을 배격하고 체험을 강조함으로써 종교적 직관주의로 흘렀다. 따라서 합리주의를 저지할 수는 있었으나, 계시의 객관성보다도 개인적 주관성을 강조하는 개신교 자유주의를 조장하는 결과를 가져왔다. 무엇보다 그리스도교 교육에서 놀이를 부정적으로 보았으며(심지어 어린이들에게조차도), 경건주의자들이 아닌 자들에게 배타적이었다.

3. 영국 웨슬리 부흥 운동

1) 감리교의 탄생

 감리교주의는 18세기 경건주의의 최대 표현이라고 할 수 있다. 원래 주변적인 부흥 운동에 불과했던 감리교주의는 19세기에 이르자 크게 성장하여 특히 미국에서 매우 중요한 주류 그리스도교로 자리 잡게 되었다.
 협의의 의미에서 경건주의는 슈페너 및 프랑케와 관련된 루터교 내에서의 영적 각성 운동에 적용되는 것이지만, 광의의 의미에서 머리보다 가슴에 일차적 강조점을 둔 동시대 부흥 운동을 모두 포함한다고 하겠다. 이런 역사적 맥락에서 웨슬리의 운동은 경건 운동의 연장선이다. 독일의 경건주의와 마찬가지로 웨슬리의 운동도 성경 연구, 회심의 체험, 그리고 실천적 그리스도교를 강조했다. 웨슬리(John Wesley, 1703~1791)는 모라비아 형제들의 영향을 받았다. 독일 경건주의는 독립적인 교파를 설립하기를 거부했기 때문에 웨슬리 운동이 영속적인 면에서 더 큰 영향력을 발휘했다고 하겠다.
 17세기 영국은 이신론이 만연하였고 종교적 합리주의가 지배하고 있던 터라 사람들에게 종교는 종교적으로 재가를 얻은 도덕률에 불과한 것처럼 여겨졌다. 한편 영국은 산업 혁명의 문턱에서 막 농업 국가에서 산업 국가로 변모하려는 과도기를 겪고 있었다. 빈부 차가 심해지고 공장 주변으로 퇴폐 문화가 조장되는 등 산업 혁명의 역기능들이 드러나고 있었다.

이런 상황에서 신비한 무언가로부터 가슴이 뜨거워지는 종교가 절실할 때 존 웨슬리와 찰스 웨슬리 형제의 복음주의적 경건주의는 영국인들에게 '가슴의 종교'를 선사하며 영적 피폐와 도덕적 타락상을 치유하는 데 기여하였다. 웨슬리 운동은 경건과 실천의 양면을 강조하며 영국 그리스도교에 활력을 불어넣었다.

존과 찰스는 모두 옥스퍼드대학교을 다녔으며 거기서 1729년 한 경건주의적 그룹을 결성하였다. 1735년 미국에서 1차 대각성 운동을 이끌었던 휘트필드(George Whitefield, 1714~1740)도 이 그룹에 가입했었다. 그들은 영적인 삶(기도, 경건 서적 탐독, 자기 검토, 금식, 잦은 성만찬, 선행 등)을 고양시키기 위한 체계적인 규칙을 채택했다. 이것 때문에 사람들은 그들을 '규율주의자들'(Methodists)이라고 불렀고, 훗날 이 별명은 그들의 교파 이름이 되었다.[25]

그러나 존과 찰스 두 형제는 여전히 내면에서 해결되지 않은 갈증을 느꼈고 구원에 대한 평화가 없음에 고뇌했다. 그러던 중 1738년 5월 27일 존은 런던의 올더스게이트(Aldersgate)에 있는 한 모라비아인들의 집회에서 중생의 체험을 하였다. 비로소 그가 그렇게도 추구하던 중생의 체험과 구원의 확신을 하였다. 그는 그리스도와 강렬한 개인적 교제를 체험하였고, 그토록 갈망하던 평화를 얻게 되었다.[26] 이 복음주의적 회심의 경험이 이후 존의 전 생애를 조건 지었으며, 감리교의 신학과 예배와 삶에 결정적인 영향을 미치게 되었다.

존은 회심을 경험한 후 독일의 모라비안들의 공동체, 헤른후트로 순례를 떠났으며 거기서 진젠도르프를 만났다. 귀국 후 그는 모라비안 운동에서 받은 감명을 자신의 경건주의 운동을 펼치는 데 적극 활용하였다. 한편 그들의 지나친 신비주의와 그리스도인들의 삶에 대한 제한된 비전을 극복

---

[25] F. Baker, "Wesley and Methodism," in *The Duke Divinity School Review*, 37 (1972), 82–83.

[26] 웨슬리의 회심에 대해, cf. John Wesley, *The Work of John Wesley* (Grand Rapid: Zondervan, 1958–1959), 103.

하고 감리교의 기초를 놓았다.

초기 감리교 운동의 3인방 가운데 존은 조직에, 찰스는 찬송가 작곡에, 그리고 휘트필드는 설교에 각각의 달란트를 나타냈다. 이들은 영국 국교회가 간과한 믿음의 본질들과 합리주의자들이 간과한 영적 체험과 구원의 본질에 대해 설파했다. 1739년 브리스톨(Bristol)에서 복음주의적 부흥 운동을 개시했다. 여기서 존의 옥외 설교가 처음 시작되었고 이것은 존의 독자적 신앙 운동이 출범되었음을 알리는 신호탄이었다.

이후 존은 50년 동안 25만 마일을 말을 타고 여행하면서 4만 번 이상 설교했다. 그의 설교 여행은 영국에서 유럽 전역에 이르렀다. 영국에서 청교도 운동이 무력으로 성취한 것보다도 존이 설교로써 성취한 것이 더 컸다고 할 수 있다. 그는 지역마다 평신도 설교자들을 세워 곳곳에서 부흥의 열기가 이어지도록 했다. 그러나 얼마 있지 않아 평신도 설교가 문제가 되어 영국 국교회 성직자들로부터 비난을 받게 되었다.

국교회로부터의 비판에도 불구하고 그는 영국 국교회를 떠날 의사가 없었고 여전히 각 지역에 평신도들을 세우고 그들에게 설교권을 허락했다. 그가 『39조문』을 끝까지 신봉한 사실에서도 잘 알 수 있듯이 존은 영국 국교회 신자였다. 하지만 국교회가 존과 그가 세운 설교자들에게서 등을 돌리자 존을 따르는 자들은 국교회로부터 분리될 수밖에 없었다. 그러나 존은 사망할 때까지 영국 국교회의 장로로 남았다. 그렇기 때문에 엄밀히 존을 감리교주의의 창시자로 보기는 어렵다. 단지 그는 감리교의 발단이었다. 그는 영국 국교회 내부에서 감리교 협회들을 성공적으로 유지했었다. 협회들은 잘 조직화된 교제 기구였으며 그는 회심자들을 영국 국교회의 지역 교회에 참석하도록 권장했다.

비록 웨슬리의 순회 설교자들은 성례전들을 집전할 자격을 부여받지는 못했지만, 1759년까지 감리교회(the Methodist Church)로 불리게 되었다. 이는 영국 국교회 내에서 복음 전도적 사회 부흥 운동으로 등장한 것이다. 또한, 존 웨슬리는 감독이 아니었으나, 1784년 미국에서 사역할 평신도에게 안수하여 설교할 수 있는 권한과 세례 및 성만찬을 집전할 수 있는 권위를 부여했다. 미국 메릴랜드에서 개최된 그리스도교 대회에서 이들의 안수가 재가를 받았다. 찰스 웨슬리는 이것이 감리교의 시초라고 봐야 한다고 주장했다. 왜냐하면 비록 엄밀한 의미의 안수라기보다 행정적으로 권위를 부여하는 의식이긴 했으나 단독 교단으로 독립적인 행보를 보였기 때문이었다.

그 외 스코틀랜드와 기타 여러 곳을 위해서도 평신도를 안수하여 사역을 일임했다. 이렇게 안수 받은 감독들이 세계로 나아가 사역할 자들을 다시 안수하며 파송했다. 존 웨슬리는 끝까지 인정하고 싶지 않았으나 감리교회는 자신들을 비국교도들로 이해하게 되었으며, 마침내 영국 국교회와 결별하였다. 국교회와 최종적 결별은 1795년이었다. 이 해가 명실공히 새로운 교단의 탄생이었다. 휘트필드는 그의 사역의 대부분을 미국에서 수행했으며 미국의 제1차 대각성 운동(the First Great Awakening)의 핵심 인물이 되었다.

2) 신학적 특징과 평가

1740년 웨슬리는 칼뱅주의자들과 결별했다. 웨슬리의 작품들, 『설교들』혹은 『신약 강해』(1755)에서 아르미니우스주의가 확연하게 드러났다. 그는 하나님의 절대 주권을 믿었으나, 예정과 성도의 견인을 믿지 않았다. 왜냐하면 만약 그리스도가 모든 사람을 위해 죽은 것이 아니라면, 만약 하나님이 정죄할 사람들과 구원할 사람들은 이미 정하였다면, 설교와 선교, 선행의 모든 행위가 무의미할 것이기 때문이다. 웨슬리는 보편적 구속, 인간이 거부할 수도 있으며 이미 획득한 바를 상실할 수도 있는 은총, 그리고 인간의 신앙에 달려 있는 예정 등과 같은 아르미니우스주의적 입장을 전적으로 지지하였다. 1770년 그는 칼뱅주의를 '신앙의 독'이라고 혹평했다. 감리교도들의 찬송에 만인을 위한 그리스도의 죽음이라는 주제가 거듭 반복되는 것은 칼뱅주의적 예정을 거부하는 의미라고 볼 수 있다.[27]

---

[27] Wesley, *The Work of John Wesley*, 209–210.

존 웨슬리의 신학은 독창적이거나 탁월한 것은 아니다. 그는 교부들과 청교도들, 그리고 영국 국교회의 사상들을 절충했다. 그가 철저히 반대한 것은 이신론, 아리우스주의, 그리고 소치누스주의자들이었다. 그는 고대 에큐메니칼 공의회가 선포한 삼위일체와 그리스도론을 신앙의 객관적 근거로 삼고 이것에 감리교의 '구원의 주관적인 전용'을 더했다.

존은 회개, 믿음, 그리고 성결을 중요시했다. 칭의는 오직 믿음으로 주어지나, 선행이 이에 수반되어야 함을 강조했다. 선행은 믿음의 증거요 시험인데, 이는 최종적인 구원의 조건에 포함된다고 했다. 이는 이신칭의가 '도덕폐기론'으로 빠지는 것을 막기 위한 것이었다. 그러므로 성령을 통한 신생(혹은 중생, new birth)은 성화의 시작이며 이것이 하나님과 이웃에 대한 전적인 사랑의 '완전성'을 초래한다. 그의 '완전성'의 교리는 성취에 초점이 있다기보다 점진적으로 진행되는 과정에 무게를 둔 것이다. 웨슬리는 그리스도인의 완전성과 완전한 사랑의 개념으로 진정한 신앙과 삶의 회복을 촉구했다. 웨슬리의 이러한 개념은 19세기 북미의 감리교도들 사이에서 일어난 성결 운동(Holiness Movement)의 영적, 신학적 기초가 되었다.[28]

감리교주의가 등장할 당시 영국은 이신론과 합리주의가 만연하고 있었음을 기억해야 할 것이다. 웨슬리 형제들의 감리교 운동은 냉랭한 이성적 종교에 식상한 사람들의 종교적 감성을 울리며 풍성한 영적 체험으로 인도하였다. 이는 이성이 아닌 종교적 감정에 대한 호소였다. 산업 혁명기의 소외된 프롤레타리아들을 복음으로 인도했던 것은 독일의 경건주의가 해내지 못한 바였다. 고교회적인 영국의 감리교주의는 영국 국교회가 하지 못했던 일들을 해냈다. 웨슬리 운동으로 영국은 프랑스 혁명과 같은 재난을 겪지 않을 수 있었는지도 모른다.

합리주의의 산실인 영국과 프랑스에서 감리교와 얀센주의는 무시할 수 없는 종교적 세력이었으며, 계몽주의 사회 사상가들에 대한 강렬한 비판 세력이 되었다. 감리교 운동은 영국의 복음주의 운동에 활력이었으며 구세군은 감리교주의의 한 새로운 양상으로 태어났으며, 침례교는 감리교의 열정 덕분에 근대 선교 운동에 착수했다.

---

28 Wesley, *The Work of John Wesley*, 254-255, 512.

제5장

17~18세기 근대 로마 가톨릭주의

1. 지리적 확대

근대 로마 가톨릭주의의 시작은 트렌트 공의회가 끝난 시기, 즉 16세기 말을 기점으로 볼 수 있다. 그 시기는 반동 종교개혁 이후 대체적으로 유럽에서 가톨릭의 영향력이 약화된 때이기도 하지만, 로마 가톨릭 선교사들은 유럽 이외의 지역으로 그리스도교를 확산시키려 노력했고, 이 일에 상당히 성공을 거둔 시기이기도 했다. 그 시기는 프로테스탄트들의 대대적인 해외 선교가 아직 착수되기 전이었고, 근대의 모두(冒頭)에 유럽의 확장은 주로 가톨릭 국가들이었던 스페인과 포르투갈에 의해 이루어졌다.

차츰 프랑스 및 여러 강대국이 식민지 개척을 추진함에 따라 가톨릭 영역의 확장은 절정을 향하고 있었다. 가톨릭 종교개혁에서 유래하거나 혹은 이것에 의해 다시 자극을 받은 종단들은 이 기간에 효율적으로 선교 사역을 수행했다. 1622년 신앙 전파를 위한 '거룩한 회중'이라는 그룹이 선교 사업을 감독하고 촉진하기 위해 설립되었다. 1627년 선교사 훈련을 위한 대학이 세워졌다. 이 둘은 해외 선교 추진을 위한 교황의 주된 도구였다.

많은 가톨릭 선교사들이 아메리카, 콩고, 인도, 중국, 인도차이나, 필리핀으로 파송되었다. 예수회의 선교 활동은 이미 살펴보았듯이 일본과 중국, 인도로 뻗어 갔다. 이 시기 프랑스 사람 브레뵈(Jean de Brebeuf, 1593~1649)가 뉴프랑스(캐나다)의 원주민 선교를 하다가 원주민에 의해 살해되는 사건이 발생하자 가톨릭교회에서 2가지 선교 정책들이 착안되었다.

첫째, 아메리카 패턴은 원주민들의 토속 신앙을 말소시키는 것이었다.
둘째, 아시아 패턴은 그리스도교 신앙을 현지의 문화적 전통들과 맞게 변용시키는 것이었다.

후자는 예수회에 의해 착안되어 실행되었다. 아무튼 가톨릭 국가들의 식민지 정책으로 가톨릭의 영토는 아프리카 해안들, 인도의 일부 지역, 서인도 제도의 대부분, 북아메리카의 남해안들, 멕시코, 중앙아메리카의 대부분, 필리핀, 말레이 반도와 동인도 제도, 그리고 중국까지 확장되었다. 그리고 프랑스의 활약으로 미국의 5대호 지역과 미시시피 지역을 차지할 수 있었다.

2. 가톨릭 정통주의와 이후의 로마 가톨릭주의들

1) 민족 교회주의

베스트팔리아 평화 협정(1648)에 대해 교황이 영향력을 행사하는 것이 불가능해짐에 따라 반동 종교개혁은 막을 내렸다. 트렌트 공의회가 끝날 무렵 교황이 전체 가톨릭교회를 통치할 권한을 갖게 되는 것으로 회의를 종결했고 트렌트가 결의한 교리는 가톨릭 정통주의로 굳어졌다. 이는 제1차 바티칸 공의회(1870), 제2차 바티칸 공의회(1962~1965) 바티칸 공의회까지 가톨릭교회의 신학 정통을 주도해왔다.

그러나 유럽의 절대군주제를 지향하는 민족 국가들은 이를 수용하려 하지 않았다. 여기서 민족 교회주의가 발단되었다. 프랑스의 갤리칸주의와 독일의 페브로니우스주의와 조셉주의가 이 시기 대표적인 민족 교회주의이다. 가톨릭 시민 정부들은 자신을 복종시키려고 하던 교황의 노력에 대항하여 자기들의 권력을 확립하려 노력했다. 가톨릭교회 내에서 교황의 권위에 대한 교회 공의회의 우위 사상이 갤리칸주의, 페브로니우스주의와 조셉주의에 의해 촉진되었다.

대표적 가톨릭 국가인 프랑스에서 조차 제후들과 대부분의 감독은 교황의 수위권을 반대했다. 프랑스에서처럼 민족 교회 성향을 띠며 교황으로부터 독립성을 주장하는 형태는 '교황권 제한주의'라고 불렸다. 프랑스의 고위 성직자들과 루이 14세는 교황권 제한주의에 해당하는 조항들을 만들었다. 한마디로 요약하면 궁극적 권위가 교회 공의회에 참석한 감독들에게 있다는 것이다.

루이 14세도 헨리 8세만큼 용감했지만, 프랑스 성직자들은 로마 교황청과 분열되는 것까지는 원치 않았다. 만약 그가 헨리처럼 교황청과 분열을 실현했다면 '앵글리칸 교회'처럼 '갤리칸(Gallican-고대 프랑스 고울 지역에서 유래한 말) 교회'가 생겨났을 가능성도 있었다. 아무튼 프랑스 내에서 교황청의 중앙 집권화를 반대하는 사조를 갤리칸주의(Gallicanism)라 불렀다. 갤리칸주의는 정치적 이유에 기인하기도 했고, 한편 교회의 권위가 교황의 독점물이 아니라고 믿는 감독들에 기인하기도 했다.[29]

독일에서는 감독 페브로니우스로부터 기원한 페브로니우스주의(Febronianism)가 등장했는데, 이들은 교회가 성도들의 공동체이고 감독들은 이들의 대표라고 주장했다. 교회는 로마의 감독(교황)이 아닌 감독들에 의해 다스려져야 한다고 하는 감독주의(Episcopalism)를 주창했다. 그리고 교회의 최종 권위는 각 국가 교회들의 대표가 모이는 공의회가 최고의 권위를 가진다고 하였다. 이 사상은 독일 감독들이 로마 교황청의 전제 정치로부터 자신들의 권리를 주장하기 위한 것이었다.

조셉주의(Josephism)는 학문을 숭상하고 자유를 수호했던 황제 조셉 2세의 이름에서 기원한다. 그는 자신의 영토 내에서 자신의 원리들에 따라 교회를 통치하며 개혁할 수 있다고 주장했다. 따라서 그는 교황들이나 트렌트 공의회가 설정한 지침들은 반지성적이고 반개혁적이며, 또한 비관용적이므로 따를 필요가 없다고 했다. 프로이센의 왕 프리드리히 2세와 러시아의 카테리나 2세가 이를 추종했다. 조셉 2세는 교황과 상관없이 많은 개혁 조처를 시행하였다. 그에게 교황은 로마의 감독에 지나지 않았다. 조셉은 교황을 밀어낸 자리에 자신이 섰다. 그러나 그의 독재적 황제 교황주의

---

29 Walker, *A History of the Christian Church*, 666-667.

는 대중의 불만을 야기했다. 성급한 정치적 개혁은 헝가리, 보헤미아, 그리고 저지대 국가들에서 민족주의 및 분리주의를 촉진시키고 말았다.

2) 얀센주의

갤리칸주의, 페브로니우스주의, 조셉주의가 교황의 권위에 관한 논쟁이었다면 얀센주의(Jansenism)와 정적주의(Quietism)는 구원에 관한 신학적 논쟁이었다. 이들은 구원에 있어서 하나님의 절대 은총과 인간의 공헌의 관계성에 관해 서로 다른 사상을 전개했다. 트렌트 공의회가 논의하다가 만 은총과 자유 의지의 관계성의 문제를 얀센파가 다시 제기했다. 얀센파의 명칭은 프랑스 감독이자 루뱅(Louvain)대학의 교수였던 코르넬리우스 얀센(Cornelius Jansen, 1585~1638)에게서 비롯되었다. 그는 아우구스티누스의 은총과 예정 교리의 철저한 신봉자였다.

예수회의 몰리나(Luis de Molina, 1536~1600)가 칭의의 교리를 체계화하는 과정에서 그는 충분한 은총이 자유 의지의 동의에 의해 효과적인 은총이 된다고 주장한 바 있다. 그는 하나님이 인간의 공로를 통해 구원을 예지한다는 입장을 가짐으로써 엄격한 예정을 비켜 갔다.

몰리나의 이 같은 견해는 당시 예수회의 일반적인 입장이었으나, 도미니쿠스회 수도사들과 얀센파들은 이 사상을 강력히 반대했다. 이들은 몰리나를 펠라기우스주의라고 비난했다. 도미니쿠스회 수도사였던 바네즈(Dominic Banez, 1528~1604)는 충분한 은총은 신적인 의지에 의해 효과적인 은총이 된다고 했다.

얀센은 아우구스티누스의 은총과 예정의 교리에 입각하여 자유 의지를 부인하고 공로 없는 은총을 주장했다. 이들은 몰리나에 반대하여 아우구스티누스와 아퀴나스에 가까운 예정론을 재천명했던 것이다. 그러나 교황 우르바누스 8세는 얀센주의가 발견한 아우구스티누스의 은총론이 칼뱅의 신조와 비슷하다는 이유로 그를 정죄했다. 나아가 예수회는 1653년 이노켄티우스 10세를 설득하여 아우구스티누스의 주된 논제들을 정죄하는 데 성공했다.

얀센의 사후, 그의 친구 시랑(Cyran)이 파리 부근 포트로얄(Port-Royal) 수도원의 수녀들에게 얀센의 견해들을 가르쳤다. 개인적 경건과 교회 개혁에 전념하던 이 수녀들을 통해 얀센주의가 다시 불붙기 시작했다. 시랑이 죽자 포느로얄의 수녀 안젤리크의 동생 아르노(Antoine Arnauld, 1612~1694)와 철학자 파스칼(Blaise Pascal, 1623~1662)에 의해 얀센주의는 계속 진행되었다.

파스칼은 그의 『한 시골 친구에게 보내는 서신』에서 고해 성사의 집전을 두고 궤변을 늘어놓는 예수회를 공격했다. 마침 예수회 수도사였던 케스넬(Pasquier Quesnel, 1634~1719)이 얀센주의로 개종하고 얀센의 원리를 지지하자 예수회 회원들이 분노했다. 파스칼과 케스넬이 예수회를 공격한 주된 이유는 예수회가 종단의 사상의 근간을 이루고 있는 자유 의지에 관한 교리와, 구원을 이루는 은총과 함께 선행 교리를 강조했기 때문이었다.

얀센주의는 절대 은총과 예정에 관한 아우구스티누스의 주장을 극단적으로 추종했다. 얀센에 대한 로마 가톨릭교회의 정죄는 역설적으로 로마 가톨릭교회가 아우구스티누스주의보다 펠라기우스주의를 선호했음을 의미했다. 17세기 은총과 인간의 공로에 관한 논쟁은 얀센주의와 예수회의 논쟁이었다. 1668년 양자 사이에 일시적인 화해가 이루어졌지만, 그것도 잠시 루이 14세는 포트로얄 수도원을 파괴하고 얀센주의는 교황청으로부터 거듭 정죄되었다.[30]

3) 정적주의

정적주의(Quietism) 운동은 스페인의 부흥주의적 사제 몰리노스(Miguel de Molinos, 1640~1697)에 의해 시작되었다. 몰리노스는 자신의 책 『영적인 안내』에서 하나님 앞에서 인간의 절대적인 수동성 및 자기 부인의 명상의 필요성을 강조했다. 이 명상은 그 어떤 형태의 행동주의를 배제한 순수 정신적인 것으로 자신은 사라지고 전적으로 하나님 안으로의 몰입만을 강조

---

30 Walker, *A History of the Christian Church*, 667.

했다. 그는 절대 수동성을 강조한 나머지 인간의 금욕적 훈련조차 의지에 의한 행동주의로 여기고 이조차 배격했다.

몰리노스의 사상을 추종하는 사람들이 프랑스와 로마에서도 생겨났다. 예수회는 성직자와 평신도 사이에 만연해지는 몰리노스의 사상을 이교도 신비주의라고 비난하며 정죄하는 데 앞장섰다. 몰리노스는 여러 억지스러운 참소에도 침묵을 지키며 정적주의의 전형을 보여 주었다. 몰리노스는 이노켄티우스 11세에 의해 정죄되었고 그로 인해 남은 생애를 감옥에서 보내야 했다.

정적주의는 프랑스의 마담 귀용(Madam Guyon, 1648~1717)의 추앙을 받았다. 그녀는 몰리노스의 사상을 그리스도교의 진정한 경건의 형태라고 보았다. 그녀는 아빌라의 테레사, 제노아의 카테리나 등 스페인 성녀들의 삶을 모범으로 삼았으며 그녀 자신도 이들 성녀처럼 많은 환상과 신비적인 체험들을 경험했다. 그녀는 하나님 존전의 명상과 독서, 침묵의 기도로 하나님에로의 복귀를 주장했다. 그녀의 사상은 페늘롱(François de Fénelon, 1651~1715)에게 영향을 주어 프랑스에서 정적주의를 퍼트렸다.

프랑스에서 정적주의는 페늘롱과 감독 보쉬에(Jacques-Benigne Bossuet, 1627~1704) 사이의 논쟁으로 이어졌다. 보쉬에는 엄격한 정통 가톨릭주의 신봉자로 갤리칸주의자였고 개신교에 대해서는 무자비한 투쟁을 전개했던 인물이었다. 반면 페늘롱은 인문주의 학자였지만 신비주의 및 정적주의에 기울어져 있었다. 루이 14세와 교황 이노켄티우스 12세는 페늘롱을 정죄했다. 비록 그는 정죄되었으나 페늘롱의 겸손하고 순종적인 삶과, 이웃을 돌보는 사랑의 실천이 대중들의 마음을 오히려 더 강하게 사로잡았다.[31]

3. 예수회

로욜라가 예수회를 설립한 이래, 예수회는 1세기 동안 로마 가톨릭교회에서 가장 막강한 그룹으로 활동했다. 잘 짜인 조직, 모호한 윤리관(?)과

---

31 González, *The Story of Christianity*, vol. 2, 164-171.

분명한 목적들, 그리고 뜨거운 열정들이 예수회를 강하게 결속시키고 성장하게 했다. 그러나 한편으로 이러한 특징들은 많은 자로부터 적개심을 불러일으키는 원인이 되기도 했다. 그리고 모든 나라에서 예수회 학교들이 국가의 이익에 관계없이 운영되었다. 이를테면 그들은 자신들의 축적된 부에 대한 세금을 한 푼도 내지 않았다.

그리고 예수회는 어떤 신학으로도 이해가 안 될 만큼 얀센주의들을 막무가내로 핍박했다. 그러므로 그들은 합리주의자들뿐만 아니라 프랑스 성직자들 대다수로부터도 반감을 샀다. 그들은 교황의 이익을 위하여 시민 통치자들을 살해하는 것조차 서슴지 않았다. 마침내 왕실에 의해 예수회는 붕괴되었다.

선교에 있어서 예수회는 타 종단들이 용인할 수 없는 수준으로 타협했다. 이를테면 중국에서 조상 숭배가 선교에 문제가 되자 그리스도교 관습을 중국에 맞게 변용한다는 설명으로 이를 용인한 것이다. 1704년 예수회의 이 같은 결정은 정죄되었다. 이노켄티우스 13세(1721~1724)는 예수회의 중국 선교를 금지했다. 엄밀히 말하면 예수회 자체를 폐지하는 수준이었다. 1742년 베네딕투스 14세도 전임 교황과 같은 입장이었다.

예수회는 1759년에 포르투갈에서 추방되었고, 1761년과 1764년에는 프랑스에서 재정 비리를 일으켜 예수회 학교들과 협회들이 해체되었을 뿐만 아니라 재산이 몰수되었다. 그 외 스페인과 시실리에서도 유사 이유로 추방을 당했다. 1773년 클레멘스 14세는 그의 교서에서 예수회를 영원히 금지해 버렸다. 프랑스 부르봉 왕실은 교황에게 예수회의 해산을 강력히 요구하기도 했었다.

예수회는 프랑스 혁명과 나폴레옹의 패배 후 1814년에 가서야 복원되었고 포르투갈, 프랑스, 스페인 등 라틴계 가톨릭 국가에서 예수회의 획책은 사라졌다. 예수회에 대한 제재는 프랑스가 혁명으로 돌입할 때 이를 막아설 로마 교회의 힘을 약화한 셈이 되었다.

한편 예수회는 타 문화를 이해함에 있어서 국지적이고, 비관용적이며, 과거 지향적이었던 전통적인 수도원들에 비해 범세계적이고, 관용적이고, 미래 지향적이었다고도 할 수 있다. 그러나 이들이 개신교에 자행한 유례

없는 잔인함과 호전적 자세와 함께 평가한다면 아이러니한 태도가 아닐 수 없다. 다음 세기에서 예수회는 보수적인 교황들에 대한 지원을 계속 이어 갔다.[32]

4. 프랑스 혁명과 가톨릭주의

17~18세기 가톨릭 국가 중 정치적 패권을 장악한 나라는 프랑스였다. 16세기 말 스페인의 무적함대가 영국에 패하므로써 스페인은 더는 유럽의 강국이 아니었다. 종교개혁이 유럽을 강타한 이후에도 프랑스는 강력한 가톨릭 국가로 남았다.

17세기 루이 14세의 통치하에 개신교들에게 종교의 자유를 허락했던 낭트 칙령이 철회되고 1685년 프랑스 내 개신교도들을 뿌리 뽑기 위한 퐁텐블루 칙령(Edict of Fontainebleau)이 내려지면서 20만 명에 이르는 개신교도들이 유럽 각지로 흩어졌다. 혹자는 퐁텐블루 칙령으로 발생한 대이주로 프랑스 경제가 직격탄을 맞았으며 이것이 프랑스 혁명으로 이어졌다고 말하기도 한다. 아무튼, 이 시기 프랑스 내의 개신교도들은 비밀리에 밤을 이용하여 산과 들을 다니며 연명해야 했다. 이렇게 비밀스럽게 이어 간 위그노들의 집회를 '광야의 교회'(the church of the desert)라 불렀다. 이들에 대한 박해는 계속되었고 과격한 개신교도들은 프랑스 곳곳에서 게릴라전을 일으키기도 했다.

루이 14세 때 개신교 탄압이 극에 달하고 가톨릭주의가 절정에 이르렀다고 볼 수 있으나, 한편 역설적으로 프랑스에서 가톨릭교회는 이신론자들과 같은 종교적 자유사상가들과 반성직자주의자들의 공격을 방어하고 있었다. 로마 가톨릭교회의 비관용성이 너무나 극단적이었기 때문에 계몽주의자들 사이에 반성직자적 정서가 일어났고 볼테르 같은 사회 사상가는 위그노들의 편에서 정부의 종교 탄압을 공격했다. 볼테르가 개신교를 두둔한

---

32 Walker, *A History of the Christian Church*, 666–667.

것은 신앙 때문이 아니라 종교의 자유를 말살하고 종교 때문에 사람을 핍박하는 것이 비합리적이라고 보았기 때문이었다. 앞에서 언급한 가톨릭 정통주의도 종교적 비관용에서 비롯한 내부의 반작용이라고 볼 수 있다.

프랑스의 편협한 로마주의는 영국, 독일, 네덜란드 같은 유럽 여러 나라로부터 비난을 들었다. 프랑스 사람들조차도 질식할 정도로 협소한 그리스도교 이해에 반대하는 분위기가 조성되어 갔다. 디드로, 루소, 그리고 볼테르와 같은 프랑스의 주요 사상가들이 합리주의적 세계관을 바탕으로 정의 구현을 위한 새로운 정치 사회들을 약속함으로써 대중들의 마음을 들뜨게 했다. 그들은 단일 세력권을 형성하는 구질서(교회, 국가, 그리고 귀족들)를 공격하며 모두를 위한 자유, 정의, 그리고 민주화의 구현을 주창했다. 예를 들면 몽테스키외(Baron de Montesquieu, 1689~1755)는 가장 고상한 차원의 법의 실현으로 그들의 이상이 가능하다고 주장했다. 이런 가운데 혁명의 분위기가 형성되어 갔다.

프랑스 대중들의 주공격 대상은 교회 기관들과 귀족들이 소유하고 있던 엄청난 재산들이었다. 이 두 계층이 전 프랑스 국토의 35%를 차지하고 있었다. 1789년 왕이 이들과 제3의 계층인 은행가, 기업가, 상인, 그리고 전문 직업인의 대표자 회의를 소집하였다. 귀족들은 본회의를 장악하리라 예상했으나 혁명의 분위기가 본회의를 주도했으며, 마침내 본회의는 프랑스 사회의 권력 구조를 파괴하고 말았다. 일격에 봉건주의와 가톨릭교회는 붕괴하였고 로마 가톨릭교회의 재산이 몰수당했다.

이듬해 수도원들이 폐쇄되었으며, 여러 종단은 억압당했다. 대중들이 구질서의 상징인 바스티유 감옥을 습격함으로써 8월 27일 자유, 평등, 박애를 내용으로 하는 시민권이 국법으로 승격되었다. 모든 프랑스 사람들에게 양심의 자유와 신앙의 자유가 보장되었다. 프랑스 혁명은 근대 정치 사상에서 주된 지적인 전쟁터들 가운데 하나였다. 여기에서 계몽주의의 정치화가 시도된 것이다.

혁명으로 새 헌법과 새 질서가 선포되었다. 이로 인해 프랑스의 가톨릭교회는 로마로부터 완전히 분리되어 국가에 편입되었다. 교황과의 분리를 선언하는 헌장에 대한 선서를 거부하던 성직자들이 무수하게 처형되었다.

종교의 자유는 약속받았으나 사태는 학살과 공포의 통치가 계속되었다. 1793년 11월 노트르담 제단에 '이성의 여신'이 옹위되었고 모든 종교의 폐지가 선언되었다. 동년 루이 16세와 왕비가 단두대의 이슬로 사라졌다. 성직자들과 수도사와 수녀들, 귀족들의 처형이 잇달았다. 왕정 시대의 달력이 공화정의 달력으로 대체되었는데, 이때 주일과 그리스도교 축제일이 제거되었다.

1795년 교황 피우스 6세(1775~1799)는 프랑스에 대항하기 위해 유럽의 지도자들과 연합하여 프랑스 시민군들을 진압했다. 교황과 외부의 적들로 인해 궤멸하기 직전에 있던 프랑스 시민군들은 군사 독재자 나폴레옹(Napoleon Bonaparte, 1769~1821)의 등장으로 다시 부상했다. 시민들의 편에서 시작한 나폴레옹의 통치는 기존의 프랑스 왕들의 통치보다 더 전제적이었다. 1798년 그는 연합군을 격파하고, 로마를 점령했다. 같은 해 나폴레옹은 로마를 공화국으로 바꾸었으며, 교황령을 해체했다. 피우스 6세는 포로로 잡혀 프랑스로 끌려갔고 거기서 죽었다. 나폴레옹은 프랑스에서 쿠데타로 총독이 된 최초의 인물이 되었다. 그는 절대 독재자였다.

나폴레옹은 전혀 종교적인 사람이 아니었지만, 그의 집권으로 그리스도교에 대한 적의가 중단되었다. 나폴레옹은 많은 조건과 제약을 부여하면서 프랑스 교회와 교황제를 복구시켰다. 그는 모든 정책을 자신과 프랑스를 위해 수행했다.

1801년 나폴레옹과 피우스 7세(1800~1823)는 정교 협약을 체결했다. 본 협약에서 보편적이고 사도적인 로마 종교는 프랑스의 종교라고 인정했다. 성직 임명권이 교황에게 주어졌고 국가가 이것에 대한 거부권을 보유했다. 성직자들의 봉급은 국가가 지불했다. 1804년 나폴레옹은 스스로 황제가 되었다. 이로써 프랑스는 이제 공화국에서 제국으로 변했다. 1808년 그는 로마와 교황령을 점령했다. 한동안 프랑스의 모든 권력이 1인 나폴레옹에게 집약되었다.

그러나 1812년 나폴레옹이 러시아 출정에서 패하고, 이듬해 교황과 유럽 연합군에게 패했다. 이어 1815년 워털루(Waterloo) 전투에서도 패하므로써 그의 치세도 막을 내렸다. 옛 부르봉 왕조가 복원되었다. 1814년 루이 18세가 왕으로 즉위했으며, 프랑스의 가톨릭교회가 재복원되었다. 예수회가 복원되었고 교황령이 복원되었다. 1814~1848년 사이에 일련의 대중적인 '부흥 운동'도 일어났다. 이 부흥 운동으로 말미암아 교황제는 도덕적 방종으로부터 자신을 구출했다.[33]

프랑스 혁명이 가톨릭주의에 미친 영향은 적지 않다. 다음 세기부터 나타나는 '교황권 지상주의(Ultramontanism) 운동'은 프랑스 혁명에 대한 가톨릭교회의 반작용이었다. 이는 현재까지 나타나는 '교황 수위성' 및 대표적 가톨릭 사상들을 이어 가게 했다. 로마 교황청은 '자유주의'를 프랑스 혁명의 잔재로 보고 자유니 평등이니 같은 개념들을 꺼렸으며 용인하지 않았다. 가톨릭교회는 또한 미국 독립 전쟁과 그에 따른 민주주의의 출현도 비슷한 시각에서 회의적으로 바라보았다. 교권주의는 정치적 자유주의와는 융화될 수 없었다.

프랑스 혁명으로부터 20세기 중반(제2차 바티칸 공의회)에 이르기까지, 그리고 어떤 의미에서는 그 이후까지도 로마 가톨릭 국가들은 그들의 정치적·문화적 발전 과정에서 엄청나게 만연해 있던 가톨릭 적대주의를 직면해야 했다. 프랑스가 이를 가장 잘 대변해 주었다. 프랑스는 로마 가톨릭 신앙의 기조를 가진 매우 세속적인 국가가 되었다.

오늘날 프랑스의 지성적인 삶은 생과 그것의 의미에 관한 세속적인 입장들에 의해 주도되고 있다. 사르트르(Jean-Paul Satre, 1905~1980), 까뮈(Albert Camus, 1913~1960), 그리고 사강(Frangoise Sagan, 1935~2004)같은 시대의 사상가와 문필가들은 모두 세속적 휴머니즘에 기초하고 있다. 보수주의적 세계관을 유지하려는 가톨릭교회의 노력은 오히려 그 역기능으로 나타났다. 프랑스 및 이탈리아에서의 공산주의의 강세와 계속적인 반성직자주의의 팽배가 곧 그것이다. 가톨릭교회가 취한 우파 극단주의는 좌파 극단주의를 부추기는 결과를 초래했다. 한 극단(정치적, 사회적, 신학적으로)은 다른 극단을 유발시키는 경향이 있다는 역사의 교훈을 유감없이 보여 주는 것이 아닐 수 없다. 이데올로기는 또 하나의 이데올로기를 낳는 법이다.

---

33 Walker, *A History of the Christian Church*, 669-671.

제6장

17~18세기 근대 동방 정교회

1. 터키족의 지배

1054년 동방 가톨릭주의와 서방 가톨릭주의 사이에 분열이 초래되기 전에 동방 그리스도교는 내적으로 분열되었다. 정교회가 다수파였으며, 단성론자들과 같은 소그룹들이 정치적·신학적 이유로 인해 보편적 교회로부터 벗어났다. 아시리아인(동아시리아인들)들은 네스토리오스주의자들이었고, 한편 자코비파(the Jacobites, 서아시리아인들), 아르메니안들(the Armenians), 콥트들(the Copts, 이집트인들), 아비시니아인들(the Abyssinians, 이디오피아인들)은 단성론자들이었다. 이들은 정교회와 교제가 없었다.

1453년 콘스탄티노플의 패망 이후에 동방 정교회는 터키 제국과 러시아로 나누어졌다. 로마 가톨릭교회가 교황과 교황청을 통해 행사하는 관할권과 같은 관할권상의 통합을 동방 정교회는 달성해 본 적이 없다. 동방 교회는 공통된 관습과 신앙에 의해 결속된 독자적인 교회들로 구성되어 있었고, 콘스티노플의 총대주교(the Patriarch)가 그들의 우두머리이자 지도적 감독이었다. 그러나 지도적 감독은 명목상이고 각 교회가 실제적인 권한을 행사했다.

1453년 이슬람교도들인 터키족은 콘스탄티노플을 장악했으며, 서부·남부 유럽으로 세력을 확대했다. 오토만 제국은 대 술라이만(the Suleiman the Magnificient, 1520~1566) 때에 최대의 지리적 확장을 이룩했다. 터키족들은 1520년대에 오스트리아로 침입했으며, 1530년대에는 합스부르크 왕가를 위협했다. 이 사실은 종교개혁에 중요한 의미를 지닌다. 왜냐하면 독일의 프로테스탄트 제후들은 로마 가톨릭 진영이 터키족을 상대하는 동안 그들의 힘을 결속할 수 있었기 때문이다.

그러나 터키족들은 그들의 영토적 확장에도 불구하고 행정 능력이 미숙했던 바, 1699년 칼로위츠(Karlowitz)에서 유럽 연합과 평화 협정을 맺었다. 이 사건은 터키족과 그리스도인들 사이의 관계에 있어서 전환점이 되었다. 이 협정 이후 터키족은 서방으로부터 영구히 퇴각했다.

동방에서 터키족들은 불신자들(Kaffirs)과 반신자들(half-believers)을 구분했다. 전자는 멸절되거나 이슬람으로 전향해야만 했다. 후자는 그리스도인들과 유대인들이었다. 터키족들은 그리스도인과 유대인들은 '책의 사람들'로 여기며 약간의 존중을 표했고, 시민권을 허용하지는 않았지만, 자신들의 종교를 믿는 정도만 허용했다. 그리스도교는 이러한 상황들을 견뎌내야 했다.

모든 비잔틴 정교회 교인들(the Byzantine Orthodox)의 유일한 공적인 대변인이 콘스탄티노플의 총대주교였지만, 그가 모든 정교회의 통합적인 권한을 행사하기는 어려웠다. 교회는 어떤 건물들도 지을 수 없었으며, 성직자 양성이 불가능했다. 성직자들이 생계를 위해 성도들로부터 돈을 갈취하는 등의 부도덕한 행위들도 자행되었다. 더 비참한 것은 유능하고 참신한 재능 있는 그리스도인 소년들이 술탄(이슬람의 종교적 지도자들에게 주어지는 명칭)들의 노예로 제공되었다. 이들은 이슬람으로 전향하여 자주 열광적인 모슬렘들이 되기도 했다. 소년들의 유출은 동방 그리스도교 침체의 주요 원인이었다. 이 사악한 인적 공물 관습이 2세기 이상(1430~1685) 지속되었다.

15~16세기 서구의 교회가 인본주의와 종교개혁으로 전진하는 동안 동방의 교회는 생존을 위해 고투하고 있었다. 러시아인들은 타타르 족들의 위협을 받고 있었다. 그리스는 정치 문제로 내부적 혼란을 겪고 있었으며 서방으로부터는 격리되어 있었다. 이들 가운데 아무도 구교와 신교 사이의 논쟁에 참여하지 않았다. 동방의 교회들은 서방의 종교개혁에 아무런 영향도 미치지 못했지만, 서방의 가톨릭과 프로테스탄트들은 각자의 주장

들을 관철하려고 동방의 지원을 요청했다.

서방 진영에서 후스파가 자신들의 종교 운동을 동방 정교회와 연계시키려고 시도한 첫 번째 그룹이었다. 이 노력은 콘스탄티노플이 멸망하면서 좌절되고 말았다. 루터와 그의 동료들도 동방과 연계를 시도했으나 의미 없이 끝나고 말았다. 동방 교회 입장에서 프로테스탄티즘은 '모든 이단의 어머니'인 로마 교회에서 태어난 또 하나의 오류일 뿐이었다. 그럼에도 불구하고, 동방과 재연합의 계획들이 튜빙겐(루터파)과 제네바(칼뱅주의)에서 제의되었다. 예수회가 주도한 로마 교회는 이 협상들을 저지하려고 각양으로 노력했다.

키릴로스 루카리스(Cyril Lukaris, 1572~1638)가 1620년 총대주교가 되었을 때, 콘스탄티노플이 잠시 구심력을 회복했었다. 그는 프로테스탄트들과 로마 가톨릭을 직접 접한 적이 있었다. 키릴로스는 예수회의 호전성에 혐오감을 갖게 되었으며, 이에 대응하기 위해 프로테스탄트들의 도움이 필요하다는 것을 느꼈다. 그러나 결국 키릴로스는 여러 가지 음모 가운데 살해되었고 그의 죽음 이후, 18세기까지 정교회와 프로테스탄트들 사이의 연합의 시도는 더는 없었다. 키릴로스의 서방 신학에 대한 관심은 매우 이례적인 일이 아닐 수 없었다.

정교회에서는 프로테스탄티즘이든 가톨릭교회이든 서방과 관계를 맺지 않는 것이 전형이었음에도 불구하고, 고등 교육을 위해 서방의 대학들로 유학하는 자들이 많았다. 그들이 동방으로 돌아올 즈음에는 거의 서구적 신학에 물들기 일쑤였다. 유학파들은 자연히 정교회로부터 '비정통적'(heterodox) 사람으로 간주되었다. 동방 교인들 사이에서 흔히 볼 수 있던 로마에 대한 반대는 프로테스탄트 원리들 때문이었으며, 개혁자들에 대한 반대는 예수회의 가르침 때문이었다. 제르노브는 이 엇갈린 불행을 잘 표현했다. 그는 정교회가 스스로 자신들의 신학을 말할 수 없었으며, 정교회 이외의 그리스도교 부류들로부터 아무것도 들으려 하지 않았다고 했다.[34]

---

34 Nicholas Zernov, *Eastern Christendom* (London: Weidenfeld and Nicolson, 1961), 139.

15세기부터 18세기까지 동방 그리스도인들은 이슬람이 부과한 제약들로 인해 고난을 겪었다. 그들의 심리는 자기 자신들의 영광스러운 과거에 대한 깊은 집착과 함께 방어적이었다. 그들은 극도로 보수적이었다. 정교회는 옛날의 좋은 시절들에 형성되고 누렸던 삶과 사고의 형태들을 그대로 유지하며 규범화했다. 이후 신학은 활기와 독창성을 상실하고 말았으며, 예배는 구태의연한 채로 연명하였다. 교육 사업을 축소하였고, 선교 사업들도 완전히 중단하였다.

2. 러시아

1461년 러시아 교회는 키예브와 모스크바에 각각의 대주교좌가 있었다. 전자는 계속 서방 가톨릭교회의 압력을 받았고 후자는 전적으로 러시아적이었으며, 매우 정교회적이었다. 러시아 정교회는 자신을 오염되지 않은 그리스도교의 관리인으로 자처했다. 그들은 로마가 이단에 빠졌고 콘스탄티노플은 타협에 빠졌다고 했다. 러시아 정교회는 콘스탄티노플이 플로렌스 공의회(1439)에서 로마 가톨릭교회와 연합을 위해 교리적으로 양보한 사실에 격분했던 것이다. 이에 러시아 감독들이 모여(1448) 기존의 동방 정교회와 무관하게 모스크바 대주교를 따로 세웠으며 이때부터 러시아 정교회는 동방 정교회와 별개의 독자적인 교회가 되었다.

1453년 콘스탄티노플의 멸망 이후 러시아는 정교회 전통의 보루가 되었으며, 1589년 테오도레(Theodore) 치하 때 모스크바 총주교좌를 확립했다. 15~16세기 러시아는 선교에 열정적이었다. 각 교구의 교회들은 그 지역의 대학들과 콘서트홀, 예술 갤러리로 사용되어 최고로 거룩한 장소이자 문화의 요충이 되었다. 화려한 교회건축과 성상으로 장식된 둥근 돔은 그리스도교적 헌신과 변화된 세상에 대한 백성들의 신앙 표현이었다.

15세기 이반 대제(Ivan the Great, 1462~1505)는 러시아 최초의 거국적 통치자였다. 그는 지역 주권자들을 타파했으며, 발틱해로부터 우랄 산맥에 이르기까지 다양한 백성들을 결속시켰다. 그리고 타타르족을 점령하고 러시아 영역을 볼가 강 전역으로 확대했다. 그는 러시아를 과거 동방 제국의 부활이라고 여기고 자신의 왕조를 비잔틴 제국의 계승자 및 정교회의 방어자로 간주했다. 그는 반(半)종교적인 예식과 함께 짜르(Tsar; Caesar)의 타이틀을 취했다. 짜르는 지상에서 하나님의 대리자 곧 국가와 교회의 유일한 수반으로 이해되었다. 그러나 그의 잔인하고 광기에 가까운 살인 행각은 결국 그의 정권을 붕괴시키고 말았다. 그는 자신의 행동을 견책하는 모스크바 대주교 필립 2세까지 살해하고 말았다.

17세기 중엽 러시아인들은 동방 정교회 교인들 가운데 유일한 독립 국가를 형성했으며 모스크바는 동방 그리스도인들의 중심지가 되었다. 모스크바의 성 바실레이오스 성당은 러시아 예술과 비잔틴 요소들을 융합한, 화려함과 웅장함의 극상이라고 할 수 있다.

피터 대제(Peter the Great, 1682~1725)는 러시아 정교회의 역사에 큰 족적을 남겼다. 그는 서방 곳곳을 여행했으며, 서방을 동경했고 러시아·비잔틴 문명을 서방화시키려는 작업에 열성적이었다. 그는 러시아 제국을 동방의 고립으로부터 탈피시켜 서구에 진입시켰다. 그는 독일과 프랑스로부터 합리주의와 이신론 같은 계몽주의 사상을 도입했다. 피터의 서방 동경은 상상 이상으로 컸었다. 그는 통치 초기부터 러시아를 서방 국가로 바꿀 의도까지 내비칠 정도였다. 사람들은 그를 "문명을 흉내 내는 침팬지"로 조롱했다.[35] 피터의 서구에 대한 개방으로 러시아에 서방의 문화가 침투되기도 했지만, 한편으로 러시아 정교회가 서구의 지적인 전통에 새롭고도 심대한 영향을 끼치는 것을 가능하게도 만들었다.

피터의 치하에서 교회는 국가의 한 부서로 전락했다. 1721년 그는 총주교직을 폐지하고, '성 대회'(Holy Synod)를 지명했다. 이 기구는 교회사를 관장하는 일종의 평신도 위원회였으며, 완전히 짜르를 위한 도구가 되었다. 그는 총주교직을 폐지하면서 감독들을 협박했고, 교회를 무력하게 만들었다. 이러한 억압은 1917년 12월까지 거의 2세기 동안 계속되었다.

---

[35] J. W. C. Wand, *History of the Modern Church* (London: Methuen, 1930), 157.

한편 안나(Anna, 1730~1740) 및 카테리나 대제(Catherine the Great, 1762~1796) 치하에 러시아는 대대적으로 영토를 확장했으며, 유럽 국가들과 접경을 이루게 되었다. 1773년 금지되었던 예수회의 수도사들이 러시아에 정착하기도 했다. 나중 로마 가톨릭 교도들은 러시아 지배 아래 있던 폴란드와 리투아니아(Lithuania)의 민족주의와 연계되기도 했다. 카테리나는 교회의 땅들과 농노들을 몰수함으로써 국가에 의한 교회 굴욕의 절정을 보여 주었다. 러시아 교회는 도덕적 혹은 종교적 이슈들에 대해 자유롭게 이야기할 권리조차 상실했다.

제7장

19세기 프로테스탄티즘

　17~18세기는 이성과 합리주의가 지배하는 자율성의 시대였고, 프랑스 혁명과 미국 혁명으로 독립과 민주화의 기치를 올린 혁명의 시대이기도 했다. 19세기는 과학 발달, 식민지 개척, 산업 혁명으로 '진보의 시대'로 불리기도 한다. 특히 정신분석학이라는 학문의 새 영역을 개척한 프로이드 사상과 유신론과 무신론을 오가는 실존주의, 세속적 인본주의와 유물론을 배태한 마르크스주의, 그리고 다윈의 진화론 등은 19세기 유럽을 세속화로 특징짓기에 충분했다. 한편 이들에 조우하는 자유주의 신학의 진일보한 성향은 교회의 세속화를 더욱 가속시켰으며 무신론이 크게 조장되었다. 이들은 현대의 포스트모더니즘이 오기까지 근대 사조의 주류를 풍미했다.

　이성과 세속화가 풍미되던 19세기의 또 다른 한편에서는 유럽과 신대륙을 영적 각성의 도가니로 몰아넣은 위대한 부흥의 시대와 위대한 선교의 시대를 배태했다. 19세기 세속화로 그리스도교 국가들이 비그리스도교화 되는 상황에서, 지구 반대쪽 비그리스도교 나라들에서 그리스도교화가 진행되고 있었다. 19세기 교회는 소위 라투렛이 말한 "위대한 팽창의 시기"를 구가하고 있었다.[36] 그러나 교회의 선교 사업은 유럽의 팽창주의와 연결되어 종교적·윤리적 과제를 배태시켰다.

---

36 K. S. Latourette, *A History of Christianity* vol. II (New York: Harper & Row, 1975), 1063.

1. 19세기 대표적 사조의 추세들

1) 진화론

찰스 다윈(Charles Darwin, 1809~1882)이 활동하기 전, 1800년대 초기부터 이미 생물학계와 동물학계 혹은 의학계에서 생물은 물질에서 시작한다는 주장들이 있었고, 생물의 한 종이 다른 종으로 변화할 수 있다는 주장들이 설득력을 얻어 가고 있었다. 이에 근거하여 인간이 원숭이에게서 진화되었다고 이해하기 시작했다. 창조설은 사람들의 인식에서 거부되기 시작하였고, 인간이 영적인 존재라는 것도 우스꽝스러운 이야기가 되어 버렸다.

다윈의 『종의 기원』(1859)이 영국에서 발표되자 처음에는 별로 주목받지 못하다가 독일에서 독일어로 번역되면서 주목을 받기 시작했다. 그에 동조한 헤켈(Haeckel)이 물질에서 인간에 이르는 진화 과정을 다룬 『자연적인 창조의 역사』(1868)를 연이어 출판하자 이들은 삽시간에 독일을 다윈주의로 개종시킬 만큼 인기를 얻었다. 다윈주의는 독일의 사회주의 계통의 사람들에 의해 특별히 지지를 받았다. 이들은 인간사를 설명함에 있어서 종교니, 영혼이니 하는 것들을 버리고 기계적 인과 관계로 존재들을 이해하는 유물적 사조를 공유했다.

진화론은 진보 사상(필연적인 것이든 혹은 그렇지 않든)에 입각한 낙관주의로서 근대 세계에 중요한 경향들의 하나였다. 『종의 기원』은 진보 사상의 한 주류가 되는 발전 사관을 지향했던 바, 생물학적 이론이 역사 철학으로 변모되었다. 제1차 세계 대전까지 그리고 그 후에, 서구 사회는 복지의 증대로 인해 인간의 모든 불행(전쟁, 고문, 탐욕, 등)이 얼마 안 있으면 끝이 날 것이라 믿었다.

프랑스 계몽주의 철학자 꽁도세(Marquis de Condorcet, 1743~1794)는 『인간 정신의 진보』에서 압제자들과 노예의 비인간적인 구조가 사라지고, 사제들과 그들의 위선적인 도구들도 사라지고, 오직 이성만이 인간의 주인이 되는 때가 도래할 것이라고 말했다. 여기에서 지배적인 원리는 역사 속에서 인간은 자기 자신들을 구속할 수 있다는 견해이다. 이것은 세속적

인본주의의 기본 형태로 오직 인간의 자원들에 기초하여 인간의 가치를 보호하고, 증진시키는데 목적을 두었다. 세속적 인본주의는 종교와 이에 기초한 가치들을 회의하였다.

이 진보적 낙관론은 제1차 세계 대전으로 크게 도전받기는 했지만, 이후에도 여전히 지배적인 세속적 신앙으로 남아 인간의 정신과 문화를 지배하였다. 그러나 20세기 후반은 이 사조에 역행하는 또 다른 사조가 시대에 합류하게 된다.

2) 실존주의

실존주의는 근세에 만연한 지적 사조이다. 이 용어는 키에르케고르 (Søren Aabye Kierkegaard, 1813~1855)에게서 기원했다. 실존주의는 유한성에 의해 지배되는 세상에서 주체가 다른 존재들 및 사건들과 조우하는 방법들을 탐구하는 것이다. 이 사상은 개인의 즉각적인 체험을 중시하며 실존 이론보다 실존 자체에서 출발한다. 실존은 본질에 앞선다고 믿기 때문이다. 우울한 덴마크 사람 키에르케고르는 그리스도교 실존주의의 한 전형이라고 할 수 있다.

키에르케고르는 당시 덴마크 루터교의 냉랭함, 개별 성도들에 대한 정통주의의 영향력 감소, 그리고 헤겔의 절대적 이상주의의 무신론적인 경향의 세 가지 위협에 반응했다. 그는 하나님에 대한 즉각적인 체험을 하는 개별적인 주체가 중요하며 예수 그리스도를 체험하는 현재의 순간에 그 주체는 영원을 체험한다고 말했다. 신앙은 이성의 결정이 아닌 신앙에로의 '도약'이라고 했다. 신앙의 합리성과 역사성을 중요시한 헤겔을 극복하고 역사 속에서의 하나님의 임재는 '믿음의 눈'(eyes of faith)으로만 분별할 수 있는 것이라고 했다. 신앙, 즉 신을 믿는다는 것은 객관적 사실과 증거로 인해 믿는다는 의미가 아니라 신에 대한 믿음을 가진다는 것 자체이다.

키에르케고르는 신앙의 '역설'을 강조했다. 실존적 존재는 절대적 무한자인 하나님과 비교할 때 절망의 존재일 수밖에 없고 절망은 죽음에 이를 수밖에 없다. 그러나 사람이 죽음에 이르기 때문에 신앙이 생기므로 절

망이 언제나 죽음은 아니라고 했다. 이것이 신앙의 역설이다.[37]

틸리히(Paul Tillich, 1886~1965)는 유신론적 실존주의의 범주에서 활동했고, 사르트르(Jean-Paul Sartre, 1905~1980)는 무신론적 실존주의의 한 예가 되었다.

3) 마르크스주의

마르크스(Karl Marx, 1818~1883)는 그리스도교로 개종한 유대인 가정에서 태어났다. 베를린에서 헤겔의 영향을 받았으며, 정치적 자유주의 운동들에 가담하여 활동했었다. 그의 대표작으로는 『자본론』, 그리고 엥겔스(Frederick Engels, 1820~1895)와 함께 1848년 발간한 『공산당 선언』이 있다.

마르크스에게 있어서 사유 재산은 죄악이다. 이는 사유 재산은 본질적으로 '착취'로 이어지기 때문이다. 그러므로 이의 폐지가 곧 구원의 길이다. 노동자들(the proletariats)과 유산 계층(the bourgeoisie) 사이의 계급 투쟁과 그 결과로서 노동자 독재가 불가피하다고 했다. 그의 동료 엥겔스(Frederic Engels, 1820~1895)는 "노동자들은 사슬밖에는 잃을 것이 없다," "그들에게는 차지할 세상이 있다. 세상의 노동자들은 뭉친다(공산당 선언)"라고 외쳤다. 이들에게 자본주의는 지배 계층이 노동자들을 착취하기 위해 이용하는 경제적 도구였다.

마르크스주의에 있어서 종교는 민중의 '아편'이다. 종교는 민중들로 하여금 도래할 천국 사상에 위안을 얻어, 억압된 현실을 도외시하고 개혁하려는 의지를 상실시킨다. 지배 계층은 가난한 자들로 하여금 복종하게 만들기 위하여 종교를 이용한다는 것이다. 마르크스주의는 근대 산업 자본주의의와 근본적으로 조화될 수 없는 사상 구조였다. 마르크스주의의 진리들은 자본주의 안에서 억울하게 착취당하고 있는 사람들에게 매우 설득력이 있었다. 여기에 수백만의 사람을 사로잡은 역사와 삶의 철학이 있었

---

37 Robert Bretall ed. *A. Kierkegaard Anthology* (Princeton: Princeton Univ. press, 1946), 442-448.

다. 여기에 대한 대안은 자유와 정의를 주 관심사로 하는 민주주의인데, 이는 기회 균등과 이의 확대를 위해 고심해야 한다.

마르크스에 따르면 개인의 권력 소유와 이의 부패는 필연적인 것이다. 또한, 경제적 사리사욕을 보편적인 복지나 공동체의 이익과 동일화시킴으로써 사유재산의 집약을 합리화시키려는 것은 인간의 이기적 본성의 발로이다. 마르크스는 권력의 사유화와 부의 편재에 대해 경고하였다. 그런 면에서 마르크스주의는 현재까지 소외 계층 사조들의 기저에서 반석 역할을 하고 있다.

그러나 마르크스주의는 착취가 마치 자본주의에만 존재하는 것처럼 편협된 견해를 가지고 있다는 점에서 비판의 소지가 없지 않다. 그뿐만 아니라 마르크스주의는 프로레타리아 계급의 해방을 위해 폭력과 전복, 유혈적인 혁명을 정당화했다는 데 한계가 있다. 억압받는 자들과 약자들을 해방하는 것을 목적으로 하지만, 막상 그 방법은 유혈적 폭력이었던 것이다.

근대적 가치 체계의 해체 시기, 즉 포스트모던 시대와 원자 폭탄에 의한 인류의 멸절이라는 위협 아래 살고 있는 오늘날, 마르크스주의가 던지는 빛이 무엇인가는 고려해야 할 문제이다. 그리스도인들과 마르크스주의자들 사이의 대화는 비방을 초월하여 상호 이해의 폭을 넓히려는 노력이 되어야 한다.[38]

4) 프로이드

정신분석학을 통해 '무의식'(unconscious)을 탐구함으로써 프로이드(Sigmund Freud, 1856~1939)는 인간의 정신적 혼란(노이로제: 정신 이상)의 근저에 있는 심리적 억압들로부터 인간들을 해방하려고 했다. 우리는 이 테크닉의 가치 및 프로이드의 정신의 구조(Id, Ego, Super-Ego)의 타당성에 대한 판단은 임상 치료사들(therapists)에게 맡긴다.

---

38 O. Chedwick, *The Secularization of the European Mind in the Nineteenth Century* (Cambridge: Cambridge Univ. Press, 1975), 48-87.

프로이드의 주장들, 이를테면, 우리는 죄의식을 피하기 위해 우리 자신들을 속이는 경향이 있다. 성적 충동(libido)은 기본적인 인간의 동인이다, 심리학적 과정들은 결정론적이다, 종교는 환각적인 소원 성취이며, 일종의 유치한 위로이다, 하나님은 아버지 이미지를 우주적 스크린에 투사(환상, illusion)시킨 것일 뿐이다.

이런 등등의 지나친 주장들에도 불구하고 우리는 프로이드로부터 인간 내면과 종교에 대해 객관적 현상들을 배울 수 있다. 융(Jung), 애들러(Adler), 그리고 에릭슨(Erikson), 등 심층 심리 학파에 속하는 자들은 프로이드에 크게 영향을 받았다. 이에 힘입어 세속적 심리학과 종교 심리학과의 분리가 생겨났다. 종교에 대한 작금의 경험적 연구들은 종교 체험의 개념들을 통해 종교를 변호하는 쪽이나 종교를 환상으로 이해한 프로이드의 비판 중 어느 것으로도 치우치기를 회피한다.

2. 근대 선교 운동

라투렛(K. S. Latourette, 1884~1968)은 19세기를 1815년 나폴레옹의 최종적인 패배로부터 1914년 일련의 세계 전쟁들의 발발 때까지라고 보고, 이 시기는 상대적으로 평화를 구가한 시기라고 하였다.[39]

또한 라투렛는 선교적인 면에 있어서 19세기를 프로테스탄티즘의 '위대한 세기'였다고 말했다. 이는 그리스도교 전체 역사와 비교했을 때도 가장 큰 확장을 이룬 시기였다. 이 시기에 아프리카 및 아시아뿐만 아니라, 라틴 아메리카에도 개신교가 뿌리내리게 되었다. 특히 라틴 아메리카에는 유럽 국가들로부터 이민자들이 유입됨으로 인해 개신교도의 수가 늘어났다. 이들은 라틴 아메리카와 스페인 및 포르투갈과의 전통적인 관계를 약화시키고, 이 지역에 민주주의를 정착시키기 위해 노력했다.

---

39 Latourette, *A History of Christianity*, 1063.

16세기 종교개혁 이후 개신교의 선교 활동은 로마 가톨릭교회의 그것보다 훨씬 미진했다. 로마 가톨릭교회는 1800년까지 예수회 및 프란체스코회 등의 활발한 활동을 통해 세계 대부분의 지역으로 침투한 데 비해 루터교와 개혁교회 등 주류 프로테스탄티즘들은 종교개혁 이후 200년 동안 선교 활동이 거의 없었다. 기회와 수단의 결핍일 수도 있지만, 교파 우선주의에 빠져 자신들의 교리 작업에 몰두한 이유가 클 것이다.

최초로 해외 선교에 매진한 개신교 그룹은 모라비아인들이었다. 벨츠(Baron von Weltz, 1621~1668)가 네덜란드령 기아나(Dutch Guiana)에서 선교 활동을 하다가 죽었다. 그는 죽기 전에 루터교 선교 협회의 창설을 주창했지만, 동조를 얻지 못했다. 이후 슈페너-프랑케 경건주의의 등장 및 덴마크-할레 선교의 창립, 그리고 진젠도르프의 헤른후트 공동체의 선교에 대한 열정으로 본격적인 개신교 선교에 불이 붙었다.

헤른후트 공동체는 1732년 도버(Leonard Dober, 1706~1766)와 니치만(David Nitschmann, 1698~1772)을 서인도 제도들에 파송하고 이듬해 크리스티안 데이비드(Christian David, 1692~1751)를 그린랜드로 파송했다. 계속해서 북아메리카, 라브라도르(Labrador), 남아시아, 아프리카, 카리브 제도, 그리고 유럽의 오지들로 침투했다.

다른 개신교에도 선교의 열정이 파급되기 시작했다. 청교도 목사 엘리엇(John Eliot, 1604~1690)이 뉴잉글랜드 인디언들의 복음화에 착수했다. 그의 노력으로 1663년 성경을 모히칸어(Mohican)로 번역할 수 있었다. 영국에서 식민지를 복음화하기 위해 여러 그룹이 조직되기 시작했다. 1649년 뉴잉글랜드 복음전파협회, 1699년 그리스도교 지식촉진협회, 그리고 1701년 해외복음전파협회 결성이 그것들이다.

교파에 상관없이 선교에 대한 동기는 충분했다. 예정을 믿는 자들에게는 선택받은 사람들이 하나님의 영광을 위해 하루라도 빨리 모아져야 한다고 믿었고, 한편 자발적인 의지를 통한 영접을 믿는 사람들은 그리스도가 모든 사람에게 제시되어야 한다고 믿었다. 그러나 합리주의자들은 인간이 어디에 있든 본성과 이성에 의해 계시에 대한 근본적인 진리에 이를 수 있다고 믿었기 때문에 선교 활동은 무의미한 것이라고 생각했다. 따라서 합리주의자들은 선교 활동을 저해했다.

　18세기 후반 개신교 선교가 대대적으로 빛을 발하기 시작한 것은 미국의 조나단 에드워즈(Jonathan Edwards, 1703~1758)가 데이비드 브레이너드(David Brainerd, 1718~1748)의 전기를 출판하면서 부터였다. 영국에서는 월리엄 케리(William Carey, 1761~1834)의 활약에 힘입어 선교 활동이 대대적인 운동으로 확장되었다. 케리는 독학으로 라틴어, 헬라어, 히브리어, 네덜란드어, 그리고 프랑스어를 공부했으며, 1779년 회심을 체험한 후 영국 국교회에서 침례교로 개종했다.

　월리엄 케리는 침례교들 사이에서 설교하기 시작하면서 『이방인들의 회심을 위한 방법을 사용할 그리스도인들의 의무에 관한 탐구』를 출판했는데, 이 소책자가 잠자고 있던 영국인들의 가슴에 선교를 향한 열정을 심어 주었다. 이 책은 "온 세상으로 가라"고 한 그리스도의 명령을 강조했다. 이내 복음 전파를 위한 특수적 침례교 협회가 결성되었다.

　케리 자신은 이듬해 대가족과 함께 인도로 떠났다. 인도라는 낯선 땅에서 자급자족하며 복음 전파에 열중했다. 언어에 뛰어났던 그는 5년 만에 신약을, 1809년까지 성경 전체를 뱅갈어로 번역했다. 30년 동안 캘커타(Calcutta)에서 동양 언어들을 담당하는 교수로 있었다. 그가 선교지에서 보낸 서신들이 출판되어 많은 사람에게 선교의 열정을 불러일으켰다. 케리에게 자극을 받아 1795년 런던선교협회가 초교파적으로 조직되었고 1799년 종교문서협회와 1804년 성서협회가 뒤를 이었다. 이 시기에 런던선교협회보다도 더 광범위하고도 성공적인 기관은 없을 것이다.

　미국에서는 월리엄대학 및 앤도버신학교 학생들이 선교의 열정을 표출하자 이것이 뉴잉글랜드에 부흥의 불길을 지폈다. 1812년 아도니람 저드슨(Adoniram Judson, 1788~1852)은 미얀마에서, 루서 라이스(Luther Rice, 1783~1836), 새뮤얼 노트(Samuel Nott, 1788~1869), 고든 홀(Gordon Hall, 1784~1826)은 인도 캘커타에서 선교했다. 특히 저드슨은 많은 장애를 극복하고 미얀마어로 성경을 완역하는 등 선교사에 큰 업적을 남겼다.

　이들을 이어 해외 선교에 나선 수백 명의 사람에게 영감을 부여했다. 유럽과 미국에서 많은 선교 협회들이 생겨났으며, 1825년까지 개신교의 선교 노력은 태평양 도시들로 확대되었으며, 동방과 아프리카 내지까지 침투했다. 가는 곳마다 선교사들은 복음을 전하고, 학교를 세웠으며, 성경을 번역하고 전진 기지를 건립했다.[40]

3. 독일 개신교 자유주의

18세기 '냉정하고,' 편견 없는 지성의 시대에, 불합리하게 여겨지던 그리스도교 신앙에 대한 계몽주의의 논쟁들이 19세기 개신교 자유주의라는 기치 아래 재등장했다. 17세기 볼프와 18세기 라이마루스나 레싱에 의해 지배되던 합리주의의 시스템은 18세기 말에는 칸트에 의해, 그리고 19세기에는 슐라이어마허와 헤겔, 리츨 등의 인물들에 의해 도전받았다. 후자들은 인간이 단순히 사유하는 존재일 뿐만 아니라, 도덕적이고 감정적이며 선택하는 존재라는 사실을 강조했다.

고전적인 자유주의적 프로테스탄티즘은 19세기 중엽 독일에서 발흥했다고 할 수 있다. 이 사상은 계몽주의에 대한 반응으로서 근대 사회의 지식에 비추어 그리스도교 신앙과 신학이 재구축되어야 한다고 생각한 데서 기인했다. 가톨릭주의는 '근대주의'를 분쇄하기 위한 노력을 기울였지만, 개신교는 시대사조에 비추어 자신에 대한 고통스러운 재평가 작업을 수행했던 것이다. 결과는 타협, 조정, 혼란, 그리고 불확실성이었다. 보수적인 개신교 사조는 새로운 종교적 통찰을 탐구하면서도 구 형태들에 집착했다.

개신교 자유주의는 전통적인 신앙들을 고도의 합리주의적 비판으로 회의하게 만들었다. 예컨대 다윈의 진화론은 7일간의 창조와 같은 전통적인 그리스도교 신학에 대한 부정적이고 회의적인 시각을 조장했다. 가톨릭 일각에서는 진화론이 그리스도교와 조화될 수 있다고 보았다. 이를테면, 뉴먼은 그리스도교 교리가 한꺼번에 다 계시된 것이 아니고, 오랜 시간을 걸쳐 점진적으로 명백해졌다고 보면서 7일간의 창조를 진화론과 타협시켰다.

---

40 Walker, *A History of the Christian Church*, 606–614.

처음부터 자유주의 신학은 그리스도교 신앙의 상당한 부분들이 잘못된 전제들에 기초하고 있다고 생각하고 그리스도교 신앙과 근대 지식 사이의 격차를 메우고 시대정신에 맞도록 신앙을 재해석하려고 시도했다. 자유주의 신학자들은 그리스도교 신앙을 재진술하기 위해 18세기 계시적 종교에 대한 회의주의적 비판을 다시 강조했으며 자연 세계로부터 하나님의 실재를 규명하려고 하던 계몽주의의 주장들을 재현시켰다.

슐라이어마허를 비롯한 대륙의 성서 비평학자들 및 튀빙겐 학파의 헤겔주의, 트릴취(Ernst Troeltsch, 1865~1923), 하르낙(Adolf von Harnack, 1851~1930), 틸리히 등 자유주의 신학자들은 자신들의 동시대 문화에 반응하여 그리스도교 신학을 재구축하려고 했다. 철학(문화)과 계시를 조화시키려던 이들의 노력은 결국 그리스도교 신앙의 역사성을 무시하는 결과를 초래하기도 했다.

1) 슐라이어마허

슐라이어마허(Friederich D. E. Schleiermacher, 1768~1834)는 흔히 현대 신학의 아버지로 불린다. 18세기 합리주의 이성의 시대가 개인적인 의미를 다 만족하게 하지는 못했다. 내적인 삶에 부응하지 못하는 철학은 무미건조해 보였다. 독일과 영국에서 일어난 경건주의와 부흥 운동과 같은 신앙 운동들이 이를 증명한다. 슐라이어마허 사상은 합리주의에 대한 환멸을 드러냈다. 이는 그의 초기 작품 『종교론』(1799)에 잘 나타난다.

슐라이어마허에게 있어서 종교는 '앎'이나 '행위'가 아닌 '느낌,' 즉 인간의 '감정'(feeling)에 의한 것이다. 그는 감정을 통한 그리스도교 이해라고 하는 새로운 종교 해석 방법을 제시한 것이다. 그가 말하는 감정은 칸트에게서 나타난 '선험적 능력'의 자의식에 기초하고 있으며, 한편 그의 감정에 대한 강조는 모라비안 경건주의로부터 영향을 받은 것이었다. 다만 칸트의 도덕의식이 종교 의식으로 대체되었다. 슐라이어마허는 종교를 내적인 체험으로 이해함으로써 합리주의와 초자연주의를 완화하려 했던 것이다.

1821~1822년 『그리스도교 신앙』을 발표했다. 여기서 그는 무한자에 대한 자의식, 직관, 느낌들이 종교적 감정들을 낳게 된다고 했다. 그러나 모든 감정이 종교적 감정은 아니며 오직 무한자에 대한 감정이 종교적이다. 이 때문에 유한한 우주와 자아는 무한자에 대해 절대 의존하게 되는데 이것이 그의 신학의 기반인 '절대 의존의 감정'이다.

슐라이어마허는 종교를 이성을 초월한 '감정'의 영역으로 이해함으로써 합리주의자들의 이성을 거부했고, 한편 개신교 정통주의자들이나 경건주의자들이 의존했던 '계시'의 신학도 거부했다. 그는 이성과 계시를 그리스도교 이해의 항구적 근거로 보지 않고 '감정'에 의존했던 것이다. 그는 심리학적 신학, 혹은 신적 내재성의 신학을 개발했다고 하겠다.[41]

슐라이어마허는 신학자로서 그리스도를 중시했다. 그에게 중요한 것은 그리스도 안에 '하나님 의식'이었다. 하나님 의식이 큰 능력이라고 했다.[42] 그러나 그리스도의 '하나님 의식'은 인간의 '하나님 의식'과 정도상 다를 따름이지, 본질상 다른 것은 아니다. 따라서 슐라이어마허에게 그리스도의 절대성은 거부된다.

예수는 부활이니 기적이니 하는 초자연적인 것들과 상관없이, 예수 자신의 하나님에 대한 의식, 즉 신의식에 있어서 완전했으며 이를 자신의 추종자들에게 전달했다. 제자들은 부활에 대한 사전 인식 없이(엄밀히 말해서, 상관없이) 예수를 하나님의 아들로 인정했다. 초대 교회 교인들의 예수에 대한 인식이 오늘날까지 진리가 되었다는 것이다.

슐라이어마허는 부활의 역사성을 거부하지는 않았으나 그에게 예수의 부활은 실제로 일어난 사건이든 허구이든 그다지 중요하지 않았으며 그보다도 예수의 내적인 삶과 예수의 완전한 하나님 의식만이 중요했다. 예수의 신의식의 강조가 모든 그리스도교 신앙과 신학의 시작이라는 것이다. 슐라이어마허의 감정에 대한 강조는 우리 시대의 실존적인 감정과 잘 어

---

41 González, *The Story of Christianity*, vol. 2, 285-287.

42 Claude Welch, *Protestant Thought in the Nineteenth Century*, vol. I, 1799-1870 (New heaven: Yale Univ. Press, 1972), 64-68.

울리지만, 계시에 대한 근본적인 객관성을 심각하게 여기지 않았다는 점에서 그리스도교 사상의 결정적인 오류를 유발했다.

2) 헤겔

헤겔(Friedrich Hegel, 1770~1831)은 독일 관념론의 집대성자라 할 수 있다. 그는 베를린대학에서 슐라이어마허의 동료였다. 그는 종교의 본질이 절대 의존의 감정에 있다고 보았던 슐라이어마허를 신랄하게 비판하며 감정(슐라이어마허)도 아니고 양심(칸트)도 아닌 하나님을 아는 일에 주력하는 주지주의적 관념론을 전개해 나갔다. 그는 철학적 낙관론과 발전 이론에 근거하여 합리주의와 전통적 신앙 사이에서 중도적 입장을 개진했다. 사상 전반에 대한 그의 영향은 슐라이어마허의 것보다 훨씬 심대했다고 하겠다.

헤겔은 칸트의 제자였으나 칸트를 넘어서는 관념론을 제시했다. 실재에 대한 이해에 있어서 본래적인 존재는 알 수 없다는 것과 도덕의식이 종교적 신앙에 가장 중요한 동인이 된다는 칸트의 주장을 거부하고, 실재 너머에 '절대정신'(the Absolute Spirit) 혹은 '절대 이성'이 존재한다고 주장했다. 절대정신은 생성되고 있는 우주적 과정 속에 존재한다. 그는 세상에는 변증법적 과정이 존재한다고 생각했다. 그는 역사와 현상에 나타나는 생성의 과정을 정, 반, 합의 구조로 추적했다. 절대정신의 표현은 완성되지 않고 끝이 없으므로, 합은 때로 정이 된다. 이 과정은 반복된다. 그는 궁극적으로 모든 차이는 화해(조화)되며 절대정신이 구현되는데 이는 종교와 철학의 화해 개념에서도 마찬가지로 적용된다.

헤겔은 『정신현상학』(1807)을 통해 종교와 철학을 하나의 절대정신으로 통일시켜 철학적 그리스도교 해석의 업적을 남겼다. 그는 절대정신이 철학에서 가장 잘 표현될 것이며, 종교에서 상징적으로만 표현될 것이라고 했다. 그리스도교에서 절대정신의 표현은 아버지(정)와 성육신한 아들(반)이 성령(합)에서 절대정신의 자신에게로 복귀하는 추상적인 개념들로 상징된다고 했다. 그가 이해한 그리스도교는 최종적인 합이다.

헤겔은 시적 언어들과 철학적 카테고리들로 둘러싸인 그리스도교 진리들에 대한 새로운 진술을 시도했다. 타락은 인간 자유 의식의 시작이며 성육신은 절대 인간 사상을 구현한 것이다. 헤겔의 사상 가운데 후대에 가장 많은 영향을 미친 것은 그의 세상에 대한 변증법적 이해이다. 그는 그의 사상을 통해, 독일 민족에서 절대정신의 최종적인 구현이 이루어질 것이라는 암시를 내비치기도 했다.[43]

3) 바우어와 스트라우스

바우어(Ferdinand Christian Baur, 1792~1860)와 스트라우스(David Friedrich Strauss, 1808~74)는 합리주의를 수정, 계승했다. 바우어는 성서 비평에 대해 과격한 접근법을 시도한 최초의 인물로 신약 비평의 획을 그은 튜빙겐 학파의 창시자가 되었다. 바우어와 튜빙겐 학파의 의도와 목표는 그리스도교 신앙을 손상하기보다 예수라는 역사적 인간의 실존을 입증하여 그리스도교를 더 확실한 기초 위에 세우고자 하는 것이었다. 그러나 이들의 학문은 자신들의 의도와 다르게 그리스도교의 근간을 흔들 만큼 정통주의 신학에 큰 도전을 주었다.

바우어는 헤겔의 변증법을 신약 성서 비평에 적용하였다. 베드로와 같은 유대인들의 그리스도교는 정이다. 바울에게서 나타난 이방 그리스도교는 반이다. 종합은 가톨릭주의에 의해 구현되었다. 이는 베드로와 바울 모두를 포함한다. 그는 삼위일체와 구속론 같은 교리들의 생성 과정도 역사적 및 변증법적 원리를 적용하여 설명했다. 나중 신신학(neology)으로 알려진 이 새로운 성서 비평 학파에 따르면 성서 기사의 중요성은 문자적 진리보다는 신화 혹은 도덕적 탁월성에 있다고 보았다.

튜빙겐 학파로서 헤겔주의자인 스트라우스는 그의 저서 『예수의 생애』를 통해 성경에서 예수의 생애는 온통 신화로 덮여 있다고 하였다. 신화는 원시 문화 속에서 사는 사람들에게는 자연스러운 표현이지만, 지성의 시대

43　Welch, *Protestant Thought*, 88-91.

를 사는 사람들에게는 의미가 없다. 그는 예수를 둘러싼 기사들을 비신화화하는 작업을 착수했고, 그 결과 예수는 목수의 아들로 윤리적이고 합리적인 단순한 한 인간이었다고 결론지었다. 예수는 하나님의 아들도 그리스도도 아니었다. 스트라우스는 성경으로부터 초자연적이고 기적적인 요소를 모두 제거했다. 따라서 그리스도교에 많은 손상을 주었다.

프랑스의 르낭도 비슷한 때 신약의 기적들을 공격하고 복음서의 윤리를 무시했다. 예수는 온화하지만 두드러지지 않은 갈릴리 출신의 한 인간일 뿐이라고 했다. 바우어의 이론들은 자신이 조성했던 신약의 비평적 연구들이 이루어지는 과정에 의해 산산조각이 났다.[44]

4) 리츨

리츨(Albrecht Ritschl, 1822~1889)은 19세기 후반 독일에서 가장 유명한 신학자였다. 그는 개신교 자유주의의 창시자였다고 할 수 있다. 그는 『구가톨릭교회의 기원』(1857 sec. ed.)에서 역사 비평의 방법을 사용하여 역사적 예수, 원시 그리스도교, 그리고 구가톨릭교회의 생성에 대해 연구했다.

리츨에 대한 칸트의 영향은 자명하다. 리츨도 종교의 본질에서 도덕적 감정을 강조했으며 순수한 지성적 지식을 부정했다. 칸트뿐 아니라 슐라이어마허의 영향도 지대했다. 슐라이어마허에게 중요한 것은 역사적으로 무슨 일이 있었는가가 아니라 믿는 사람들의 마음속에 무엇이 일어났는가 하는 것이었다. 리츨도 원시 그리스도교 공동체의 의식을 강조하면서 신앙 공동체가 예수를 어떻게 고백했느냐가 중요하지, 실제로 예수가 어떤 존재였는가 하는 것은 중요하지 않다고 했다. 그러나 여기서 리츨과 리츨학파들은 예수가 인격적으로 하나님의 영원하고 선재하던 아들, 그리스도라는 보편적 교회의 형이상학적 교리를 거부했다. 예수는 공동체가 믿는 주체였다. 그것 때문에 그들은 예수의 신성을 주장했던 것이다.

---

[44] Walker, *A History of the Christian Church*, 633-634.

리츨에게 하나님 나라는 윤리적 공동체이다. 리츨은 그리스도의 유일성이 그분의 존재에 있는 것이 아니라, 그분의 최상의 개인적인 목적이 만물을 향한 하나님의 목적과 일치한다는 사실에 있다고 보았다. 그리스도는 단지 윤리적으로 매우 좋은 사람이었다. 결국, 그리스도의 유일성은 그의 윤리성에 있었다. 인류 역사 속에 특별한 신적인 통찰을 가진 많은 인물 가운데 한 사람으로, 역사적 예수는 우리를 위해 하나님의 가치를 가지고 있었다. 그러므로 리츨에게 이 '역사적 예수'가 모든 윤리적 공동체의 규범이 되었다는 것이다. 리츨의 사상에서 산상 수훈의 윤리는 그리스도교의 핵심이었다.

빌헬름 헤르만(Wilhelm Hermann, 1846~1922)이나 하르낙 같은 거장들이 리츨 학파에 속한다. 특히 하르낙은 자유주의 신학의 입장을 명쾌히 보여주었다. 『그리스도교란 무엇인가?』에서 그리스도교란 하나님의 부성, 인간의 형제성, 그리고 인간 정신의 무한한 가치에 대한 믿음이라고 표현하여 20세기 유럽과 미국에서 큰 파장을 불러일으켰다. 헤르만은 『그리스도인의 하나님과의 교제』에서 예수 그리스도에 대한 이해에 있어서, 삼위일체 교리가 아니라 하나님의 사랑의 중요성을 강조했다. 그리스도가 구현한 것은 자신의 희생을 통해 하나님의 사랑을 계시한 것과 인간의 진정한 선을 구현하는 것이었다. 여기서 원죄는 부인되었다.[45]

이 신학은 19세기의 낙관주의적이고 낭만주의적인 사조와 잘 조화되었으며 인간과 역사에 대한 유토피아적이고 진화론적 세계관을 잘 반영하고 있다. 후에 이들의 낙관론은 세계 대전이라는 어이없는 역사와 만나게 되고 신정통주의자들에 의하여 비판받게 된다.

5) 기타 18세기 후반과 19세기 신학자들

인쇄술의 발달로 성서 출판이 늘어났다. 수많은 사본이 나왔다. 사본의 신빙성의 문제보다 내용의 신빙성의 문제가 이슈가 되었다. 여전히 만연한 과학과 합리주의는 신앙의 신빙성을 비판하며 무신론적 성향을 조성했다.

---

[45] Walker, *A History of the Christian Church*, 634-639.

하인리히 파울루스(Heinrich Paulus, 1771~1851)는 부활이나 기적 등은 없었다고 주장하면서 초자연적 요소들을 자연주의적 기초 위에서 설명하려 했다. 그는 초자연주의의 최고의 적이었다. 이런 조류에 역행하는 신학자들도 물론 활동했었다. 행스텐베르크(Ernst Hengstenberg, 1802~1869)는 가장 교리적인 방법으로 신앙 고백적 정통주의를 고수하고자 했다. 그도 처음에는 합리주의자들의 사상에 동조하다가 나중 경건주의를 경유하여 가장 강경한 루터교 정통주의로 돌아섰다.

파울루스와 행스텐베르크 사이에 '중도적'(mediating) 인물로 교회사가인 네안더(August Neander, 1789~1850), 톨루크(Friedrich Tholuck, 1799~1877), 아우구스트 도르너(August Dorner, 1809~1884) 등이 활동했다. 이들은 볼프 시대 이래 만연해진 합리주의와 복음주의적 색채를 조화시키려고 노력한 중도적 신학을 지향했다.

4. 19세기 영국 프로테스탄티즘

대영 제국은 19세기에 절정에 이르렀다. 이 시기는 영국의 세기였다. 산업 혁명을 주도하며 런던은 세계의 금융 및 통상의 중심지가 되었다. 영국 해군은 워털루(Waterloo)에서 나폴레옹을 격파한 이후 제1차 세계 대전에 이르기까지 대양들을 지배했다. 대영 제국은 범세계적 영토로 구성되었다. 남부 아일랜드를 제외하고 영국 제도에는 프로테스탄트가 지배적이었다. 19세기 영국 국교회는 선교 사업과 자본주의 확장의 깊은 연결 고리로 제국주의의 기질을 단적으로 드러냄으로써 20세기 세계의 비판으로부터 자유롭지 못했다. 19세기 영국 개신교들도 암울하기는 마찬가지였다.

런던에서 결성된 마르크스주의는 명백하게 반그리스도교적이었고, 흄의 회의주의가 여전히 영향을 미치고 있었다. 다윈의 『종의 기원』은 수많은 사람의 성경적인 창조론에 대한 믿음을 뒤흔들어 놓았다. 허버트 스펜서(Herbert Spenser, 1820~1903), 매슈 아널드(Matthew Arnold, 1822~1888), 조지 엘리엇(George Eliot, 1812~1880) 등 신학자와 문필가에게 그리스도교는 유행에 뒤떨어진 정신적 유물로 간주될 뿐 더는 설득력이 없었다. 그러나 암울한 전망이 파국으로 이어지지는 않았다. 실제적으로 일어난 것은 영국 교회들의 부흥과 성장이었다. 성장 일로에 있던 도시들 속에서 영적 각성과 부흥 운동들이 국교회와 비국교회에서 발흥하기 시작했다.

1) 영국 국교회의 부흥 운동들

영국 국교회로부터 움튼 부흥 운동들에는 복음주의 운동(저교회파, the Low Church party), 가톨릭 전통을 강조하는 옥스퍼드 운동(고교회파 혹은 국교회 가톨릭주의, the High Church party or Anglo-Catholicism), 그리고 광교회 운동(광교회파, the Broad Church party)들을 들 수 있다. 원래 복음주의는 국교회로부터 분리되었으나, 이 시기 국교회 내에서도 복음주의 운동이 일어나 국교회에 지대한 영향을 미쳤다.

복음주의자들은 실제적·선교적 활동을 강조했다. 1815년 그들은 그들의 첫 번째 감독 교구를 획득했다. 19세기 중엽까지 이들은 교회 내에서 가장 막강한 그룹으로 부상했으며, 많은 평신도의 지지를 받았다. 그들은 학문적인 신앙을 배격했다. 학문은 복음의 방해물이었다.

많은 찬송가가 복음주의 그룹에 의해 생겨났다. 올포드(Henry Alford)의 "감사하는 성도여 추수 찬송 부르세," 크롤리(George Croly)의 "하나님의 성령이시여 내 가슴에 임하소서," 하버갈(F. R. Havergal)의 "주 날 불러 이르소서 말씀대로 전하오리"가 그것이다. 케직(Keswick)에 있는 것과 같은 대형 집회 센터들이 건립되었다. 미국의 복음주의 부흥사 무디(Dwight L. Moody, 1837~1899)는 영국 방문 시 복음주의자들의 열렬한 환영을 받았다. 그들은 개인적 회심과 열렬한 성경 공부에 열심이었고, 그뿐만 아니라 가톨릭 전통, 감독제의 사도적 계승, 그리고 성례전들을 강조했다.

복음주의의 운동 중에서 영국 국교회 내에서 일어난 또 하나의 부흥 운동은 옥스퍼드 운동이다. 이 운동은 로마 가톨릭으로 돌아가려는 운동으로서, 여기서 영국 국교회-가톨릭주의(Anglo-Catholicism)가 생겨났다. 차츰 중세의 예전과 신학, 건축과 음악이 다시 주 관심으로 떠오르면서 교회는 근본적으로 불변의 신적인 기관이라는 사상이 득세하기 시작했다. 이 운동은 옥스퍼드대학교의 성직자들 중심으로 로마 가톨릭주의 운동이 진행되었기 때문에 '옥스퍼드 운동'으로 불리게 되었다.[46]

옥스퍼드 운동의 최초 지도자는 프루드(Richard H. Froude, 1803~1836)였는데 그는 금식, 성직자 독신주의, 그리고 성인 숭배와 같은 가톨릭 관습들의 부흥을 주도했다. 1833년 뉴만(John Henry Newman, 1801~1890)은 그의 유명한 『이 시대를 위한 소책자들』을 발간했다. 이로 인해 이 운동이 '소책자 운동'으로 불리기도 한다. 퓨지(Edward Bouverie Pusey, 1800~1882), 케블(John Kable, 1792~1866) 등이 소책자에 기고하면서 이 운동이 확산되었다.

이들이 '전통에로의 복귀'를 주창하자 실제로 많은 사람이 로마 가톨릭 교회로 개종했다. 이 운동은 종교적 예전보다 영성을 강조하였고, 영국 고교회에 세속 국가의 지배를 반대하였다. 영국 국교회의 로마 가톨릭교회의 보편성을 회복하고자 했다. 옥스퍼드 운동은 교황주의의 가톨릭 전통, 감독제의 사도적 계승, 그리고 성례전들의 타당성을 강조했고, 로마 교회가 되기 이전의 고대 가톨릭교회의 정신을 그리워했다. 따라서 고대 교부들을 매우 중요시했다.

뉴만은 영국 국교회는 프로테스탄티즘과 로마 가톨릭주의의 중간이라고 하면서도 『39조문』은 트렌트 공의회의 노선에 선 로마 가톨릭 신앙을 가르치고 있다고 주장하였다. 소수의 추종자를 데리고 그는 드디어 1845년 1월 9일 로마 가톨릭교회에 가담하여 추기경이 되었다. 그와 그의 추종자들의 개종으로 옥스퍼드 운동의 권위는 추락했으며 영국 국교회는 상호 불신하는 가운데 복음주의 그룹, 영국 국교회 가톨릭(Anglo-Catholic) 그룹, 그리고 자유주의 그룹 혹은 광교회(Broad Church) 그룹으로 나뉘게 되었다. 뉴만의 이탈로 옥스퍼드 운동은 막을 내렸지만, 이 운동이 생성시킨 국교회 그룹은 존속했다.

고교회에 대한 강조는 성공회주의(국교회주의, Anglicanism)의 항구적인 특징이 되었다. 종교개혁 시기에 방기된 가톨릭 관습들이 재도입되었으며

---

[46] Walker, *A History of the Christian Church*, 642.

영국 국교회가 사도적 계승에 의한 불변의 신적인 기관임이 재천명되었다. 구제와 자선, 그리고 신앙의 경건에 대한 관심이 피력되었으며, 찬송가 작곡에 대한 관심도 크게 고조되었다.

세 번째 눈에 띄는 영국 국교회 내의 운동은 광교회 운동이다. 이는 당시 영국 국교회의 신학 내용에 대한 불만으로 등장했다. 이들의 신학은 상당히 지성주의적 방식으로 전개되었다.

광교회 운동에 크게 영감을 준 지도자는 콜러리지(Samuel Taylor Coleridge, 1772~1834)이다. 콜러리지는 캠브리지 플라톤주의자들의 영향을 받았다. 이어 그는 칸트와 낭만주의의 영향을 받아 종교적 진리에서 요구되는 것은 양심과 의지의 실천 이성이며, 외적 권위보다 느낌, 직관, 감정 등의 종교의식이라고 했다. 그는 "모든 계시는 내부로부터 온다"고 했다.

모리스(John Frederick Denison Maurice, 1805~1872)도 광교회 운동에 기여했다. 진보적 사상 때문에 교수직이 박탈되기도 한 그는 그리스도가 모든 인류의 우두머리이며 모든 인류는 하나님의 아들들이라고 하는 보편주의 성향을 주장했다. 이는 유니테리언 목사였던 그의 부친의 영향이었을 것이다. 로버슨(F. W. Robertson, 1816~1853), 킹슬리(Charles Kingsley, 1819~1875), 테니슨경(Lord Tennyson, 1809~1892), 그리고 파러(Frederic W. Farrar, 1831~1903) 등은 광교회 운동의 뛰어난 지도자들로 광교회 사상을 확산하는 데 기여했다.

2) 비국교도들의 운동들

19세기에 영국의 비국교 사상이 널리 확산되었다. 복음주의적 영향 아래 19세기 중엽까지 비국교들의 숫자가 국교도들의 숫자만큼 증대했다. 비국교도들의 주요 그룹들은 감리교도들, 침례교도들, 회중교회주의자들이 있었고, 퀘이커들과 유니테리안들이 작은 그룹을 형성하고 있었다. 스코틀랜드로부터 유입된 장로교도들의 수도 증대되었다. 다양한 유형의 비국교 사상들이 등장했다.

보편적 사도적 교회라 칭하는 교단이 어빙(Edward Irving, 1792~1834)에 의해 설립되었다. 그는 당시 전천년설을 확산시키는데 결정적인 공헌을 한 인물이었다. 방언과 같은 사도 시대의 카리스마적 은사들이 오늘날에도 합당한 믿음을 가진 자들에게 부여된다고 믿었다. 1835년 그는 12사도를 임명하고 그들을 성령의 특별한 기관들로 간주하였다. 나중 어빙의 원리는 19세기 말 영국의 조직적 선교에 크게 기여하였다. 이는 특히 허드슨 테일러(Hudson Taylor, 1832~1905)의 중국 내지 선교를 가능케 한 선교회의 기초가 되었다.

한편 다비(John Darby, 1800~1882)의 노력으로 플리머스 형제들이 형성되었다. 이들에게 그리스도교 신앙과 사랑은 유일한 본질적 요소들이다. 다비는 세대주의적(dispensational) 신앙관을 피력했다. 세대주의는 나중 미국에서 크게 호응을 얻었다. 다비는, 모든 성도는 사제들이며, 따라서 공적인 목회뿐만 아니라 신조들도 폐지되어야 한다고 주장했다. 오직 성령이 '형제들'을 하나로 묶었다는 것이다. 다비는 헌신적인 선교사였다. 그는 프랑스, 스위스, 독일, 캐나다, 그리고 미국에 다비파를 이식시켰다.

뮬러(George Muller, 1805~1898)와 트레겔스(Samuel P. Tregelles, 1813~1875)가 다비파의 뛰어난 추종자였다. 뮬러는 브리스톨(Bristol)에서 오직 고아원들을 운영했는데 만 번의 기도 응답으로 유명하다. 트레겔스는 신약 성서 비평가가 되었다.

구세군은 1878년 감리교도였던 윌리엄 부스(William Booth, 1892~1912)에 의해 창설되었다. 그는 웨일즈의 카디프(Cardiff)에서 군대식 조직과 순종을 가진 교단으로 장애인과 비행 청소년 그리고 가난한 자들을 위한 전도 및 박애 사역을 시작했다. 부스는 방치된 약자들과 소외된 사람들을 위해 음식과 숙소를 제공하는 자선 사업을 노방 전도와 결합해 자선 활동과 복음 전도를 이어 갔다. 구세군은 결국 교파로 발전되었으며, 서유럽, 미국, 그리고 동양으로 확산되어 갔다. 구세군은 전통적인 복음주의적 신앙을 고수하지만, 성례전들을 부인한다. 신학보다도 실천하는 윤리를 더 강조하며, 순종을 강조한다.[47]

---

[47] Walker, *A History of the Christian Church*, 644-645.

19세기 영국의 영적 운동들은 영국의 선교적 확장에 큰 역할을 했다. 초기 개신교 선교는 주로 영국과 스코틀랜드 선교사들에 의해 추진되었다. 침례교 선교사 윌리엄 케리(William Carey, 1761~1834)의 뒤를 이은 선교의 거장들이 복음을 안고 전 세계로 나아갔다. 케리의 선교 열정으로 1792년 침례교 선교 협회가 설립되었다. 복음 전도가 교회의 사업으로만 이루어지지는 않았다. 그리스도교는 대영 제국의 점진적 팽창과 보조를 같이했다.

스코틀랜드 교회의 최초의 외국 선교사인 다프(Alexander Duff, 1806~1878)는 인도에서 교육 사업에 헌신했고, 리빙스톤(David Livingston, 1813~1873)은 남아프리카에서 위대한 선교 사업을 이루었다. 런던 선교회는 1807년 모리슨(Robert Morrison, 1782~1834)을 중국으로 파송했다. 그는 중국으로 간 최초의 프로테스탄트 선교사였고, 그의 활동은 미국인들의 해외 선교에 대한 관심을 크게 자극하였다.

5. 19세기 대륙의 개신교 부흥 운동

19세기 대륙의 프로테스탄티즘에 있어서 가장 중요한 운동은 독일의 자유주의 신학 사상과 성서 연구였지만 모두가 여기에 동조한 것은 아니었다. 이들에 대응하여 회심과 말씀의 능력을 강조하는 부흥 운동들이 유럽 각국에서 발흥했다.

슐라이어마허의 설교는 사람들로 하여금 종교적 체험을 재검토하게 했고, 행스텐베르크의 『복음주의적 교회』는 부흥 운동을 주도하게 한 주요한 요인이었다. 주일 학교, 도시선교, 그리고 소책자 배포를 통해 대중에게 접근하려고 했던 복음주의자들의 노력은 많은 평신도에게 감흥을 주었고 부흥 운동으로 이어졌다. 하름스(Klaus Harms, 1778~1855)는 프랑스 혁명으로 약화된 프로이센의 교회를 중건하기 위해 '신앙 고백학파'를 이끌었다. 그는 1841년 국가 교회에서 탈퇴하여 프로이센의 복음적 루터교를 설립하였다.

스칸디나비아도 개신교 부흥 운동의 영향을 받았다. 이 운동의 산물 가운데 하나가 키에르케고르였다. 그는 그리스도교 신앙의 실존적·역설적 요소들을 강조했다. 그의 영향은 그 자신의 시대보다 20세기에 더 컸다. 노르웨이에서의 경건주의적 각성 운동은 평신도 순회 설교자 한스 닐슨 하우지(Hans Nielsen Hauge, 1771~1824)에 의해 주도되었다. 그리고 로제니우스(C. O. Rosenius, 1816~1868)는 스웨덴에서 경건주의적 부흥 운동을 주도했다. 농부 루오찰라이넨(Paavo Ruotsalainen, 1777~1857)과 카렐리아의 쿠코넨(Jenrik Kukkonen, 1789~1866)이 핀란드의 대부흥 운동을 주도했다.

스위스에서는 비네(Alexandre Vinet, 1797~1847)와 고데(Frederic Godet, 1812~1900)가 보수주의적 부흥 운동을 인도했다. 프랑스에서는 나폴레옹이 실각한 후, 루이 18세 차하에서 몽로드(Frederic Monroad, 1794~1863)와 백작 가스파랭(Gasparin)이 1849년 프랑스 개혁자유교회를 결성했다. 특히 가스파랭는 스코틀랜드의 부흥 운동의 영향을 받았다. 그는 개혁파 정통주의를 옹호하고 교회와 국가의 분리를 강력히 주장했다.

1834년 이전에 모든 네덜란드의 개혁교회들은 국교회가 되었다. 그러나 그 후부터 많은 교회가 국교회인 개혁교회를 떠나 복음주의적 그룹을 형성했는데, 이로 인해 1869년 그리스도교 개혁주의 교회가 설립되었다. 이는 칼뱅주의의 엄격성을 이완시켰다. 이 시기 그로닝겐 학파가 등장하여 종교의 핵심은 사랑의 실천이어야 한다고 강조했다.

6. 19세기 그리스도교와 사회 개혁

19세기 유럽의 그리스도교가 가톨릭과 개신교 모두에게 도전한 바는 교회로 하여금 사회 개혁으로 관심을 돌리게 한 것이다. 영국과 신대륙의 개신교는 노예 제도 폐지 운동을 전개했으며 공장 노동자의 개진을 위해 헌신하였다. 이 같은 백인 그리스도인들의 사회 개혁 운동은 부흥 운동의 결과이기도 하다. 이는 이전부터 유럽 사람들의 사고에 들어온 계몽주의와 인도주의, 그리고 경건주의의 윤리 의식이 복합된 결과라 하겠다.

영국에서 감리교 운동을 이끌었던 웨슬리가 빈민 구제와 병자 돌봄, 저소득층 사람들의 환경 개선 등의 박애 사업에 헌신하였고 동시에 노예 제도에 대한 신랄한 비판을 드러냈다. 그의 박애 사업은 영국의 유력인들을 움직이기에 충분했다. 그의 영향하에 지주인 존 하워드(John Howard, 1726~1790)는 교도소 인권과 환경 개선을 위해 헌신했으며 학교와 농가의 삶의 질을 높이기 위해서도 노력했다.

윌리엄 윌버포스(William Wilberforce, 1758~1833)는 웨슬리의 노예 제도 폐지 운동에 크게 감동하였다. 그는 영국 국교도였으나 복음주의에 영향을 받은 정치인이었다. 그의 의회 생활 내내 윌버포스는 노예 제도 폐지를 위해 투쟁했다. 그의 30여 년간의 노력으로 1808년 마침내 영국 의회는 노예 매매 금지법을 통과시켰고, 나중 1834년 노예 제도 자체를 금지하는 법안을 통과시켰다. 신대륙에서는 제2차 대각성 운동 이후 노예 제도 폐지 운동이 실제화되었다. 미국 북부에서 체계적으로 이루어진 노예 제도 폐지 운동이 가속화된 것은 부흥 운동가의 딸 해리엇 비처 스토(Harriet Beecher Stowe)의 소설 『톰 아저씨의 오두막』의 효과가 컸다. 이 책은 노예 제도에 대한 미국인들의 양심을 자극했다. 신대륙의 노예 제도는 처절한 내전을 겪으면서 마침내 성취되었다.

노예 제도 외에도 여러 모양의 소외자를 위한 자선 단체들이 생겨났다. 또한, 산업 혁명으로 사창가를 비롯한 퇴폐업과 알코올이 심각한 사회 문제로 부상하자 이를 위한 사회 개혁 운동들이 일어났다. 교회들은 교단을 막론하고 금주 운동을 전개하며 금주를 요구하였다. 한편 교회들은 죄수들이라 하더라도 보호받아야 할 기본 인권이 있음을 강조하면서 교도소 개혁에도 관심을 보였다. 그 외에 고문 금지, 노동자들의 노동 시간 제한 등 인권 문제들의 개혁을 위해 노력했다.

A Brief Sketch of Church History

제8장

19세기 로마 가톨릭교회

1. 교황권 지상주의

이 사상은 프랑스 혁명에 대한 하나의 반발이라고 할 수 있다. 보수적인 로마 가톨릭주의와 프로테스탄티즘은 프랑스 혁명으로 인해 일시적으로 위축되었으나, 로마 가톨릭주의는 자신의 절대 주권을 주장함으로써 이 혁명에 도전했다. 로마 가톨릭교회가 '교황권 지상주의 운동'으로 변용을 추구한 것은 19세기 가톨릭교회 역사에 가장 큰 흐름일 것이다. 중세 로마주의를 광범위하게 재천명한 트렌트 공의회(1545~1563) 이후 가톨릭교회는 19세기에 이르러 '마리아의 무염 수태설'(1854), 『오류들에 대한 목록들』(1864), 그리고 '교황의 무오류설'(1870)을 천명했다.

훗날 20세기 중엽, 바티칸 공의회를 통해 마리아 승천(1950)까지 주장한 것을 보면, 가톨릭교회는 일관성 있는 교서들을 발표하고 있는 것이다. 비록 민족 교회주의에서 교황의 권위가 잠시 도전받기는 했으나, 교황의 수위성에 대해서는 중세로부터 제1·2차 바티칸 공의회에 이르기까지 이설은 없었다. 17~18세기 무능한 교황들에 의해 잠시 주춤했던 교황 수위설은 19세기 유능한 교황들, 특히 피우스 9세(1846~1878) 및 레오 13세(1878~1903)의 리더십 아래 차츰 권위를 찾아갔고, 이어 교황권 지상주의가 명확히 정의되고 발전될 수 있었다.

가톨릭교회가 교황권 지상주의로 변용을 실현하기까지 몇 가지 역사적 요인들이 작용했다.

첫 번째 요인은 나폴레옹에 대한 피우스 7세의 용기있는 저항이었다.
나폴레옹이 교황령을 장악했을 때 피우스 7세(1740~1823)는 16세기 이래 가톨릭교회가 행사해 보지 못했던 권위와 위엄으로 나폴레옹을 파문하면서 용기 있는 저항을 보였다. 피우스 7세의 저항은 교황권의 불굴의 정신을 보여 준 것이었으며, 나폴레옹이 1815년 영국에 패망했을 때 교황이 강력한 위엄으로 재등장 할 수 있도록 도와주는 발판이 되었다. 이것이 교황권 지상주의의 발전시키는 가장 첫 공헌이었다. 이때 예수회가 복원했고 종교 재판이 활기를 띠게 되었다.

두 번째 요인은 가톨릭 국가들의 왕권이 살아난 것이다.
프랑스에서 혁명의 공포 정치가 막을 내리고 부르봉 왕가가 복구되자 프랑스뿐만 아니라 스페인, 나폴리, 그리고 포르투갈의 왕권이 회복되었다. 이 나라들은 대체로 전통적인 교황의 수위권 사상에 동조적이었기 때문에 교황권 지상주의에 탄력을 주었다.

세 번째 요인은 낭만주의의 등장이다.
낭만주의는 교황권 지상주의를 확립하는 데 일조했다. 프랑스 혁명과 18세기에 만연했던 합리주의에 대한 반발로 일어난 낭만주의적 사조는 가톨릭주의의 재기를 가능하게 했다. 샤또브리앙(Frangois Chateaubriand, 1768~1848)은 혁명에 실망했고, 가톨릭주의로 회심했다. 그는 『그리스도교의 천재성』을 저술하여 낭만주의적 사고를 바탕으로 반합리주의적 기조를 설파했다. 그는 그리스도교가 가장 인간적이며, 자유, 예술, 그리고 문학적인 삶에 가장 우호적이라고 기술하면서 가톨릭 도그마를 정당화했다. 그는 마리아의 무염 수태설에 대해 "오, 황홀한 도그마여!"라고 감탄했다. 계몽주의가 경멸했던 중세적 가톨릭주의가 다시 영광의 자리로 고양된 것이다.

중세에 대한 향수가 교황권 절대주의의 복원에 공헌한 것은 당연한 것이었다. 상례적으로 생각할 때 민족주의는 교황권을 약화시키지만, 프랑스의 민족주의는 반대의 결과를 가져왔다. 교황의 권력을 제한할 목적으로 제정된 교황과 나폴레옹의 정교 협약(1801)과 1802년의 기본 조항[48]은

---

[48] 교황과 나폴레옹 사이에 작성된 협약의 내용은 프랑스 정부가 "보편적이고 사도적

장기적으로는 교황권 절대주의의 강화에 오히려 도움을 주는 결과를 낳았다. 나폴레옹이 성직자들을 국가의 도구로 전락시키려고 할 때마다 경제적, 정치적 토대를 잃어가는 감독들은 의지할 데가 로마밖에 없었다.

교황권 절대주의는 피우스 9세(1846~1878)의 재임 기간에 절정에 이르렀다. 그는 제1차 바티칸 공의회(1869~1870)를 개최하여 교황의 권위를 극대화했다. 1854년 피우스 9세는 단독으로 마리아의 무염 수태 교리를 선언했다. 그때까지 로마 교회가 마리아의 무염 수태에 관한 분명한 교리를 밝힌 적이 없었다.[49] 19세기 초까지 이 이슈는 미결 상태였으나, '동정녀 제의'가 대중 사이에 점차 인기를 끌자 교회의 입장은 마리아의 무염 수태 쪽으로 기울어져 갔다. 프랑스에서 소위 마리아 출현 이야기와 마리아 관련 기적 이야기들이 급증하자 마리아에게 '무염'이라는 타이틀을 제의했다. 피우스 9세는 즉시 조처에 착수했고 이로 인해 마리아의 무염 수태 교리가 생성되었다. 이는 광범위하게 받아들여졌다.

문제는 마리아 무염 수태설은 성경적 근거가 없고 교부들에게서도 발견되지 않는 것이라는 점이다. 오직 피우스 9세와 그의 신학 위원회가 이를 결의하고 공표한 것이다. 이것은 1870년 교황 무오류설 교리가 있기도 전에 교황이 결정한 바는 어떤 상황에서도 번복될 수 없고, 교황이 스스로 결정할 권한이 있다는 것을 기정사실로 한 셈이었다.

피우스 9세는 1864년 가톨릭교회가 거부해야 할 80가지의 오류들을 기술한 『오류들에 대한 목록들』을 작성했다. 합리주의, 범신론, 공산주의 등 당시 만연하고 있던 자유주의의 다양한 표명들에 대한 반대 입장을 천명한 것이다. 『오류들에 대한 목록들』은 신앙적으로 합당한 것들도 있지만, 대부분 당시 로마 가톨릭교회의 편협성의 산물이었다. 교황청 내부에서 지성과 자유를 요구하는 소리들이 주장되기도 했다.

인 로마 종교는 프랑스 시민의 종교다"라고 인정한 협약이며 프랑스 성직자는 정부가 지명하고 교황이 임명하도록 했다. 국가는 비토권이 있었다. 나폴레옹은 비밀리에 『기본 조항』을 첨가했는데, 이는 프랑스에서 발행되는 모든 교황 문서와 교회 문서들에 대한 국가의 승인을 규정했다.

49 Schaff, *The Creeds*, vol. II, 211-212.

때마침 이탈리아의 새 통일 왕국이 교황령 일부를 점령하고 피우스 9세를 감금했다. 프랑스 군대가 위기의 교황청을 구해 냈다. 1929년 피우스 11세가 무솔리니와 라테란 조약을 맺고 로마의 문제를 해결했다. 교황은 교황령을 완전히 포기하고 대신 바티칸 공국 주요 대성전 등에 대한 완전한 주권을 부여받았다. 피우스 9세로 다시 돌아오면 그는 19세기 후반 자유주의의 전성기에 진보, 자유주의, 그리고 근대 문명을 거부하고 사회주의 및 공산주의가 신앙에 해가 된다고 선언함으로써 교황의 우위성과 가톨릭 정통주의를 고수하려고 했다.

2. 제1차 바티칸 공의회: 교황 무오류설

앞에서 언급한 바와 같이 피우스 9세가 단독으로 동정녀 마리아의 무염수태설을 교리로 선언했을 때, 이미 그는 교황 무오류설의 교리를 위한 길을 열어 놓은 것이나 진배없었다.[50] 1864년 교황은 자유주의(근대주의)에 반대하는 가톨릭교회의 입장을 공고히 하기 위해 교회 공의회를 소집하려는 의사를 밝혔다. 700명의 감독(세계 감독 교구의 70%)이 모인 가운데 1869년 12월 8일 제1차 바티칸 공의회가 개최되었다.

교황 무오류설에 대한 반대자들에게 교황은 "내가 전통이오"라는 말로 저지했다. 이는 교황권 절대주의의 본질을 잘 드러내 주는 부분이었다. 투표자 2명만이 반대표를 던진 가운데 교황 무오류를 선언한 『영원한 목자』 칙령이 가결되었다. 이를 반대하는 교수나 감독들은 파문당했다.

교황청의 교리에 반발한 자들이 구가톨릭교회를 조직하여 첫 번째 감독으로 라이켄스(Joseph Hubert Reinkens, 1821~1896)를 추대했다. 이 교회는 성직자 독신주의, 구두 고백, 성물 숭배, 면죄부 등 가톨릭교회가 지켜 온 몇몇 전통들의 폐지를 선언했는데 이는 16세기 종교개혁자들이 요구하던 바였다. 현재 이 교회는 독일, 스위스, 오스트리아, 그리고 미국에 지부들

---

[50] Schaff, *The Creeds*, vol. II, 234-274.

을 두고 있으며 10만 명의 추종자들로 구성되어 있다.
　교황의 무오류성은 교황의 무죄성을 의미하는 것은 아니다. 교황도 고해 신부를 가지고 있기 때문에 그에게 최소한 범죄의 가능성이 있음을 의미한다. 무오류성은 다음의 경우로 한정된다. 교황이 베드로의 좌로부터 신앙과 도덕들에 관해 이야기할 때 무오류하다는 것이다. 교황이 '모든 그리스도인의 목자와 교사'로서 특정 조건, 즉 신앙과 도덕에 관한 문제들을 이야기할 때에 교황은 무오류하다는 의미이다. 교황 무오류성의 교리는 계속적으로 신학적 문제를 불러왔다. 다음과 같은 문제들이다.
　교황이 인간일진대 우리와 동일한 인간성을 소유하고 있지 않은가?
　특정 조건 하에서이긴 하지만 어떻게 교황이 자신의 유한성을 떨쳐 버리는 것이 가능한가?
　제1차 바티칸 공의회는 교황의 위상에 관하여 정의했으나, 프랑스-프로이센 전쟁의 발발(1870년 7월)로 다른 사안들은 충분히 다루지 못했다.

3. 레오 13세

　25년간의 교황 재임 시절, 레오 13세(1878~1903)는 교황령 회복을 위해 노력했으나 성공하지 못했다. 레오는 사망 시까지 교육, 이혼, 연설 및 언론의 자유와 같은 교회·국가 문제들을 해결하려 노력했고 많은 성과가 있었다. 교황령이 몰락한 후 교황이 외적으로 무력해졌으나 내적으로 그의 명성은 증대되었다. 그는 제1차 바티칸 공의회의 무오류설을 행사하지 않았다. 그랬더라면 비스마르크의 문화 투쟁 시에 더 많은 갈등을 초래했을 것이다. 레오는 공화당에 의해 교회와 국가의 분리가 추진되자 강력하게 항의하기도 했다.
　레오는 자본과 노동의 관계에 깊은 관심을 가진 자로 사유 재산에 대한 신성불가침과 사회적·경제적 정의를 부르짖으며 노동자들에 대해 지대한 관심을 보였다. 레오의 사회적 관심은 그의 유명한 『노동 헌장』에서 천명되었는데 이 회칙에서 그는 프랑스, 네덜란드, 벨기에의 산업 노동자들 사이에서 가톨릭 노조들의 결성을 고무했다. 그는 교회와 당시의 사회 상황을 연결했다. 그러나 정치적, 경제적 민주주의의 표방이 그의 주 관심은 아니었다. 그의 관심과 궁극적 목표는 『노동 헌장』을 통해 순전히 그리스도의 박애 정신을 구현하는 것이었다. 그러나 혹자는 이 문서가 '사회 정의에 관한 교회의 관심'을 무게를 두는 문서였다고 말한다.

1879년 레오는 회칙『영원한 아버지』(*Aeterni Patris*)에서 아퀴나스의 사상이 가톨릭 교회의 가르침의 기초가 되어야 한다고 선언했다. 레오 13세는 비록 실패했지만 동방 정교회와의 재결합을 시도하기도 했다. 그러나 영국 국교회에 대해서는 배타성을 드러냈다. 한편 그는 피우스 9세 재임 동안 억압 정책으로 인해 초래된 지적인 침체의 늪에서 가톨릭주의를 구출하기 위해 신학적 연구를 격려했다. 그는 신학 탐구에 대한 대대적인 개방을 선언했고 그 결과는 그의 사후 자유주의 신학이 가톨릭교회에서 급물살을 탔다. 비록 그가 의도한 바는 아니었다고 하더라도 가톨릭교회는 근대화를 시작한 것이다. 과격한 성서 비평학을 원용하여 가톨릭 신앙을 설명하려는 시도들이 이어졌다.

A Brief Sketch of Church History

제9장

19세기 동방 정교회

19세기에 러시아 교회는 정교회(the Russian Orthodox Church)들 가운데 가장 큰 교회였다. 이의 구성원들은 9천만에 이르렀고, 성직자들은 6만 명에 달했다. 그러나 예루살렘, 안디옥, 알렉산드리아, 콘스탄티노플 대교구들은 오토만 제국에서 종교의 자유가 허용된 소수자로 연명하고 있었다. 수적으로 더 많은 발칸 제국의 정교회 그리스인들, 세르비아인들, 불가리아인들, 루마니아인들도 터키족의 탄압 속에 살았다. 러시아 정교회만이 외부 침략자들의 영향을 받지 않았다.

19세기, 오토만 제국이 점차 약화되자 발칸 제국의 정교회들은 터키족들로부터 독립을 획득했다. 나폴레옹과 제1차 세계 대전의 영향이 컸다. 발칸 제국의 정교회들이 독립성을 회복하자, 콘스탄티노플의 총대주교의 관할권은 타 지역에 더 이상 영향력이 미치지 못했다. 콘스탄티노플로부터 독립적인 동방 민족 교회들이 등장하기 시작했다. 그리스, 세르비아, 불가리아, 루마니아가 그 대표적인 교회들이다.

19세기 초 러시아 정교회는 높은 문맹률로 지적으로는 퇴보를 보였다. 대신 그림과 건축, 음악과 예전적 화려함에 강조점을 두고 발전했다. 러시아 그리스도인들은 로마노프 왕조(the Romanov dynasty, 1613~1917)의 철권 아래서 수동적이고 관망적이었다. 시민 관료들이 교회 정책을 결정했으며, 심지어 설교를 검열하기도 했다. 이즈음 10만밖에 안 되는 지주 가문들이 러시아 영토의 대부분을 소유하고 있었고, 러시아 민족의 80%는 그들의 농노로 일했다. 소수의 귀족은 고도의 문명을 이룩했다. 20%를 차지하는 귀족층 중 계몽주의에 영향을 받은 사람들이 생겨났다.

프랑스인 개인 교사들이 러시아로 주입되었으며, 그들의 아들들은 프랑스와 이탈리아로 보내졌다. 프랑스 문화와 사상이 러시아 자유주의자들 사이에 호소력이 있었고 동시에 독일의 낭만주의적 사조, 특히 헤겔과 쉘링의 사상이 크게 인기를 얻었다.

이 상황에서 러시아에는 서구 유럽에 영향을 받은 부류들과 슬라브주의자들의 두 그룹이 생겨났다. 전자는 서방의 지혜와 기술을 강조하면서 러시아 문화의 독창성을 부인하는 경향이 있었으며, 정교회의 메시지에 회의적인 자세를 보였다. 한편 후자는 그들의 교회가 그리스도교의 계시를 완전한 형태로 보존해 왔다고 믿었다. 이들은 유럽 사회에 대한 모방을 거부하고, 러시아 정신과 러시아 농민의 원시적인 미덕들을 격찬했다. 슬라브주의자들은 로마 가톨릭주의의 권위에 대한 지나친 강조를 비판했고, 프로테스탄티즘의 과도한 개인주의, 19세기 유럽 문명의 이성주의, 이기주의 등에 비판적이었다.

슬라브주의자들 가운데 중심인물은 코미야코프(Alexey Stephanovich Khomyakov, 1804~1860), 사마린(Yuri Samarin, 1819~1876), 솔로비예프(Vladimir Soloviev, 1853~1900) 등이다. 코미야코프는 서구 문화와 종교에 등을 돌렸다. 그는 정교회가 로마보다 고상하며 제네바보다 높다고 했다. 사마린은 정교회의 도그마티즘을 강조했다. 그리고 솔로비예프는 우주적 연합을 강조하면서, 소피아를 우주적 조화의 기초로 보았다. 이들은 모두 러시아 신학 발전에 지대한 영향을 미쳤다.

문학적으로 도스토예프스키(Dostoevskii, 1821~1881)는 슬라브주의 운동의 특출한 인물 가운데 한 사람이었다. 그는 정교회 러시아의 심오성과 능력을 서방 교계에 심어 주었다. 톨스토이(Leo Tolstoy, 1828~1910)는 이 시기 또 한 명의 유명한 작가였는데 그는 전쟁, 국가, 그리고 사법 제도를 담대하게 공격했으며, 정교회를 질타했다.

안타깝게도 슬라브주의자들의 정교회는 농민들 대다수가 겪고 있던 불의에 대해 귀를 기울이지 않았다. 일부 러시아 지성인들이 소수의 특권 계층에 대항하여 농민들의 주장에 동조하기도 했다. 국가와 교회의 독재는 혹독한 비난을 받았지만, 교회는 변화를 거부했다. 교회가 리더십의 행사에 있어서 소수의 특권 계층과 자신을 동일시한 것이 러시아 혁명을 초래하였고 러시아 역사는 비참한 결과로 내몰렸다.[51]

---

51 González, *The Story of Christianity*, vol. 2, 338-344.

A Brief Sketch of Church History

제10장

미국의 그리스도교

미국 교회의 역사는 몇 개의 독특한 시기들로 나눌 수 있다. 제1기에 해당하는 형성기, 즉 식민지 시대가 있다. 이 시기는 식민지 개척 초기부터 독립 전쟁(the Revolutionary War, 1775~1783)과 미국의 건국까지를 말한다. 제2기는 새 민족의 생성 및 서부 개척의 시대로 매우 역동적인 시기를 말한다. 제3기는 남북 전쟁(the Civil War, 1861~1865)과 제1차 세계 대전까지를 말하며 이 시기 미국은 세계적 강대국으로 부상하게 된다. 제1차 세계 대전 이후 시기의 특징들과 그리스도교에 대해서는 다음 장에서 보기로 하고 근대 미국의 그리스도교, 특히 개신교 신학과 특징들을 미국의 역사와 함께 살펴보기로 하자.

1. 형성기

콜롬부스가 카리브 연해의 산살바도르에 도착한 사건은 단순한 지리상의 발견만이 아니라 그리스도교 역사에 있어서도 새로운 시대의 개시를 뜻했다. 아메리카 대륙의 발견에 있어서 초기 개척자들은 자유와 부를 추구하여 몰려들었다. 그들에게는 자원과 시장의 확보 그리고 선교와 개종이라는 이중적인 동기가 있었다. 스페인, 프랑스, 영국, 스웨덴, 그리고 네덜란드 모두 오늘날 북아메리카의 특정 지역들의 영유권을 주장했으며, 그들은 본국의 그리스도교를 그 지역들에 이식시켰다.

스페인은 원주민들을 개종시키기 위하여 로마 가톨릭 사제들을 도입했고 프랑스는 프랑스식의 가톨릭주의를 가지고 왔다. 네덜란드는 네덜란드 개혁주의를, 영국은 오늘날 미국과 캐나다의 여러 지역에 다양한 교파들을 이식시켰다. 영국은 북아메리카의 대서양 연안에 위치한 13개 식민지의 영유권을 주장했고, 스페인과 포르투갈은 중앙아메리카 및 남아메리카를 지배했다.

미국 그리스도교의 특징을 알기 위해서는 먼저 유럽과 역사적인 연속성과 불연속성을 동시에 고려해야 한다. 분명히 전통의 내용과 형식은 유럽으로부터 왔고 다분히 유럽적이다. 우선적으로 미국의 언어와 사회 체제, 법 제도, 사상과 문화 등이 유럽의 것을 바탕으로 출발했다는 것을 부인할 수 없다.

여느 영국 도시들에서 볼 수 있는 영국 국교회, 장로교회, 감리교회, 로마 가톨릭교회, 퀘이커 집회나 구세군 밴드, 그리고 기타 메노나이트들이나 모라비안들과 같은 소종파까지 이들 모두는 미국 어디에서나 볼 수 있다. 미국의 종교적 다양성은 유럽보다 훨씬 더하지만, 종교상의 기본적 구성 요소는 대동소이하다. 미국의 신학과 철학 사조까지 유럽 사상의 모방이라고 해도 과언은 아니다. 17~18세기와 19세기의 유럽의 사조들과 부흥 운동의 여파까지 미국에 유럽의 영향은 이어졌다.

그럼에도 불구하고 여러 면에서 미국은 지극히 미국적이다. 미국은 신대륙에서 그들만의 방식으로 그들의 삶에 맞는 전통과 문화, 그리고 종교를 생성시켰다는 면에서 불연속성을 주장할 수 있다. 미국으로 유입된 그리스도교는 단일 유럽 전통이라기보다 다양하고도 국지적인 전통들의 혼합이었다. 미국에서는 유럽의 각 민족이 대체로 같이 어울려 살았다. 그 결과 유럽 전통의 혼합이 이루어졌으며, 이러한 혼합은 새로운 타입의 민족과 문화를 생성시켰다. 이민이 계속되자 혼합화의 과정은 가속화되었으며 소수 민족을 격리했던 장벽들이 약화되었다.

미국의 입법 제도와 정부 형태는 영국의 것과 닮았으나, 영국식 의회제가 아니고 행정부, 입법부, 사법부가 견제와 균형을 이루고 있는 권력 분리적 정부 형태를 취한다는 데서 독특하다. 계몽주의자 제퍼슨이 말한 대로 미국은 인류를 위한 가능성에 대한 새로운 도전이고 실험이었는지 모른다. 모든 가능성이 열린 미국은 세상을 위한 세속적인 소망이기도 했다. 미국의 종교 형태는 산업화와 서부 개척 등의 현상과 함께 발달했다. 신학적으로는 조나단 에드워즈가 창시했던 뉴잉글랜드 신학을 제외하고 특징적인 신학 체계를 배태시키지 못했다. 그럼에도 불구하고 미국의 독특한 삶의 경험은 사상 면에서 특징적인 요소들을 노정했다.

1) 청교도 전통

미국 신앙의 진정한 근원들을 이해하기 위해서는 영국 청교도들에게로 소급해야 한다. 퓨리턴 프로테스탄티즘은 미국 교회의 근간을 형성했음이 틀림없다. 청교도들은 자신들이 하나님에 의해 신대륙으로 보냄을 받았으며, 스스로를 모든 민족을 회심시키기 위해 부름 받은 자들로 '언덕 위에 세워진 도시,' '민족들의 빛'이라고 자부했다.

1620년 동남부 메사추세츠의 플리머스에 정착했던 청교도들은 영국의 청교도들보다 더 청교도적이었다. 이들은 감독제, 예복 사용과 예식의 통일, 그리고 영국 왕의 수장령이 비성경적이라고 비판했고 영국 국교회의 도덕적 타락을 신랄하게 비판하던 자들이었다. 진정한 회심의 체험과 함께 엄격한 자기 점검과 회개, 믿음, 중생, 그리고 선행을 강조했다. 청교도들은 인간 죄성의 심대함을 믿었기에 죄의 고백과 정죄가 버릇처럼 되기도 했다. 뉴잉글랜드를 중심에서 성장한 청교도 전통의 회중교회가 미국의 국교가 되었다.

또 하나의 그룹이 1628년 메사추세츠의 살렘(Salem)에 도착하여 이듬해 1629년 매사추세츠 베이 식민지를 건설했다. 플리머스 정착인들과 살렘 정착인들 모두 비분리주의적 성향이었고 모두 회중교회를 채택했음을 기억해야 한다. 초기 퓨리턴들은 성경이 회중교회적 정치 형태를 가르치고 있다고 믿었고 거기에 헌신했던 교인들이었다. 이처럼 이들은 영국 국교회가 허용할 수 없는 것들을 원했고, 이를 회중교회주의를 통해 실현하려 했다. 회중교회주의자들은 중생의 체험이 있는 자들에게만 교회 멤버십을 허용했다. 거듭나게 하는 은총의 체험은 간접적으로 식민지의 시민권과 관련되어 있었다.

한편 17세기 중반 영국의 청교도파와 의회주의자들 사이에 전쟁이 일어났었다. 이후 웨스트민스터 의회가 소집되어 개혁주의 정신에 입각한 『웨스트민스터 신앙 고백』을 비롯한 주요 문서들을 공포했었다. 이 일련의 사건들은 뉴잉글랜드로 하여금 『웨스트민스터 신앙 고백』의 개혁 정신을 신학적 규준으로 삼고, 국교적 회중교회주의를 천명하게 만들었다. 메사추세츠 의회는 1636년 목사들을 훈련하고 자녀들에게 보통 교육을 시행하기 위해 하버드대학을 설립했다. 이어 예일대학이 설립되었다. 17세기 후반 유럽의 새로운 학문이 하버드대학과 예일대학과 같은 교육 기관들에 침투하였다. 이성의 기능을 강조하는 신학문이 미국의 종교적 삶에 두루 영향을 미쳤고, 인간의 양심과 자유를 강조하는 사조로 이어졌다.

17세기 중반, 개척과 정착, 발전의 과정에서 미국 청교도 역사와 함께 기억되어야 할 암울한 면은 마녀사냥이다. 중세만큼 암울했던 마녀사냥은 보스톤의 살렘에서 가장 극적으로 시행되었다. 1692년 몇 달 만에 이 지역에서만 20명이 처형될 정도였다. 뉴잉글랜드의 마녀사냥은 유럽 대륙의 그것과 비교할 만한 것은 못되었지만, 극단적 청교도주의가 불러온 희대의 악극이 아닐 수 없다. 유럽에서나 신대륙에서 계몽주의와 합리주의는 이 같은 미신적이고 잔인한 비합리적 종교 행위를 근절시키는 데 공헌했다.

2) 제1차 대각성 운동

영국의 식민지 시기 중 18세기 초부터 19세기 초까지 미국 그리스도교 역사에서 가장 중요한 사건은 대각성 운동(the Great Awakening)이다. 대각성 운동은 미국 그리스도인들의 삶과 신앙의 형성에 결정적인 영향을 미쳤고 이를 거치면서 미국의 그리스도교는 미국적 그리스도교가 될 수 있었다. 엄밀히 1750년까지 백인들의 대다수는 교회와 관계를 맺지 않았다. 정상적인 그리스도인들은 5퍼센터 정도였을 것으로 추정된다.

대각성 운동을 통해 미국의 개신교 각 교파는 크게 성장하였고 유럽 경쟁자들과 마찬가지로 역동적 경건 및 선교적 열정을 강조하는 경건주의적 운동들을 비로소 경험하게 되었던 것이다. 18세기 중반을 강타한 제1차 대각성 운동으로 회중교회가 생명력을 회복했고, 침례교가 이로 말미암아 획기적인 성장을 구가하였다. 중부 및 남부 식민지들의 장로교와 네덜란드 개혁교회들도 급진적 성장을 이루었다. 대각성 운동들은 북아메리카의 종교적 분포도를 바꾸어 놓았다.

제1차 대각성 운동의 서곡은 뉴저지의 네덜란드 개혁교회 목사인 프렐링호이젠(Theodore J. Frelinghuysen, 1691~1748)에 의해 인도되었다. 유럽의 경건주의가 그를 통해 영향력을 발하기 시작한 것이었다. 곧 뉴브룬스윅(New Brunswick)의 젊은 목사 윌리엄 테난트(William Tennant, 1673~1745)가 이 운동의 열정적인 촉진제가 되었다. 그는 순회 설교를 통해 도덕적으로 바르지 못한 성직자들을 비판했고 회심이 없는 목회의 위험에 대해 경고했다.

테난트는 목회로 나갈 젊은이들을 훈련하기 위해 필라델피아 북부에 '통나무대학'(Log College)을 설립했다(이는 프린스톤대학의 시조 가운데 하나이다). 교리적 정통주의를 중요시하던 장로교회가 그의 활동을 비판하기도 했지만, 그는 굴하지 않고 그의 아들 길버트 테난트(Gilbert Tennant, 1703~1764)와 함께 계속 부흥 운동을 이어 갔다.

프렐링호이젠이 지핀 부흥의 불길은 테난트 부자를 통해 크게 타올랐고 휘트필드와 에드워즈에 의해 식민지 전역으로 확산하였다. 휘트필드는 영국인이었으나 그의 목회 기간의 대부분을 미국에서 보냈다. 그는 칼뱅주의자로서 구원에 있어서 하나님의 주권을 강조했다. 그의 설교 여행은 미국 그리스도교 역사에 남는 부흥을 일으켰다. 그의 극적이고 능력 있는 즉흥 설교들과 거듭남에 대한 강조는 많은 일화들을 남겼고, 무수한 사람의 마음을 사로잡았다. 보스톤 공유지에서 3만 명의 청중 앞에서 행한 설교는 휘트필드 집회의 절정을 이루었다. 그는 가슴의 종교를 설파했고 전 식민지를 부흥의 도가니로 몰았다. 그는 미국 그리스도교가 민주적이고 대중적인 형태로 성장하는 데 지대한 공헌을 했다.

프렐링호이젠이나 테난트 계열과는 별개의 부흥 운동이 등장했다.

"최후의 퓨리턴"으로 불리는 조나단 에드워즈를 중심으로 일어난 부흥 운동이 그것이다. 휘트필드가 대각성 운동의 최고의 설교가였다면, 에드워즈는 대각성 운동 최고의 변증가였다. 뉴잉글랜드 시골에서 시작된 그의 부흥 운동이 미국 전역을 부흥의 도가니로 몰아넣었다.

에드워즈는 매우 조숙한 학생으로 17세에 예일대학을 졸업하고 1729년 목사가 되어 이내 설교가로, 신학자로 명성을 얻었다. 그는 대각성 운동의 배경으로써 퓨리턴 칼뱅주의를 새로운 방향으로 전개했다. 그는 식민지의 부흥 운동들이 진정한 하나님의 역사임을 강조하였다. 참된 그리스도교는 종교적 감정들의 기폭에 의한 것이 아니라 가슴이 변화되어 하나님을 사랑하는 데서 시현된다고 강조했다.

에드워즈는 메사추세츠의 스탁브리지(Stockbridge)에 있는 인디언들의 선교사가 되었다. 이곳에서 저술 활동을 통해 칼뱅주의의 열렬한 방어자가 되었다. 『자유 의지』에서 인간의 의지는 진정한 실체가 아니며, 인간 안에 있는 가장 강한 동기의 표현일 뿐이라고 했다. 그는 모든 사람이 하나님에게 나아갈 수는 있으나 하나님의 의를 충족할(구원 얻을 만한) 도덕적 능력은 결여되어 있다고 했다. 오직 하나님의 은총의 체험이 궁극적 미덕을 생성시킨다. 그러나 이 도덕적 능력의 결여가 죄에 대한 변명이 될 수는 없으므로 회개를 촉구했다.

에드워즈는 프린스톤대학의 총장이 된 직후 사망하였다. 이로 인해 그가 막 시작한 방대한 조직신학은 완성되지 못했다. 뉴잉글랜드 신학은 에드워즈의 활동의 결과였으며 미국에서 유일하게 독창적인 신학 학파로 규정된다. 에드워즈는 식민지 시대뿐만 아니라 미국 역사에 있어서 가장 위대한 신학적·철학적 저술가였다. 인간의 비참한 상태와 하나님의 구원하는 은총의 절대성을 강조하던 에드워즈 신학을 기반으로 하는 정통주의의 신학교들이 설립되었다. 프린스톤대학이 대표적이며 여러 '구파' 신학으로 알려진 신학교들이 이에 속한다. 미국에서 칼뱅주의는 에드워즈의 신학을 통해 한 세기 이상 미국의 표준적인 신학이 되었다.

제1차 대각성 운동은 사회 개혁과도 연결되었는데 에드워즈의 지도를 받은 적이 있는 새뮤얼 홉킨스(Samuel Hopkins, 1721~1803)는 노예 제도의 부당성을 주장했다. 부흥 운동의 결과는 교육의 강조로도 나타났다. 각 교파가 평신도 교육을 위한 다트마우스(Dantmouth)를 설립했다. 그러나 부흥 운동이 미국 전역을 강타했을지라도 식민지 사회의 한편에서는 세속화가 진행되었다. 부흥도 세속화를 저지시키지는 못했다. 그러나 이 부흥 운동은 분명히 새로운 영적 에너지를 불어넣었고 사회의 소외된 구성원들에 대한 새로운 관심을 제공했음은 틀림없다.[52]

2. 새 민족의 탄생

1) 독립 전쟁과 미국의 건국

프랑스 혁명과 미국의 독립 전쟁은 모두 19세기 도래 직전에 발발했다. 양자 모두 개인의 시민적 및 종교적 권리를 고양시켰으며, 민족적 절대 주권에 종교적 열정을 부여한 사례가 되었다. 프랑스에서 이러한 정신은 나폴레옹과 그의 계승자들의 민족주의에서 구체화되었고, 미국에서는 지상에 하나님 나라를 확립하도록 운명 지어진 '의로운 민족'이라고 믿는 민족주의에서 구체화되었다.

18세기 마지막 25년 동안 아메리카의 13개 식민지는 모국으로부터 분리해 나가 미합중국을 건국했다. 식민주의자들과 영국 왕조 사이에 점증하던 갈등이 결국 1775년 전쟁의 발발과 1776년 독립 선언으로 이어졌다. 이후 미국 내 영국 국교회는 국교의 특권을 박탈당했고 그 빈 공간에 침투한 침례교회나 감리교회와 같은 복음주의적 교단들이 신속하게 성장했다. 미국에서는 개신교의 다양성과 대륙의 광대함으로 인해 어느 특정 교단이 주도적 위치로 부상하는 것은 불가능했다. 결국, 1785년 미국은 비국교화 정책에 돌입했다. 반세기가 못되어 미국 전역은 국교를 폐지하였다. 독립 전쟁으로 조장된 애국심과 대각성 운동의 민주주의적 성격 때문에 비국교

---

52 Walker, *A History of the Christian Church*, 606–611.

화와 종교 관용이 보편화되었다.

  미국 독립 전쟁은 프랑스 혁명의 영향이었다고 흔히들 평가한다. 그러나 미국 헌법은 계몽주의 사상의 반영이었다. 다시 말해, 미국 헌법이 이야기하는 종교의 자유는 그리스도교적인 개념만은 아니라는 것이다. 새로운 미합중국의 통치 형태는 1787년 헌법을 작성하기 위해 필라델피아에 소집된 대표들에 의해 결정되었다. 결국, 공화정 형태가 보존되었고 주 세력들은 이신론자들 및 불가지론자들이었다.[53]

2) 제2차 대각성 운동

  전쟁의 피해는 컸다. 독립 전쟁 이후 미국 교회는 새 민족의 종교적 기초가 무엇인지에 대해 심각하게 숙고하였다. 독립 전쟁의 결과 종교와 사회의 관계성에 관한 전통적인 개념에 변화가 초래되었다. 새 민족의 헌법은 국교를 거부했다. 사회에 도덕적 기준을 제시하고, 궁극적 의미를 부여하던 국교가 사라지자 사상의 공백이 초래되었다. 이 틈을 타서 18세기 말 합리주의적 형태의 신앙관인 프리메이슨 및 이신론이 활기를 띠었다. 알렌(Ethan Allen, 1738~1789) 및 페인(Thomas Paine, 1737~1809)과 같은 이신론자들은 전통적인 초자연주의적 그리스도교를 회의했다. 그러나 동시에 이러한 사조에 역행하는 복음주의적 프로테스탄티즘이 재등장했다. 이것이 바로 제2차 대각성 운동이었다.

  제2차 대각성 운동(1800~1855)의 징조는 18세기 끝자락에 나타났다. 중부 켄터키 지역의 장로교인인 맥그리디(James McGready, 1763~1817)의 리더십으로 부흥 운동의 물꼬가 열렸다. 뉴잉글랜드와 중부 주들의 장로교회들에게, 그리고 남부의 침례교회들에게 부흥 운동이 번져 갔다. 이는 제1차 대각성 운동들보다 더 다양한 양상을 보였다. 켄터키에서 시작한 운동이었으나 거의 모든 교파가 이 운동에 참여했다. 특히 침례교 및 감리교의 순회 설교자들의 헌신된 사역이 부흥에 크게 공헌했다. 천막 집회는 일

---

[53] Walker, *A History of the Christian Church*, 615.

반적인 현상이 되었다.

  이 부흥 운동은 미국의 프로테스탄티즘을 이전보다 더 역동적이고, 더 부흥회 중심적이며, 더 자발적이며, 그리고 더 도덕적 개혁에 헌신하게 만들었다. 제2차 대각성 운동은 복음주의적 프로테스탄티즘을 미국인들의 문화의 중심으로 진입시켰다. 이제 복음주의 개신교는 가장 대중적이고 보편적인, 한편 민주주의적인 모습으로 미국인의 종교적 삶에 지울 수 없는 영향을 미치게 되었다.

  제2차 대각성 운동은 동부에서 예일대학의 총장이었던 에드워즈의 손자 티모디 드와잇(Timothy Dwight, 1752~1817)에 의해 확산되어 갔다. 그는 계몽주의에 심취한 학생들에게 성경을 중심으로 그리스도교의 정수를 가르쳤고 1802년 부흥의 물결이 예일대학을 휩쓸었다. 부흥을 체험한 많은 학생이 동부 전역과 서부에 부흥의 촉진자로서 활동했다. 이들 중 부흥 운동의 영속화를 위해 초교파적인 협회들을 결성한 자들이 생겨났다.

  제2차 대각성 운동은 성서주의와 회심 중심의 경건과 도덕성, 그리고 선교 정신을 촉진시켰다. 복음주의적 교회들은 교파주의적 차이점들에도 불구하고 점차 공통된 목표들, 즉 교육, 선교, 그리고 사회적 개혁을 위해 결집했다. 제2차 대각성 운동의 신학은 드와잇의 제자 나다니엘 테일러(Nathaniel Taylor, 1786~1858)에 의해 잘 표현되었다. 칼뱅주의적 신학으로 부흥을 이끌었던 제1차 대각성 운동과는 다르게 테일러는 인간들이 그리스도에게 나아올 수 있도록 하나님이 부여한 능력을 더 강조했다. 따라서 제2차 대각성 운동은 칼뱅주의가 약화하고 아르미니우스주의적 신앙이 부상하는 데 기여했다고 하겠다.

  제2차 대각성 운동에서 가장 유명한 인물은 감리교도인 애즈베리(Francis Asbury, 1745~1816)와 장로교인이었으나 나중 회중교회 교인이 된 찰스 피니(Charles Pinney, 1792~1875)였다. 애즈베리는 영국 출신으로 13세에 회심을 경험했다. 웨슬리의 영향으로 초기 미국 전역을 다니며 감리교 순회 설교 사역의 모범을 보였다. 그는 1784년 미국 감리교회의 총감독이 되었다. 그의 사상은 웨슬리를 답습했다. 우리의 공로가 없는 하나님의 은총은 수용할 수도 있고 거부할 수도 있는 인간의 자유에 맡겼고, 회심과 회심

이후의 '완전성'을 향한 열망 등을 강조했다.

19세기 전반 가장 유명한 부흥 운동가였던 피니는 변호사 생활을 하던 중 갑작스러운 회심을 체험했다(1821). 그는 즉시 설교 사역에 돌입하여 맹렬하고도 도전적인 설교로 보스톤과 뉴욕, 그리고 기타 여러 변방 주들의 부흥 운동을 이끌었다. 1830~1831년 겨울 뉴욕의 로체스터에서 인도한 부흥 집회로 전국적인 명사가 되었다. 그의 메시지가 죄인들의 자유로운 도덕적 의지를 강조하는 아르미니우스적 성향이었기 때문에 구정통주의자들은 그를 크게 비판했다. 피니는 정통주의자들과 결별하고 계속적으로 복음주의적 체험을 강조하며 미국인의 가슴속으로 파고 들어갔다. 맹렬한 부흥 운동은 성경 학교들과 전도 집회들을 양산했고 사회 개혁으로 노예 제도 폐지 등 도덕적 전쟁을 전개해 나갔다.

제2차 대각성 운동은 미국의 서부 개척 시기와 맞물려 더 열광적 분위기를 창출했다. 새로운 개척지에서 감정적이고 즉흥적인 형태의 종교가 더 선호되었다. 따라서 서부의 부흥 운동은 이전의 것들을 능가하는 열광과 감정의 동요들이 특징이었다. 대대적인 감정의 폭발을 수반한 옥외 부흥회(주로 잡목숲 속에서 이루어지는 천막 집회)의 방법들이 사용되었다. 격렬한 감정적·육체적 동요가 나타나는 부흥 운동의 형태는 자칫 무질서하게 보이지만 그럼에도 불구하고 이들은 힘이 있었고 한편 순수한 신앙심의 표현이기도 했다.

제2차 대각성 운동으로 침례교, 감리교, 장로교의 성장이 두드러졌다. 그리고 새로운 교단들이 생겨나 조직 결성되었다. 메노나이트교도인 보엠(Martin Boehm, 1725~1812)에 의해 그리스도 연합 형제 교회가 조직되었고(1800), 제이콥 알브라이트(Jacob Albright, 1759~1808)에 의해 복음주의 협회가 조직되었다. 이 두 그룹은 나중 연합되어 복음주의 연합 형제 교회가 되었다. 이들은 미국의 연합감리교회의 모태였다. 쉐이커들이라 불리던 군소 종파가 앤 리(Mother Ann Lee, 1736~1884)의 영향으로 조직되었다. 이들은 금욕주의적 성격을 띤 공동체로 천년왕국을 강조하고 평화주의, 영성주의를 표방했다.

그러나 성장과 함께 지나친 감정 표출이 특징이던 제2차 대각성 운동은 결국 분열을 초래했다. 장로교가 정통주의를 고수하는 구파와 복음적 부흥을 추구하는 신파가 갈등 구조를 형성하다가 신파가 1810년 총회로부터 분리해 나갔다. 토마스 캠벨(Thomas Campbell, 1763~1854)은 정통 장로교를 떠나 새로운 교단, '주님의 제자들'을 창설했다.[54]

3) 신생 종교들

19세기 새로운 종교들이 미국에서 많이 생겨났다. 몰몬교와 밀러파 운동이 그들 가운데 가장 두드러진 것들이었다. 몰몬교의 경우 1830년 조셉 스미스(Joseph Smith, 1805~1844)에 의해 멘체스터에서 시작되었다. 이들의 정식 명칭은 '예수 그리스도 후기성도 교회'이다.

조셉은 환상을 통해 서방 세계의 성경이 근처 언덕에 숨겨져 있다는 계시를 받게 되었고 1827년 9월 22일 이를 발굴 해내었다. 이 책들은 이집트어로 새겨진 얇은 황금판이었다. 스미스가 이를 번역하여 몰몬교의 정경으로 사용하기 시작했다. 전직 침례교 목사였던 시드니 릭돈(Sidney Rigdon, 1793~1876)과 브리검 영(Brigham Young, 1801~1877)이 이 운동에 가담하면서 몰몬교의 이론과 조직이 정립되었다. 몰몬교는 이내 무수한 추종자들이 생겨났다. 그들은 여러 우여곡절로 인해 일리노이의 나부(Nauvoo, 1840~1846)로 옮겨 갔는데 거기서 스미스가 1843년 일부다처제를 허용하는 계시를 받았다고 하여 도시 전체에 분열을 초래하였다.

몰몬교와 이를 반대하는 자들 사이에 폭력을 동반한 시위와 운동들이 잇달았고 급기야 주 군인까지 개입되었다. 스미스는 투옥되었지만 곧이어 일단의 군중들에 의해 살해되고 말았다. 그가 살해되자 그의 후임 지도자 브리검 영이 몰몬교도들을 데리고 유타주 솔트 레이크에 정착해서 현재까지 활동하고 있다. 이들의 강점은 종교성보다 문화에 있다. 문화로 접근한 몰몬교는 신도들에게 경제적, 정신적 안정감을 주면서 미국 중산층과 결

---

54 Walker, *A History of the Christian Church*, 652-659.

합할 수 있었다. 윤리면에서 일부다처제를 제외한 대부분의 정신은 청교도 것들을 공유한다.

밀러파 운동은 침례교 배경을 가진 뉴잉글랜드의 윌리엄 밀러(William Miller, 1782~1849)라고 하는 한 농부의 예언적 설교로부터 생겨났다. 밀러파들은 나중 많은 재림파를 생성시켰다. 밀러는 다니엘서와 요한계시록에 근거하여 그리스도의 정확한 재림의 날을 예언했다. 1843년 3월 21일을 재림일로 선언하기도 했었다. 이 새로운 유의 복음은 신속하게 전파되었다. 재림 예정일에 아무 일도 일어나지 않자 밀러는 해를 번복하여 다시 예언하였다. 그리스도는 여전히 도래하지 않았으며 그날도 지나갔다. 이런 과정이 여러 차례 반복되었음에도 불구하고 밀러파는 여전히 미국 주류에 파고들었는데 이는 사람들이 결코 부정하기 어려운 재림의 기대와 확신에 기인했을 것이다.

밀러파는 재림의 연장, 말세 기록에 대한 성경에 대한 확신, 거룩하고 신비스러운 것들에 대한 수용 등을 특징으로 했다. 밀러 운동은 여러 부류로 갈라졌는데 대표적으로 1846년에 안식교, 곧 제7일 안식일 재림파, 하나님의 교회(the Chruch of God)가 있다. 이들은 공통적으로 토요일을 참된 예배의 날, 안식일로 지킨다.

19세기 말 찰스 테이즈 러셀(Charles T. Russell, 1852~1916)은 왜곡된 종말론적 사상을 주장하면서 1870년대 재림파 교리들을 개진했는데, 이는 여호와의 증인의 시작이었다. 그는 완전한 인간인 그리스도의 재림이 이미 이루어졌다고 주장했다. 이 나라는 아마겟돈 전쟁 후에 실체화될 것이라고 했다.

에디 부인(Mrs. Mary Baker Eddy, 1821~1910)은 일종의 근대적 영지주의를 표방하면서, 1879년 보스톤에서 그녀의 교회를 설립했다. 이것이 크리스천 사이언스 교회의 시작이었다. 그녀는 『과학과 건강』을 저술하여 악, 질병, 그리고 죽음은 죽을 영혼들의 환상이며 진정한 치료가 이루어질 수 있다고 믿었다. 이는 미국 전역과 세계로 뻗어 나갔다.

한편 전쟁을 축복하는 이단들도 생겨났는데 이들은 제1차 세계 대전을 거룩한 전쟁으로 여기며 그리스도는 평화주의자가 아니며 최고의 전사였

다고 주장했다.[55]

3. 남북 전쟁과 그 이후

1) 노예 제도와 교파 분열

노예제는 미국 교회들에 엄청난 영향을 미쳤다. 모든 교회는 노예제와 관련하여 성장했다. 또한, 노예제와 관련하여 분열하였다. 유럽에서 1562년 영국 노예선이 아프리카 서안으로부터 서인도 제도로 노예들을 수송한 것을 시작으로 1세기 후 노예 매매만 거래하는 왕립회사가 설립될 정도로 노예 사업은 왕성했다. 신대륙에서도 독립 전쟁 때까지 메사추세츠에 6천여 명의 노예가 있었다. 노예제에 대한 강렬한 반대의 목소리가 북부 지역의 교회들에서 제기되었다. 이 제도에 대한 반대는 영국의 복음적 부흥 운동에서 시작된 인도주의와 미국 독립 전쟁에 부응하는 자유주의 사상으로 인해 확산되었다.

1830년경부터 노예 제도 반대 감정은 호전적으로 돌변했으며, 노예 제도 찬성의 주장과 함께 긴장이 연속되었다. 노예 제도에 관한 찬반 논쟁은 그 당시의 경제적 사정과 직결되어 있었기 때문에 특정 계층의 문제라기보다 미국인 전체의 문제였다.

영국의 방적기와 방직기의 발명 그리고 휘트니의 조면기(cotton gin)의 발명으로 인해 목화 수요가 급격히 증가되면서 흑인 노예들이 제공하는 노동력의 중요성이 매우 커진 상태였다. 목화는 1820년에는 미국 수출의 22%, 1860년에 57%를 차지했다. 대부분의 목화는 남부에서 생산되었으며 남부의 지도자들은 그들의 이익을 보호해야만 했다. 목화 생산의 증대는 노예 제도의 존속을 절대적으로 필요로 했다.

남부에서 노예 제도가 강경해지자 로이드 게리슨(Lloyd Garrison, 1805~

---

55 Walker, *A History of the Christian Church*, 660-662.

1879)과 웬델 필립스(Wendell Phillips, 1811~1884)를 중심으로 동부와 북부에서 노예제 폐지론이 더욱 격렬해졌다. 이러한 사회적 분열 현상은 교회에도 그대로 반영되어 북부 교인들은 노예제 반대를 주장했고 남부 교인들은 찬성을 주장했다.

초기 노예 제도에 대한 반대 운동은 퀘이커교도들에 의해 주도되었다. 퀘이커교도들은 모두가 노예제 반대론자들이었기 때문에 분열을 경험하지 않았고 회중교회도 주로 북부에 존재했기 때문에 의견이 일치되어 문제가 없었다. 가톨릭교회와 성공회는 교회론적 성격상 분열이 불가능했다. 문제는 침례교, 감리교, 그리고 장로교였는데 이들은 노예제 이슈로 인해 분열이 촉진되었다. 미국의 최대의 범세계적 교단인 침례교와 감리교가 1840년대 중반에 남북으로 분열되었고 장로교도 남북 장로교의 적대감이 고조된 가운데 1860년에 분리되었다.

2) 남북 전쟁

링컨(Abraham Lincoln, 1809~1865)은 남북 전쟁(1861~1865)을 진리와 의를 위한 십자군으로 간주했다. 남부군과 북부군은 자신들의 승리를 기원하기 위해 기도했다. 제퍼슨 데이비스(Jefferson Davis, 1808~1889)는 남부 동맹에게 9일간의 민족적인 금식일을 요청했으며, 링컨은 북부에서 4일간의 추수 감사절을 선포했다. 모든 교회는 육군과 해군에 군종들을 파송했다. 미국 전역에서는 여전히 부흥 집회가 열렸었다. 군인들은 남군 교회와 북군 교회로 나뉘어 예배를 드리곤 했다. 남북 전쟁은 민족의 분열로 이어졌다.

물론 이 분열은 19세기 전반 60년 동안 조성된 남북 간의 상이한 문화 차이에 기인한 것도 있다. 남부는 인종의 구성상 앵글로 색슨이 주류를 이루었으며, 북부는 구대륙의 다양한 국가들에서 온 사람들로 이루어져 있었다. 남부는 목화 재배를 주종으로 하는 농업 문화였으며, 북부는 제조업을 중심지로 공업 문화로 변모되었다. 남부의 사회적 구조는 대체적으로 계층 질서적이었다. 대농장 지주들에 의해 귀족 사회가 형성되었다. 흡사 중세 봉건주의와 유사했다. 이에 반해 북부 사회는 개방적이었고 유연성이 있는 사회였다. 교회와 그리스도인들은 각자가 믿는 영적 이데올로기에 따라 전쟁에 자발적으로 참여했다. 이 전쟁은 대규모의 산업화와 강력한 관료주의를 불러왔고 농촌 거주자들의 도시에로의 대대적인 이동을 초래했다.

전쟁 이후 흑인들의 교회들이 신속하게 조직되었다. 지금까지 백인들의 교회에서 분리된 자리에서 백인들과 예배드리던 흑인들이 이제 예배 처소를 따로 분리하여 자신들의 예배 자리를 만들게 된 것이다. 이들이 이전 주인들의 교회로부터 이탈한 것은 새롭게 획득한 자유의 상징적 표현이었다. 노예제를 지지하던 자들의 명분 중 하나는 노예들을 그리스도교로 개종시킨다는 것이었다. 이 이론이 얼마만큼 진실하게 실천되었는지는 모르나 실제로 흑인 노예들에게 복음을 전해 준 것은 백인 지주들이었다.

특히 감정적 요소가 개입된 복음적 부흥 운동의 설교들을 통해 남북의 노예들이 회심을 경험하는 경우가 많았다. 흑인들의 종교적 열광주의는 리듬에 맞춘 노래와 춤을 곁들인 아프리카의 종교적 패턴들을 반영했다. 이런 현상들은 부흥회를 강조하는 교회들에서 성령의 역사의 지표로 인식되었던 것이다. 감리교와 침례교의 급속한 성장은 흑인 그리스도인들의 증가가 큰 역할을 했다. 1780년대와 90년대에 부흥사들은 노예제 자체를 공격하기도 했다. 흑인 설교자들에 의해 주도되던 부흥회가 생기면서 1770년대부터 1830년대 사이에 흑인 그리스도인들의 수는 급격하게 늘어났다. 많은 자유 흑인들이 대각성 운동의 복음 전도적 메시지에 도전을 받았다.

기존 교단에 있던 흑인들이 인종 차별로 어려움을 겪자 그들은 자신들만의 독립적인 감리교 교단들을 형성했다. 19세기 초, 기존 감리교로부터 분리되어 '아프리카 감리교 감독교회'를 형성했고 독립 흑인 침례교회들도 설립되었다. 흑인 목사들은 노예 제도 반대의 구심점이 되었다. 흑인 종교에서 빼놓을 수 없는 것이 흑인 영가이다. 영가 속에 신앙은 물론이고 그들의 옛 고향 아프리카에 대한 회상과 애환을 담아냈다. 그들의 영가는 흑인 교회의 지속적인 공헌이었다.

남부는 상대적으로 독자적 교회를 형성할 기회가 적었다. 대신 그리스도교는 노예들로 하여금 현실을 수용하게 하는 안식의 출처가 되기도 했지만 동시에 반란의 온상이기도 했다. 남부의 그리스도교는 1800년 리치

몬드의 가브리엘 프로서(Gabriel Prosser, 1776~1880), 1822년 찰스톤의 덴마크 베시(Denmark Vesey, 1767~1822), 그리고 1831년 버지니아의 냇 터너(Nat Turner, 1800~1831)의 주도로 감행된 주된 반란들에 힘을 실어 주었다. 예배의 자유와 미래의 안정을 위해 그들은 주인들에게 반항했으며, 북부의 노예들과 동일한 이상을 구현하려 몸부림쳤다.[56]

3) 부흥 운동들

19세기 후반 미국 개신교는 또다시 대대적 부흥 운동을 경험하게 된다. 뛰어난 복음 전도자 무디(Dwight L. Moody, 1837~99)에 의해 주도되었는데, 그의 부흥회 설교는 미국과 영국을 뜨겁게 달구었다. 그의 설교는 '3R'로 요약된다. 죄에 의한 파괴(Ruin by sin), 그리스도의 구속(Redemption by Christ), 그리고 성령에 의한 갱생(Regeneration by the Holy Ghost)이 그것이다. 사람들은 단순하면서 강력한 그의 설교를 좋아했다. 바로 전 시대의 찰스 피니 만큼은 아니더라도 무디는 상징적으로 그리고 실제적으로 미국 복음주의적 프로테스탄티즘을 결속시키는 구심점이었다.

이 부흥의 여파로 19세기 후반과 20세기 초, '성결 운동'과 '오순절 운동'이 등장했다. 성결 운동은 웨슬리가 주창한 그리스도인의 완전성의 교리가 약화되었다고 주장하면서 이의 교리로 복귀할 것을 강조했다. 가난한 계층의 사람들은 이를 지지했고 감리교 내부는 이를 경시했다. 그러자 전자는 각자의 독자적인 교단들을 형성하기 시작했다. 1894년 8개의 작은 그룹들이 연합하여 나사렛 교회(the Church of Nazareth)를 형성하는가 하면, 오순절 운동이 성결 운동으로부터 분리되어 독자적 교단을 창설했다.[57]

---

56 미국의 노예 제도와 남북 전쟁에 관하여, cf. A. Hasting, (ed.). *A World History of Christianity* (Michigan: William B. Eerdmans Pub., 1999), 436-440.

57 Cf. H. Cox, *Fire from Heaven: The Rise of Pentecostal Spirituality and the Reshaping of Religion in the Twenty-First Century* (MA: Addison-Wesley Pub., 1995); M. A. Noll, *The Scandal of the Evangelical Mind* (Grand Rapid: Wm. B. Eerdmans, 1994).

오순절 운동은 세례 이후 은사, 특히 방언 은사의 체험을 참된 구원의 지표로 여겼다. 오순절 운동은 20세기 근본주의 운동과 맥락을 같이 하면서 반지성적, 반에큐메니칼적 신앙으로 노정했다. 어떻든 이러한 운동들은 복음주의자들 사이의 초교파적인 신앙 부흥 운동들이었다. 남북 전쟁의 파괴와 살상에도 불구하고, 19세기 말 개신교회의 성장과 부의 증대는 대단했다. 화려한 대형 교회 건축들이 생겨났다. 그러자 가난한 사람들은 '가슴의 종교'가 사라졌다고 불평하기도 했다.

4) 사회적 복음

이른바 '사회적 복음'이라고 불리던 운동은 남북 전쟁 후 산업 구조의 전환기에 등장했다. 이는 19세기 말과 20세기 초 미국과 캐나다의 개신교 일각에서 일어났던 운동으로서 그리스도교의 사회적 측면들을 대변했다. 산업 혁명과 도시화의 영향으로 서유럽에서는 그리스도교 사회주의와 같은 사회사상의 다양한 운동들이 출현했다.

사회적 복음을 신봉하는 사람들은 노동자 계층들이 당하는 불의에 대해 항의했으며, 당시 만연해 있던 지나친 개인주의를 비난했다. 19세기 말 경영진과 노동자들 사이에 임금, 노동 시간, 노동 조건 등의 문제들로 무수한 노동 쟁의가 발생했다. 당시 교회는 현존하는 사회 구조 속에서 개인의 구원을 더 강조했다. 도시의 삶이나 사회적 문제들은 개인의 회심을 통해 해결될 수 있다고 보았다. 그래서 노동자들과 교회 사이에 괴리 현상이 깊어졌다.

이런 상황에서 사회적 복음의 운동이 생겨났다. 그 사상적 배경에는 19세기 후반의 자유주의 신학과 미국의 고유한 신앙적 정서가 함께했다. 사회적 복음의 주창자들은 자유주의 신학을 바탕으로 합리적인 개혁의 가능성에 대한 확신, 인간 본성의 가능성 강조, 그리고 복음의 핵심은 예수의 윤리적 메시지라는 주장을 원용했다. 이들은 경직된 교리주의를 버리고 신앙의 과학적·사회학적 접근법을 허용하였다. 그들은 인간의 노동을 통해 하나님 나라가 완성될 수 있다는 사고에 열려 있었다. 그들은 윤리적으로 아름답고 거룩한 그리스도교 사회 공동체가 가능하다고 여겼다.

오하이오주 컬럼버스의 회중교회 글래던(Washington Gladden, 1836~1918) 목사, 신시네티의 회중교회 스트롱(Josiah Strong, 1847~1916) 목사, 하버드대학의 피바디(Francis G. Peabody, 1847~1920), 그리고 독일 출신의 침례 교인이던 라우센부쉬(Walter Rauschenbusch, 1816~1918)가 사회적 복음 운동의 대표적 인물이었다.

특히 라우센부쉬는 이 운동의 신학적 대변자라 불린다. 그는 하나님 나라의 현재적 의미를 신학적으로 규명했는데, 기존의 영적 구속의 개념을 통한 하나님 나라의 개념을 사회적 구속의 개념으로 보완하였다. 사회적 구속은 경쟁이 아닌 협동, 강압이 아닌 호의, 사적인 이익이 아닌 공공의 선을 추구하는 것이라고 하였다. 교계에 사회적 그리스도교에 대한 관심은 고조되었으며, 많은 교회에서 사회적 신조들과 기관들이 생겨났다. 19세기 말까지 그리스도교 사회학 및 사회봉사에 대한 과목들이 신학교에 개설되었다.

사회적 복음 운동가들의 신학은 진보적이었다. 고등 비평을 성경에 적용하고 진화론을 그리스도교 신앙의 한 원리로 간주함으로써 과학과 종교를 조화시키려고 했다. 사회적 복음 운동을 주도하는 자들의 정치적 입장은 근본적으로 좌파적이었기 때문에 이 운동에 내재된 사회주의(마르크스주의)는 많은 프로테스탄트 교회들에게 거부 반응을 일으키는 원인이 되었다. 이들의 신학과 성경 해석, 사회 이해는 언제나 보수주의자들과 논쟁 구도를 발생시켰다.

사회적 복음, 고등 비평, 그리고 진화론과 같은 자유주의적 경향에 대한 반대 입장이 '근본주의'라는 운동에 의해 대변되었다. 당시 활동한 근본주의자들은 오르(James Orr, 1844~1913), 미국 세대주의자 스코필드(C. I. Scofield, 1843~1921), 복음주의자 토레이(R. A. Torrey, 1856~1928), 그리고 남침례교 신학자 멀린스(E. Y. Mullins, 1860~1928) 등이 있다.

A Brief Sketch of Church History

제11장

§

20세기 그리스도교: 혼란과 희망의 세기

1. 제1, 2차 세계 대전-혼란의 시대

19세기는 상대적으로 평화를 구가한 세기였다. 구체적으로 프랑스 혁명과 이의 관련된 전쟁들이 종식된 1815년부터 제1차 세계 대전이 개시된 1914년까지 전면적인 전쟁은 없었다. 영국, 프랑스, 그리고 러시아가 크리미아 반도(the Cremea)에서 싸우고 프랑스와 독일이 라인랜드(the Rhineland)에서 싸우기는 했으나, 단기전이었으며 유럽 제국들이 연루된 전쟁은 아니었다. 유럽의 많은 문제가 미국에로의 대대적인 이민으로 인해 해소될 수 있었다. 그리고 19세기까지 유럽 강국들의 관심은 아시아와 아프리카, 라틴아메리카의 식민지화를 통한 팽창주의에 쏠려 있었다.

그런 중 터키 제국의 붕괴로 발칸 반도 지역의 영역권을 두고 유럽 강국들의 연합 세력끼리 충돌이 생겼다. 영국과 제휴한 프랑스, 러시아의 삼국 협상을 기반으로 한 연합국과 독일과 오스트리아-헝가리의 동맹국들이 처음 분쟁을 시작하다가 이탈리아, 일본, 미국, 그리고 오스만 제국과 불가리아 왕국이 가담하면서 이 갈등은 세계 전쟁으로 번졌다 (1914.7.28.~1918.11.11.).

제1차 세계 대전은 4년간의 전쟁 동안 30여 개의 나라와 7천만 명의 군인이 참전한 역사상 가장 큰 전쟁 중 하나였다. 제1차 세계 대전 이후 이러한 끔찍한 전쟁이 다시 일어나는 것을 막기 위한 목적으로 '국제 연맹'을 탄생시켰으나 이탈리아와 독일을 중심으로 일어난 민족주의 부활로(파시즘)

인해 다시 제2차 세계 대전(1939.9.1.~1945.9.2.)이 발발하였다.
 이탈리아 무솔리니의 파시즘은 독일을 너머 스페인, 일본, 헝가리, 루마니아, 볼리비아 등지로 번져갔다. 파시즘은 그 옛날 군국주의 시대에 자신들의 황금기를 구가하던 시대로 회귀하고자 하는 망상에서 비롯되었다. 마침내 1939년 독일이 러시아를 침략하고, 1937년 일본이 중화민국을 침공한 후 이어 1939년 미국 진주만을 침략하면서 그들의 동맹국들과 유럽 연합국 간의 전쟁이 시작되었다.
 제2차 세계 대전은 유럽뿐만 아니라 아메리카, 오세아니아, 아프리카, 중동, 대서양 해역과 인도양 해역 등에서 무려 57개국의 나라들이 참전한 세계 전쟁이었다. 제2차 세계 대전은 근현대사에 많은 잔혹한 기록들을 남겼다. 이를테면 일본이 난징에서 수십만 명을 죽인 '대학살' 사건, 독일이 수백만 명의 유대인과 집시를 학살한 '인종 청소,' 히로시마와 나가사키의 원자 폭격 등이 그것들이다.
 제1, 2차 세계 대전으로 인해 야기된 혼란은 인간성과 역사에 대해 낭만주의적 견해로 인해 자족하고 있던 프로테스탄티즘에 큰 충격을 주었다. 물론 이를 일반화하는 데는 어느 정도 무리가 있지만 분명한 것은 1914년은 '19세기'의 종언과 새로운 시대의 시작을 의미했다. 곧 이루어질 것으로 여겨졌던 세계적 평화의 꿈은 전쟁의 발발로 한순간에 무산되었다. 미국을 포함한 대부분의 강국이 세계 대전에 휘말렸기 때문에 19세기와 20세기 초까지 '진보의 시대'는 '혼란의 시대'로 변하고 말았다.
 이러한 상황에서 인간의 죄성과 이로 인해 초래된 사회의 혼란을 직시하는 신학이 태동했다. 신정통주의(neo-orthodoxy)가 이를 대변했다. 신정통주의는 19세기의 신학적 자유주의에 대한 반발이었으며 인류사의 비극적 현실에 대한 자발적 반성이었다.

2. 공산당 혁명

러시아의 짜르 정권은 1905년 러일 전쟁에서의 패배와, 1917년 제1차 세계 대전의 막바지에 발생한 1월 혁명으로 붕괴하고 말았다. 교회와 황제의 정권은 하나였기에 민중들의 정권에 대한 혁명은 곧 교회에 대한 혁명이기도 했다. 동년 11월 레닌(Vladimir Lenin, 1870~1924) 주도하에 공산주의 일파인 볼셰비키 당이 혁명을 일으켰고 정권을 장악했다. 이로부터 공산당이 통치하는 소비에트 사회주의 연방 공화국이 생겨났다. 이 국가는 레닌과 스탈린(Joseph Stalin, 1878~1953)에 의해 통치되었다.

러시아뿐만 아니라 중국에서도 국공 내전에서 중국 공산당이 승리하면서 1949년 10월 1일에 중화인민공화국이 수립되었고 중국도 사회주의 국가가 되었다. 소련과 중국은 베트남, 라오스, 캄보디아 등 세계 여러 나라에 영향을 주어 사회주의 체제를 수용하게 했다.

소련과 중국을 대표로 하는 공산주의 국가와 미국과 영국을 위시한 자본주의 국가들의 긴 냉전이 20세기 내내 이어오다가 1991년 소비에트 연방국이 붕괴하면서 냉전도 종식되었다.

공산주의 체제가 들어선 나라에서 종교의 탄압은 당연하였다. 소비에트 연방국도 초기 단계에는 교회에 많은 자유를 주었지만, 이내 공산주의의 본심을 드러내고 교회 및 수도원의 재산과 토지를 몰수하였다. 신학교를 국가 교육 기관에 복속시키고 성직자들을 투옥하고 추방시켰다. 그리스도교를 멸절시키기 위한 시도들이 지속되었고 교회에 대한 탄압의 수위는 계속 고조되었다. 앞에서 살펴보았듯이 마르크스주의의 유물론적·무신론적 전제들과 교회의 영적, 유신론적 견해는 조화될 수 없었다. 마르크스주의는 점차 소련에서 수용되었으며, 종교에 큰 위협적 요소가 되었다. 국가의 제재 조처들이 본격화되자, 그리스도교는 멸절의 위기에 놓였고 지하로 숨을 수밖에 없었다.

소비에트로부터 추방당한 정교회 그리스도인들은 유럽과 신대륙 등 세계로 흩어져 자신들의 교회를 다시 정립했다. 이들 가운데 특출한 인물은 베르디예프(Nikolas Berdyaev, 1874~1948)와 불가코프(Sergius Bulgakov,

1871~1944)였다. 이들은 파리에 정착하여 정교도 회원들을 모으고, 또한 성 서기우스 아카데미를 설립했다. 베르디예프는 마르크스주의의 폭거에 항거했으며, 비인격적 세력들, 관료주의적 억압들, 그리고 인간에 대한 잘못된 이미지로부터 인간의 해방을 부르짖었다. 불가코프도 그리스도교의 인간학과 정치적 의미를 강조하면서 마르크스주의와 자유주의적 자본주의 모두를 비판했다.

1990년대에 소비에트 연합이 붕괴하자 동방 정교회의 미래는 더 예측이 어려워졌다. 소련과 구소련 연방 국가들에 로마 가톨릭과 여러 개신교의 선교 사역이 이루어지고 있기 때문에 구소련 영역에서 러시아 정교회가 지배적 위치에 올라설 수 있을까 하는 점에서 회의적이었다. 이들 선교 사역에 대해서도 정교회는 자신들을 '가장 순수한' 형태의 그리스도교로 간주하고 있기 때문에 마찰과 갈등이 예상되는 부분이기도 하다.

1991년 11월 터키 이스탄불에 있는 성 조지 교회(St. George Church)에서 바돌로메 1세(Bartholomeos I)가 제273차 동방 정교회의 보편적 총주교(Ecumenical Patriarch)가 되었다. 그는 정교회 자치들의 으뜸으로 바티칸과 공동의 기반을 추구하기 위해 노력할 것을 선언했다. 그러나 동방 정교회의 이러한 의도가 아직도 교황의 무오류성을 완강하게 주장하고 있는 로마 가톨릭교회와 얼마만큼 조화될 수 있을지는 의문으로 남는다.

3. 독일의 신학적 상황

1) 신정통주의와 바르트

두 차례의 세계 대전과 이에 따른 유럽과 미국의 경제 공황은 19세기에 형성된 역사에 대한 낙관주의적 견해에 대한 수정을 불가피하게 만들었다. 자유주의 신학에서 도출된 역사에 대한 발전적 이상들은 실제 역사에서 도출된 비극적 현실들과 조화될 수 없었다. 인간의 악마적인 성향들이 두 차례 전쟁에서 고스란히 노출되었다. 신적 실재와 은총을 방기하고 인간의 능력과 종교성을 강조하던 데서 이제 다시 성경과 계시로 눈을 돌리고, 위로부터 신적 초월적 은총의 개입을 강조하였다.

독일에서 새롭게 출현한 것은 인간의 실존성이 배제된 구정통주의가 아니라 계시를 강조하면서도, 성서 비평과 계시의 내용 및 계시 이해의 역사적 상대성을 수용하는 '신정통주의'(neo-orthodoxy)였다. 하나님의 말씀은 인간의 최대 열망과 이상의 응고물이 아니라 인간 역사에의 신적인 침투였다. 인간이 스스로 이르려고 했던 의와 계시의 세계는 하나님의 말씀에 의해 산산조각이 났다. 신정통주의는 '위기의 신학'(a theology of crisis)이라고도 불리는데, 이유는 신정통주의의 신학적 시스템이 인간의 오만한 자신감 그리고 하나님의 존재를 경시함으로써 야기된 현대의 문제점들과 세상의 혼란상을 해석하려고 했기 때문이다.

인간이 주도적으로 하나님을 추구하는 것은 불가능하며, 인간이 하나님에게 나아가기 위해서는 하나님이 먼저 자신의 주권적 은총으로 인간에게 말씀하는 것이 필요하다는 주장을 내세웠다. 신정통주의는 유럽에서 칼 바르트(Karl Barth, 1886~1968)에 의해, 미국에서 라인홀드 니버(Reinhold Niebuhr, 1892~1971)에 의해 주창되었다. 신정통주의 운동은 당시 자유주의적 프로테스탄티즘의 사회사상의 낙관론적인 가정들을 거부하고 하나님의 초월성과 타자성을 강조하고, 그리스도교 신앙과 역사(사회)와의 관련성을 경시했다.[58]

바르트는 바젤에서 출생했으며, 베를린에서 하르낙 밑에서 수학했다. 튀빙겐으로 가서 신약 신학자 슐라터(A. Schlatter, 1852~1938)에게서 배웠고, 최종적으로 빌헬름 헤르만(Wilhelm Herrmann, 1846~1922)에게서 공부했다. 제네바의 교회에서 부목사로 잠시 섬긴 후, 1911년 서북 스위스 자펜빌(Safenwil)의 개혁교회의 목사가 되었다. 그는 이 시기 헤르만과 하르낙에 이르는 리츨 학파의 신학을 상당히 신뢰하고 있었다.

바르트가 그가 자펜빌에서 목회한 지 3년째 되는 해에 제1차 세계 대전이 발발했다. 전쟁은 바르트의 기억 속에 깊이 뿌리박혔다. 바르크는 1914년

---

58 Hasting, *A World History*, 449-450.

8월 초 어느 날, 전쟁 지지 선언을 한 93명의 독일 지성인 중 그가 그렇게도 존경했던 신학 교수들(하르낙, 슐라터, 그리고 헤르만 등) 대부분이 포함된 것에 너무나 실망한 나머지, 더는 그들의 사상과 윤리, 그들의 성경 및 역사에 대한 이해를 추종할 수 없음을 깨달았다.

바르트는 신학에 미래가 없다고 생각했었다. 독일의 자유주의 신학은 결국 특정 문화(독일)에서 기원하여 그 특정 문화를 지지하기 위함이라고 생각했다. 바르트는 트뢸취 및 하르낙의 자유주의적 프로테스탄티즘과 독일 부르조아 문화와의 밀접한 연계성을 날카롭게 비판했다. 바르트가 마침내 진정한 종교가 무엇인지를 깨닫게 되었을 때 그는 이들과의 관계를 끊게 되었다.

바르트의 친구인 투르나이젠(Eduard Thurneysen, 1888~1974)과 함께 자유주의 신학의 결함을 직시하였다. 그래서 그들은 깊은 개인적 위기에 직면하였다. 그들은 자신들의 설교가 자유주의 신학을 기반으로 하고 있었기 때문에 주일마다 설교하는 것을 괴로워했다. 신프로테스탄티즘도, 경건주의도, 신앙 고백적 정통주의도 도움이 될 것 같지 않았다. 그들은 결국 성경으로 돌아갔다. 그들은 19세기 개신교 전통이라는 안경을 끼지 않고 성경을 읽기 시작했다. 리츨주의자들로부터 배운 종교는 전쟁의 황폐와 공포로 인해 더욱 공허하게 여겨졌다. 여기서 설교자의 사명의 신비와 하나님의 말씀에 중심을 둔 신학이 등장한 것이다.

바르트는 그리스도 안에서 하나님의 계시는 인간을 화해로 인도한다고 강조하는 『로마서 주석』(1916~1918)을 저술되었다. 당시 신학적 풍토에서는 너무나 생소한 것이었다. 이 저술들에서 그는 그의 사상의 기저를 이루는 '하나님의 말씀의 신학'을 시작하였다. 그의 방대한 『교회 교의학』(Church Dogmatics, 1936~1968)은 1968년 그의 사망 때까지 완성되지 못했다. 이 저술은 종교개혁 이후 가장 방대한 개신교 조직신학서이자 20세기 최고의 신학적 성취물이기도 하다. 1930년대부터 그의 저술은 영어권에서 영향이 지대했으며, 교파를 불문하고 그의 신학이 주목을 받았다. 이 책의 1권은 하나님의 말씀을, 2권에서 신론을, 3권에서 창조론을, 4권에서 화해론을, 5권에서 구속론을 다루고 있는데, 미완성인 채로 남겨졌다.

바르트는 그의 『로마서 주석』에서 '시간과 영원의 변증법' 혹은 '하나님과 인간 사이의 변증법'을 이야기했다. 이로 인해 바르트주의는 '변증법적 신학'이라 불린다. 이는 신학이 하나님과 인간 사이의 연속성보다는 모순을 특징으로 하기 때문이다. 또한, 그의 신학은 '하나님의 말씀의 신학'으로도 불린다. 왜냐하면 바르트에게 신학이란 우리로 하여금 성경 안에서 계시된 예수 그리스도에게 충실하도록 만드는 학문이기 때문이다. 신학은 인간의 상황이나 인간의 질문들에 대한 반응이 아니라, 하나님의 말씀에 대한 반응이다. 그러므로 『로마서 주석』 전체의 주제는 그리스도 안에서 '성경을 통한 하나님의 자기 계시'이다.

십자가 위해서 '심판주가 우리를 대신하여 심판을 받았다. 십자가는 우리를 옹호해 줄 뿐만 아니라, 우리를 고발한다.' 이 둘 모두가 바로 하나님과 인간 사이 화해의 기초가 된다. 십자가는 인간의 자기 충분성의 환상을 깨뜨리며, 그리스도의 대속의 죽음을 공표한다. 따라서 그의 그리스도론은 그리스도와 인간의 정도상의 차이를 인정하던 계몽주의와 달리, 본질상의 차이를 선포한다. 그런 의미에서 바르트는 하나님의 '자신을 통한 계시'와 부활 사건이 역사적이고 객관적인 현상임을 믿었다.[59]

바르트는 하나님 말씀의 3가지 형태를 강조했다. 선포된 말씀, 기록된 말씀, 그리고 계시된 말씀이 그것이다. 그러므로 교회의 메시지는 성서 비평의 작업으로 도출되는 것이 아니라 성경이 증언하고 있는, 그리스도와, 그리스도 안에 있는 계시를 통해서 도출된다. 한편 바르트는 19세기의 잘못된 신학과 문화의 종합으로부터 신학을 바로잡으려고 시도했다. 신학은 성경이 전달하는 하나님의 말씀에 기초해야 하며, 인간의 철학들에 저항해야 한다는 것이다. 인간의 이성은 하나님의 지식을 획득할 수 없다. 이 계시는 하나님으로부터 그리스도를 통한 계시의 방법으로만 인간에게 전달된다.

바르트는 그리스도교를 종교와 대조시켰다. 종교는 하나님을 파악하려고 하는 인간의 죄 된 의도로 묘사되는데, 이는 결국 왜곡과 우상 숭배로

---

[59] González, *The Story of Christianity*, vol. 2, 361-364; cf. K. Barth, *The Epistles to Romans* (New York: Harper & Row, 1960), 10, 29-30, 46-47.

끝나고 만다. 여기서 바르트는 모든 자연 신학을 배제하며, 비그리스도교 종교들과의 대화를 무용지물로 만들었다. 바르트 신학의 중요성은 '자유주의'와의 결별이라는 점에서 개신교는 신학뿐만 아니라 교회의 절대적 사명에서 새로운 실재론적 시대에 돌입하게 되었다는 점에 있다.

2) 슈바이처, 칼하임, 틸리히, 브룬너, 쿨만

바르트만이 개신교 신학의 방향을 바꾼 것은 아니다. 알베르트 슈바이처(Albert Schweitzer, 1875~1965)의 『역사적 예수의 탐구』(1906)는 리츨주의자들의 '역사적 예수' 이해를 붕괴시켰다. 예수 그리스도가 어떤 가치들을 성육신시킨 윤리 교사라는 주장은 자유주의 신학자들의 상상의 산물일 뿐, 예수는 역사의 임박한 종말을 기대하고 있었으며, 이 임박한 종말의 묵시론적 사건에서 그는 인자로서 다가오는 왕국의 도구가 되었다고 주장했다.

슈바이처의 해석은 순수하게 역사적 판단에 근거하고 있었으며, 그는 신학적 규범을 설정하지 않았음을 우리는 기억해야 할 것이다. 영웅적 예수에 대한 신앙으로 그는 아프리카의 람바레네(Lambarene)의 선교사가 되었다. 그는 신학자로서의 학문성 외에도 음악가요, 철학자요, 그리고 의사로 명성이 높았다.

칼 하임(Karl Heim, 1874~1959)은 나치즘에 동조한 독일 교회에 맹렬한 반대자였다. 그의 신학에는 3가지의 근본적인 확신이 있었다. 주님이신 그리스도, 구원자 그리스도, 그리고 좌절 및 죽음으로부터의 구조자 그리스도가 그것이다. 칼 하임은 신앙을 설명함에 있어서 이성의 기능을 전적으로 무시하지는 않으면서도, 성서적 기초 위에서 교리적인 이유를 정립하려고 했다.

폴 틸리히(Paul Tillich, 1886~1965)는 독일에서 대학 교수로 지내다가 미국으로 건너가 뉴욕 유니온신학교에서 가르쳤다. 그는 '궁극적 관심'의 빛 아래서 모든 기존 사상을 비판하는 것이 프로테스탄트의 원리라고 했다. 그에 따르면 하나님은 '한 존재'가 아니라 '존재의 근거'였다. 그리스도교를 해석함에 있어 그는 실존주의적 접근법을 사용하여 실존적 질문들과 계시의 대답들 사이의 상관관계를 강조했다.

틸리히는 현대 신학의 과제가 인간의 문화와 그리스도교 신앙 사이의 대화를 촉진하는 것이라 했다. 그는 바르트가 문화와 신학 사이의 과격한 단절을 시도하는 것을 비판했다. 틸리히는 실존적인 궁극적 질문들은 인간의 문화에 의해 제기되는데, 신학은 이 질문들에 답하는 것이라고 했다. 따라서 복음과 현대 문명은 깊게 연루되며 신학 방법론도 심리학, 예술, 사회학, 인문학 등 다양할 수밖에 없는 것이다. 그의 신학은 신학과 문화의 관계성 속에서 실존적 탐구로 이어진바, 바르트 이후의 자유주의 신학자로 이름을 올렸다.[60]

근대 유럽 대륙의 신학적 상황을 약술함에 있어서 2명의 스위스 학자들을 빼놓을 수 없다. 취리히 출신의 에밀 브룬너(Emil Brunner, 1889~1966)와 바젤 출신의 오스카 쿨만(Oscar Cullmann, 1902~1999)이 그들이다.

브룬너는 변증법적 신학자 혹은 신정통주의자였다. 그는 성경의 중요성을 강조함으로써 자유주의적 개신교에 항거했다. 그러나 자연 신학에 있어서 바르트와 입장을 달리했다. 타락이 인간 속에 있는 하나님의 형상을 말살해 버렸다고 보지 않고 인간 안에 하나님의 은총을 위한 접촉점이 존재한다고 주장했다. 그의 주저 『계시와 이성』은 그리스도교를 세속적 인간에게 소개하기 위한 노력의 일환이었다.

쿨만은 『그리스도와 시간』에서 슈바이처의 종말론의 요소를 반영하는 그만의 종말론적 해석을 전개했다. 하나님 나라는 그리스도의 도래와 더불어 임했으나, 이의 완전한 실현을 위해 미래 절정의 순간을 기다리고 있다고 했다. 그는 로마 가톨릭교회를 향하여, 정경의 원칙을 확립함으로써 교회에서 전통은 더는 진리의 기준이 되지 못한다고 했다. 한편 사도직은 유일회적인 직책으로서 감독에 의해 계승될 수 있는 것이 아니며, 감독직은 장로의 승진에 의해 생겨났다고 했다. 그렇게 말함으로써 그는 로마의 감독들이 사도들의 계승자들이라는 주장을 거부했다.

---

60 González, *The Story of Christianity*, vol. 2, 377.

3) 양식사 학파와 종교 사학파

양식사 학파(Formgeschichte)는 마르틴 디벨리우스(Martin Dibelius, 1883~1947)의 『복음서들의 양식사』(1919)에서 시작된 것으로 본다. 양식 비평은 구전이 취한 문학 형태들을 규명하려는 것으로, 이를 통해 복음서 전승들의 역사적 기초를 세우기 위한 문학적 근거들을 제시했다. 슈미트, 디벨리우스, 그리고 루돌프 불트만(Rudolf Bultmann, 1884~1976)은 오랜 구전의 기간을 상정했다. 이 기간에 역사적 예수에서 시작한 전승들이 초기 그리스도교 공동체의 삶과 사상에 맞추어지기 위해 신화로 덮이고 많은 수정과 증보의 과정을 거치게 되었다고 했다. 그러므로 성경의 비신화화 작업이 필요하고 그럴 때에만 예수를 통한 진정한 메시지가 구현된다고 보았다.

불트만의 비신화화란 신약 시대의 신화적 언어를 현대적이고 철학적이며 심리학적이고 과학적인 언어로 번역하는 것이었다. 그러나 불트만은 성경의 비신화화 작업을 통해 그리스도교에 대한 회의적인 결론을 도출했다. 복음서들은 '역사적 예수'를 반영하지 않고 있으며, 단지 초기 그리스도교 공동체들이 예수에게 부여했던 바를 반영하고 있다고 단언했다. 부활도 역사적 사실이 아니라 제자들의 주관적인 체험 속에서 일어났다고 주장했다. 그러므로 역사적 예수는 성경을 통해서 재구축될 수 없다고 결론지었다. 따라서 케뤼그마(Kerygma)는 역사적 사실의 문제와 관련된 것이 아니며, 이의 청중들의 결단의 필요성을 전달하는 것과 관련 있다고 했다.

양식사 학파의 주장에도 불구하고, 우리는 복음서들이 많은 부분에서 역사적 예수를 증명하고 있다고 보고 있다. 또한, 비성서적인 사료들(타키투스, 플리니, 그리고 요세푸스의 증언들 등)도 예수의 역사적인 실재를 증언하고 있다. 신앙의 그리스도는 역사적 예수와 무관하지 않다.

종교사학파들은 신구약 및 고대 교회를 당시 종교적 사고의 일반적 발전의 견지에서 해석되어야 한다고 주장한다. 따라서 그리스도교는 그것이 시작된 시대와 관련이 있었고 모든 시대에 절대적일 수 없다는 것이다. 또한, 그리스도교도 그 시대 다른 종교들과 연속성을 가진 혼합주적 성격을 띤다고 했다.

트릴취(Ernst Troeltsch, 1865~1923)는 가장 뛰어난 종교사학파의 한 사람이다. 그는 그리스도교의 탁월성을 인정하지만, 절대성은 부인했다. 그리스도교도 역사의 산물이며, 그리스도교의 중요성은 종교성이나 신학으로서가 아니라, 사회학적 혹은 심리학적으로 설명되어야 한다고 했다.

궁켈(Hermann Gunkel, 1862~1932)은 구약의 창조 이야기를 바빌론의 창조 신화들과 비교 분석한 결과 구약의 여러 주제는 유대교에 유일한 것이 아니며, 이스라엘이 접촉했던 많은 다른 종교에 기원한다고 하였다.

한편 빌헬름 부세트(Wilhelm Bousset, 1865~1920)는 초기 그리스도교가 헬라적, 유대적 상황 속에서 발전되었다고 보았다. 예수 그리스도의 주(the Lord)를 밀의 종교들과의 상관관계에서 해석했고 그리스도교의 핵심들을 영지주의적 배경 속에서 규명했다.

그 외에도 바이스(Johannes Weiss, 1863~1914)나 레데(William Wrede, 1859~1906)도 종교사학파에 속한 인물로서 신약 연구에 기여했다. 역사주의로 전통적 신앙의 교의학을 과격하게 해체시킨 자유주의 신학과 종교사학파는 제1차 세계 대전 이후 신정통주의자들에 의해 심한 심판에 직면하였다.

4. 20세기 유럽의 프로테스탄티즘

독일은 제1차 세계 대전 전까지 개신교 신학과 성서학의 중심지였고 선교사들을 세계 곳곳으로 파송한 선교의 중심지이기도 했다. 제2차 세계 대전 이전과 도중에 나치들은 교회를 독일 국가에 종속시키려고 했다. "독일 그리스도인들의 신앙 운동"은 독일 민족주의를 독일 그리스도교로부터 도출함으로써 나치 사상과 타협하려 했다. 루터주의 및 개혁파 교회들의 중앙 집권화된 조직은 히틀러에 순종했고 이의 지원을 받았다. 이 운동을 주도적으로 이끈 자는 뮐러(Ludwig Müller, 1883~1945)였다. 이러한 교회의 국가에 대한 종속은 독일 개신교에 씻을 수 없는 오점을 남겼다.

나치와 타협한 독일 교회는 '고백 교회'의 반대와 저항을 받았다. 고백교회의 지도자는 니묄러(Martin Niemöller, 1892~1984)였다. 1934년 바르트에 의해 작성된 『바르멘 선언』(the Barmen Declaration)[61]은 예수 그리스도는 유일한 하나님의 말씀이라고 선언했다. 유일한 지도자는 히틀러가 아니라 그리스도라는 것이다.

바르멘 선언은 성경이 하나님의 유일한 말씀임과 교회는 이 유일한 하나님의 말씀 이외에 다른 사건들, 권세들, 형태들을 진리의 선포라고 인정하는 잘못된 교리를 거부한다고 천명했다. 바르멘 선언은 슐라이어마허와 리츨의 신학에 반대하며 자연신학을 거부하고 예수 그리스도를 하나님의 유일하고도 완전한 계시로 선언하였다. 브룬너의 『자연과 은총』에 대해서도 반대하고 이 선언문은 '타락한' 인간이 여전히 하나님과의 접촉점을 가지고 있느냐는 질문에 단호하게 "아니오!"(Nein!)라고 말했다.

나치의 고백 교회에 대한 탄압은 무자비했다. 많은 목사들이 체포되었다. 1937년 니뮐러도 체포되었으며, 그는 전쟁 기간 내내 강제 수용소에 갇혀 지냈다. 전쟁이 끝난 후 복음주의 교회가 재조직되었다. 감독 오토 디벨리우스(Otto Dibelius, 1880~1967)가 독일 개신교의 지도자로 부상했다.

제2차 세계 대전 후 동독은 소련의 지배를 받았다. 동독의 교회들을 규제하기 위해 종교청이 설립되었다. 정부와 경제 제도를 비판하지 않는 한 자유가 허용되었다. 그러나 복음에 입각한 많은 성직자와 신자들이 체포되는 등 시련을 겪었다. 감독 디벨리우스는 자유롭게 동서독 사이를 내왕하면서 모든 형태의 억압을 비판하며 종교의 자유를 위해 노력했다.

체코도 제2차 세계 대전 당시 나치 독일에 불법 점령당했었다가 전쟁 후 독일로부터 독립했지만, 1948년 공산당들이 국가를 장악했다. 개혁주의자들을 중심으로 민주화를 시도했었으나 소련 등 바르샤바 조약국 5개국의 군대에 의해 무력 진압되었다. 현재까지 총인구의 80%가 그리스도인이고 대부분 가톨릭 교도이다. 그중 백만 명 정도가 개신교도인데 대부분 15세기 후스파로 소급되는 체코 형제 교회 소속이다.

프랑스는 제2차 세계 대전 후 개신교도 수가 80만 정도였다. 그 가운데 65%는 개혁파였으며, 25%는 루터파였고, 나머지는 프랑스 개신교 연맹

---

61 *The theological Declaration of Barmen*, PCUSA. (trans. & ed.). (Louisville: PCUSA, 1994), 253-258.

에 가입하지 않은 소그룹에 속했다. 1939년 프랑스 개혁교회라 불리는 연합체가 결성되었다. 대다수가 개혁파였으며 감리교도들과 자유 교회들의 일부가 포함되었다.

같은 해에 리용과 디종(Dijon) 사이의 시골 마을에 위치하고 있는 떼제 공동체(the Taize Community)가 슐츠(Roger Schultz, 1945~)에 의해 설립되었다. 이는 독신주의, 공동 재산, 그룹의 규칙들에의 순종을 특징으로 하는 일종의 개신교 수도원 공동체였다. 이 공동체는 종교개혁 이전의 예전적 전통들을 회복하고, 수도원 내부의 형제들과 외부의 사람들에게 영적 훈련을 지도했다. 예배, 기도, 그리고 노동의 회복을 통해 영성의 강화를 추구했다.

20세기 뛰어난 프랑스 개신교의 지도자는 뵈그너(Marc Boegner, 1881~1970)였는데, 그는 통합된 프랑스 개혁교회의 최초의 의장이었으며, 개신교 에큐메니칼 협의회의 초대 회장이었다. 그는 가톨릭교회에 의해서도 존경을 받았으며, 그의 사망 시 교황 파울루스 6세는 그를 '그리스도교 연합의 선구자'로 칭송했다.

영국은 제1, 2차 세계 대전에 깊이 개입했었다. 인명과 재산상의 손실은 엄청났다. 다행히 웨스트민스터 수도원과 성 바울 성당은 안전했다. 시대적 혼란은 교회에 만연해 있던 평화주의 내지는 자유주의 신학에 대한 회의를 불러왔다. 바르트와 브룬너의 신정통주의 신학이 점점 더 영향력을 행사하였다. 전쟁 후 스코틀랜드에서는 영적 삶으로의 심화를 위한 운동들이 생겨났다. 스코틀랜드 서북쪽의 아이오나 섬은 영성 훈련 센터가 되었다.

신학적으로 보수적인 교파들이 복음주의자들을 대대적으로 지원했다. 여성 성직자들이 생겨났다. 이 시기의 유명한 영국 신학자로는 회중교회주의자인 포사이스(P. T. Forsyth, 1848~1921)가 신정통주의적 신학을 펼쳤다. 고어(Charles Gore, 1853~1932)는 국교회 교도였는데, 그의 고교회 사상은 강한 사회적 관심과 결합되어 있었다. 이는 미국의 사회적 복음 운동과 유사한 것이었다. 잭스(L. P. Jacks, 1860~1955)는 유니테리언이었으며 극단적 자유주의를 대표했다. 템플(William Temple, 1881~1944)은 1930년대와 40년대에 영국인 그리스도인으로 개인적인 종교와 사회적 행동을 결합했다. 그는 사회 정의, 산업 사회에서의 교회의 존재 의미, 그리고 에큐메니칼 운동에 크게 헌신했다.

5. 20세기 미국의 프로테스탄티즘

일반적으로, 미국에서 20세기에 급속하게 자란 교단들은 새로운 교파들이었다. 로마 가톨릭교회는 주로 이민의 유입으로 많이 성장했다. 주변적인 교파에 불과하던 남침례교가 최대의 개신교 교단이 되었다. 오순절 교회들, 복음주의적 교회들 혹은 근본주의 교회들, 성결교회들, 그리고 몰몬교 및 재림파 교회들과 같은 분리주의 교단들이 급속하게 성장해 왔다. 루터교 및 메노나이트 교회는 미미하지만 지속적인 성장세를 보였다. 남북 전쟁 이전 미국의 종교적인 삶을 주도했던 대부분의 교단들 곧 회중교회, 성공회, 장로교, 그리고 감리교는 20세기 후반부터 빠르게 쇠퇴해갔다. 지금도 하강세로 이어지고 있다. 이러한 상반된 결과는 교회들이 역사적 상황과 무관하게 자신의 신앙을 찾아가는 것에서 초래되었다고 하겠다.

1) 제 1, 2차 세계 대전 전후의 미국 교회

20세기 미국 교회는 정치적으로 민주당이 두각을 보이는 양상과 함께 비개신교도들(가톨릭 교도, 유대인, 무신론자들)의 세력이 점강했다. 미국인들은 미국의 삶이 더는 백인 앵글로 색슨 개신교도에 의해 주도되고 있지 않음을 인식하였다. 그래도 미국은 외형적으로 평온했으며 세계 '정상'의 시기를 구가하고 있었다. 국가의 전반적인 번영에도 불구하고 미국 교회들의 선교와 자선 사업들에 대한 노력은 이전에 비해 줄어들었다.

미국에서 제1차 세계 대전은 서구 문명의 운명에 관한 위기의식과 함께 근본주의 운동을 촉발시켰다. 세상에 대한 하나님의 개입에 대한 견해를 재정립할 필요가 생긴 것이다. '근본주의자들'과 '근대주의자들' 사이의 논쟁은 격화되었다.

예컨대, 장로교 근본주의자들이 프린스톤신학교를 장악하려고 시도했었다. 비록 실패했지만, 이에 신앙적 불화를 인식한 메이첸(J. G. Machen, 1881~1937)과 그를 따르는 일부 보수 교수진들이 프린스톤을 떠나 1929년 필라델피아에서 웨스트민스터신학교를 설립하고, 1936년 정통 장로교회를 창시했다. 이 교회는 칼뱅의 신학과 『웨스트민스터 신앙 고백』에 충실하려고 노력했고, 자유주의 사상과 어떤 타협도 불가하다고 했다. 미국의 근본주의자들과 자유주의자들 사이의 논쟁은 미국과 캐나다, 그리고 그에 영향받은 나라들의 개신교 전반에 영향을 미쳤다.

미국 남부의 근본주의 논쟁은 자유주의 신학의 문제가 아니라 진화론에 기인했다. 남부의 주들은 진화론이 그리스도교적 민주주의 사상을 손상시킨다고 보고 공립 학교에서 진화론을 가르치는 것을 금지하는 법을 통과시켰다. 그런데, 테네시 주에서 진화론을 가르치던 스콥스(John T. Scopes)의 소송 사건(1925)이 일어나면서 전 미국의 주목을 받았다. 결국, 스콥스가 벌금형을 받고 논쟁은 끝났다. 그러나 이 소송 사건으로 말미암아 근본주의자들은 스스로 지적인 한계를 노정했으며, 반지성주의라는 비난을 듣게 되었다. 소송은 이겼지만, 근본주의자들은 오히려 교단을 떠나야 했다. 그러나 그것 또한 표면적인 결과일 뿐, 근본주의는 사라진 것이 아니었다. 미국은 이제 새로운 시기로 도입하고 있었다.

30년대의 미국은 경기 침체가 특징이었다. 대공황에 빠지면서 북아메리카 그리스도인들은 엄청난 심리적, 사회적 충격을 받았다. 캐나다 및 미국의 개신교도들은 그들이 신대륙을 통하여 그리스도교 문명의 이상을 실현해 간다고 믿었었다. 사회적, 경제적 붕괴는 이들에게 모든 전제를 재고하게 만들었던 것이다. 미국의 주류 사회에서 공산주의를 추종하는 자들이 생겨나기까지 했다. 대공황은 사람들로 하여금 미국 주류 종교로부터 이탈하게 만들었다.

근본주의는 오래된 교단들에서는 약세를 보였지만, 대신 복음 전도적, 교육적, 그리고 선교적 활동들을 통해 맹렬하게 활동하고 있었다. 침례교, 제7일 재림교, 흑인 교회들, 성결 교단들, 오순절파들이 1930년대에 급격하게 성장했다. 부흥 운동의 상상한 부분은 소교파들 사이에서 일어났던 것이다. 교육 수준이 낮고 문화의 혜택을 잘 받지 못한 사람들이 익숙한 복음 성가와 평범한 옷을 입고 장엄함보다 편안한 예배를 선호하였다. 그래서 그들은 지식층과 부유한 사람들이 주를 이루던 교파들로부터 이탈하여 이들이 소종파로 몰린 것이다.

제1차 세계 대전 이후 유럽에 등장한 신정통주의가 미국 개신교들 사이에 깊이 침투되었다. 신정통주의는 근대 사회 인간들의 곤궁을 간과하지 않으면서 전통적인 그리스도교 신앙을 재천명했다. 라인홀드 니버와 리처드 니버(Richard Niebuhr, 1894~1962)는 당시 미국 개신교의 사회사상을 비판했다. 이들은 성서적 세계관보다는 19세기 문화적 이상주의에 근거하고 있었다. 이들은 이전의 자유주의자들이 간과한 인간 본성의 죄성과 하나님의 초월성과 은총에로의 복귀를 주장했다.

라인홀드 니버는 근대의 과학관과 역사관에 개방적인 자세를 취하면서도, 인간론에 있어서 성경적 견해를 선호했다. 신정통주의자들의 표어들 가운데 하나는 "교회가 교회 되게 하라"(Let the church be the church)였다. 다시 말해, 교회가 세상의 가치관을 추구해서는 안 된다는 것이다.[62]

1940년대에 미국 종교에 가장 많은 영향을 미친 것은 제2차 세계 대전이었다. 미국과 미국 교회는 평화주의 견해에 대해 괴로운 재평가 작업을 시도했다. 그들은 교조주의적 평화주의에 회의를 품었다. 그리스도가 약속한 평화는 오직 기도로만 성취될 수 있으나, 이는 악과 불의에 대한 저항을 무조건적으로 거부하는 평화주의를 의미하는 것이 아니라는 것이다. 좀 더 실재론적 견해에서 불의는 힘으로 저지되어야 한다고 보았다. 제2차 세계 대전 후 신정통주의는 인기를 끌었으며, 20년 이상 미국 개신교도들의 신학과 사회 철학을 지배했다.

전쟁 말기에 공산주의 확산에 대한 점증하는 공포가 미국 교회에 만연하였다. 동유럽이 공산주의 통치 아래 들어가자 두려움이 심화되었다. 미국 그리스도인들은 공산주의에 대한 적대감을 노골적으로 표현했고 이로 인해 '냉전'의 양극화는 더욱 격화되었다. 유럽의 나토(NATO)와 아시아의

---

62 Hasting, *A World History*, 450-451.

시토(SEATO)를 강력하게 지원했다. 이는 한국 전쟁(1950) 당시 남한에 대한 전격적 지원과도 연관된다. 어떤 이유로라도 공산주의의 팽창은 용인할 수 없었던 것이다.

50년대 미국은 종교적 부흥의 시기로 특징지어진다. 1940~1960년 개신교는 교파를 불문하고 교회의 교인들이 배 이상 증가했다. 빌리 그래함(Billy Graham, 1918~)은 50년대와 그 이후 미국 부흥 운동의 핵심 인물로 부상했다. 그는 미국과 해외에서 무수한 사람 앞에서 설교했으며, 복음주의자들의 정신적 지주가 되었다. 복음주의는 차츰 초교파적 운동의 향상을 띠었다. 일부 사람은 60년대를 미국의 종교적 '혁명'의 시기라고 부르기도 했다. 이들의 성장은 이후 쭉 성장의 강세를 보였다.

그러나 미국에서 개신교의 주도권은 최초로 가톨릭 교도인 존 케네디(John F. Kennedy, 1917~1963)가 대통령이 되면서 붕괴되기 시작했다. 도시화 및 경제적 성장은 개신교도들과 가톨릭교회들 사이를 구분하는 장벽을 제거했다. 같은 맥락에서 교회와 국가의 극단적인 분리가 이루어졌다. 대법원의 결정으로 공립 학교에서 기도와 성경 봉독이 금지되었다. 미국이 구속사에서 특별한 사명을 부여받았다는 사고도 공격을 받았다.

또한, 월남전을 반대하던 사람들은 미국의 제국주의와 오만을 공격했다. 이 시기 흑인 목사인 마틴 루터 킹 주니어(Martin Luther King Jr., 1929~1968)이 미국 인권 운동의 뛰어난 인물로 등장했다. 그는 미국 근대사에서 큰 영향을 미쳤다. 1963년 8월, 워싱턴 거리 행진에서 외친 "내게는 꿈이 있다"(I have a dream)라는 그의 연설은 너무나 유명하다. 그의 활동으로 1964년 인권 법안이, 1965년 연방 유권자 등록 법인이 제정되었다. 그는 철저히 비폭력주의자였고 반전주의자였다.[63]

2) 카리스마적 부흥 운동

20세기 그리스도교에 있어서 중요한 현상 가운데 하나는 오순절 운동 및 카리스마적 운동의 등장이라고 하겠다. 이 운동은 사도행전에 묘사된

---

[63] Hasting, *A World History*, 452-456.

성령의 능력을 현대 그리스도교에서 재발견할 수 있다고 주장한다. 초대 교회의 성도들이 경험했던 동일한 경험과 동일한 은사들을 오늘날 그리스도인들도 소유할 수 있다고 믿는 운동이다. 이는 근대 사회의 인간 중심의 자유주의적 경향에 반대하여 하나님의 직접적이고 초자연적인 개입을 강조하는 것이다. 오순절 카리스마적 운동은 고전적 오순절 운동, 신오순절 운동, 그리고 개인적 표적과 은사주의의 세 흐름으로 구분될 수 있다.

고전적인 오순절 운동은 1900년대 초에 등장했으며 방언에 대한 강조가 특징이었다. 이는 캔사스의 토페카(Topeka)의 베델성경학교에서 팔함(Charles Fox Parham, 1873~1929)의 성령 체험(특히 방언)에서 시작되었다. 그는 성령 세례가 중생한 성도에게 임하는 2차 축복이라고 했다. 이 사상이 1906~1909년 사이 로스앤젤레스 시내 '아주사 거리 선교'를 주관하던 흑인 목사 조셉 윌리엄 세이무어(Joseph William Seymour, 1870~1922)에게 전해졌고 이후 방언, 치유, 기적, 그리고 즉흥적 찬양을 특징으로 하는 카리스마적 부흥 운동이 불같이 급속도로 퍼져 나갔다. 아주사 거리 부흥 운동은 18세기 미국의 대각성 운동의 결과 등장한 노예 폐지 운동 및 인종 차별 폐지 운동의 재현이기도 했다.

팔함은 백인 주류의 오순절 계통에도 영향을 미쳤는데 북미에서 크게 성장한 하나님의 성회(the Assemblies of God)가 그것이다. 고전적 오순절 운동은 20세기 초의 근본주의 운동(Fundamentalist movement)과 관계가 깊었다. 따라서 분리주의적이고, 반이성적이며, 반에큐메니칼적인 정서를 노정했다.

1960년대와 1970년대에 일어난 신오순절 운동은 로마 가톨릭주의를 포함해 개신교 주류 교파들 내부에서 일어난(특히 평신도들 사이에서) 카리스마 운동이다. 1959년 캘리포니아 밴 나이스(Van Nuys)의 성공회 목사(an episcopal rector)인 베네트(Dennis Bennett, 1917~1991)가 이 운동의 창시자 가운데 한 사람으로 인정된다. 그의 영향력은 남침례교회로부터 가톨릭교회에 이르기까지 거의 모든 주류 교단들에서 나타났다.

이 운동은 방언이나 치유 같은 기적들을 강조함에 있어서는 고전적 오순절주의와 다르지 않으나, 방언과 성령 세례를 밀접하게 연결하지는 않았고, 그들이 말하는 제2의 축복 사상도 거부했다. 이들은 근본적 오순절주의보다 포용적이었고 분파적이지 않았으며 범세계적 오순절 운동에 크게 기여했다. 결국, 유럽·북미·남아프리카의 주류 교회들로부터 라틴 아메리카까지 신오순절 부흥 운동이 빠르게 퍼져 나갔다. 신오순절 운동은 주로 중산층 계층의 평신도 중심으로 주도되었다.

제3의 추세는 90년대의 부흥 운동으로서 초대 교회의 영적 은사들을 오늘날 재현하려는 노력이었다. 윔버(John Wimber, 1934~1997)와 같은 개인들에 의해 예증되듯 '표적과 기사'를 강조한다. 이 단계의 오순절 운동은 포용적이고 평화적이며 조화적이었다. '표적과 기사' 운동은 영적인 치유를 중요시했는데 지나치게 치유의 신학에 치중했기 때문에 많은 논쟁을 유발하곤 했다. 논쟁은 현대 교회로 하여금 성령의 임재에 대한 새로운 인식과 체험, 그리고 성령 세례의 본질에 대해 숙고하는 계기가 되었다. 그러나 이 운동의 특징적인 신학을 옹호하는 부류와 반대하는 부류의 논쟁은 지속되고 있다. 어떻든 이 운동에서 개인의 신앙 및 영성, 그리고 교회의 부흥과 관련된 다양한 '영적 은사들'은 매우 중요한 현상이었다.

3) 후기 자유주의

1980년경 이래 신학에 있어서 가장 중요한 발전 가운데 하나는 자유주의적 세계관의 타당성에 대한 회의감의 고조라고 할 수 있다. 이는 더 보수적인 세계관들의 회복을 요구했다. 후기 자유주의(Postliberalism)는 이에 부흥하는 사상으로 예일대학교의 프라이(Hans Frei, 1922~1988)와 맥킨타이어(Alasdair MacIntyre, 1929~)와 같은 학자들에 의해 시작되었다. 이들은 '보편적인 합리성'을 주장하는 계몽주의 및 자유주의적 기저들을 모두 거부하면서 신학적 프로그램을 종교적 전통들로 복귀시키고자 시도했다. 후기 자유주의자들은 공동체의 가치, 경험, 그리고 언어를 중시했고 전통과 그에 관련된 역사적인 공동체들의 중요성을 강조했다.

후기 자유주의는 그리스도교 전통의 내적 관계성을 탐구했다. 신학의 타당성은 개인의 내면적 문제일 뿐 누구나 인정하는 보편적인 기준이 존재할 수 없기 때문이다. 하우어워스(Stanley Hauerwas, 1940~)는 윤리에 대해 후기 자유주의적 접근을 시도한 학자들 가운데 한 사람이다. 그는 보편적인 도덕적 개념들과 가치들이 존재한다는 계몽주의적 사고를 거부하면서, 그리스도교 윤리는 역사적 공동체의 도덕적 비전을 확인하고 그 공동체 구성원들이 삶을 통해 그 비전을 실현하기 위해 노력하는 것이라고 했다. 따라서 윤리학은 보편적이라기보다 한 공동체의 내부적, 도덕적 가치들의 연구와 관련이 있다는 것이다.

4) 복음주의와 근본주의

"복음주의적"이란 말은 16세기 종교개혁의 논쟁들에서 처음 등장했다. 중세의 신앙과 관습에서 더 성경적인 신앙과 관습으로의 복귀에 대한 갈망을 상징하는 단어로 사용되었다. 복음주의(Evangelism)는 영·미적인 현상이기도 했는데 영국에서 복음주의는 1730년대 이신칭의의 교리의 부흥으로 등장했다. 이 운동에 지대한 영향을 미친 사상은 청교도주의였다. 미국에서 복음주의는 중요한 신학적 및 사회적 세력으로 부상했다. 19세기 말, 미국에서 복음주의와 근대적 사상 사이에 긴장이 고조되었다. 사회적 복음과의 갈등도 그 가운데 하나였다.

20세기 중반부터 미국의 복음주의의 성격과 사회적 인식이 변하기 시작했다. 빌리 그래함 같은 복음주의자들로 인해 70년대 복음주의의 존재와 중요성이 사회 전반에 크게 인식되었다. 1960년대 자유주의의 위기 이후 미국 사회에서 이렇다 할 대안이 없는 차에 복음주의의 등장은 미국의 지적·영적 공허함을 꿰뚫었다.

전쟁 직후는 보수적 복음주의의 부흥 운동이 주를 이루었다면 1950년 이후의 복음주의는 보수적 복음주의자들이 주창하던 회심 중심의 경건을 지향하는 신복음주의로 노정했다. 이들은 성서주의와는 다른 경향으로 복음주의적 신앙에 헌신하면서 신학적 학문성을 강조했다. 이에 부응하는 신학교, 그리스도교 잡지와 저서들이 등장하면서 신복음주의는 그리스도교 신앙에 대한 지성적인 설명 및 현대 사회의 이슈들에 대한 신학적 해석을 강조한 것으로 특징지워진다.

　오늘날 복음주의는 성경 중심의 신학과 영성의 초교파적 추세를 보인다. 이들은 어느 특정 교단의 신학과 교회 정치 체제에 제약되지 않는다. 복음주의 내부에서는 상당할 정도의 다양한 가지들이 있으나, 보편적인 특징은 성경의 권위와 성경의 충분성과 십자가의 그리스도를 통한 구속의 유일회성을 믿으며, 개인적인 회심의 필요성과 복음 전도의 필요성 및 긴박성을 중시하는 데 있다. 그리고 고대 교회의 신조들의 신학을 고수하고 신앙의 교리적 정확성을 중시한다는 점에서 전통적이다. 17~18세기 경건주의가 내면성 곧 개인의 체험을 강조하면서 교리와 전통적 신앙을 경시한 점과 비교할 때 큰 차이를 보인다고 하겠다.

　근본주의는 원래 19세기 후반 진화론, 자유주의 신학, 그리고 성서비평학에 반발하여 여러 개신교 교단들 안에서 시작된 운동이었다. 20세기 초 비슷한 신앙을 소유한 자들이 모여 신앙의 기초가 되는 근본적인 요소들을 작성하기 시작하면서 조직을 갖추기 시작했다. 이들은 집회를 이어 가면서 미국 전역으로 확산되었다. 근본주의의 사상적 기원은 성경 자체, 종교개혁, 개신교 정통주의, 그리고 복음주의적 부흥 운동 등이었다. 이 운동의 주자들은 성경의 영감 및 무오류성, 그리스도의 신성, 십자가상의 대속적 죽음, 그리스도의 부활과 승천, 그리고 최후의 심판과 그리스도의 재림을 신앙의 근본적 요소들로 삼았다.

　근대주의가 갈수록 사회적 복음을 강조하자 근본주의자들은 신앙의 의미를 지나치게 사회 이슈들과 연관시키는 것에 반감을 가졌다. 자유주의자들이 에큐메니칼 회의들을 통해 결속될 때 근본주의자들은 이로부터 이탈을 주장했다.

　근본주의자들은 처음부터 세속적 문화를 거부했다. 이들은 축자 영감적 신앙과 전천년설적인 재림 사상으로 문화를 해석하고 문화에 한계를 긋는 반문화적 특성을 노정했다. 자유주의자들에게 있어서 하나님 나라가 인간이 사회적인 행동으로 성취하는 현세적인 질서로 여겨질 때, 전천년설을 주장하는 '세대주의'(Dispensationalism)는 근본주의자들에게 핵심적인 요소가 되었다. 세대주의적 신앙은 종말론과 문자적 성경 해석을 주장했다.

근대주의, 세속주의 및 기타 여러 기성 교회와 종교 구조들에 대해 심판을 선언하였다. 대안으로 성경 중심의 독립된 신앙 공동체 및 교회들의 필요성을 주장했다.

20세기 중반부터 미국 근본주의 내부의 갈등이 발발했다. 이로 인해 신복음주의가 등장했다. 근본주의와 신복음주의는 다음 몇 가지 점에서 구분된다. 성서적으로 근본주의는 모든 형태의 성서 비평에 적대적이며 신학적으로 일련의 협소하고 고정된 교리들에 집착했다. 복음주의자들은 세대주의적인 신앙을 비판하고 거부했다. 사회학적으로 근본주의는 반문화적 성향인 데 비해 복음주의는 오히려 문화 운동을 지향하며 전문 직종인들 및 정신 노동자들로 구성원을 이루었다. 근본주의는 자주 불합리성을 연상시키는데, 이러한 요소들이 복음주의에는 없다. 복음주의는 종교 철학 및 변증학의 영역에서 많은 저술들을 낳기도 했다.

5) 포스트모더니즘

포스트모더니즘(Postmodernism)은 모더니즘의 붕괴 이후 등장한 지적인 세계관이다. 이는 절대적인 것들, 고정된 확신들, 혹은 불변의 기초들을 거부하고 다원주의와 일탈을 선호한다. 이는 또한 모든 인간 사고의 '상황성'을 강조한다. 포스트모더니즘은 하나님을 포함한, 보편타당한 이성의 능력과 이에 기반을 둔 계몽주의도 거부한다. 이성은 우리가 살고 있는 세상에 걸맞은 도덕성을 제공하지 못했다는 것이다. 이로 인해 진리의 보편적이고 필연적인 기준들에 대한 자신감의 붕괴와 함께 포스트모더니즘은 진리에 관한 문제에 있어서 상대주의 혹은 다원주의를 선호하였다.

이 운동의 특징이 된 언어를 빌린다면, 포스트모더니즘은 상징하는 자가 상징되는 바를 대신했다고 말할 수 있다. 소쉬르(Ferdinand de Saussure, 1857~1913) 및 제콥슨(Roman Jakobson, 1896~1982)에 의해 개발된 구조주의적 언어학(structural linguistics)에 의하면, 언어적 상징의 자의성과 이의 다른 상징들과의 상호 의존성은 고정되고 절대적 의미를 가진다는 것이 더는 가능하지 않음을 의미했다. 데리다(Jacques Derrida, 1930~2004), 푸코(Michel

Foucault, 1926~1984), 보드리야르(Jean Baudrillard, 1929~2007)가 이를 승계 발전시켜 언어는 가변성과 일시성, 자의성 때문에 절대적 의미를 전달할 수 없고, 절대 법칙을 반영할 수도 없다고 했다.

같은 연결 선상에서, 근대 사회는 결국 아무것도 의미하지 않는 인위적인 상징들의 끝없는 시스템들에 갇혀 있으며, 단지 이들을 창안한 자들의 신앙 시스템들을 영속화한다고 했다. 근대적 개념의 해체를 표현하는 이 말은 포스트모더니즘의 한 측면을 가장 잘 대변해 주는 것이라 하겠다. 이는 어떤 의미도 발견할 수 없다고 주장하기 전에 한 본문의 저자의 정체성과 의도들은 그 본문의 해석과 무관하다는 의미이고, 모든 해석은 동일하게 타당하거나 동일하게 무의미하다(각자의 견해에 달려 있다)고 했다.

미국에서 이러한 접근법의 주된 주창자들 가운데 한 사람인 드만(Paul de Man, 1919~1983)은 '의미'(meaning)라는 개념 자체가 파시즘의 냄새를 풍긴다고 주장했다. 이는 자신만이 어떤 문학 작품이 어떻게 이해되어야 하는지를 정의할 권위를 가지고 있다고 주장했다. 모두에게 열려진 해석의 자유를 강조한 것이다.

미국의 문화적 상황에서 퍼져 나간 이러한 접근법은 드만, 하트만(Geoffrey Hartman, 1929~2016), 블롬(Harold Bloom, 1930~), 그리고 밀러(J. Hillis Miller, 1928~)와 같은 학자들의 지적인 관심의 대상이 되었다. 신학적으로 20세기 말까지는 성경 해석과 조직신학에 많은 영향을 미쳤으나, 앞으로 얼마나 더 영향을 미칠지는 두고 볼 일이다.

6. 20세기 로마 가톨릭교회

1) 가톨릭 근대주의와 교황청

20세기 초 프랑스와 이탈리아의 동맹 외교는 교황청에 불리하게 작용했다. 피우스 10세(1903~1914)는 이탈리아가 로마를 불법으로 점거하고 있다고 간주하고 이에 항의하자 프랑스는 교황청과 모든 외교적 관계를 단절하였다. 공적인 교육과 삶에 있어서도 비그리스도교화를 법제화했다.

과거 나폴레옹과 교황 사이에 체결된 협약은 가톨릭주의를 '프랑스 국민 다수의 종교'로 언급한 적이 있었다. 그러나 프랑스 현행 신법은 특정 형태의 종교(그리스도교)를 인정하지 않으며, 목사의 봉급을 더는 국가가 지급하지 않는다고 규정했다. 그리고 모든 형태의 그리스도교의 자치권을 허용했다.

피우스는 제1차 바티칸 공의회가 마무리하지 못했던 개혁 규정들, 이를테면 성례전과 여러 예전, 그리고 성직자들의 자질에 관한 문제들을 다루면서 가톨릭 전통을 보존하고 개혁하려 했다. 그럼에도 불구하고 19세기에 신학적 갱신을 향한 자유주의적 움직임은 멈추지 않았다. 엄격한 군주주의적 경향을 가진 피우스는 정치적으로 민주주의 이념을 거부했으며, 신학적으로 자유주의를 거부했다. 이로 인해 그 시대의 사상적 추세로부터 도태하였고, 오히려 근대주의를 더 만연하게 만들었다.

일부 가톨릭 학자들은 가톨릭 신앙과 근대 문화 사이의 균형을 유지하려고 했다. 1830년대에 낭만주의와 관념론에 영향을 받은 가톨릭 튜빙겐 학파가 생겨났고 드레이(Johann Sebastian von Drey, 1777~853)와 요한 아담 묄러(Johann Adam Mohler, 1796~1838), 그리고 뉴만(John Henry Newman, 1801~1890) 등이 활동하면서 로마 가톨릭교회의 신학적 발전의 모더니즘을 주도했다.

가톨릭 근대주의는 성서와 역사, 철학 등 여러 부분에서 의문을 제기했다. 르와시(Alfred Loisy, 1857~1940), 티렐(George Tyrrell, 1861~1909), 블롱달(Maurice Blondel, 1861~1949), 그리고 베르그송(Henri Bergson, 1859~1941) 같은 자들이 개신교 자유주의 신학 방법론에 의거하여 성서 영감설과 성경 무오류설, 그리고 도그마의 역사성과 권위의 문제 등에 대해 전통적인 입장들을 비판하였다.

종교에 있어서 역동적 요소를 강조했던 일단의 사상가들이 등장했다. 이들에게 종교의 교리와 전통은 도구들에 불과했다. 휘겔(Baron von Hligel, 1852~1925)은 '역사상 가장 위대한 로마 가톨릭 평신도 신학자'로서 가톨릭교회에 근대 운동을 인도한 인물이었다. 성서학자이자 신비주의 신학자였던 그는 종교가 신비적-감정적, 역사적-제도적, 그리고 지성적-과학적의 3가지 요소들을 가지고 있다고 했다. 그는 인간의 실존에 있어서 초자연적인 요소를 강조하고 동시에 근대주의를 수용했다.

피우스 10세는 근대주의적 운동을 관용하지 않았다. 1907년 이를 공식적으로 정죄하고 근대주의를 주창하는 학자들을 파문했다. 이 규정은 1967년에서야 폐지되었다. 피우스를 이은 베네딕투스 15세(1914~1922)가 재임하던 기간은 전쟁 기간이었다. 제2차 세계 대전에서 동맹국에 동조했던 그는 연합군이 승리하자 국제 역학 구도에서 할 수 있는 일이 별로 없었다. 그러나 그는 가톨릭 교도들의 투표권의 자유를 허락했고 프랑스와의 외교를 다시 회복했다. 또한 그는 1919년 잔 다르크를 시성했다.

피우스 11세(1922~1939)는 이탈리아에 의해 로마가 점령당하자 성 베드로 성당의 발코니 축복을 처음 시작한 교황이었다. 피우스 11세는 파시스트들의 에디오피아 침공을 지원하고 승리를 축하한 것으로 세계의 비난을 듣기도 했다. 그의 재임 기간은 청년 조직들, 자선 기관들, 일련의 성만찬 의회들을 결성한 것으로 특징 지워진다. 또한 그는 교회의 사도직 수행에 있어서 평신도들과의 협력을 강조했다. 평신도들에 대한 로마 가톨릭교회의 대대적인 개방은 그의 사후 30년 뒤, 제2차 바티칸 공의회에서 이루어졌다. 그는 근대적 발전을 맹공하고 토마스주의를 계발하고 장려하였다. 그는 이를 통한 형이상학과 윤리가 당시 만연한 공산주의에 대한 유일한 대응이라고 보았다.

피우스 12세(1939~1958)는 1950년 '동정녀의 육체적 승천 교리'라는 획기적인 교리를 선포했다. 이 결정은 20세기 중반까지 교황권 절대주의가 존속했음을 입증해 주는 사건이기도 했다. 요한 23세는 소박함으로 인기를 끌었던 교황이었다. 77세 노령에 교황이 된 그는 교황직에 오른 지 90일 만에 세계 공의회 준비를 공표하고 마침내 그의 사망 9개월 전 1962년 10월 공의회를 개최했다. 이것이 제2차 바티칸 공의회이다. 공의회는 그의 후임자 파울루스 6세에게 위임되었다.

전반적으로 두 차례에 걸친 세계 대전은 가톨릭교회의 위상을 상승시켰다고 할 수 있다. 외적인 예전에 대한 강조와 보편주의에 대한 주장이 무의미한 세상에서 인류의 효과적인 연합을 동경하던 많은 사람에게 통일적 가톨릭교회는 매력적으로 작용했다. 가톨릭 권위주의는 만연한 혼란 속에서 사람들에게 다시 호소력을 얻었다. 인간의 계획들은 전쟁의 재난으로 실패하지만, 신적 진리에 대한 교회의 주장과 교황의 무오류성에 대한 주장은 유일한 해결책인 것처럼 보였다.[64]

2) 제2차 바티칸 공의회

트렌트 공의회에서 교리적으로 승리한 교황 절대주의는 1870년 제1차 바티칸 공의회의 교황 무오류설에서 더 분명한 형태를 보였다. 트렌트 이후 400년 만에 개최된 제2차 세계 교회 공의회(제2차 바티칸 공의회, 1962~1965)는 트렌트주의의 타당성에 대해 의문을 제기한 획기적인 회의였다. 제2차 바티칸 공의회는 총 16개의 문서를 공표했으나 교리적 결정은 단 한 건도 없었다. 이유는 본 회의가 교리 개혁의 회의가 아니고 목회상의 개혁을 위한 회의였기 때문이다.

요한 23세에 의한 제1회기(1962.10.~1962.12.) 때 예전의 모국어 사용을 결정하였고, 파울루스 6세에 의한 제2회기(1963.9.~1963.12.) 때는 예전에 관한 법규와 사회관계의 도구에 관한 칙령을 공표했다. 제3회기(1964.9~1964.11)에서 감독에 관한 칙령(감독의 합의체)과 '하나님의 백성'으로서 교회의 본질, 에큐메니즘에 대한 선언, 그리고 동방 가톨릭교회들에 대한 칙령을 발표했다. 마지막 회기(1965.9~1965.12)에서는 감독의 목회적 직무, 성직자의 구성, 종교적 삶의 갱신, 교회와 비그리스도교 종교들과의 관계성, 그리고 그리스도교 교육에 관한 칙령들이 선언되었다. 근대 사회에 있어서 교회의 지위와 사명이 주를 이루었다.

공의회를 평가해 볼 때 몇 가지 주목되는 점이 있다.

첫째, 감독에 관한 칙령인 '감독의 합의체'가 감독들에 대한 자치권이나 자율성을 장려한다기보다 모든 감독 중 로마 감독(교황)의 완전하고 최상

---

64 González, *The Story of Christianity*, vol. 2, 345-354.

의 보편적 권한을 말하고 있다는 점에서 1차 바티칸 공의회를 답습한 것처럼 보인다. 최소한의 실제적, 행정적 권력 분권의 시도가 있었는지는 모르겠다.

둘째, 제2차 바티칸 공의회의 종교의 자유에 관한 칙령은 자유가 가톨릭 국가들의 가톨릭교회에만 부여되며, 가톨릭주의가 소수인 (국가의) 경우에는 가톨릭 교도들에게만 부여되고 요구된다는 견해에서 진일보한 것이다. 또한 개인과 결사들의 정당한 자유를 침해하는 일이 없도록 국가 권력들에 대하여 입법적 제한들이 있어야 한다고 천명했다. 이같은 입장들은 이전의 강압적인 그리스도교 사회 공동체 형태를 벗어나 종교적 자유를 표현한 것이었다. 전체주의적 제한들이 거부되었고 "인간의 존엄성"이 천명되었다. 그러나 본회는 여전히 "로마 가톨릭교회가 하나의 참된 종교다"라는 입장은 고수했다.

셋째, 가장 중요한 것은 도그마인데 이는 본 공의회 이후에도 여전히 변개될 수 없는 것으로 남아 있다. 한스 큉 같은 진보주의자들은 교리적 정의들이 무오류의 진리이기는 하나 이를 규정함에 있어 인간적 요소들이 불가불 관여되므로 도그마는 변개될 수 있다고 했다. 이들의 노력에도 불구하고 가톨릭교회 내부는 도그마에 대한 비타협적 태도를 유지하였고 교리가 발전할 수 있다는 가능성조차 받아들이지 않았다.

그럼에도 불구하고 제2차 바티칸 공의회의 결과 아무 변화도 일어나지 않았다고 말하는 것은 잘못된 판단이다. 분명한 것은 가톨릭교회는 이 공의회를 통해 상당히 개방적 자세를 취하였다. 이 결과 다른 교파 교회들과의 대화 및 세상과의 대화가 가능해졌다. 또한 어느 면에서 신앙의 본질적인 요소들이 아닌 역사적 상황 속에서 생겨난 공허한 신념들과 관습들에 대한 제거 작업도 있었다. 교리 분야를 제외한 성직자 독신주의 및 산아 제한과 이슈들에는 실제로 변화가 일어났다. 앞으로 교리의 형성에 있어서 역사적 요소들을 탐구하려고 하는 큉과 그 외의 사람들의 노력으로 말미암아 가톨릭교회의 도그마에 대한 더 유연한 자세들이 마련되리라 기대된다.

큉은 가톨릭교회와 프로테스탄티즘을 분리시킨 장벽들을 붕괴시키는 일에 진지한 관심을 가졌다. 그는 제2차 바티칸 공의회가 16세기 반동 종교개혁을 종식시켰다고 믿었다. 트렌트와 제1차 바티칸 공의회가 견제와 반목을 유지했다면 제2차 바티칸 공의회는 16세기 이래 개신교회들이 400년 줄기차게 요구해 온 바들을 진지하게 고려한 회의였다고 하겠다. 제2차 바티칸 공의회는 그리스도 안에서의 '연합'에 대한 진지하고도 적극적인 관심을 보였던 공의회였다.[65]

7. 에큐메니칼 운동

에큐메니칼 운동은 협력과 일치를 위한 교회의 모든 추세와 운동들을 지칭하는 말이다. 여기에서 우리가 의미하는 것은 프로테스탄트 에큐메니칼 운동들이다. 교회 일치를 위한 노력은 16세기까지 그 근원을 소급할 수 있겠으나, 현대적 의미로 구체적인 운동들에 착수한 것은 19세기에 선교 상황에서였다.

1) 선교 운동

19세기는 선교학적으로 위대한 세기였다. 유럽과 미국은 경쟁적으로 온 세계로 선교사들을 파송했다. 선교사들은 얼마 안 있어 현장에서 과도한 경쟁에 몰입하게 되었으며, 선교사들 간의 신학적 차이들을 인식하였다. 식민지주의가 종식된 새로운 선교적 상황에서 분열된 개신교회들이 그리스도를 증거함에 있어서 협력해야 할 필요성을 느끼게 된 것이다. 이러한 현장의 필요로 인해, 1854년 미국과 영국에서 초교파적 선교 사업을 논하기 위해 범세계적 회합들이 개최되었다. 이후 계속적인 일련의 회합들이 있었고, 그중 8번째 회합인 1910년의 에딘버러 세계 선교 대회는 세계의 주목을 받았다. 다양한 교단적 배경을 가진 그리스도인들이 특히 아프리카와 아시아에서 복음을 전함에 있어서 협조하고 공존하는 것이 본

---

65 González, *The Story of Christianity*, vol. 2, 350-355.

회의의 목표였다.

이 회의에는 관심 있는 개인들만이 아니라, 선교 단체들로부터 공식적으로 파견된 대표자들이 참석했다. 개신교도들과 영국 국교회 교인들, 그리고 정교회 신도들도 참석했다. 이들은 사전에 준비한 연구 결과들을 발표했으며, 교리적 차이를 뒤로하고 오직 선교 활동만을 다루었다. 이들은 "교리는 분열하나 봉사는 연합한다"라는 구절을 본 회의 모토로 삼았다. 선교 활동의 목표는 비그리스도교 국가에 '하나의 그리스도의 교회'를 세우는 것이었다.

에딘버러 회의는 3개의 주된 에큐메니칼 운동을 생성시켰다. 1921년의 세계선교협의회(IMC: the International Missionary Council), 1925년 '삶과 사역'에 관한 세계그리스도교회의(the Universal Christian Conference on Life and Work at Stockholm), 그리고 1927년 '신앙과 직제'에 관한 세계 회의(the World Conference on Faith and Order at Lausanne)가 그것이다. 이들 기구들은 이후 세계교회협의회(WCC: the World Council of Churches)로 합류된다.

2) 그리스도교 교육과 청소년 사업

다양한 자발적인 조직들이 교회 일치 운동에 가담하면서 WCC에 활력을 불어넣었다. 가장 크게 활력이 되었던 것 중 하나는 1844년 조지 윌리엄스(George Williams, 1821~1905)에 의해 런던에서 설립되어 전 세계로 확산되었던 YMCA였을 것이다. 1855년 YMCA 세계 연맹이 결성되었고 같은 해에 런던에서 YWCA가 조직되었다. 해외 선교를 위한 학생 자발 운동(the Student Volunteer Movement for Foreign Missions)이 무디의 비전으로 1886년 조직되었으며, 감리교 평신도 존 모트(John R. Mott, 1865~1955)가 이것의 의장으로 1920년까지 모임을 이끌었다.

이 선교 조직은 미국과 유럽의 대학생들에게 선교의 비전을 불어넣었고 수천 명의 젊은이가 선교사로 서약했다. 북아메리카 출신의 선교사의 4분의 3이 이 선교 단체 출신이었다. 1889년 세계주일학교회의(the World Sunday School Convention)가 시작되었다. 이 운동으로부터 그리스도교 교육을 위한 세계 협의회(World Council of Christians Education)가 결성되었으며 (1947), 이어서 주일학교협회(Sunday School Association)가 결성되었다(1950). 이러한 회합들과 운동들은 다양한 민족적·교단적 배경을 가진 사람들을 하나로 묶는 역할을 했으며, 교회 일치 운동을 위한 훈련의 장을 제공했다.

3) 삶과 사역 및 신앙과 직제

1925년 삶과 사역에 관한 그리스도교 회의가 스톡홀름에서 개최되었다. 이 사역은 에큐메니칼 운동이 성장함에 따라 교회의 봉사와 윤리적 행동을 위한 연합이 필요하게 되어 제안된 것이었다. 이를 통해 삶과 사역은 사회 정의와 국제적인 평화의 문제에 교회가 영향력을 발휘하기 위해 결성되었다. 삶과 사역의 최초 회의는 인종 차별과 세속주의를 다루었다. 1927년 최초로 '신앙과 직제'에 관한 세계 회의가 로잔(Lausanne)에서 개최되었다. 400명의 대표가 100개 교단을 대표했다. 많은 부분에서 의견의 일치를 보았으나, 사역과 성례전들에 있어서 여전히 많은 차이점이 드러났다.

성격이 다른 2개의 교회 일치를 추구하는 기구를 통합시키기 위한 논의가 진행되었다. '삶과 사역'을 '신앙과 직제'와 합치는 것이 그것이었다. 1938년 우트레히트(Utrecht)에서 개최된 두 조직의 역사적인 합동 회의는 WCC를 위한 잠정적 구조를 창안했다. 캔터베리 대주교인 윌리엄 템플이 주도적 역할을 수행했다. 도중 제2차 세계 대전이 발발하여 1941년 개최하려고 했던 WCC의 창립 총회가 연기되었다. 템플 외에도 조지 벨(George Bell, 1881~1958), 그리고 죄더블롬(Nathan Søderblom, 1866~1931)이 WCC의 결성에 지대한 영향력을 행사했다.

드디어 1948년 암스테르담에서 44개국의 147개 교회로부터 온 대표들이 WCC의 결성을 마무리 지었다. '삶과 사역'은 1948년 암스테르담 회의에서 '신앙과 직제'와 연합하여 WCC에 흡수되었다. 이후부터 WCC는 교회의 일치를 추구하는 많은 협의회 가운데 주요한 역할을 담당해 오고 있다. 특히 역사와 사회에 대한 교회의 참여를 강조하는 '하나님의 선교'(missio Dei)의 개념을 정립했다. 회원 교회들의 교파적·지리적·문화적·정치적 배경의 다양성으로 인해 내적 갈등은 존재했지만, 세계 선교 기구인 IMC도 1961년 뉴델리에서 WCC와 한 흐름으로 합쳐졌다.

4) 세계교회협의회(WCC)[66]

(1) 암스테르담 총회(1948)

이는 제1차 WCC 창립 총회였다. "인간의 무질서와 하나님의 계획"이라는 주제 아래 교회가 복음의 정체성을 유지하면서 동시에 역사적·사회적 문제들에 책임적으로 응답해야 하는 사명을 고취했다. WCC는 자신을 '우리 주 예수 그리스도를 하나님과 구주로 받아들이는 모든 교회의 사귐'으로 정의하므로써 이 헌장에 동의하는 모든 교회에 가입을 허락했다. 많은 개신교회와 수 개의 정교회가 회원이 되었다. 이 회의는 WCC의 몇 가지 원칙을 확인했다.

첫째, WCC는 결코 하나의 거대한 교파를 조직하고자 하는 것이 목적이 아니고, 이 조직은 개별 교회에 대해 어떤 권위도 행사하지 않으며, 단지 각 교회가 당면하고 있는 문제를 함께 해결하기 위해 상호 협력한다는 것을 확인했다.

둘째, 각 교파의 신앙 고백적 정신과 에큐메니칼 정신 사이의 올바른 관계성을 확립함을 목표로 했다. 서로 다른 교회 정치 체제와 교파, 신앙 고백의 배경을 보전하고, 이들 사이에 친교를 유지하며, 공통된 예언자적 증언을 위하여 협력하고자 했다.

(2) 에반스톤 총회(1952)

에반스톤(Evanston) 총회의 성격은 1952년 국제 선교 위원회의 특징인 '하나님의 선교'의 개념에 많은 영향을 받았다. 교회 중심의 선교 개념에서

---

[66] 1948년(암스테르담)-2013년(부산)까지 WCC 총회 주요 내용 요약에 관하여 WCC 공식 웹사이트, Timeline 참고. http://www.oikoumene.org/en/about-us/organizational-structure/assembly/since-1948.

전환되어, '이 세상을 선교의 장'으로 이해하였다. '그리스도 중심'에서 '삼위일체 중심'으로 선교의 기초를 바꾸었다. 선교는 삼위일체 하나님의 행동에 근거해야 하고, 교회는 삼위일체 하나님이 인류 역사 속에서 행하는 행동에 민감하게, 그리고 전폭적으로 응답해야 한다고 했다. 에반스톤 총회에서는 암스테르담에서의 그것과 유사하지만, '하나님의 선교'의 개념을 통해 교회의 대 사회적 역할을 더 강조했다.

문제는 선교 개념의 지나친 확대와 사회적 이슈들에 대한 지나친 관심으로 인해 교회와 복음의 정체성에 혼돈을 초래하였으며, 전통적인 선교의 열정이 급격히 약화되었다. 이 총회의 주제는 "그리스도는 세상의 소망"이었다.

(3) 뉴델리 총회(1961)

"예수 그리스도는 세상의 빛"을 주제로 모인 이 총회에서 IMC가 세계교회협의회와 통합되었다. 국제 선교 위원회의 사역은 WCC 내의 세계 선교와 복음 전도 위원회에 의해 계승되었다. 뉴델리 총회에서 동방 정교회들 및 11개의 아프리카 교회와 2개의 라틴 아메리카의 오순절 교회가 WCC에 가입했다. 동방 정교회들의 제안으로 삼위일체 하나님을 헌장에 첨가했다. 암스테르담이 그리스도론적 고백에 머물러 있었음에 반해, 이 총회는 '하나님의 선교'와 관련하여 삼위일체를 강조했다. 뉴델리의 분과 보고서는 증거, 봉사, 그리고 일치를 그 내용으로 했다. 그 가운데 교회 일치와 교회의 사회 참여가 이전의 WCC 총회들보다 더 강조되었다. 동시에 '복음과 교회'의 정체성을 강력하게 주장했다.

(4) 웁살라 총회(1968)

1960년대는 '문화적 혁명'의 시기였다. 케네디 대통령 및 킹 목사의 암살, 신마르크스주의의 등장, 그리고 반전 운동 등으로 혼란스러운 시기였다. 그래서 1968년 총회에서는 '하나님의 선교'와 교회의 사회 참여 의식이 그리스도교 역사상 최고조에 달했다. 교회는 타자들을 위한 교회로 이해되었다. 1968년에는 마르크스주의 등 사회학적 방법론이 신학에 도입되었다. 구조악에 대한 폭력적인 항거가 정당화되었고, '인간화'가 선교의 목적으로 이해되었다. 그 인간화의 모델은 예수 그리스도이다. 이 총회에서 그리스도교 교육의 방법은 소위 '의식화'라고 했다. 인간이 교육의 객체가 아니라 주체이며, 환경을 지배하고 사회 구조를 변화시켜 가야 한다는 것을 인식시키는 것이 교육이라고 했다.

1989년에는 '개발'이 아니라 '해방'이 경제적 발전의 대안으로 제시되기도 했다. 1971년에 구티에레즈는 '해방 신학'을 서구의 관념적 신학의 대안으로 제시했다. 이즈음 한국에서는 민중 신학이 등장했다. 1961년 뉴델리 총회가 교회의 일치를 강조했다면, 1968년 스웨덴의 웁살라(Uppsala) 총회는 '교회의 보편성'을 다양한 시각에서 조명했다. 웁살라 총회에서 선교는 세속화되었고, 교회는 사회적, 정치적 기관으로 전락했다. 예수 그리스도는 더 이상 유일한 구세주가 아니었으며, 따라서 구원의 열정은 사라지고 말았다. 이 총회의 주제는 "만물을 새롭게 하소서"였다.

(5) 나이로비 총회(1973)

웁살라 총회에서 절정에 이른 사회 참여는 나이로비 총회에서 바이엘하우스(Peter Beyerhaus, 1929~)와 같은 복음주의적 신학자들에 의해 제동이 걸렸다. 복음주의 그룹은 복음과 교회의 정체성, 개인의 회심과 교회 성장, 그리고 교회의 다양성 속에서 일치성을 강조했다. 반면 진보 성향의 신학자들(몰트만 등)은 구원을 사회적 정의, 경제적 평등, 정치적 자유, 문화적 갱신, 인권의 회복으로 이해했다. 나이로비에서는 이 양면성이 부각되었다. 이 총회의 선교 개념은 통전적 선교를 특징으로 했다. 나이로비 총회의 주제는 "그리스도는 자유케 하시고 하나 되게 하신다"였다. 이 총회는 지나치게 좌로 치우친 세계 교회 일치 운동의 성향에 어느 정도 균형을 가져왔다.

(6) 밴쿠버 총회(1983)

1983년 캐나다 밴쿠버(Vancouver)에서 열린 WCC 총회는 '신앙과 직제'가 제시한 『BEM 문서』(Baptism, Eucharist, and Ministry) 및 『리마 예식서』(Lima Liturgy)의 영향을 받았다. 이로 인해 복음과 교회의 정체성을 다소 강조했다. WCC는 처음부터 신학적 일치를 도모하는 것이 불가능했다. 이러한 상황에서 『BEM 문서』는 세례, 성만찬, 그리고 사역에 있어서 일치를 지향했다. 교회의 가시적인 일치는 바로 세례, 성만찬, 그리고 사역에 관한 실천적인 일치에 달려 있다고 믿는 바, 지난 70년 동안 '신앙과 직제'는 이 문제로 고심해 왔다. 『BEM 문서』는 복음의 본질과 교회의 일치, 나아가 사역의 일치에 관한 에큐메니칼 신학을 제시했던 것이다.

밴쿠버 총회 주제는 "예수 그리스도는 세상의 생명"이었다. 하나님의 선물인 생명이 위협당하고 있을 때 예수 그리스도를 통해 이 위협을 극복해야 한다고 보았다. 교회들은 정의, 평화, 그리고 창조의 순전성의 보전에 상호 헌신해야 한다고 했다. 이 총회는 환경론자들 및 사회학자들이 대거 참여했고 제3세계 대표들이 총회의 분위기를 주도했다. 구원에 있어서 혼합주의적 경향을, 정치적으로 좌경화의 경향을 노정했다. 이 총회에서는 타 종교인들이 게스트 자격으로 초대되었다. 전통적인 신학과 상황의 신학이 논의되었다. 이 총회에 대한 반발로 복음주의자들이 서로 결속하고, 복음주의적 선교관을 정립하고자 하는 노력이 등장하였다.

(7) 캔버라 총회(1991)

이 총회의 주제는 "오소서 성령이여-만물을 새롭게 하소서"였다. 예수 그리스도 안에서 예배와 공동생활에서 표시된 한 신앙과 한 성찬의 교제로 연합됨을 목표 삼았다. 세계 교회들이 한마음으로 선교에 협조할 것과 기존의 총회들에서 강조된 교회의 사회봉사, 민족 간의 장벽 철폐, 정의와 평화를 도모하였다. 무엇보다 제7차 WCC 총회는 '성령'의 개념에서 많은 논쟁을 불러왔다. 이 총회는 성령이 주제가 된 첫 WCC 총회였다. 캔버라 총회의 참가자들 사이에서 성령론의 범위와 생태계 안에서 인간의 역할에 대해 뜨거운 신학 논쟁이 일어났다.

주제 강연자로 초대받은 정현경 교수가 종이를 불태우며 역사의 성인들과 여러 억울한 죽음들의 영혼들을 불러오는 초혼제를 열었고 이어 굿판을 벌이는 등 무속 행위를 했다. 이 퍼포먼스는 복음주의자들과 동방 정교회원들을 경악하게 했는데 이들은 그녀가 무속의 영과 성령을 구별 없이 이해하는 점에서 종교 혼합적이라고 강하게 비판했다. 결론은 "모든 영이 성령은 아니다. 영들은 분별되어야 한다"였다. 그리스도의 영이 성령이라고 확인되었고, 이를 통해 그리스도의 주권이 다시 천명되었다.

(8) 하라레 총회(1998), 포르투알레그리 총회(2006), 부산 총회(2013)

WCC 창립 50주년을 기념하는 희년 총회가 남아프리카 짐바브웨 하라레(Harare)에서 열렸다. 동유럽 사회주의권 해체와 미국의 신자유주의 경제로 말미암아 빈부의 격차가 더 심화된 가운데 철저한 회개와 성령을 통한 화해의 일치 추구, 그리고 21세기를 향한 희망의 메시지를 나누었다. 주제는 "하나님께 돌아가자, 소망 중에 기뻐하자"였다.

제9차 총회는 라틴 아메리카 브라질의 포르투알레그리(Porto Alegre)에서 모였다. 브라질은 오순절 운동으로 개신교 종교의 새로운 전기를 맞고 있었다. 성령 운동과 함께 사회 참여 성향도 강했다. 대체적으로 하라레의 이슈들이 연장선상에서 다루어졌고 거기에 생태계 파괴로 인한 대규모의 자연재해에 대한 문제가 주요한 신학적 의제가 되었다. 주제는 "하나님 당신의 은혜로 세상을 변화시키소서"였다.

이어 대한민국 부산에서 제10차 총회가 "생명의 하나님, 우리를 정의와 평화로 이끄소서"라는 주제로 모였다. 한반도 평화 문제와 통일의 필요성을 언급하면서 교회의 선교와 일치, 그리고 사회의 정의와 평화에 대해 논의했다.

A Brief Sketch of Church History

제12장

21세기 그리스도교, 희망의 역사로

　20세기 그리스도교의 지리적 분포에 큰 변화가 있었다. 19세기부터 시작된 그리스도교 국가들의 비그리스도교화, 비그리스도교 국가들의 그리스도교화가 크게 작용했다. 두 차례의 세계 전쟁과 경제 공황은 계몽주의, 합리주의, 자유주의를 우회하여 다시 초월적 하나님과 유한한 인간을 생각하게 했다. 변증법적 역학으로 신정통주의와 오순절 계통의 카리스마적 성령 운동들이 각개 전투로 등장했다.

　적어도 20세기 후반 그리스도교는 다양성을 존중하고 화해와 일치 운동을 통해 어떤 합의의 모양을 이루기 위해 노력했고 일정 부분 성취했다. 이제 21세기 문턱을 넘어선 교회는 지금까지 2,000년 동안 그랬듯이 덜하지도 더하지도 않은 역사적 도전들을 해결해야 할 것이다. 모든 것이 가능한 포스트모더니즘 시대, 우주 시대를 꿈꾸고, 인공 지능의 활약을 기대하는 시대에, 교회는 무한한 사랑과 영적인 힘으로 세상과 하나님을 연결해 가야 할 것이다. 하나님이 답이며 역사의 방향이다.

A Brief Sketch of Church History

참고 문헌

제1부 고대 교회

Alföldi, A. *The Conversion of Constantine and Pagan Rome*. Trans. by Harold Mattingly. Oxford: Clarendon Press, 1948.

Bainton, R. "The Origin of Epiphany," in *Early and Medieval Christianity*. Boston: Beacon Press, 1962.

_____. *Christendom: A Short History of Christianity and Its Impact on Western Civilization*. 롤란드 베인튼. 『세계교회사』. 이길상 옮김. 서울: 크리스챤 다이제스트, 2010.

Barnard, J. H. *The Churches of Constantine at Jerusalem*. New York: AMS Press, 1971.

Barnes, T. D. *Constantine and Eusebius*. Cambridge: Harvard Univ. Press, 1981.

Bauer, W. *Orthodoxy and Heresy in Earliest Christianity*. Trans. by Philadelphia Seminar on Christian Origins. Philadelphia: Fortress Press, 1971.

Baxter, M. *The Formation of the Christian Scriptures*. Philadelphia: Westminster Press, 1988.

Baynes, N. H. *Constantine the Great and the Christian Church*. London: Proceedings of the British Academy, 1929.

Blackman, E. C. *Marcion and His Influence*. London: S.P.C.K., 1948.

Burn, A. E. *The Council of Nicaea*. London: S.P.C.K., 1925.

Burns, J. *Ascetics and Ambassadors of Christ: The Monasteries of Palestine, 314-631*. Oxford: Clarendon Press, 1994.

Campenhausen, Hans Freiherr von. *Ecclesiastical Authority and Spiritual Power in the Church of the Frist Three Centuries*. Trans. by J. A. Baker. London: Adam & Charles Black, 1969.

Chadwick, Henry. *Early Christian Thought and the Classical Tradition: Studies in*

       Justin, Clement, and Origen. New York: Oxford Univ. Press, 1966.
Chitty, D. *The Desert a City*. Oxford: Basil Blackwell, 1966.
Conzelmann, H. *History of Primitive Christianity*. Trans. by John E. Steely. Nashville: Abingdon Press, 1973.
Croke, B. & Jill H. *Religious Conflict in Fourth-Century Rome: A Documentary Study*. Sydney, Australia: Sydney Univ. Press, 1982.
Crossan, J. D. *The Historical Jesus: The Life of a Mediterranean Jewish Peasant*. San Francisco: HarperSanFrancisco (Harper/Collins), 1991.
Cullmann, O. *Early Christian Worship*. London: SCM Press, 1953.
_____. *The Earliest Christian Confessions*. Trans. by J. K. S. Reid. London: Lutterworth Press, 1949.
Davies, J. G. *The Origin and Development of Early Christian Architecture*. London: SCM Press, 1952.
De Soyres, J. *Montanism and the Primitive Church*. Cambridge: Deighton, Bell & Co., 1878.
Dodds, E. R. *Pagan and Christian in an Age of Anxiety*. Cambridge: Cambridge Univ. Press, 1965.
Egeria. *Egeria: Diary of Pilgrim*. ACW 38. Trans. by G. E. Gingras. New York: Newman Press.
Ferguson, J. *The Religions of the Roman Empire*. New York: Cornell Univ. Press, 1970.
Fiorenza, Elisabeth Schüssler. Ed. *Aspects of Religious Propaganda in Judaism and Early Christianity*. Notre Dame Press, 1976.
Flückiger, F. *Geschichte des Naturrechles*. Zurich: Evangelischer Verlag, 1954.
Fox, A. *Plato and the Christians*. London: SCM Press, 1957.
Fox, R. L. *Pagans and Christians*. San Francisco: Harper & Row Publishers, 1986.
Frend, W. H. C. *Martyrdom and Persecution in the Early Church*. Garden City: Doubleday, 1967.
Grant, R. M. *Gnosticism and Early Christianity*. New York: Harper & Row, 1959, 1966.

_____. *Jesus after the Gospels: The Christ of the Second Century*. Louisville: Westminster/John Knox Press, 1990.

Green, M. *Evangelism in the Early Church*. London: Hodder & Stoughton, 1970.

Greenslade, S. L. *Schism in the Early Church*. 2nd. ed. London: SCM Press, 1964.

Hanson, R. P. C. *Tradition in the Early Church*. Philadelphia: Westminster Press, 1962.

Harnack, A. *The Mission and Expansion of Christianity*. Trans. & ed. by J. Pelikan New York: Harper & Brothers, 1961.

Harries, J. *Law and Empire in Late Antiquity*. Cambridge: Cambridge Univ. Press, 1999.

Hatch, E. *The Influence of Greek Ideas on Christianity*. New York: Harper & Bros., 1967.

Hengel, M. *Property and Riches in the Early Church*. Trans. by. John Bowden. Philadelphia: Fortress Press, 1973.

Hinson, E. G. *The Church Triumphant: A History of Christianity up to 1300*. Georgia: Mercer Univ. Press, 1995.

_____. *The Evangelization of the Roman Empire*. Macon GA: Mercer Univ. Press, 1981.

Hultgren, A. J. *The Rise of Normative Christianity*. Minneapolis: Fortress Press, 1994.

Jonas, H. *The Gnostic Religion: The Message of the Alien God and the Beginning of Christianity*. Boston: Beacon Press, 1958.

Kelly, J. N. D. *Early Christian Creeds*. 3rd ed. London: Longman, 1972.

Knox, J. *Marcion and the New Testament*. Chicago: University of Chicago Press, 1942.

Kugel, J. L. and Rowan A. G. *Early Biblical Interpretation*. Philadelphia: Westminster Press, 1986.

Lightfoot, J. B. *The Apostolic Fathers*. 5 vols. London: MacMillan Co., 1988–1990.

McArthur, A. A. *The Evolution of the Christian Year*. London: SCM Press, 1953.

McGinn, Meyendorff. J. and Leclercq, J. (ed.) *Christian Spirituality: Origins to the Twelfth Century*. New York: Crossroad, 1985.

Mitchell, M. M. and Young, F. M. (ed.). *Christianity: Origins to Constantine*. Cambridge: Cambridge Univ. Press, 2006.

Niebuhr, H. Richard, and Williams, D. D. (ed.) *The Ministry in Historical Perspectives*. New York: Harper & Brothers, 1956.

Pelikan, J. *The Emergence of the Catholic Tradition(100-600)*. Chicago: Univ. of Chicago Press, 1971.

Sandmel, S. *Judaism and Christian Beginnings*. New York: Oxford Univ. Press, 1978.

Schaff, P. *The Creeds of Christendom*. I, II, III. Michigan: Baker Books, 1983.

Streeter, B. H. *The Primitive Church*. London: Macmillan & Co., 1929.

Thomas, B. B. *The Widows: A Women's Ministry in The Early Church*. Minneapolis: Fortress, 1989.

Volz, C. A. *Pastoral Life and Practice in the Early Church*. Minneapolis: Augsburg, 1990.

Wand, J. W. C. *The Four Councils*. London: Faith Press, 1951.

Weltin, E. G. *Athens and Jerusalem: An Interpretative Essay on Christianity and Classical Culture*. Atlanta: Scholars Press, 1987.

Willis, G. *Saint Augustine and the Donatist Controversy*. London: S.P.C.K., 1950.

Wimbusch, Vincent L., (ed.). *Ascetic Behavior in Greco-Roman Antiquity: A Sourcebook*. Minneapolis: Fortress Press, 1990.

Workman, H. B. *Persecution in the Early Church*. 4th ed. London: Epworth Press, 1923.

제2부 중세 교회

Baynes, N. H. *The Byzantine Empire*. London: Oxford Univ. Press, 1958.

Benedict. *The Rule*. Ed. by Timothy Fry, O.S.B. Collegeville: Liturgical Press, 1982.

Bryce, J. *The Holy Roman Empire*. New York: Macmillan Co., 1904.

Burn-Murdoch, H. *The Development of the Papacy*. New York: Frederick A. Praeger, 1954.

Butler, E. C. *Benedictine Monasticism*. New York: Barnes & Noble, 1962.

Catlin, G. *Music of the Middle Age*. Trans. by Steven Botterill. 2 vols. Cambridge: Cambridge Univ. Press, 1984-1985.

Cowdrey, H. E. J. *Popes, Monks, and Crusaders*. London: Hambledon Press, 1984.

_____. *The Cluniacs and the Gregorian Reform*. Oxford: Clarendon Press, 1970.

Daly, L. *Benedictian Monasticism*. New York: Sheed and Ward, 1965.

Durant, W. *The Age of Faith*. New York: Simon & Schuster, 1950.

Eckhart. *Die deutschen lateinischen Werke*. vol. 1, 2. Ed. by the Deutschen Forschungsgemeinschaft. Stuttgart: Kohlhammer, 1936.

Francisco. *Earlier Rule*; *Admonition*; *Canticle of Brother Sun*. Ed. by McGinn, B. & Meyendorff, J. *Christian Spirituality: Hight Middle Ages and Reformation*. New York: The Crossroad Pub., 1997.

Gilson, E. *Jean Duns Scot: Introduction a ses positions fondamentales*. Paris: J. Vrin, 1952.

Gregory VII. *Dictatus Papae*. "Pope Gregory VII," in Henderson, E. F. (ed.). *Select Historical Documents of the Middle Ages*. London: George Bell, 1892.

Henningsen, G. and Tedeschi, J. *The Inquisition in Early Modern Europe: Studies in Sources and Methods*. Dekalb: Northern Illinois Univ. Press, 1986.

Herkless, J. *Francis and Dominic and the Mendicant Orders*. New York: Scribner, 1901.

Fuhrmann, H. "Constitutum Constantini" in *TRE* 8.
Kieckhefer, R. *Repression of Heresy in Medieval Germany*. Philadelphia: University of Pennsylvania Press, 1979.
Kotter, B. A. "*Johannes von Damaskus*," in *TRE* 17.
Latourette, K. S. *A History of the Expansion of Christianity*. vol. 2. London: Eyre & Spottiswoode.
Lawrence, C. H. *Medieval Monasticism*. London: Routledge, 2015.
Lindsay, T. F. *Saint Benedict, His Life and Work*. London: Burns, Oates, 1949.
Luther, Martin. *LW*. Ed. by Christopher Boyd Brown. St. Louis: Concordia, 1958.
Maritain, J. *St. Thomas Aquinas, Angel of the Schools*. London: Sheed & Ward, 1933.
Robinson, C. H. *The Conversion of Europe*. London: Longmans, Green & Co., 1917.
Southern, R. W. *The Making of the Middle Ages*. New Haven CT: Yale Univ. Press, 1968, 1978.
Taylor, H. O. *The Medieval Mind*. London: Macmillan, 1914.
Thompson, S. *Women Religious: The Founding of English Nunneries after the Norman Conquest*. Oxford: Clarendon Press, 1991.
Tierney, B. *Foundations of the Conciliar Movement*. Cambridge: Cambridge Univ. Press, 1969.
_____. *The Crisis of Church and State, 1050-1300*. Englewood Cliffs: Prentice Hall, 1964.
Tugwell, S. *Early Dominicans: Selected Writings*. New York: Paulist Press, 1982.
Volz, A. *The Medieval Church*. Nashiville: Abingdon Press, 1997.
Walker, W. and als. *A History of the Christian Church*. New York: Scribner, 1985.
William of Occam. *Dialogue Against Heretics*, in G. Tavard, "Holy Church or Holy Writ: A Dilemma of the Fourteenth Century," in *Church History* 22 (1954).
Winston, R. *Charlemagne*. New York: American Heritage Publishing Co., 1968.

Workman, H. B. *The Evolution of the Monastic Ideal*. Boston: Beacon Press, 1913.

제3부 16세기 종교개혁

Avis, P. D. L. *The Church in the Theology of the Reformers*. Atlanta: John Knox Press, 1981.
Balke, W. *Calvin and Anabaptists Radicals*. Grand Rapids: Wm. B. Eerdmans Publishing Company, 1999.
Baron, H. "Calvinist Republicanism and its Historical Roots." *Church History* 8 (1939).
Battles, F. L. *Interpreting John Calvin*. Grand Rapids: Baker Books, 1996.
Bratt, J. H. (ed). *The Heritage of John Calvin*. Grand Rapids: Wm. B. Eerdmans, 1973.
Brooks, P. N. "Martin Bucer: Oecuméniste and Forgotten Reformer." *Expository Time*. 103 (May 1992).
Calvin, J. *Institutes of the Christian Religion* (1559). Ed. by John T. McNeil, Trans. by Ford L. Battles. *Library of Christian Classics*, vols. 20-21. Philadelphia: The Westminster Press, 1960.
Christ, P. "Zurich Consensus." *New Schaff-HerZog Encyclopedia of Religious Knowledge*. vol. 12. New York: Funk and Wagnalls Company, 1912.
Coffey, J. *Persecution and Toleration in Protestant England. 1588-1689*. Essex: Pearson Education, 2000.
DeVries, D. *Jesus Christ in the Preaching of Calvin and Schleiermacher*. Louisville: Westminster/John Knox Press, 1996.
González J. L. *The Story of Christianity*. vol. 1, 2. New York: Harper & Row, 1984.
Kingdon, R. M. "Calvinism and Social Welfare." *Calvin Theological Journal*. vol. 17, No. 2 (Nov 1982).
McGrath, A. E. *Christian Theology: An Introduction*. Oxford: Blackwell, 1994.
World Council of Churches. *Baptism, Eucharist and Ministry*. Faith and Order paper 111. Geneva: World council of Churches, 1982.

제4부 근대 그리스도교의 발전과 그 이후

Baker, F. "Wesley and Methodism," in *The Duke Divinity School Review*. 37 (1972).

Barth, K. *The Epistles to Romans*. New York: Harper & Row, 1960.

Bretall, R. (ed.). *A. Kierkegaard Anthology*. Princeton: Princeton Univ. press, 1946.

Chedwick, O. *The Secularization of the European Mind in the Nineteenth Century*. Cambridge: Cambridge Univ. Press, 1975.

Cox, H. *Fire from Heaven: The Rise of Pentacostal Spirituality and the Reshaping*. MA: Addison-Wesley Pub, 1955.

Hastings, A. (ed.). *A History of Christianity*. Michigan: William B. Eerdmans Pub., 1999.

H. Schüssler, *Georg Calixt, Theologie und Kirchenpolitk: Eine Studie zur Okumenizität des Luthertums*. Wiesbaden: Franz Steiner, 1961.

Latourette, K. S. *A History of Christianity*. New York: Harper & Brothers, 1953.

Livingston, J. C. *Modern Christian Thought*. London: Collier Macmillan Pub. 1971.

Noll, M. A. *The Scandal of the Evangelical Mind*. Grand Rapid: Wm. B. Eerdmans, 1994.

Spener, P. J. *Pia Desideria, Kleine Texte für Vorlesungen und Übungen*. Kurt Aland (Hg), Berlin: Walter de Gruyter, Übersetzen Kurt Aland, 1940.

Wand, J. W. C. *History of the Modern Church*. London: Methuen, 1930.

Welch, C. *Protestant Thought in the Nineteenth Century*. vol. I, 1799-1870. New heaven: Yale Univ. Press, 1972.

Willmann, J. *Kirchengeschichte Deutschlands seit der Reformation*. Tübingen, Mohr Siebeck, 5., verbesert und erweitert, 2000.

World Council of Church. *Together on the Way*. Geneva: WCC, 1999

Zernov, N. *Eastern Christendom*. London: Weidenfeld and Nicolson, 1961.

http://www.oikoumene.org

주제 색인

[번호]

1종 성찬 328, 352
2종 성찬 223, 268, 277, 328
2중 예정 149, 379
『3개의 도시들의 합의』 306
『6조문』 328
7성례전 201, 327, 328, 352
『10개 논제들』 291
『10조문』 327
『12사도 교훈서』(the Didache) 38, 78, 82
12월 25일 30, 81, 142
14일파 81, 82
30년 전쟁 280, 360, 361, 363, 364, 399, 400
『39조문』 331, 333, 376, 379, 406, 443
『42조문』 329, 331
70인역 26, 59, 62, 336
『95개 반박문』 256, 261, 262, 263, 266
100년 전쟁 213, 227, 230, 246, 252, 324
313년 밀라노 칙령(the Edict of Milan) 43, 51

[로마자]

A

anni Domini 147

B

『BEM 문서』(Baptism, Eucharist, and Ministry) 508

R

ROMA(Radix Omnium Malorum Avaritia, 모든 악의 뿌리는 탐욕) 253

T

TULIP 강령 375

W

WCC 505

Y

YMCA 504
YWCA 504

[한국어]

ㄱ

가난한 끌레르들(the Poor Claires) 181
가드프레이(Godfrey of Bouillon) 174
가브리엘 프로서(Gabriel Prosser) 473

주제 색인 **521**

가스파랭(Gasparin) 447
가이사랴의 바실레이오스(Basil of Caesarea) 94
가이사랴의 유세비우스(Eusebius of Caesarea) 51, 52, 86, 91, 92
가톨릭(Catholic) 61
가톨릭교회(the Catholic Church) 61
가현설(docetism) 53, 55, 57, 233
갈레리우스(Galerius) 47
갈리에누스(Gallienus) 46
갈릴레오(Galileo) 366
갈멜회(Camelites) 338
감독주의(Episcopalism) 411
갤리칸주의(Gallicanism) 410, 411, 414
거더(Girder) 고딕 232
게르만족 123, 124, 125, 129, 138, 141, 142, 148, 232, 283
게르트루트(Gertrude of Hefla 230
게오르크 칼릭스투스(Georgius Calixtus) 371
겐세릭 124, 125
겔라시아누스 교령 59
견인 112, 374, 375, 407
경건자 루이(Louis the Pious) 146
경건주의 243, 321, 364, 387, 393, 399, 401, 402, 403, 404, 405, 408, 432, 435, 436, 441, 447, 462, 481, 496
경건한 윌리엄 155
경험론(Empiricism) 368, 393
계몽주의 382, 383, 384, 387, 388, 391, 392, 393, 394, 395, 408, 416, 424, 427, 434, 447, 450, 456, 459, 461, 465, 466, 482, 494, 495, 497, 511
고데(Frederic Godet) 447
고든 홀(Gordon Hall) 433
고마루스(Franciscus Gomarus) 374
고백 교회 486
고백자 49, 75
고백자 막시무스(Maximus the Confessor) 103, 164
고어(Charles Gore) 488
고트샬크(Gottschalk) 148, 149
고트족 85, 112, 124, 125
고해 성사 83, 106, 131, 173, 201, 221, 235, 248, 263, 317, 352, 413
곤자가(Aloisius Gonzaga) 343
공동생활 형제단 228, 229, 258, 310
공동체적 수도원(cenobitic monas-tery) 118
공의회주의(conciliarism) 218, 219, 247, 346, 347
공재설(consubstantiation) 275, 301
광교회(Broad Church) 443
광야의 교회(the church of the desert) 416
교황권 지상주의(Ultramontanism) 운동 419, 449
교황령(papal states) 144
교황의 무오류 212, 449, 453, 479, 501
교황제(the Papacy) 78, 129, 131, 135, 138, 144, 153, 156, 159, 168, 172, 180, 184, 204, 209, 211, 212, 213, 214, 217, 219, 220, 225, 243, 246, 247
교황제적 군주제 171, 209, 210, 212

교회 공의회 215, 216, 217, 265, 267, 348, 349, 410, 411, 452, 501
교회 위원회(the Consistory) 302, 303
구가톨릭교회 59, 439, 452
구스타부스 아돌푸스(Gustavus Adolphus) 362
구텐베르크 223, 251, 262
구티에레즈 508
국가 교회(state church) 273
군주신론(Monarchianism) 52, 73, 74, 87, 89, 90
군주적 감독제(monarchical episcopacy) 60
궁켈(Hermann Gunkel) 486
그노시스(gnosis) 53
그라티아누스(Gratian) 52, 96, 107
그레고리우스 1세 132, 133, 137, 148
그레고리우스 2세 166
그레고리우스 3세 166
그레고리우스 6세 156
그레고리우스 7세 132, 133, 153, 155, 156, 157, 158, 159, 160, 173, 209, 210, 347
그레고리우스 9세 181, 339
그레고리우스 11세 214, 229
그레고리우스 12세 216, 217
그레고리우스 13세 309, 353
그레고리우스의 개혁 159
그레벨(Conrad Grebel) 290, 316
그루에(Jacque Gruet) 304
그리스도교 연맹 291
그리스도를 낳은 자 98
그리스도의 대리자(Vicar of Christ) 210

그리스도의 선재 55, 63, 97
근대의 길(via moderna) 207
근본주의 운동(Fundamentalist movement) 493
글래던(Washington Gladden) 475
기둥 위의 수도사들(Stylites) 118
기욤 콥(Guillaume Cop) 294
길버트 테난트(Gilbert Tennant) 462
까뮈(Albert Camus) 419
꽁도세(Marquis de Condorcet) 427
꽁디악(Condillac) 386
끌레르몽 회의 158

ㄴ

나다니엘 테일러(Nathaniel Taylor) 466
나사렛 교회(the Church of Nazareth) 473
나소의 윌리엄(William of Nassau) 310, 341, 381
나지안조스의 그레고리오스(Gregory of Nazianzus) 79, 94, 97, 108
나폴레옹(Napoleon Bonaparte) 418
남북 전쟁(the Civil War) 458
낭만주의 393
낭트 칙령(the Edict of Nantes) 309, 310, 416
내적인 빛(inner light) 358, 397
냇 터너(Nat Turner) 473
네로(Nero) 34, 42, 44, 340
네스토리오스(Nestorius) 97, 98, 99, 100, 102
네스토리오스주의 165, 420
네안더(August Neander) 441

노르베르(Norbert) 179
노르위치의 줄리안(Julian of Norwich) 230
노바투스(Novatus) 75
노바티아누스주의 49, 75
노에토스(Noetus) 88
노퍽의 공작(The Duke of Norfolk) 331
누르시아의 베네딕투스(Benedict of Nursia) 121, 136, 135, 147
뉴만(John Henry Newman) 443, 499
뉴턴(Isaac Newton) 366
니뮐러(Martin Niemöller) 486
니사의 그레고리오스(Gregory of Nyssa) 63, 94, 108
니치만(David Nitschmann) 432
니케아 공의회(the Council of Nicene) 66, 82, 86, 90, 92, 94, 97, 149, 211
니케아 신조 92, 93, 94, 96, 103, 149
니케아-콘스탄티노플 신조 96, 97, 102, 105
니코메디아의 유세비우스 92
니콜라스 보바딜라(Nicholas Bobadilla) 342
니콜라우스 1세 133, 134, 167
니콜라우스 2세 157
니콜라우스 5세 243
니콜라우스 5세(Nicholas V) 219
니콜라우스 콥(Nicolas Cop) 294

ㄷ

다마수스 108
다마스쿠스의 요안네스(John of Damascus) 164, 166
다미아노(Peter Damian) 157
다미안(Peter Damian) 179
다비(John Darby) 445
다빈치(Leonardo da Vinci) 242
다소의 디오도로스(Diodore of Tarsus) 97, 105
다이오시스(diocese) 78
다프(Alexander Duff) 446
단성론 100, 102, 128, 164, 420
단의론 102, 128, 163, 164
단테(Dante) 239
대 그레고리우스 1세(Gregory the Great 106, 129, 131, 147
대 바실레이오스 119
대 술라이만(the Suleiman the Magnificient) 420
데리다(Jacques Derrida) 497
데메트리오스(Demetrius) 36, 72
데미우르게(Demiurge) 54, 57, 91
데오필루스 166
데이비드 브레이너드(David Brainerd) 433
데이비드 흄(David Hume) 384, 393, 441
데카르트 366, 367, 368, 388
데키우스(Decius) 45, 49, 72
덴마크 베시(Denmark Vesey) 473
덴마크-할레 선교(the Dennish-Halle Mission) 402
델 몬트 348
뎅크 318
도나투스 분리주의 49, 50
도나투스주의 49, 52, 111, 113, 114

도덕폐기론 408
도르트 회의(the Synod of Dort) 311, 374, 375
도미니쿠스(Dominic Guzman) 180
도미니쿠스 수도원 182
도미티아누스(Domitian) 42, 43, 44, 85
도버(Leonard Dober) 432
도스토예프스키(Dostoevskii) 456
도적회의 101
독립 선언 392
독립 전쟁(the Revolutionary War) 458
독신주의(celibacy) 39, 234, 488
동고트족 124, 125, 147
동방 정교회(Eastern Orthodoxy) 71, 104, 162, 392, 420, 454, 455, 479, 507
동일본질(호모오우시오스, homo-ousios) 89, 91, 92, 94, 96, 100, 103
동정녀의 육체적 승천 교리 500
둔스 스코투스(John Duns Scotus) 204, 205, 207, 254, 255, 284
드레이(Johann Sebastian von Drey) 499
드만(Paul de Man) 498
디드로(Denis Diderot) 387
디베료(Tiberius) 85
디오니시우스(Dionysius Exiguus) 147
디오스코루스(Dioscorus) 100
디오클레티아누스(Diocletian) 46, 49
떼제 공동체(the Taize Community) 488

ㄹ

라드베르(Paschasius of Radbertus) 148, 149, 150
라 메트리(La Mettrie) 386
라우쉔부쉬(Walter Rauschenbusch) 314, 475
라이마루스(Hermann Samuel Reimarus) 387, 388
라이켄스(Joseph Hubert Reinkens) 452
라이프니츠(Wilhelm von Leibnitz) 367, 388
라인홀드 니버(Reinhold Niebuhr) 480, 491
라투렛(K. S. Latourette) 431
라트랑 드 코르비(Ratramnus of Corbie) 148, 149
라티머 330
라틴 학파 66
라파엘로(Raphaelo Sanzio) 242
락탄티우스(Lactantius) 65
러시아 정교회 455
레겐스부르그 회합 348
레닌(Vladimir Lenin) 478
레데(William Wrede) 486
레싱(Gotthold Ephraim Lessing) 388
레오 1세 101, 104, 125, 129, 130, 131
레오 3세 145, 146
레오 7세 155
레오 9세 157, 158, 168
레오 10세 168, 244, 245, 263, 265, 347
레오 13세 449, 453
레오 15세 166

레오니데스(Leonides) 45
레오의 『교서』 101
레카레드(Recared) 125
렘브란트(Rembrandt van Rijn) 365
로(William Law) 385
로고스 28, 64, 65, 70, 71, 72, 74, 87, 89, 90, 92, 93, 97
로고스-그리스도론 69, 87, 88, 89, 90
로마의 클레멘스(Clement of Rome) 37, 44, 60
로마 카톨릭주의(Roman Catholicism) 104
로버슨(F. W. Robertson) 444
로베르토 드 노빌리(Robert de Nobili) 346
로빈슨(J. Robinson) 377
로슬렝(Roscellin) 188, 190
로이드 게리슨(Lloyd Garrison) 470
로이블린(Wilhelm Reublin) 316
로이힐린(Johann Reuchlin) 241, 256
로제니우스(C. O. Rosenius) 447
로코코(Rococo) 양식 243, 354
로크(John Locke) 368, 383, 385, 386, 389, 390, 392, 393
로테르 2세(Lothair II) 133
로트만(Bernhard Rothman) 319
롤라드들(Lollards) 221, 248, 311, 324, 328
롬바르드족 125, 131, 134, 142, 151
루더(Luder) 240
루돌프 불트만(Rudolf Bultmann) 485
루벤스(Peter Paul Rubens) 365
루서 라이스(Luther Rice) 433

루소(Jean Jacques Rousseau) 394
루오찰라이넨(Paavo Ruotsalainen) 447
루이 7세 174
루이 13세 310
루이 14세 310, 364, 381, 411, 413, 414, 416
루이스브로에크의 얀(Jan van Ruysbroeck) 228
루키아누스(Lucian) 66
루키우스 3세 235
루터(Martin Luther) 113, 207, 223, 229, 240, 241, 244, 247, 251, 254, 255, 256, 258, 284, 285, 288, 289, 293, 297, 300, 301, 317, 321, 324, 328, 329, 331, 350, 351, 356, 357, 371, 373, 399, 402, 422
룰레만(Ruleman Mersum) 228
르디난도 247
르와시(Alfred Loisy) 499
르페브르(Jacques Lefevre d'Étaples) 241, 247, 255, 293
피에르 르페브르(Pierre Lefevre) 342
리나크르(Thomas Linacre) 255
리들리 330
리바니우스(Libanius) 105
리빙스톤(David Livingston) 446
리처드 1세 174
리처드 니버(Richard Niebuhr) 491
리처드 크롬웰(Richard Cromwell) 380
리츨(Albrecht Ritschl) 439
리키니우스(Licinius) 51
링컨(Abraham Lincoln) 471

ㅁ

마그나 카르다(*Magna Carta*) 248
마그데부르그의 마틸다(Matilda of Magdeburg) 230
마담 귀용(Madam Guyon) 414
마르부르크 회의 274
마르실리우스 216
마르켈라(Marcella) 108, 120
마르쿠스 아우렐리우스(Marcus Aurelius) 44, 50
마르크스(Karl Marx) 384, 429, 430
마르크스주의 426, 429, 441, 475, 478, 479, 508
마르키온 57, 52, 57, 58, 73, 86
마르티누스 5세(Martin V) 217, 218
마르틴 디벨리우스(Martin Dibelius) 485
마리아 승천 449
마리아의 무염 수태 205, 449, 450, 451, 452
마카비 25
마크리나(Macrina) 119
마키아벨리(Machiavelli) 239, 244, 256
마테오 다 바시오(Matteo da Bascio) 338
마테오 리치(Matteo Ricci) 346
마티스(Jan Mathys) 319, 320
마티아스(Matthias) 361
마틴 루터 킹 주니어(Martin Luther King Jr.) 492
막센티우스(Maxentius) 51
막스 베버(Max Weber) 314, 357
막시미누스 트락스(Maximinus Thrax) 45

막시밀라(Maximilla) 56
만츠(Felix Manz 290, 316, 317
말씀-육신(Logos-flesh) 그리스도론 97
말씀-인간(Logos-man) 그리스도론 98
매튜(Thomas Matthew) 327
맥그리디(James McGready) 465
맥킨타이어(Alasdair MacIntyre) 494
맨발의 갈멜파 339
멀린스(E. Y. Mullins) 475
메노나이트들(Mennonites) 310, 315, 318, 321, 322, 377, 459, 467, 489
메노 시몬스(Menno Simons) 321
메디치 가문 224
메로빙지언 왕들(Merovingian kings) 143
메리 1세(Mary I) 329
메리 스튜어트 312, 332
메이욜(Majolus) 156
메이첸(J. G. Machen) 490
메이플라워(May Flower)호 377
멜라니아(Melania the younger) 120
멜란히톤(Philip Melanchthon 241, 269, 277, 279, 305, 371
멜레티아누스 분리주의 49
멜레티우스(Meletius the Confessor) 105
멜리톤(Melito) 44
면죄부 215, 244, 248, 253, 262, 263, 264, 265, 285, 352, 452
명예혁명 381
모로네(Giovanni Morone) 337

모리스(John Frederick Denison
　　Maurice) 444
모리슨(Robert Morrison) 446
모비용(Jean Mobillon) 368
모샤임(Johann Lorenz von Mosheim)
　　387
모슬렘 125, 138, 139, 140, 143, 144,
　　154, 164, 172, 174, 175, 184,
　　186, 211, 219, 247
모차르트(Wolfgang Amadeus Mozart)
　　365
몬타누스(Montanus) 45, 49, 52, 56,
　　57, 60, 68, 74
몰렘의 로베르(Robert of Molesme)
　　177
몰리나(Luis de Molina) 412
몰리노스(Miguel de Molinos) 413
몰몬교 468
몰타 수도회(the Knights of Malta)
　　176
몹수에스티아의 감독 테오도로스
　　(Theodore of Mopsuestia) 97
몽고족 139
몽로드(Frederic Monroad) 447
몽테스키외(Baron de Montesquieu)
　　417
무감정성(*apatheia*) 115
무디(Dwight L. Moody) 442, 473
무라토리 성경 59
무조건적 선택(unconditional election)
　　375
무함마드(Mohammed) 138, 140, 168
뮌처 273
뮐러(Ludwig Müller) 486
뮬러(George Muller) 445

미카엘 1세 166
미카엘 2세 166
미켈란젤로(Michelangelo Buonarroti)
　　242
미트라 30
밀라노 칙령 118
밀러(J. Hillis Miller) 498
밀의 종교 29, 30, 41, 91
밀티아데스(Miltiades) 44

ㅂ

바나바스(Barnabas)의 『서신』 38
바나바회(the Bamabites) 338
바네즈(Dominic Banez) 412
바돌로메 1세(Bartholomeos I) 479
바돌로메이우스(Bartholomäus) 258
바로크(Baroque) 양식 243, 354, 365
바로크 미술 365
바리새 25
바바리아의 루트비히(Ludwig of
　　Bavaria) 213
바빌라스(Babylas) 46
바스코 다 가마(Vasco da Gama) 257
바실레이데스(Basilides) 53
바실레이오스 95, 136
바실레이오스주의자들(Basilians) 94
바우어(Ferdinand Christian Baur)
　　438
바울파 233
바이스(Johannes Weiss) 486
바젤 공의회 218, 220, 348
바 코크바(Bar Kokhba) 41
바클레이(Robert Barclay) 397
바하(Johann Sebastian Bach) 365

반달족들(the Vandals) 110, 124, 125, 130
반로고스주의자 87
반아리우스주의자들(anti-Arians) 92
발레리아누스(Valerian) 46
발렌티누스(Valentinus) 53
발렌티니아누스 2세(Valentinian II) 107
발렌티니아누스 3세(Valentinian III) 99, 130
배교자 율리아누스(Julian the Apostate) 51, 94
백과사전 학파(encyclopedie) 387
버위크 조약 312
버틀러(Joseph Butler) 385
베긴회(Beguines) 184
베네딕투스 9세 156
베네딕투스 11세 212
베네딕투스 13세 216
베네딕투스 14세 415
베네딕투스 15세 500
베네딕투스 수도원 135, 136, 154, 171, 177, 195, 342
베네트(Dennis Bennett) 493
베드로주의자 233
베룰(Pierre de Bérulle) 339
베르그송(Henri Bergson) 499
베르나사(Ettore Vernazza) 337
베르노(Berno) 155, 156
베르디예프(Nikolas Berdyaev) 478
베스트팔리아 평화 협정(the Peace of Westphalia) 360, 363, 364, 410
베이컨(Robert Bacon) 183
베자(Theodore Beza) 282, 283, 307, 373

벨라민(Robert Bellarmine) 343
벨츠(Baron von Weltz) 432
변증가들(Apologists) 48, 52, 61, 62, 65, 74, 84, 86
보고밀파 233
보나벤투라(Bonaventure) 182, 195, 203
보니파키우스 158
보니파키우스 8세(Pope Boniface VIII) 211, 212, 246
보니파키우스(Boniface) 137
보드리야르(Jean Baudrillard) 498
보로메오(Charles Borromeo) 339
보에티우스(Boethius) 125, 147
보엠(Martin Boehm) 467
보카치오(Boccaccio) 239, 340
보켈슨(Jan Beukelssen) 320
보티첼리(Sandro Botticelli) 242
보편 교회 49, 50, 52, 58, 61, 65, 68, 74, 75, 77, 90, 91, 111, 135, 142, 162, 189, 216, 235, 236, 247, 420, 439
보헤미안 형제단 223
복음주의(Evangelism) 495
복음주의적 합리주의자들(the Evangelical) 315
본질(*ousia*) 95
볼기아(Francis Borgia) 343
볼섹(Jerome Bolsec) 304
볼테르(Voltaire) 386
볼프(Christian Wolff) 387
뵈그너(Marc Boegner) 488
부처(Martin Bucer) 277, 282, 286, 291, 292, 295, 296, 300, 302, 318

분리주의자들(Separatists) 49, 50, 52, 78, 92, 224, 334, 374, 376, 377, 380
분트쥬크(Bundschuh) 운동 272
분파(sectarian) 314
불가코프(Sergius Bulgakov) 478
불가타(Vulgata) 성경 109, 240, 241, 336, 350
불가항력적 은총(irresistible grace) 112, 375
불링거(Heinrich Bullinger) 282, 290, 292, 295, 305, 308
불의 법정 308
뷘델린(Hans Bünderlin) 318
브라운(Robert Browne) 334
브래디(Robert Brady) 368
브레드포드(W. Bradford) 377
브레보(Jean de Brebeuf) 409
브롬스 의회 266
브롬스 협약(Concordat of Worms) 158, 160, 161
브루넬레스치(Felippo Brunelleschi) 242
브루노 157
브루스터(W. Brewster) 377
브리검 영(Brigham Young) 468
블라우록(George Blaurock) 316, 318
블롬(Harold Bloom) 498
블롱달(Maurice Blondel) 499
비네(Alexandre Vinet) 447
비레(Viret) 293
비르기타(Bridget of Sweden) 214
비만 왕 샤를르(Charles the Fat) 151
비베스(Joan Luis Vives) 255
비엘 255, 260

비잔틴의 테오도투스(Theodotus of Byzantium) 88
빅토르 1세(Victor I) 60
빌리 그래함(Billy Graham) 492
빌헬름 부세트(Wilhelm Bossuet) 486
빌헬름 헤르만(Wilhelm Hermann) 440, 480
쁘와시 회담(the Colloquy of Poissy) 309

ㅅ

사강(Frangoise Sagan) 419
사도적 교부들(Apostolic Fathers) 37, 38, 52, 61, 62, 66, 84
사돌레토(Giacomo Sadoleto) 296, 337
사두개 25
사르디스의 감독 멜리토(Melito of Sardis) 65
사르트르(Jean-Paul Sartre) 419, 429
사마린(Yuri Samarin) 456
사모사타의 루키아노스(Lucian of Samosata) 62
사모사타의 바울(Paul of Samosata) 88
사벨리우스(Sabellius) 70, 88, 89
사벨리우스주의(Sabellianism) 74, 92
사보나롤라(Girolamo Savonarola) 224
사회적 복음 474
사효론(*ex opere operato*) 111, 268, 352
삭소니의 루돌프 342
삭소니족 145

살라딘 174
살레시오여자수도회 339
살레시우스(Franciscus Salesius) 339
삼위일체(trinitas) 74
상징설 301, 329, 331
새로운 로마 96
새뮤얼 노트(Samuel Nott) 433
새뮤얼 홉킨스(Samuel Hopkins) 463
새틀러(Michael Sattler) 318
색슨족 124, 141
샤또브리앙(Frangois Chateaubriand) 450
샤또브리앙 칙령(the Edit of Chateaubriand) 308
샤를르 7세 230, 246
샤를르 마르텔(Charles Martel) 139, 143
샤를마뉴(Charlemagne) 대제 103, 145, 146, 148, 149, 150, 166, 247
샹쁘의 윌리암(William of Champeaux) 187
서고트족 124, 125, 141
서기우스 4세 167
서머나의 폴리카르푸스 37, 44, 81
서방 교회의 대분열(the Great Schism) 214
서임권 154, 156, 157, 158, 161
성결 운동(Holiness Movement) 408
성공회주의(Anglicanism) 331, 332, 361, 443
성물들(icons) 166
성 바돌로메 사건 309
성부수난설(Patripassianism) 89

성 빅토르 수도원(Abbey of St. Victor) 179
성상 파괴 논쟁 148, 149, 164, 165, 166
성상 파괴론 128, 164, 166, 167, 289
성상 파괴론자(iconoclast) 165
성서 비평학 383, 435, 454
성육신 6, 28, 30, 34, 55, 60, 65, 69, 71, 98, 100, 113, 140, 148, 166, 190, 192, 198, 205, 233, 260, 298, 385, 388, 437, 438, 483
성전(Holy War) 172, 210
성전 기사들(the Knights Templar) 176
성직자 독신주의 131, 154, 156, 159, 245, 278, 285, 328, 329, 443, 452, 502
성 패트릭(St. Patrick) 132
성 페르페투아(Perpetua) 36, 45
세계교회협의회(WCC: the World Council of Churches) 504
세계그리스도교회의(the Universal Christian Conference on Life and Work at Stockholm) 504
세계선교협의회(IMC: the International Missionary Council) 504, 506
세계주일학교회의(the World Sunday School Convention) 504
세대주의(Dispensationalism) 445, 475, 496
세르베투스(Michael Servetus) 304
세베루스 알렉스(Severus Alexander) 45

세빌라의 이시도루스(Isidore of Seville) 125
세 위격(tres personae) 113
세익스피어(William Shakespeare) 365
셀류큐스 25
셉티미우스 세베루스(Septimius Severus) 44
소마스키회(the Sommaschi) 338
소쉬르(Ferdinand de Saussure) 497
소이제(Henry Suso) 227
소치누스주의 315, 316, 395, 408
속성 교류(communicatio idiomatum) 98
솔로비예프(Vladimir Soloviev) 456
송가(Gregorian Chant) 131
수도사 시므온(Simeon Stylite) 118
수위권 76, 129, 131, 168, 327, 364, 411, 450
순교자 유스티노스(Justin Martyr) 44, 53, 62, 64, 68, 70, 74, 79, 87, 91
술츠(Roger Schultz) 488
슈말칼트 전쟁(the Schmalkald War) 279, 341
슈말칼트 전쟁들(the Schmalkaldic Wars) 370
슈발츠(Christian Friedrich Schwartz) 403
슈페너(Philip Jakob Spener) 399
슐라이어마허(Friederich D. E. Schleiermacher) 367, 391, 403, 434, 435, 436, 437, 439, 446, 487
슐라터(A. Schlatter) 480
스미스(J. Smyth) 376
스뱅크펠트 315
스베덴보리(Emanuel Swedenborg) 398
스코필드(C. I. Scofield) 475
스콜라주의 171, 180, 186, 225, 238, 239, 241
스콥스(John T. Scopes) 490
스탈린(Joseph Stalin) 478
스테파누스 2세(Stephen II) 143, 133
스토아주의 27, 28, 29, 50, 62, 64, 70, 71
스트라우스(David Friedrich Strauss) 438
스트롱(Josiah Strong) 475
스펠만(Henry Spelman) 368
스포츠 선언 376
스피노자(Benedict Spinoza) 367, 385
슬라브족 128, 151, 168
시드니 릭돈(Sidney Rigdon) 468
시메온(Symeon) 170
시몬 마구스(Simon Magus) 53
시민 규제법 246
시에나 218
시에나의 카테리나(Catherine of Siena) 214, 229
시저(Julius Caesar) 42
시토 수도원 177
시험령 331
식스투스 2세(Sixtus II) 46
식스투스 4세 245, 336
식스투스 4세(Sixtus IV) 244
식스투스 5세 347, 353
신마르크스주의 507
'신앙과 직제'에 관한 세계 회의(the World Conference on Faith and Order at Lausanne) 504

신앙의 규범(regula fidei) 60
신애회 337
신인(the God-Man, Theanthropos) 72, 191
신적인 섬광(divine spark) 53
신정(theocracy) 303
신정통주의(neo-orthodoxy) 440, 477, 480, 484, 486, 488, 491, 511
신조 59
신테레시스(synteresis) 201
신플라톤주의 28, 51, 110, 119, 195, 203, 226, 227, 395
신화(deification) 69, 170
실베스터 3세 156
실베스터(Silvester) 173
실재론 150, 187, 188, 189, 190, 202, 206, 284, 289, 483, 491
십자가의 요한(John of the Cross) 338
씨앗 로고스(logos spermatikos) 65

ㅇ

아가페 79
아그리콜라(Agricola) 240, 256
아나스타시우스(Anastasius) 142
아노켄티우스 1세 129
아니케투스(Anicetus) 81
아도니람 저드슨(Adoniram Judson) 433
아도라티오(adoratio) 166
아드리아누스 6세 347
아라곤의 캐서린(Catherine of Aragon) 325, 329

아르노(Antoine Arnauld) 413
아르미니우스(Jacob Arminius) 374
아르미니우스주의 374, 375, 380, 407, 466
아를스의 감독 힐라리우스(Hilary of Arles) 130
아리스토텔레스 29, 186, 187, 194, 196, 198, 201, 202, 204, 226, 227, 239
아리스티데스(Aristides) 64
아리우스(Arius) 90, 91, 92, 96
아리우스주의 90, 91, 92, 94, 102, 105, 106, 124, 129, 142, 395, 408
아반티누스 공동체(Aventine Circle) 120
아벨라르(Abelard) 147, 178, 188, 191, 233
아부 바크르 139
아브라함 칼로비우스(Abraham Calovius) 371
아비뇽 교황청 212, 214, 227, 229, 237, 243
아빌라의 테레사(Teresa of Ávila) 414, 338
아시아의 사도 342
아우구스투스 26, 85
아우구스트 도르너(August Dorner) 441
아우구스티누스(Augustin) 50, 63, 79, 90, 103, 106, 109, 110, 112, 114, 120, 131, 146, 147, 148, 149, 196, 203, 228, 255, 260, 298, 351, 352, 354, 412, 413

아우렐리아누스(Aurelian) 46
아우크스부르크 의회 290, 318
아욱센티우스(Auxentius) 106
아퀴나스(Thomas Aquinas) 183, 188,
　　193, 195, 197, 198, 199, 200,
　　201, 203, 204, 207, 255, 284,
　　367, 412, 454
아타나시오스(Athanasius) 59, 91,
　　92, 93, 94, 96, 105, 117
아테나고라스 1세(Athenagoras) 168
아테나고라스(Athenagoras) 44, 65
아틸라 125, 130
아폴리나리우스 96, 97
안나(Anna) 425
안디옥 학파 66, 97, 98, 105, 109
안셀름(Anselm of Canterbury) 189,
　　190, 193, 196, 367
안스로포코코스(*Anthropotokos*) 98
안토니오스(Anthony) 117
안티오쿠스 4세(Antiochus IV) 24
알렉산더 3세 210
알렉산더 3세(Alexander III) 209
알렉산더 6세 244, 245
알렉산더 대왕 24
알렉산드리아의 클레멘스(Clement of
　　Alexandria) 36, 41, 70, 87
알렉산드리아의 키릴로스(Cyril of
　　Alexandria) 98
알렉산드리아 학파 66, 94, 97, 100,
　　106, 109, 115
알렌(Ethan Allen) 465
알베르투스 183, 195
알베르트 슈바이처(Albert Schwei-
　　tzer) 483
알브레흐트(Albrecht) 263

알비파(Albigenses) 182, 234, 339
알카디우스(Arcadius) 105
알퀸(Alcuin) 148
알폰소 살메론(Alfonso Salmeron)
　　342
알프레드 대왕(Alfred the Great)
　　138, 150, 158
암브로시우스(Ambrose) 79, 103,
　　106, 108, 110
앙리 2세 308
앙리 3세 309
앙리 4세 309, 310, 345, 364
애들러(Adler) 431
애즈베리(Francis Asbury) 466
앤드류(Andrew Melville) 313
앤 볼렌(Anne Boleyn) 325
앵글로・색슨족 132, 137, 142, 148
야콥 뵈메(Jakob Boehme) 396
얀센주의(Jansenism) 412
얀 후스(Jan Hus) 217, 220, 222
양검 이론 209, 210
양성론 100, 102
양태론적 군주신론(Modalistic
　　Monarchianism) 70, 88
에게리아(Egeria) 119
에드워드 6세 312, 326, 328, 331, 333
에드워드 기번(Edward Gibbon) 384
에디 부인(Mrs. Mary Baker Eddy)
　　469
에라스무스(Erasmus) 229, 240, 241,
　　244, 256, 267, 271, 278, 284,
　　285, 324
에릭슨(Erikson) 431
에밀 브룬너(Emil Brunner) 484
에바그리오스(Evagrius) 119, 120

에베소 공의회 99, 100, 112
에비온주의(Ebionitism) 55
에비온파들(Ebionites) 55
에세네 25, 55
에오티케스(Eutyches) 100, 101
에우스토키움(Eustochium) 120
에큐메니칼 공의회 82, 91, 96, 99, 102, 128, 146, 149, 163, 164, 218, 331, 408
에크하르트(Meister Eckhart) 183, 225, 226, 227
에프렘(Ephrem Syrus) 118
에피쿠로스 학파 29
에피파니우스(Epiphanius) 118
엘리자베스 1세 326, 329, 330, 331, 333, 334, 375
엥겔스(Frederic Engels) 429
여호와의 증인 469
역동적 군주신론 89
역동적 군주신론(Dynamic Monar-chianism) 88
연합안(the Formula of Reunion) 100
열광주의 56, 62, 172, 185, 269, 385, 472
열심당 25
영국 국교회-가톨릭주의(Anglo-Catholicism) 442
영성주의 315, 316, 318, 403, 467
영적 임재설 301
영지(gnosis) 57, 115
영지주의 53, 54, 57, 58, 59, 68, 70, 73, 87, 91, 165, 233, 469, 486
영지주의(Gnosticism) 52
옛길(via antiqua) 207

오도(Odo) 156
오딜로(Odilo) 156
오렌지(Orange) 회의 112
오르(James Orr) 475
오리게네스(Origen) 36, 45, 46, 71, 72, 87, 89, 90, 107, 119, 120
오스카 쿨만(Oscar Cullmann) 484
오시안더주의 371
오이콜람파디우스(Oecolampadius) 286, 291
오토 152
오토 3세 152
오토 대제(Otto the Great) 151, 153, 158
옥스퍼드 운동 443
옥캄의 윌리엄(William of Ockham) 204, 206, 247, 251, 254, 255, 260
올라프(Olaf) 151
올리버 크롬웰(Oliver Cromwell) 380
올리베땅(Olivetan) 255
올포드(Henry Alford) 442
왈도(Peter Waldod) 235
왈도파 211, 223, 235, 310, 316, 321, 339
왕당파 380, 381
요아킴(Joachim of Fiore) 182
요안네스 8세 133
요안네스 12세 151, 153
요안네스 22세 185, 213, 227
요안네스 23세 216, 217
요안네스 에크(John Eck) 265, 277, 286, 291
요안네스 크리소스토모스(John Chrysostom) 63, 79, 105, 106, 128,

요한 23세 501
요한 게르하르트(Johann Gerhard) 371
요한계시록 43, 56, 69, 85, 350, 400, 469
요한 슈타우피츠(Johann Staupitz) 260
요한 아담 묄러(Johann Adam Mohler) 499
우그술라회(the Ursulines) 338
우르겔(Urgel)의 감독 펠릭스(Felix) 148
우르바누스 2세 158, 173, 262
우르바누스 6세 214
우시아(ousia, essence) 92, 113
울필라스(Ulfilas) 124
윌리엄 케리(William Carey) 433
윌리엄 테난트(William Tennant) 462
윌리엄 펜(William Penn) 398
웨스트민스터 회의 379
웨슬리(John Wesley) 404
웬델 필립스(Wendell Phillip) 471
위그(Hugh of St. Victor) 179, 193, 194
위그노들(the Huguenots) 307, 308, 309, 310, 332, 416
위기의 신학(a theology of crisis) 480
위대한 도색 정치 153
위-디오니시우스(Pseudo-Dionysius) 226
위-클레멘스(Pseudo-Clement) 56
위클리프(John Wycliffe) 215, 217, 220, 221, 222, 223, 248, 249, 324
윌리브로드(Willibrord) 137

윌리엄 밀러(William Miller) 469
윌리엄 부스(William Booth) 445
윌리엄 윌버포스(William Wilberforce) 448
윌리엄 케리(William Carey) 446
윌콕스(Thomas Wilcox) 333
윌프리드(Wilfrid) 137
윔버(John Wimber) 494
유대교 24, 26, 33, 34, 40, 43, 44, 48, 52, 56, 61, 62, 74, 81, 107
유대인 전쟁 56
유명론(nominalism) 187, 188, 191, 204, 206, 247, 255, 258, 260, 351
유사주의자들(호모이오스, homoios) 94
유스티니아누스 125, 128, 164, 170
유아 세례 74, 83, 84, 111, 233, 235, 268, 270, 288, 289, 290, 301, 304, 316, 317, 322, 334
율리아누스 52, 93
율리우스 2세(Julius II) 244, 245
율리우스 3세 348
융(Jung) 431
은둔자(a hermit) 117
은총 박사 111
의복 논쟁(Vestiarian Controversy) 333
이그나티우스 37, 38, 44, 60, 61, 77
이냐시오 로욜라(Ignatius Loyola) 338, 342, 343, 344, 345, 414
이노켄티우스 1세(Innocent I) 130
이노켄티우스 3세(Innocent III) 175, 180, 182, 210, 211, 212, 235, 248, 262, 339

이노켄티우스 8세 244, 245
이노켄티우스 10세 363, 412
이노켄티우스 11세 414
이노켄티우스 12세 414
이노켄티우스 13세 415
이들레트(Idelette de Bure) 296
이레나이우스(Irenaeus) 53, 60, 68, 70, 74, 82, 84, 87
이반 대제(Ivan the Great) 423
이사벨라 247, 248, 325, 336, 340
이시도레(Isidore of Seville) 147
이신론(Deism) 366, 382, 383, 384, 385, 386, 387, 388, 391, 393, 395, 404, 408, 416, 424, 465
이원론 30, 53, 54, 59, 115, 166, 233, 234, 300
익투스(*ICHTHYS*) 76
인문주의(Humanism) 238
입양설(adoptionism) 87, 148

ㅈ

자연법 28, 201, 288, 332, 364, 383, 384, 395
자연 종교 383
자코비파(the Jacobites) 420
작센족 145
잔 다르크 500
장 드 제르송 217, 247
장미 전쟁 248, 324
재세례파 273, 288, 289, 290, 296, 304, 314, 315, 316, 317, 318, 319, 320, 321, 322, 323, 327, 334, 363, 374, 377, 399
잔 다르크(Joan de Arc) 230, 246

전적인 타락(total depravity) 375
전택설(타락전 예정론, supralaps-arianism) 374
절대정신(the Absolute Spirit) 437
정적주의(Quietism) 412, 413
제1차 『공동 기도서』 328, 331
제1차 대각성 운동 407, 461, 463, 465, 466
제1차 바티칸 공의회 410, 452, 499
제1차 세계 대전 427, 428, 441, 455, 458, 469, 476, 478, 480, 486, 489, 491
제1차 슈파이어 의회(Diet of Speyer) 276
제2차 『공동 기도서』 328, 331
제2차 대각성 운동 448, 465, 467
제2차 바티칸 공의회 168, 347, 353, 410, 419, 500, 501, 502
제2차 세계 대전 477, 486, 487, 491, 500, 505
제2차 슈파이어 의회 276, 279, 290, 318
제2차 카펠 전투 292
제3차 라테란 공의회 209, 235
제4차 라테란 공의회 150, 202, 210, 346
제5차 라테란 공의회 347
제7일 안식일 재림파 469
제노(Zeno) 125
제노아의 카테리나(Catherine of Genoa) 230, 414
제롬(Jerome Emilian) 338
제이콥(Henry Jacob) 377
제이콥 알브라이트(Jacob Albright) 467

제인 세이모어(Jane Seymore) 326
제임스 2세 313, 381
제임스 6세 313, 375
제콥슨(Roman Jakobson) 497
토마스 제퍼슨(Thomas Jefferson) 391
제퍼슨 데이비스(Jefferson Davis) 471
제한된 구속(limited atonement) 375
젤덴(John Selden) 368
조나단 에드워즈(Jonathan Edwards) 433, 460, 463
조셉 스미스(Joseph Smith) 468
조셉주의(Josephism) 410, 411
조지 벨(George Bell) 505
조지 윌리엄스(George Williams) 504
조지 위샤트(George Wishart) 311
조지 폭스(George Fox) 397, 398
존 녹스(John Knox) 308, 311, 312, 313
존 뎅크(John Denck) 316
존 모트(John R. Mott) 504
존 밀턴(John Milton) 381
존 번연(John Bunyan) 381
존 케네디(John F. Kennedy) 492
존 폭스(John Foxe) 332
존 필드(John Field) 333
존 하워드(John Howard) 448
종속론 72, 73, 89, 90, 92
죄더블롬(Nathan Søderblom) 505
주의주의(Voluntarism) 204
주지주의(Intellectualism) 204, 206, 437
쥐베르(Gerbert of Aurillac) 150
지기스문트(Sigismund) 216, 217, 218, 222

지오바니 베르니니(Giovanni Bernini) 365
진리의 규범(regula veritatis) 60
진젠도르프(Nikolaus von Zinzendorf) 402

ㅊ

찰스 1세 377, 378, 380
찰스 2세 381, 398
찰스 5세 252, 257, 265, 266, 270, 274, 276, 279, 294, 295, 313, 325, 329, 337, 342, 347, 348, 349, 354
찰스 8세 252
찰스 9세 308
찰스 다윈(Charles Darwin) 427
찰스 테이즈 러셀(Charles T. Russell) 469
찰스 피니(Charles Pinney) 466
채닝(William Ellery Channing) 395
책의 백성들(the Peoples of the Books) 139
청교도(the Puritan) 282, 303, 308, 325, 331, 332, 333, 357, 375, 376, 377, 378, 379, 380, 381, 397, 398, 399, 406, 408, 432, 460, 469, 495
청교도 혁명 378
총괄갱신(recapitulation) - 회복 68, 69
츠빙글리 249, 274, 275, 278, 282, 283, 284, 285, 286, 287, 288, 289, 290, 291, 293, 301, 306, 316, 328, 331, 334, 356, 358

칠데릭(Childeric) 141

ㅋ

카네탄 337
카노사의 굴욕 160
카라파 337, 340
카란자 341
카르네세치(Pietro Camesecchi) 337
카말돌리회(Camaldolese Order) 179
카밀루스(Camillus de Lellis) 339
카스텔리오(Sebastian Castellio) 304
카시아누스(John Cassian) 118, 120, 121
카시오도루스(Cassiodorus) 147
카이사르 아우구스투스 33
카이실리아누스(Caecillian) 49
카제탄 264, 265
카타리파(Catharism) 182, 210, 234, 235
카타콤 80
카테리나 2세 411
카테리나 대제(Catherine the Great) 425
카테리나 데 메디치(Catherine de Medici) 308
카파도키아 교부 92, 94, 105
카펠 평화조약 291
카포크라테스(Carpocrates) 53
카푸친회(the Capuchins) 338
칸트(Emmanuel Kant) 367, 383, 384, 387, 389, 390, 391, 393, 434, 435, 437, 439, 444
칼리스투스 2세 160
칼리스투스 3세(Calistus III) 243

칼릭스투스(Callixtus) 49
칼 바르트(Karl Barth) 480
칼뱅 221, 241, 249, 251, 256, 282, 283, 286, 288, 293, 295, 296, 297, 298, 299, 301, 303, 304, 305, 306, 307, 308, 312, 329, 331, 333, 342, 343, 345, 356, 357, 371, 373, 374, 378, 379, 412, 490
칼뱅주의 278, 282, 283, 289, 292, 303, 305, 306, 307, 310, 311, 313, 314, 324, 328, 331, 356, 357, 361, 363, 371, 373, 374, 375, 379, 394, 397, 400, 407, 422, 447, 462, 463, 466
칼슈타트(Andreas Bodenstein Kalstadt) 269, 270, 274, 315
칼케돈 공의회 66, 74, 97, 101, 102, 103, 119, 130
칼케돈 신조 101, 102
칼투지안(Cartusian)회 179
칼 하임(Karl Heim) 483
캔터베리의 감독 아우구스티누스 132
커버데일(Miles Coverdale) 327
케룰라리오스(Michael Cerularius) 168
케린투스(Cerinthus) 53
케블(John Kable) 443
케스넬(Pasquier Quesnel) 413
케플러(Johann Kepler) 366
켈소스(Celsus) 62
켈테스(Conrad Celtes) 256
코르넬리우스(Cornelius) 75
코르넬리우스 얀센(Cornelius Jansen) 412

코모디아누스(Commodianus) 85
코미야코프(Alexey Stephanovich Khomyakov) 456
코케이우스(Johannes Cocceius) 373
코페르니쿠스(Nicolaus Copernicus) 366
콘라드 3세 174
콘스탄스 51
콘스탄스 2세 103
콘스탄스 공의회 216, 218, 222, 249, 265, 346, 348
콘스탄티노플 공의회(the Council of Constantinople) 66, 90, 94, 96, 97
콘스탄티누스 50, 51, 52, 79, 80, 81, 86, 91, 93, 96, 116, 133, 142, 165, 170, 234
콘타리니(Gasparo Contarini) 337
콜러리지(Samuel Taylor Coleridge) 444
콜롬바(columba) 132
콜리니(Gaspard de Coligny) 308, 309
콥트들(the Copts) 420
콥틱 수도원 119
콰드라투스(Quadratus) 64
콰드라투스의 『변증서』 38
쿠리아(curia) 209, 214
쿠코넨(Jenrik Kukkonen) 447
쿰란 공동체 25
퀘이커교도들(the Quakers) 318, 381, 397, 471
크랜머(Thomas Cranmer) 325, 327, 328, 329, 330, 331
크롤리(George Croly) 442

크롬웰 327, 381
크리스천 사이언스 469
크리스토토코스(*Christotokos*) 98
크리스티안 데이비드(Christian David) 402, 432
클라우디우스(Claudius) 40
클레르보의 베르나르(Bernard of Clairvaux) 155, 174, 178, 193, 228
클레멘스 2세 156
클레멘스 3세(Wilbert, Clement III) 160
클레멘스 5세 212, 213
클레멘스 6세 265
클레멘스 7세 214, 348
클레멘스 14세 415
클레페의 앤(Anne of Cleves) 326
클로비스(Clovis) 141, 142, 143
클뤼니 수도원 155, 156, 158, 160
키릴로스 99, 100, 103, 137
키릴로스 루카리스(Cyril Lukaris) 422
키에르케고르(Søren Aabye Kierkegaard) 428
키예브의 블라디미르(Vladimir of Kiev) 169
키프리아누스 36, 46, 49, 50, 63, 73, 75, 76
킹 제임스역 376

ㅌ

타울러(John Tauler) 227, 228
타키투스(Tacitus) 42
타티아누스(Tatian) 64, 65

타협자들(traditors) 46, 49
탑의 경험(Tower Experience) 260
터키족 139, 169, 171, 173, 174, 218, 233, 243
테르툴리아누스 36, 42, 50, 53, 57, 60, 63, 65, 70, 73, 74, 87, 89, 109
테아틴회(the Theatines) 337
테오도라(Theodora) 128
테오도레(Theodore) 423
테오도로스(Theodore the Studite) 166
테오도시우스 1세 94, 96, 107, 108, 164
테오도시우스 2세 99, 100, 105
테오도시우스(Theodosius) 52
테오토코스(Theotokos) 98, 100
테첼(Tetzel) 263
템플(William Temple) 488, 505
토마스 모어(Thomas More) 256, 324, 326
토마스 뮌처 315
토마스 아 켐피스(Thomas à Kempis) 229
토마스주의 204, 500
토마스 카트라이트(Thomas Cartwright) 333
토마스 캠벨(Thomas Campbell) 468
톨런드(John Toland) 385
톨레마이오스(Ptolemaeus) 53
톨스토이(Leo Tolstoy) 456
통나무대학(Log College) 462
통일령(the Act of Uniformity) 328
투레틴(Francis Turretin) 373
투르나이젠(Eduard Thurneysen) 481
투르의 마르티누스(Martin of Tours) 120

투르의 전쟁(the Battle of Tours) 143
트라야누스 44, 79, 85
트레겔스(Samuel P. Tregelles) 445
트렌트 공의회 196, 211, 219, 304, 335, 345, 346, 347, 348, 349, 350, 353, 356, 370, 409, 410, 411, 443, 449, 501
트릴취(Ernst Troeltsch) 435, 486
특수적 침례교도들 380
티렐(George Tyrrell) 499
티모디 드와잇(Timothy Dwight) 466
티티안(Titian) 242
틴달(Matthew Tindal) 385
틸리히(Paul Tillich) 429, 435

ㅍ

파러(Frederic W. Farrar) 444
파렐(Guillaume Farel) 241, 291, 292, 293, 295, 296
파브리(Fabri) 291
파비아 공의회 218
파비안(Fabian) 37, 46
파사우 평화 협정(the Peace of Passau) 280
파스칼(Blaise Pascal) 413
파우스토 소치누스(Fausto Sozzini) 395
파울라(Paula) 108, 120
파울루스 1세 133
파울루스 3세 342, 347, 348
파울루스 4세 335, 337, 340, 347, 349
파울루스 5세 353
파울루스 6세 168, 488, 500, 501

파코미오스(Pachomius) 118, 120
파피아스(Papias) 38
판타이노스(Pantaenus) 66, 70, 71
팔라디오스(Palladius) 118
팔라마스(Gregory Palamas) 170
팔함(Charles Fox Parham) 493
페늘롱(François de Fénelon) 414
페라라(Ferrara) 219
페라라 공의회 220, 346
페르디난도 252, 325, 336, 340
페르소나(persona) 74
페브로니우스주의(Febronianism) 410, 411
페인(Thomas Paine) 391, 465
페트라르카(Petrarch) 239
펠라기우스주의 111, 112, 113, 114, 350, 374, 412, 413
펠리키시무스 49
펠리키타스(Felicitas) 45
펠릭스 5세 219
펠릭스(Felix) 65
포르피리(Porphyry) 62
포사이스(P. T. Forsyth) 488
포스트모더니즘(Postmodernism) 497
포울(Reginald Pole) 329, 337
포티오스(Photius) 134, 149, 167
폰티아누스(Pontianus) 45
폰티펙스 막시무스(Pontifex Maximus) 96
폴란드 형제들(the Polish Brethren) 315, 375
폴리카르푸스 38, 68
폴 틸리히(Paul Tillich) 483
퐁탠블루 칙령(Edict of Fontainebleau) 416

푸코(Michel Foucault) 497
퓨지(Edward Bouverie Pusey) 443
프라하의 제롬(Jerome) 223
프라하 협정 223
프락세아스(Praxeas) 74, 88
프란시스 1세 252, 294, 295, 308, 348
프란시스 2세 308
프란체스코(Francis d'Assisi) 180
프란체스코 보로미니(Francesco Borromin) 365
프란치스코 하비에르(Francis Xavier) 342, 345
프랑스-프로이센 전쟁 453
프랑케(August Herrmann Francke) 401
프랑크족 124, 128, 139, 142, 144, 150
프랑크푸르트 회의 146
프랭클린(Benjamin Franklin) 392
프레데릭 바바로사 174
프레드리히 2세 175
프레드리히 바르바로사(Frederick Barbarossa) 154
프레몬스트란트들(Premonstratensians) 179
프렐링호이젠(Theodore J. Frelinghuysen) 462
프로망(Antoine Froment) 293
프로이드(Sigmund Freud) 430
프론토(Fronto of Cirta) 62
프루드(Richard H. Froude) 443
프리드리히 2세 411
프리드리히 선제후 264, 265, 266, 267

프리메이슨(Freemason) 385
프리스킬라(Priscilla) 56
프와티에 전쟁(the Battle of Poitiers) 143
플라비아누스(Flavian) 101, 105
플라톤주의 27, 28, 57, 64, 73, 90
플로렌스 219
플로렌스 공의회 218, 220, 423
플리니우스(Pliny) 35, 85
피바디(Francis G. Peabody) 475
피사 공의회 216
피에르 다이 215, 217, 247
피우스 2세 230
피우스 4세 349
피우스 5세 331, 340, 347, 353
피우스 6세 418
피우스 7세 418, 450
피우스 9세 449, 451, 452, 454
피우스 10세 498, 500
피우스 11세 452, 500
피우스 12세 500
피의 메리(Bloody Mary) 312, 330
피터 대제(Peter the Great) 424
피터 롬바르도(Peter Lombard) 194, 203, 259,
피핀 3세(Pepin the Short) 143, 145
피핀(Pepin) 143
필리오끄(*filioque*) 103, 134, 148, 149, 168
필립 2세 310, 329, 331, 332
필립 4세 176, 211, 212

ㅎ

하기아 소피아 성당 148
하나님의 선교(*missio Dei*) 506, 507
하나님의 성회(the Assemblies of God) 493
하드리안 2세 133
하르낙(Adolf von Harnack) 356, 435, 440, 480, 481
하름스(Klaus Harms) 446
하스모네 왕조 25
하우어워스(Stanley Hauerwas) 495
하이든(Franz Joseph Haydn) 365
하인리히 3세 156, 157, 158
하인리히 4세 158, 159
하인리히 파울루스(Heinrich Paulus) 441
하트만(Geoffrey Hartman) 498
한국 전쟁 491
한스 뵘(Hans Böhm) 272
합리주의 364, 365, 382, 402, 403, 404, 406, 408, 415, 424, 426, 434, 435, 437, 438, 440, 450, 451, 461, 465, 511
해리슨(Robert Harrison) 334
해방령(Edict of Liberation) 310
해방 신학 508
행스텐베르크(Ernst Hengstenberg) 441
허드슨 테일러(Hudson Taylor) 445
허버트 경(Lord Herbert of Cherbury) 384
허버트 스펜서(Herbert Spenser) 441
헤겔(Friedrich Hegel) 437
헤기우스(Alexander Hegius) 240
헤롯당 25
헤르마스(Hermas) 38
헤세의 필립(Philip of Hesse) 274
헤켈(Haeckel) 427
헨델(George F. Handel) 365

헨리 4세 221
헨리 7세 324, 325
헨리 8세 324, 325, 329, 333, 411
헬레니즘 24, 25, 29, 35, 51, 86
헬로이스(Heloise) 191
형상(image, *imago*) 69, 166, 199
형제회(the Society of Friends) 397
호시우스(Hosius) 91, 92
호프만(Melchior Hofmann) 318, 319
홀바인(Holbein) 242
홉스(Thomas Hobbes) 384
화체설(transubstantiation) 150, 202, 210, 221, 235, 268, 274, 275, 277, 328, 331, 352
회중교회주의(Congregationalism) 333
후고(Hugh) 156, 160
후고 그로티우스(Hugo Grotius) 364
후기 자유주의(Postliberalism) 494
후브마이어(Balthazar Hubmaier) 290, 317, 319
후스(Jan Hus) 215, 218, 249, 251, 264, 265
후스파 218, 223, 224, 236, 249, 311, 316, 402, 422, 487
후택설(infralapsarianism) 374
훈족 124, 125, 130
훔베르트(Humbert) 157
휘겔(Baron von Hligel) 499
휘트기프트(John Whitgift) 333
휘트필드(George Whitefield) 405
휘포스타시스(*hypostasis*) 74, 95, 99, 113
흐로테(Gerhard Groote) 228
흑사병 227, 239, 246, 272

흠정역(Authorized) 376
히메네스(Ximénez de Cisneros) 248, 336
히에로니무스(Jerome) 106, 108, 118, 120, 350
히폴리투스(Hippolytus) 45, 53, 69, 70
힐데가르트(Hildegard of Bingen) 230
힐데브란트 157, 158, 179
힐라리온(Hilarion) 118
힐라리우스(Hilary) 103

한 권에 담은 세계교회사

A Brief Sketch of Church History

2018년 1월 15일 초판 발행

지은이 | 채승희

편　　집 | 정희연, 곽진수
디 자 인 | 이보람
펴 낸 곳 | 사)기독교문서선교회
등　　록 | 제16-25호(1980. 1. 18)
주　　소 | 서울시 서초구 방배로 68
전　　화 | 02) 586-8761~3(본사)　031) 942-8761(영업부)
팩　　스 | 02) 523-0131(본사)　031) 942-8763(영업부)
홈페이지 | www.clcbook.com
이 메 일 | clckor@gmail.com
온 라 인 | 기업은행 073-000308-04-020, 국민은행 043-01-0379-646
　　　　　 예금주: 사)기독교문서선교회

ISBN 978-89-341-1751-3 (93230)

* 낙장ㆍ파본은 교환해 드립니다.

이 도서의 국립중앙도서관 출판시 도서목록(CIP)은 서지정보유통지원시스템 홈페이지(http://seoji.nl.go.kr)와
국가자료공동목록시스템(http://www.nl.go.kr/kolisnet)에서 이용하실 수 있습니다.
(CIP제어번호: CIP2017032962)